国家社科基金后期资助项目

清至民国婺源县村落契约文书辑录

Contracts and Other Documents in Wuyuan County:
Qing Dynasty and Beyond

拾贰

段莘乡(一)

万担源·宦坑·六坑·大汜村(1)

黄志繁 邵 鸿 彭志军 编

商务印书馆
创于1897 The Commercial Press
2014年·北京

段　莘　乡

段莘乡万担源 1—40

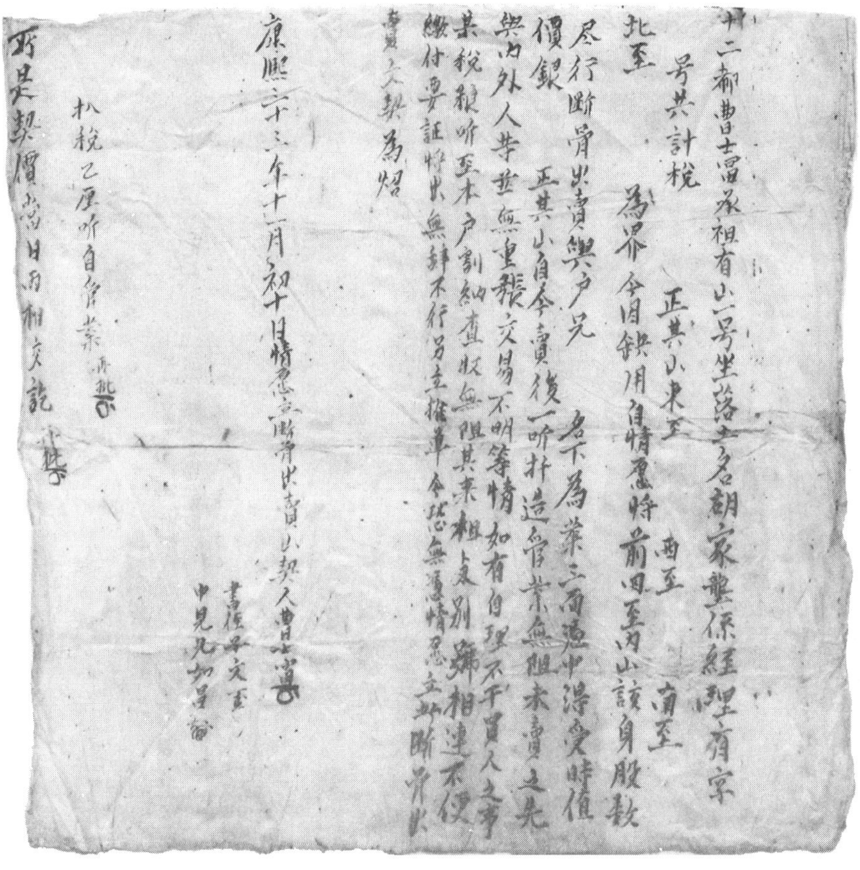

廿二都曹士富承祖有山一号坐落土名胡家塆係經理宵字

号共計税

正其山東至 西至 南至

北至 為界今因缺用自情愿將前田至內山該身股數

尽行斷骨出賣與户兄 名下為業三面憑中得受時值

價銀 正其山自今賣後一听扦造管業無阻未賣之先

與內外人等並無重張交易不明等情如有自理不干買人之事

其稅粮听至本户割納查收無阻其來[illegible]上手別號相連不便

繳付要証將出無辭不行另立推單今恐無憑情愿立此斷骨出

賣文契為照

康熙三十三年十二月初十日情愿立斷骨出賣山契人曹士富[illegible]

書[illegible][illegible]文[illegible]

中見兄[illegible][illegible][illegible]

扒稅乙厘听自管業[illegible]

所是契價當日兩相交訖[illegible]

段莘乡万担源 16 · 康熙三十三年 · 断骨出卖山契 · 曹士富卖与户兄☐

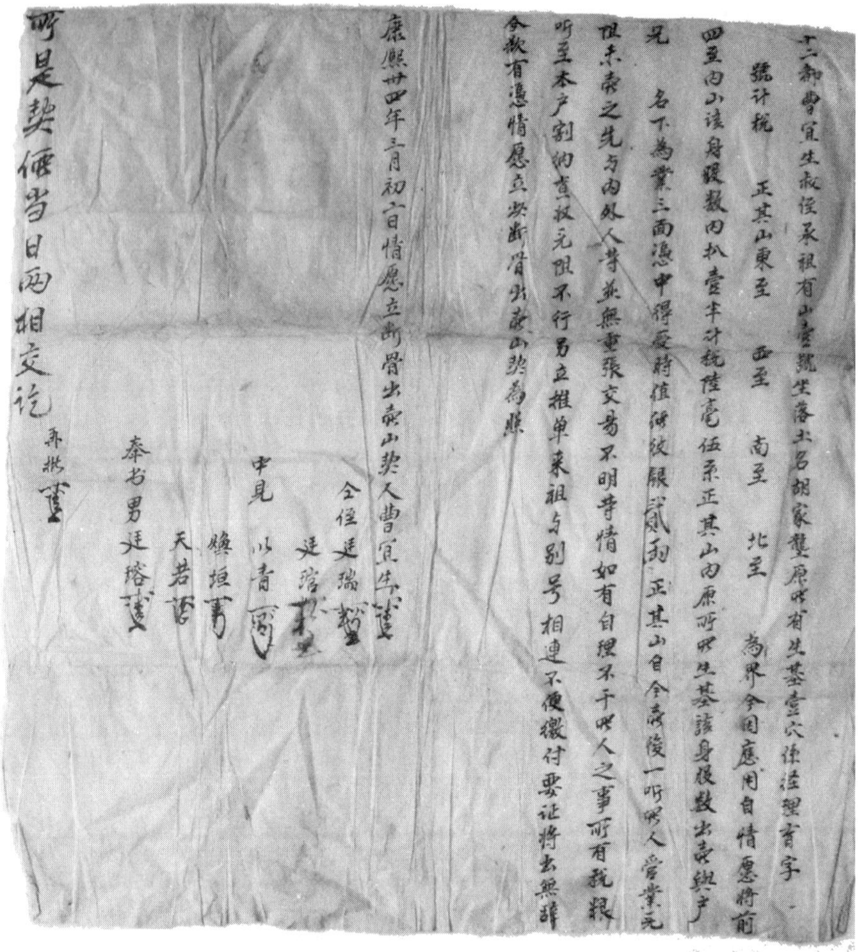
十二都曹宜生叔侄承祖有山壹號坐落土名胡家塅原作有生基壹穴係遊理宵字
號計稅　正其山東至　西至　南至　北至　為界今因應用自情愿將前
四至内山該身股數内扒壹半計稅陸毫伍系正其山内原作生基該身股數出賣與户
兄　名下為業三面憑中得受時值價紋銀貳兩正其山自今賣後一听買人管業无
阻未賣之先与内外人等並無重張交易不明等情如有自理不干買人之事所有稅粮
听至本户割納查收无阻不行另立推单來祖与别号相連不便繳付要证將出無辞
今欲有憑情愿立此断骨出賣山契為照
康熙卅四年三月初二日情愿立断骨出賣山契人曹宜生
仝侄廷瑞
廷瑢
中見　以青
焕垣
天若
奉书男廷璐
所是契價當日兩相交訖
再批

段莘乡万担源 17 · 康熙三十四年 · 断骨出卖山契 ·
曹宜生同侄廷瑞等卖与户兄☐

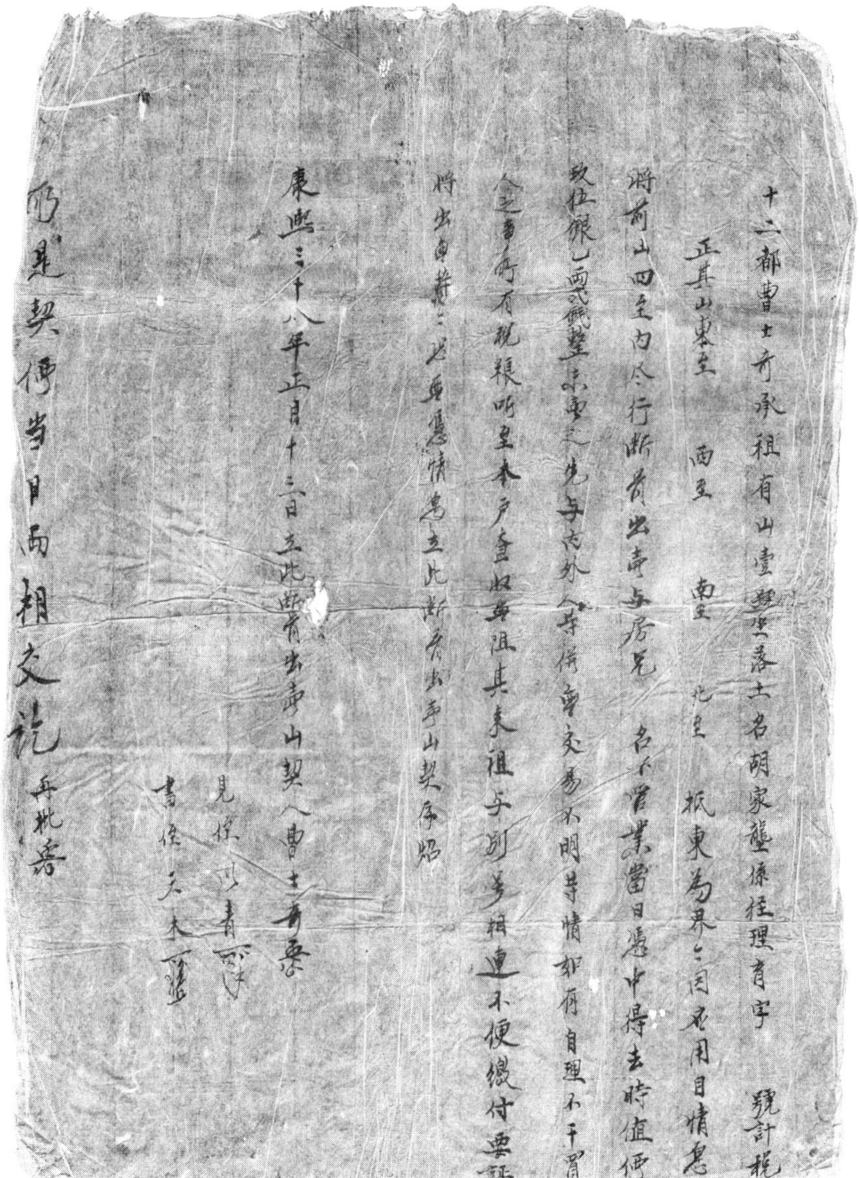
十二都曹士奇承祖有山壹號，土名胡家塘，係經理育字　號，計税
正其山東至　西至　南至　北至　抵東爲界，今因無用，自情愿
將前山四至内尽行断骨出賣與房兄　名下爲業，當日憑中得去時值價
玖伍銀乙兩弍錢整。未賣之先與内外人等倂無重交易不明等情，如有自理，不干買
人之事。所有税粮听至本户查收無阻。其來祖與別產相連，不便繳付，要証
將出無辞。二家各無悔，今恐無憑，立此断骨出賣山契存照。
康熙三十八年正月十三日立此断骨出賣山契人曹士奇（押）
見侄　以青（押）
書侄　天木（押）
所是契價当日兩相交訖　再批（押）

段莘乡万担源 13 · 康熙三十八年 · 断骨出卖山契 · 曹士奇卖与房兄☐

立議人曹詹王三姓衆割草日後逢年例
公叙春至東边割薪兩日定期再至西边听
割毋異自今议定禁後其如不遵者公罰白銀肆
錢正以為費用如有執性者不依者衆姓闻公
理論後悔無辭恐口無憑衆立合一樣兩帋存照
其田塝茅草日後各管各業不得亂割如犯者照
前同罰 亦批
乾隆十一年又三月 日立議人曹王詹衆等
邦柱
詹士棟
百燈
百煬
王永三
永真
永高
永德
騰煥
永朋
文鳳
文旺
曹永銓

段莘乡万坦源 26 · 乾隆十一年 · 合同 · 曹、詹、王三姓众商定割草协定

立出佃田皮约人詹德友，承父有田皮

號一號坐落土名坟头下，计骨租六秤大，计田

皮弍秤大；又一號坐落土名坟头，计骨租拾

秤大，计田皮弍秤大少，田皮四秤大。今因急

用，自情愿央中将田皮出佃与曹俊公名

下管业。凭中得受时值价银壹两叁钱贰

钱正。其银是身收足。近年交谷肆秤

足。如有拖欠者，听自执田耕种，本家大小

毋得异说。今欲无凭，立此佃约存照。

其田皮一後原價取贖，外退酒費老錢纸

其银元系卅记常平

其谷逐年当场交包足。批。

乾隆卅一年正月廿三日立出佃田皮约人詹德友

包中詹萬友

書見中詹南友

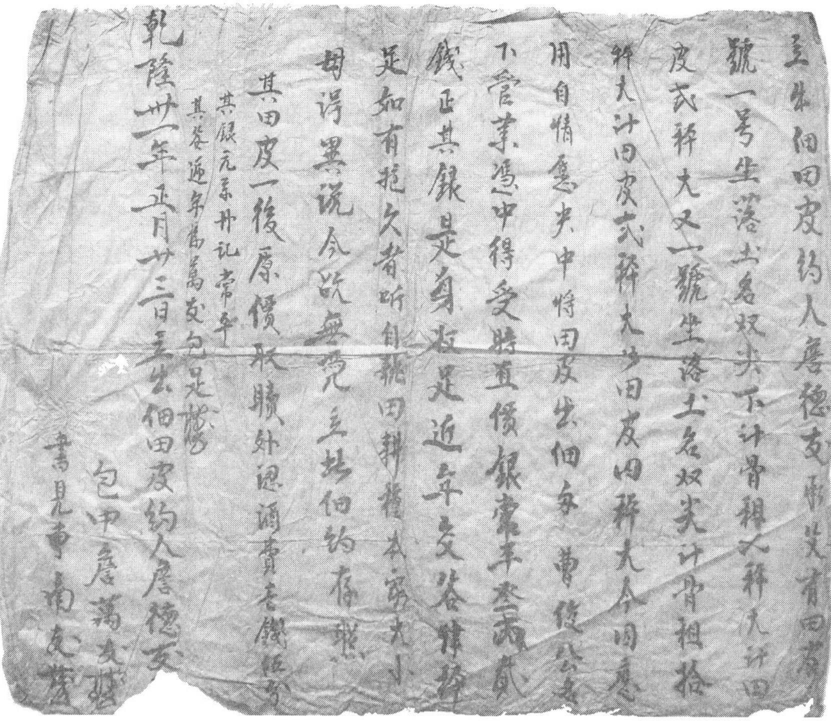

段莘乡万担源 32 · 乾隆三十一年 · 出佃田皮约 · 詹德友佃与曹俊公

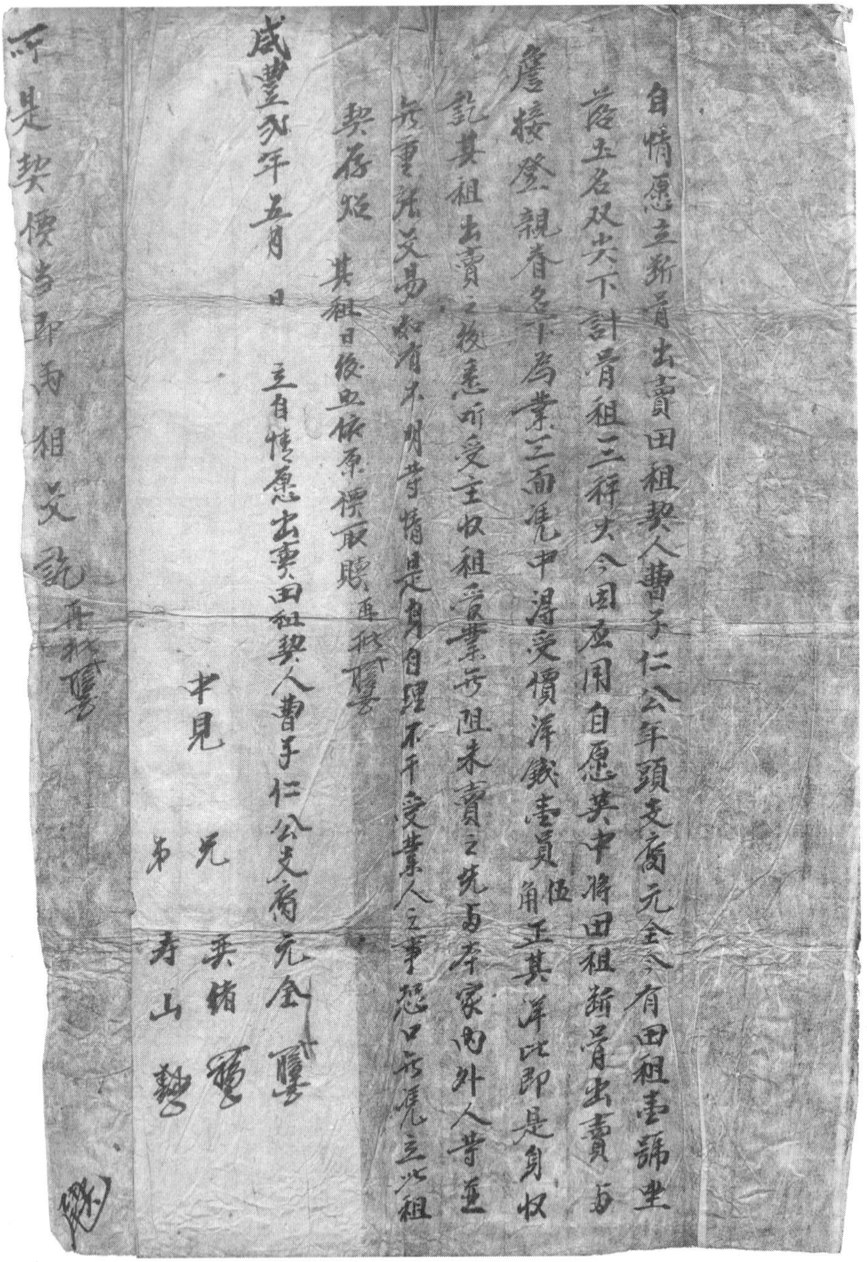

自情愿立断骨出賣田租契人曹子仁公年頭支裔元全今有田租壹號坐落土名双尖下計骨租三秤大今因應用自愿與中將田租断骨出賣與詹接登親眷名下為業三面凴中得受價洋錢壹員伍角正其洋比即是身收訖其租出賣之後悉听受主收租管業無阻未賣之先爲本家內外人等並無重複交易如有不明等情是身自理不干受業人之事恐口無凴立此租契存照 其租日後照依原價取贖再批（押）

咸豐弍年五月 日 立自情愿出賣田租契人曹子仁公支裔元全（押）

中見 兄 乘绪（押）

弟 壽山（押）

所是契價當即兩相交訖再批（押）

段莘乡万担源 14 · 咸丰二年 · 断骨出卖田租契 ·

曹子仁公支裔元全卖与詹接登亲眷

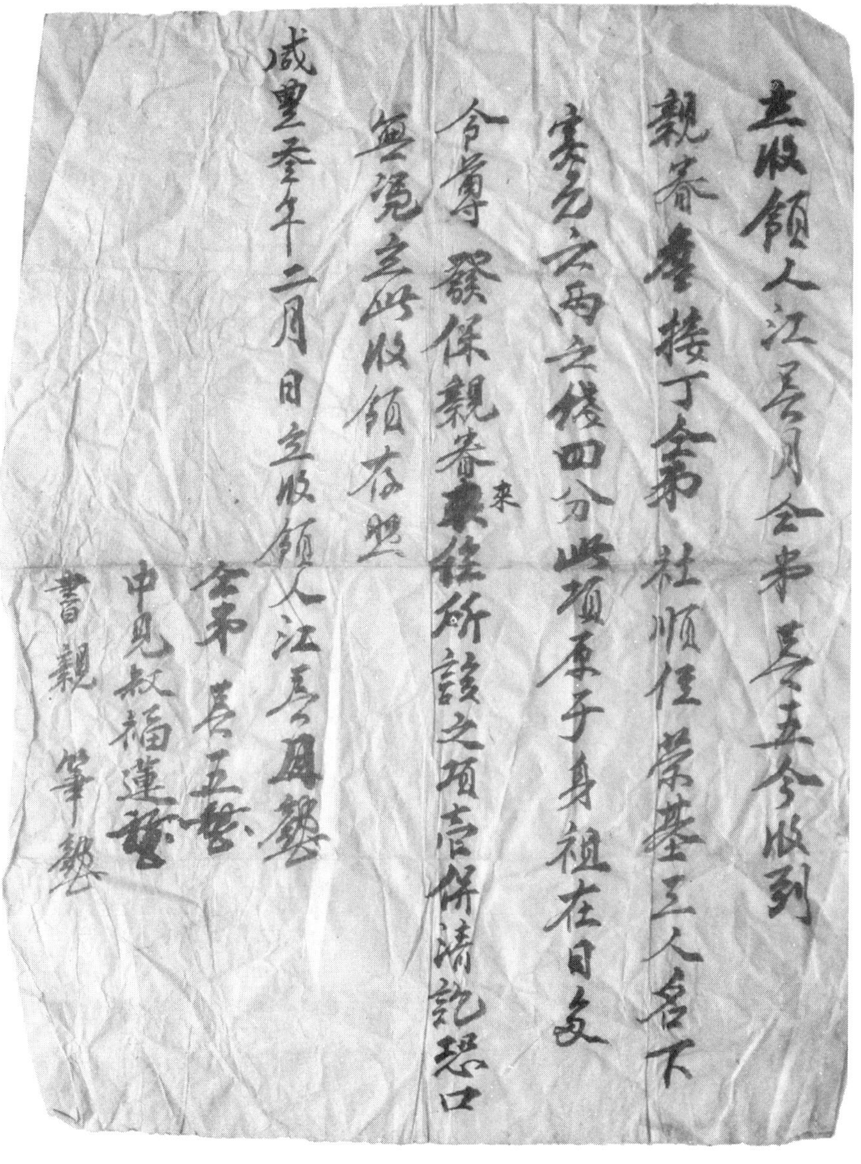

立收領人江春月仝弟春五今收到
親眷詹接丁仝弟社順侄榮基三人名下
寔足六兩六錢四分,此項原于身祖在日交
令尊發保親眷來往所該之項,壹併清訖,恐口
無憑,立此收領存照。
咸豐叁年二月日立收領人江春月(押)
仝弟春五(押)
中見叔福蓮(押)
書親 筆(押)

段莘乡万担源 19 · 咸丰三年 · 收领字 · 江春月同弟春五收到詹接丁同弟社顺、侄荣基三人

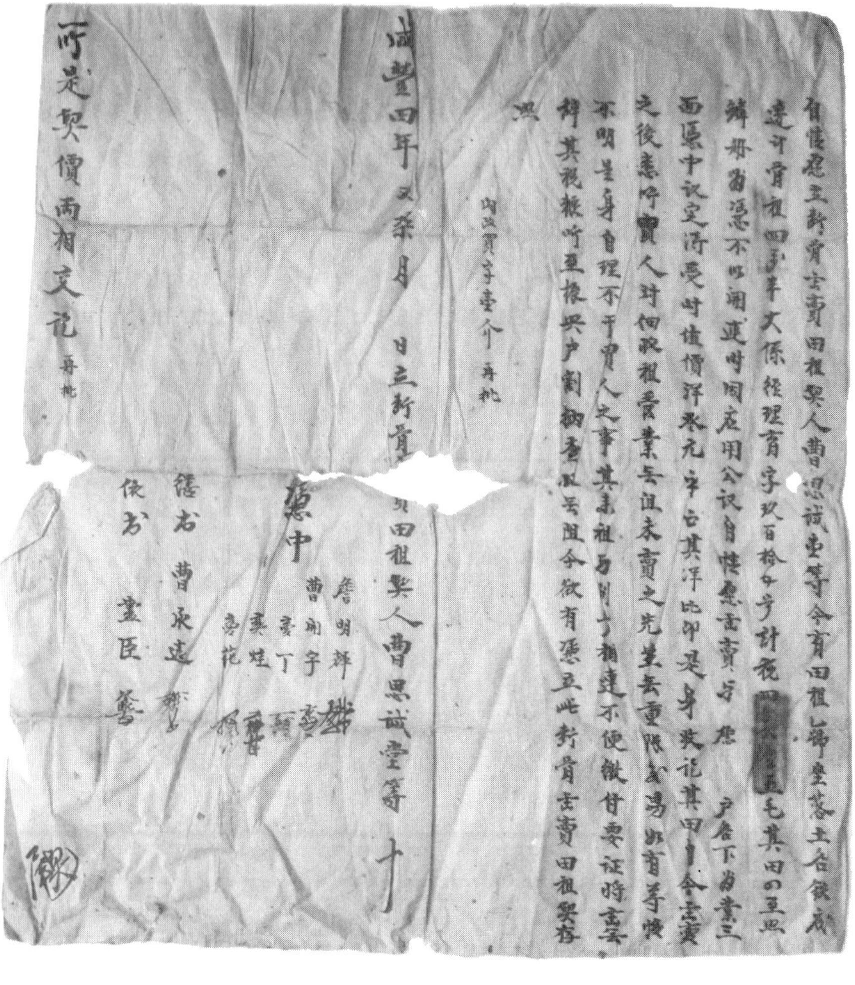
自情愿立断骨出卖田租契人曹思诚堂等今有田租乙号坐落土名铁底
达可骨租四[illegible]半大係经理育字玖百拾今亦计税[redacted]毛其田四至照
鳞册为凭不必开载此间应用公议自情愿出卖与詹 户名下为业三
面凭中议定时值价洋叁元正其洋比即是身收讫其田自今出卖
之后悉听买人对佃收租管业无阻未卖之先并无重张交易如有等情
不明是身自理不干买人之事其来祖与[illegible]相连不便缴付要证将出契
付其税粮听至推收户割纳粮无阻今欲有凭立此断骨出卖田租契存
照

内改买字壹个 再批

咸丰四年又柒月 日立断骨出卖田租契人曹思诚堂等 十

凭中 詹明祥 押
曹丽字 押
姜丁 押
龚娃 押
嘉花 押
[illegible] 曹永远 押
代书 曹臣 押

所是契价两相交讫 再批

段莘乡万担源 15 · 咸丰四年 · 断骨出卖田租契 · 曹思诚堂等卖与詹☐户

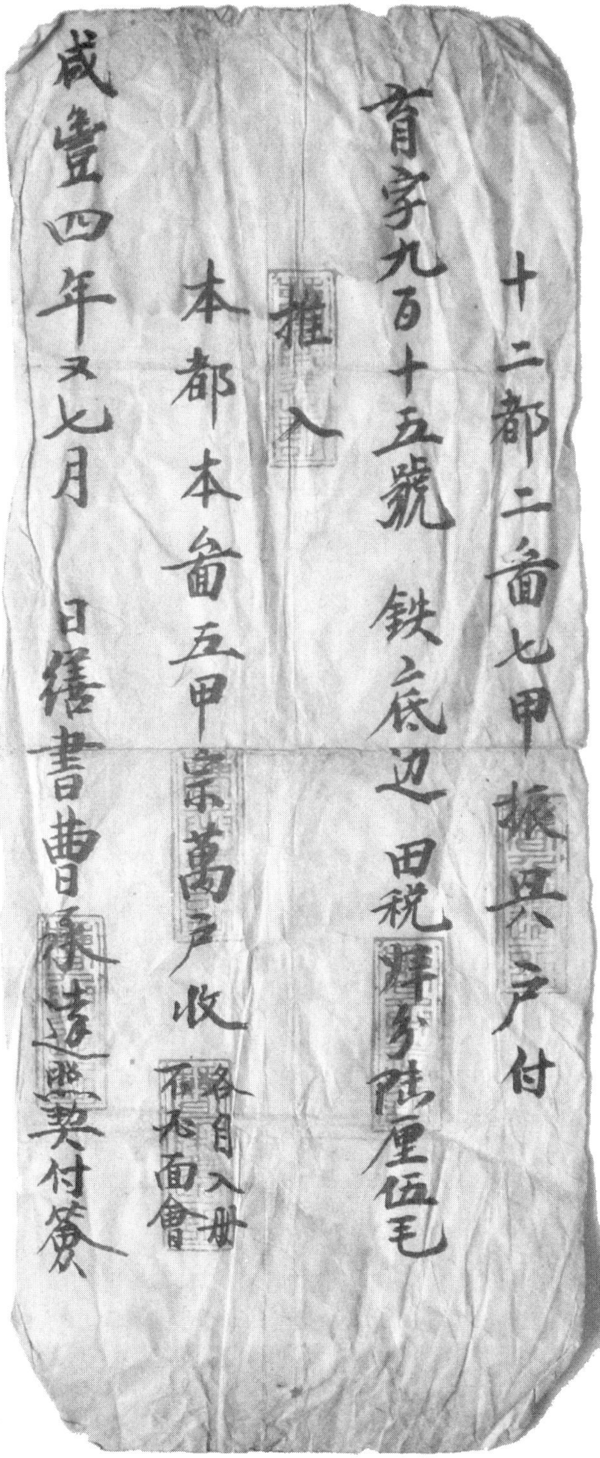
十二都二啚七甲振兴户付
育字九百十五號　鉄底边　田税捌分陆厘伍毛
推入
本都本啚五甲宗萬户收　各自入册　兩相面會
咸豐四年又七月　日繕書曹承達照契付簽

段莘乡万担源 34 · 咸丰四年 · 推单 · 振兴户付与宗万户

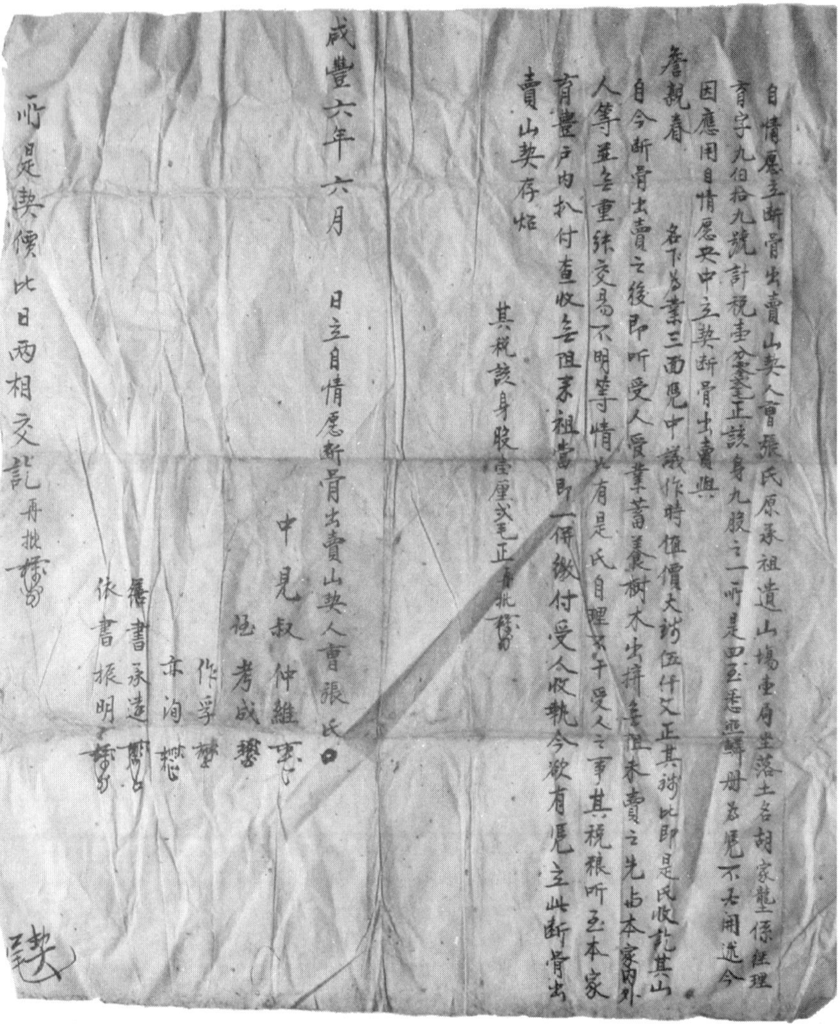

自情愿立断骨出賣山契人曹張氏原承祖遺山場壹局坐落土名胡家塾係徑理
育字九伯拾九號計稅壹[illegible]正該身九股之一听是四至悉照鱗冊為憑不必開述今
因應用自情愿央中立契斷骨出賣與
詹親眷名下為業三面憑中議作時值價大錢伍仟文正其錢比即是氏收訖其山
自今斷骨出賣之後即听受人管業蓄養樹木出拚無阻未賣之先與本家內外
人等並無重張交易不明等情如有是氏自理不干受人之事其稅粮听至本家
育豐户内扒付查收無阻其祖當即一併繳付受人收執今欲有憑立此斷骨出
賣山契存炤

其稅該身股壹厘式毛正 再批（押）

咸豐六年 六月 日立自情愿斷骨出賣山契人曹張氏（押）

中見叔 仲維（押）

侄 考成（押）

作孚（押）

亦洵（押）

代書 承達（押）

依書 振明（押）

所是契價比日兩相交訖 再批（押）

契

段莘乡万担源 11 · 咸丰六年 · 断骨出卖山契 · 曹张氏卖与詹亲眷

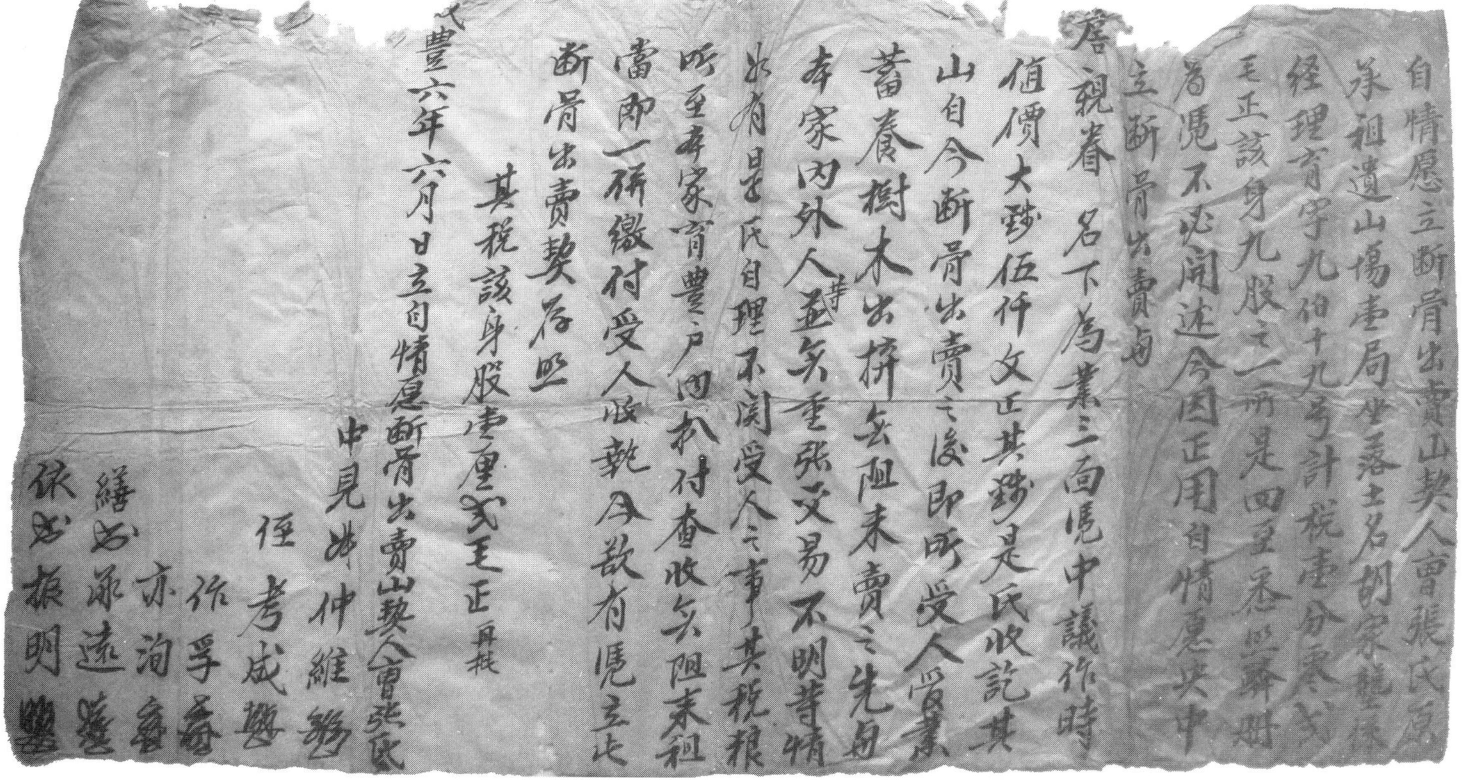
自情愿立斷骨出賣山契人曹張氏原
承祖遺山塲壹局坐落土名胡家壟源
經理育字九伯十九號計稅壹分零弍
毛正該身九股之一，所是四至悉照鱗册
為憑不必開述今因正用自情愿央中
立斷骨出賣與
詹親眷名下為業三面憑中議作時
值價大錢伍仟文正其錢是氏收訖其
山自今斷骨出賣之後即听受人管業
蓄養樹木出拚無阻未賣之先與
本家内外人等並無重張交易不明等情
如有是氏自理不涉受人之事其稅根
听至本家育豐户内扒付查收無阻未租
當即一并繳付受人收執存欺有憑立此
斷骨出賣契存照
其稅該身股壹厘弍毛正 再批
咸豐六年六月 日立自情愿断骨出賣山契人曹張氏
中見 叔 仲維
侄 孝成
作孚
亦洵
縉必 承遠
依口 振明

段莘乡万担源22·咸丰六年·断骨出卖山契·曹张氏卖与詹亲眷

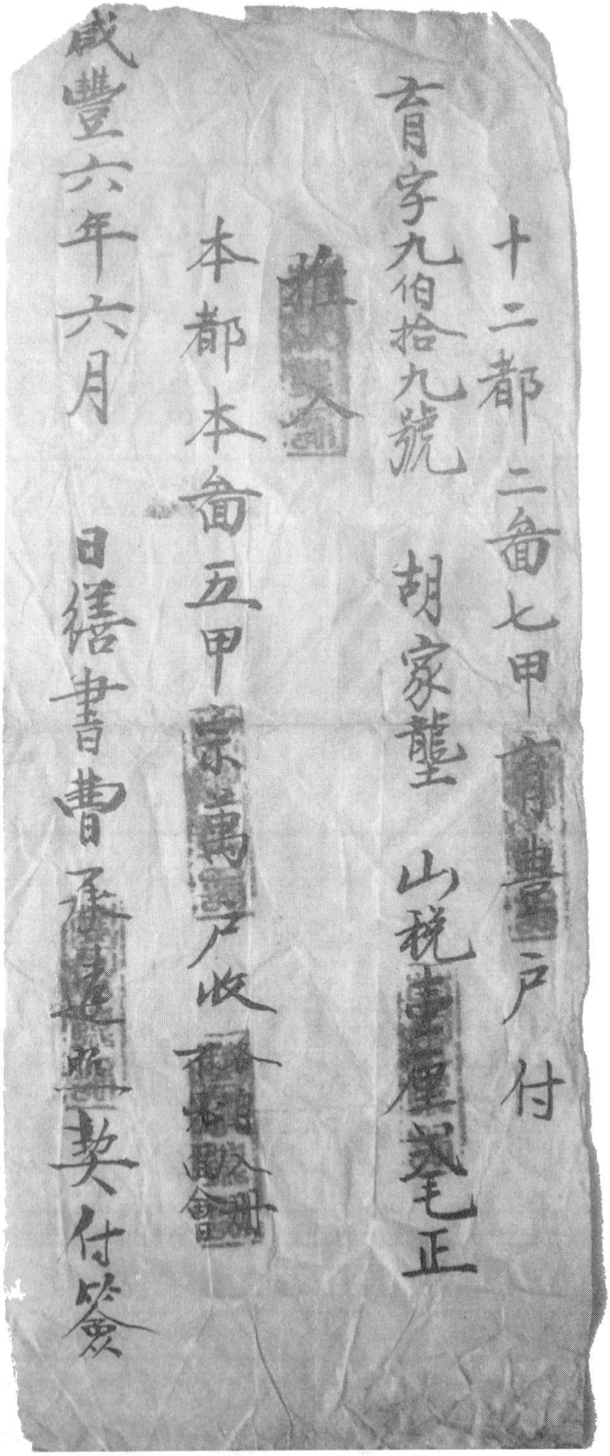
十二都二啚七甲育豐户付
育字九伯拾九號　胡家壟　山税壹厘貳毛正
推入
本都本啚五甲宗萬户收[illegible]
咸豐六年六月　日繕書曹[illegible]契付簽

段莘乡万担源 35 · 咸丰六年 · 推单 · 育丰户付与宗万户

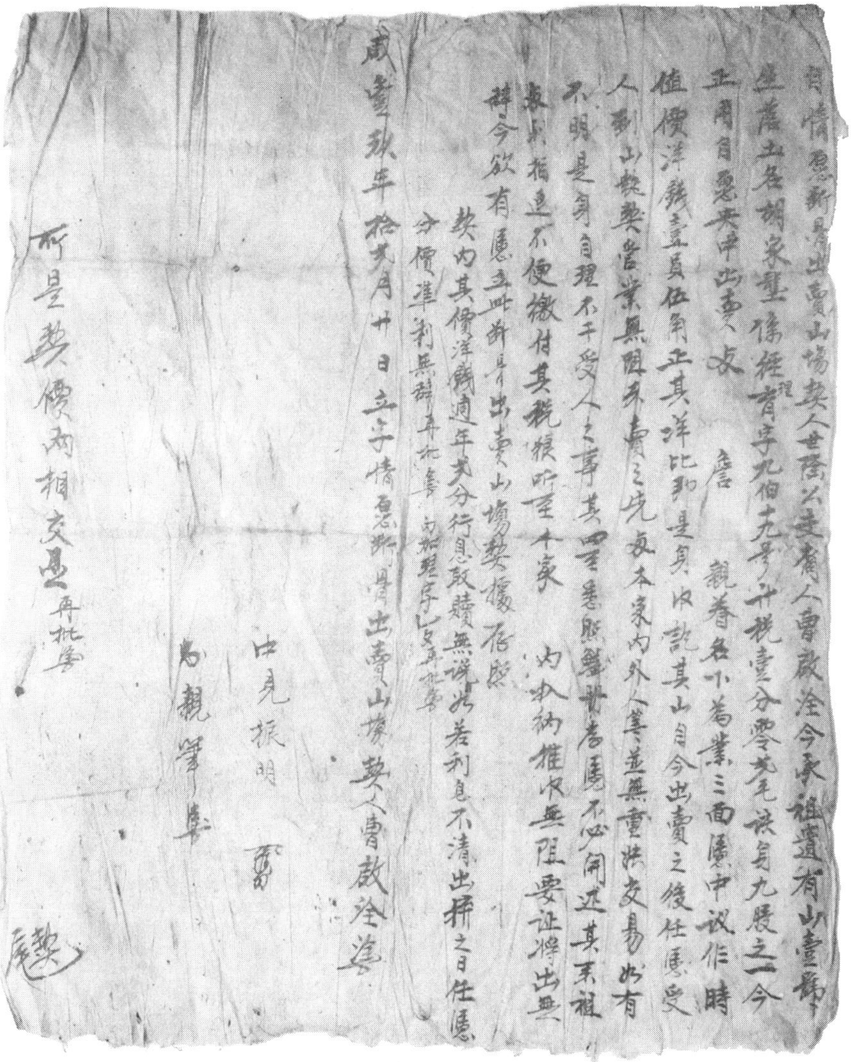
立情愿断骨出賣山場契人世居公塘人曹啟淦，今承祖遺有山壹號，坐落土名胡家壟，係經理肯字九伯九十號，計稅壹分零五毛，該身九股之一，今自愿央中出賣與詹親眷名下爲業，三面憑中議作時值價洋錢壹員伍角正，其洋比即是身收訖。其山自今出賣之後，任憑受人劉山興養管業無阻。未賣之先，與本家内外人等並無重張交易；如有不明，是身自理，不干受人之事。其四至悉照鱗冊爲憑，不必開述。其來祖業只指連，不便繳付。其稅粮聽至本家内收納推收無阻，要証將出無辞。今欲有憑，立此断骨出賣山場契據存照。
契内其價洋錢遞年分行息取贖無誤。如若利息不清，出拚之日任憑分價準利無辞。再批。內批理字山名再批。
咸豐玖年拾弍月廿日立字情愿断骨出賣山場契人曹啟淦
中見 振明 押
爲親筆
所是契價兩相交足。再批。
尾契

段莘乡万担源 9 · 咸丰九年 · 断骨出卖山场契 · 曹启淦出卖与詹☐

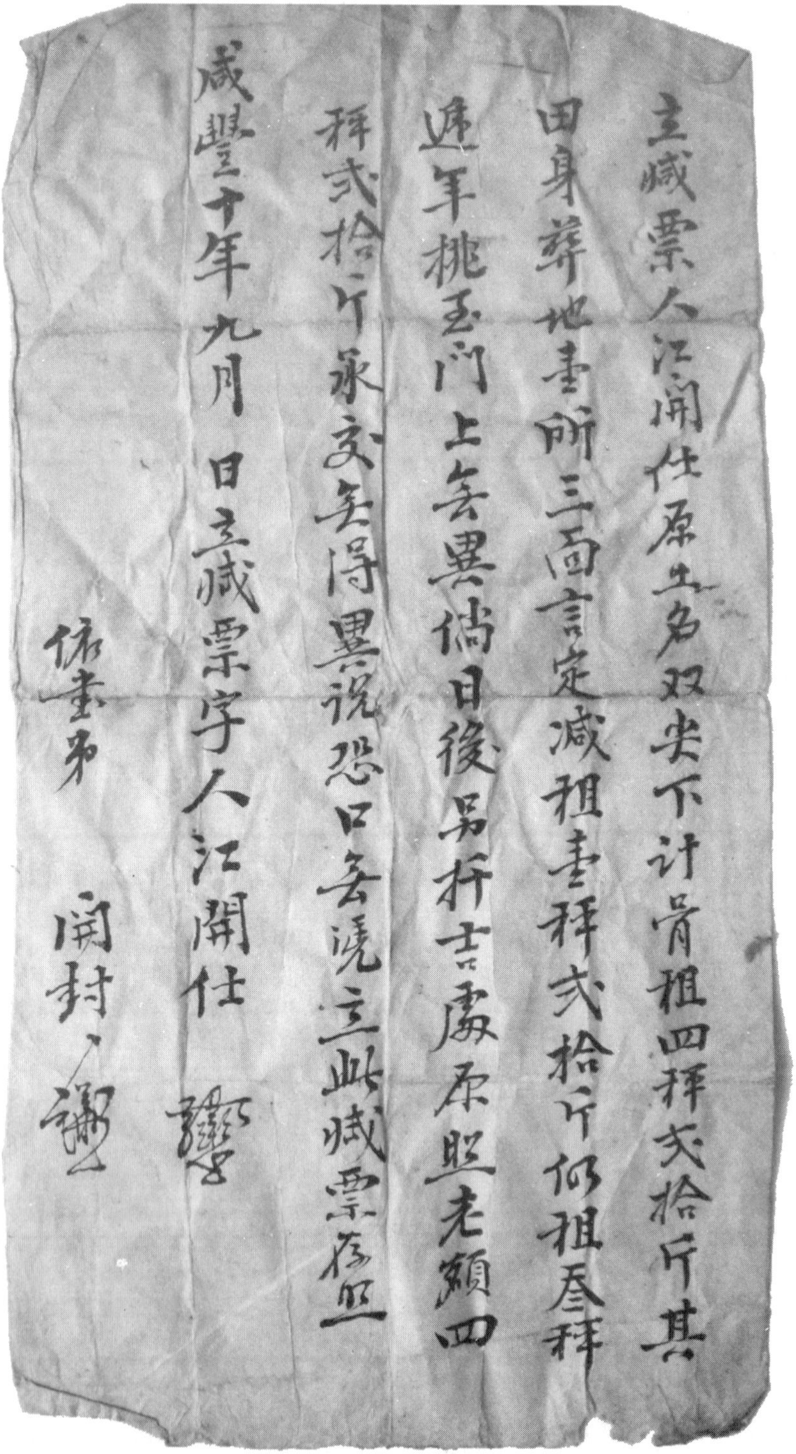
立减票人江開仕原土名双尖下计骨租四拜式拾斤其
田身葬地壹所三面言定减租壹拜式拾斤仍租叁拜
逐年挑至門上無異倘日後另扦吉處原照老額四
拜式拾斤承交無得異說恐口無憑立此减票存照
咸豐十年九月 日立减票字人江開仕（押）
依書弟 開封（押）

段莘乡万担源 18 · 咸丰十年 · 减票字 · 江开仕

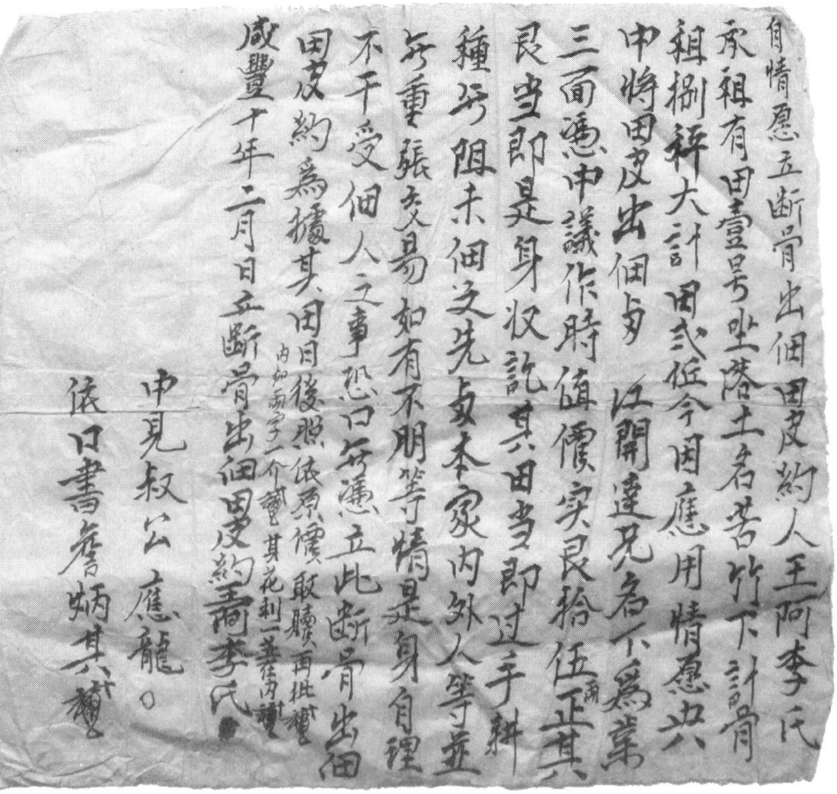
自情愿立断骨出佃田皮約人王阿李氏
承祖有田壹号，坐落土名苦竹下，計骨
租捌秤大，計田弍坵，今因應用，情愿央
中將田皮出佃与江開達兄名下為業，
三面憑中議作時值價實艮拾伍両正，其
艮当即是身收訖，其田当即过手耕
種無阻，未佃之先，与本家内外人等並
無重張交易，如有不明等情，是身自理，
不干受佃人之事，恐口無憑，立此断骨出佃
田皮約為據。其田日後照依原價取贖，再批。（押）
内加弍字一个（押），其花利一并在内（押）
咸豐十年二月 日立断骨出佃田皮約 王阿李氏（押）
中見叔公 應龍 ○
依口書 詹炳其（押）

段莘乡万担源 30 · 咸丰十年 · 断骨出卖佃田皮约 · 王阿李氏佃与江开达

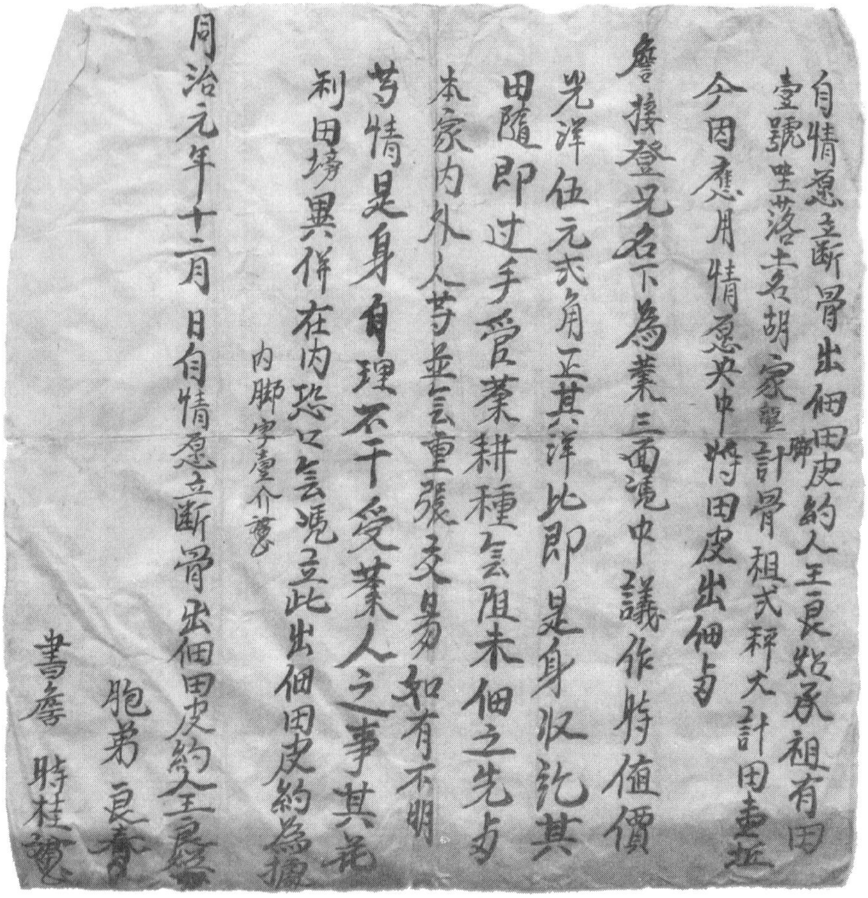
自情愿立断骨出佃田皮約人王良炤，承祖有田
壹號，坐落土名胡家塱，計骨租弍秤大，計田壹坵，
今因應用，情愿央中將田皮出佃与
詹接登兄名下為業，三面憑中議作時值價
光洋伍元弍角正，其洋比即是身收訖，其
田隨即过手管業耕種，无阻。未佃之先，与
本家内外人等並无重張交易，如有不明
等情，是身自理，不干受業人之事。其兌
利田塝，異併在内。恐口无憑，立此出佃田皮約為據。
内脚字壹介
同治元年十二月 日自情愿立断骨出佃田皮約人王良炤
胞弟 良青
書 詹時桂

段莘乡万担源 27 · 同治元年 · 断骨出佃田皮约 · 王良炤佃与詹接登

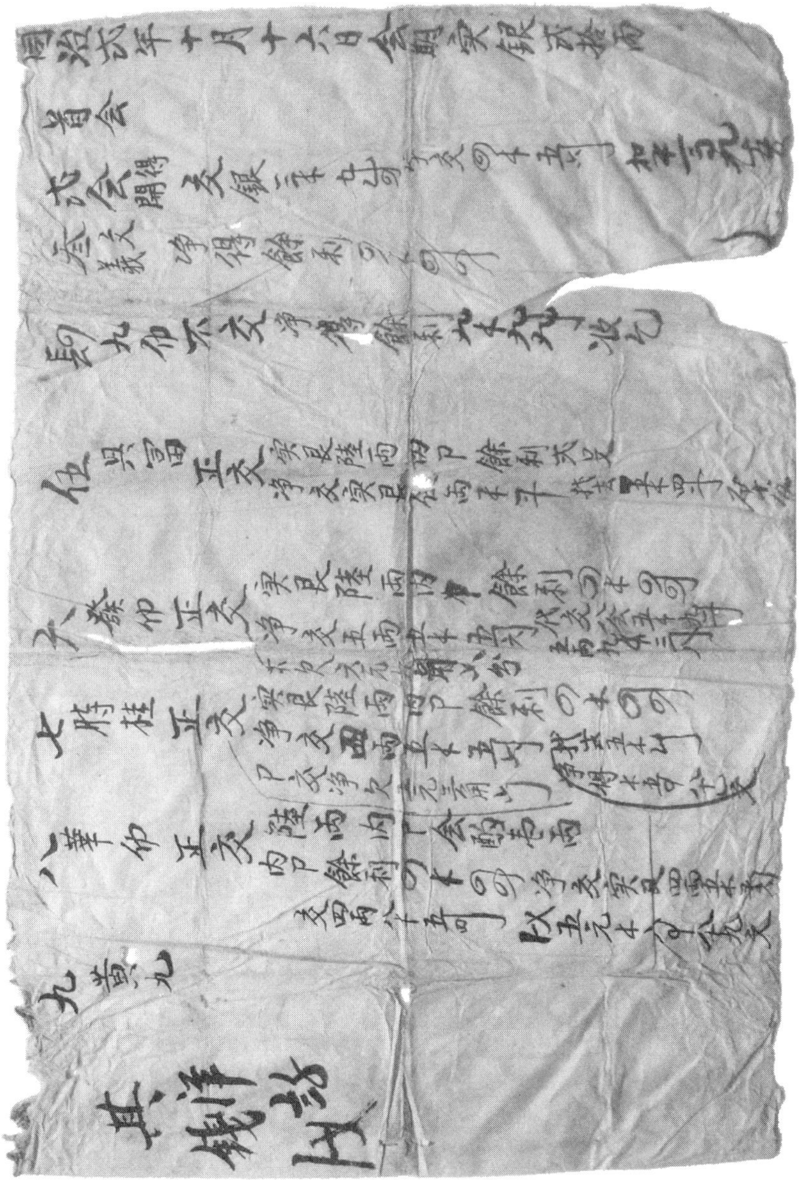

段莘乡万担源 23 · 同治二年 · 会书

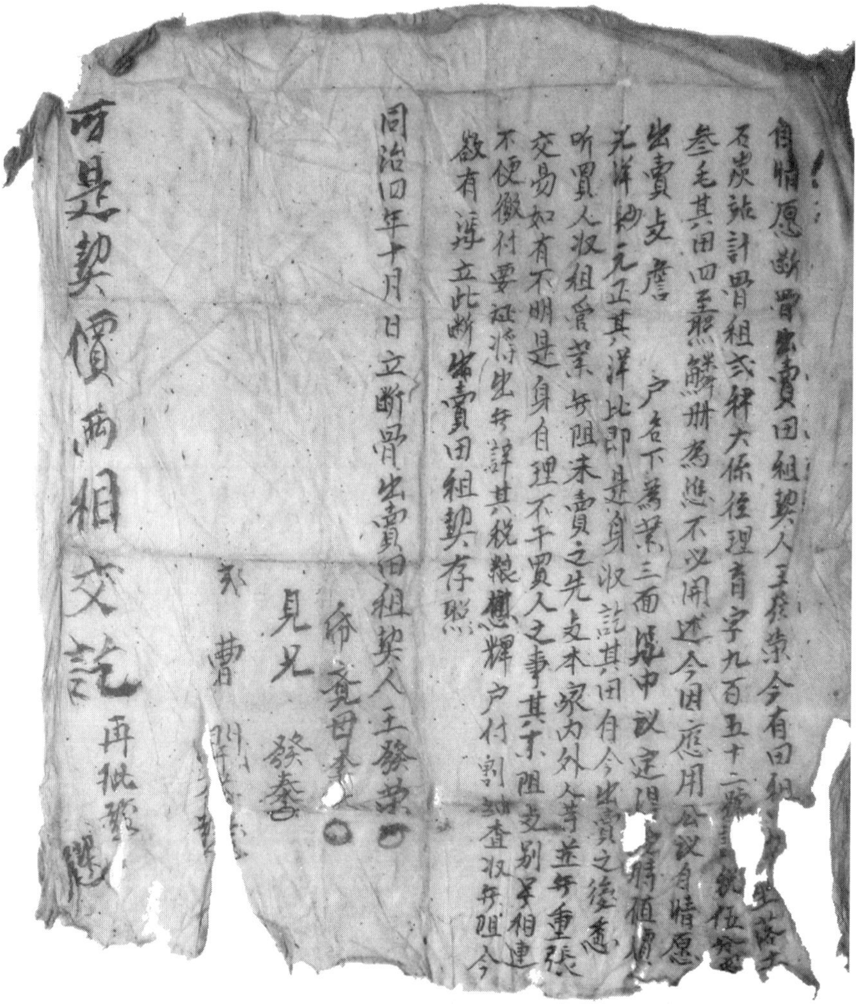

段莘乡万担源 10 · 同治四年 · 断骨出卖田租契 · 王发荣卖与詹☒户

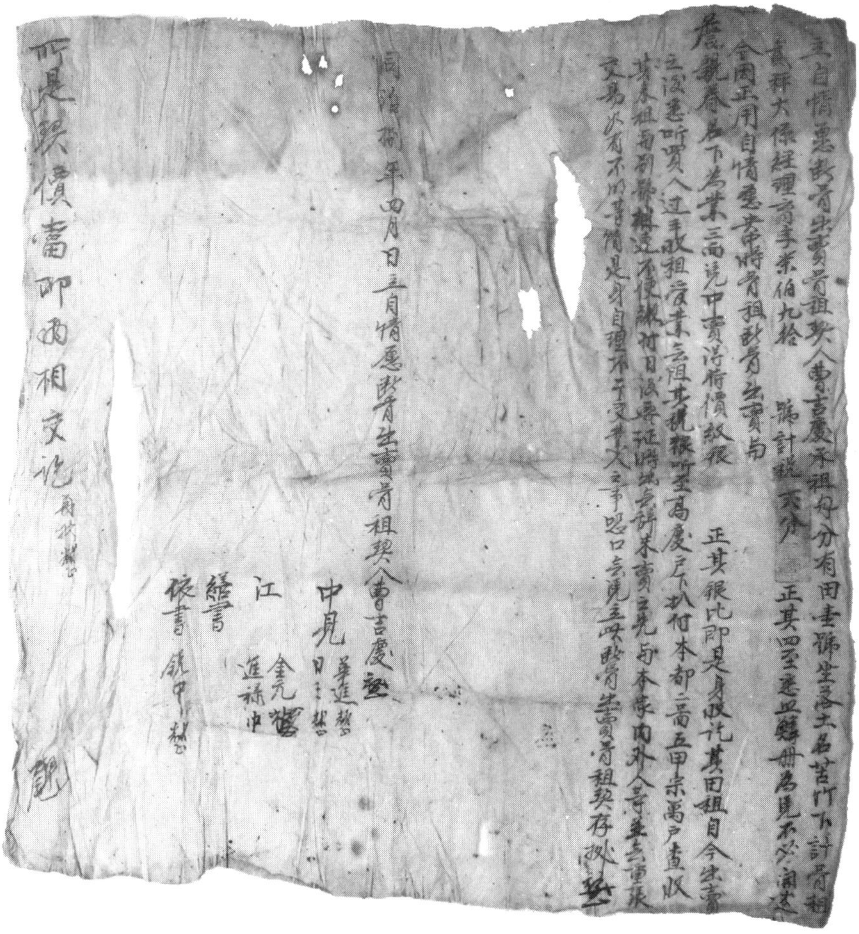

立自情愿斷骨出賣骨租契人曹吉慶承祖母分有田壹號坐落土名苦竹下計骨租
貳秤大係經理商字號伯九拾 號計稅 分 正其四至悉照鱗冊為見不必開述
今因正用自情愿央中將骨租斷骨出賣與
詹親眷名下為業三面憑中實得時價紋銀 正其銀比即是身收訖其田租自今出賣
之後悉聽買人過手收租管業無阻其稅粮聽至高慶戶下扒付本都二啚五甲宗萬戶查收
其本祖有別礙相迭不便諸付自後無從將來無許來賣之先與本家內外人等並無重張
交易及有不明等情是身自理不干受業人之事恐口無憑立此斷骨出賣骨租契存照
同治捌年四月 日立自情愿斷骨出賣骨租契人曹吉慶
中見 華進 日三 金元 進祿
江
經書
依書 飯中
所是契價當即兩相交訖 再批

段莘乡万担源 8 · 同治八年 · 断骨出卖骨租契 · 曹吉庆卖与詹亲眷

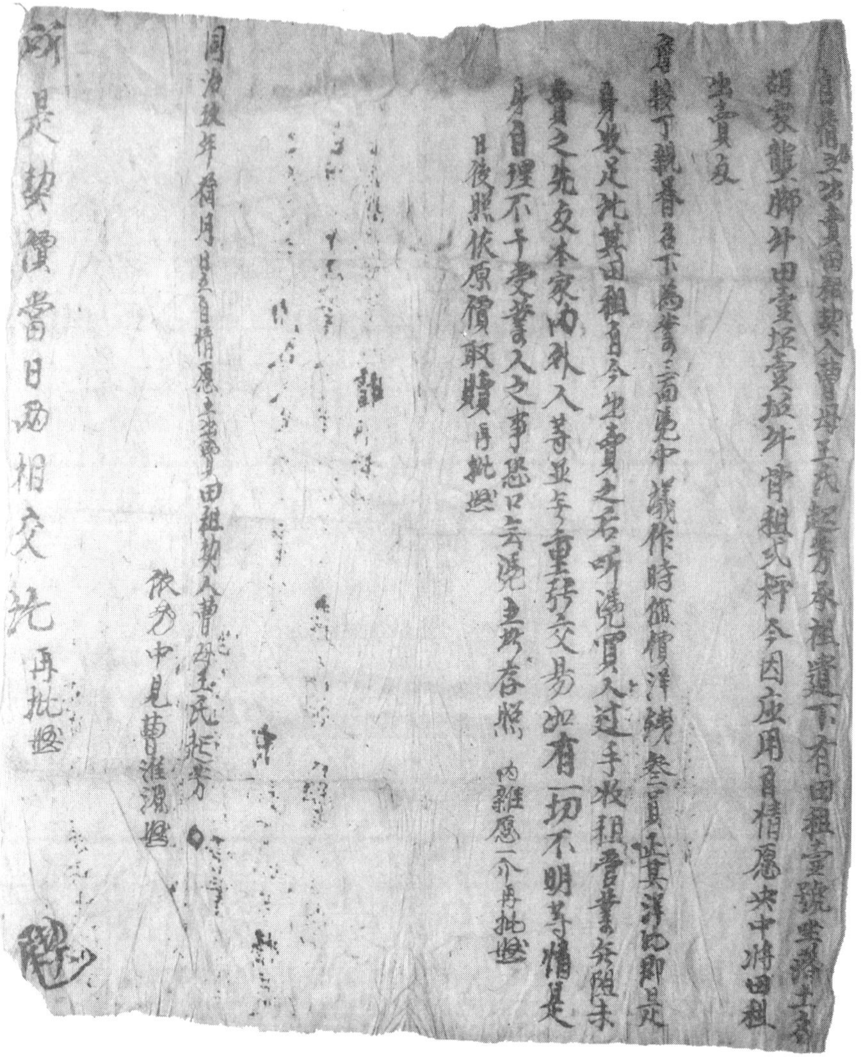

立自情愿出賣田租契人曹母王氏起芳承祖遺下有田租壹號坐落土名胡家隴脚計田壹坵壹坵計實租弍秤今因應用自情愿央中將田租出賣與詹接丁親眷名下爲業三面憑中議作時值價洋錢叁圓正其洋當即是身收足訖其田租自今出賣之后聽憑買人过手收租管業無阻未賣之先及本家內外人等並無重複交易如有一切不明等情是身自理不干受業人之事恐口無憑立此賣契存照 內雜愿一个再批照

日後照依原價取贖 再批照

同治玖年荷月 日立自情愿出賣田租契人曹母王氏起芳

依口中見曹淮源

所是契價當日兩相交訖 再批照

段莘乡万担源 7 · 同治九年 · 出卖田租契 · 曹母王氏起芳卖与詹接丁

自情愿立断骨出賣骨租契人曹金桂承父遗有田壹
字玖百十五號計骨租五秤大計税五分二厘正其田四至
正用自情愿央中出賣與
名下為業三面議作時值價銀洋 正其洋比
没是所受人收租管業一切[illegible]因未曾先與本家
不明等情是身自理不干受人之事其税粮听至本
收其来祖與别號相連不便缴付要证將出[illegible]辞恐口無
同治九年六月 日自情愿立断骨出賣骨租契人曹金桂
中見 [illegible]
收祖士珍
代筆 [illegible]

段莘乡万担源 36 · 同治九年 · 断骨出卖骨租契 · 曹金桂卖与☐

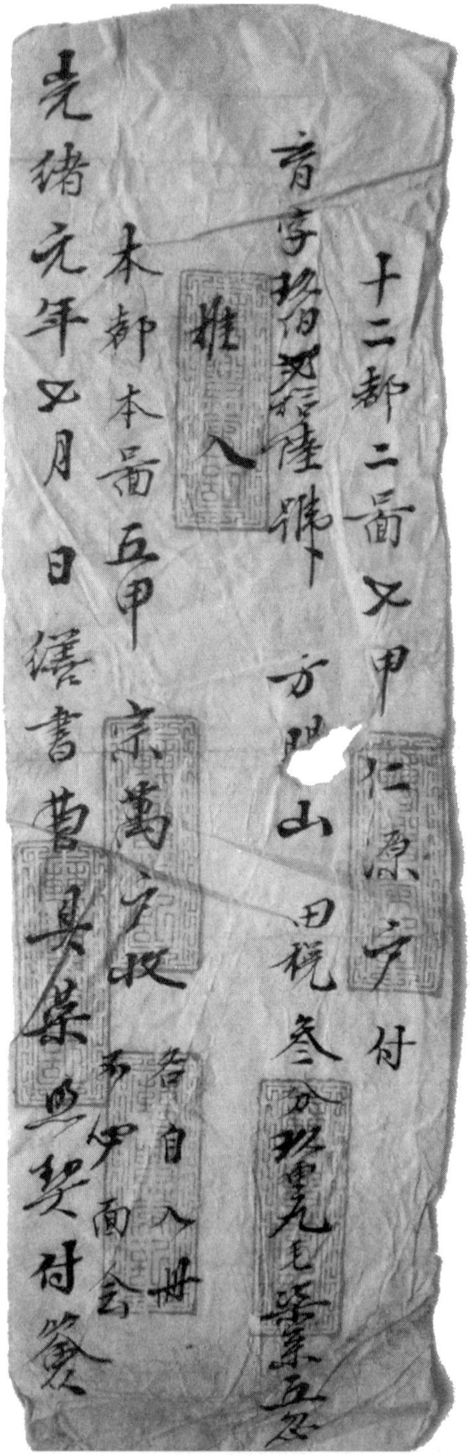

十二都二啚又甲仁源户付
育字玖伯叁拾陸號下方[illegible]山田税叁分玖厘九毛柒系五忽
推入
本都本啚五甲宗萬户收　各自入册
[illegible]甲面会
光绪元年又月　日缮書曹長保照契付签

段莘乡万担源 33 · 光绪元年 · 推单 · 仁源户付与宗万户

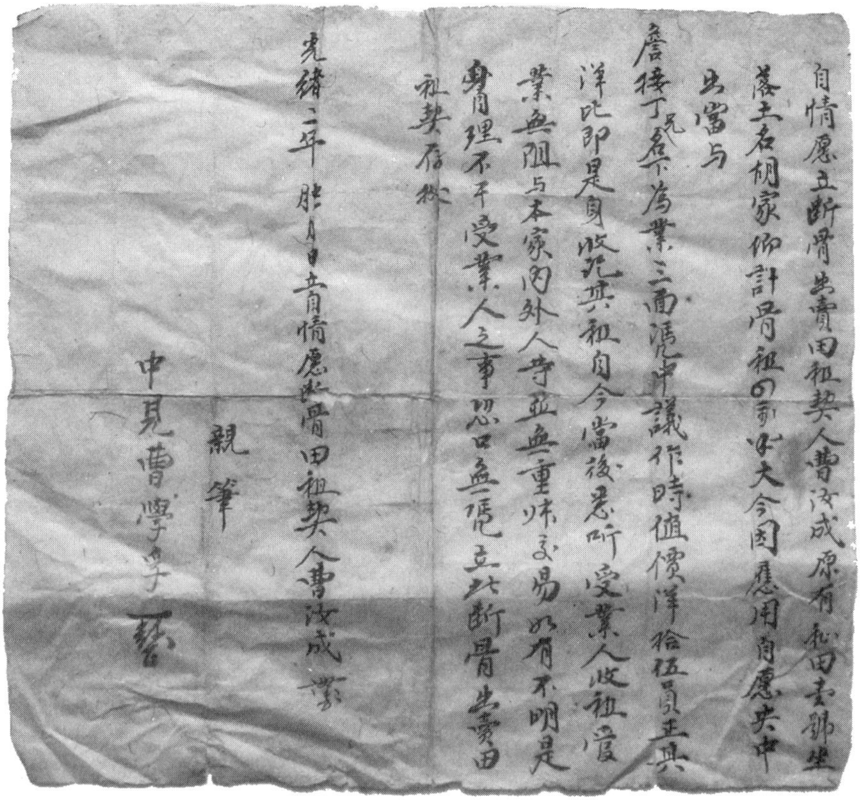

段莘乡万担源 28 · 光绪二年 · 断骨出卖田租契 · 曹汝成当与詹接丁

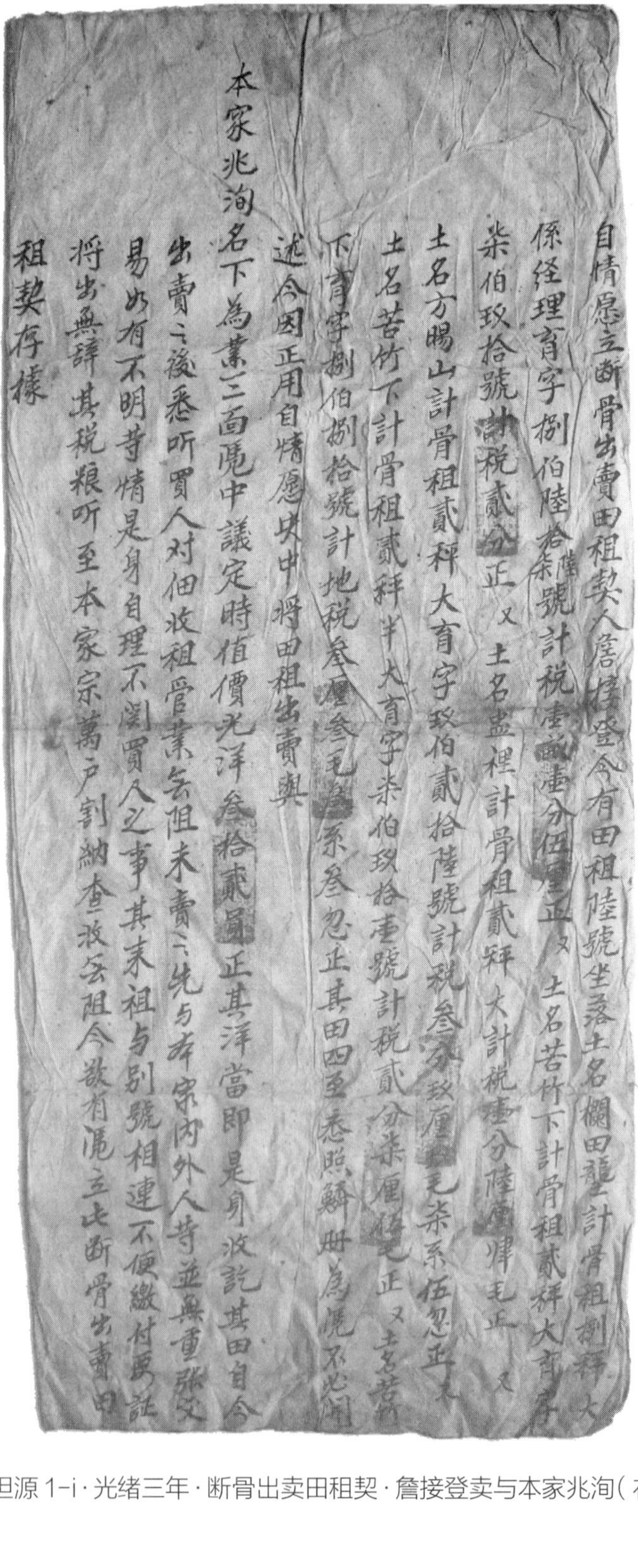
自情愿立断骨出賣田租契人詹接登今有田租陸號坐落土名欄田壠計骨租捌秤大
係经理育字捌伯陸拾柒陸號計稅壹畝壹分伍厘正 又 土名苦竹下計骨租貳秤大育字
柒伯玖拾號地稅貳分正 又 土名盡裡計骨租貳秤大計稅壹分陸厘肆毛正 又
土名方賜山計骨租貳秤大育字玖伯貳拾陸號計稅叁分玖厘[illegible]毛柒系伍忽正 又
土名苦竹下計骨租貳秤半大育字柒伯玖拾壹號計稅貳分柒厘[illegible]毛正 又 土名苦竹
下育字捌伯捌拾號計地稅叁厘叁毛[illegible]系叁忽正其田四至悉照鱗册為憑不必開
述今因正用自情愿央中將田租出賣與
本家兆洵名下為業三面憑中議定時值價光洋叁拾貳圓正其洋當即是身收訖其田自今
出賣之後悉听買人对佃收租管業無阻未賣之先与本宗內外人等並無重張交
易如有不明等情是身自理不涉買人之事其來祖与別號相連不便繳付要証
將出無辞其稅粮听至本家宗萬戶割納查收無阻今欲有憑立此断骨出賣田
租契存據

段莘乡万担源 1-i · 光绪三年 · 断骨出卖田租契 · 詹接登卖与本家兆洵（右半部分）

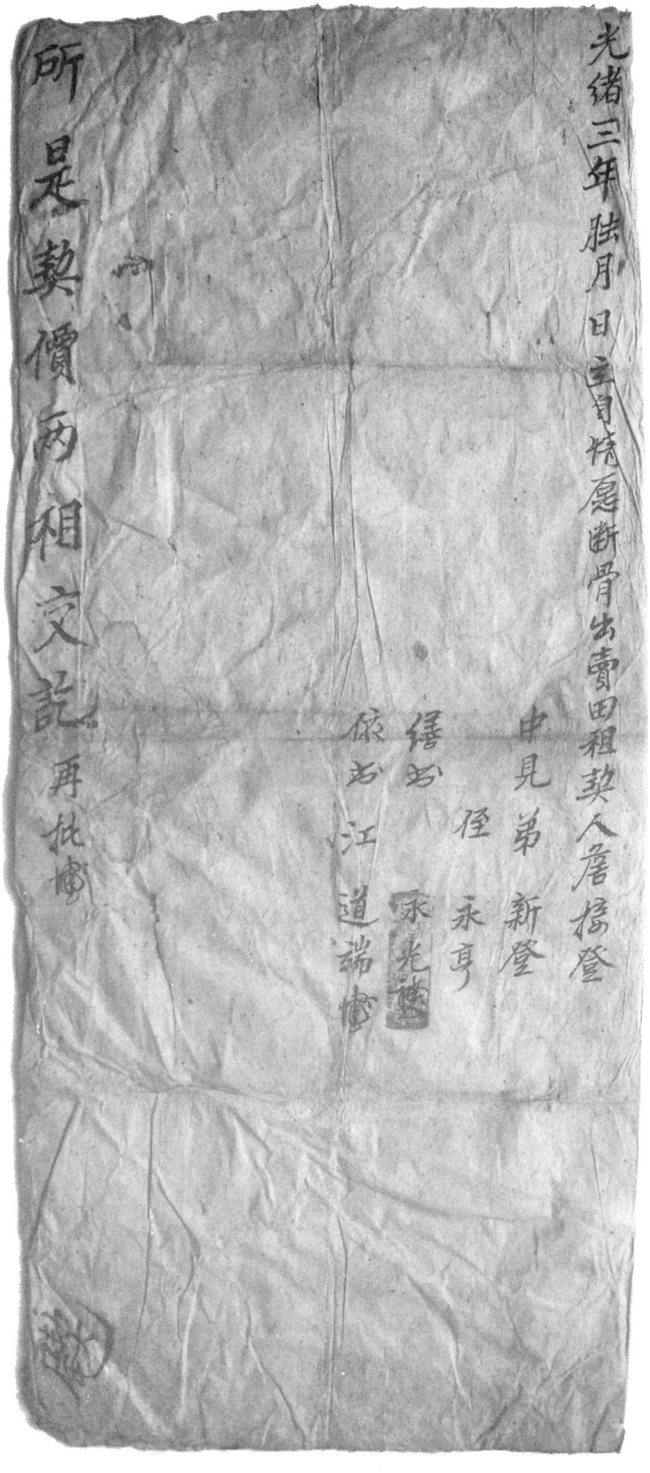

光绪三年腊月 日立自情愿断骨出卖田租契人詹接登

中見弟 新登

侄 永亨

永光

缮书

依书江道端押

所是契價兩相交訖 再批押

段莘乡万担源 1-ii · 光绪三年 · 断骨出卖田租契 · 詹接登卖与本家兆洵（左半部分）

段莘乡万担源 38-1 · 光绪三年 · 税粮实征册 · 宗万户

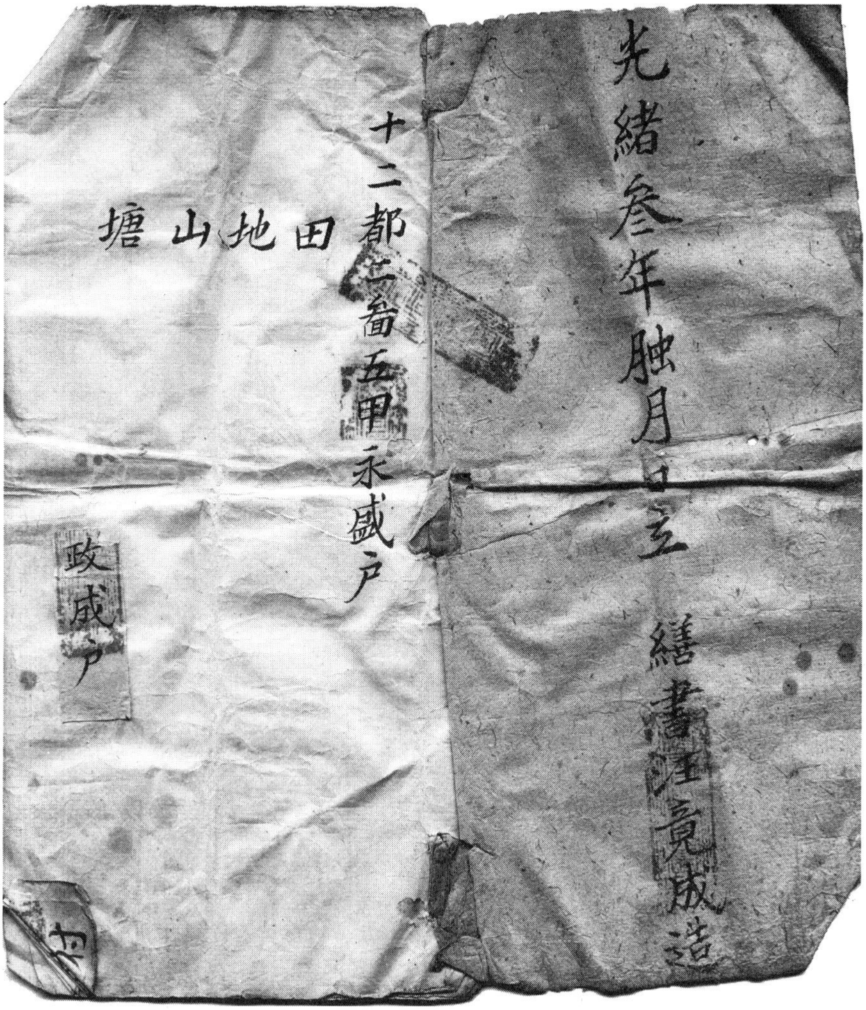
光緒叁年朒月日立
繕書汪竟成造
十二都六啚五甲永盛户
田
地
山
塘
政成户

段莘乡万担源 38-2 · 光绪三年 · 税粮实征册 · 宗万户

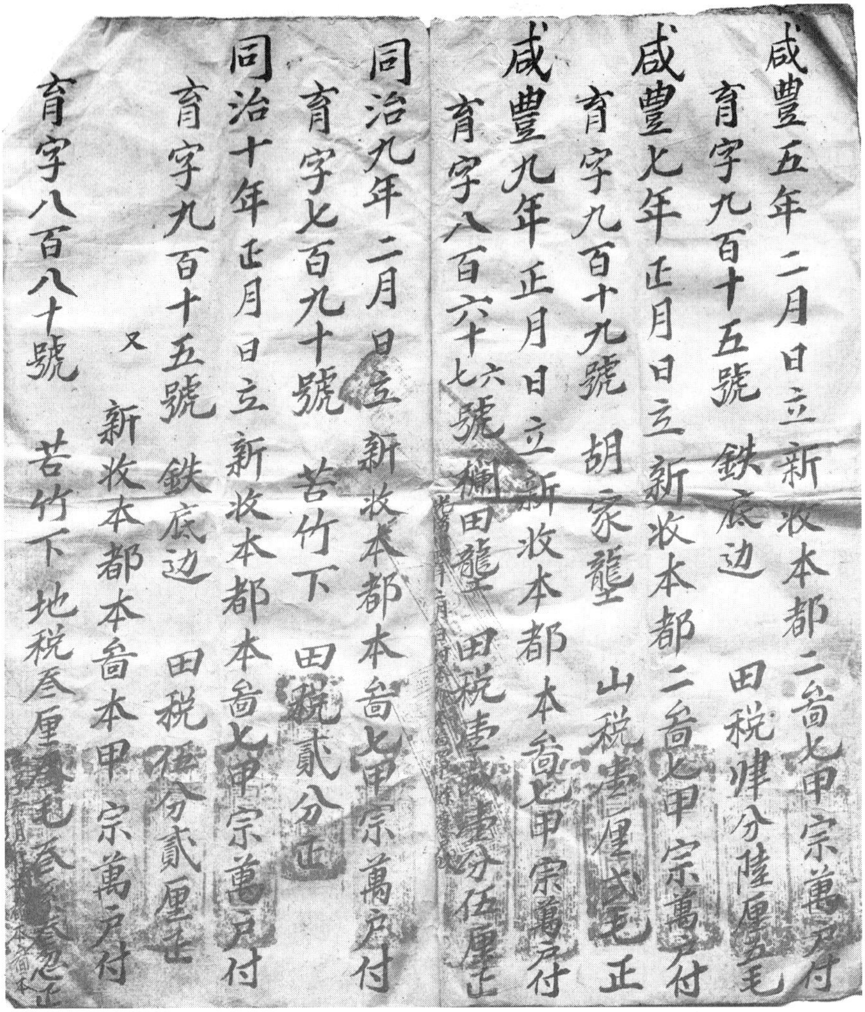
咸豐五年二月日立新收本都二啚七甲宗萬户付
育字九百十五號 鉄底边 田税肆分陸厘五毛
咸豐七年正月日立新收本都二啚七甲宗萬户付
育字九百十九號 胡家壟 山税壹厘式毛正
咸豐九年正月日立新收本都本啚七甲宗萬户付
育字八百六十七號 横田壟 田税壹分伍厘正
同治九年二月日立新收本都本啚七甲宗萬户付
育字七百九十號 苦竹下 田税贰分正
同治十年正月日立新收本都本啚七甲宗萬户付
育字九百十五號 鉄底边 田税伍分贰厘正
又 新收本都本啚本甲宗萬户付
育字八百八十號 苦竹下 地税叁厘叁毛叁[illegible]叁忽正

段莘乡万担源 38-3 · 光绪三年 · 税粮实征册 · 宗万户

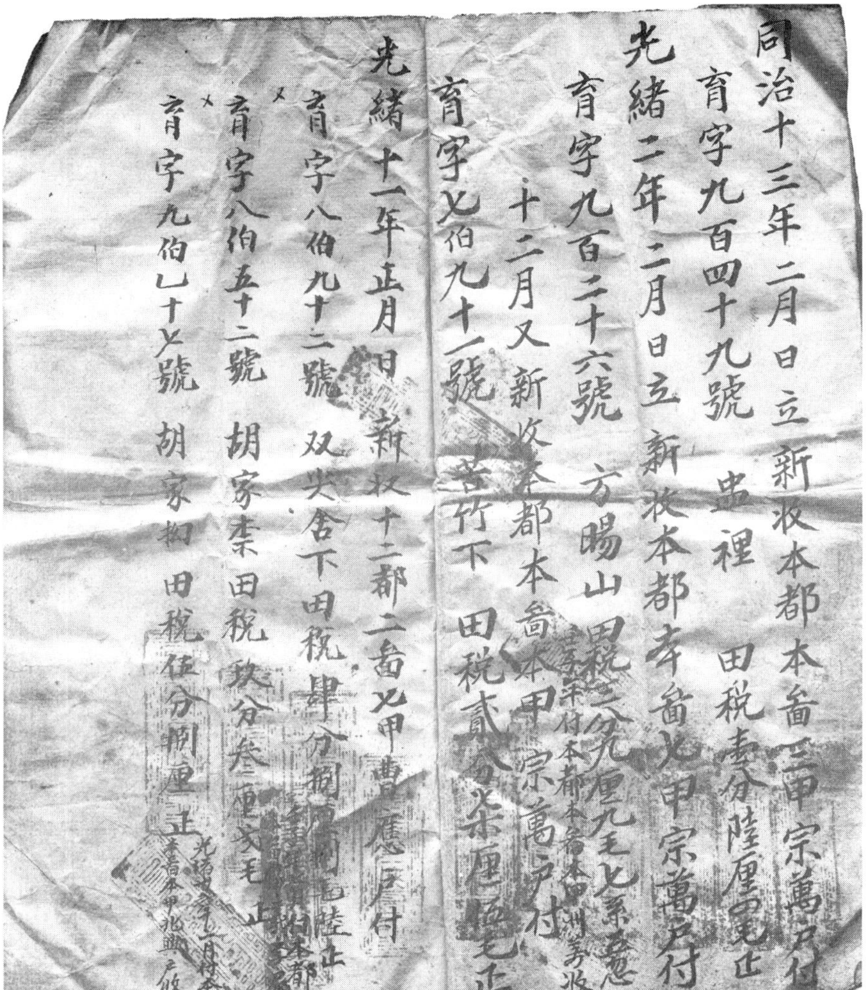

同治十三年二月日立新收本都本畲三甲宗萬户付
育字九百四十九號 忠裡 田税壹分陸厘□毛正
光緒二年二月日立新收本都本畲七甲宗萬户付
育字九百二十六號 方暘山田税二分九厘九毛七系叁忽
十二月又新收本都本畲本甲宗萬户付
育字七伯九十一號 苦竹下 田税貳分柒厘伍毛正
光緒十一年正月日新收十二都二畲七甲曹應户付
育字八伯九十二號 双尖舍下田税肆分捌厘□毛陸正
育字八伯五十二號 胡家桊田税玖分叁厘弍毛正
育字九伯七十七號 胡家桊田税伍分捌厘正

段莘乡万担源 38-4 · 光绪三年 · 税粮实征册 · 宗万户

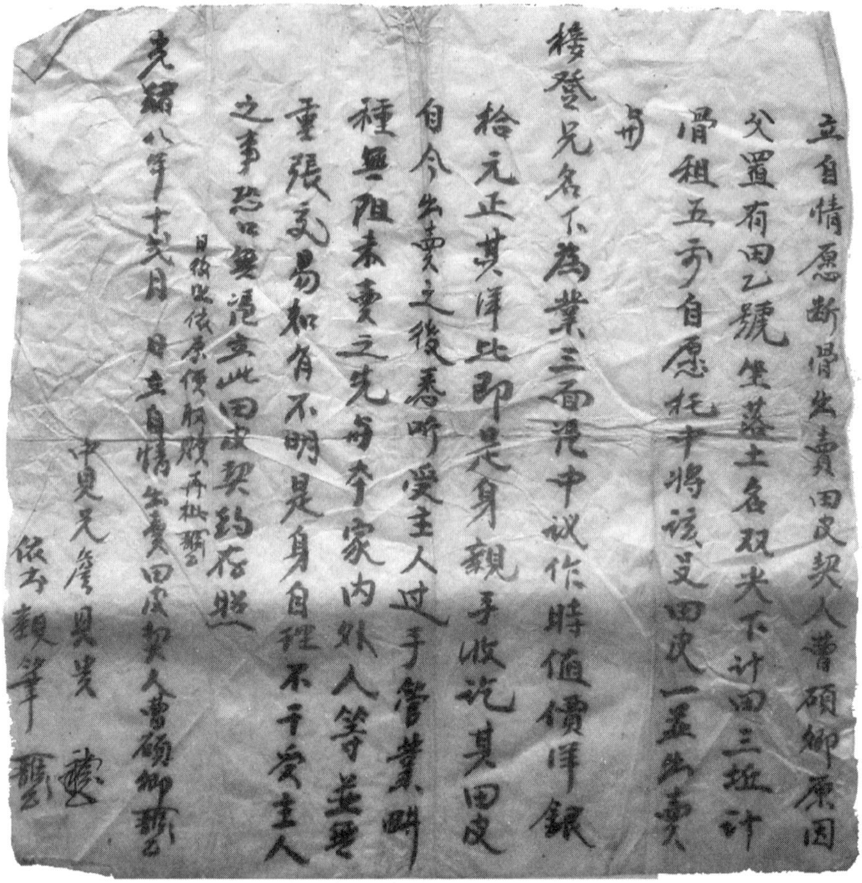

立自情愿断骨出賣田皮契人曹硕卿原因
父置有田乙號坐落土名双头下计田三坵计
骨租五秤自愿托中將該灵田皮一並出賣
與册
接登兄名下為業三面憑中議作時值價洋銀
拾元正其洋比即是身親手收訖其田皮
自今出賣之後悉聽受主人过手管業耕
種無阻未賣之先與本家內外人等並無
重張交易如有不明是身自理不干受主人
之事恐口無憑立此田皮契為存照
日後此依原價取贖再批（押）
光緒八年十弍月　日立自情出賣田皮契人曹硕卿（押）
中見兄詹興貴（押）
依书親筆（押）

段莘乡万担源 29 · 光绪八年 · 断骨出卖田皮契 · 曹硕卿卖与接登兄

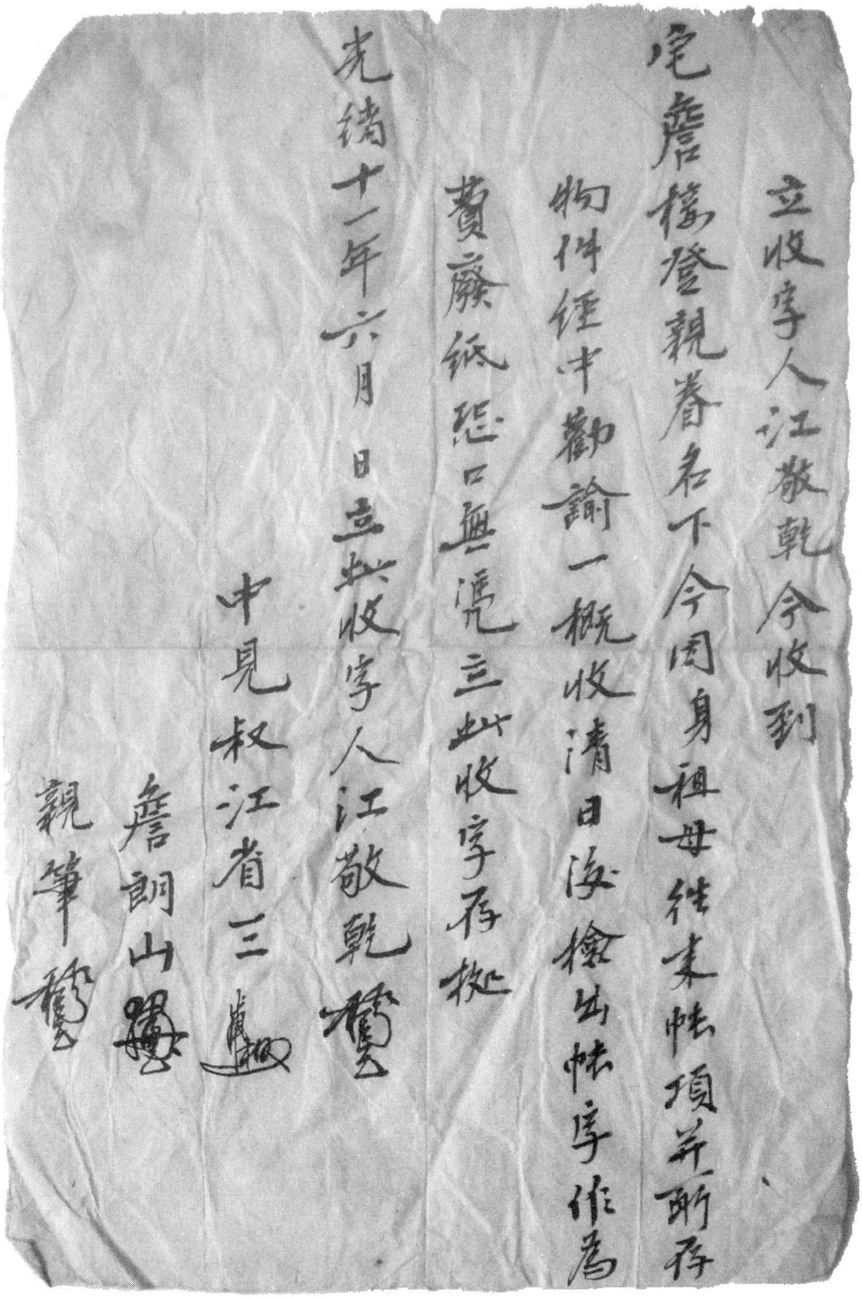
立收字人江敬乾今收到
宅詹接登親眷名下今因身祖母往來帳項并所存
物件經中勸諭一概收清日後檢出帳字作為
費廢紙恐口無憑立此收字存照
光緒十一年六月 日立此收字人江敬乾（押）
中見叔江省三（押）
詹朗山（押）
親筆（押）

段莘乡万担源 20 · 光绪十一年 · 收字 · 江敬乾收到宅詹接登

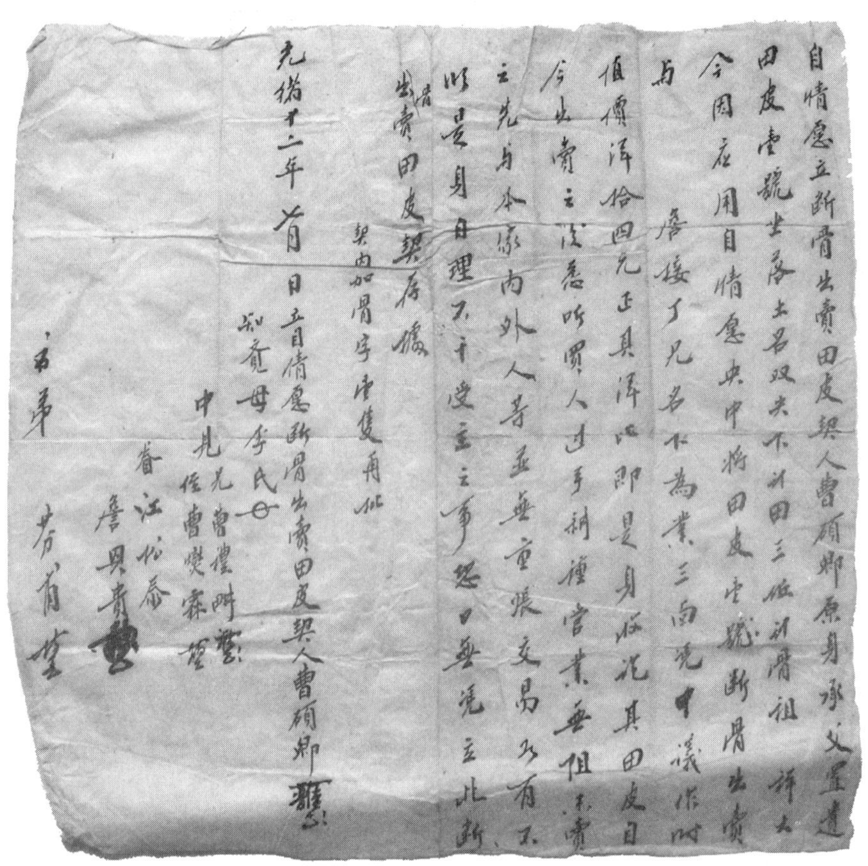

自情愿立断骨出卖田皮契人曹硕卿原身承父置遗
田皮壹號坐落土名双夫下新田三丘新骨租 详太
今因正用自情愿央中将田皮壹號断骨出卖
与 詹接丁兄名下為業三面憑中議作時
值價洋拾四元正其洋比即是身收讫其田皮自
今出賣之後悉听買人过手耕種管業無阻未賣
之先与本家内外人等並無重張交易如有不
明是身自理不干受主之事恐口無憑立此断
骨出賣田皮契存據
契内加骨字壹隻再批
光緒十二年　月　日立自情愿断骨出卖田皮契人曹硕卿
知見母李氏
中見兄曹澧顺
侄曹燮森
詹江松
詹興貴
書弟芳有

段莘乡万担源 25 · 光绪十二年 · 断骨出卖田皮契 · 曹硕卿卖与詹接丁

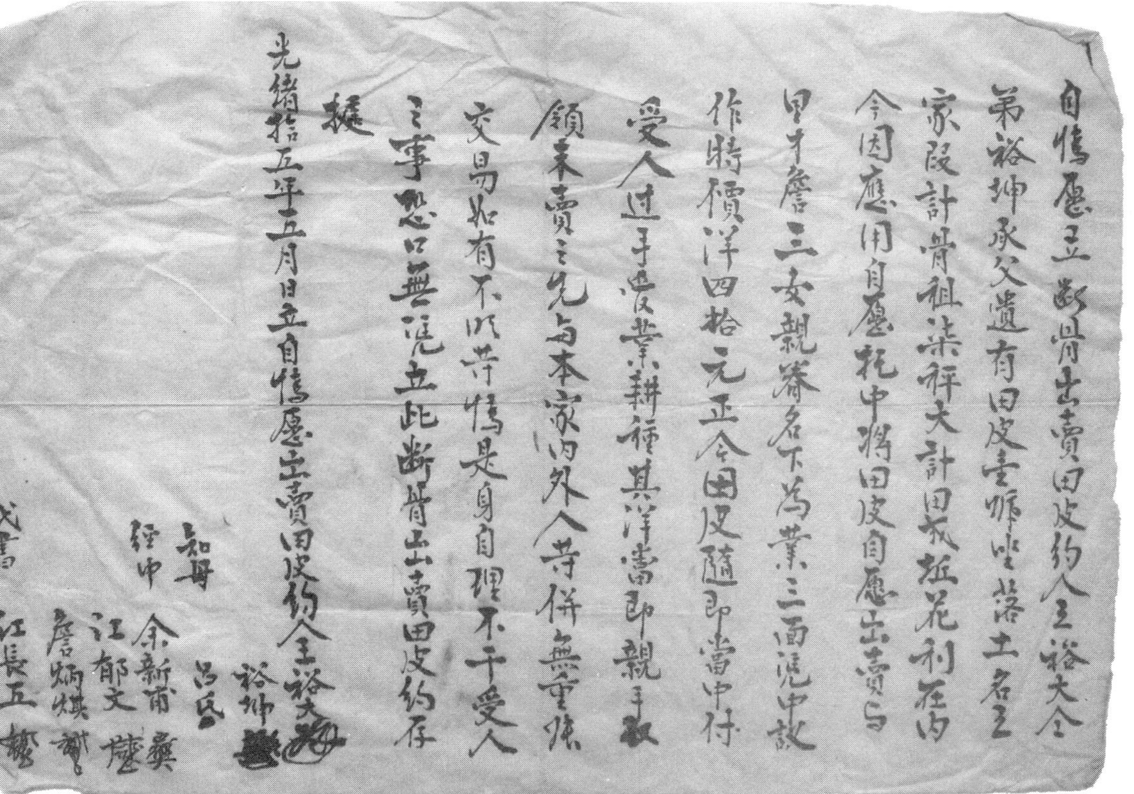
自情愿立断骨出賣田皮约人王裕大仝
弟裕坤承父遺有田皮壹號坐落土名乞
家段計骨租柒秤大計田叔坵花利在内
今因應用自愿托中將田皮自愿出賣与
里才詹三女親邊名下為業三面凭中議
作時價洋四拾元正今田皮随即当中付
受人过手受業耕種其洋当即親手收
領未賣之先与本家内外人等併無重張
交易如有不明等情是身自理不干受人
之事恐口無凭立此断骨出賣田皮约存
據
光緒拾五年五月日立自情愿出賣田皮约人王裕大（押）
裕坤（押）
知母 吕氏
經中 余新甫（押）
江郁文（押）
詹炳煤（押）
代書 江長五（押）

段莘乡万坦源 21 · 光绪十五年 · 断骨出卖田皮约 · 王裕大同弟裕坤卖与詹三女

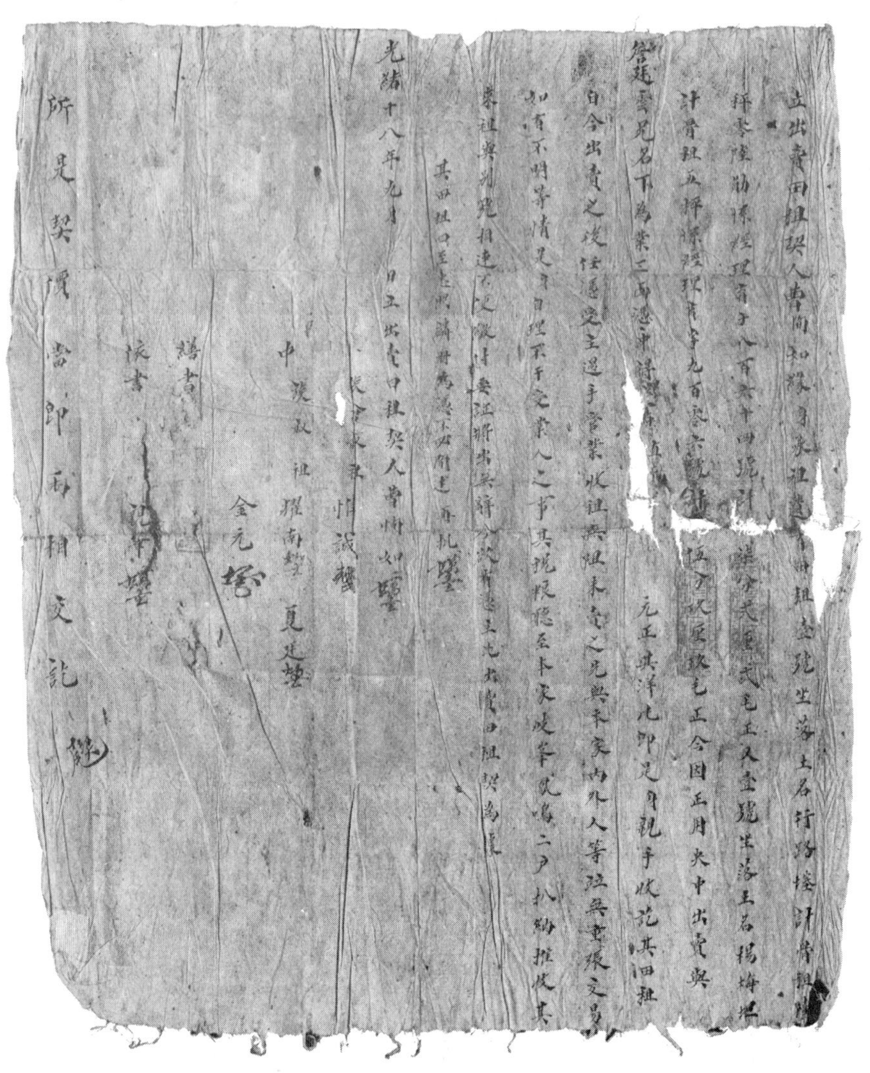

段莘乡万担源 6 · 光绪十八年 · 出卖田租契 · 曹恂如卖与詹廷云

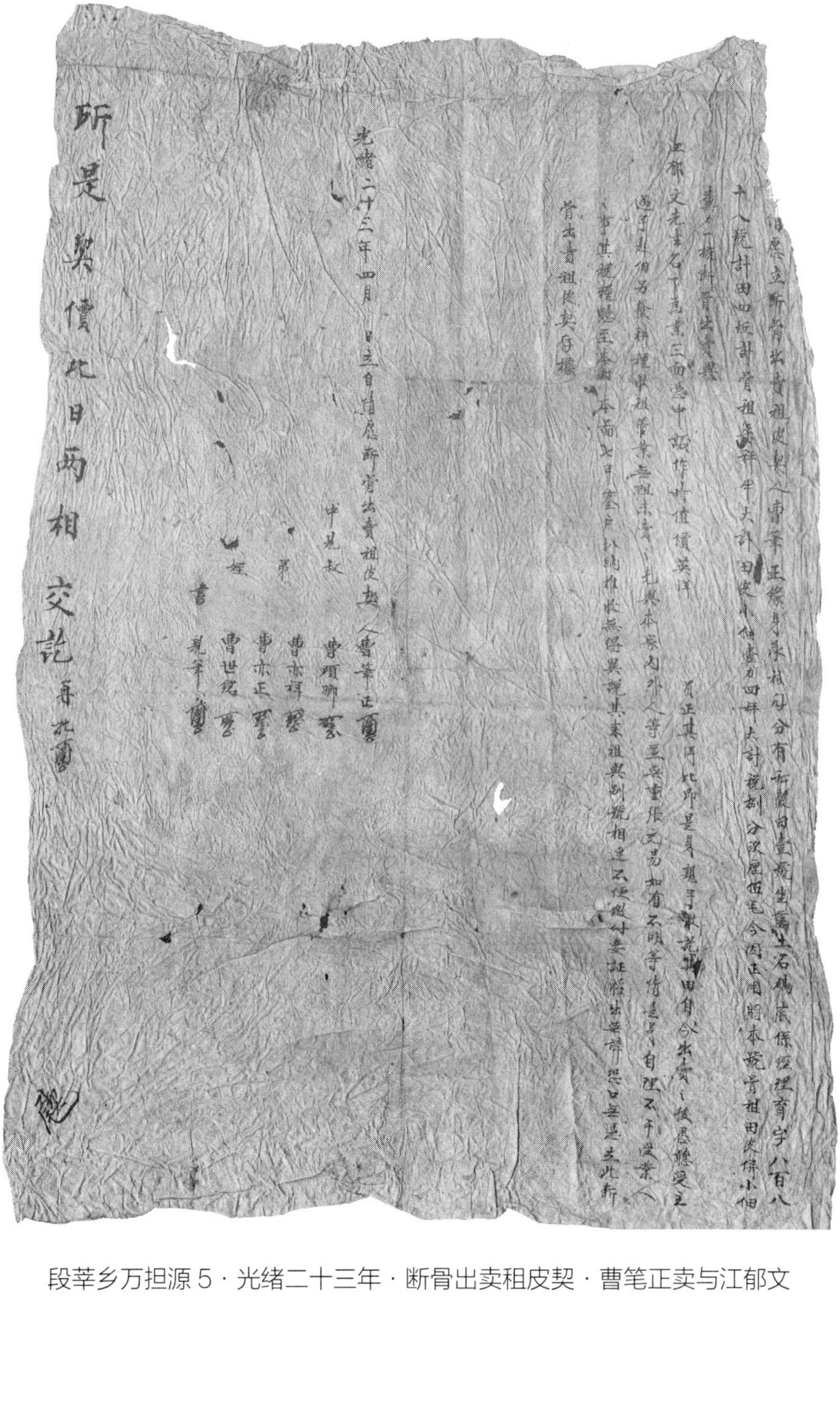

段莘乡万担源 5 · 光绪二十三年 · 断骨出卖租皮契 · 曹笔正卖与江郁文

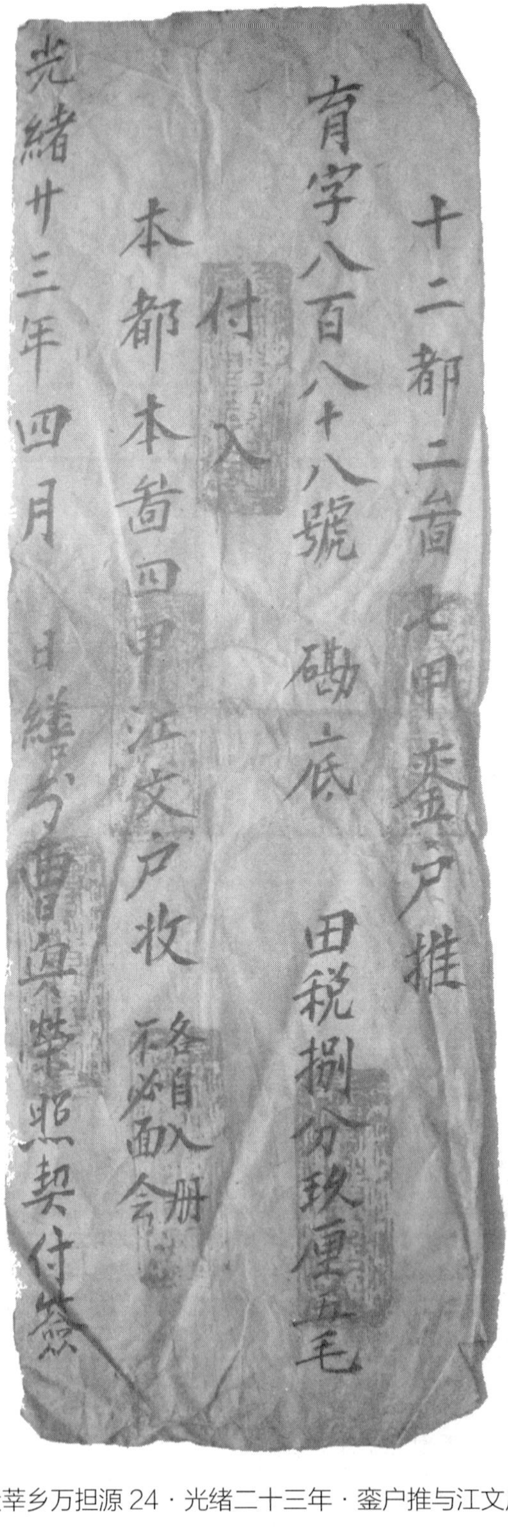
十二都二啚七甲銮户推
育字八百八十八號　磡底　田税捌分玖厘五毛
付入
本都本啚四甲江文户收　各自入册　不必面会
光緒廿三年四月　日繕书曹興榮照契付僉

段莘乡万担源 24・光绪二十三年・銮户推与江文户

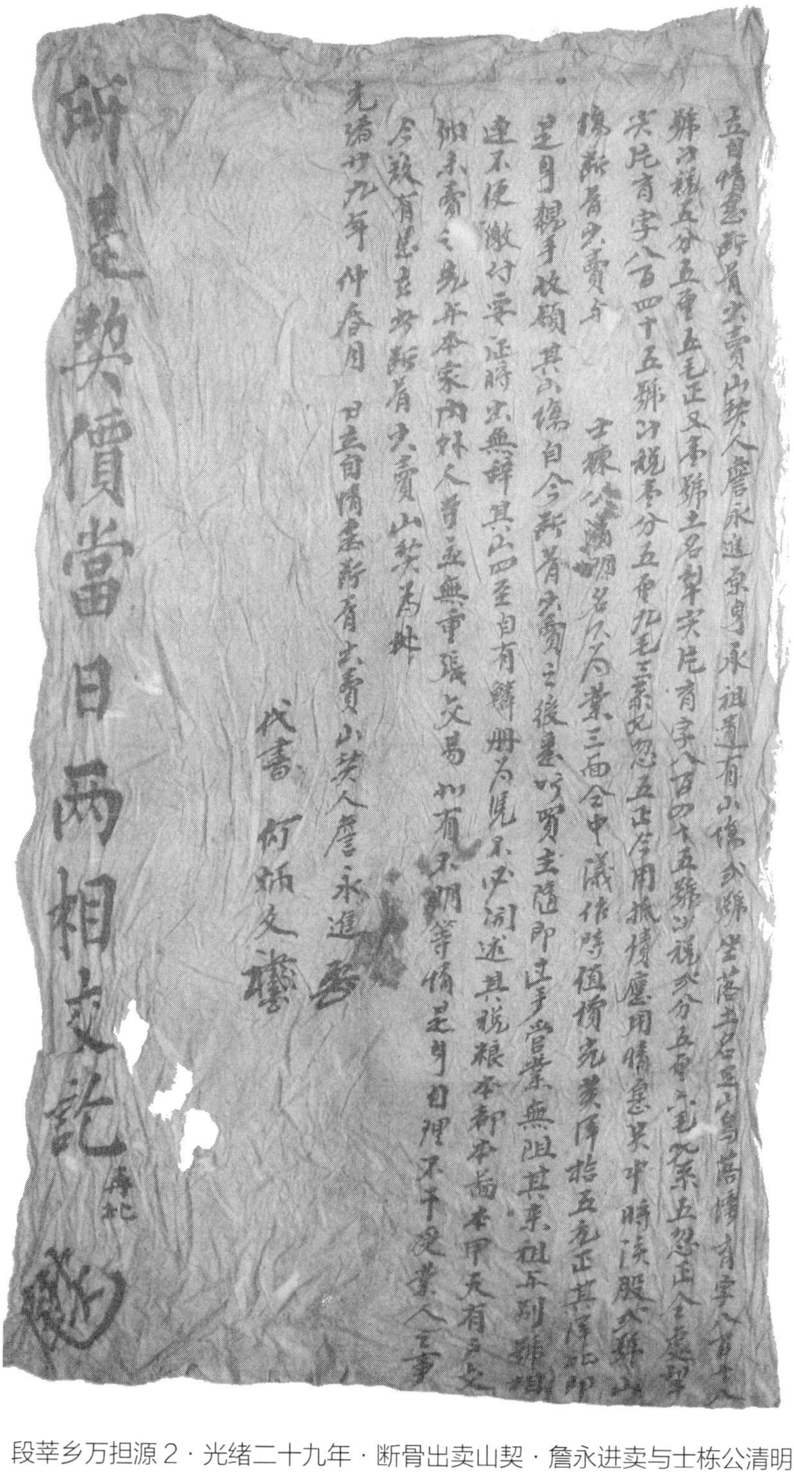
光緒廿九年仲春月
契價當日兩相交訖

段莘乡万担源 2 · 光绪二十九年 · 断骨出卖山契 · 詹永进卖与士栋公清明

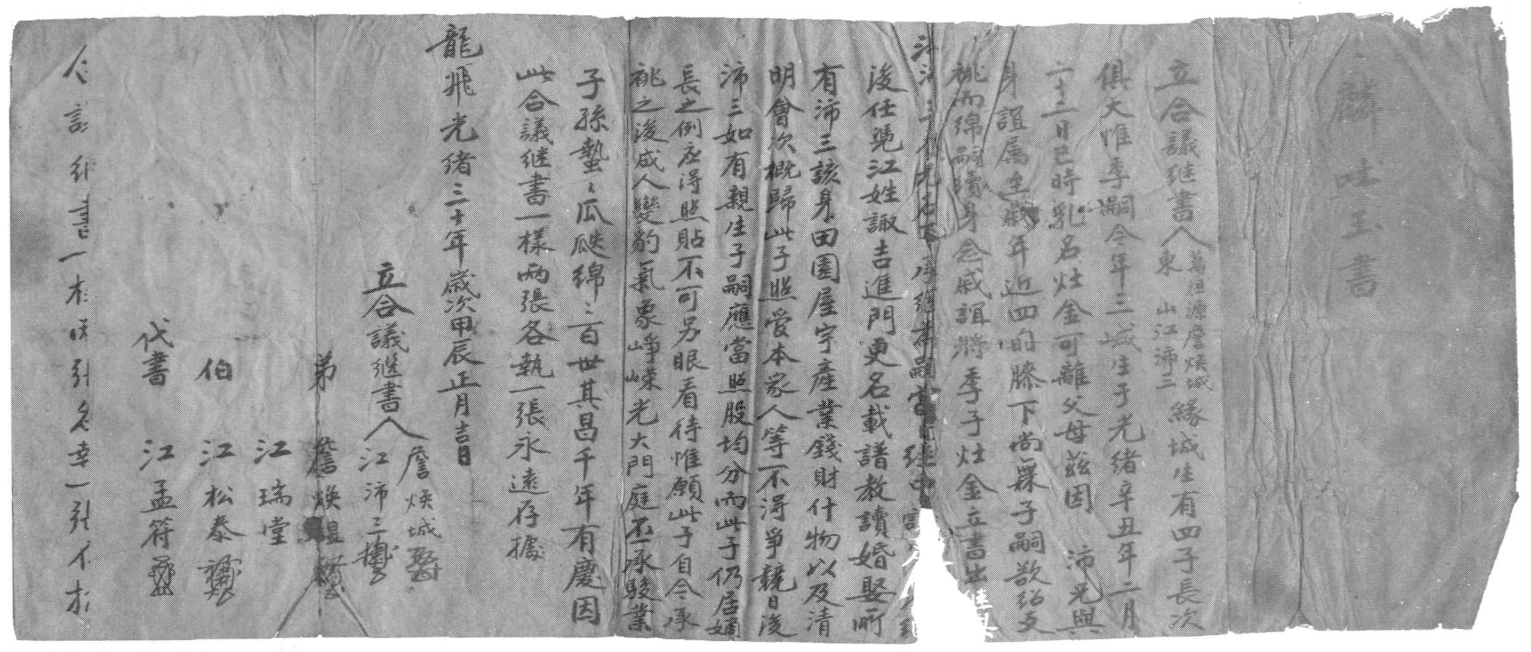

麟吐玉書

立合議繼書人萬担源詹焕城東山江沛三緣城生有四子長次俱大唯季嗣今年三歲生于光緒辛丑年二月十二日巳時乳名灶金可離父母懿因沛三光與身誼屬連襟年近四旬膝下尚乏子嗣欲紹支祧而綿嗣續身念戚誼將季子灶金立書出繼[illegible]後任憑江姓諏吉進門更名載譜教讀婚娶所有沛三該身田園屋宇產業錢財什物以及清明會次概歸此子照管本家人等不得爭競日後沛三如有親生子嗣應當照股均分而此子仍居嫡長之例應得照貼不可另眼看待惟願此子自今承祧之後成人變豹氣象崢嶸光大門庭丕承駿業子孫蟄蟄瓜瓞綿綿百世其昌千年有慶因此合議繼書一樣兩張各執一張永遠存據

龍飛光緒三十年歲次甲辰正月吉日

立合議繼書人 詹焕城 江沛三

弟 詹焕煌

伯 江瑞堂 江松泰

代書 江孟符

段莘乡万担源 4 · 光绪三十年 · 合议继书 · 詹焕城与江沛三

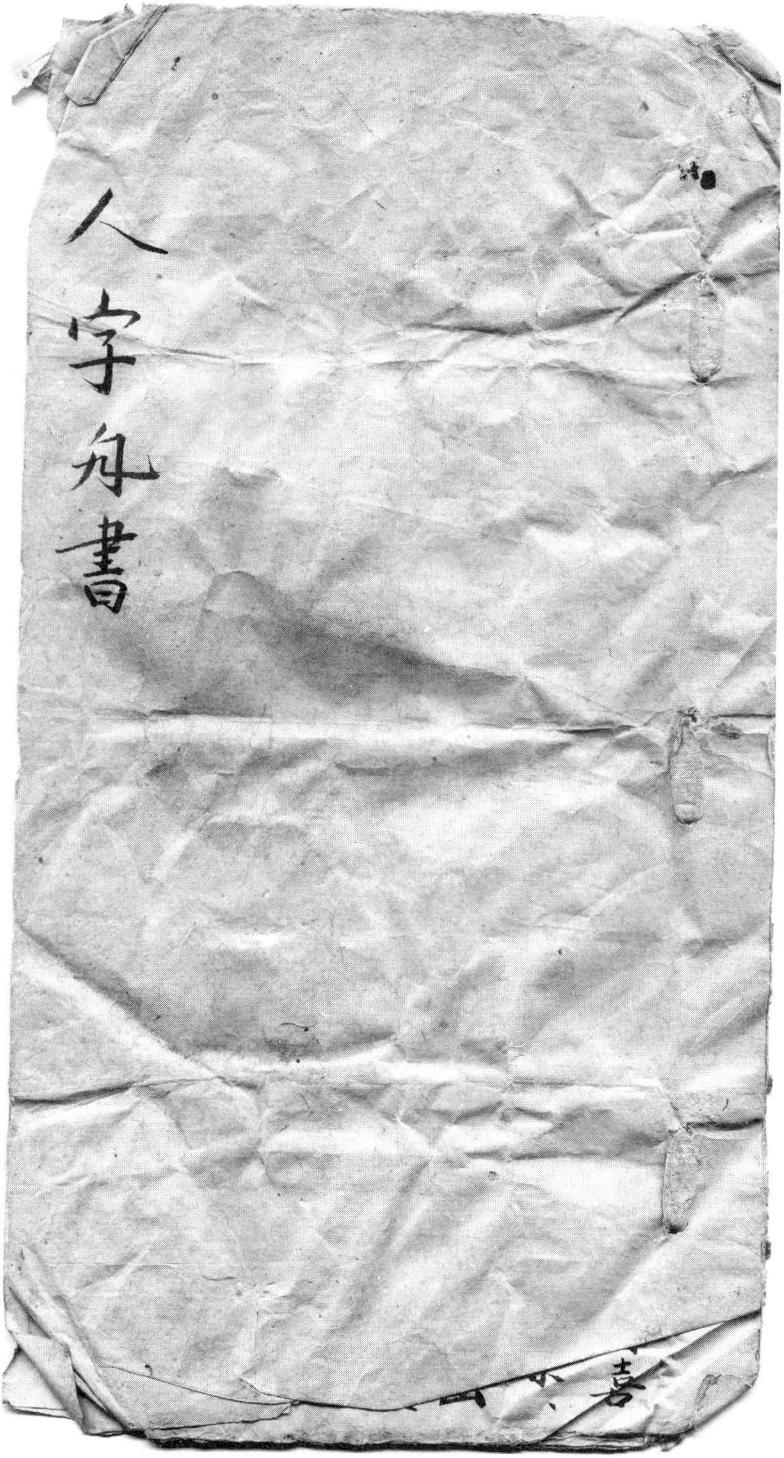
人字分書

段莘乡万担源 39-1 · 民国九年 · 遗嘱 · 詹永政立

立遺囑人詹永政嫡娶夏氏所生五子一女長曰喜壆次曰喜
壎三曰喜崇四曰喜壽五曰喜芳女曰再嬌但喜壆喜崇、
俱已完娶矣惟喜壎與喜芳均未許纓喜壽已經幼自出
繼其女亦未于歸而予本欲一齊成立歡聚一堂如姜被
田荆之美兹爾等突有異志不念壎箎之應予亦不得
已任爾自行其志挈妻各爨其予之薄業亦也無幾以
為予夫婦生為口食且該人債負併會項計洋叁百元本
以爾等均派承去而喜崇以體手足維難亦遵予命願承

段莘乡万担源 39-2 · 民国九年 · 遗嘱 · 詹永政立

去債洋弍百員整其餘承去計開于左再日後有何賬目
不干涉喜棠之事所是予之一死殯必須均認毋得違逆倘
再有能力者各體為子之孝意也自今以往願爾等夫婦
興家創業蟄蟄繩繩立此遺囑四本各執一本永遠存照

段莘乡万担源 39-3 · 民国九年 · 遗嘱 · 詹永政立

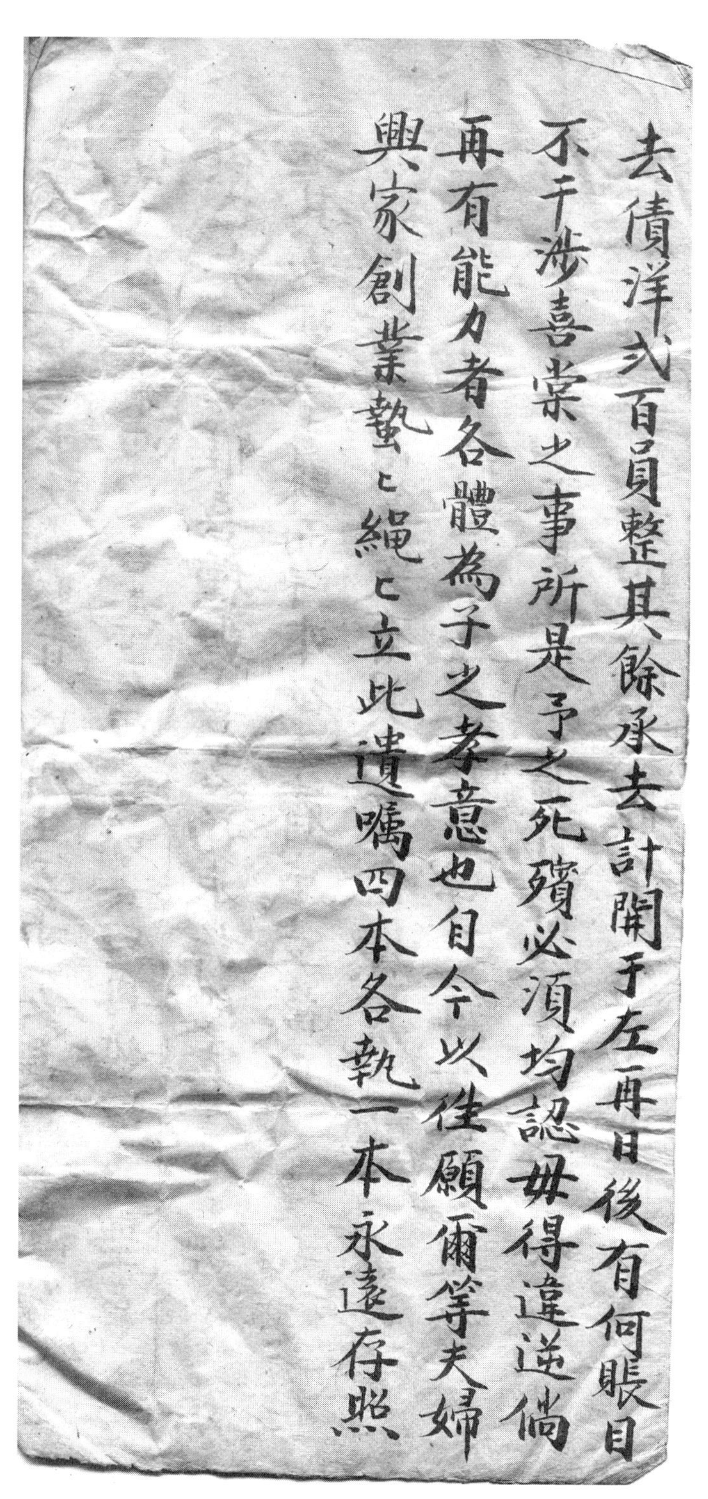

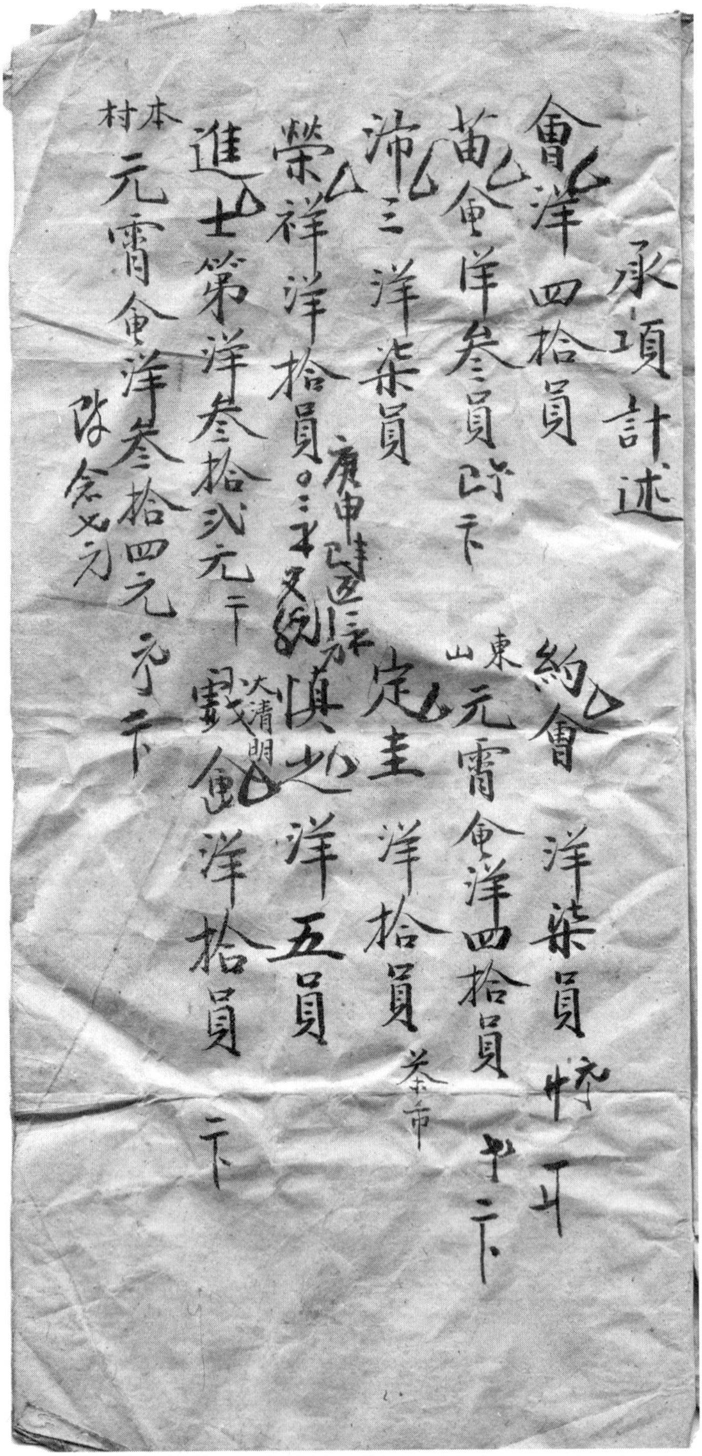

段莘乡万担源 39-4 · 民国九年 · 遗嘱 · 詹永政立

民國九年十二月日立此遺囑人詹永政（押）

子　喜學（押）

喜壚　坤

喜棠（押）

喜芳　芳

族弟　鑑堂（押）

侄　汪如（押）

眷兄　江沛三（押）

段莘乡万担源 39-5 · 民国九年 · 遗嘱 · 詹永政立

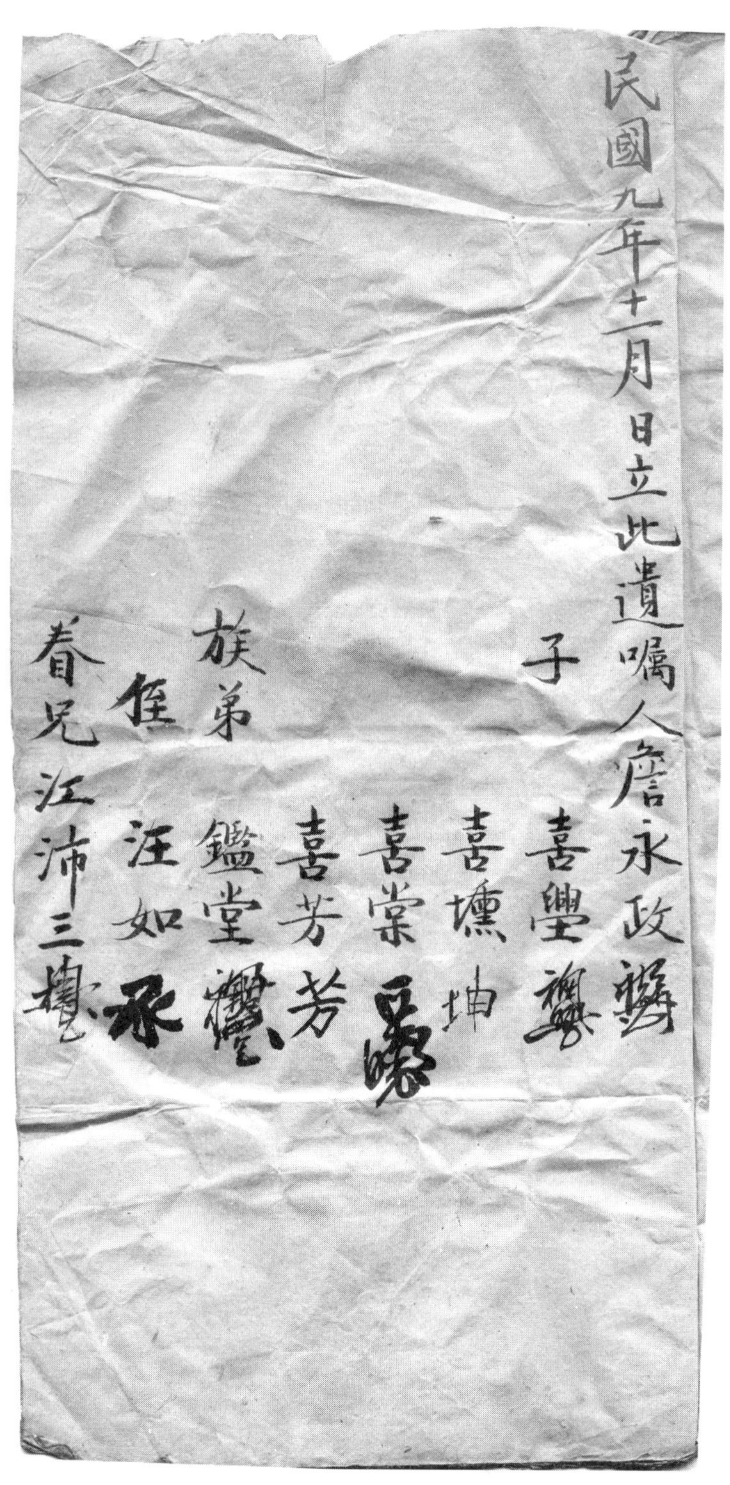

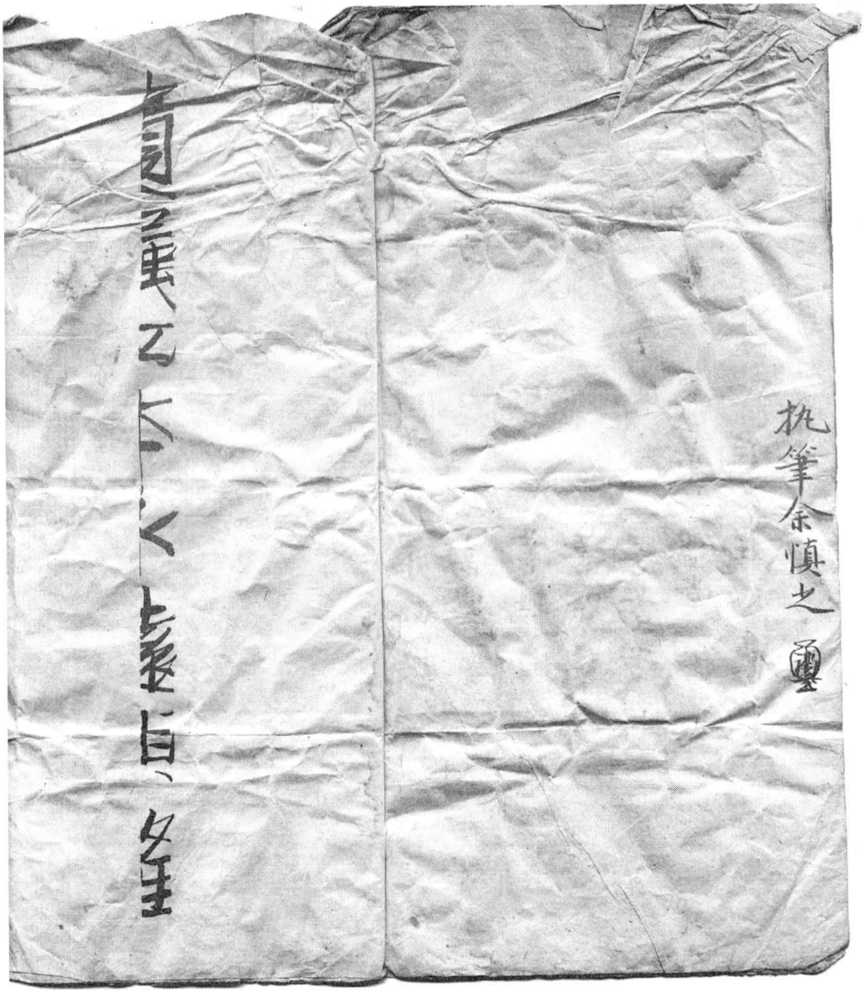

段莘乡万担源 39-6 · 民国九年 · 遗嘱 · 詹永政立

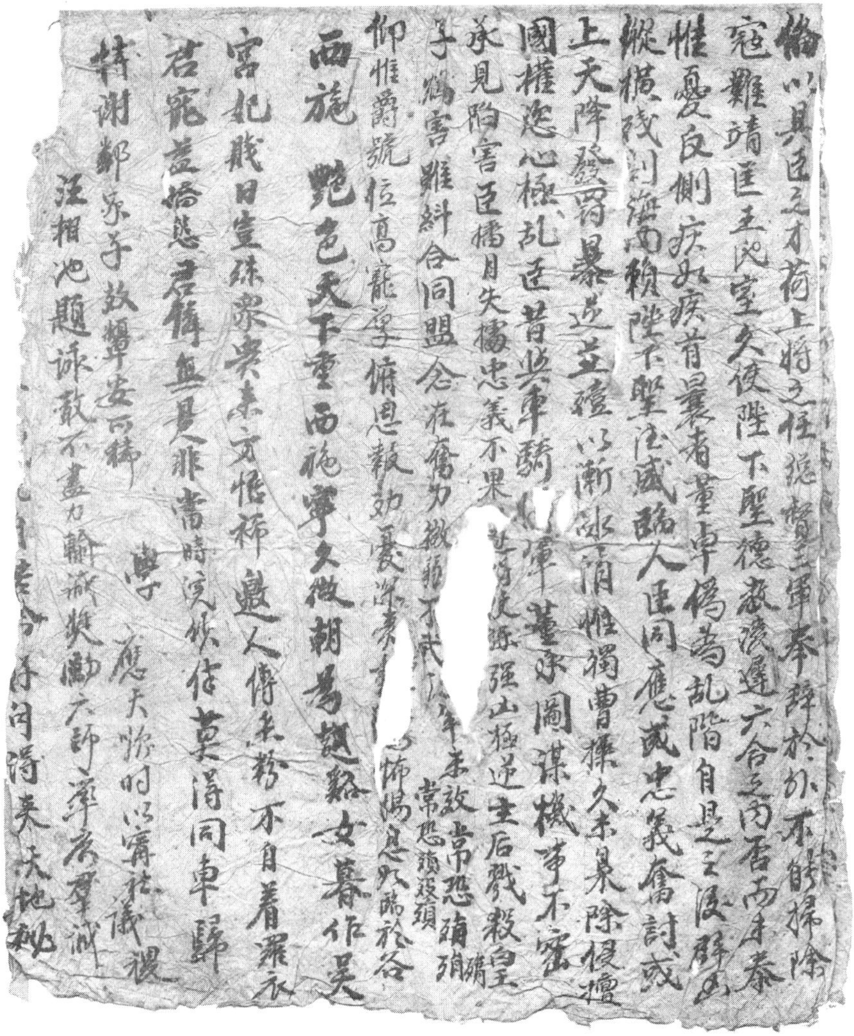
偷以其臣之才荷上將之任總督三軍奉辭於外不能掃除
寇難靖匡王室久使陛下聖德欲淺遷六合之內否而未泰
惟憂反側疾如疾首晨夜者董卓僞為亂階自是之後群凶
縱横殘剥海內賴陛下聖德威臨人臣同應忠義奮討或
上天降發罰暴逆並殪以漸冰消惟獨曹操久未梟除侵擅
國權恣心極亂臣昔與車騎將軍董承圖謀機事不密
承見陷害臣播月失據忠義不果遂得使操窮凶極逆主后戮殺皇
子鴆害雖糾合同盟念在奮力懦弱不武歷年未效常恐殞殁 常恐殞殁殞 殞
仰惟爵號位高寵厚俯思報効憂深[illegible]怖惕息如臨於谷
西施 艷色天下重西施寧久微朝為越谿女暮作吴
宮妃賤日豈殊衆貴來方悟稀邀人傅香粉不自著羅衣
君寵益嬌態君憐無是非當時浣紗伴莫得同車歸
持謝鄰家子效顰安可希 學 應天順時以濟社稷禔
汪相池題詠敢不盡力輸誠獎勵六師率[illegible]誠
[illegible]奏分[illegible]同得奏天地秘

段莘乡万担源 3-i · 杂文（右半部分）

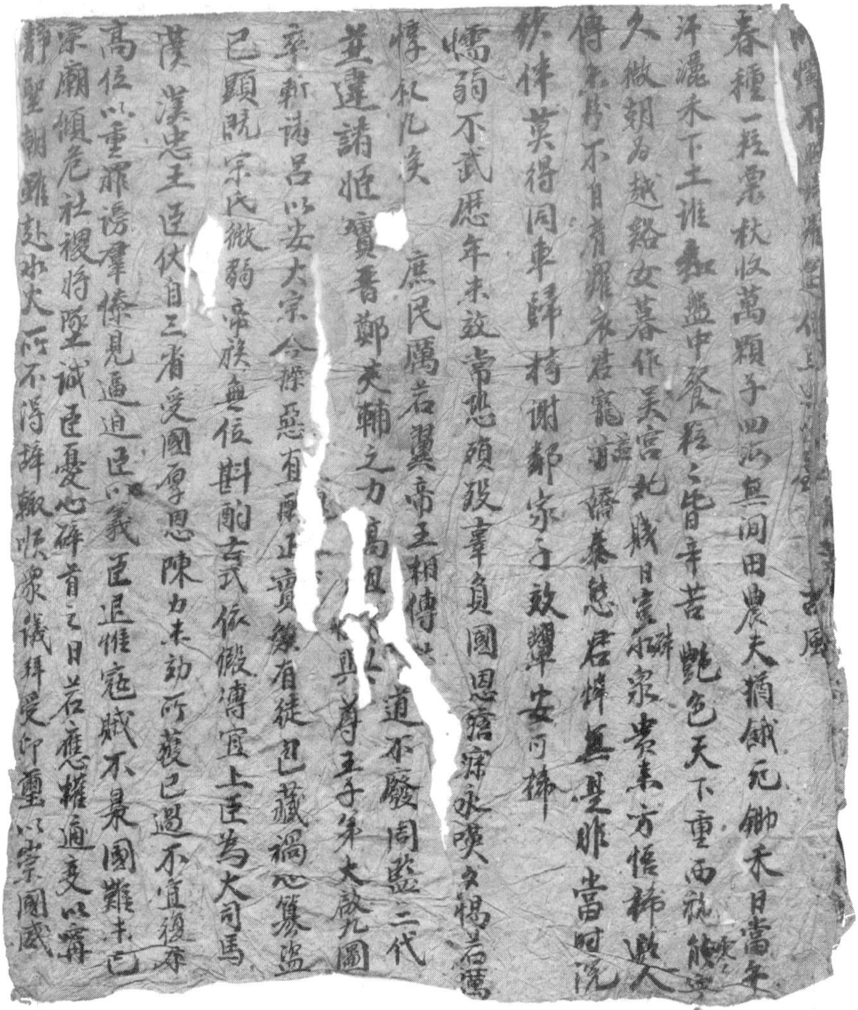

春種一粒粟秋收萬顆子四海無閑田農夫猶餓死鋤禾日當午
汗灑禾下土誰知盤中餐粒ㄥ皆辛苦 艷色天下重西施寧
久微朝為越溪女暮作吳宮妃賤日豈殊眾貴來方悟稀邀人
傅香粉不自著羅衣君寵益嬌態君憐無是非當時浣
紗伴莫得同車歸持謝鄰家子效顰安可希
懦弱不武歷年未效常恐殞殁辜負國恩寤寐永嘆夕惕若厲
惇叙九族 庶民厲翼帝王相傳以道不廢周監二代
並建諸姬寶晉鄭夾輔之力高祖與尊王子弟大啟九國
至斬諸呂以安太宗今據惡有應正寶鑒有徒匿藏禍心篡盜
已顯既宗氏微弱帝族無位斟酌古式依徼博宜上臣為大司馬
漢漢忠王臣伏自三省受國厚恩陳力未効所蒙已過不宜復忝
高位以重罪謗羣僚見逼迫臣以義臣退惟寇賊不梟國難未已
宗廟傾危社稷將墜誠臣憂心碎首之日若應權通變以寧
靜聖朝雖赴水火所不得辭輒順衆議拜受印璽以崇國威

段莘乡万担源 3-ii · 杂文（左半部分）

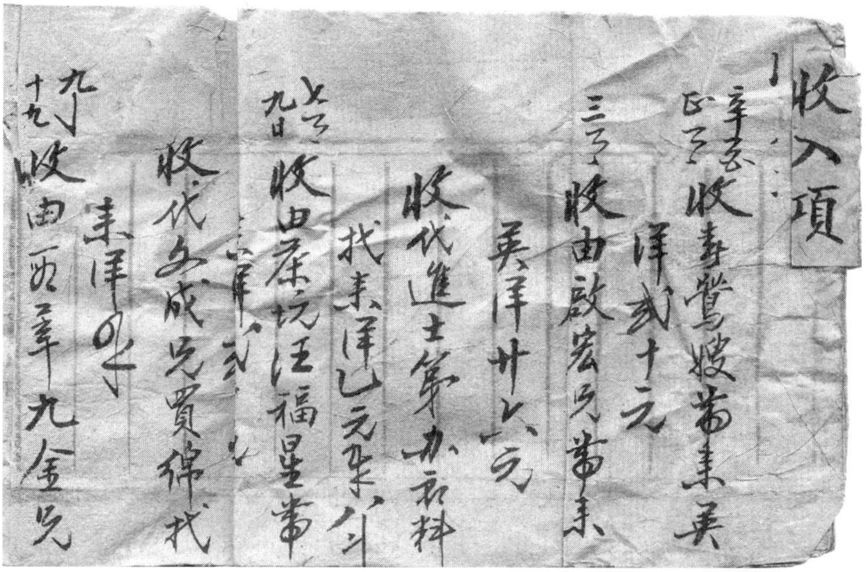

收入項

辛亥正月 收壽鸞嫂當來英

洋弍十元

三月 收由啟宏兄當來

英洋廿六元

收代進士第办衣料

找來洋[illegible]元[illegible]八分

七月九日 收由康坑汪福星當

來洋[illegible]弍元[illegible]

收代文成兄買綿找

來洋[illegible]

九月十九 收由西坑辛九金兄

段莘乡万担源 40-1 · 流水账

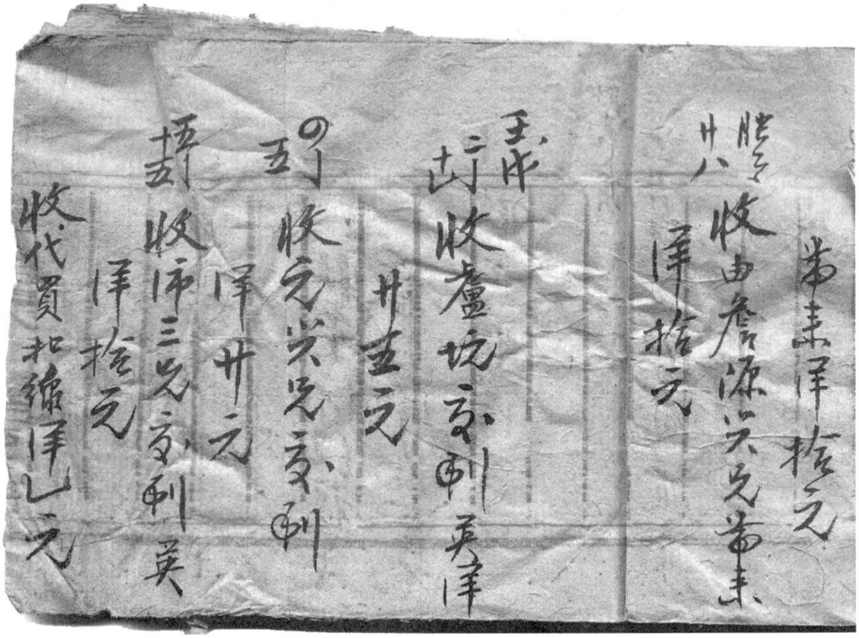

段莘乡万担源 40-2 · 流水账

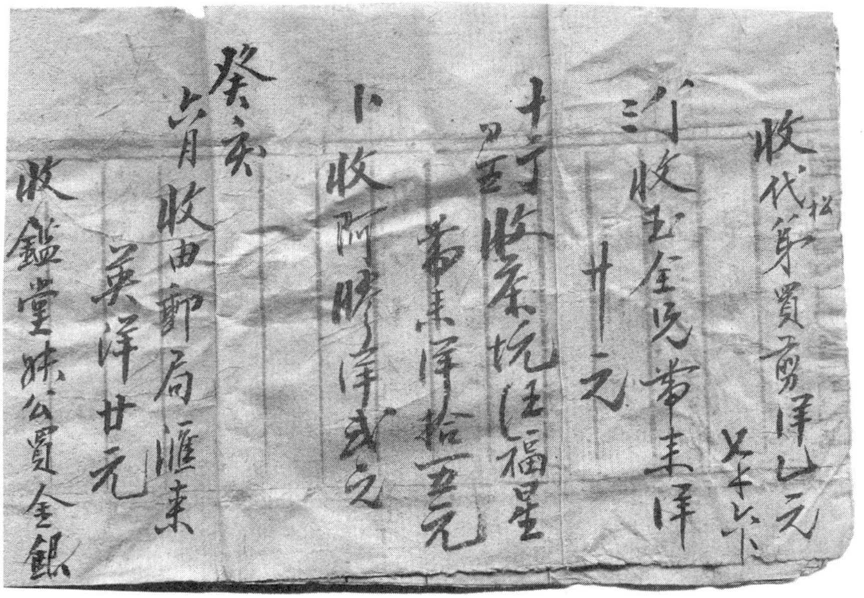

收代松第買勇洋六元 又十六卜

三月收玉金兄带来洋

廿一元

十一月四日收东坑汪福星

带来洋拾五元

卜收阿胜洋弍元

癸亥

六月收由邮局汇来

英洋廿元

收鑑堂妹公買金銀

段莘乡万担源 40-3 · 流水账

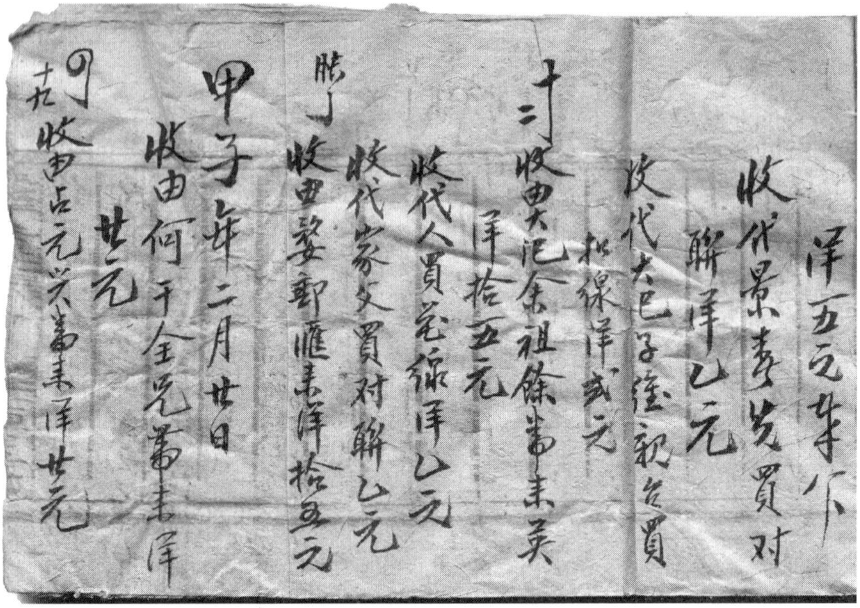
洋五元华手下
收代景春先買对
聯洋乙元
收代大巴子侄親名買
松綠洋貳元
十二月收由大巴余祖條带来英
洋拾五元
收代人買花綠洋乙元
收代家丈買对聯乙元
腊月收由婺鄣滙来洋拾五元
甲子年二月廿日
收由何千全兄带来洋
廿元
十九日收由占元兴带来洋廿元

段莘乡万担源 40-4 · 流水账

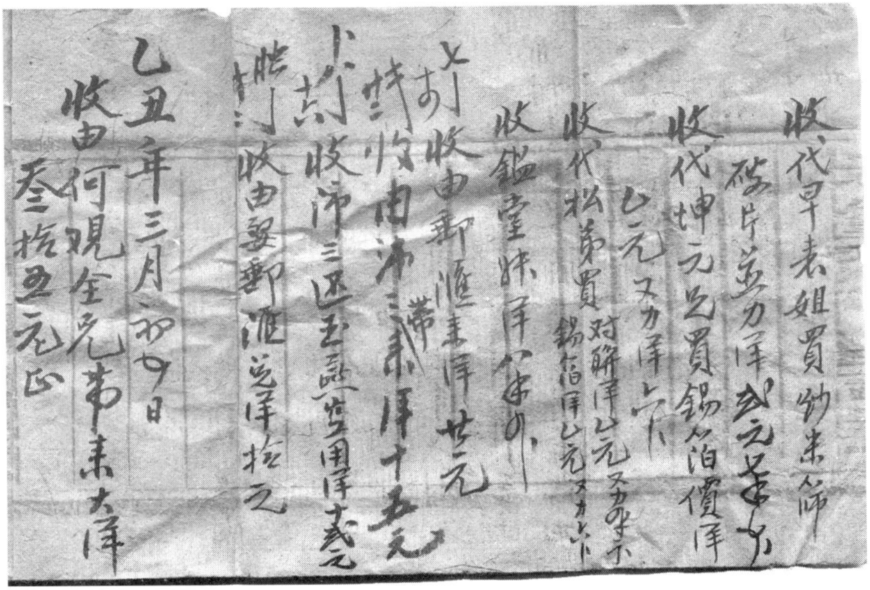

收代早表姐買鈔米節

硃片並力洋貳元半

收代坤元兄買錫箔價洋

乙元又力洋乙元

收代松弟買對聯洋乙元又力

錫箔洋乙元又力

收鑑堂妹洋八角

收由鄭滙來洋廿元

收由沛三帶來洋十五元

收沛三還去歲借用洋十貳元

收由馥鄭滙來洋拾元

乙丑年三月初七日

收由何觀全兄帶來大洋

叁拾五元正

段莘乡万担源 40-5 · 流水账

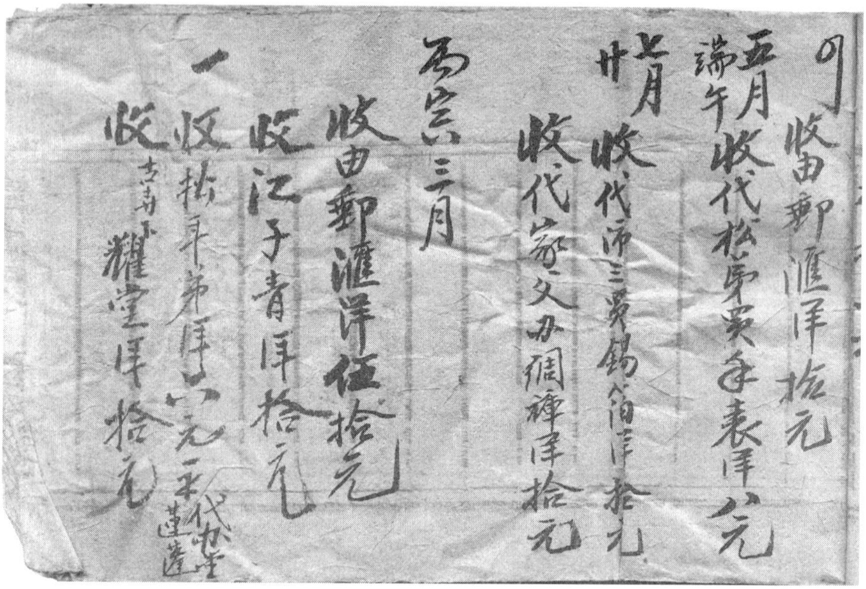
可
收由鄭滙洋拾元
五月端午收代松泉買手表洋八元
七月廿收代沛三買錫箔洋拾元
收代家文办綢褲洋拾元
丙寅三月
收由鄭滙洋伍拾元
收江子青洋拾元
一收楊泉弟洋六元正 代收堂 蓮蓮
收吉壽下耀堂洋拾元

段莘乡万担源 40-6 · 流水账

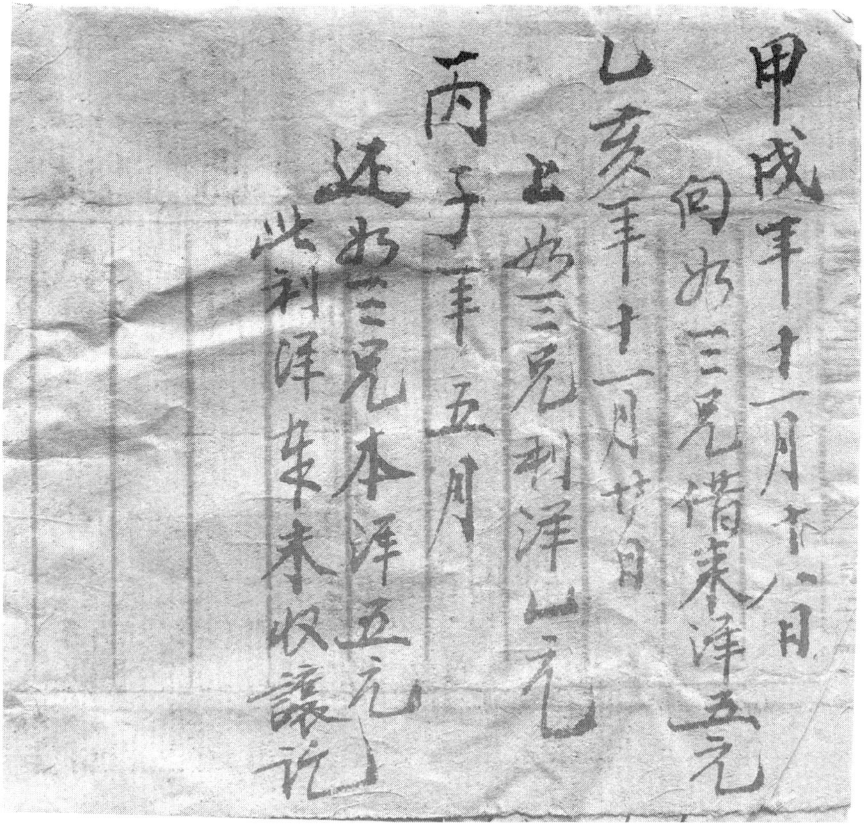
甲戌年十一月十一日
向如三兄借来洋五元
乙亥年十一月廿日
上如三兄利洋一元
丙子年五月
还如三兄本洋五元
此利洋朱未收讓記

段莘乡万担源 40-7 · 流水账

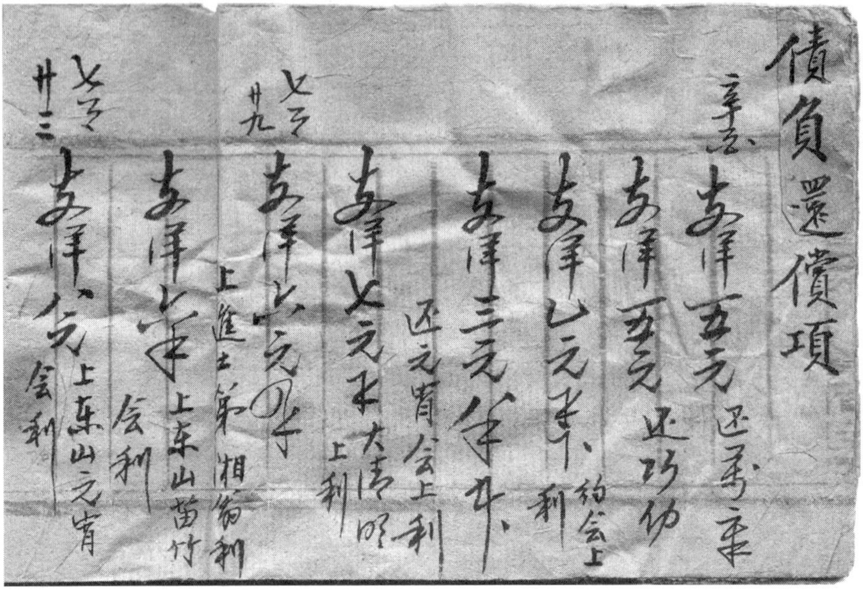

債負還償項

辛五、支洋五元 还禹亲

支洋五元 还巧仂

支洋六元半、约会上利

支洋三元半 乐、

还元宵会上利

支洋七元半 大清明上利

七月廿九 支洋六元半 上進士第湘翁利

支洋六元半 上东山苗竹会利

七月廿三 支洋八元 上东山元宵会利

段莘乡万担源 40-8 · 流水账

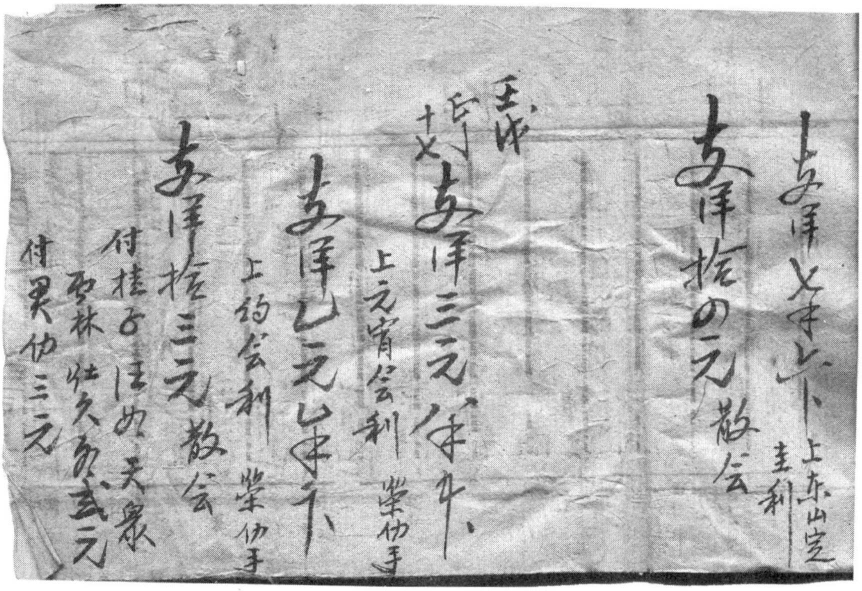

段莘乡万担源 40-9 · 流水账

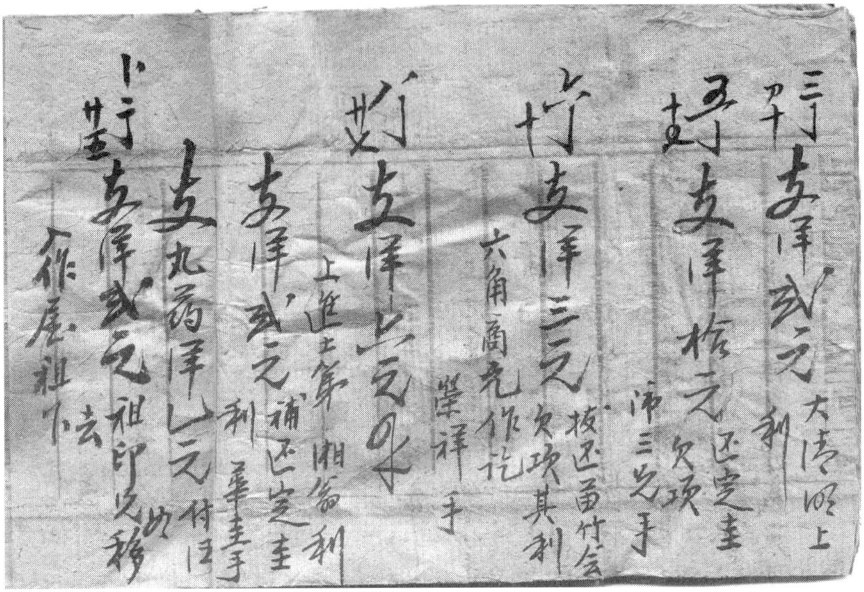

段莘乡万担源 40-10 · 流水账

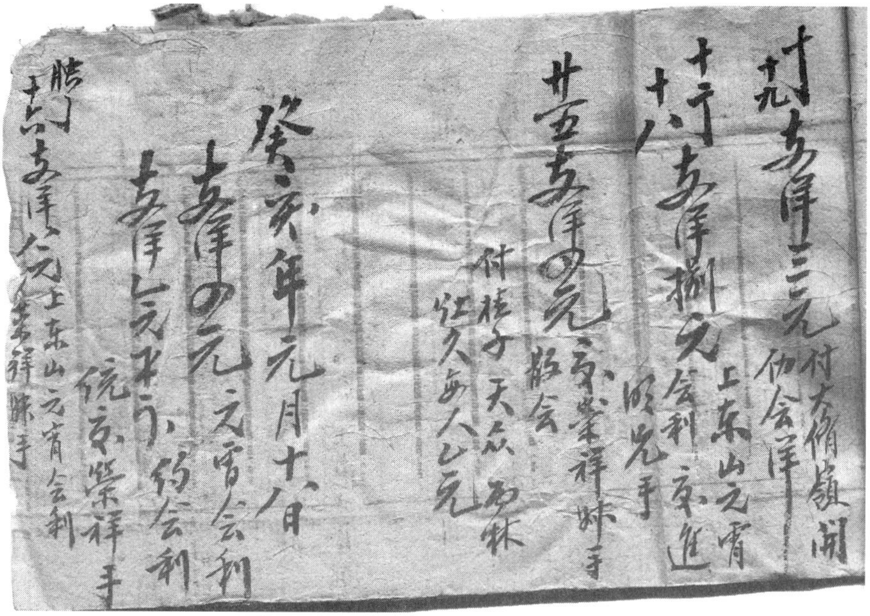

段莘乡万担源 40-11 · 流水账

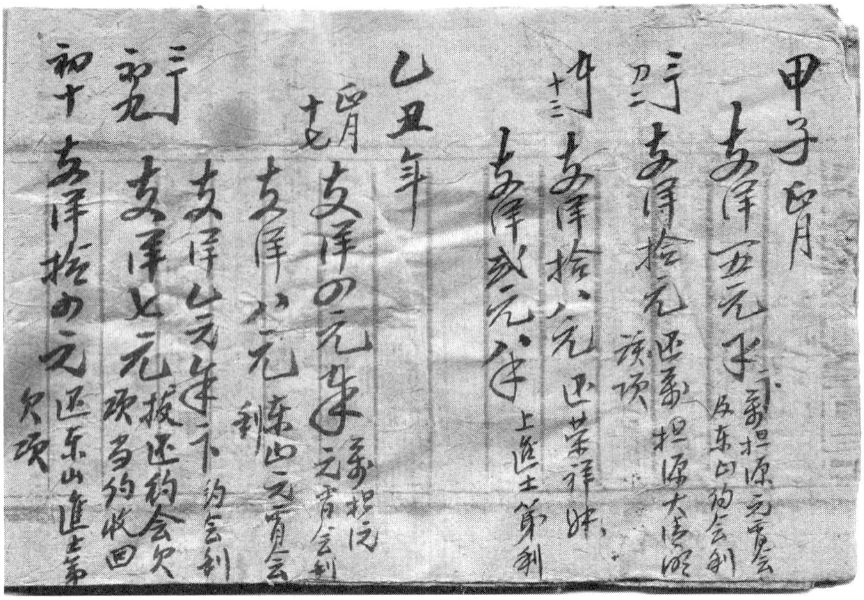
甲子正月
支洋五元正 万担源元宵会 及东山约会利
初二 支洋拾元还万担源大传坝 该项
廿三 支洋拾八元还荣祥昧
支洋贰元八角 上进士第利
乙丑年
正月十七 支洋四元半 万担源元宵会利
支洋六元 东山元宵会利
支洋八元半 下约会利
三十 初九 支洋七元 拔还约会欠项当约收回
初十 支洋拾四元 还东山进士第欠项

段莘乡万担源 40-12 · 流水账

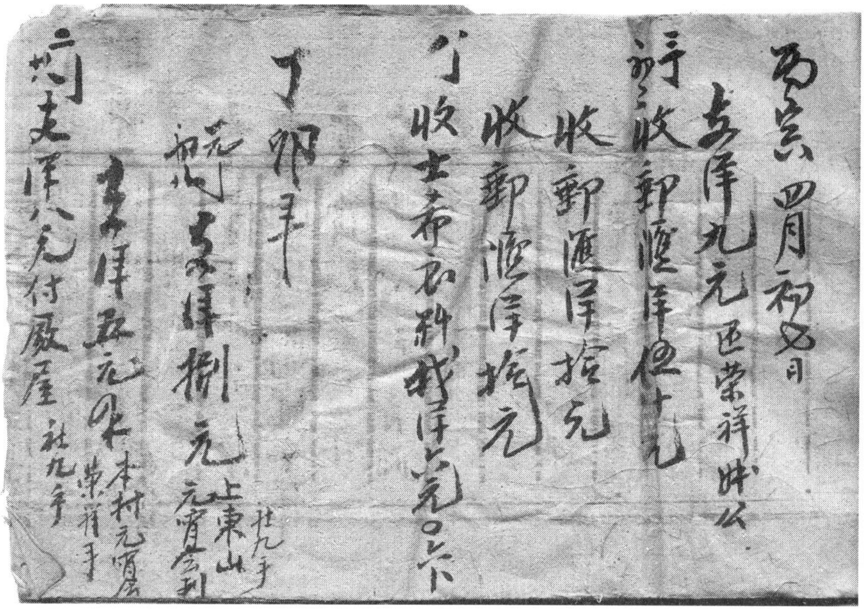

段莘乡万担源 40-13 · 流水账

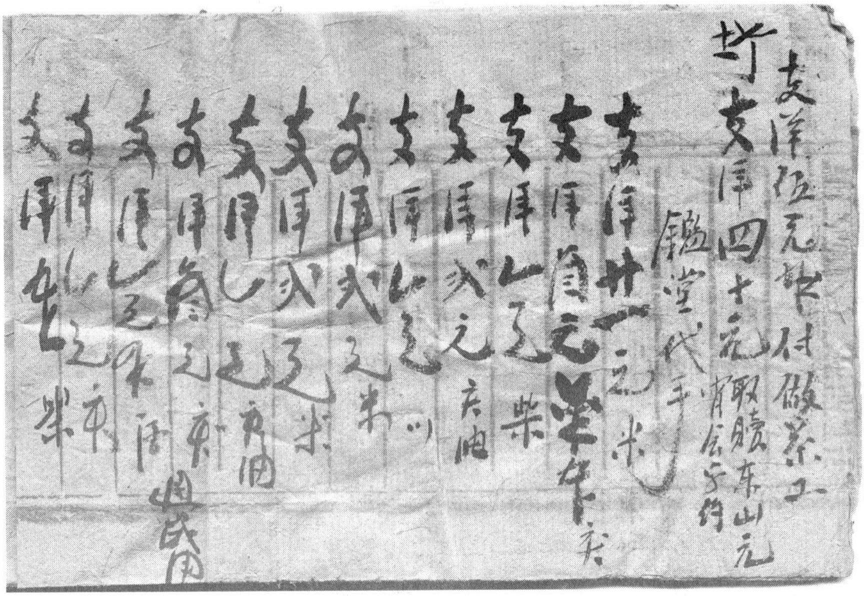

段莘乡万担源 40-14 · 流水账

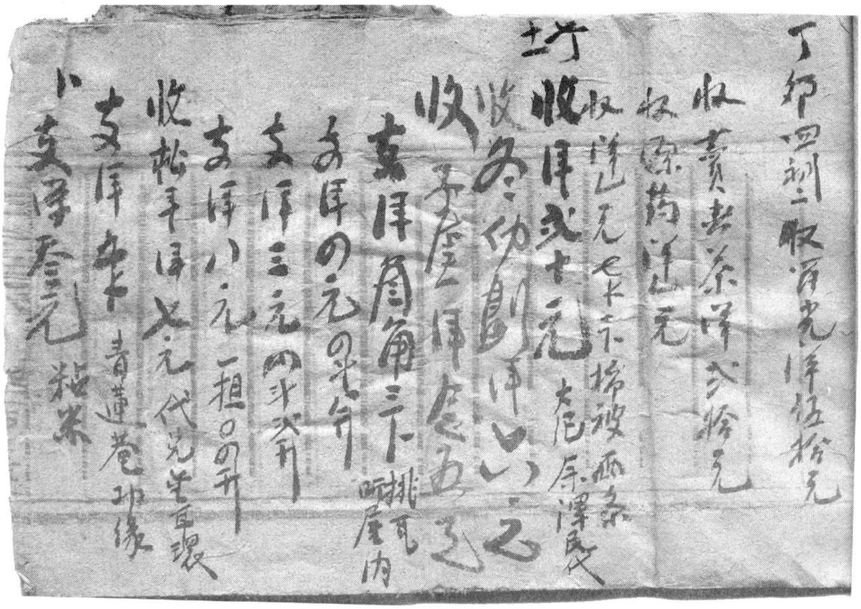

段莘乡万担源 40-15 · 流水账

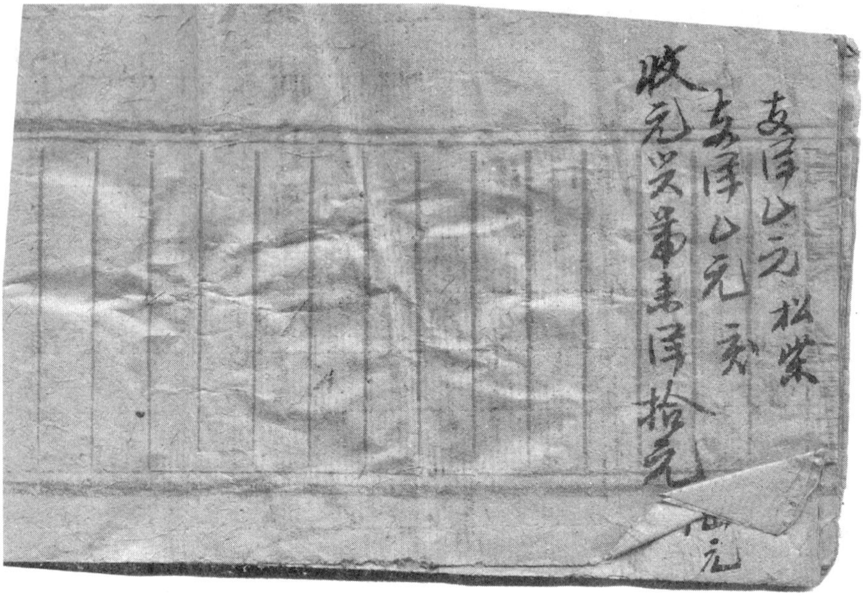

支洋乙元 松荣
支洋乙元 秀
收元兴第来洋拾元
元

段莘乡万担源 40-16 · 流水账

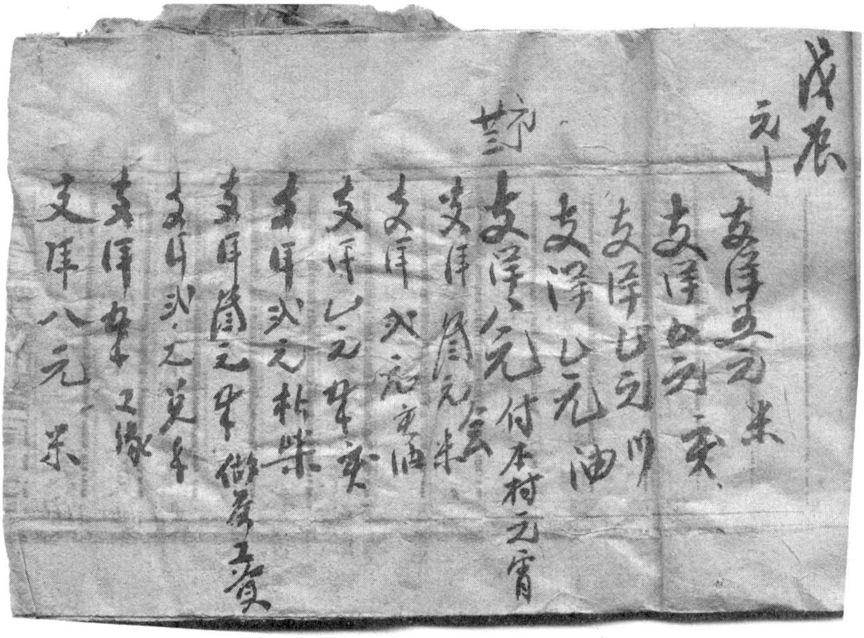

段莘乡万担源 40-17 · 流水账

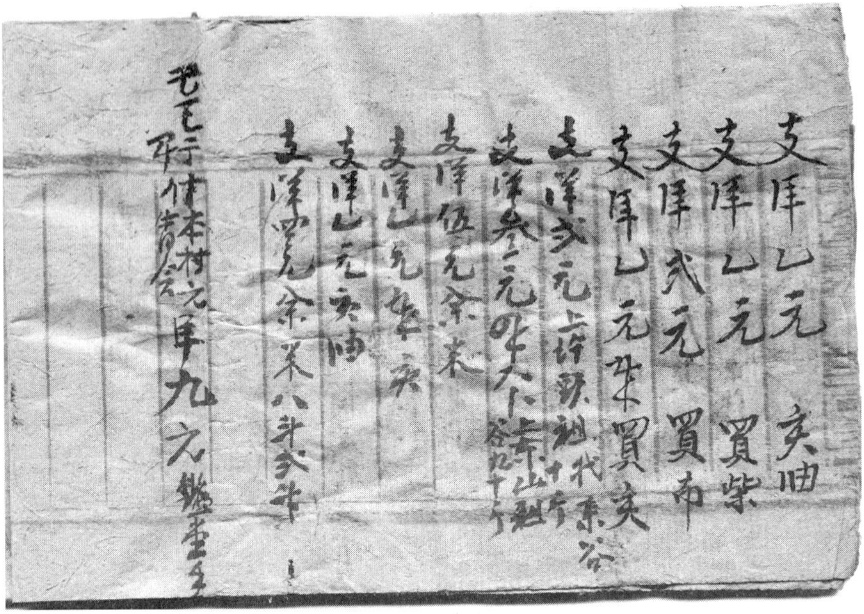

段莘乡万担源 40-18 · 流水账

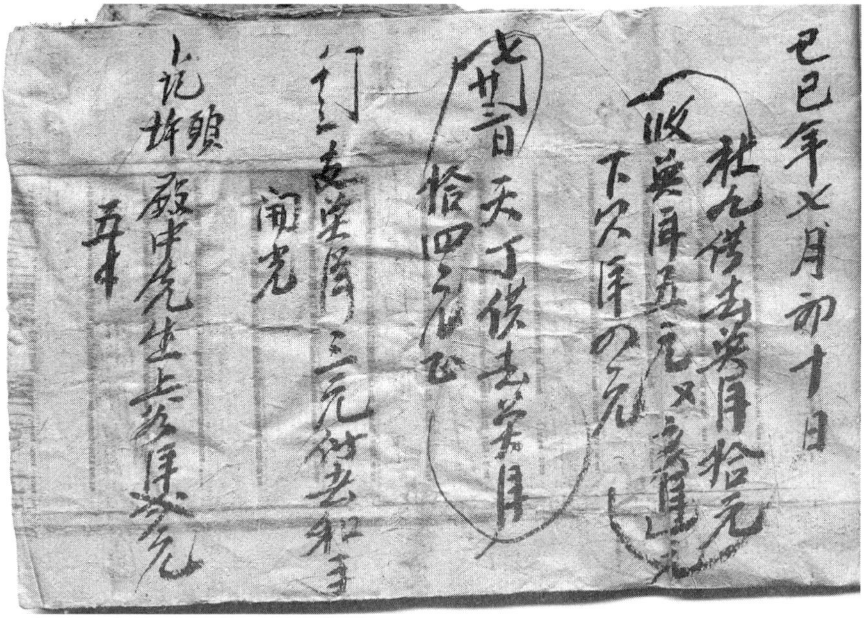

段莘乡万担源 40-19 · 流水账

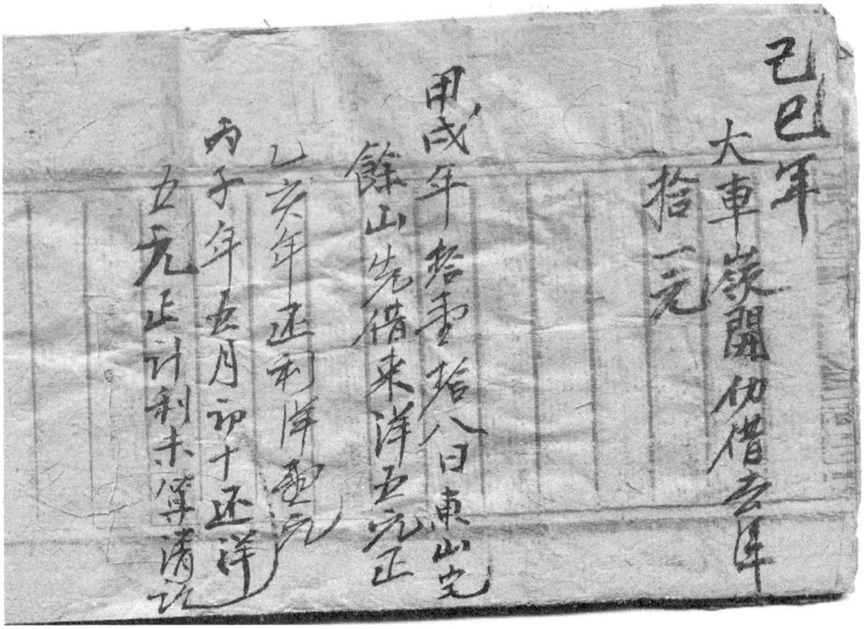

段莘乡万担源 40-20 · 流水账

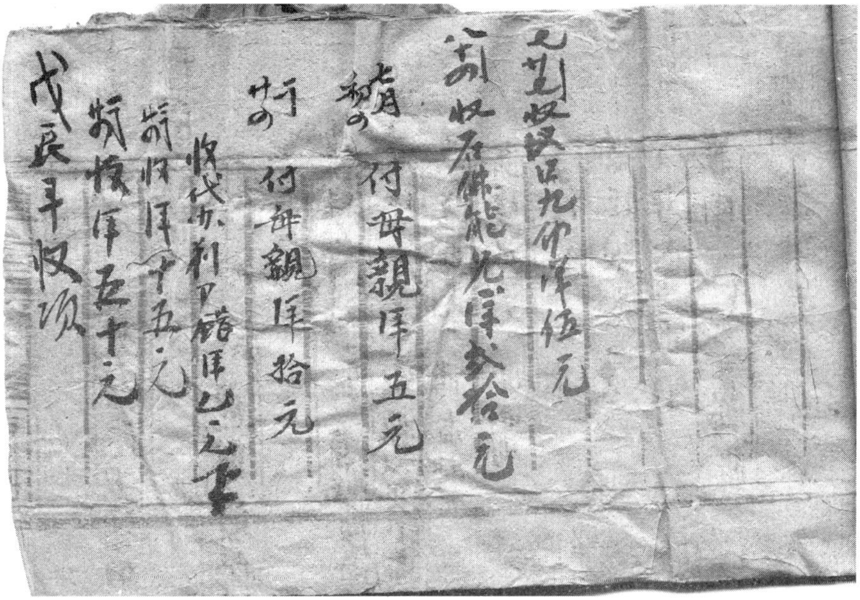
九月廿二日收侯口九份洋伍元
八月初四收石佛能光洋叁拾元
七月初四付母親洋五元
十一月廿四付母親洋拾元
收代办利乃錯洋乙元半
十一月收洋十五元
十二月換洋五十元
戊辰年收项

段莘乡万担源 40-21 · 流水账

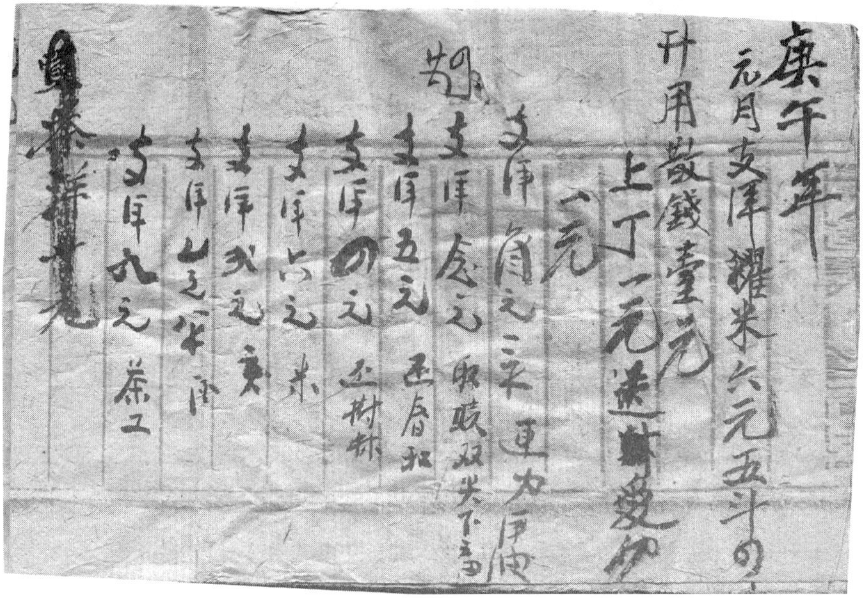

庚午年
元月支洋糴米六元五斗四
升用散钱壹元
上丁一元送[illegible]爱伊
一元
支洋[illegible]元二采 運力伊[illegible]
期
支洋叁元 取贖双尖下[illegible]
支洋五元 还[illegible]
支洋四元 还树林
支洋六元 米
支洋弍元 [illegible]
支洋三元半 还
支洋九元 茶工
[illegible]

段莘乡万担源 40-22 · 流水账

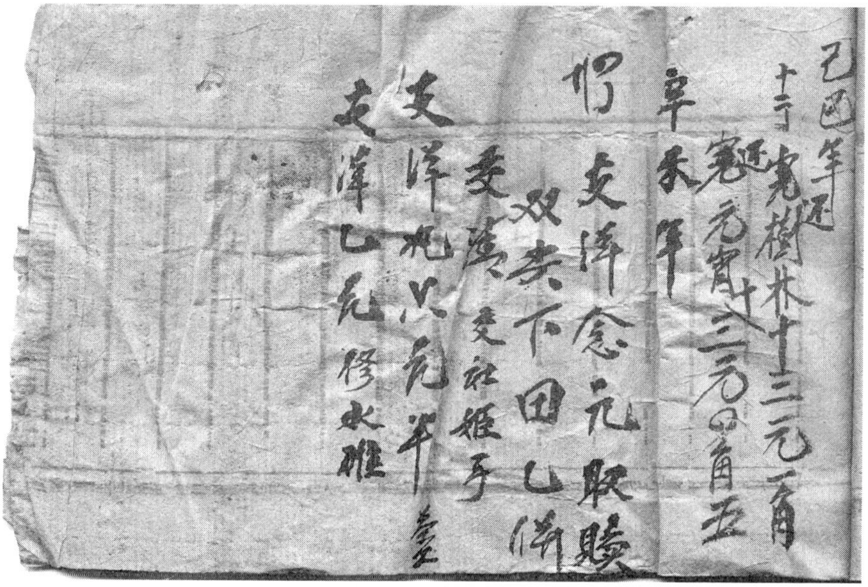

段莘乡万担源 40-23 · 流水账

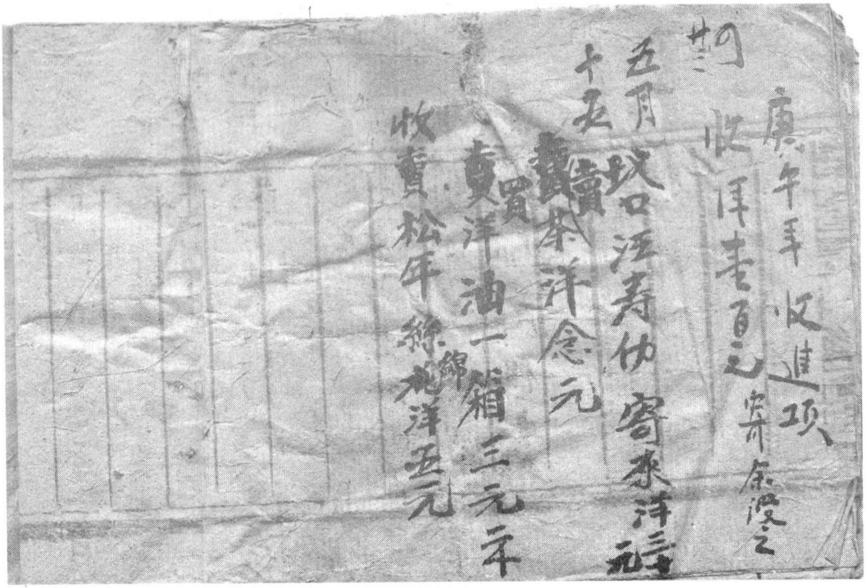

庚午年收進項

四 廿二 收洋壹百元 寄余渡之

五月 坑口汪寿仂 寄來洋三元

十五 賣茶洋念元

買洋油一箱三元六

收賣松年綿花洋五元

段莘乡万担源 40-24 · 流水账

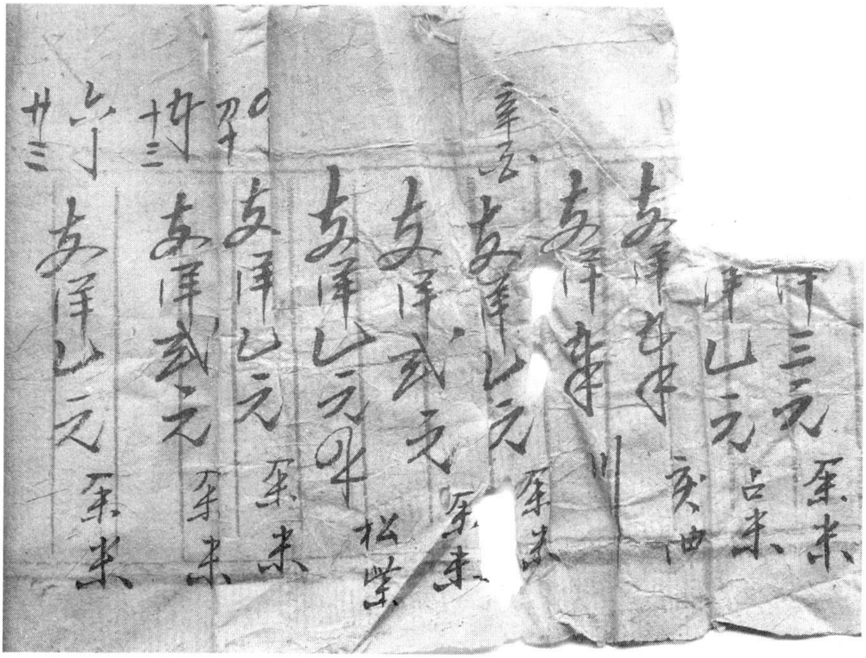

段莘乡万担源 40-25 · 流水账

段莘乡万担源 40-26 · 流水账

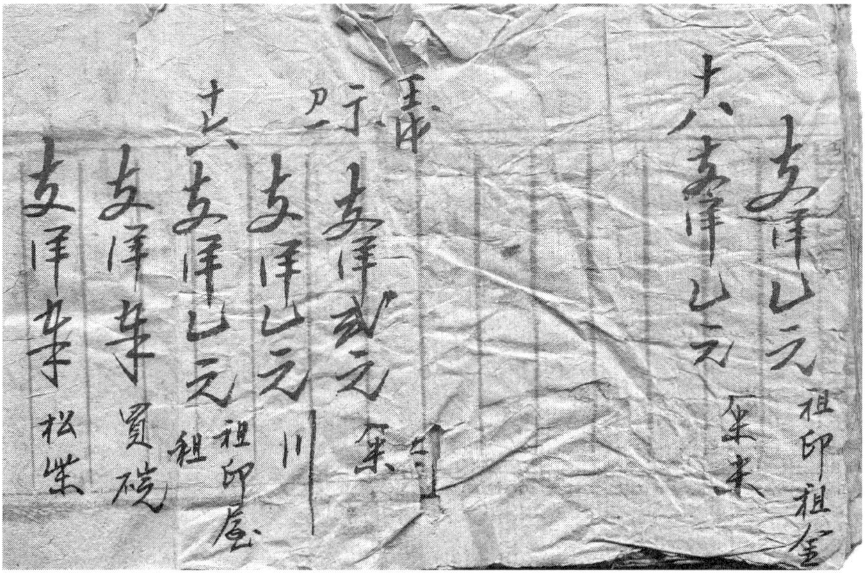

段莘乡万担源 40-27 · 流水账

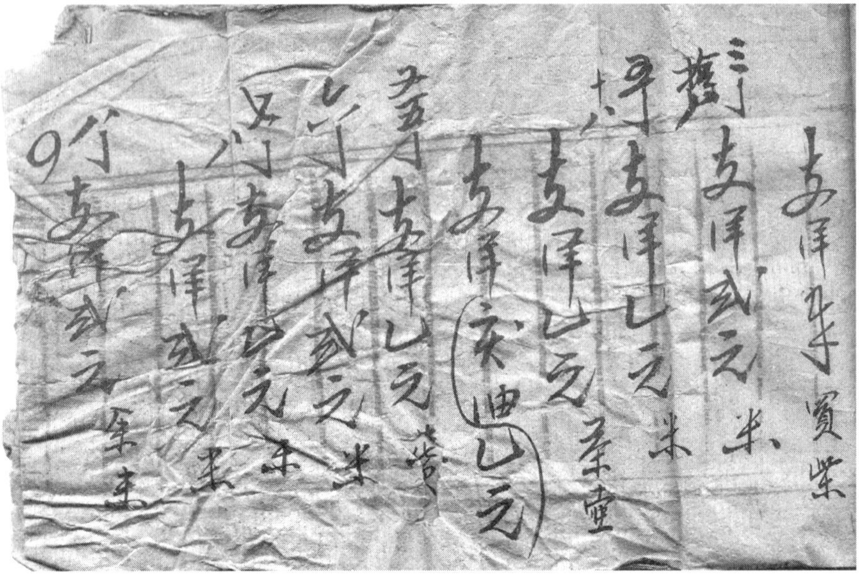

段莘乡万担源 40-28 · 流水账

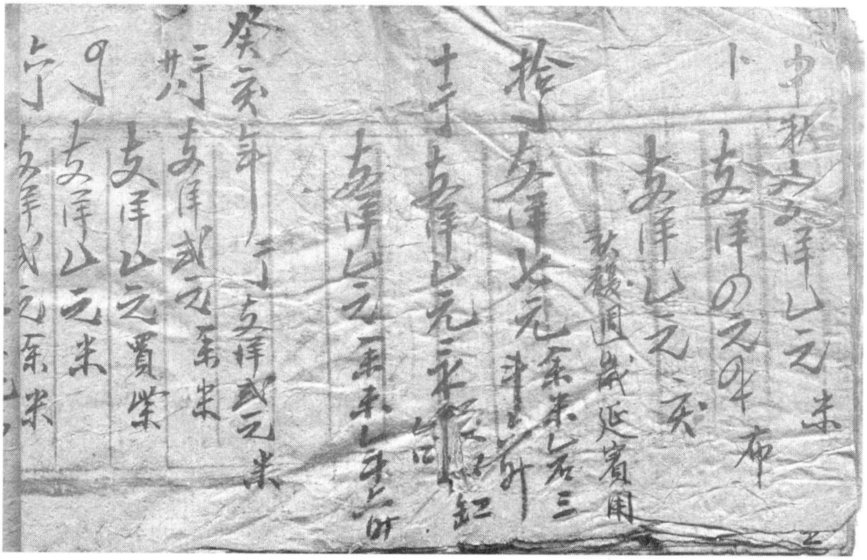

段莘乡万担源 40-29 · 流水账

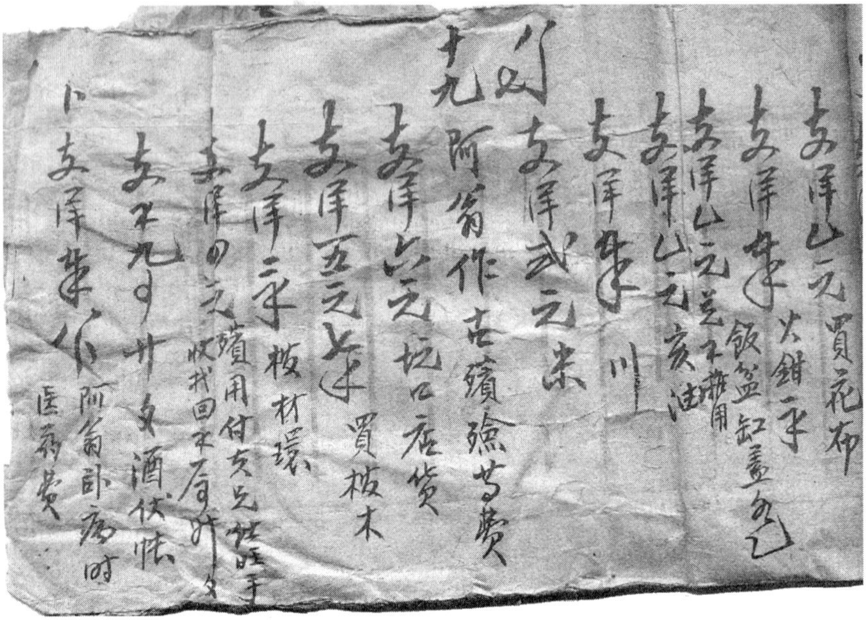

段莘乡万担源 40-30 · 流水账

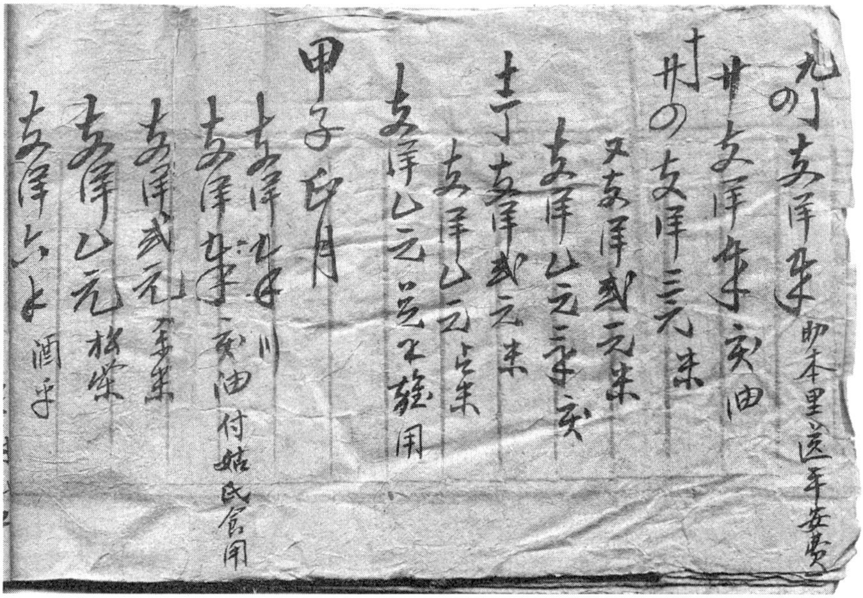

段莘乡万担源 40-31 · 流水账

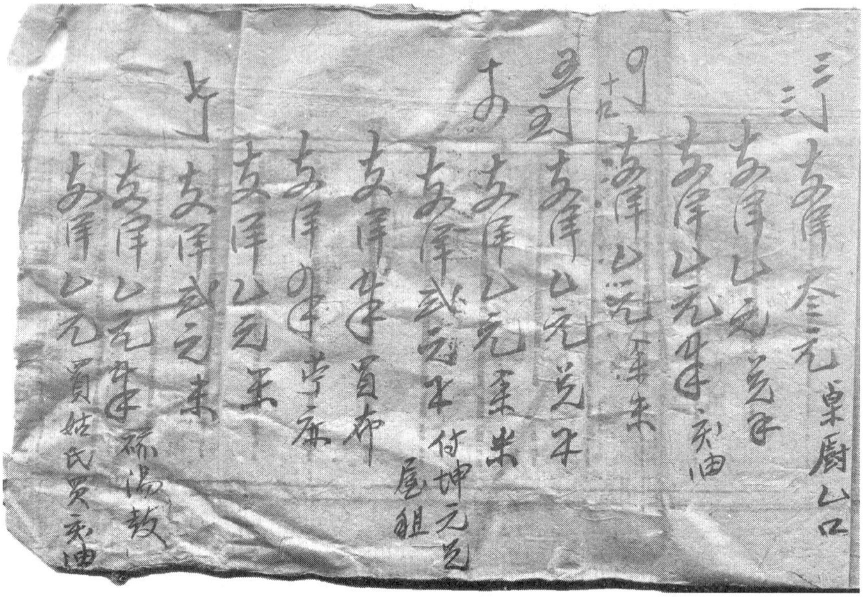

三月 支洋叁元 桌厨山口
支洋乙元五角
支洋乙元半 來由
四月十九 支洋乙元八角來
五月 支洋乙元五角
十六 支洋乙元八角米
支洋貳元半 付坤元五角 屋租
支洋半 買布
支洋半 学麻
支洋乙元五角
七月 支洋貳元來
支洋乙元半 孫湯教
支洋乙元 買姑氏買來由

段莘乡万担源 40-32 · 流水账

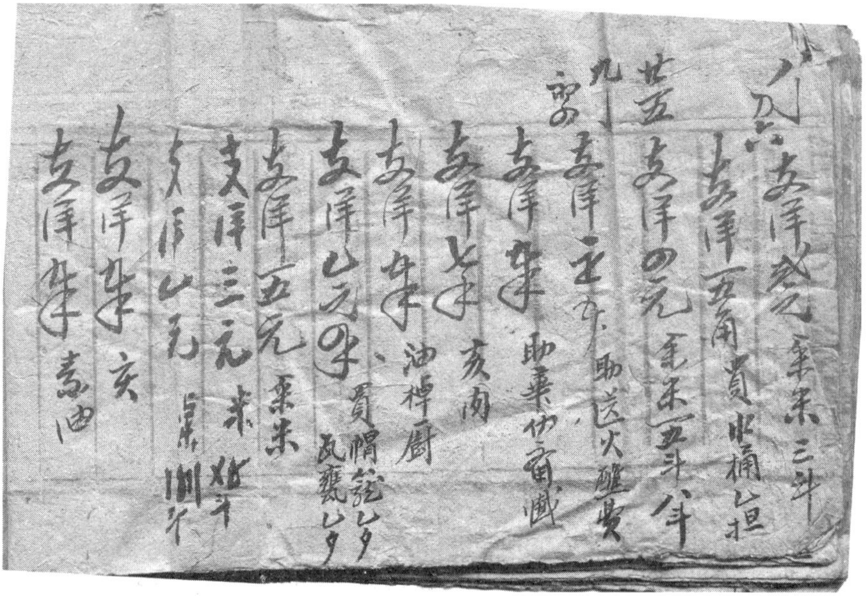

段莘乡万担源 40-33 · 流水账

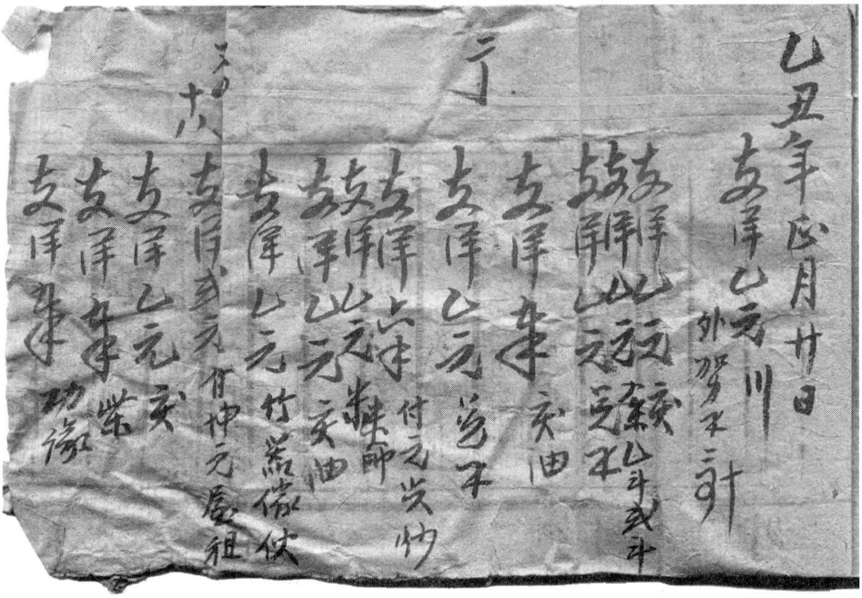

段莘乡万担源 40-34 · 流水账

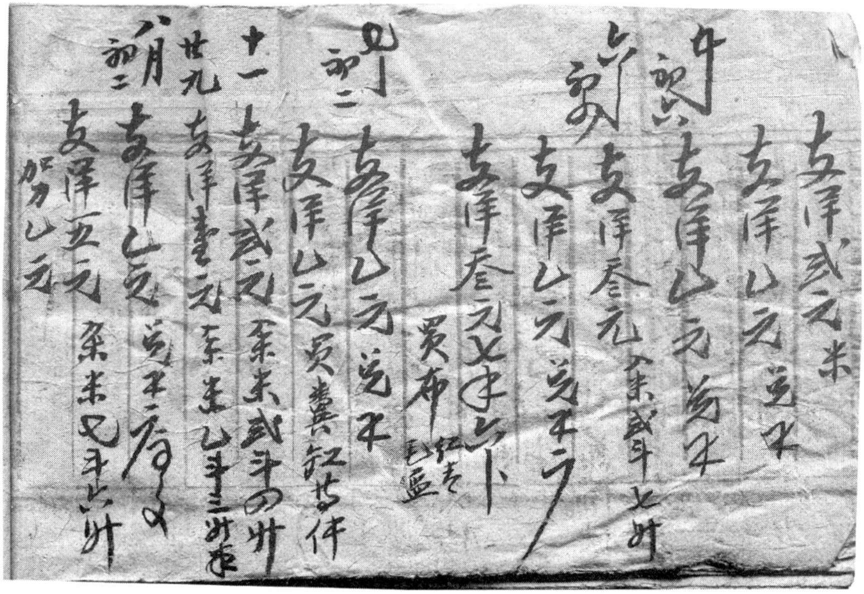

段莘乡万担源 40-35 · 流水账

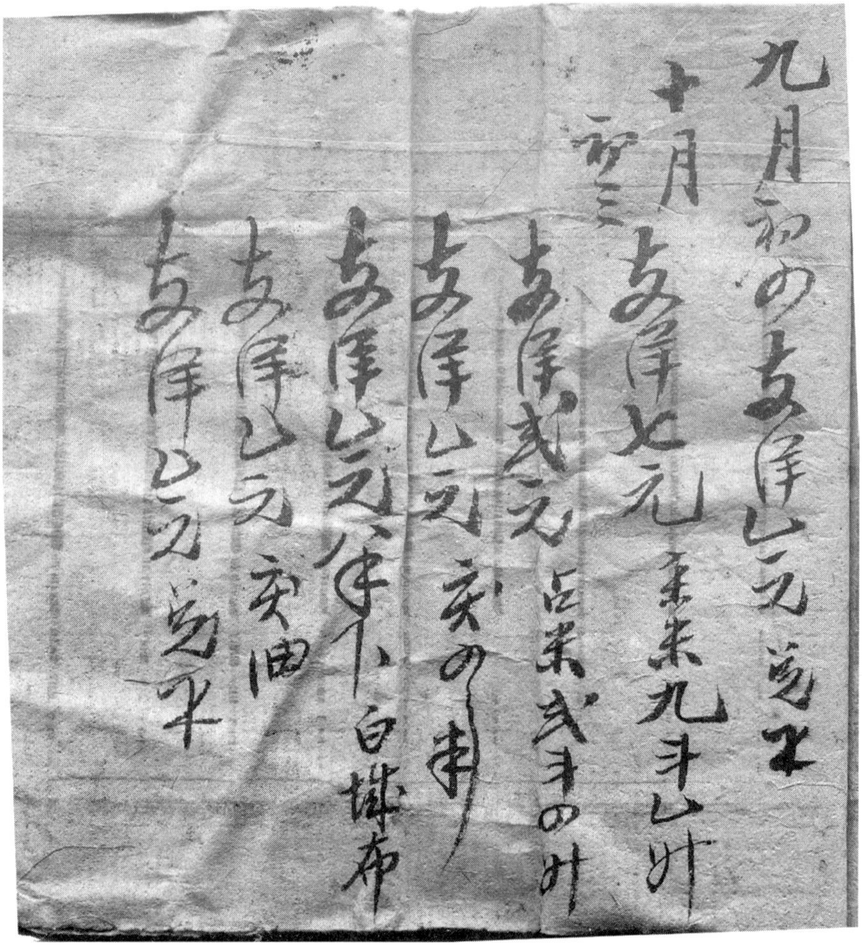

九月初四支洋乙元买米
十月初三支洋七元来米九斗乙升
支洋弍元占米弍斗四升
支洋乙元买四斗
支洋乙元六角小白斜布
支洋乙元买油
支洋乙元买米

段莘乡万担源 40-36 · 流水账

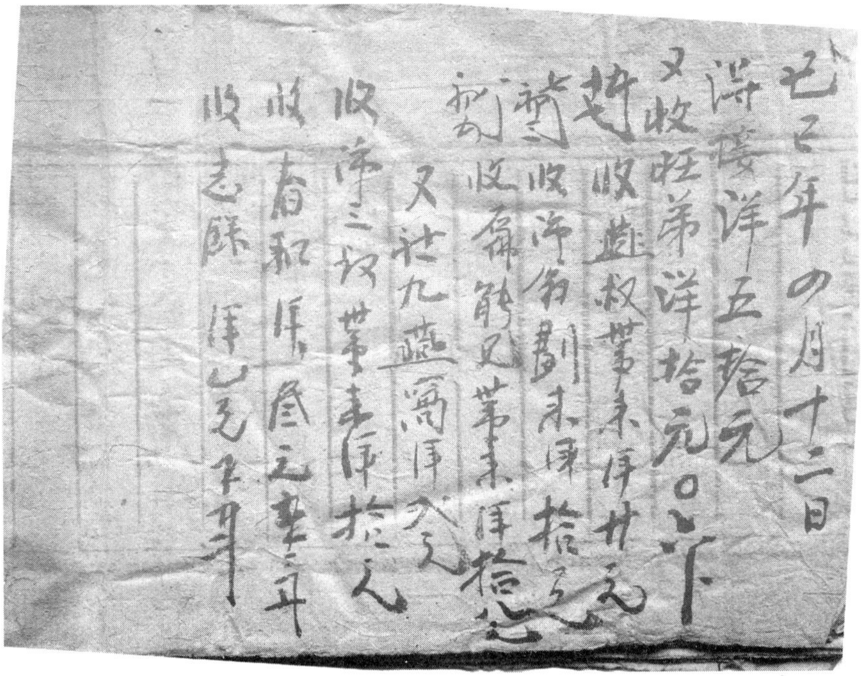

段莘乡万担源 40-37 · 流水账

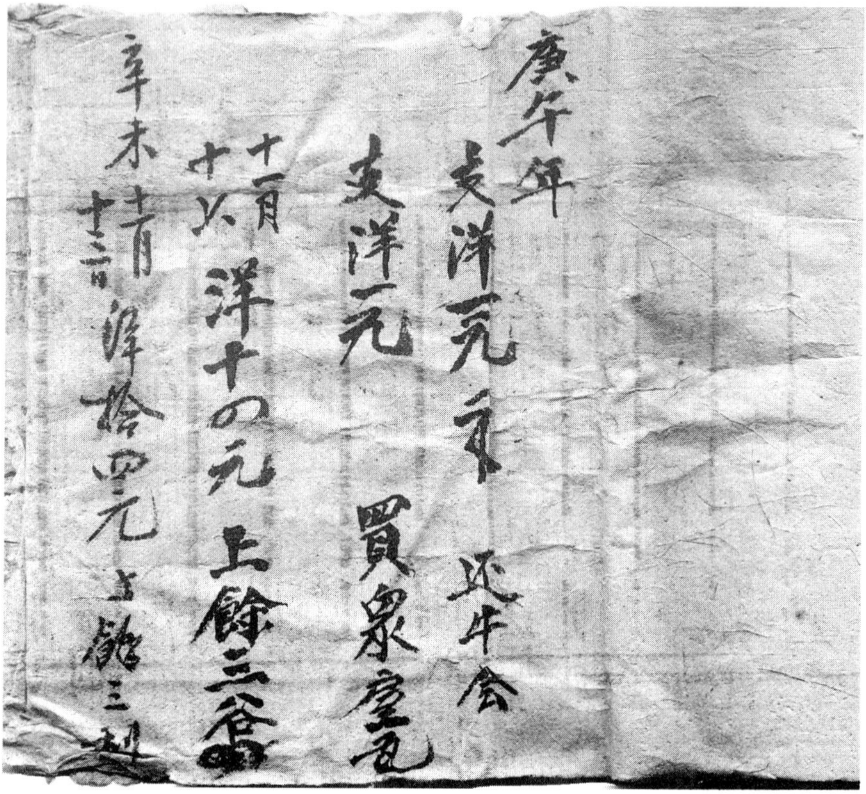

段莘乡万担源 40-38 · 流水账

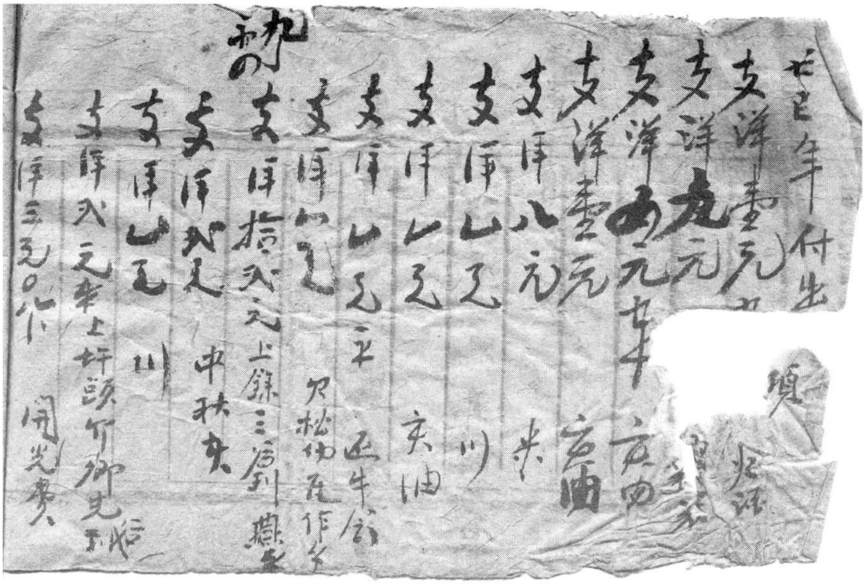

段莘乡万担源 40-39 · 流水账

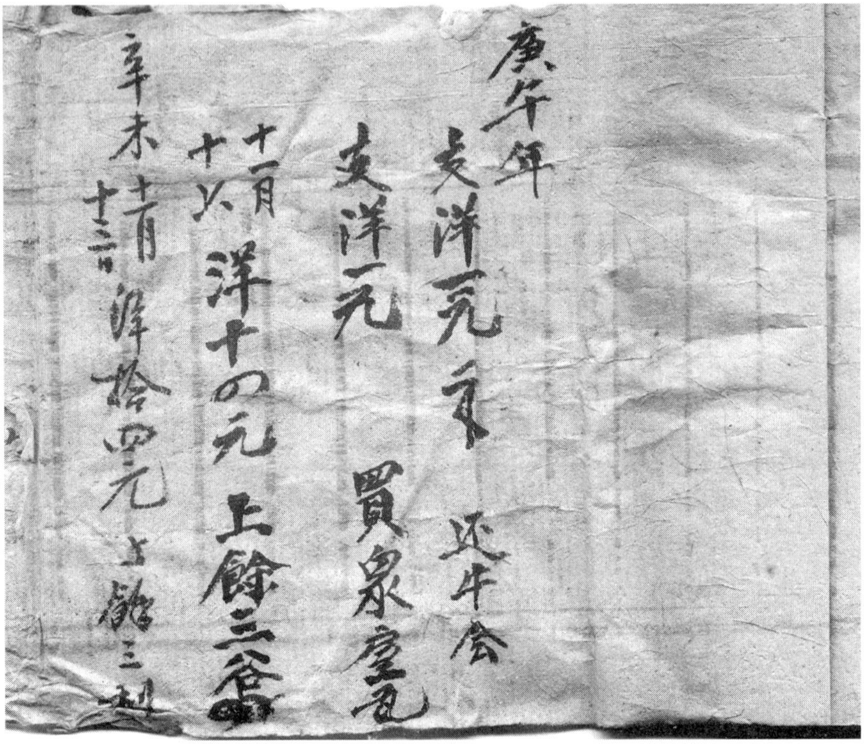
庚午年
支洋一元[illegible] 还牛会
支洋一元 買泉壹包
十一月十六 洋十四元 上餘三谷
辛未十二月十三 洋拾四元 上餘三[illegible]

段莘乡万担源 40-40 · 流水账

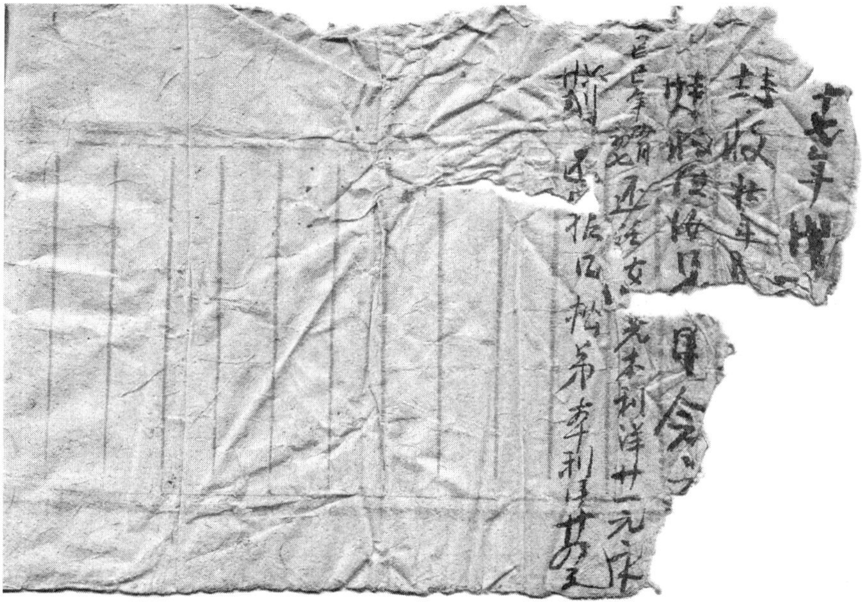

段莘乡万担源 40-41 · 流水账

坤元足屋租

民十二四月付洋乙元半

[illegible]少未缴洋九角

民十三年十二月付洋贰元半

民十四四月付洋贰元

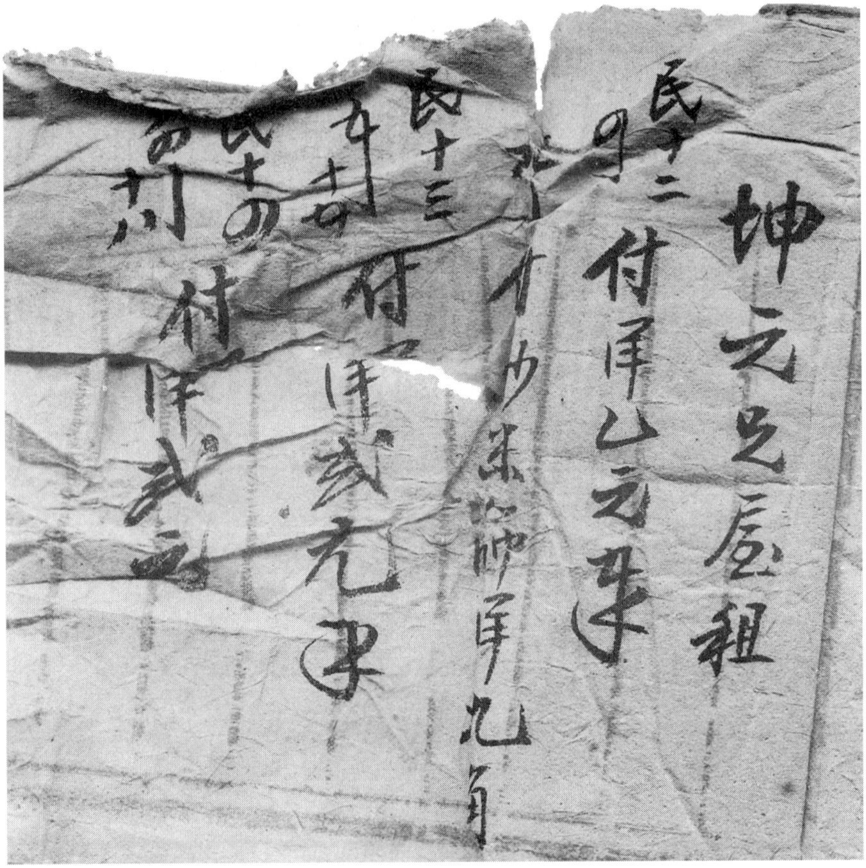

段莘乡万担源 40-42 · 流水账

段莘乡宦坑 1—25

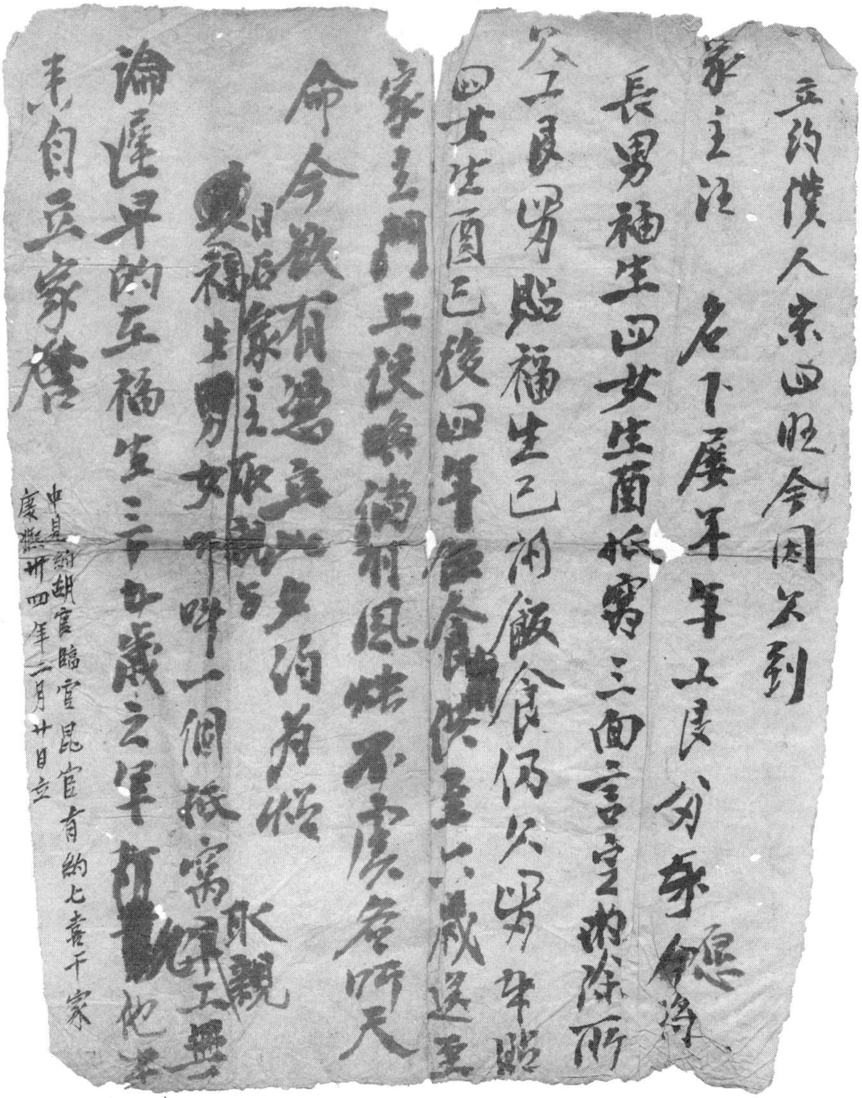

立約僕人宋四旺今因欠到
家主汪 名下屢年年工艮分毫無償
長男福生四女生蘭抵窩三面言定將來所
欠工艮男貼福生已有飯食仍欠男年貼
四女生蘭已後四年伙食供至六歲送至
家主門上使喚倘有風燭不虞各聽天
命今欲有憑立此字為據
日後家主取親與
[illegible]福生男女[illegible]一個抵窩取親[illegible]工無
論還其約立福生三十七歲之年[illegible]他
主自立家[illegible]
中見叔胡官 臨官 昆官 育約 七喜 千家
康熙卅四年二月廿日立

段莘乡宦坑 16 · 康熙三十四年 · 抵窝约 · 宋四旺

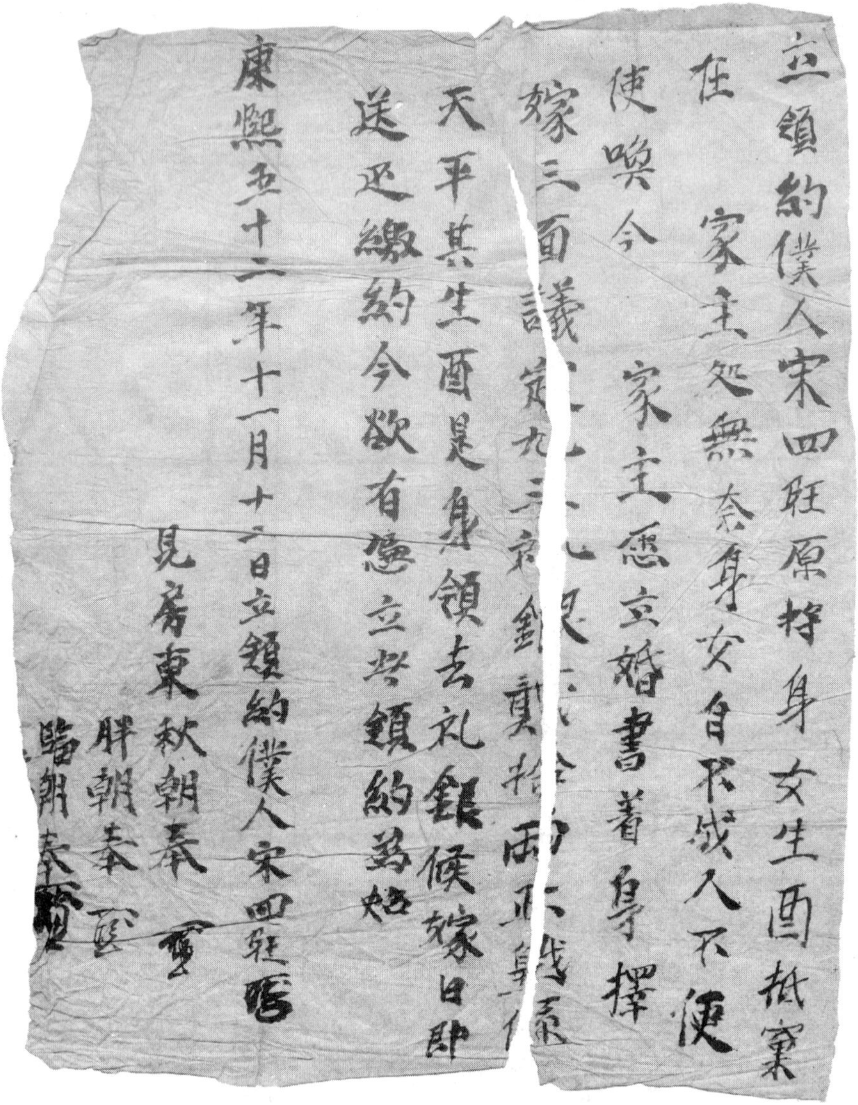

立領約僕人宋四旺原將身女生囡抵窠
在　家主処無奈身女自不成人不便
使喚今　家主愿立婚書着身擇
嫁三面議定礼銀貳拾兩正[illegible]係
天平其生囡是身領去礼銀候嫁日即
送迎繳約今欲有憑立此領約爲炤
康熙五十二年十一月十二日立領約僕人宋四旺（押）
見房東秋朝奉（押）
胖朝奉（押）
臨朝奉（押）

段莘乡官坑 22 · 康熙五十二年 · 领约 · 宋四旺

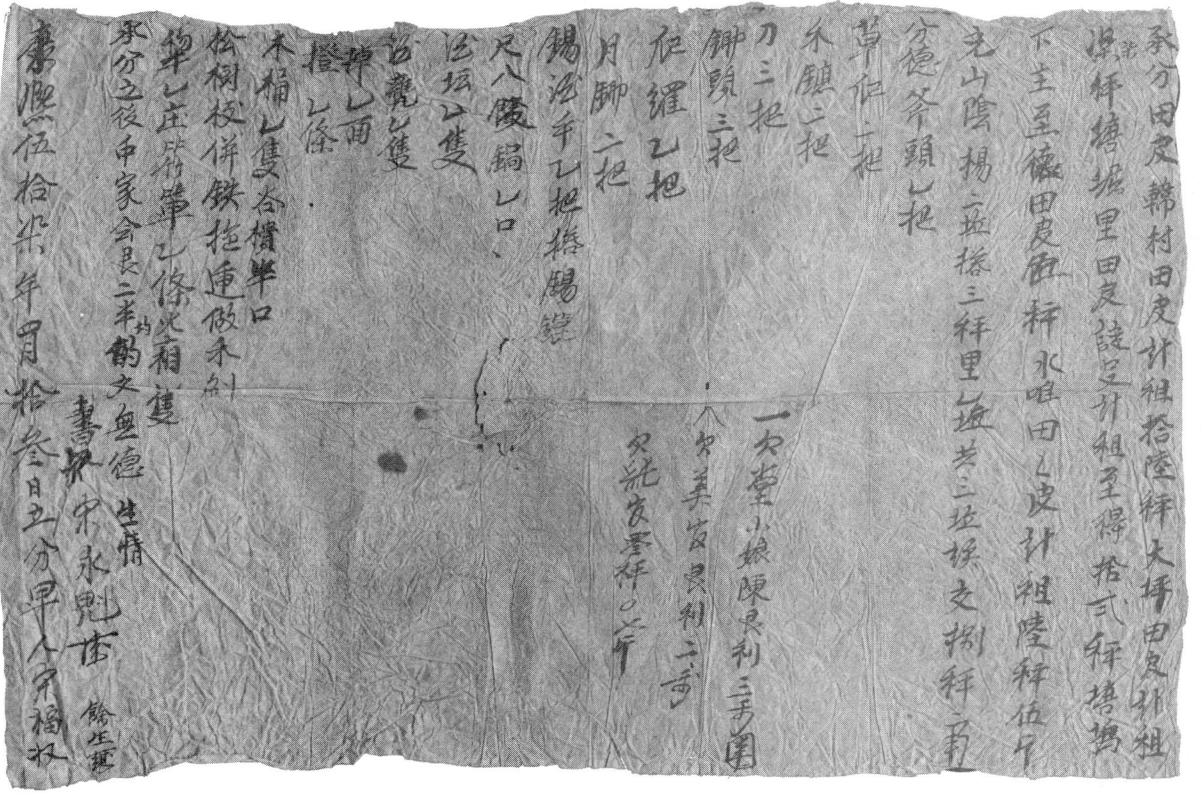

段莘乡官坑 18 · 康熙五十七年 · 分田皮约 · 宋福收

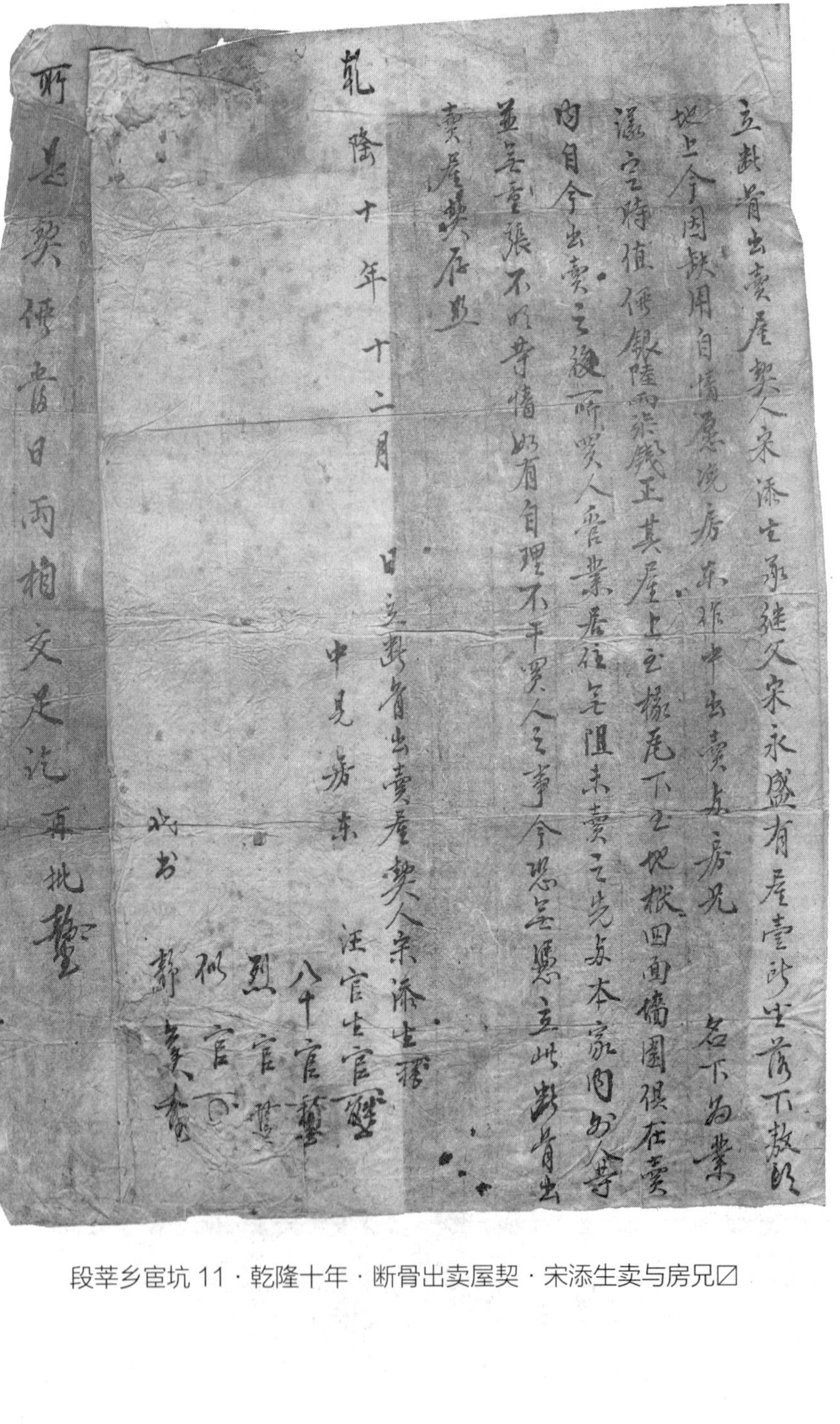

立斷骨出賣屋契人宋添生承繼父宋永盛有屋壹所坐落下敖段
地上今因缺用自情愿浼房東祁中出賣与房兄　名下為業
議定時值價銀陸兩柒錢正其屋上至椽瓦下至地栿四面墻園俱在賣
內自今出賣之後一聽買人管業居住倘未賣之先与本家內外人等
並無重張不明等情如有自理不干買人之事今恐無憑立此斷骨出
賣屋契存照
乾隆十年十二月　日立斷骨出賣屋契人宋添生
中見房東　汪官生
八十官
烈官
祁官
代書　鄒美
所是契價當日兩相交足訖再批

段莘乡宦坑 11 · 乾隆十年 · 断骨出卖屋契 · 宋添生卖与房兄☒

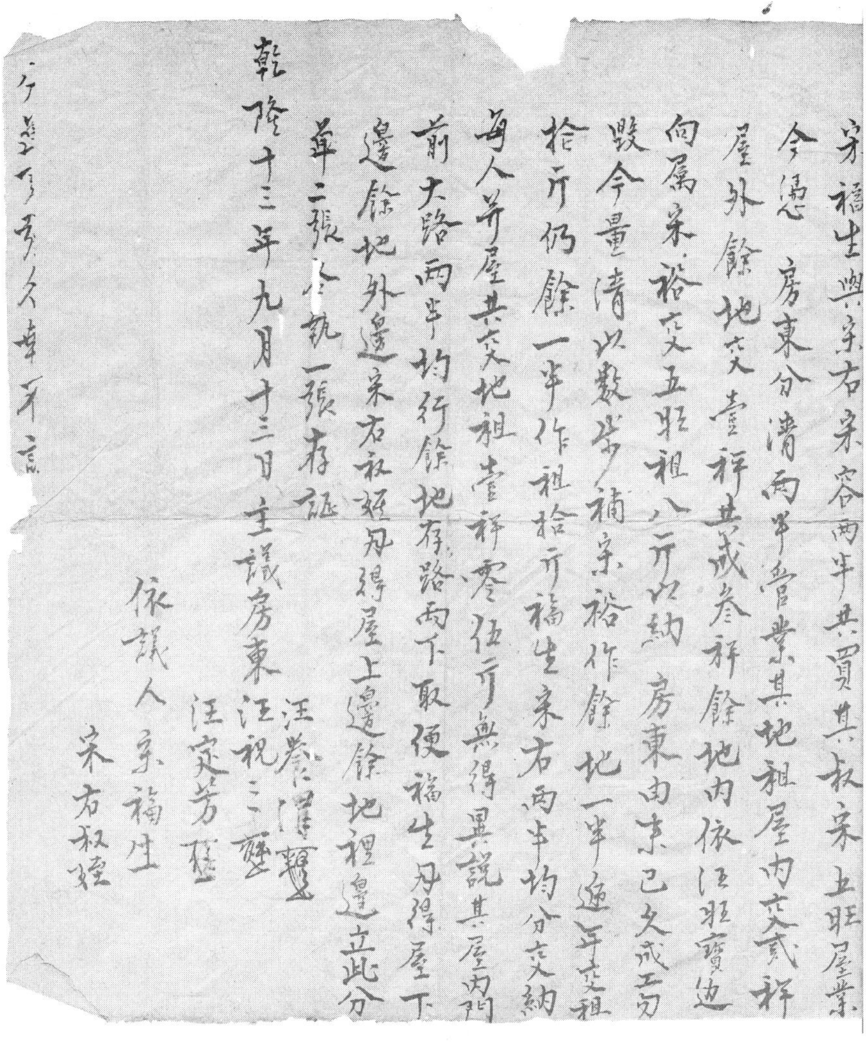

宋福生與宋右宋容兩半共買其叔宋五旺屋業

今憑　房東分清兩半管業其地租屋內交貳秤

屋外餘地交壹秤共貳叁秤餘地內依汪旺寶邊

向屬宋裕交五旺租八斤以納　房東由來已久貳工分

毀今量清以數步補宋裕作餘地一半逐年交租

拾斤仍餘一半作租拾斤福生宋右兩半均分交納

每人并屋共交地租壹秤零伍斤無得異說其屋內門

前大路兩半均行餘地存路兩下取便福生分得屋下

邊餘地外邊宋右叔姪分得屋上邊餘地裡邊立此分

单二張各執一張存証

乾隆十三年九月十三日立議房東汪祝三（押）

汪譽（押）

汪实芳（押）

依議人宋福生

宋右叔姪

段莘乡官坑 14 · 乾隆十三年 · 合议 · 宋福生、宋五旺叔侄等

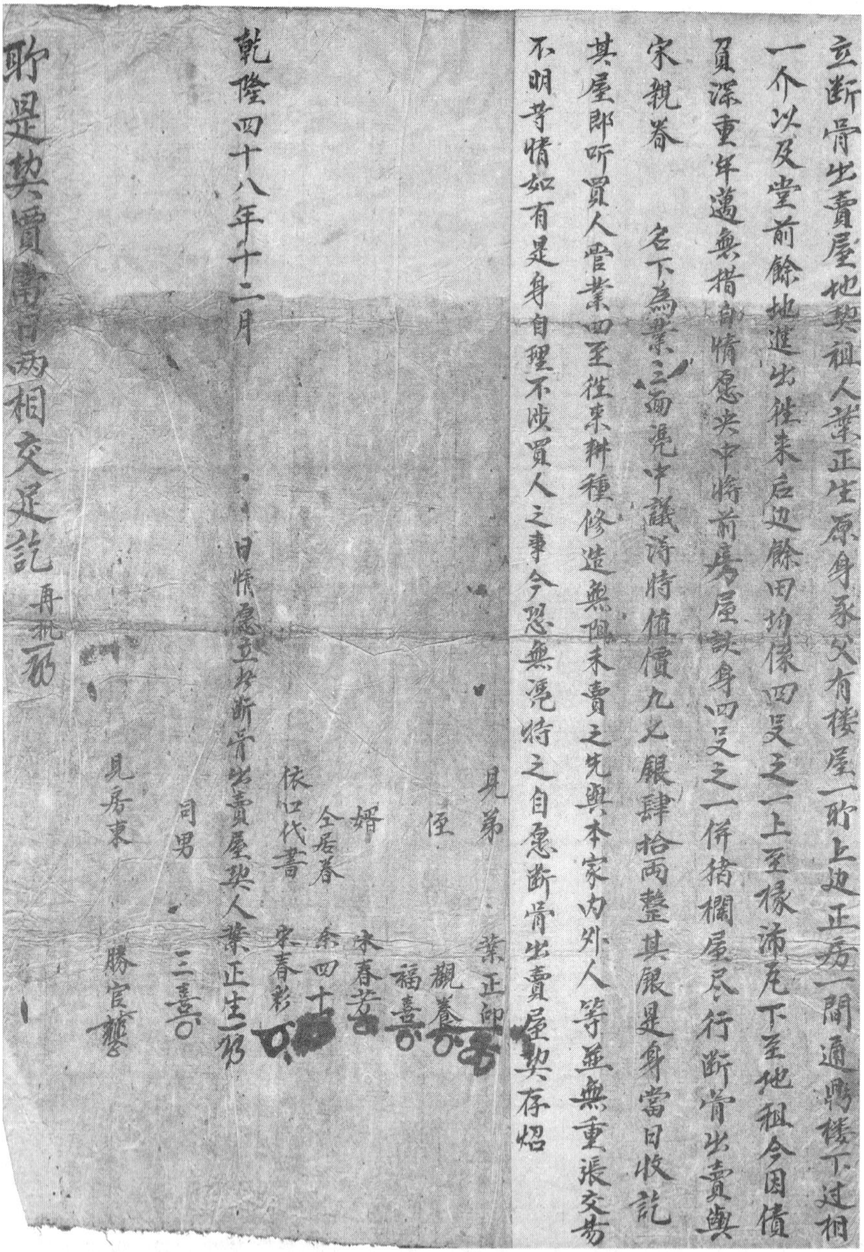

立断骨出賣屋地契祖人葉正生原身承父有楼屋一所上边正房一間通鸭楼下过相
一介以及堂前餘地進出往来后边鰷田坵係四叟之一上至椽沛瓦下至地租今因債
負深重年邁無措自情愿央中將前身屋該身四叟之一併猪欄屋尽行断骨出賣與
宋親眷 名下為業三面凴中議得時值價九七艮肆拾兩整其艮是身當日收訖
其屋即听買人管業四至往来耕種修造無阻未賣之先與本家内外人等並無重張交易
不明等情如有是身自理不涉買人之事今恐無凴將之自愿断骨出賣屋契存炤

見弟 葉正卯
侄 観養
福喜
婿 宋春芳
仝居眷 余四十
依口代書 宋春彩

乾隆四十八年十二月 日情愿立断骨出賣屋契人葉正生
同男 三喜
見房東 勝官

收足契價當日兩相交足訖 再批

段莘乡宦坑 3 · 乾隆四十八年 · 断骨出卖屋地契 · 叶正生卖与宋亲眷

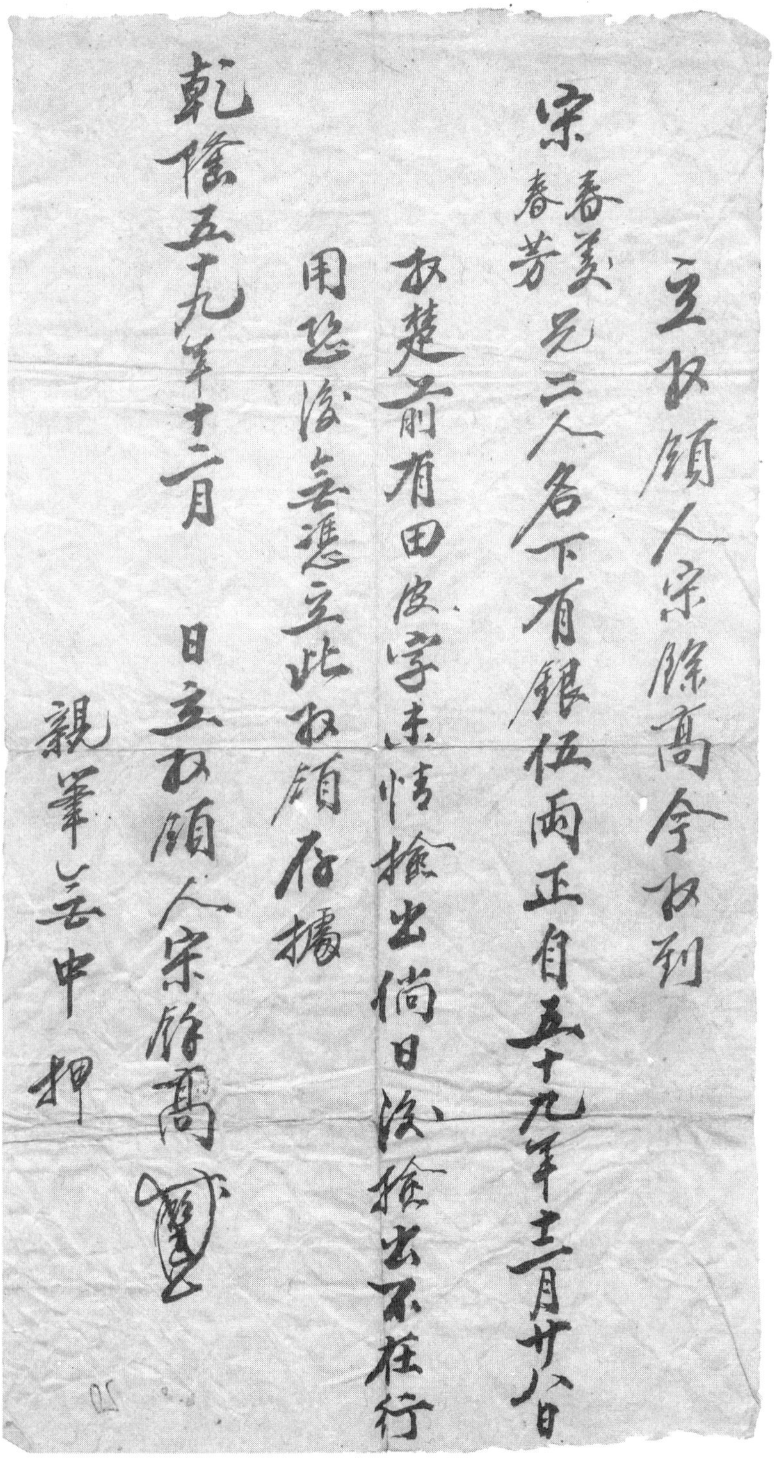
立收領人宋餘高今收到
宋春美
春芳兄二人名下有銀伍兩正自五十九年十二月廿八日
收楚前有田皮字未情檢出倘日後檢出不在行
用照後無憑立此收領存據
乾隆五十九年十二月　日立收領人宋餘高（押）
親筆無中　押

段莘乡宦坑 21 · 乾隆五十九年 · 收字 · 宋余高收到宋春美、宋春芳

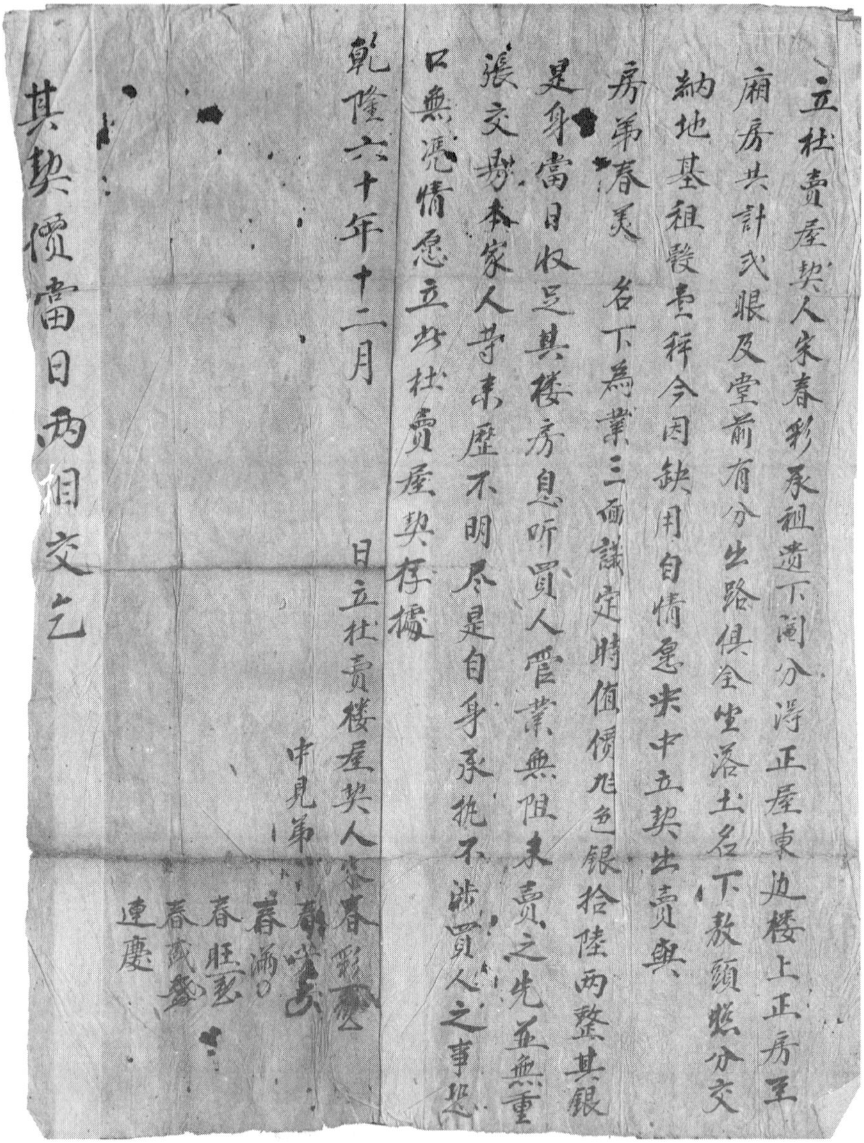
立杜賣屋契人宋春彩承祖遺下鬮分淂正屋東边楼上正房至
廂房共計弍眼及堂前有分出路俱全坐落土名下敎頭照分交
納地基租錢壹秤今因缺用自情愿央中立契出賣與
房弟春美名下為業三面議定時值價九色銀拾陸两整其銀
是身當日收足其楼房息听買人管業無阻未賣之先並無重
張交易本家人等來歷不明盡是自身承挑不涉買人之事恐
口無凭情愿立此杜賣屋契存據
乾隆六十年十二月　日立杜賣楼屋契人宋春彩
中見弟　春滿　春旺　春盛　連慶
其契價當日兩相交乞

段莘乡宦坑 2 · 乾隆六十年 · 杜卖楼屋契 · 宋春彩卖与房弟春美

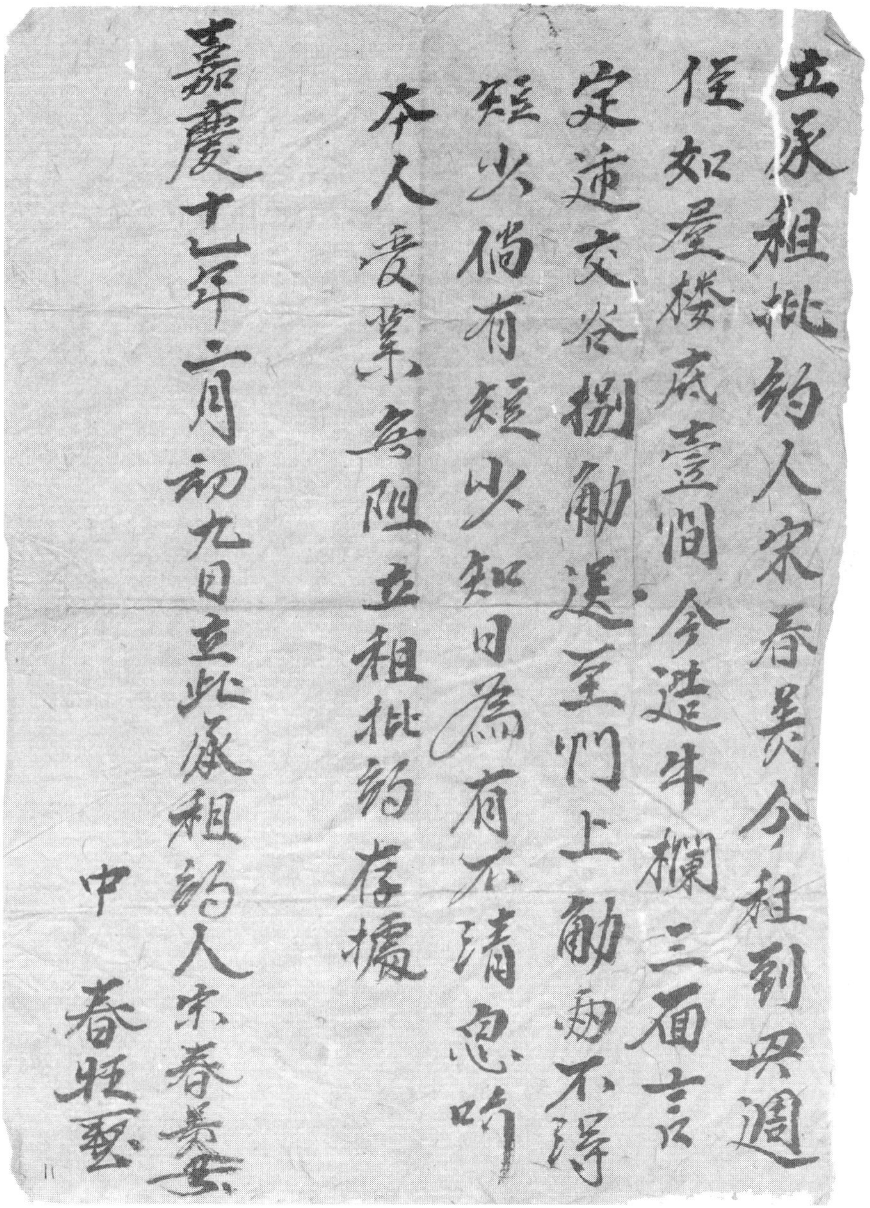

立承租批約人宋春美今租到興週
侄如屋樓底壹間今造牛欄三石言
定遞交谷捌斤送至門上斤兩不得
短少倘有短少知日爲有不請息吶
本人受業無阻立租批約存據
嘉慶十一年二月初九日立此承租約人宋春美
中 春旺押

段莘乡宦坑 12 · 嘉庆十一年 · 承租批约 · 宋春美租到兴周侄

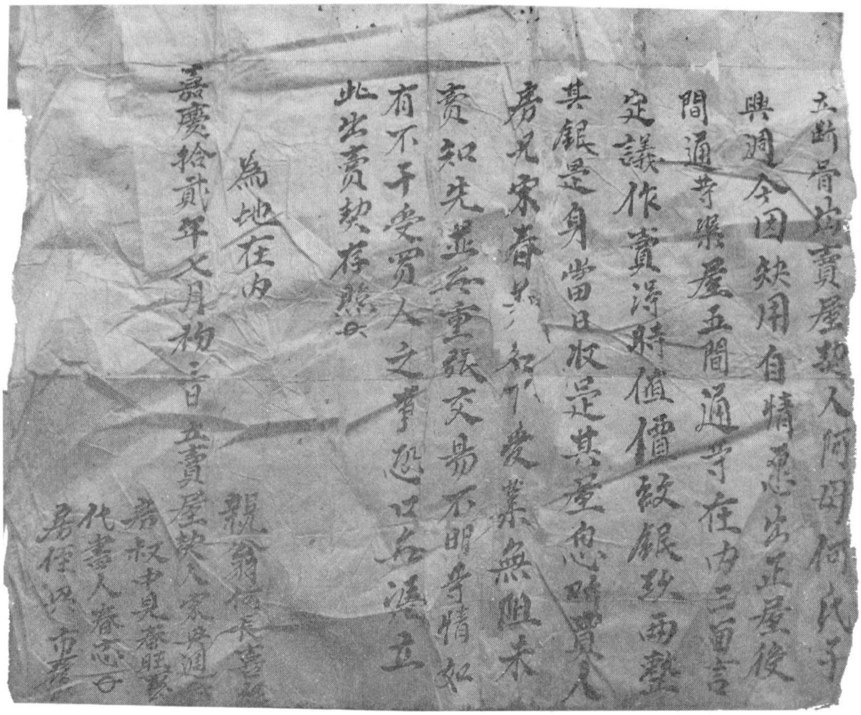

立斷骨出賣屋契人阿母何氏子
興週今因缺用自情愿出正屋後
間通并樑屋五間通并在內三面言
定議作賣得時值價紋銀玖兩整
其銀是身當日收足其屋愿斷賣人
房兄宋春[illegible]名下受業無阻未
賣知先並無重張交易不明等情如
有不干受買人之事恐口無憑立
此出賣契存照
為地在內
嘉慶拾貳年七月初二日立賣屋契人宋興週
親翁何長[illegible]
房叔中見春旺
代書人春志
房侄[illegible]

段莘乡宦坑 15 · 嘉庆十二年 · 断骨出卖屋契 · 阿母何氏、
子兴周卖与房兄宋春美

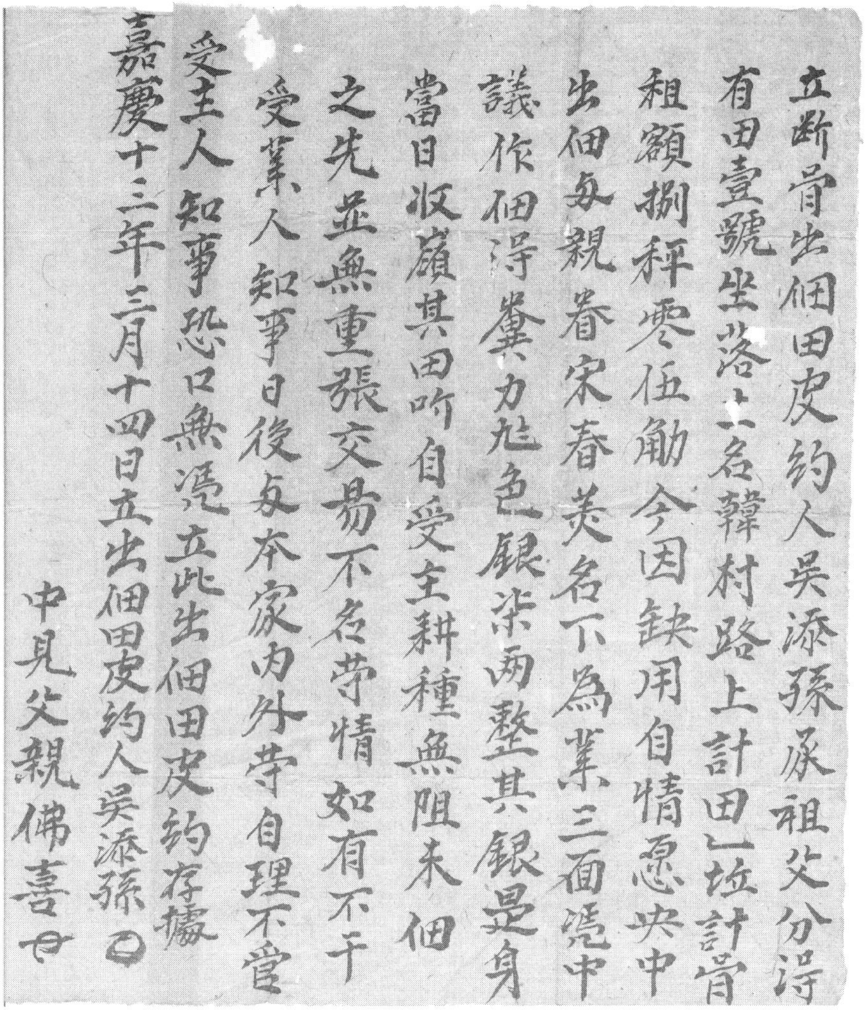
立断骨出佃田皮约人吴添孫承祖父分得
有田壹號坐落土名韓村路上計田乙坵計骨
租額捌秤零伍觔今因缺用自情愿央中
出佃與親眷宋春美名下為業三面憑中
議作佃得價九色銀柒两整其銀是身
當日收領其田听自受主耕種無阻未佃
之先並無重張交易不名等情如有不干
受業人知事日後本家内外等自理不管
受主人知事恐口無憑立此出佃田皮约存據
嘉慶十三年三月十四日立出佃田皮约人吴添孫（押）
中見父親佛喜（押）

段莘乡宦坑 17 · 嘉庆十三年 · 断骨出佃田皮约 · 吴添孙佃与亲眷宋春美

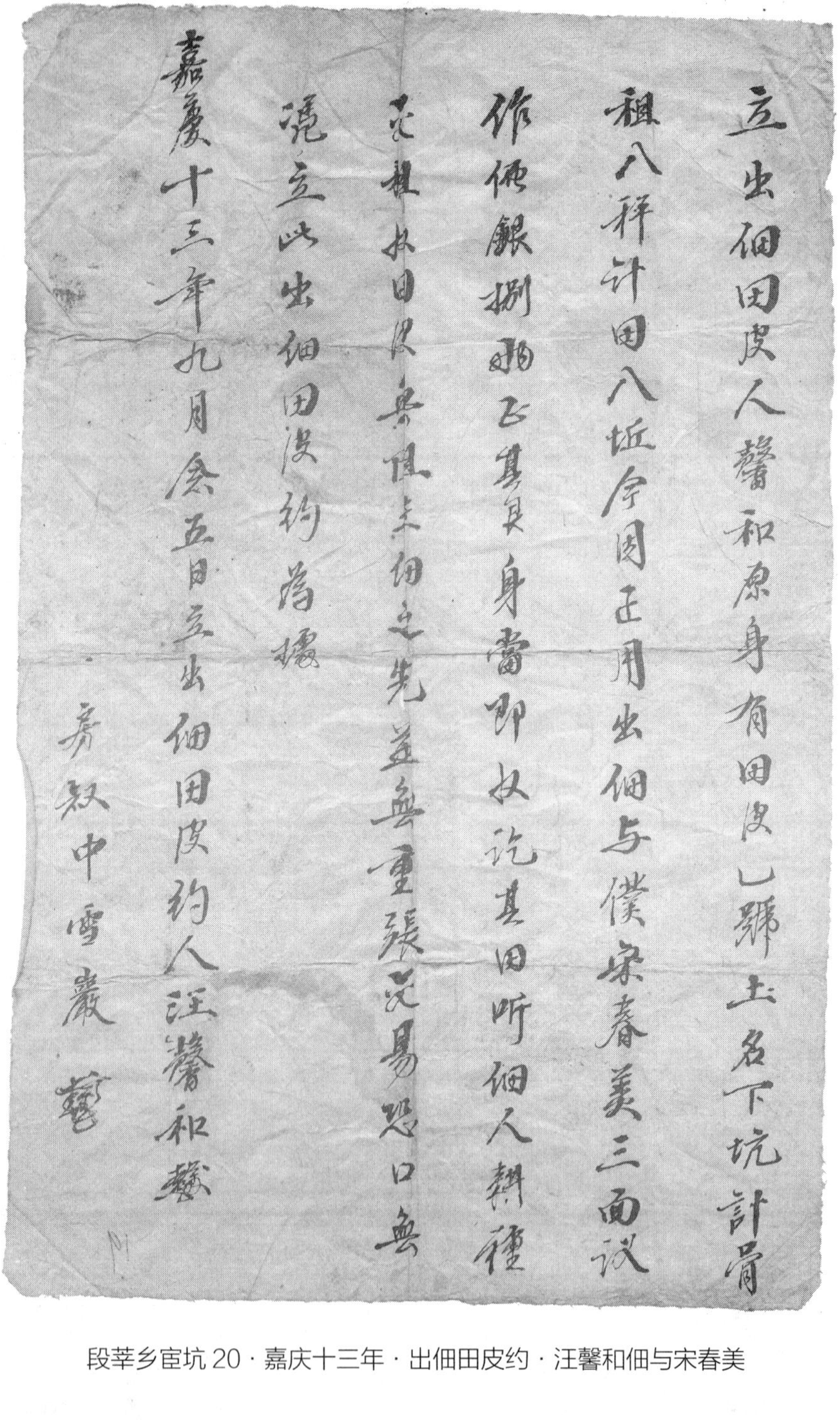

立出佃田皮人馨和原身有田皮乙號土名下坑計骨
租八秤計田八坵今因正用出佃与僕宋春美三面议
作價銀捌兩正其銀身當即收訖其田听佃人耕種
交租收田皮無阻未佃之先並無重張交易恐口無
憑立此出佃田皮約為據
嘉慶十三年九月念五日立出佃田皮約人汪馨和（押）
房叔中雪巖（押）

段莘乡宦坑 20 · 嘉庆十三年 · 出佃田皮约 · 汪馨和佃与宋春美

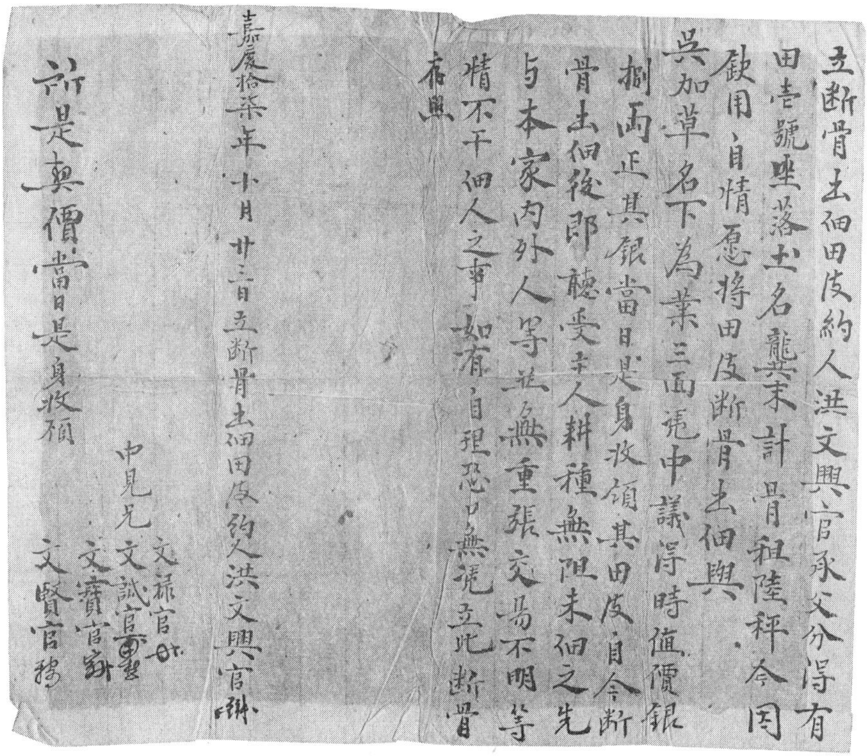

立断骨出佃田皮約人洪文興官承父分得有
田壹號坐落土名龍井末計骨租陸秤今因
缺用自情愿將田皮断骨出佃與
吳加草名下為業三面憑中議得時值價銀
捌兩正其銀當日是身收領其田皮自今断
骨出佃後即聽受主人耕種無阻未佃之先
与本家內外人等並無重張交易不明等
情不干佃人之事如有自理恐口無憑立此断骨
存照
嘉慶拾柒年十月廿三日立断骨出佃田皮約人洪文興官（押）
中見兄　文祿官（押）
文誠官（押）
文寶官（押）
文賢官（押）
計是真價當日是身收領

段莘乡官坑 13 · 嘉庆十七年 · 断骨出佃田皮约 · 洪文兴官佃与吴加草

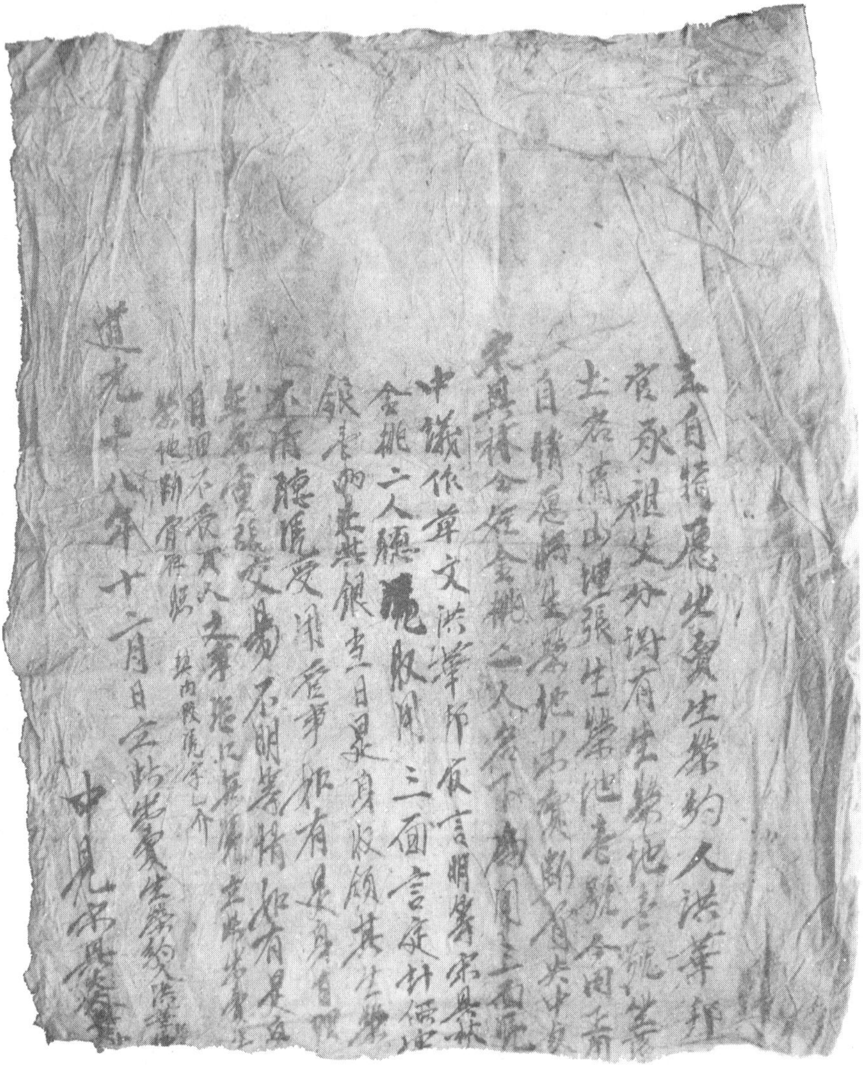

立自情愿出卖生柴约人洪华邦
今承祖父分有生柴地[illegible]
土名清山坦张生柴地老号今因[illegible]
自情愿将生柴地出卖断与[illegible]
宋兴林全侄金桃二人名下为[illegible]
中议作[illegible]文洪华邦[illegible]言明[illegible]宋兴林
金桃二人听凭取用 三面言定时值
银壹两正其银当日是身收领其生柴
不清听凭受用管业如有是身自理
未卖之先并无重张交易不明等情如有是身
自理不干买人之事[illegible]
出卖生柴地断骨存照
[illegible]
道光十八年十二月 日 立此出卖生柴约人洪华邦
中见 宋兴[illegible]

段莘乡宦坑 1 · 道光十八年 · 出卖生柴约 · 洪华邦卖与宋兴林同侄金桃二人

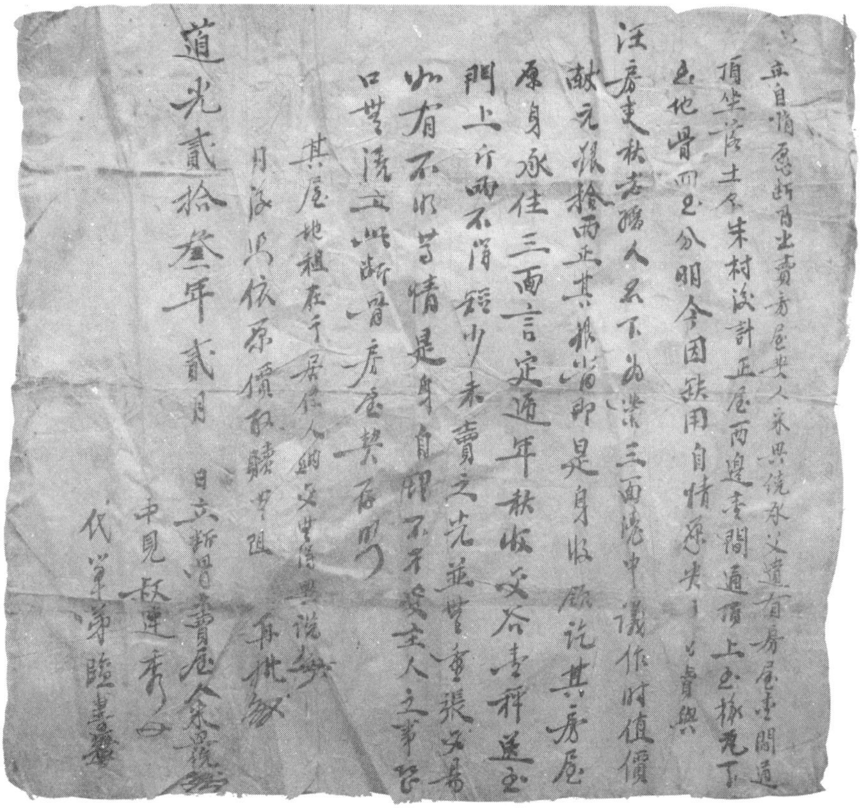
立自情願斷骨出賣房屋契人宋興繞承父遺有房屋壹間道
頂坐落土名宋村汝計正屋西邊壹間通頂上至椽瓦下
至地骨四至分明今因缺用自情願央中出賣與
汪房吏秋老孺人名下爲業三面憑中議作時值價
敵元銀拾兩正其銀當即是身收訖其房屋
原身承住三面言定遞年秋收交谷壹秤送至
門上所兩不得短少未賣之先並無重張交易
如有不明等情是身自理不干受主人之事恐
口無憑立此斷骨房屋契存照
其屋地租在于居住人納交無得異說
日後只依原價取贖無阻　再批
道光貳拾叁年貳月　日立斷骨賣屋人宋興繞
中見　叔連秀
代筆　弟臨書

段莘乡宦坑 7 · 道光二十三年 · 断骨出卖房屋契 · 宋兴绕卖与汪房吏秋老孺人

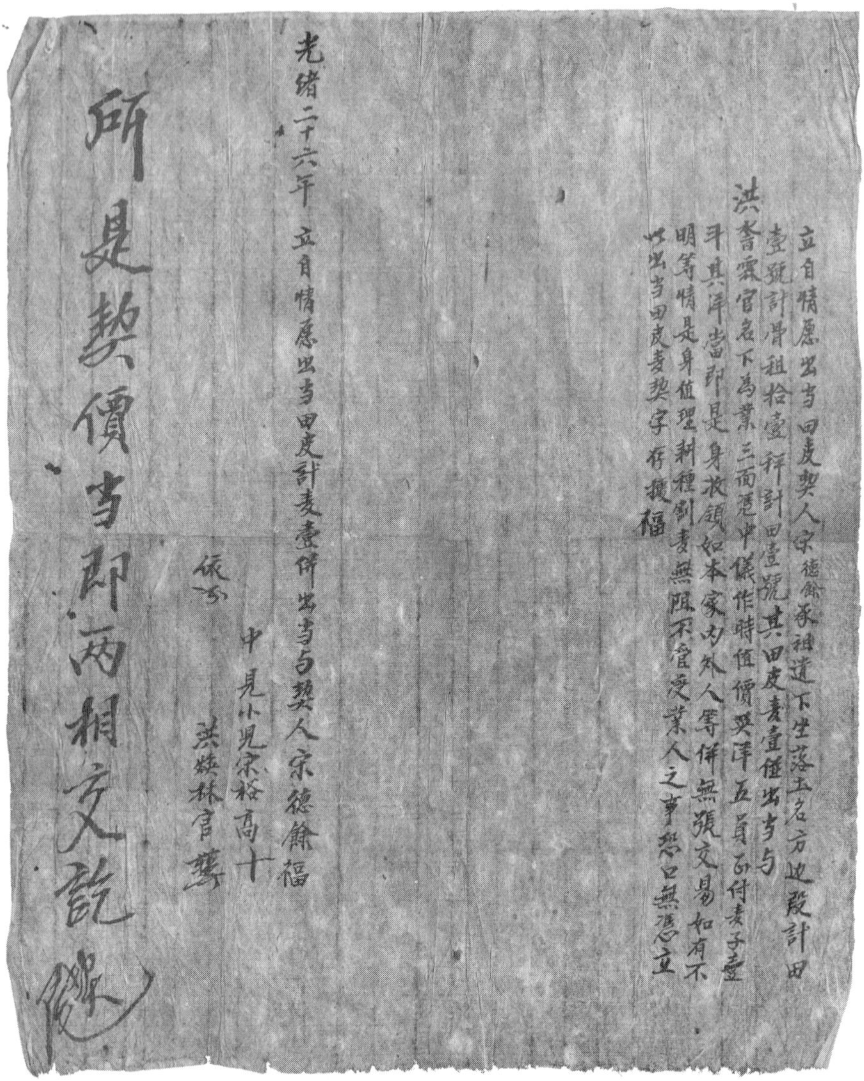

立自情愿出当田皮契人宋德餘承祖遺下坐落土名方边段計田
壹號計骨租拾壹秤計田壹號其田皮麦壹但出当与
洪沓霖官名下為業三面憑中議作時值價英洋五員正付麦子壹
斗其洋當即是身收領如本家内外人等併無張文易如有不
明等情是身值理耕種割麦無阻不管受業人之事恐口無憑立
此出当田皮麦契字存據福

光緒二十六年　立自情愿出当田皮計麦壹併出当与契人宋德餘福

中見小見宋裕高十

依口　洪姝林官（押）

所是契價当即兩相交訖

段萃乡宦坑 10 · 光绪二十六年 · 出当田皮契 · 宋德余当与洪沓霖

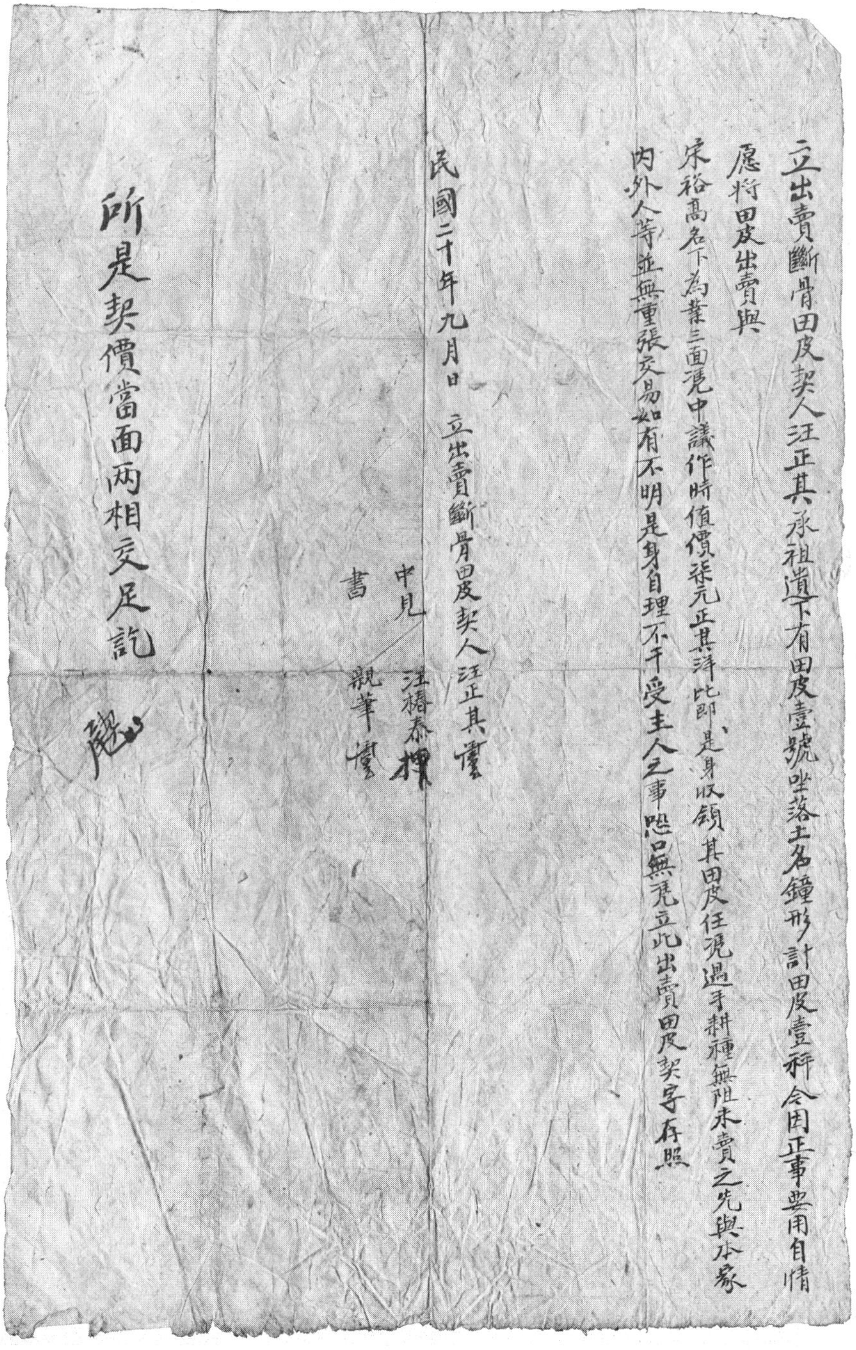

立出賣斷骨田皮契人汪正其承祖遺下有田皮壹號坐落土名鐘形計田皮壹秤今因正事要用自情

愿将田皮出賣與

宋裕高名下為業三面憑中議作時値價洋元正其洋比即是身收領其田皮任憑過手耕種無阻未賣之先與本家

内外人等並無重張交易如有不明是身自理不干受主人之事恐口無憑立此出賣田皮契字存照

民國二十年九月日　立出賣斷骨田皮契人汪正其

中見　汪椿泰

書　親筆

所是契價當面兩相交足訖

段莘乡宦坑 25 · 民国二十年 · 出卖断骨田皮契 · 汪正其卖与宋裕高

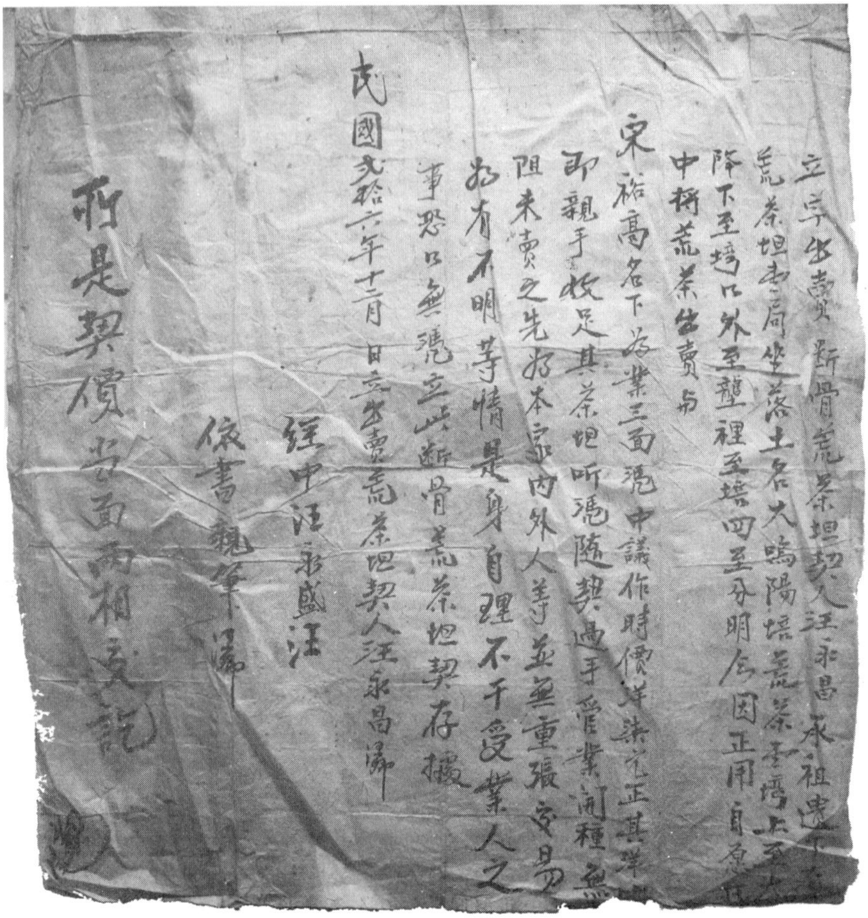

立字出賣斷骨荒茶坦契人汪永昌承祖遺下[illegible]
荒茶坦壹局坐落土名大鳴陽塘荒茶壹塊上至[illegible]
降下至塆口外至壟裡至塘四至分明今因正用自愿托
中將荒茶出賣與
宋裕高名下為業三面憑中議作時價洋[illegible]元正其洋
即親手收足其茶坦听憑隨契過手管業開種無
阻未賣之先與本家內外人等並無重張交易
如有不明等情是身自理不干受業人之
事恐口無憑立此斷骨荒茶坦契存據
民國式拾六年十二月 日立出賣荒茶坦契人汪永昌押
經中汪永盛注
依書魏[illegible]押
再是契價當面兩相交訖

段莘乡宦坑 6 · 民国二十六年 · 出卖断骨荒茶坦契 · 汪永昌卖与宋裕高

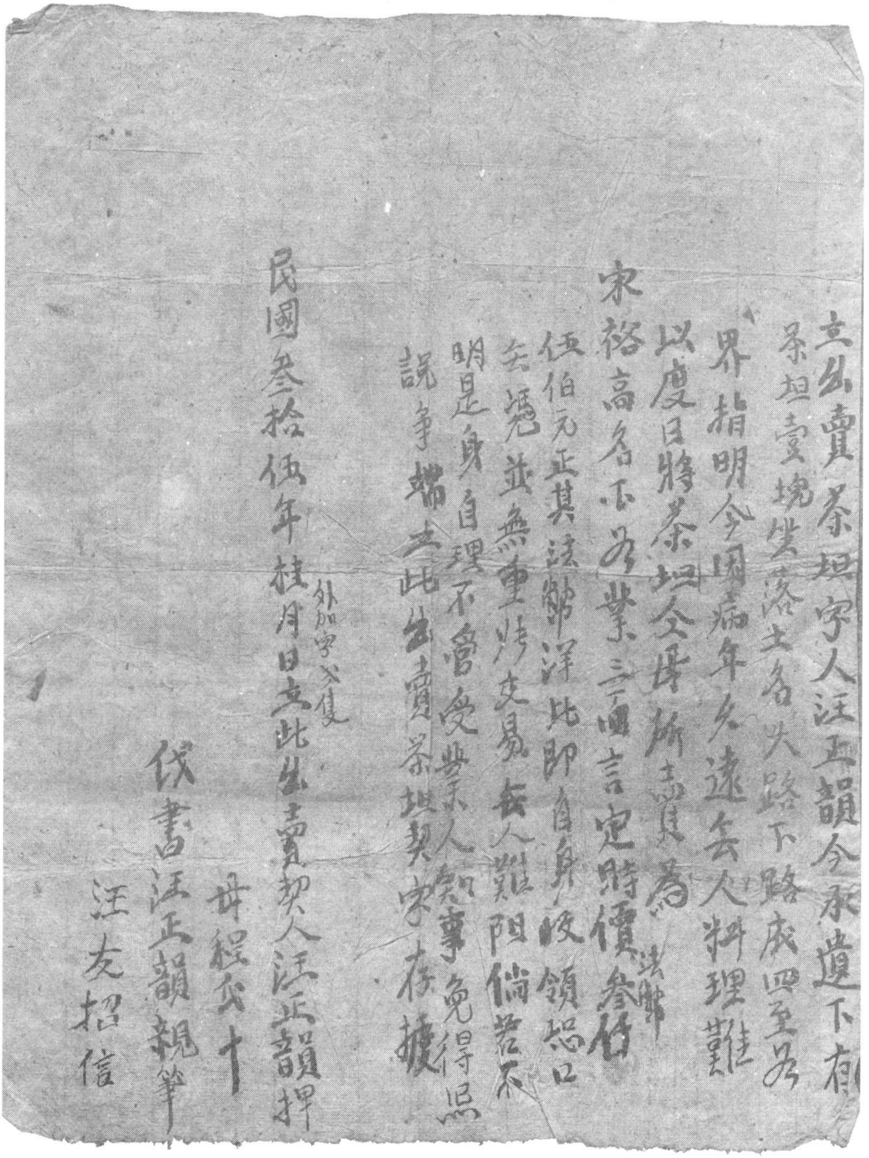
立出賣茶坦字人汪正韻今承遺下有
茶坦壹塊坐落土名大路下路底四至另
界指明今因病年久遠去人料理難
以度日將茶坦全坦所賣與
宋裕高名下為業三面言定時價法幣叁仟
伍伯元正其法幣洋比即自身收領訖其
去憑並無重復交易去人難阻倘若不
明是身自理不會受業人之事免得生
說爭端立此出賣茶坦契字存據
外加字貳隻
民國叁拾伍年桂月日立此出賣契人汪正韻押
母程氏十
代書汪正韻親筆
汪友招信

段莘乡官坑 9 · 民国三十五年 · 出卖茶坦字 · 汪正韵卖与宋裕高

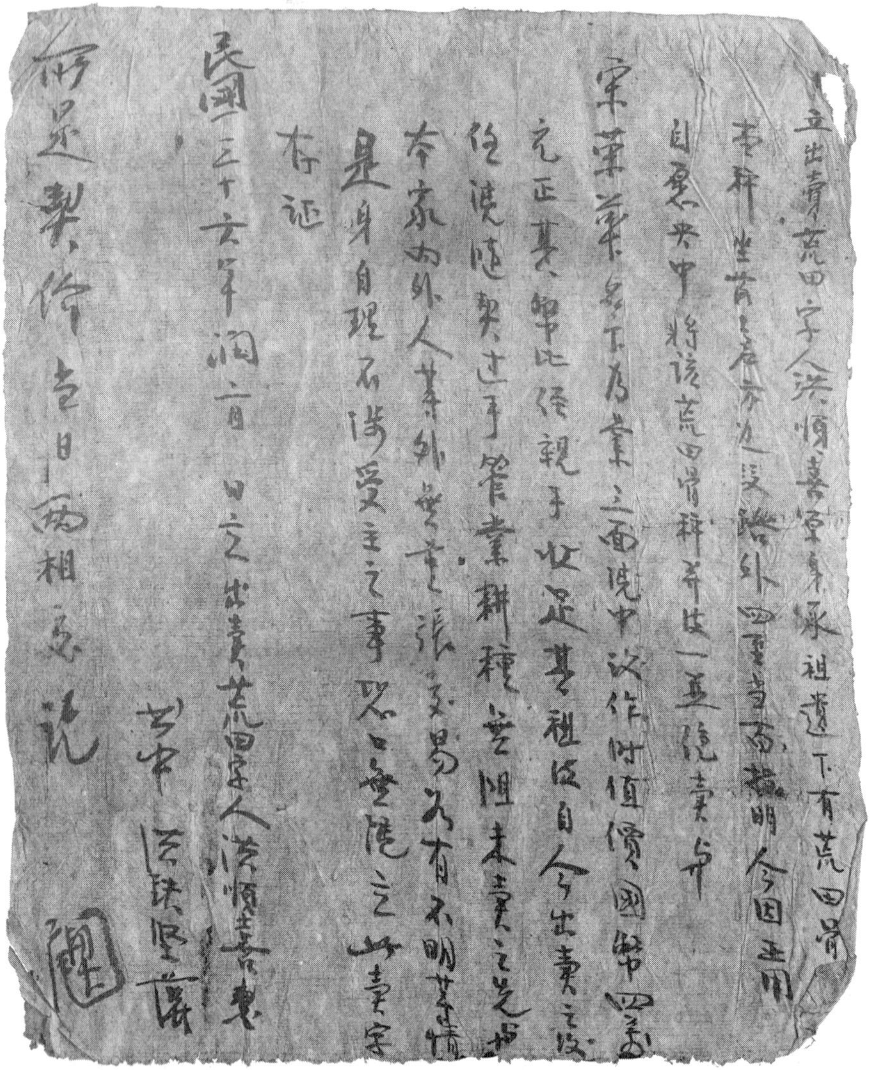
立出賣荒田字人洪順喜今身承祖遺下有荒田骨
壹坵坐落土名芳边段路外四至悉開明今因正用
自愿央中將該荒田骨租并皮一並絕賣与
宋榮華名下為業三面憑中言作時值價國幣四萬
元正其幣比經親手收足其租從自今出賣之後
任憑隨契過手管業耕種無阻未賣之先如
本家內外人等外無重張交易如有不明等情
是身自理不涉受主之事恐口無憑立此賣字
存証
民國三十六年閏二月　日立出賣荒田字人洪順喜（押）
中　洪鐵堅（押）
所是契價当日兩相交訖

段莘乡官坑 8 · 民国三十六年 · 出卖荒田字 · 洪顺喜卖与宋荣华

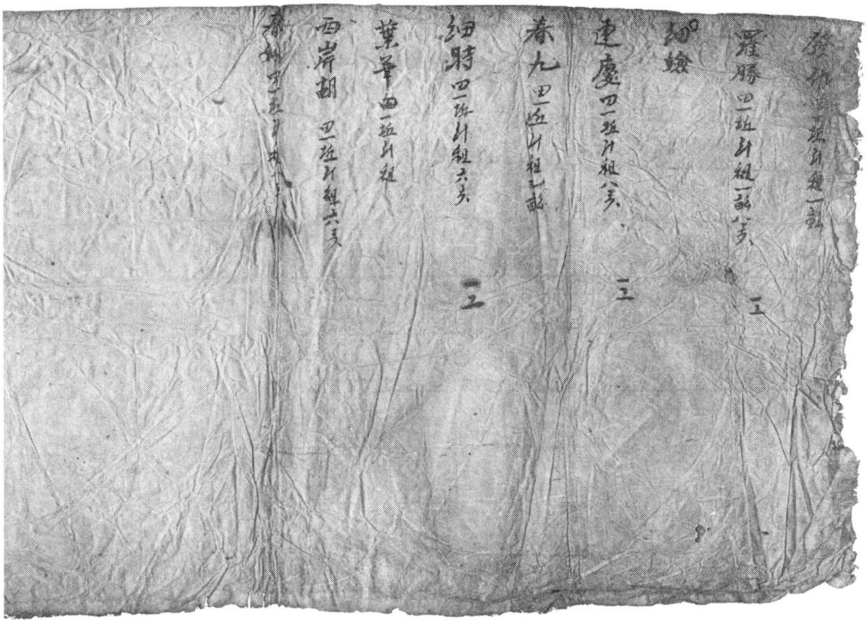

段莘乡宦坑 4 · 租税单 · 发仂等

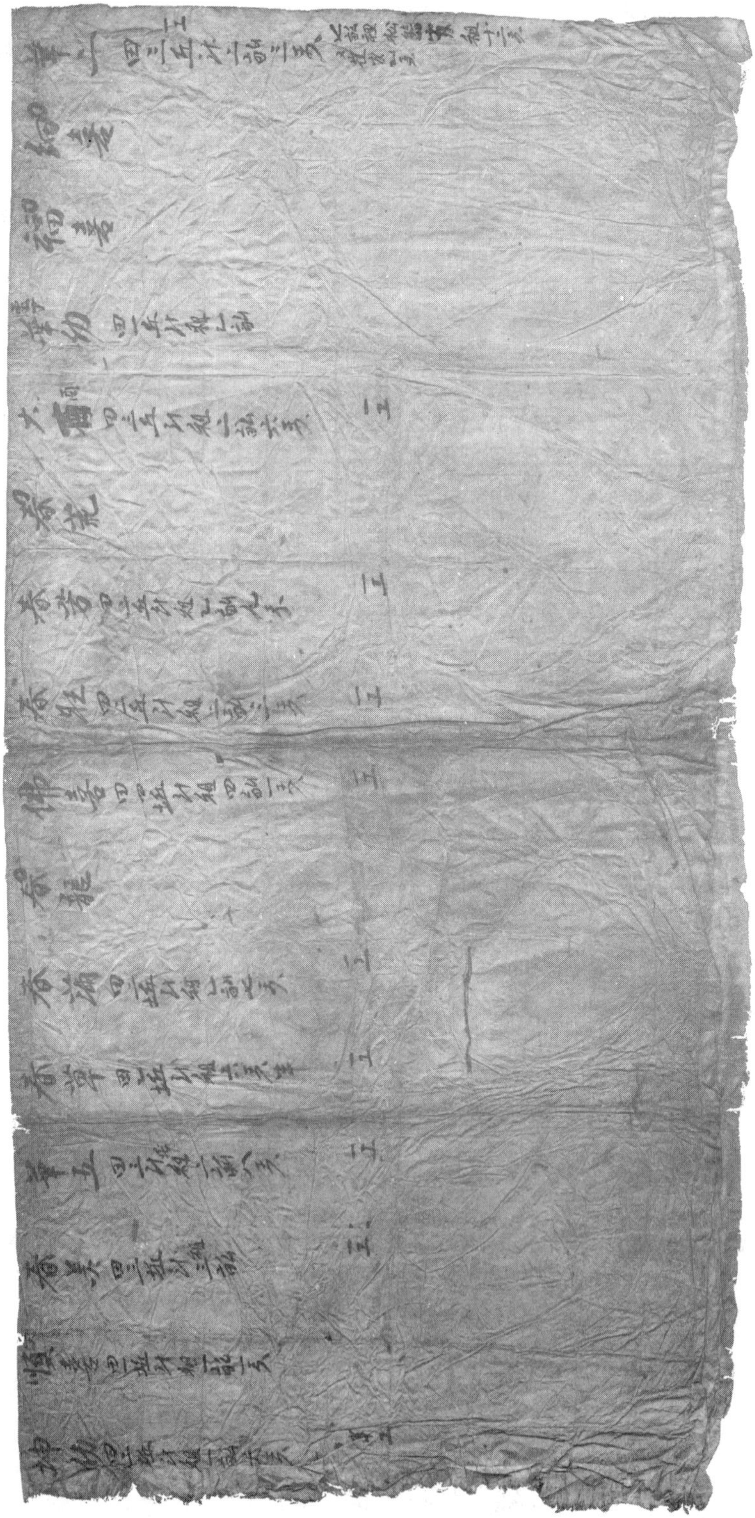

段莘乡官坑 5 · 租税单 · 福嘉等

专字复托二侄爷弟收办家中之事兄自旧别之后各事
未近兼顾可难归家今带有孙表弟到此相会家内甚
是不同满弟之事尽知侄是何病可治兄运不凑累乞母
亲受尽多少苦恼有药不能青[illegible]认子累何氏叫尽之苦亦
是命中如此妻不能怨夫讨厌有出头之日叫他不必中朝
之恼满弟之心肚刀之缺一言难尽望托二侄爷弟相劝我
母亲将今本年种田之苦利谷少多遇数首存廿秤做
养生堂渡日余多照大小人口分派免得候我满幼之侄也
田地屋宇父亲在日言过父产两半均分伯产满仲不得有
分我私债账亦不累乞弟身[illegible]目下会同俱要两人均认言
明我至年底到家来止各尽不得一说千托了了要紧此查

春美芳二侄弟 照知

愚兄宋春彩具笔

十月[illegible]春彩[illegible]

烦交

春美芳二侄爷弟亲手收拆

段莘乡宦坑 19 · 书信 · 宋春彩寄与弟春美、春芳

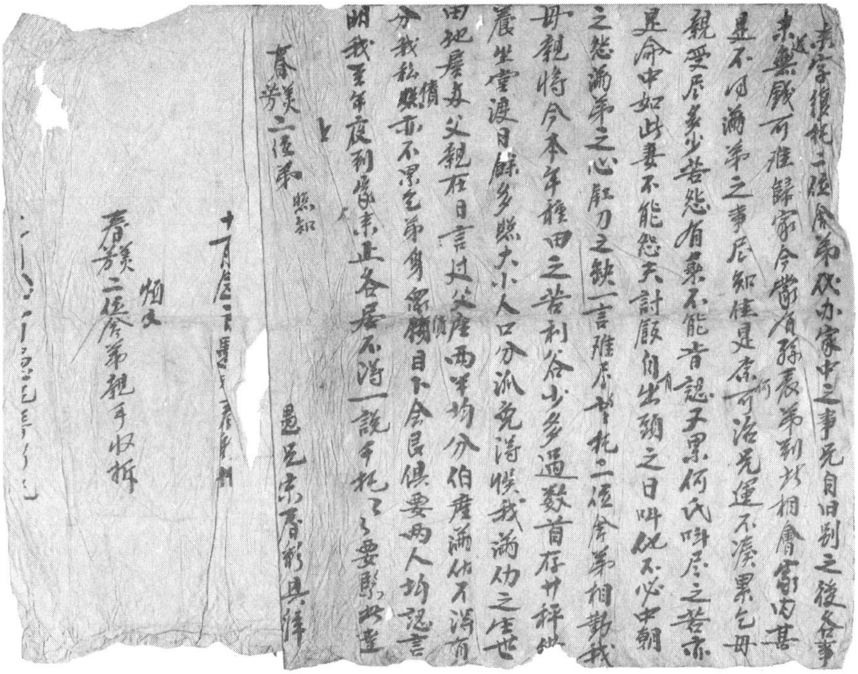

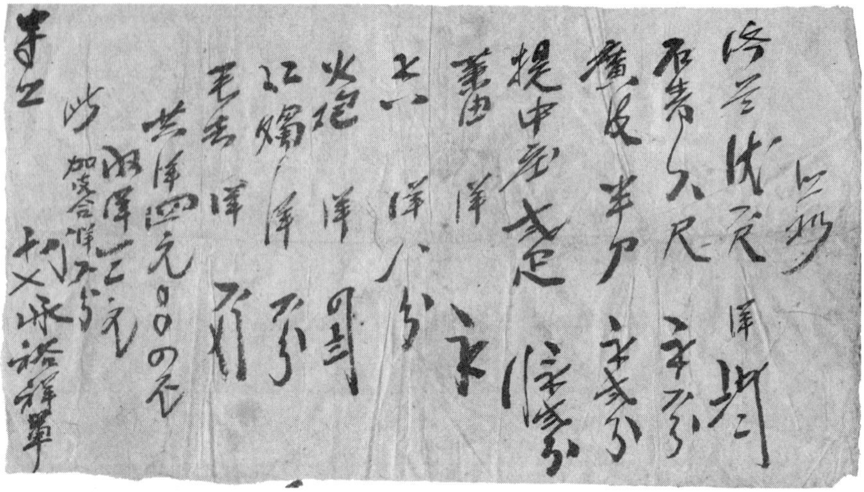

段莘乡官坑 23 · 账单

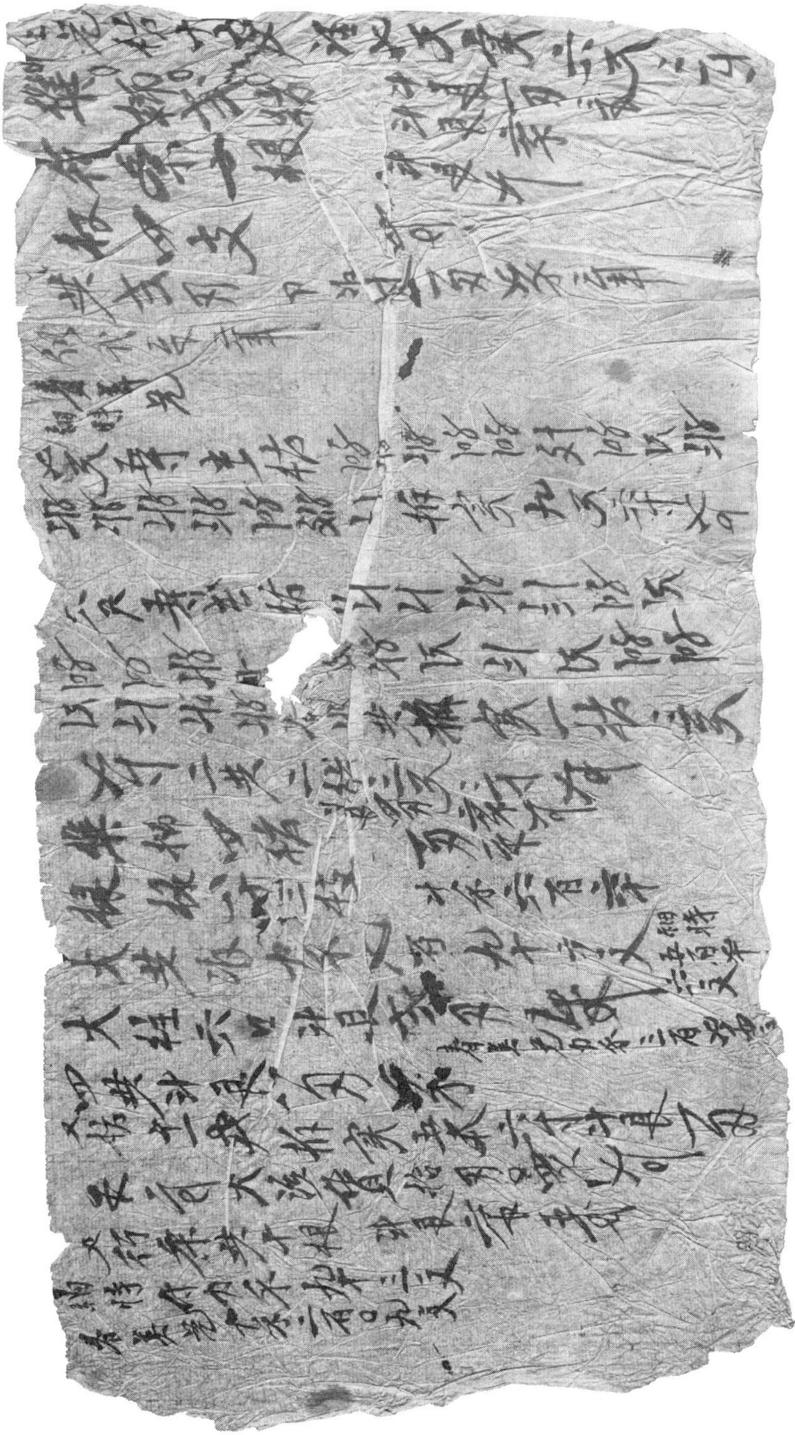

段莘乡亩坑 24 · 流水账

段莘乡六坑 1—20

立自情愿断骨出賣租契人程憶懷今因應用将承祖遺下係鳳字叁十四號生落土名
行路上計骨租弍秤实計田壹坵計税弍分正情愿央中出賣與
蕉源吳芳谷名下爲業三面憑中議作時值價实録陸兩捌錢正其銀當日是身收訖
其租自今出賣之後任從買人收租管業無阻其四至自有堂册可憑不在[illegible]
粮听至本啚本甲程懷户下扒芳谷户查收無異税随契过不必另立推单未祖業票
与别號相連不便繳付日後要用将出照証無辞未賣之先與本家内外人等並無
重張交易如有不明等情是身自理不干承買人之事恐口無憑立此断骨出賣租
契存照

道光三年柒月　日　自情愿断骨出賣租契人程憶懷（押）
見中　叔父　貞元（押）
見　弟　新元（押）
书　親筆（押）
再批（押）
所是契價當日兩相交訖
契尾

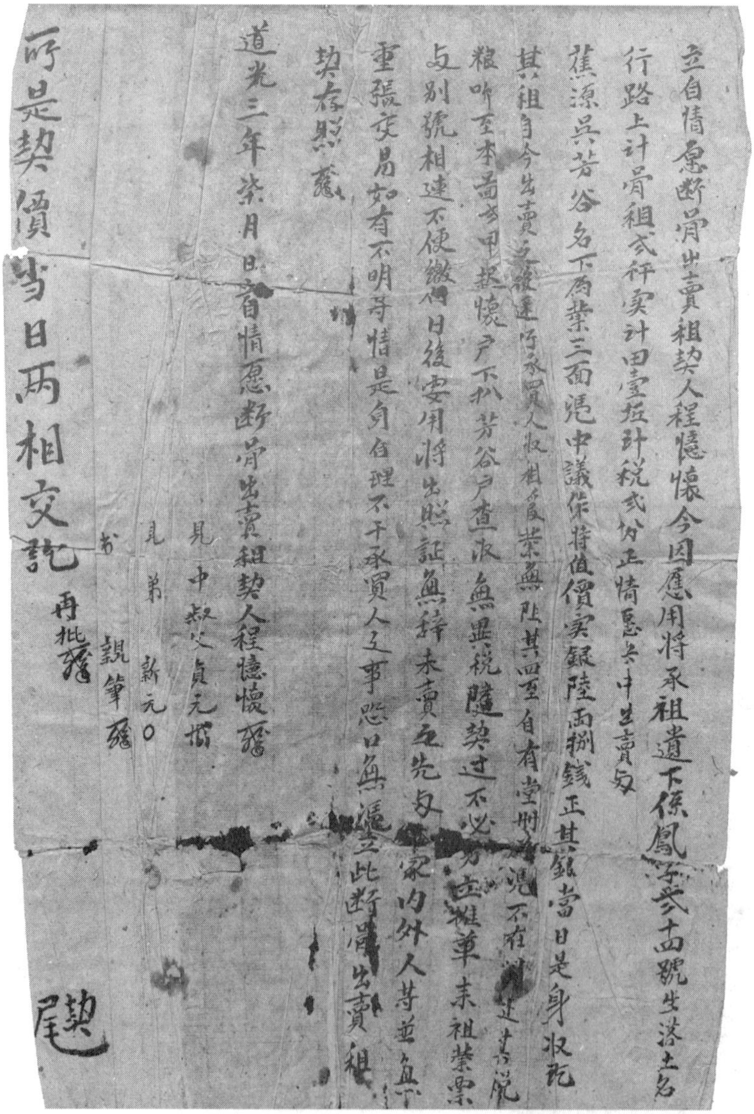

段莘乡六坑 20 · 道光三年 · 断骨出卖租契 · 程忆怀卖与吴芳谷

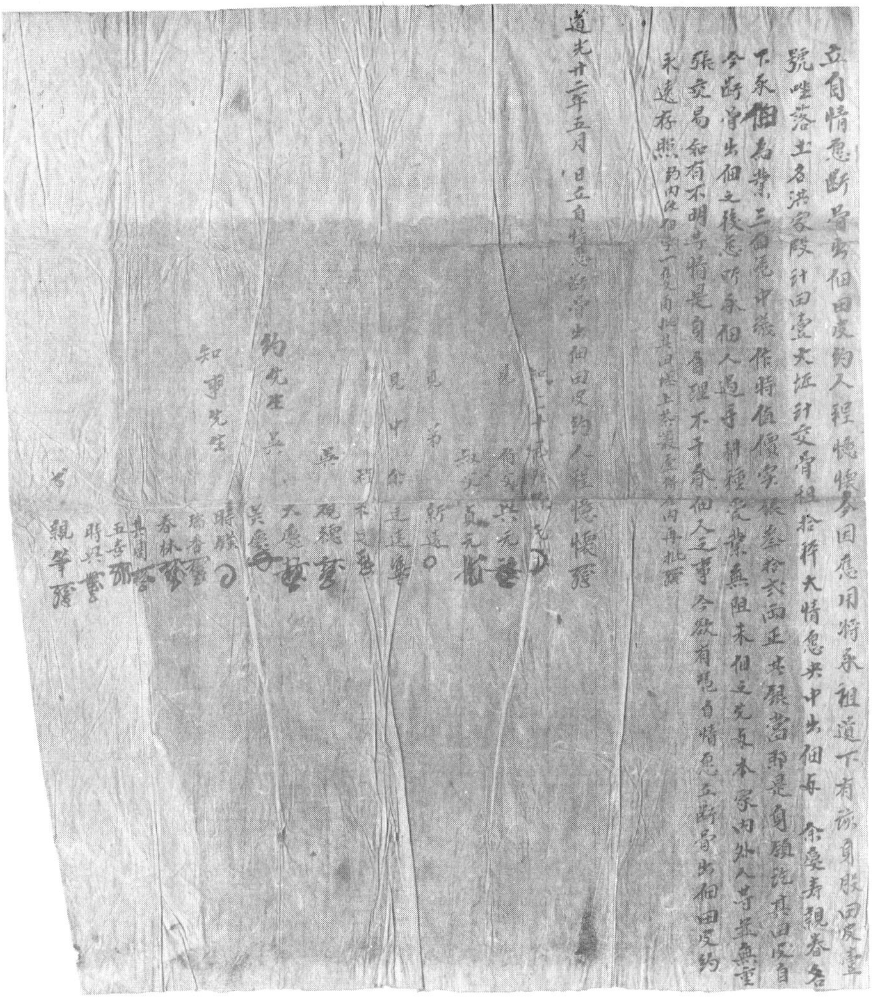

段莘乡六坑 11 · 道光二十二年 · 断骨出佃田皮约 · 程忆怀佃与余庆寿

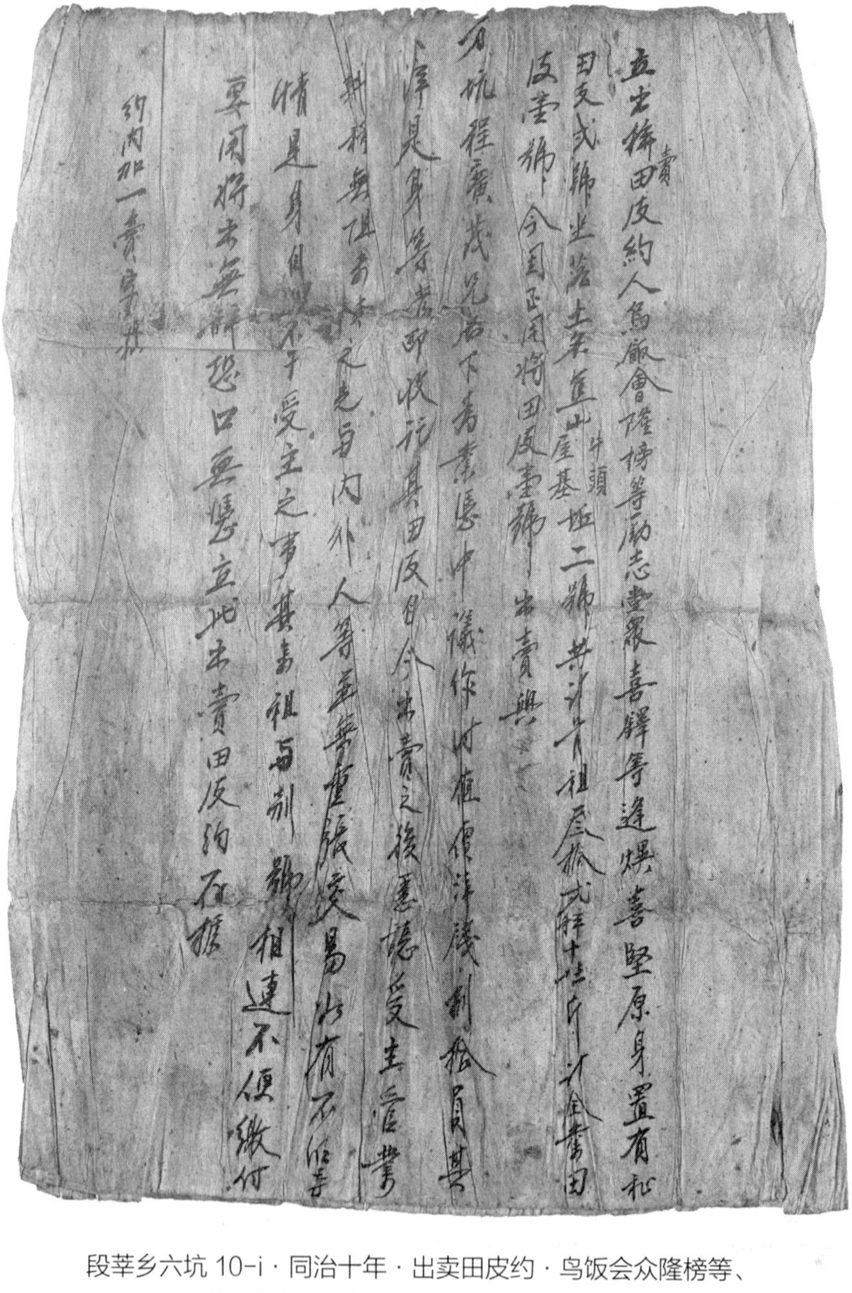

立出賣佛田皮約人烏飯會隆榜等勵志堂衆喜鐸等遂煐喜堅原身置有私
田叁號坐落土名箕山屋基坵二號共計…租叁拾式觔十五斤…全業田
皮壹號今因正用將田皮壹號出賣與
本坑程廣茂兄名下爲業憑中議作時值價洋錢捌拾員其
洋是身等當即收訖其田皮自今出賣之後悉聽受主管業
耕種無阻未賣之先與內外人等並無重張交易如有不明等
情是身自理不干受主之事其本租每剐鄰相連不便繳付
要用將來無辭恐口無憑立此出賣田皮約存據
約內加一賣字再批

段莘乡六坑 10-i · 同治十年 · 出卖田皮约 · 乌饭会众隆榜等、励志堂众喜铎等卖与程广茂（右半部分）

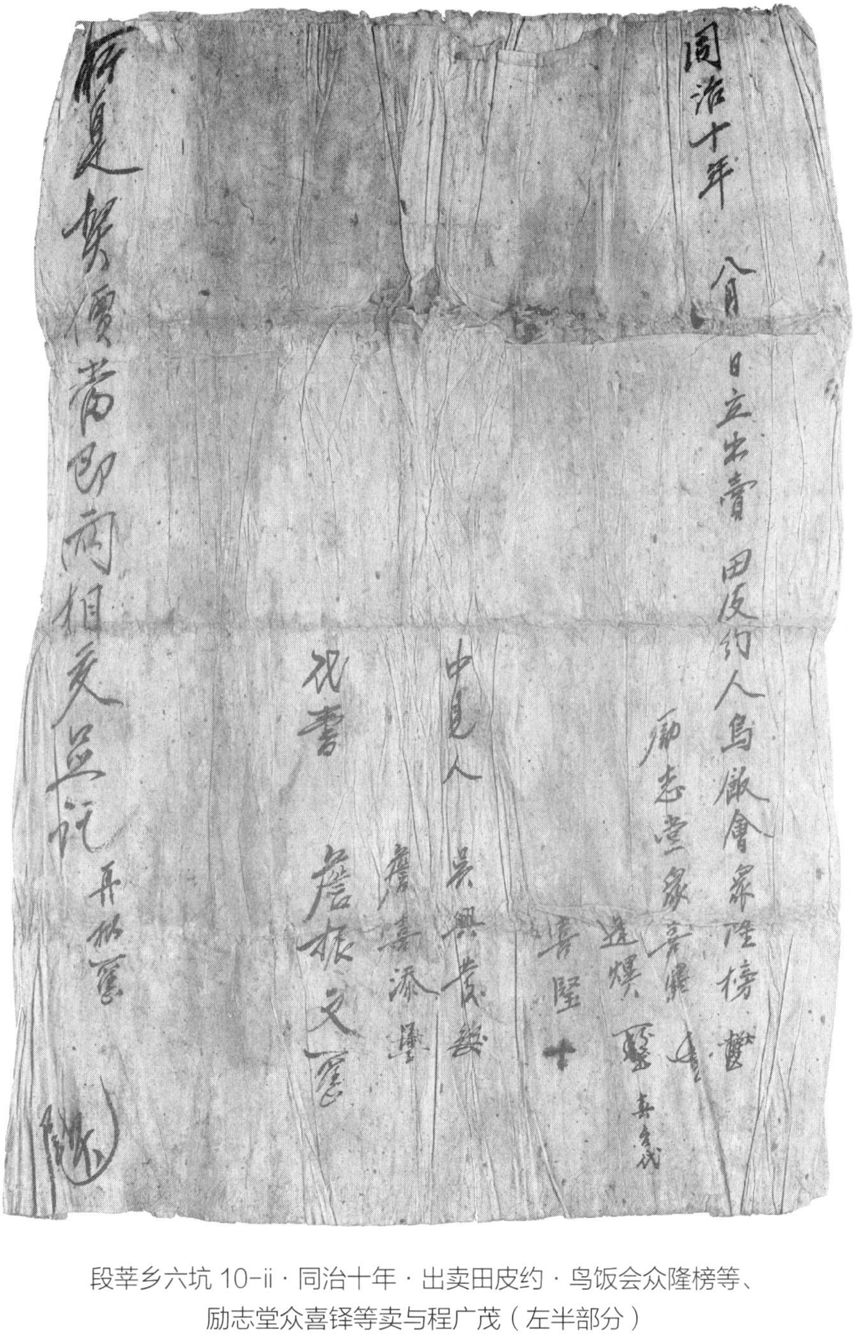

同治十年八月　日立出賣田皮約人烏飯會衆隆榜（押）
勵志堂衆喜鐸（押）
進煥（押）　喜孝代
喜堅　十
中見人　吳興發（押）
詹喜添（押）
代書　詹根文（押）
所是契價當即兩相交足訖　再批（押）

段莘乡六坑 10-ii · 同治十年 · 出卖田皮约 · 乌饭会众隆榜等、
励志堂众喜铎等卖与程广茂（左半部分）

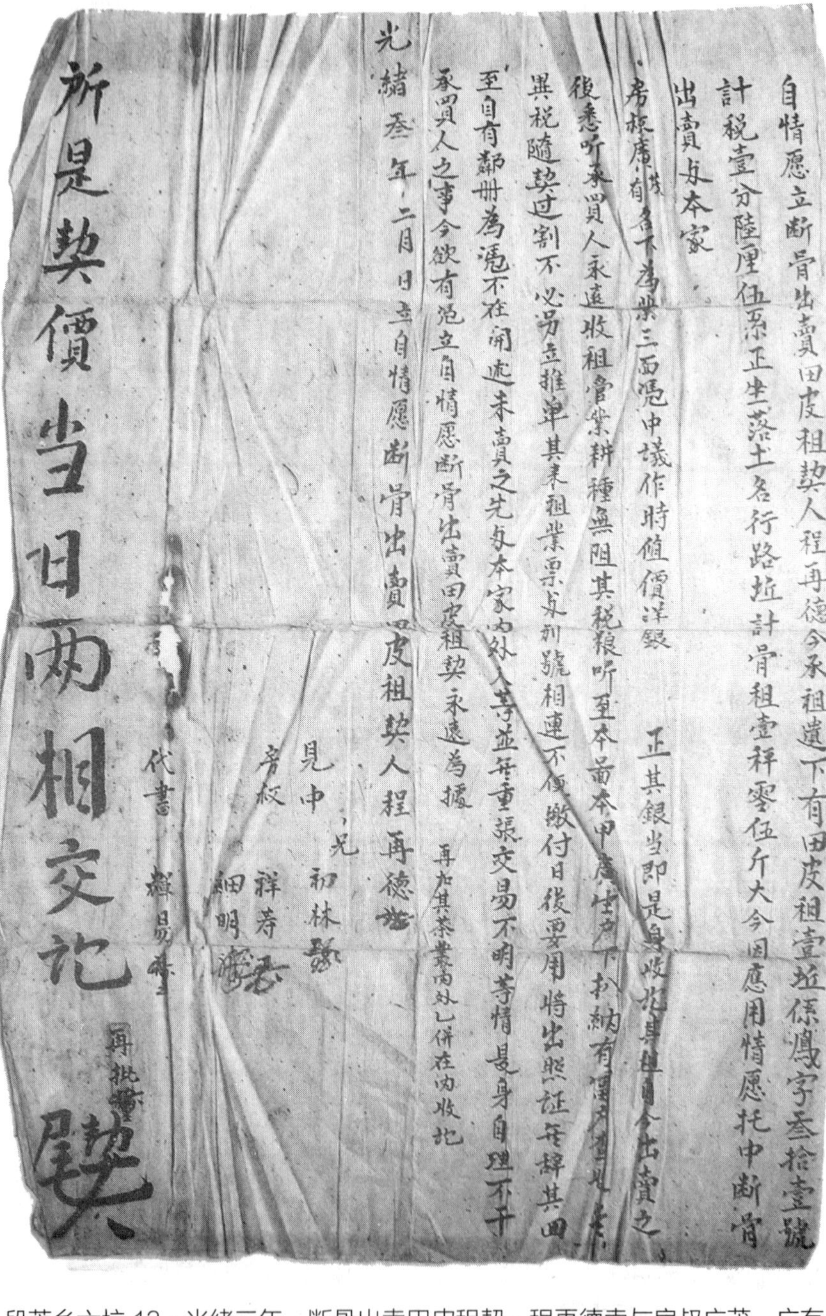

段莘乡六坑 13 · 光绪三年 · 断骨出卖田皮租契 · 程再德卖与房叔广茂、广有

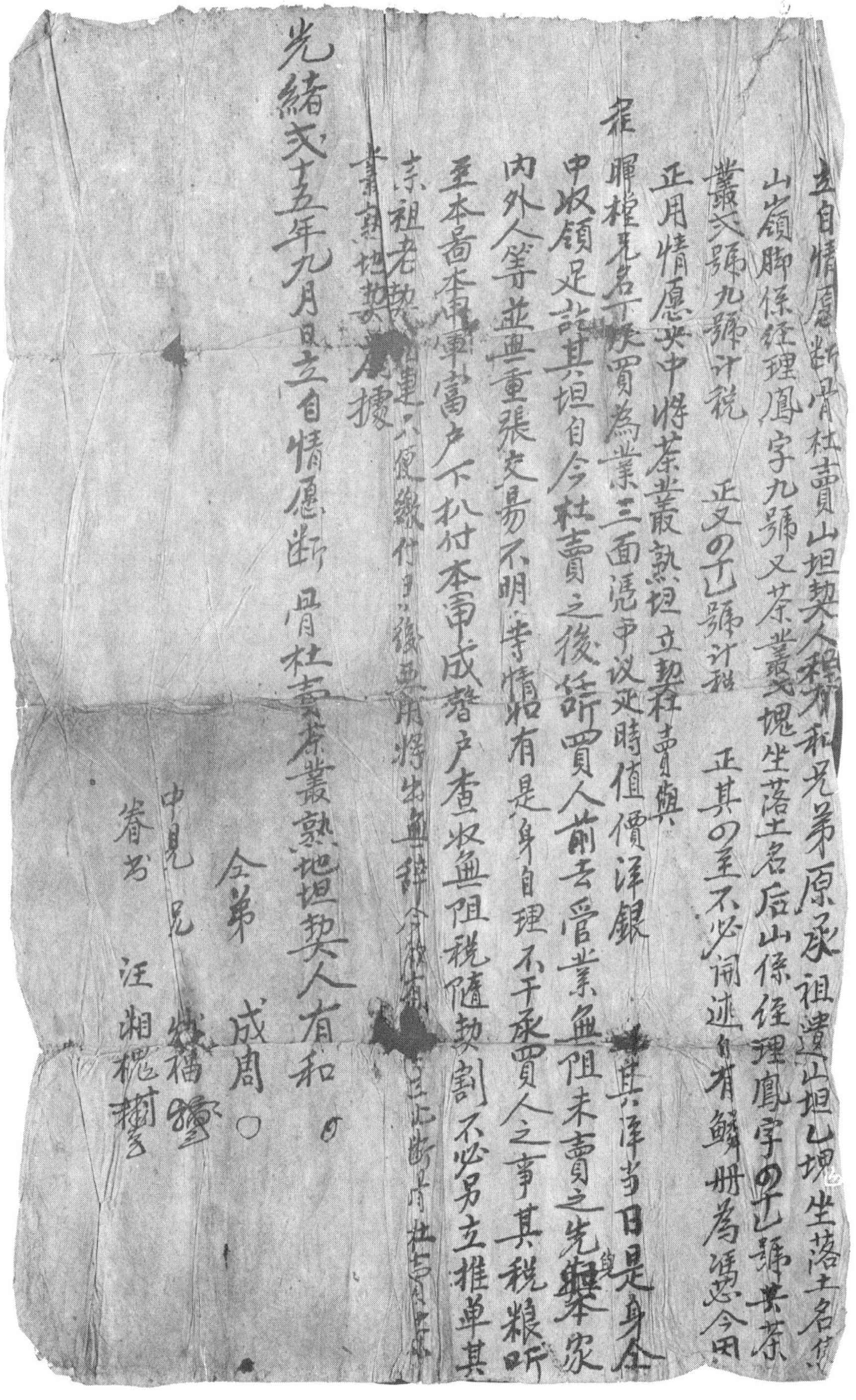
立自情愿断骨杜卖山坦契人程有和兄弟原承祖遗山坦乙块坐落土名[illegible]
山岭脚係经理鳳字九号又茶丛乙块坐落土名后山係经理鳳字の[illegible]号其茶
丛弍号九号计税 正叉の[illegible]号计租 正其の至不必开述自有鳞册为凭今因
正用情愿央中将茶丛熟坦立契杜卖与
程晖樘兄名下[illegible]买为业三面凭中议定时值价洋银[illegible]其洋当日是身仝
中收领足讫其坦自今杜卖之后任听买人前去管业无阻未卖之先与本家
内外人等并无重张交易不明等情如有是身自理不干承买人之事其税粮听
至本图本甲[illegible]当户下扒付本甲成声户查收无阻税随契割不必另立推单其
宗祖老契[illegible]连[illegible]一应缴付[illegible]立此断骨杜卖[illegible]
茶丛熟地契[illegible]摟
光绪弍十五年九月 日立自情愿断骨杜卖茶丛熟地坦契人有和 ○
仝弟 成周 ○
中见兄 [illegible]福
眷书 汪湘槐[illegible]

段莘乡六坑 3 · 光绪二十五年 · 断骨杜卖山坦契 · 程有和兄弟卖与程晖樘

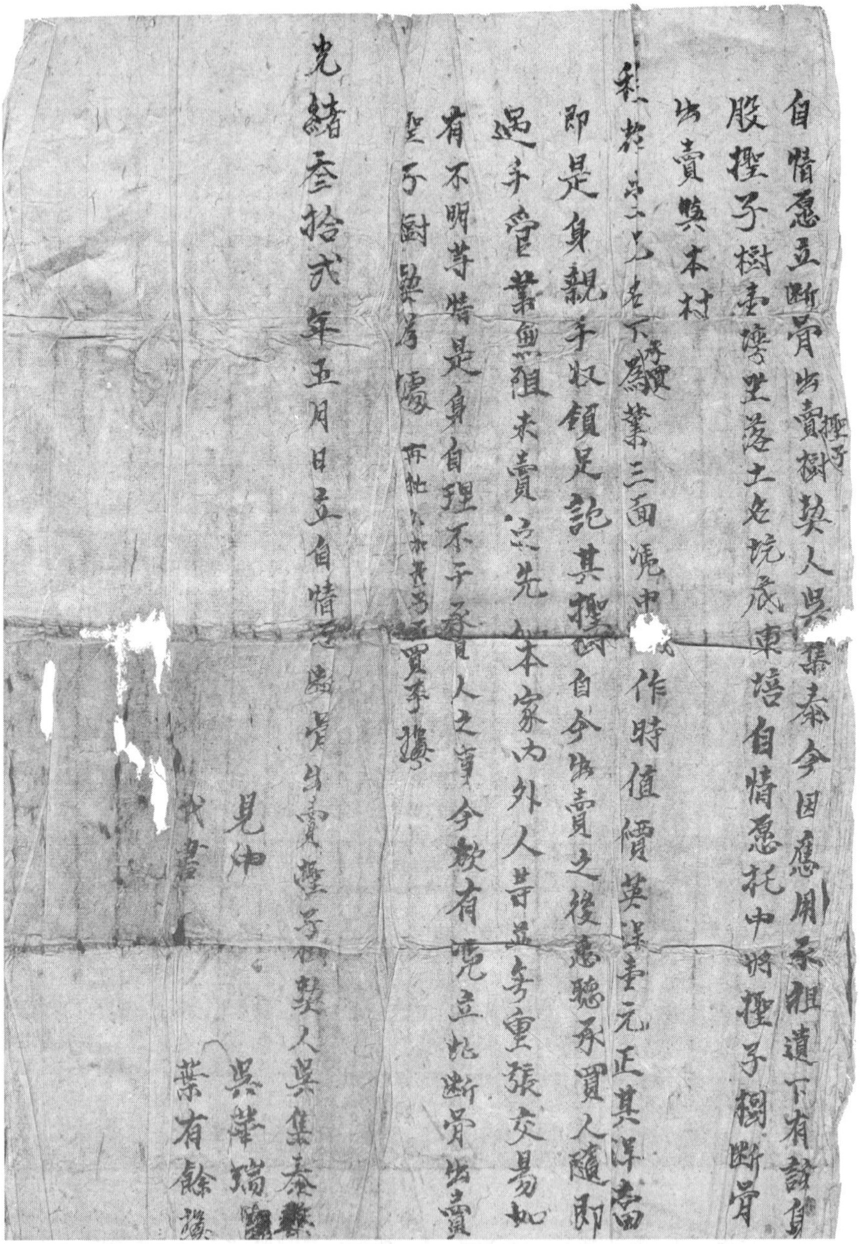
自情愿立断骨出賣樹契人吳集泰，今因應用，承祖遺下有該身
股㮊子樹壹塆，坐落土名坑底東培，自情愿托中將㮊子樹断骨
出賣與本村
程輝堂名下承買為業，三面憑中作時值價英洋壹元正，其洋當
即是身親手收領足訖。其㮊樹自今出賣之後，恁聽承買人隨即
過手管業無阻。未賣之先，本家內外人等並無重張交易。如
有不明等情，是身自理，不干承買人之事。今欲有憑，立此断骨出賣
㮊子樹契存據。[illegible]
光緒叁拾弍年五月日立自情愿断骨出賣㮊子樹契人吳集泰
見中 吳華瑞
代筆 葉有餘

段莘乡六坑 19 · 光绪三十二年 · 断骨出卖柽子树契 · 吴集泰卖与程辉堂

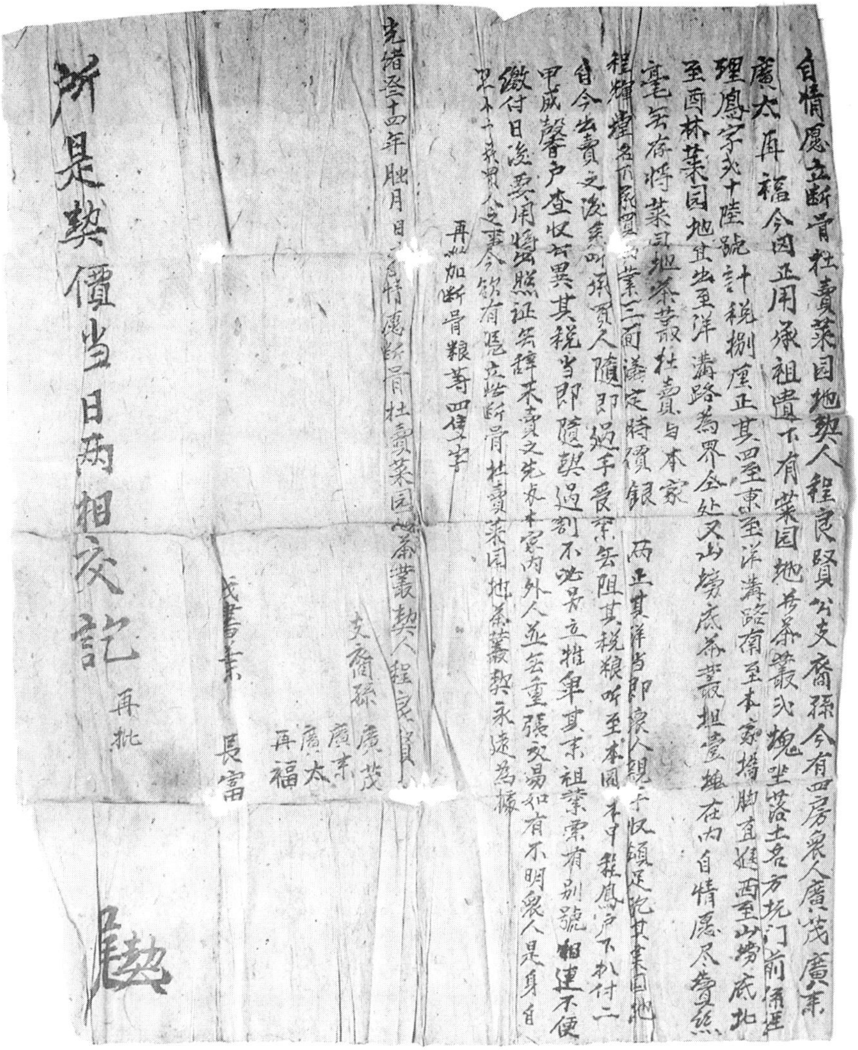

自情愿立断骨杜賣菜园地契人程良賢公支裔孫今有四房衆人廣茂廣来
廣太再福今因正用承祖遺下有菜园地并茶叢弍塊坐落土名方坑门前係經
理鳳字弍十陸號計税捌厘正其四至東至洋溝路南至本家墙脚直縫西至山塝底北
至西林菜园地并出至洋溝路為界今处又山塝底茶叢租壹塊在内自情愿尽賣絲
毫無存將菜园地茶叢杜賣与本家
程輝塏名下為業三面議定時價銀　兩正其洋當即衆人親手收領足訖其菜园地
自今出賣之後無阻承買人隨即過手受業無阻其税粮听至本圖本甲程鳳户下扒付二
甲成馨户查收無異其税当即隨契過割不必另立推單其菜祖業素有别號相連不便
繳付日後要用將出照证無辭未賣之先與本家内外人並無重張交易如有不明衆人是身自
理不干承買人之事今欲有憑立此断骨杜賣菜园地茶叢契永遠為據
再批加断骨粮[illegible]四保字
光緒叁十四年　胐月　日自情愿断骨杜賣菜园地茶叢契人程良賢
支裔孫　廣茂　廣来　廣太　再福
代書業　長富
所是契價當日兩相交訖　再批
[illegible]

段莘乡六坑 4 · 光绪三十四年 · 断骨杜卖菜园地契 ·
程良贤公支裔孙广茂等卖与程辉塏

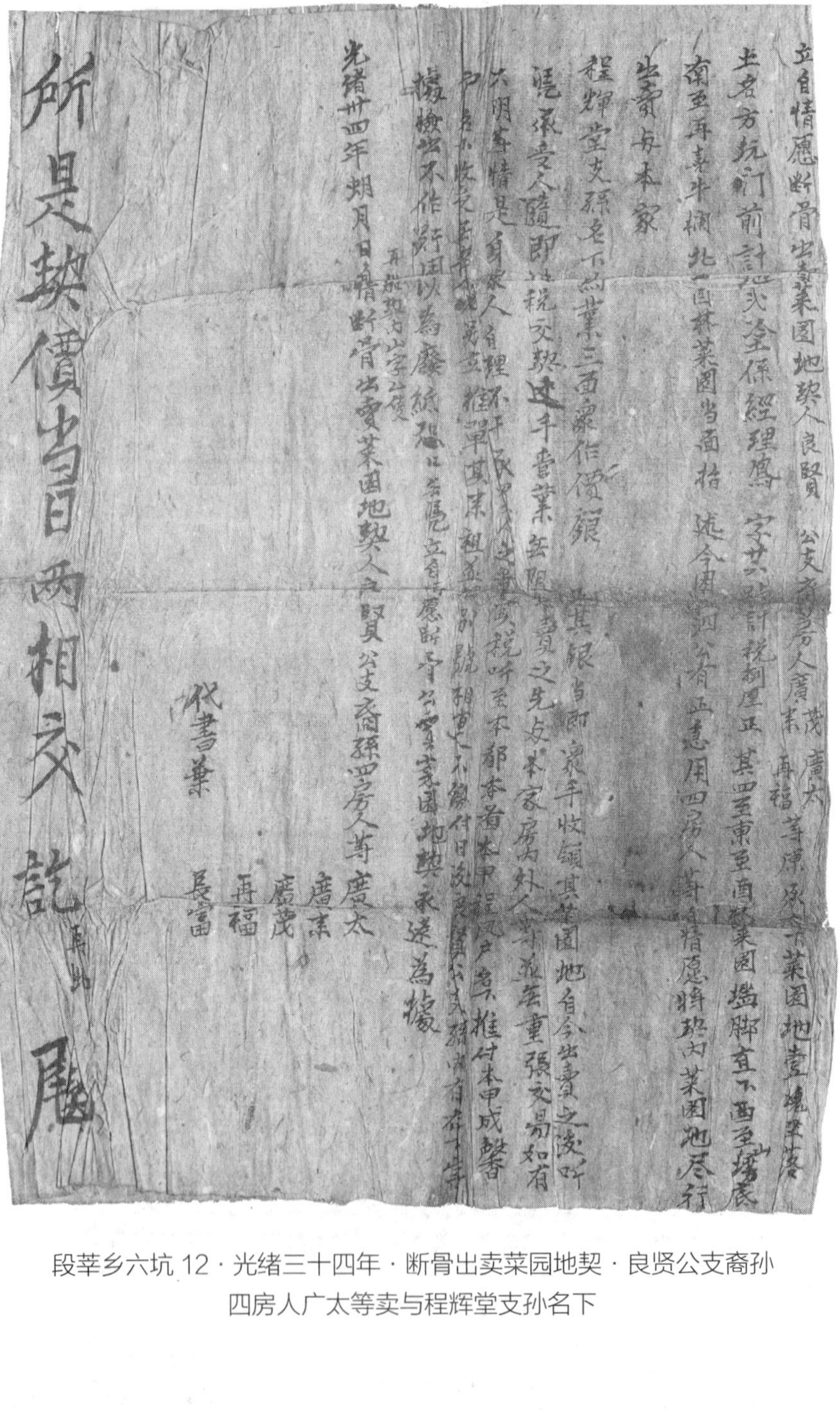

段莘乡六坑 12 · 光绪三十四年 · 断骨出卖菜园地契 · 良贤公支裔孙四房人广太等卖与程辉堂支孙名下

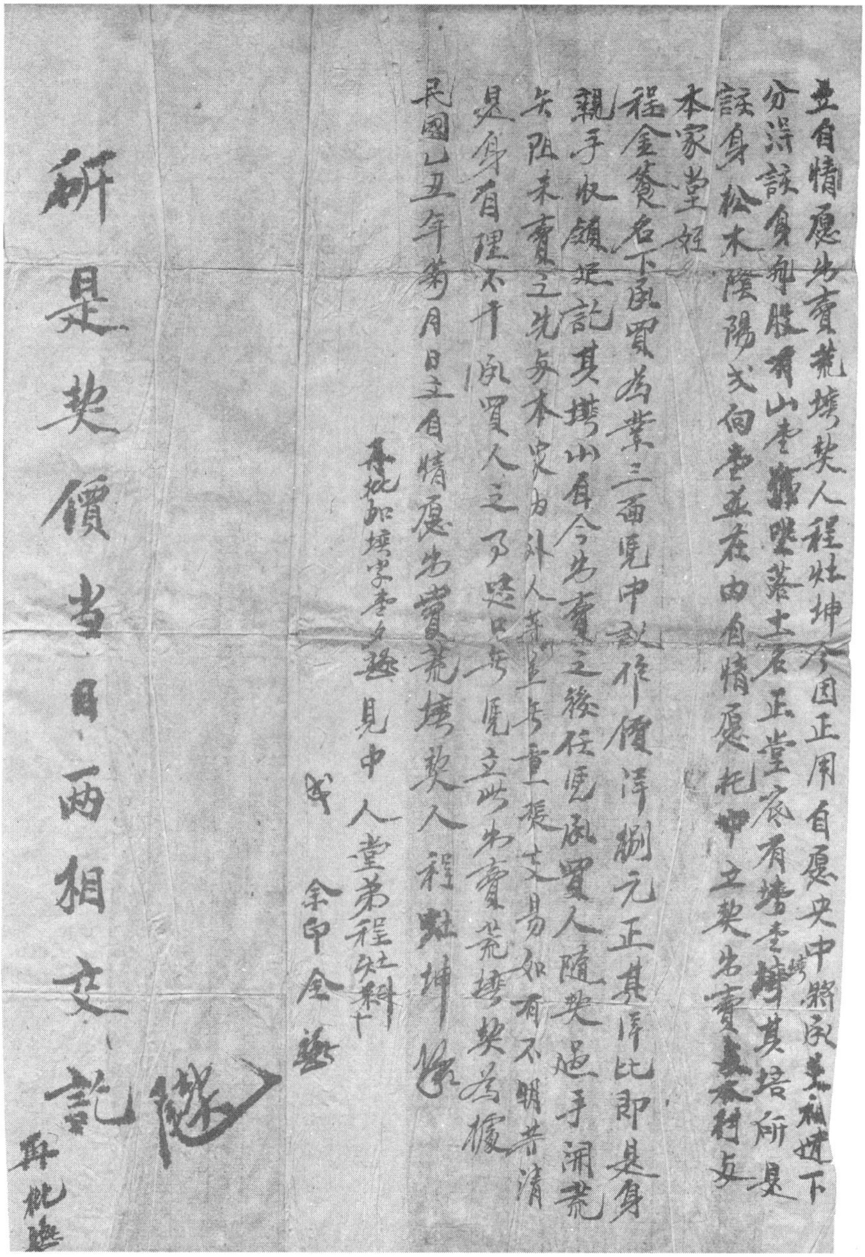
立自情愿出賣荒塆契人程灶坤，今因正用，自愿央中將承祖遺下分得該身鄉股有山壹號，坐落土名正堂底，有塆壹塆，其培所是該身松木陰陽戈向壹並在內，自情愿托中立契出賣與本村本家堂侄程金養名下承買為業，三面憑中議作價洋捌元正，其洋比即是身親手收領足訖。其塆山自今出賣之後，任憑承買人隨契過手開荒無阻。未賣之先，與本家內外人等並無重壹交易，如有不明，俱清是身自理，不干承買人之事。恐口無憑，立此出賣荒塆契為據。

民國十四年菊月 日立自情愿出賣荒塆契人程灶坤（押）

見中人堂弟程灶料（押）

奉批加塆字壹個（押）

代筆 余印金（押）

所是契價當日兩相交訖（押）

再批……

段莘乡六坑 14 · 民国十四年 · 出卖荒塆契 · 程灶坤卖与堂侄程金养

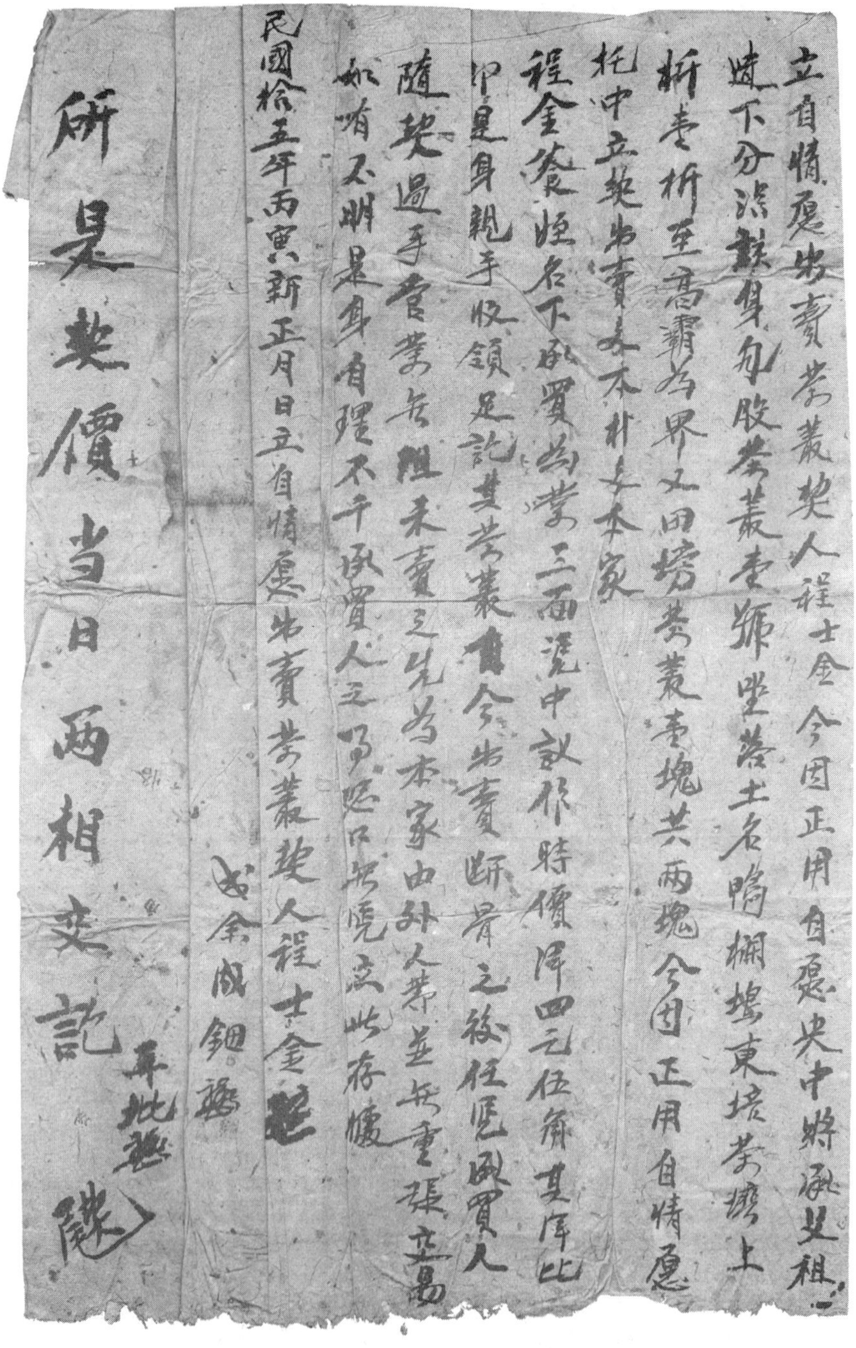

立自情愿出賣茶叢契人程士金今因正用自愿央中將承父祖
遺下分該鮮身分股茶叢壹號坐落土名鴨㘭塢東培茶塝上
析壹析至高霸為界又田塝茶叢壹塊共兩塊今因正用自情愿
托中立契出賣与本村与本家
程金養姪名下承買為業三面憑中議作時價洋四元伍角其洋比
即是身親手收領足訖其茶叢自今出賣斷骨之後任憑承買人
隨契過手管業無阻未賣之先為本家內外人等並無重張交易
如有不明是身自理不干承買人之事恐口無憑立此存據
民國拾五年丙寅新正月日立自情愿出賣茶叢契人程士金（押）
中 余成鈿（押）
所是契價當日兩相交訖
再批照
隨

段莘乡六坑 15 · 民国十五年 · 出卖茶丛契 · 程士金卖与程金养侄

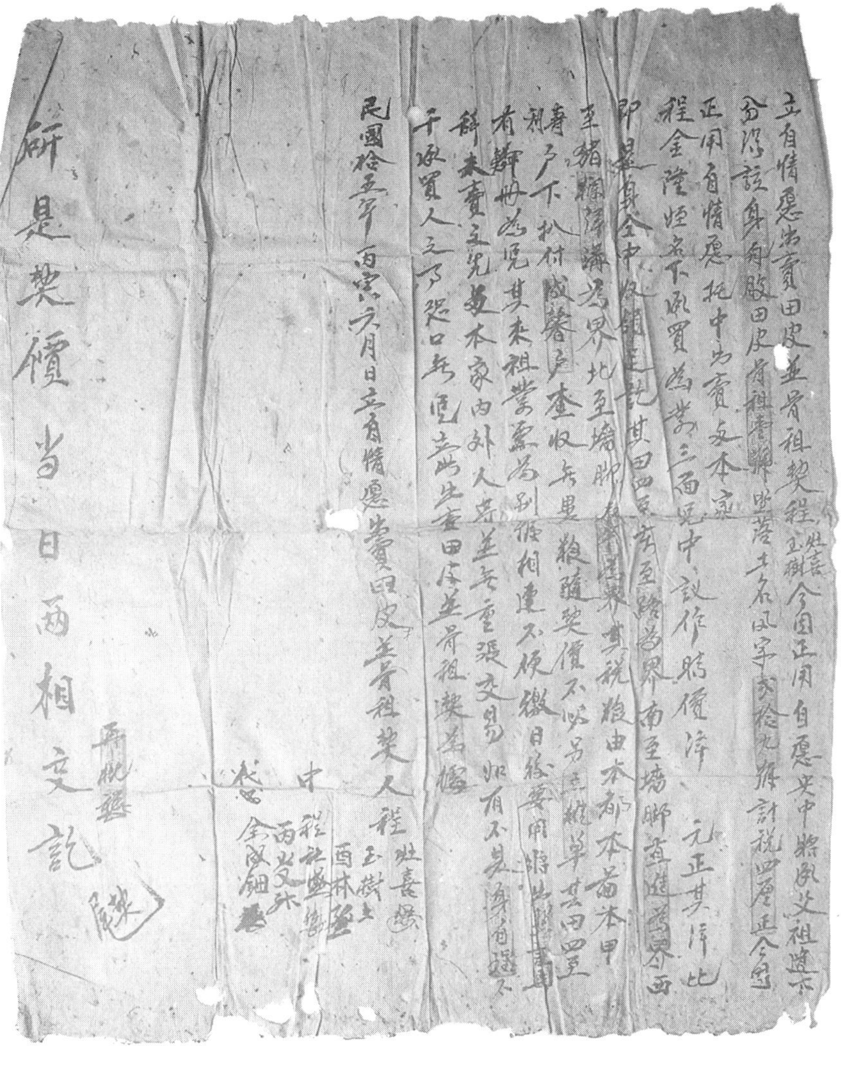
立自情愿出賣田皮並骨租契人程灶喜、玉樹，今因正用，自愿央中將承父祖遺下
分得該身分股田皮骨租壹號，坐落土名□字□拾九號，計稅四厘正，今因
正用，自情愿托中出賣与本家
程金隆侄名下承買為業，三面憑中議作時價洋　元正，其洋比
即是身全中收領足訖。其田四至：東至路為界，南至塘腳，□□為界，西
至猪欄塝塝為界，北至塘腳，□□為界。其稅糧由本都　本啚　本甲
壽戶下扒付成馨戶查收無異，糧隨契價，不必另立推單。其田四至
有鱗冊為憑。其來祖業，□為□□相連，不便繳，日後要用將出□□
辭。未賣之先，並本家內外人等並無重張交易，如有不明，是身自理，不
干承買人之事。恐口無憑，立此出賣田皮並骨租契為據。
民國拾五年丙寅六月日立自情愿出賣田皮並骨租契人程灶喜（押）
玉樹（押）
中　程西林（押）
程社盛（押）
西山文□
金成鈿（押）
所是契價當日兩相交訖

段莘乡六坑 8 · 民国十五年 · 出卖田皮并骨租契 · 程灶喜、程玉树卖与程金隆侄

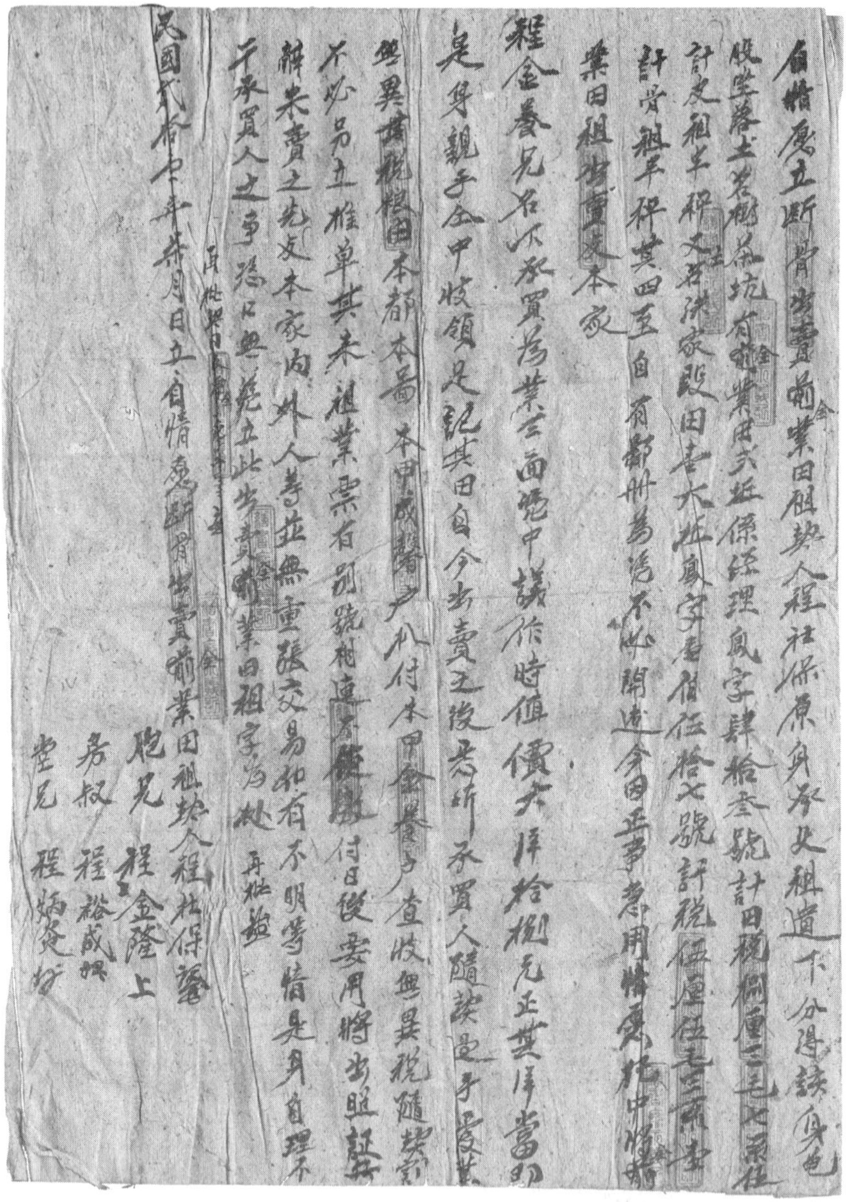

自情愿立断骨出卖全业田租契人程社保，原身承父祖遗下分得该身色
股坐落土名樹茶坑，有全业田六坵，係經理鳳字肆拾叁號，計田稅捌厘三毛七系，位
計交租半秤；又名洪家段，田壹大坵，鳳字叁佰伍拾七號，計稅伍厘伍毛七系，
計骨租半秤。其四至自有都冊為憑，不必開述。今因正事急用，情愿托中將
業田租出賣與本家
程金養兄名下承買為業。三面憑中議作時值價大洋拾捌元正，其洋當日
是身親手全中收領足訖。其田自今出賣之後，悉聽承買人隨契管業
無異。其稅糧由本都本啚本甲成裕戶扒付本甲金養戶查收無異，稅隨契
不必另立推單。其來祖業票有別號相連，未便付，日後要用，將出照驗
解。未賣之先，與本家內外人等並無重張交易，如有不明等情，是身自理，不
干承買人之事。恐口無憑，立此出賣全業田租字為據。 再批
再批契內[illegible]
民國貳拾壹年 月 日立自情愿斷骨出賣全業田租契人程社保
胞兄 程金隆 上
房叔 程裕成 押
堂兄 程炳炎 押

段莘乡六坑 6-i · 民国二十一年 · 断骨出卖全业田租契 ·
程社保卖与本家程金养（右半部分）

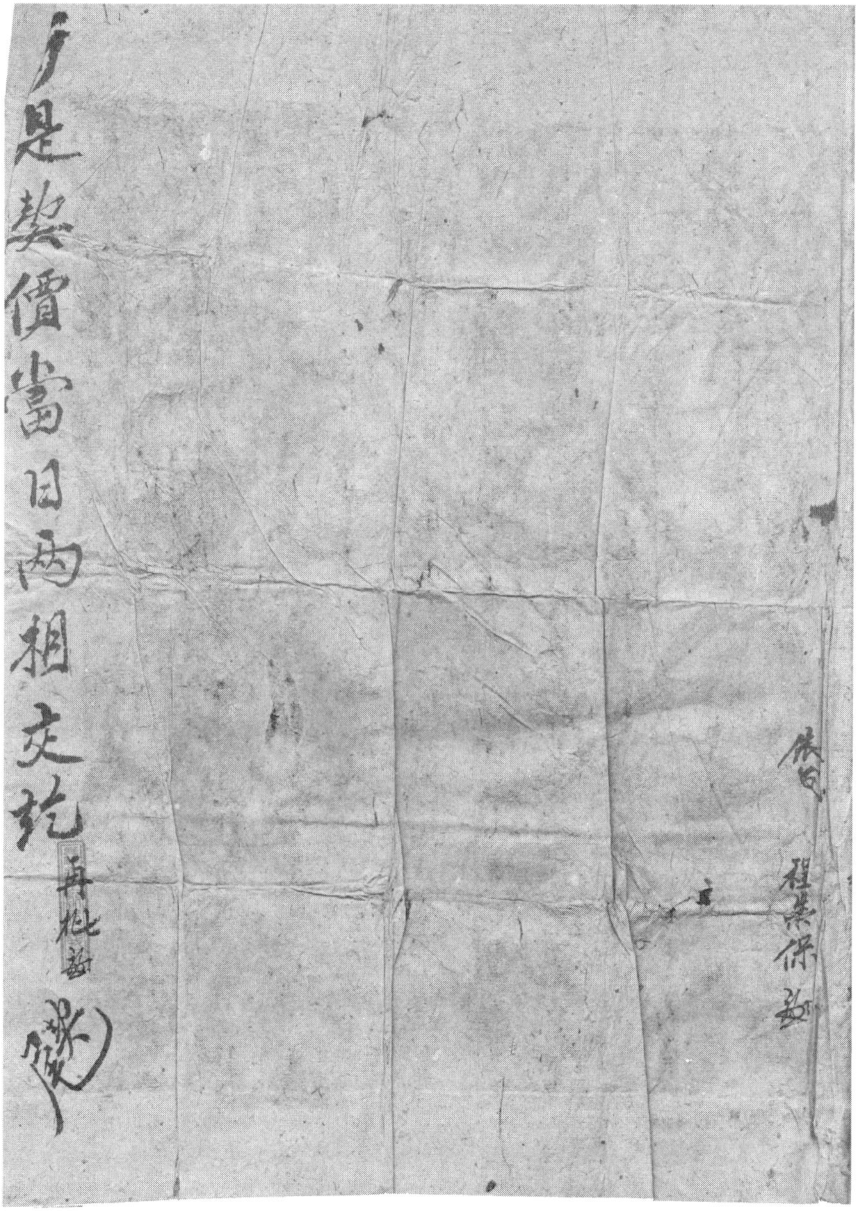
一是契價當日兩相交訖
再批
依口
程集保

段莘乡六坑 6-ii · 民国二十一年 · 断骨出卖全业田租契 ·
程社保卖与本家程金养（左半部分）

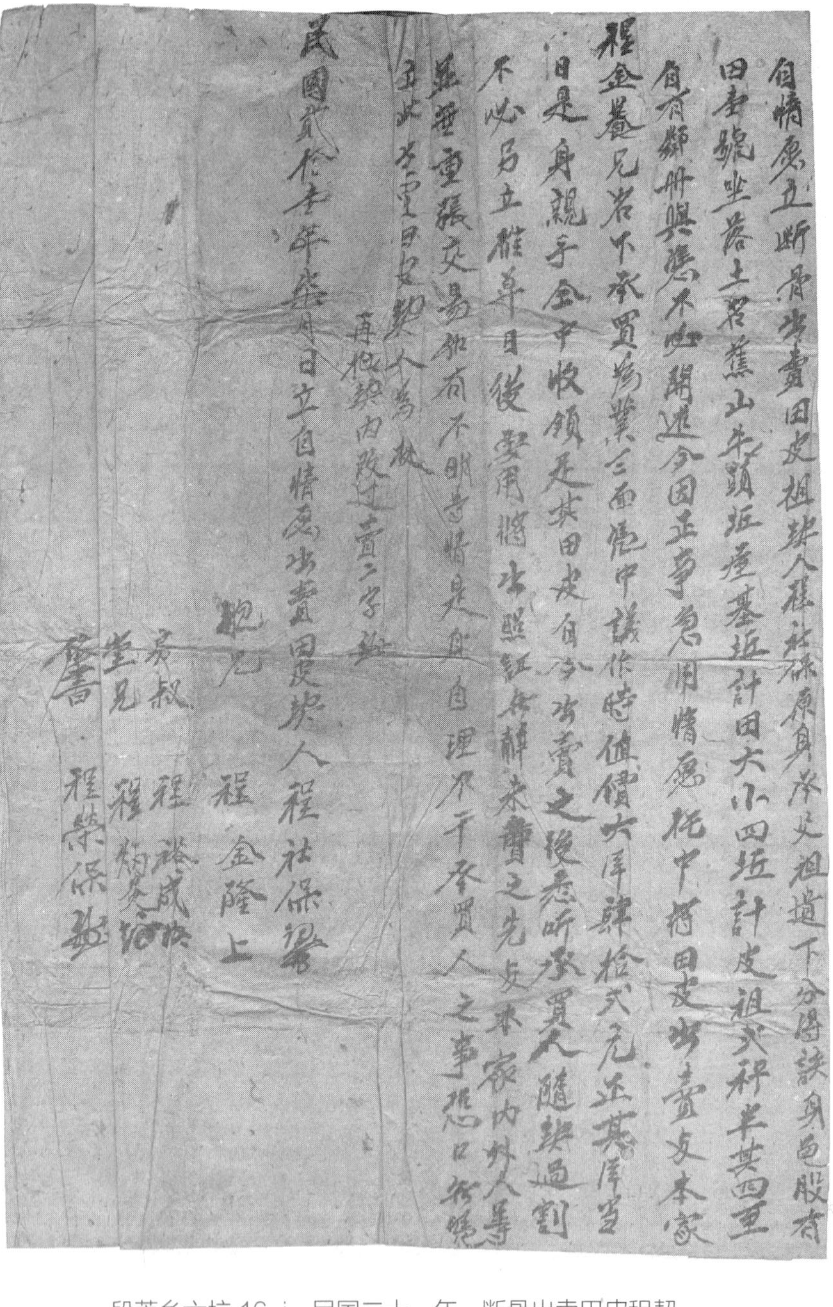
自情愿立断骨出卖田皮租契人程社保，原身承父祖遗下分得该身己股有
田坐號坐落土名蕉山朱頭坵塘基坵，計田大小四坵，計皮租弍秤半，其四至
自有鱗冊與照，不必開述。今因正事急用，情愿托中將田皮出賣與本家
程金養兄名下承買為業，三面憑中議作時值價大洋肆拾弍元正，其洋当
日是身親手全中收領足，其田皮自今出賣之後，悉听承買人隨契過割
不必另立推单，日後要用，將出照証無辭。未賣之先，與本家內外人等
並無重張交易。如有不明等情，是身自理，不干承買人之事。恐口無憑
立此出賣田皮契人為據。
再批：契內改過"賣"二字照。
民國貳拾壹年 月 日立自情愿出賣田皮契人程社保（押）
憑兄 程金隆（上）
房叔 程諾成（押）
堂兄 程樹發（押）
代書 程榮保（押）

段莘乡六坑 16-i · 民国二十一年 · 断骨出卖田皮租契 ·
程社保卖与程金养（右半部分）

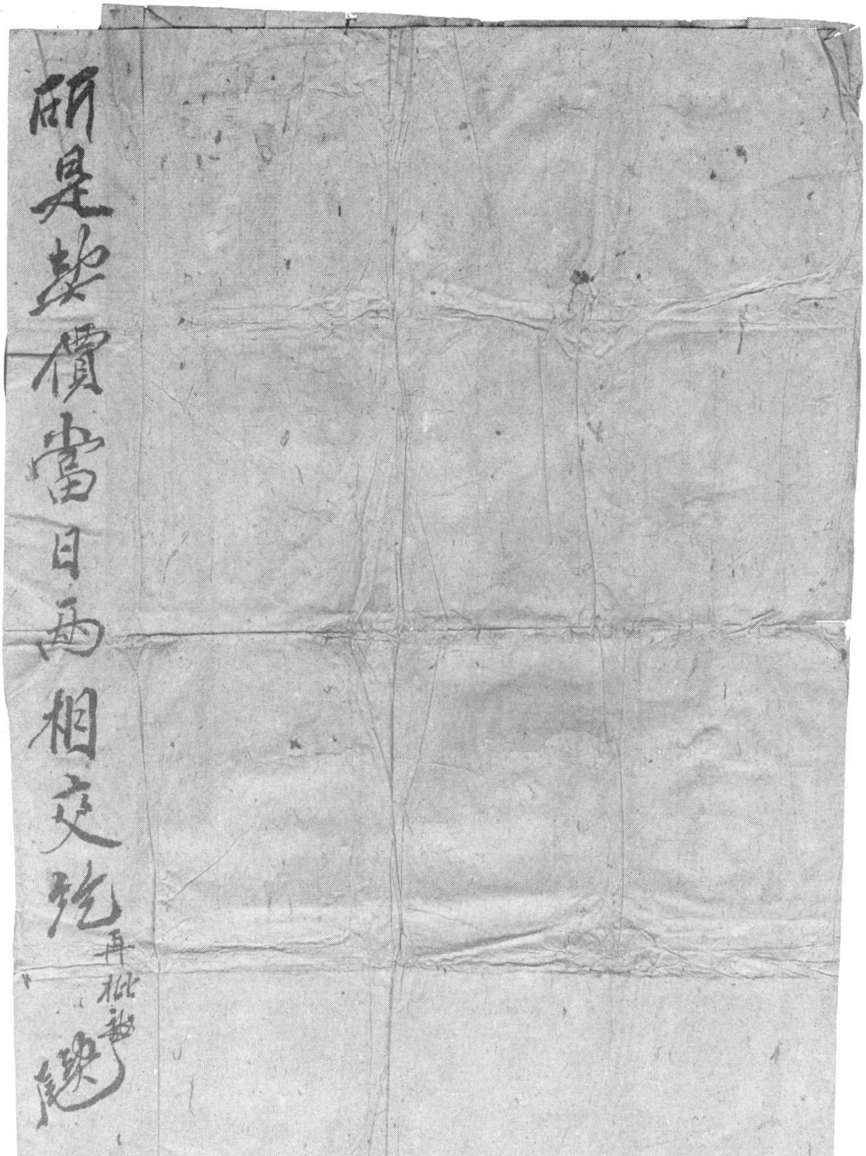
所是契價當日兩相交訖

段莘乡六坑 16–ii · 民国二十一年 · 断骨出卖田皮租契 ·
程社保卖与程金养（左半部分）

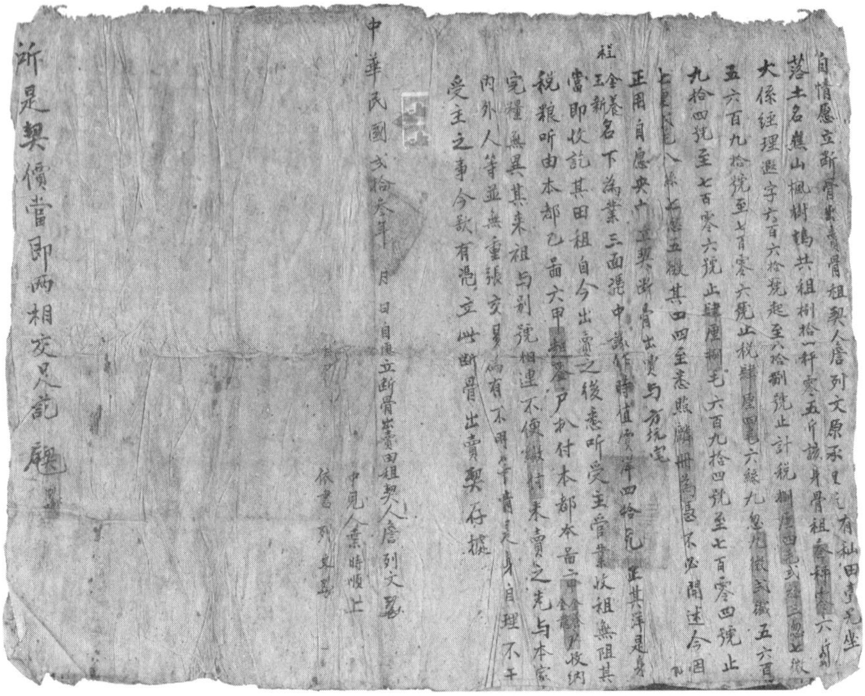

段莘乡六坑 7 · 民国二十三年 · 断骨出卖骨租契 · 詹列文卖与程金养、程玉新

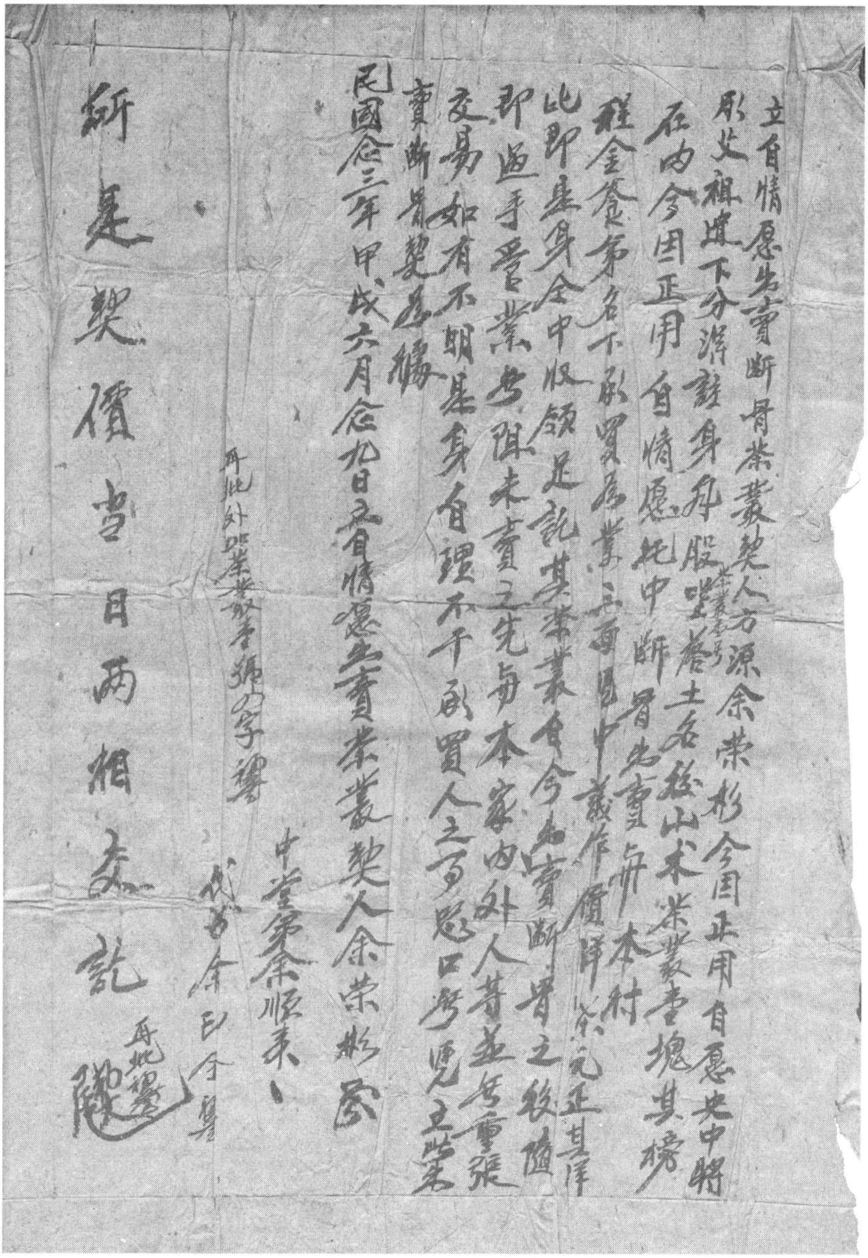

立自情愿出賣断骨茶叢契人方源余荣彬，今因正用，自愿央中將
承父祖遺下分得該身分股，坐落土名丝山木茶叢壹塊，其坊
在內，今因正用，自情愿托中断骨出賣與本村
程金養弟名下承買為業，三面憑中議作價洋[illegible]元正，其洋
比即是身全中收領足訖，其茶叢自今出賣断骨之後，隨
即過手管業，無阻。未賣之先，與本家內外人等並無重張
交易，如有不明，是身自理，不干承買人之事。恐口無憑，立此出
賣断骨契為據。

民國念三年甲戌六月念九日立自情愿出賣茶叢契人余荣彬（押）

中堂弟余順來（押）

代筆余[illegible]金（押）

再批：外加茶叢[illegible]手摺[illegible]字（押）

斷是契價當日兩相交訖 再批（押）

段莘乡六坑 9 · 民国二十三年 · 断骨出卖茶丛契 · 余荣彬卖与程金养

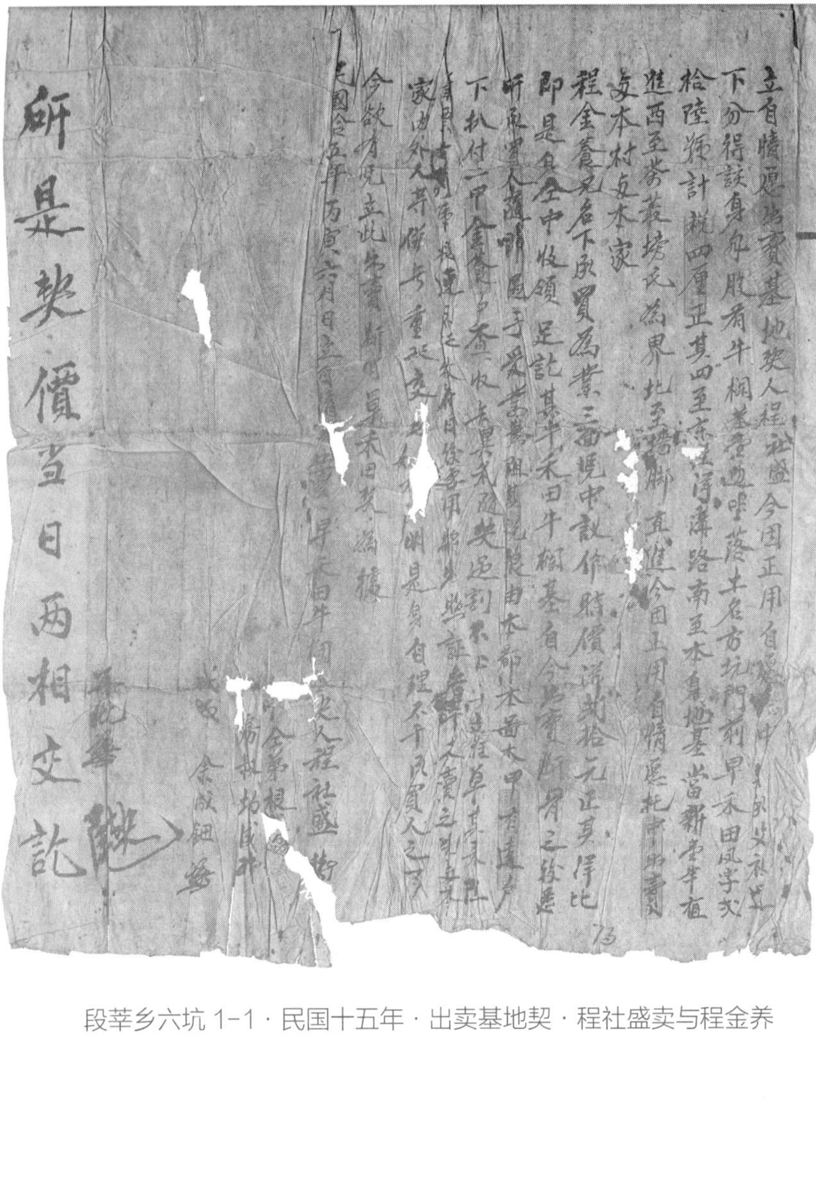

所是契價当日两相交訖

段莘乡六坑 1-1 · 民国十五年 · 出卖基地契 · 程社盛卖与程金养

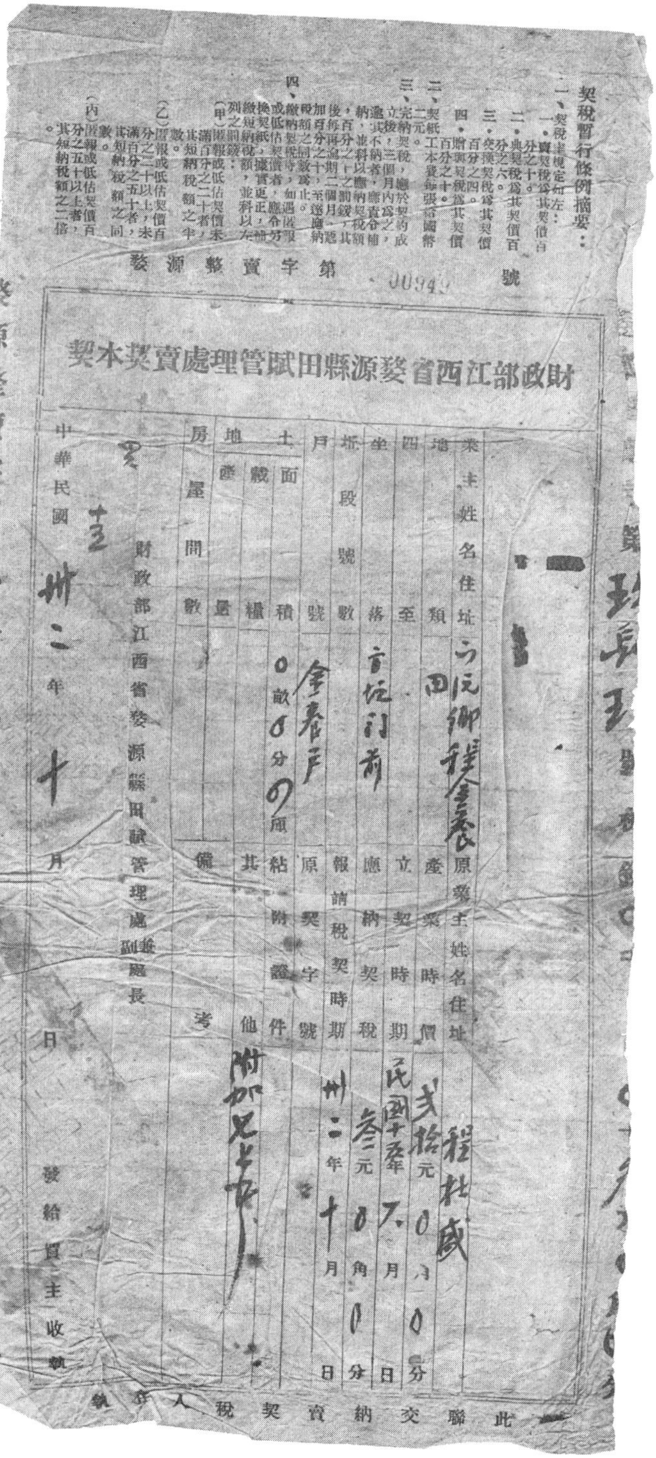

契稅暫行條例摘要：

婺源縣賣字第 00949 號

財政部江西省婺源縣田賦管理處賣契本契

業主姓名住址	六坑鄉程金養
產業類別	田
四至	
坐落	六坑門前
坵段號數	
戶號	金春戶
土地 面積	0畝8分0厘
土地 賦糧	
土地 產量	
房屋間數	
原業主姓名住址	程社盛
產業時價	弍拾元0角0分
立契時期	民國卅一年六月　日
應納契稅	叁元8角0分
報請稅契時期	卅二年十月　日
原契字號	
粘附證件	
其他	附加兄弟
備考	

財政部江西省婺源縣田賦管理處處長、副處長

中華民國卅二年十月　日

發給買主收執

此聯交納賣契稅人收執

段莘乡六坑 1-2 · 民国三十二年 · 田赋税单 · 程社盛

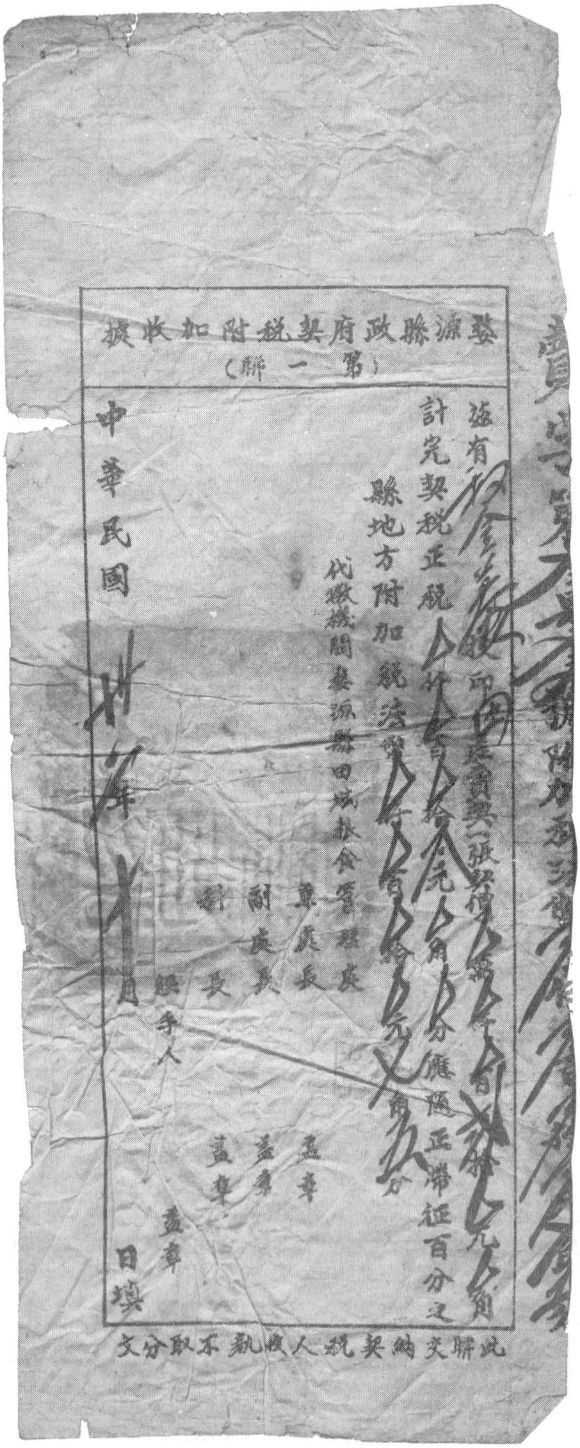
婺源縣政府契稅附加收據

（第一聯）

茲有

計完契稅正稅　元　角　分應隨正帶征百分之

縣地方附加稅

代徵機關婺源縣田賦糧食管理處

處長　蓋章

副處長　蓋章

科長　蓋章

經手人　蓋章

中華民國卅二年　月　日填

此聯交納契稅人收執不取分文

段莘乡六坑 2 · 民国三十二年 · 婺源县政府契税附加收据 · 程金养

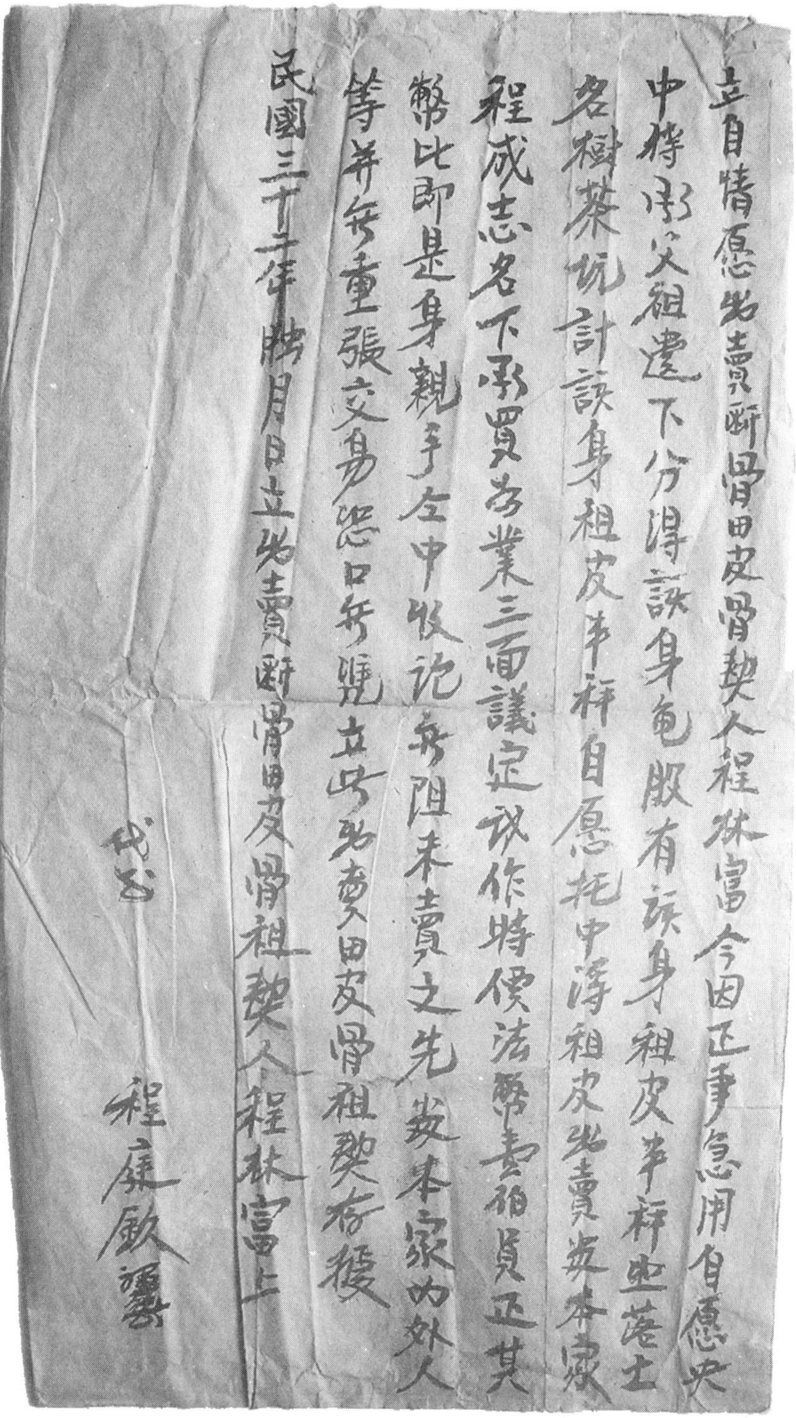

立自情愿出賣斷骨田皮骨契人程林富今因正事急用自愿央
中將承父祖遺下分得該身龟股有該身租皮革秤出落土
名樹楳坑計該身租皮革秤自愿托中浮租皮出賣與本家
程成志名下承買為業三面議定议作時價法幣壹佰員正其
幣比即是身親手仝中收訖無阻未賣之先與本家內外人
等并無重張交易恐口無憑立此出賣田皮骨租契存據
民國三十二年　月　日立出賣斷骨田皮骨租契人程林富
代筆　程庭欽

段莘乡六坑 5 · 民国三十二年 · 出卖断骨田皮骨租契 · 程林富卖与本家程成志

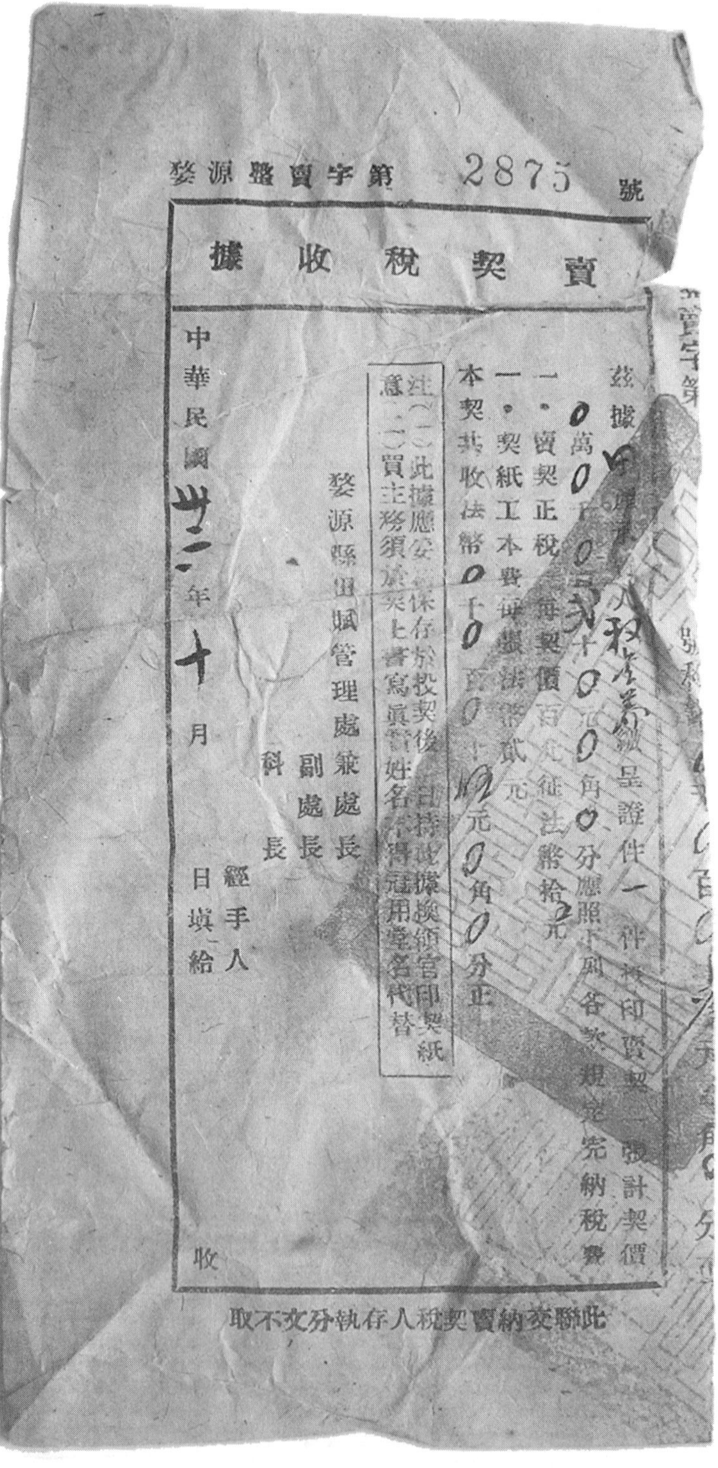
婺源豎賣字第 2875 號

賣契稅收據

茲據程金養人投稅繳呈證件一件補印賣契一張計契價
0萬0千0百貳十0元0角0分應照下開各款規定完納稅費
一、賣契正稅每契價百元征法幣拾元
一、契紙工本費每張法幣貳元
本契共收法幣0千0百12元0角0分正

注意：(一)此據應妥爲保存於投契後持此據換領官印契紙
(二)買主務須於契上書寫眞實姓名不得冠用堂名代替

婺源縣田賦管理處兼處長
副處長
科長

中華民國卅二年十月 日填給 經手人 收

此聯交納賣契稅人存執分文不取

段莘乡六坑 17 · 民国三十二年 · 卖契税收据 · 程金养

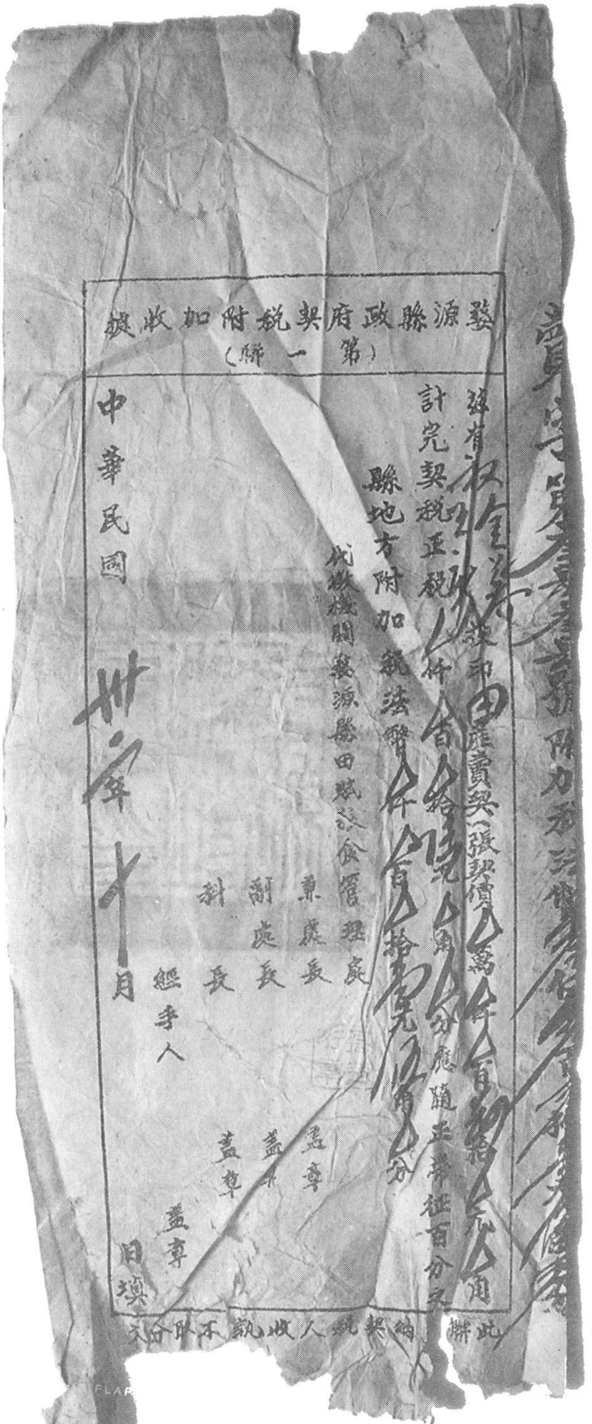

婺源縣政府契稅附加收據

（第一聯）

茲有　　設印田產賣契一張契價　萬　仟　佰　拾　元　角

計完契稅正稅　仟　佰　拾　元　角　分應隨正帶征百分之

縣地方附加稅法幣　仟　佰　拾　元　角　分

代徵機關婺源縣田賦糧食管理處

處長　蓋章

副處長　蓋章

科長　蓋章

經手人　蓋章

中華民國卅二年十月　日填

此聯納契稅人收執不准分開

段莘乡六坑 18 · 民国三十二年 · 婺源县政府契税附加收据 · 程金养

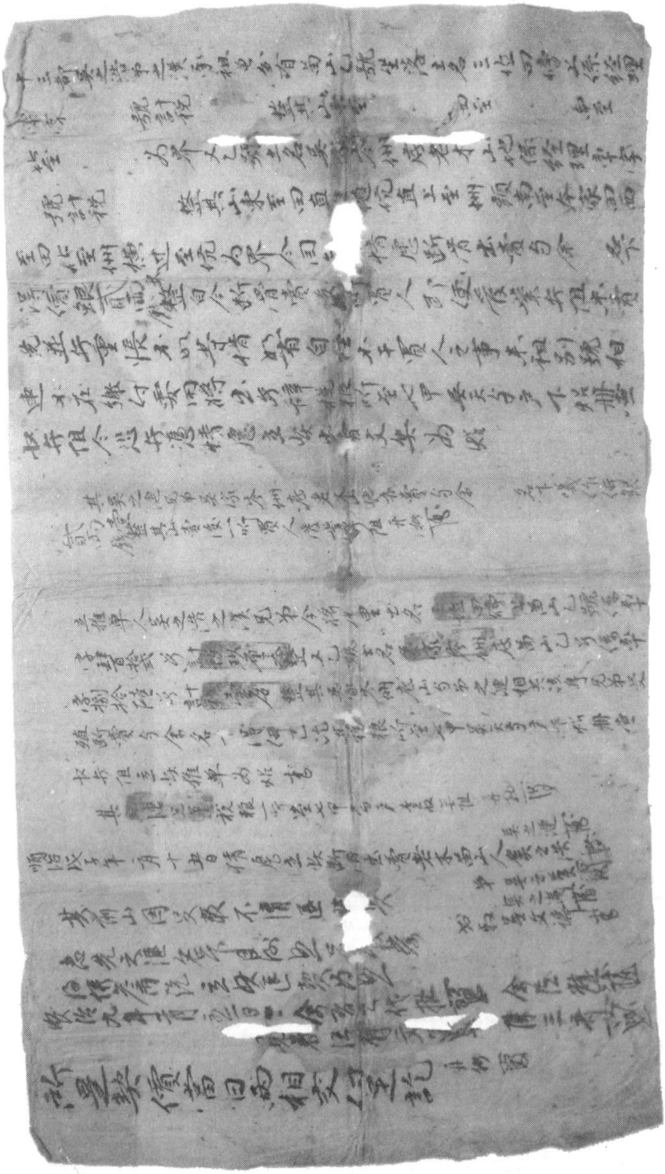

段莘乡大汜村 A 3 · 顺治五年 · 断骨出卖苗山契 · 吴之浩等卖与余☐

段莘乡大汜村A8·顺治五年·断骨出卖苗木山地契·吴之浩兄弟卖与堂叔文端

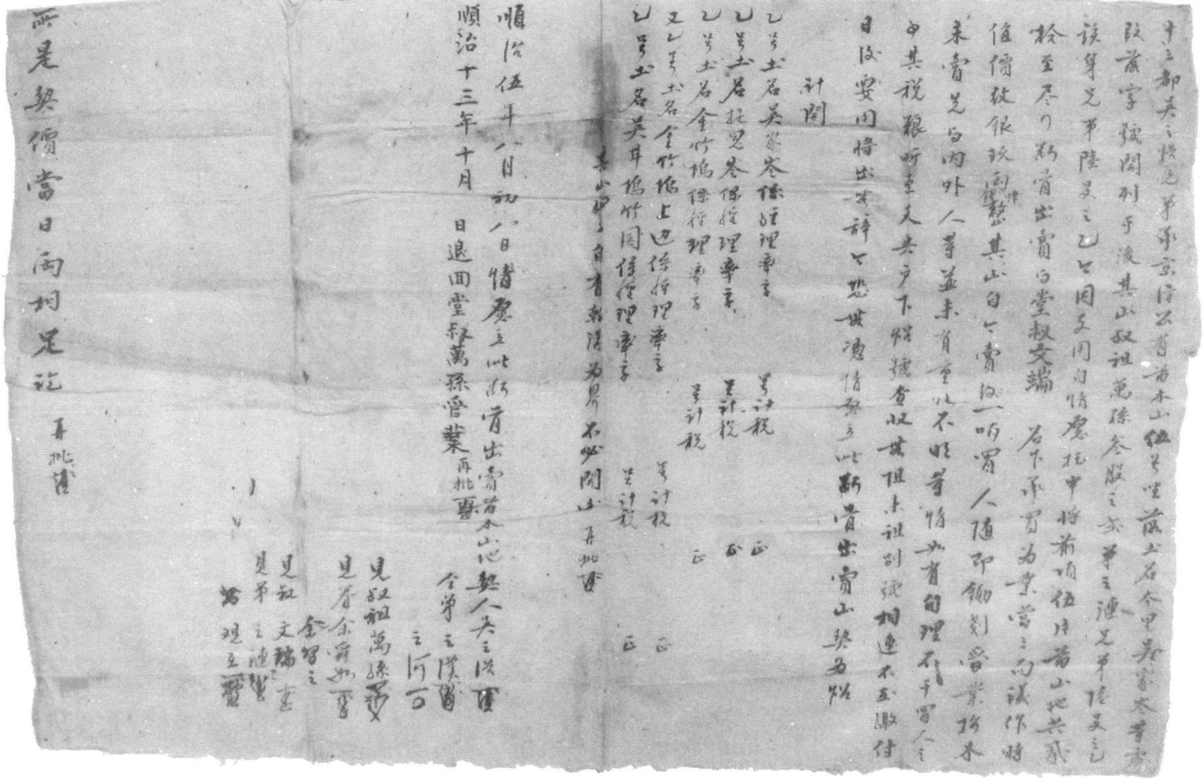

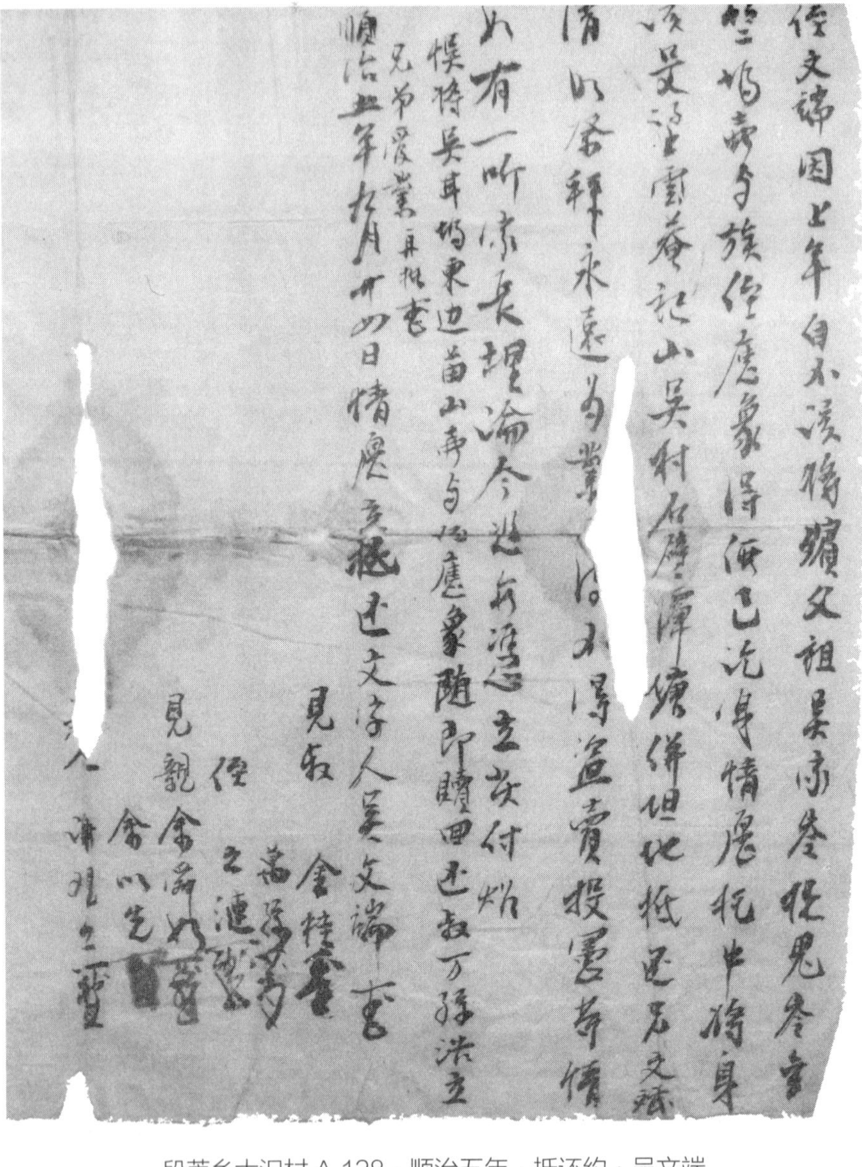

侄文端因上年自不该将續文祖吴宗叁保兄叁会
[illegible]子旗侄應象得價已訖身情愿托中將身
该吴文[illegible]雲[illegible]記山吴村后[illegible]塘併但地抵還吴文[illegible]
清以[illegible]釋永遠為業[illegible]不得盜賣投[illegible]等情
如有一[illegible]長理論今恐無憑立此付炤
候將吴其塢東边苗山与侄應象随即贖回还叔万孙洪立
兄弟[illegible]業一并批書
順治五年九月廿四日情愿立抵還文字人吴文端書
見叔 金桂
葛[illegible]
侄 之漣
見親 金[illegible]
金以先
[illegible]人 [illegible]

段莘乡大汜村 A 128 · 顺治五年 · 抵还约 · 吴文端

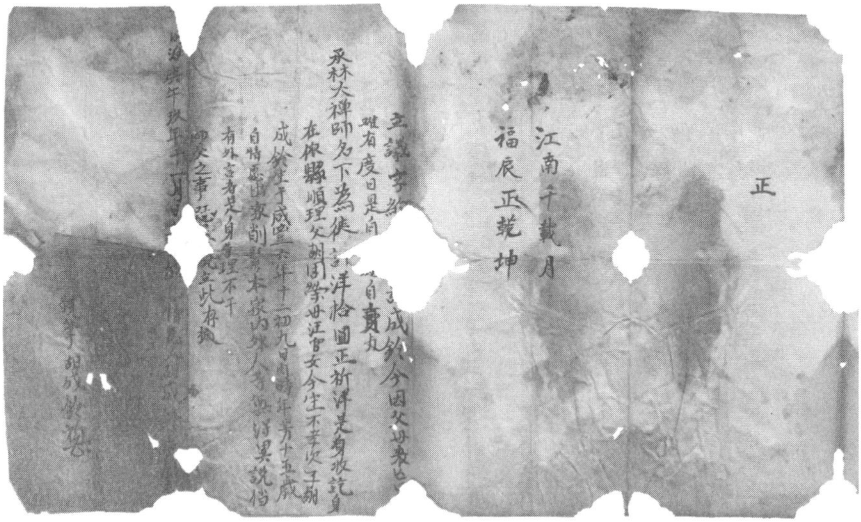

段莘乡大汜村 A 4 · 顺治九年 · 议字约 · 胡成铃

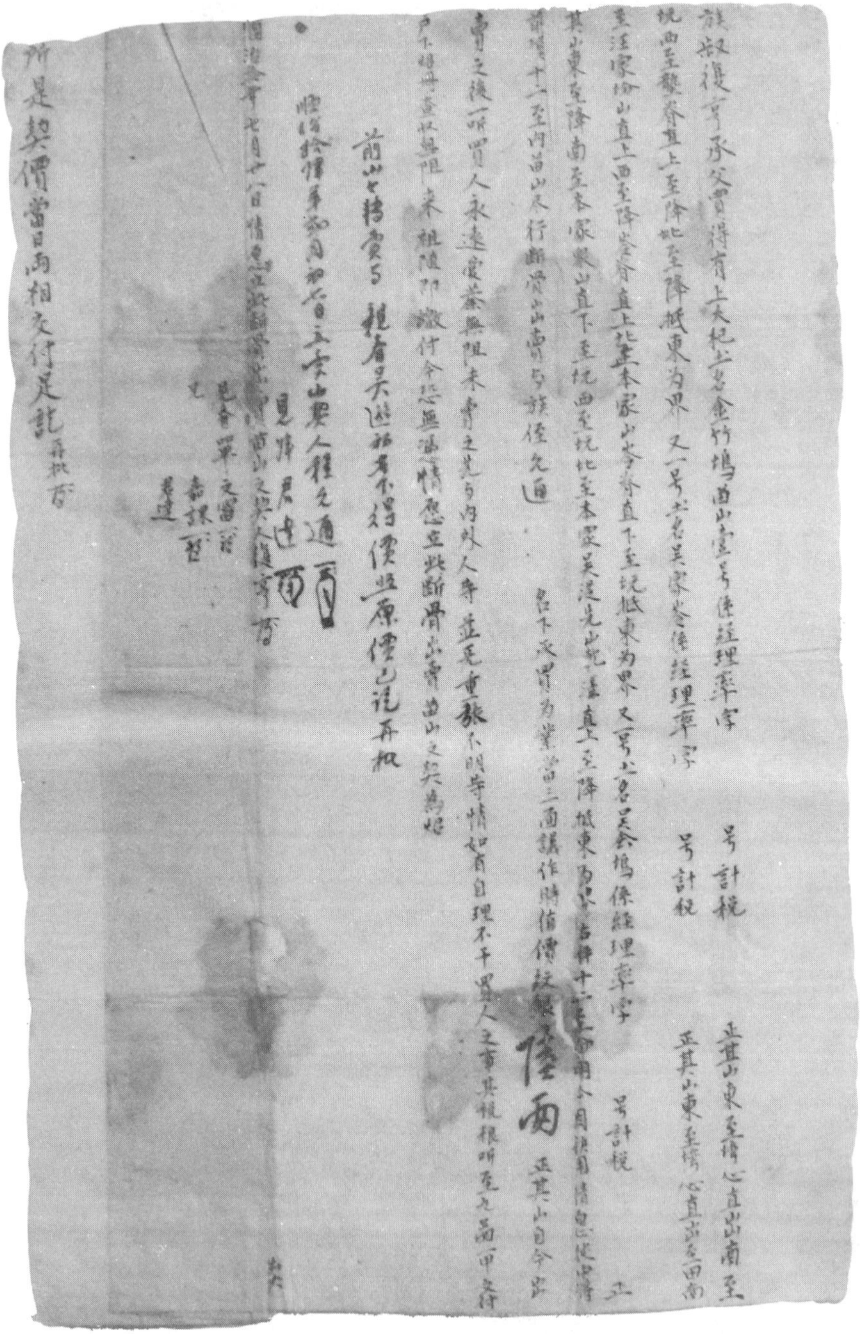

段莘乡大汜村 A 223 · 顺治十年 · 断骨出卖苗山文契 · 复亨卖与族侄允通

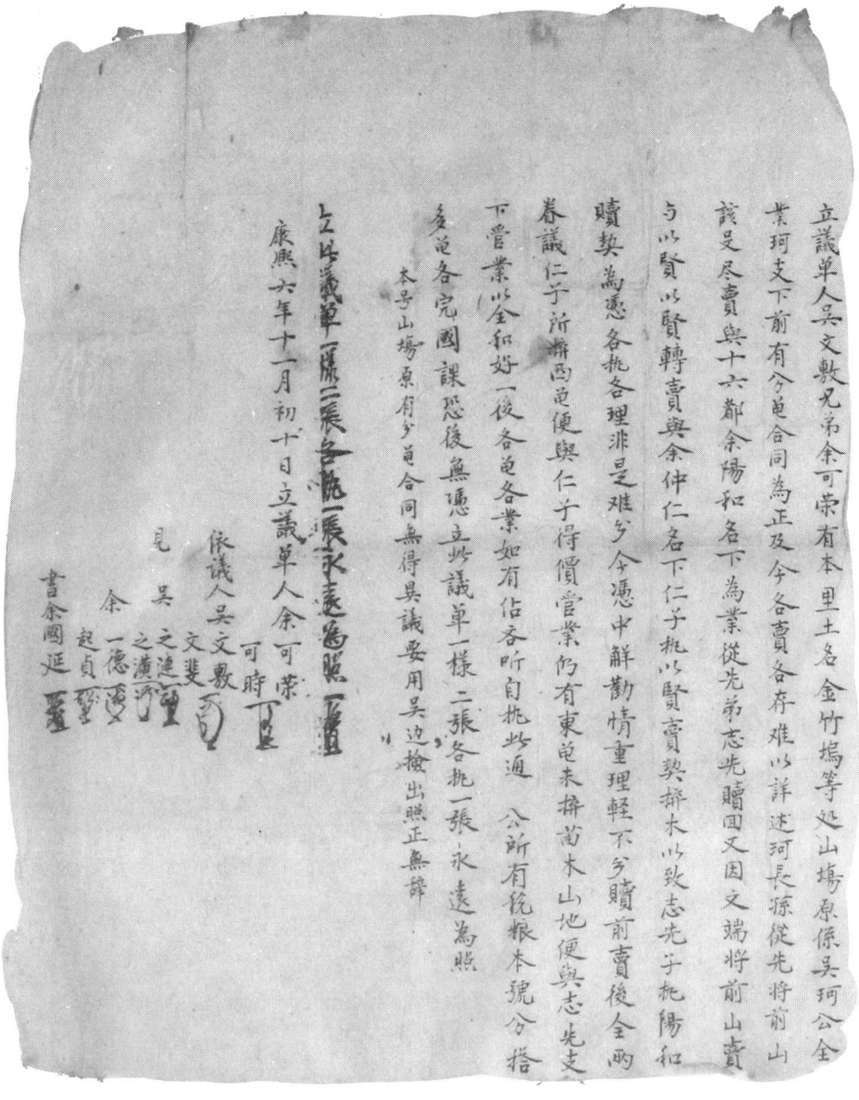
立議單人吴文敷兄弟余可荣有本里土名金竹塢等处山塲原係吴珂公全
業珂支下前有分单合同為正及今各賣各存难以詳述珂長孫從先将前山
該足尽賣與十六都余陽和名下為業從先弟志先贖回又因文端将前山賣
与以賢以賢轉賣與余仲仁名下仁子執以賢賣契拚木以致志先于執陽和
贖契為憑各執各理非是难分今憑中解勸情重理輕不分贖前賣後全兩
眷議仁子所拚因单便與仁子得價管業仍有東单未拚苗木山地便與志先支
下管業以全和好一後各单各業如有佔吝听自執此通 公所有税粮本號分搭
各单各完國課恐後無憑立此議單一樣二張各執一張永遠為照
本号山塲原有分单合同無得異議要用吴边撿出照正無辞
上此議單一樣二張各執一張永遠為照
康熙六年十一月初十日立議單人余可荣
可時
依議人吴文敷
文斐
見 吴之連
之濱
余一德
起貞
書余國延

段莘乡大汜村 A 7 · 康熙六年 · 议单 · 余可荣兄弟等

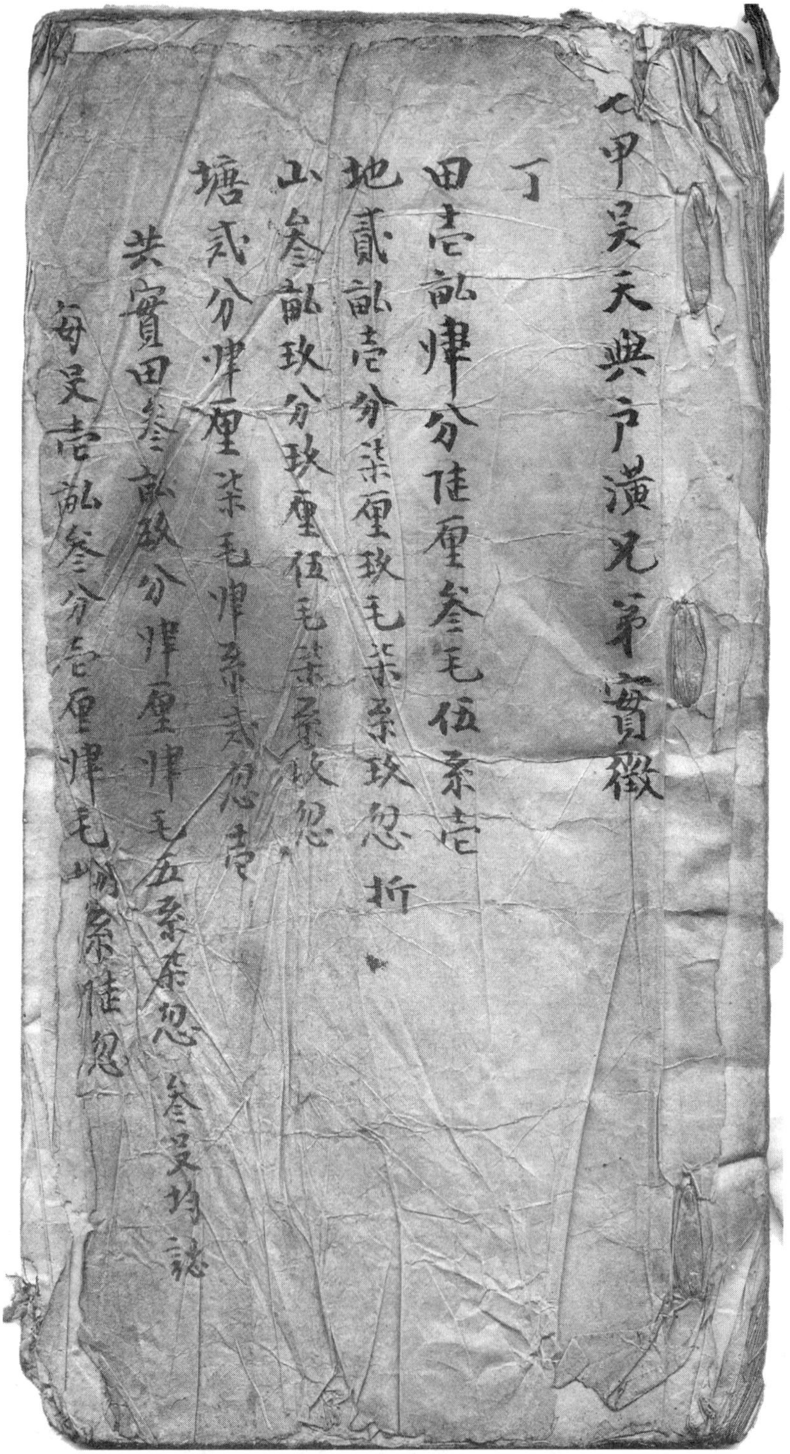

七甲吴天興户潢兄弟實徵
丁
田壹畝肆分陆厘叁毛伍系壹
地貳畝壹分柒厘玖毛柒系玖忽 折
山叁畝玖分玖厘伍毛柒系玖忽
塘弍分肆厘柒毛肆系弍忽壹
共實田叁畝玖分肆厘肆毛五系柒忽 叁叧均〔謚〕
每叧壹畝叁分壹厘肆毛捌系陆忽

段莘乡大汜村 A 1-1 · 康熙十四年 · 税粮实征册 · 吴天兴户潢兄弟

莘字号田

三十八号　尾塘术　税柒厘五毫九系弍

四百四十六号　下関口碓基　貳厘五毛五系五忽

二百十七号　中関口眉基　壹分弍厘弍毛肆系　税五厘　内賣祖十年与曹纪修

三百十三号　枫木塢　塍　弍分玖厘玖毛五系　庚子年六月卅十一甲 五日二甲王位吴户收

三百三十八号　湖山前溪边　壹分

六百八十号　墩上　叁厘壹系六忽壹

三百六十二号　三丘道堂背　弍厘肆毛

六百十号　墩上　弍分叁厘叁毛五

五百六十九号　水車碳　弍分陆厘玖毛　賣曹纪修

六百十六号　墩上　壹分壹厘拾毛五

段莘乡大汜村 A 1-2 · 康熙十四年 · 税粮实征册 · 吴天兴户漢兄弟

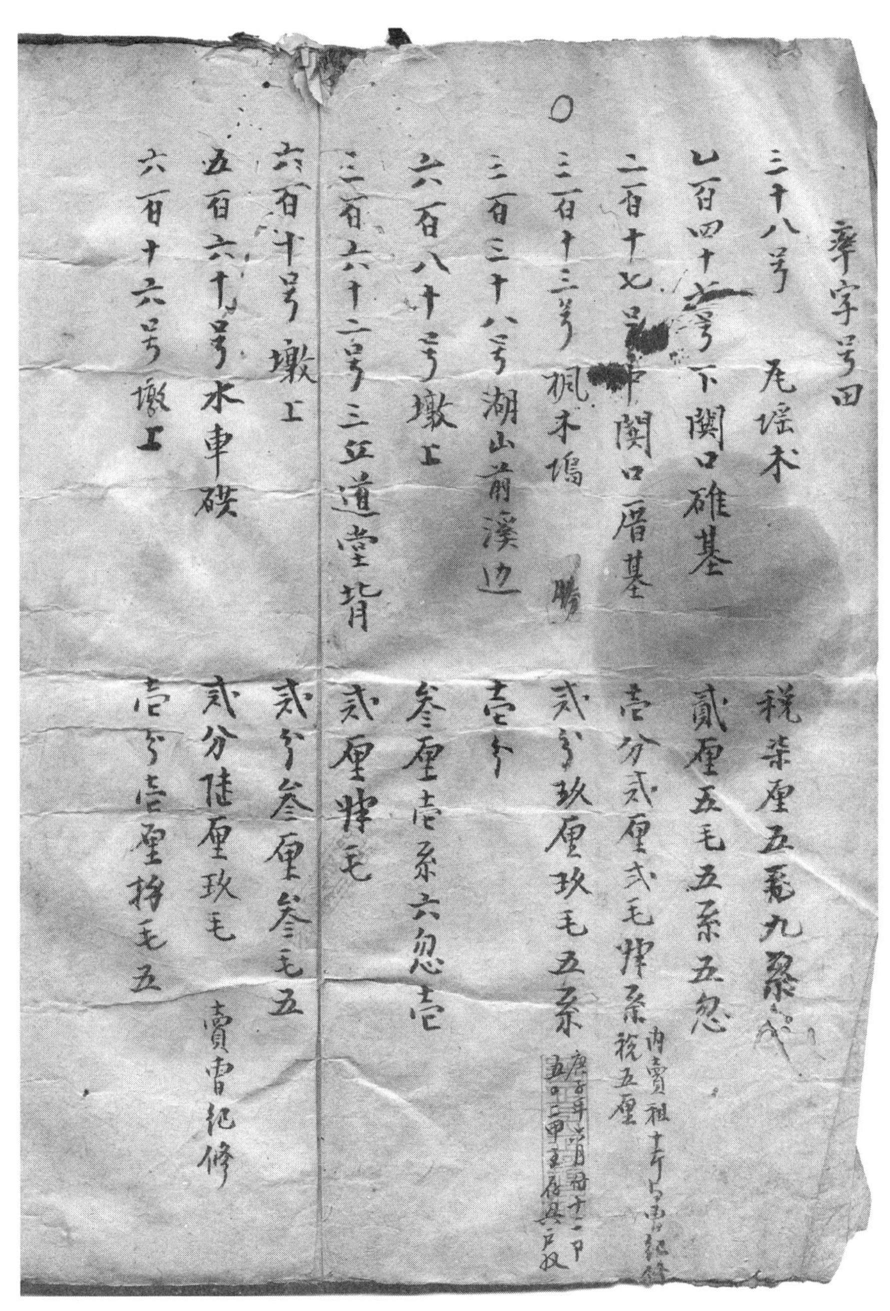

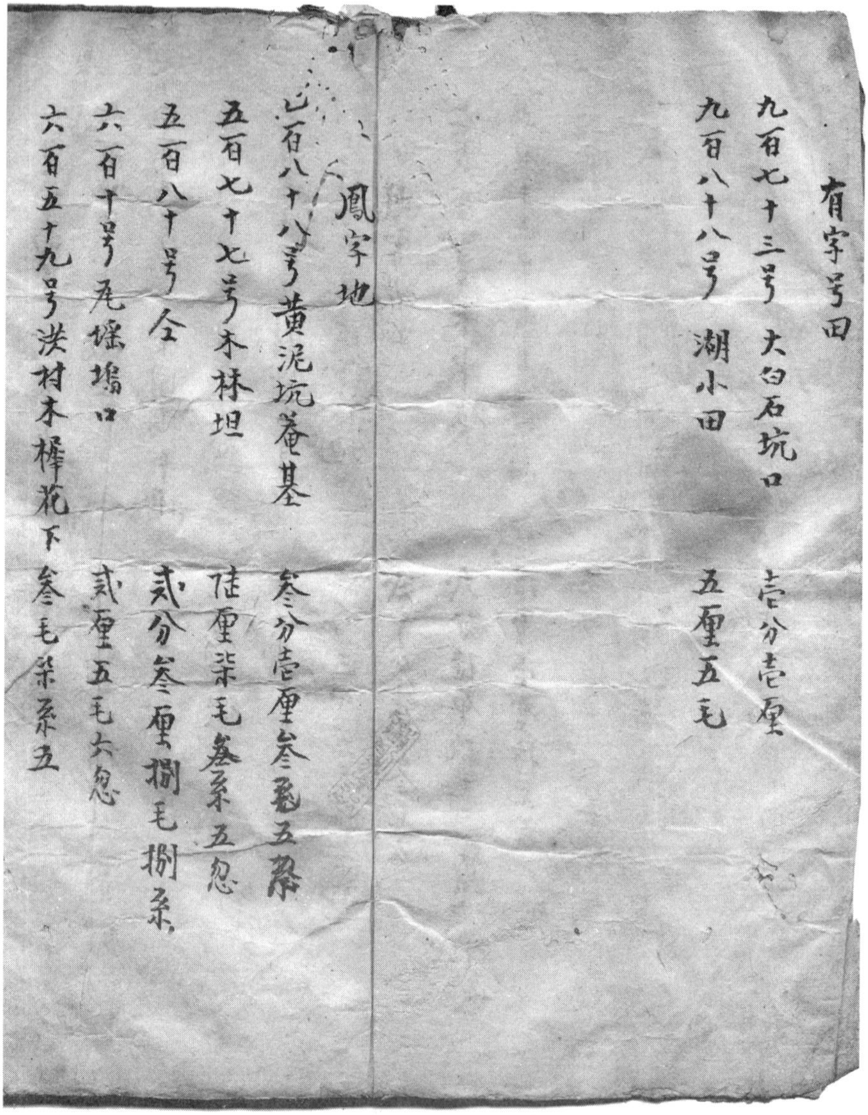
有字号田
九百七十三号 大白石坑口 壹分壹厘
九百八十八号 湖小田 五厘五毛
鳳字地
五百八十八号 黄泥坑庵基 叁分壹厘叁毫五丝
五百七十七号 木林坦 陆厘柒毛叁丝五忽
五百八十号 仝 贰分叁厘捌毛捌丝
六百十号 尾塅塲口 贰厘五毛六忽
六百五十九号 洪村木樨花下 叁毛柒丝五

段莘乡大汜村 A 1-3 · 康熙十四年 · 税粮实征册 · 吴天兴户潢兄弟

率字地

二百五十二号 高峇下木林底 壹分五厘五毛 賣吳天奉

二百五十四号 高峇下 陸厘柒毛五系

六百七号 壩上 肆分捌厘捌毛叁系

七百五号 茶园墙平墙 壹厘贰毛五系

八百五十二号 陳家伙佃 陸忽六微

八百七十五号 村心余月地 叁系

八百八十三号 坑上住地 壹分五厘五毛陸系七

付壹八厘一三八

存五〇六九二

段莘乡大汜村 A 1-4 · 康熙十四年 · 税粮实征册 · 吴天兴户潢兄弟

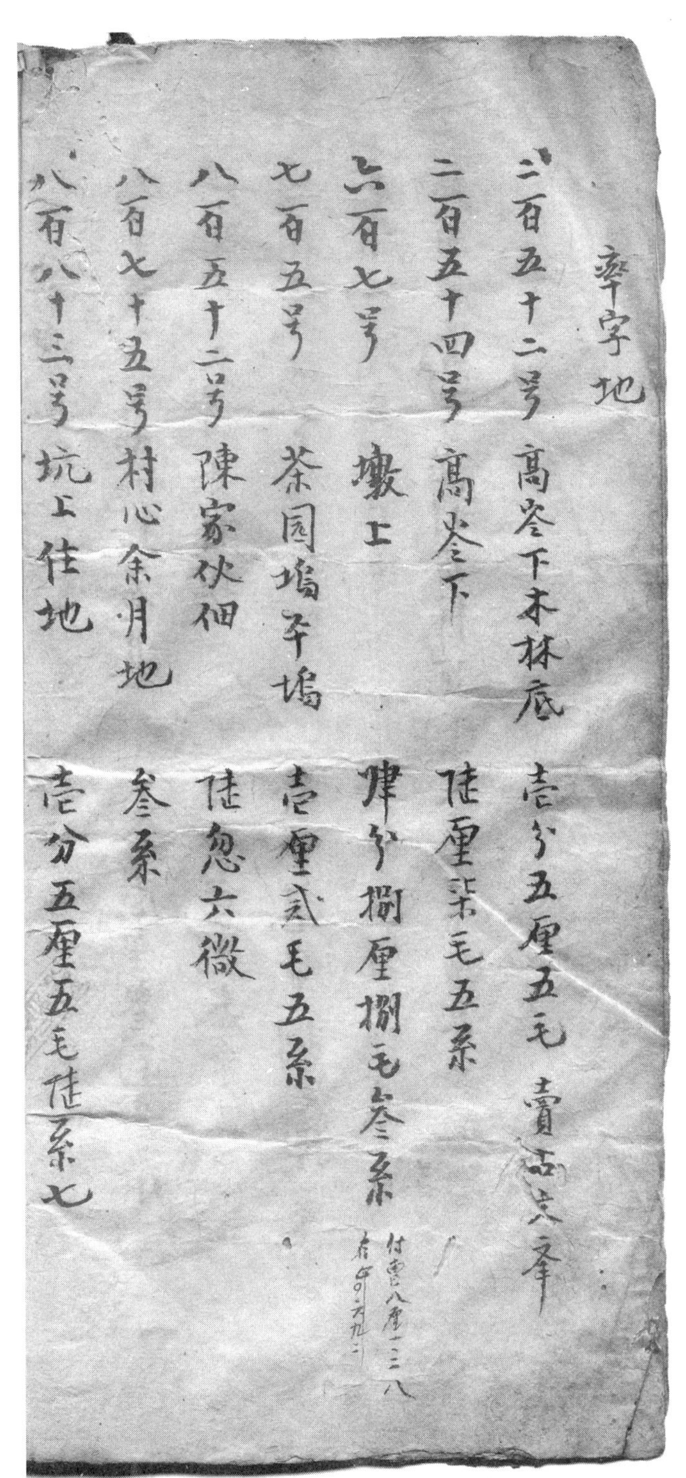

八百八十四号店前路外　贰厘五毛

九百五十四号低岺下　叁厘捌系

九百五十六号工坦　伍厘肆毛五系

九百六十五号杨家坎佃　贰厘肆毛五系

六百八十六号前山坦　贰厘肆毛壹系贰忽

六百八十七号前山坳下　壹厘陆毛叁系叁忽

一百四十三号社坛背　壹分壹毛

九百十号村心　柒厘柒毛

段莘乡大汜村 A 1-5 · 康熙十四年 · 税粮实征册 · 吴天兴户潢兄弟

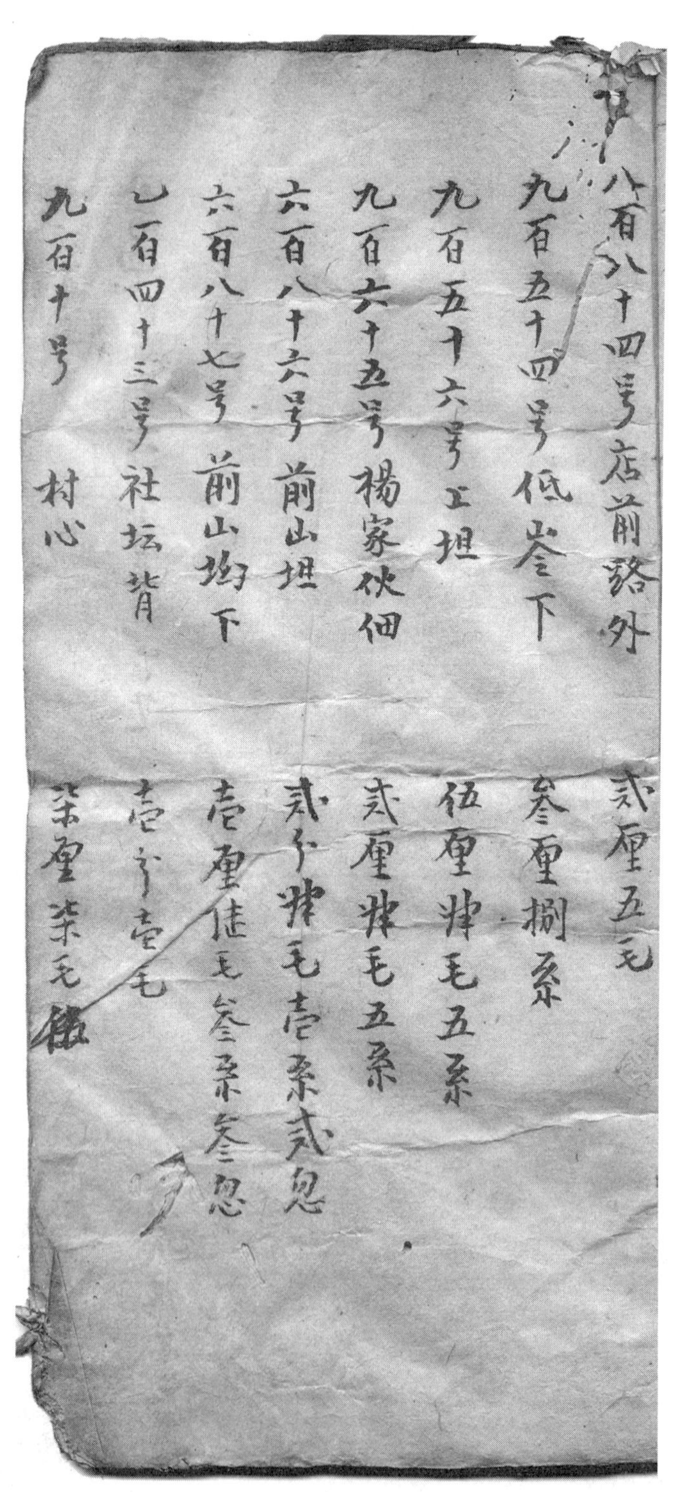

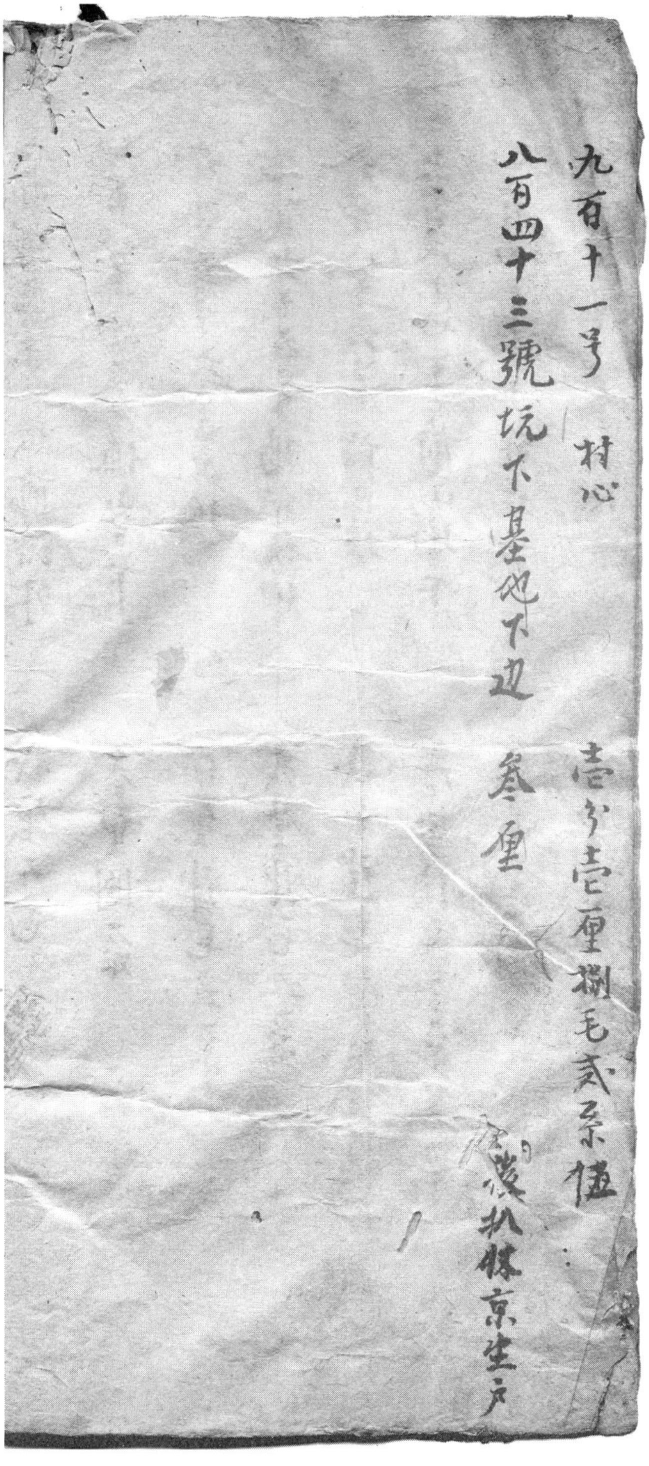

九百十一号　村心

八百四十三號坑下基地下边　叁厘

壹分壹厘捌毛贰系伍

[illegible]扒棣京生户

段莘乡大汜村 A 1-6 · 康熙十四年 · 税粮实征册 · 吴天兴户潢兄弟

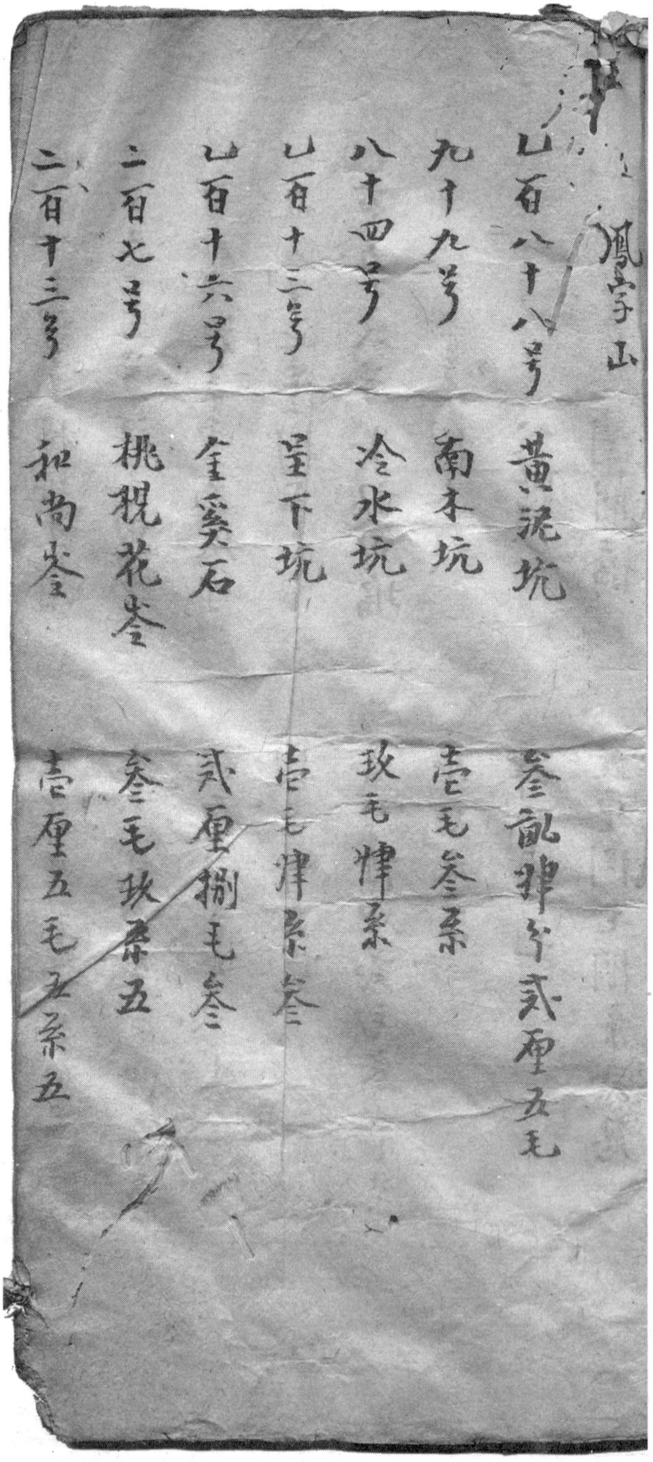
鳳字山
山百八十八号 黄泥坑 叁畝肆分贰厘五毛
九十九号 南木坑 壹毛叁系
八十四号 冷水坑 玖毛肆系
山百十三号 星下坑 壹毛肆系叁
山百十六号 金窦石 贰厘捌毛叁
二百七号 桃枧花岺 叁毛玖系五
二百十三号 和尚岺 壹厘五毛五系五

段莘乡大汜村 A 1-7 · 康熙十四年 · 税粮实征册 · 吴天兴户潢兄弟

二百七十四号 横坑東培 壹分肆毛捌系叁

八百五十五号 汪家田岺 壹分式厘叁毛肆系叁

八百四十九号 西充垯 伍厘柒毛肆系叁

八百五十七号 圳上 捌毛肆系七

八百五十八号 半亩田塥 式分佳厘式毛叁系柒

八百六十六号 樹木垅 玖毛五系

九百一号 八亩段 肆厘五毛

九百三号 閔門橋 五厘捌毛捌系式忽

段莘乡大汜村 A 1-8 · 康熙十四年 · 税粮实征册 · 吴天兴户潢兄弟

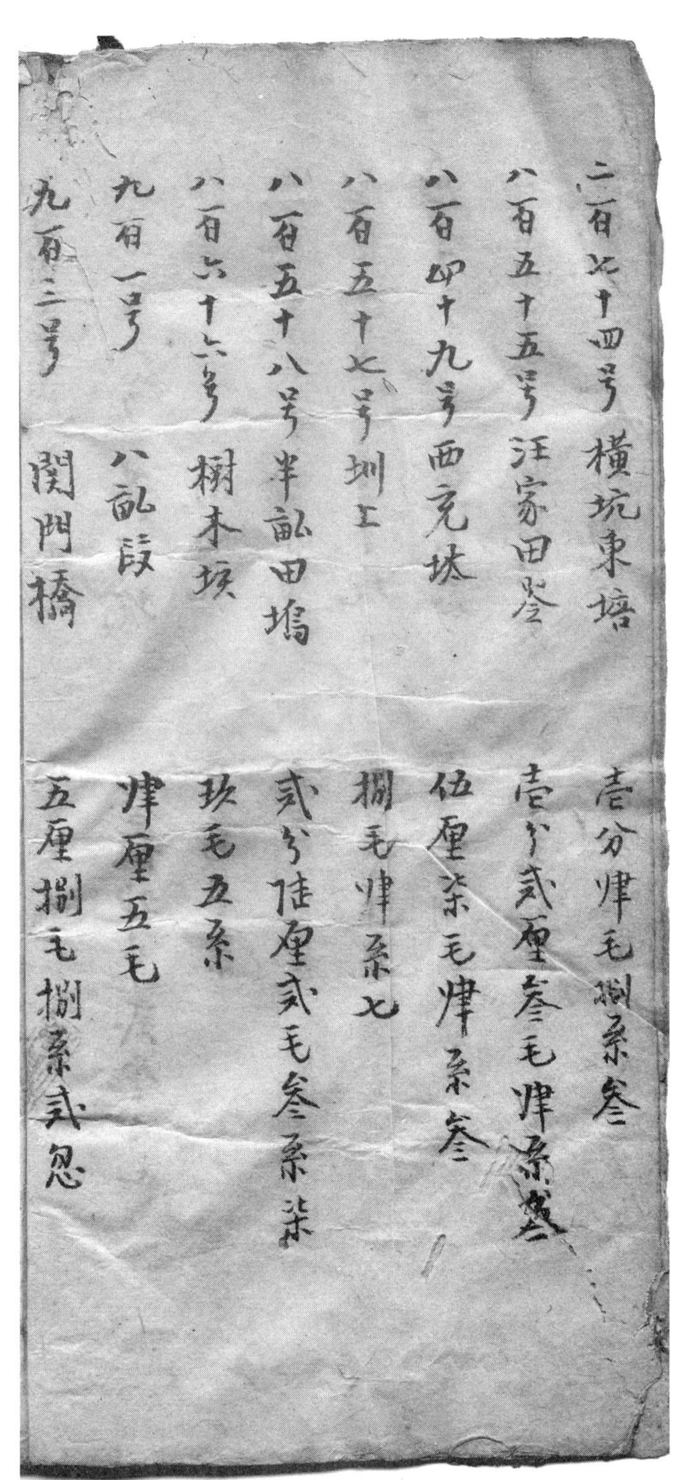

九百二十号　六百山塢　贰毛贰系七
九百二十一号　仝　贰毛壹系捌
九百二十二号　南培　叁毛玖系
九百二十六号　高奕下　壹厘捌毛壹系贰
九百三十二号　淺佯山　玖毛贰系柒
九百三十七号　業栢塢塢　陆厘柒毛五
九百七十三号　車田背　陆毛五系
山千三百四十四号　業碣塢　贰毛贰系五忽

段莘乡大汜村 A 1-9 · 康熙十四年 · 税粮实征册 · 吴天兴户潢兄弟

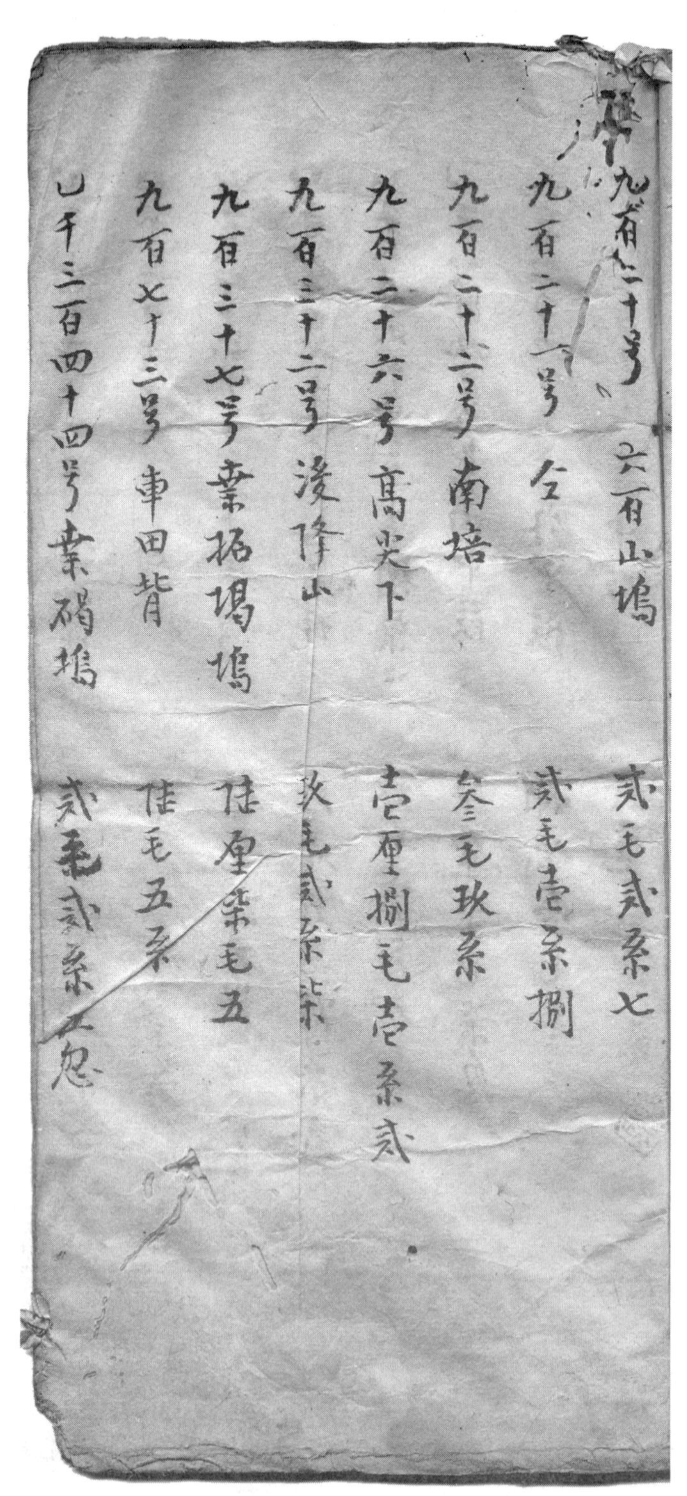

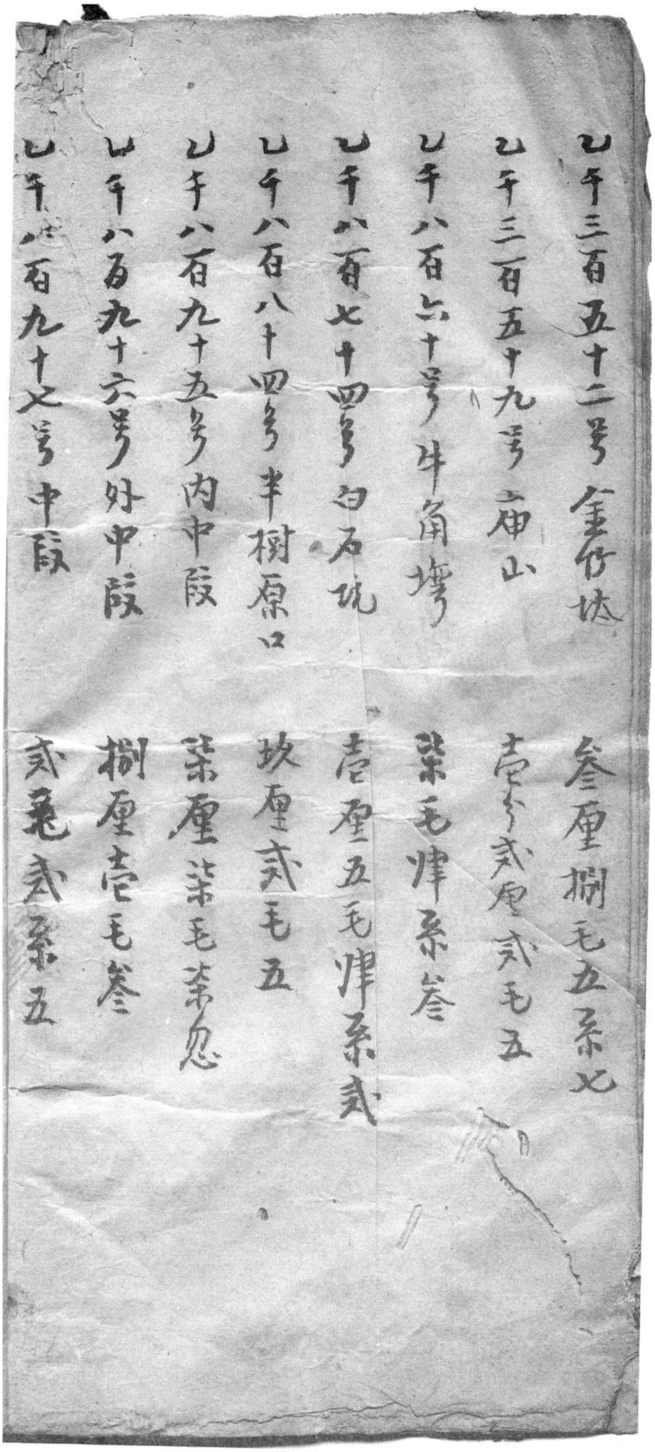

乙千三百五十二号　金竹坑　叁厘捌毛五系七
乙千三百五十九号　庙山　壹分弍厘弍毛五
乙千八百六十号　牛角塆　柒毛肆系叁
乙千八百七十四号　白石坑　壹厘五毛肆系弍
乙千八百八十四号　半树原口　玖厘弍毛五
乙千八百九十五号　内中段　柒厘柒毛柒忽
乙千八百九十六号　外中段　捌厘壹毛叁
乙千八百九十七号　中段　弍毫弍系五

段莘乡大汜村 A 1-10 · 康熙十四年 · 税粮实征册 · 吴天兴户潢兄弟

山千九百六中号 方七山 壹厘叁毛七系五

山千九百八号 大塢山坎 贰厘捌毛陆系七

山千九百十号 大塢山 玖毛陆系七

山千九百二十六号 查木塢 玖系七忽

山千九百三十号 住前 玖系陆忽

山千九百四十五号 芝山岑 陆厘五毛捌

山千九百四十八号 半樹南培 贰毛柒系肆

山千九百三十三号 下塢 五厘捌毛叁系叁

段莘乡大汜村 A 1–11 · 康熙十四年 · 税粮实征册 · 吴天兴户潢兄弟

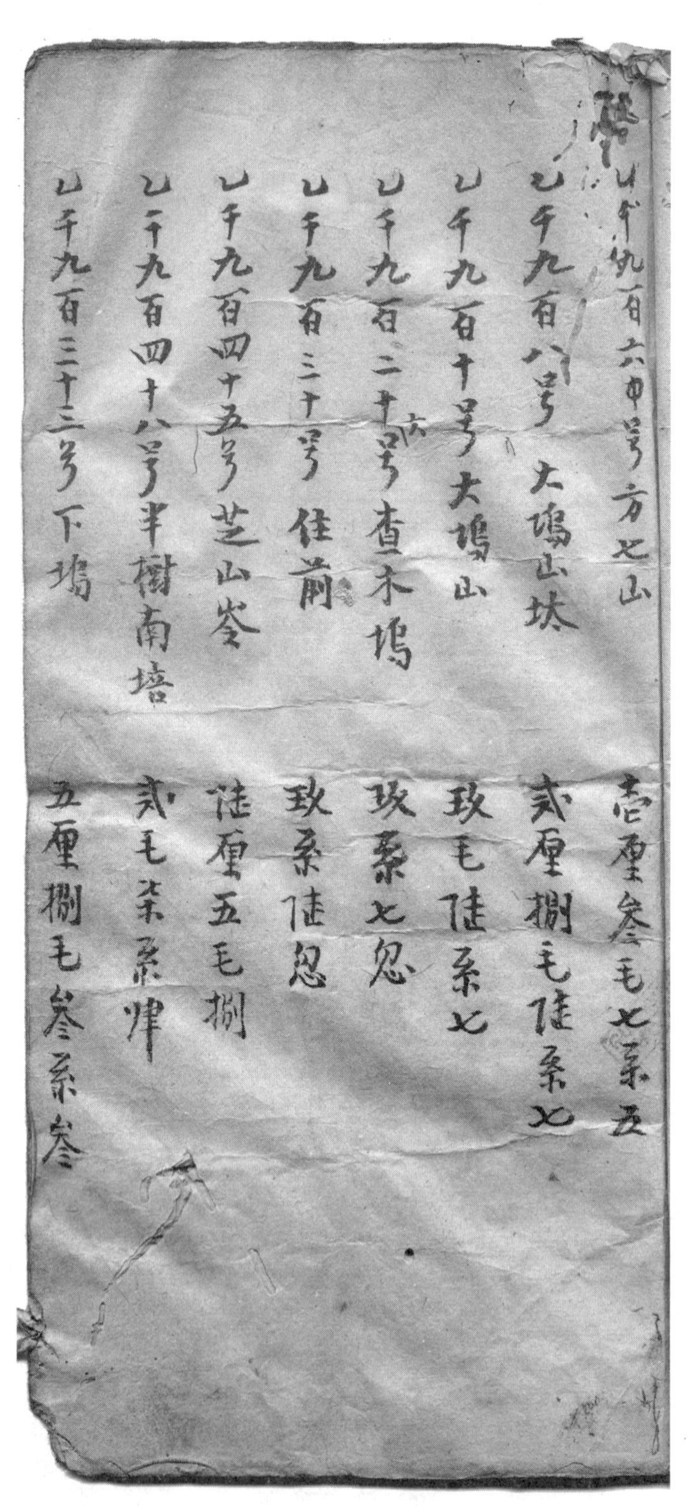

[illegible]寧字山

二十七号　新岺背　捌毛弍系五

二十九号　劉降背　肆厘弍毫壹系七忽五

三十一号　三田段　叁厘五毛弍系壹

三十二号　班岺根　陆毛叁系

三十三号　仝　玖毛捌系七忽五

三十四号　班岺　壹厘

五十八号　高岺下　弍厘捌毛

段莘乡大汜村 A 1-12 · 康熙十四年 · 税粮实征册 · 吴天兴户潢兄弟

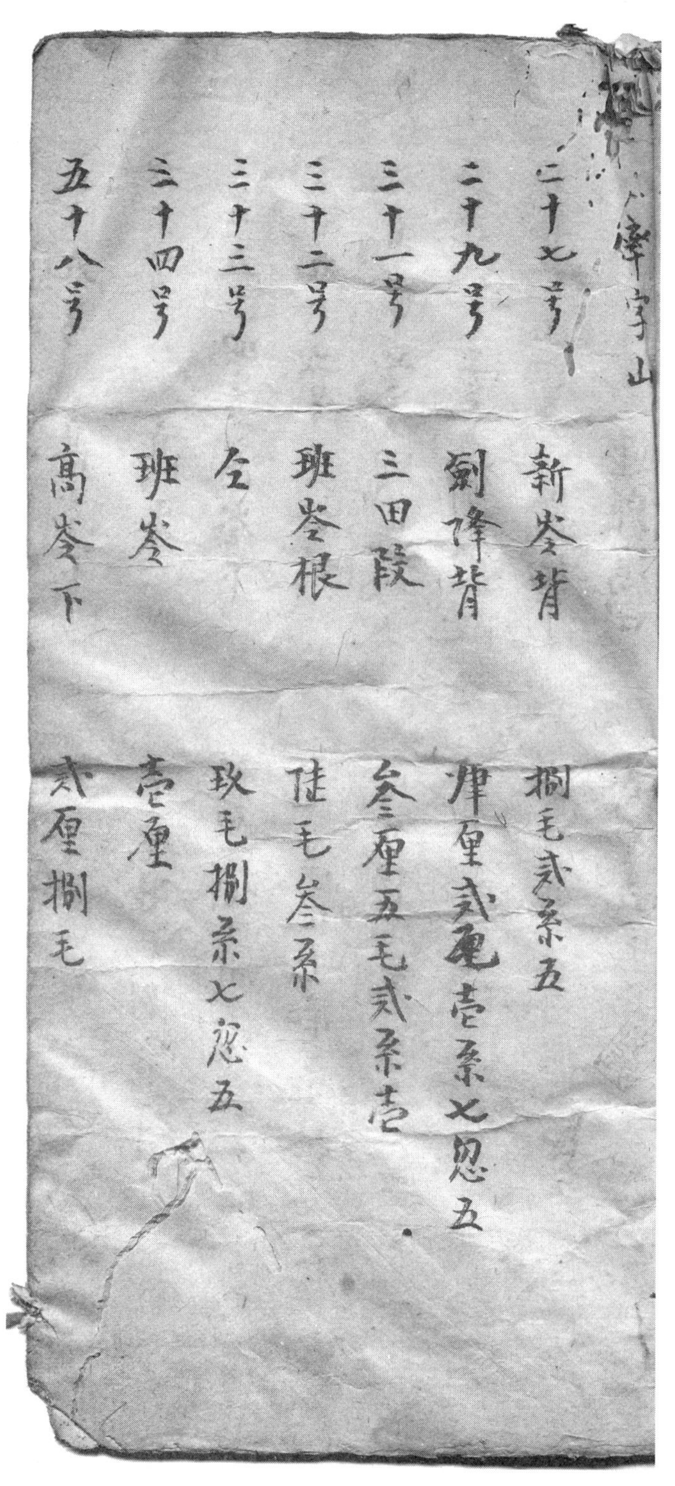

五十九号　高岑下　五毛

六十号　高岑　壹厘陆毛捌系肆

二百五十四号高岑下　伍厘捌系

三百九十五号吴公塢　叁厘壹毛壹系陆息五

三百九十七号湖山前　壹分伍毛叁系叁

六百八十三号　獅頸山　肆厘五毛

六百八十七号　前山坳下　壹厘肆毛五

四百三二号　連灘塢口　貳厘五毛

段莘乡大汜村 A 1-13 · 康熙十四年 · 税粮实征册 · 吴天兴户潢兄弟

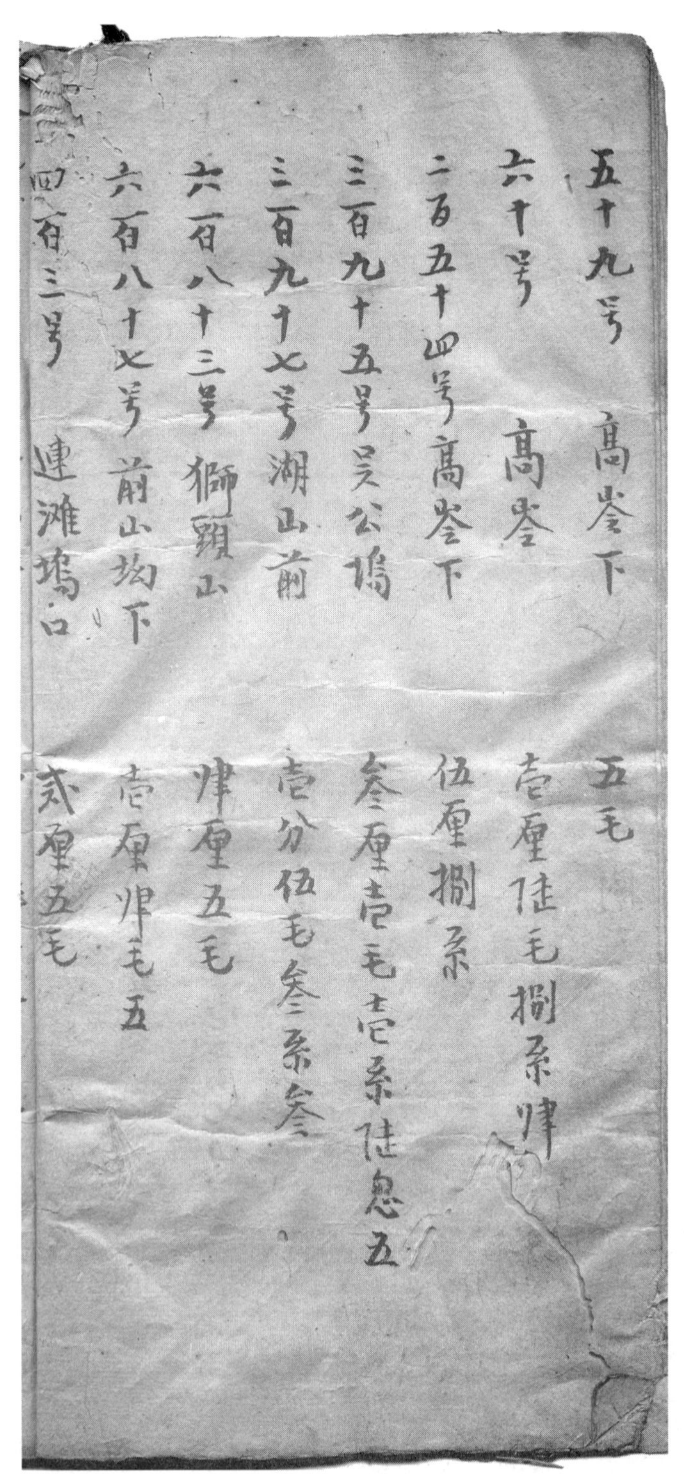

六百八十六号　前山坦　贰厘伍毛叁系壹

六百八十八号　下陵　肆厘五毛柒系五

六百九十四号　三門匡見潭　贰厘壹毛

六百九十五号　过水埠北边　贰厘壹毛

七百七十号　烏龜岺　捌毛

乙号　班竹山　五分柒毛肆系

二号　仝　捌分肆厘柒毛壹

六百八十五号　外刘家墓　肆厘

段莘乡大汜村 A 1-14 · 康熙十四年 · 税粮实征册 · 吴天兴户潢兄弟

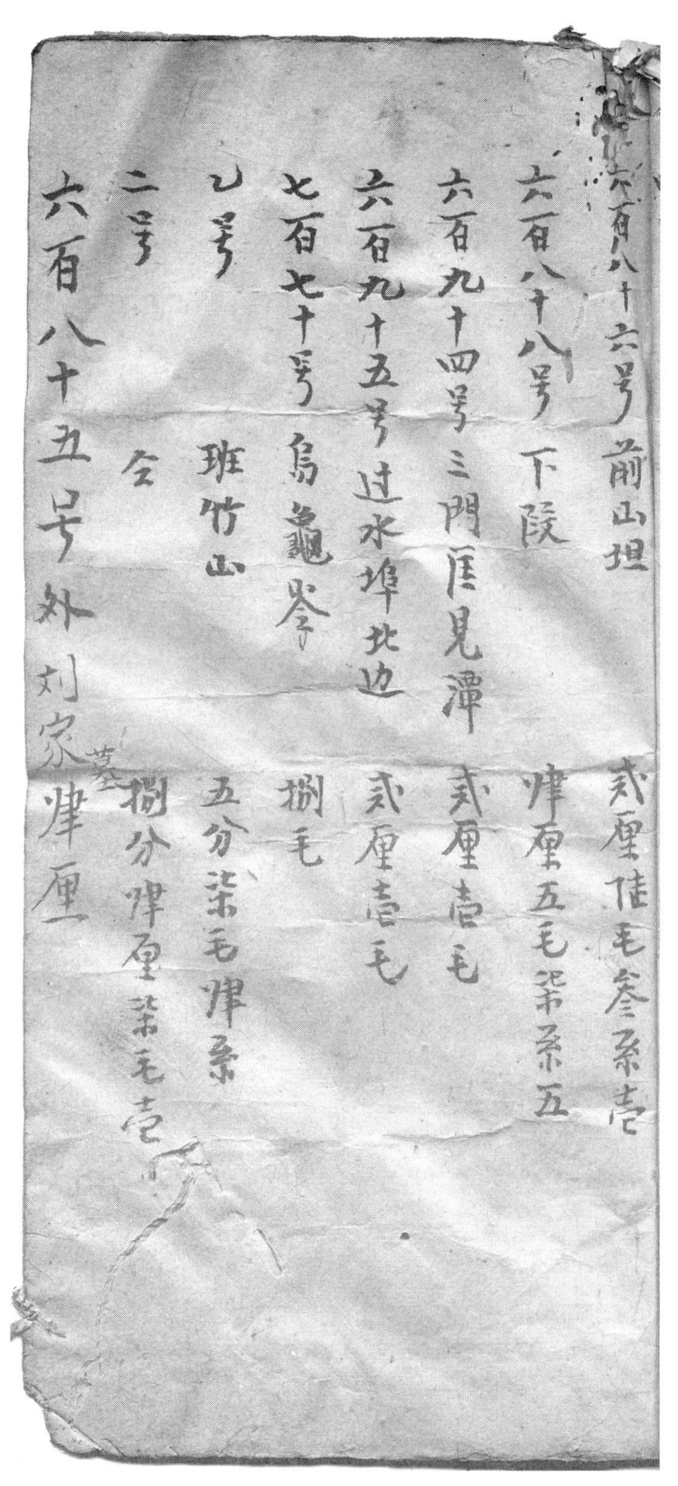

七百五号平塢　三厘

莫字山

乙百九十九号　全冢　捌毫捌系

二百一号　仝　陆毛五系

段莘乡大汜村 A 1-15 · 康熙十四年 · 税粮实征册 · 吴天兴户潢兄弟

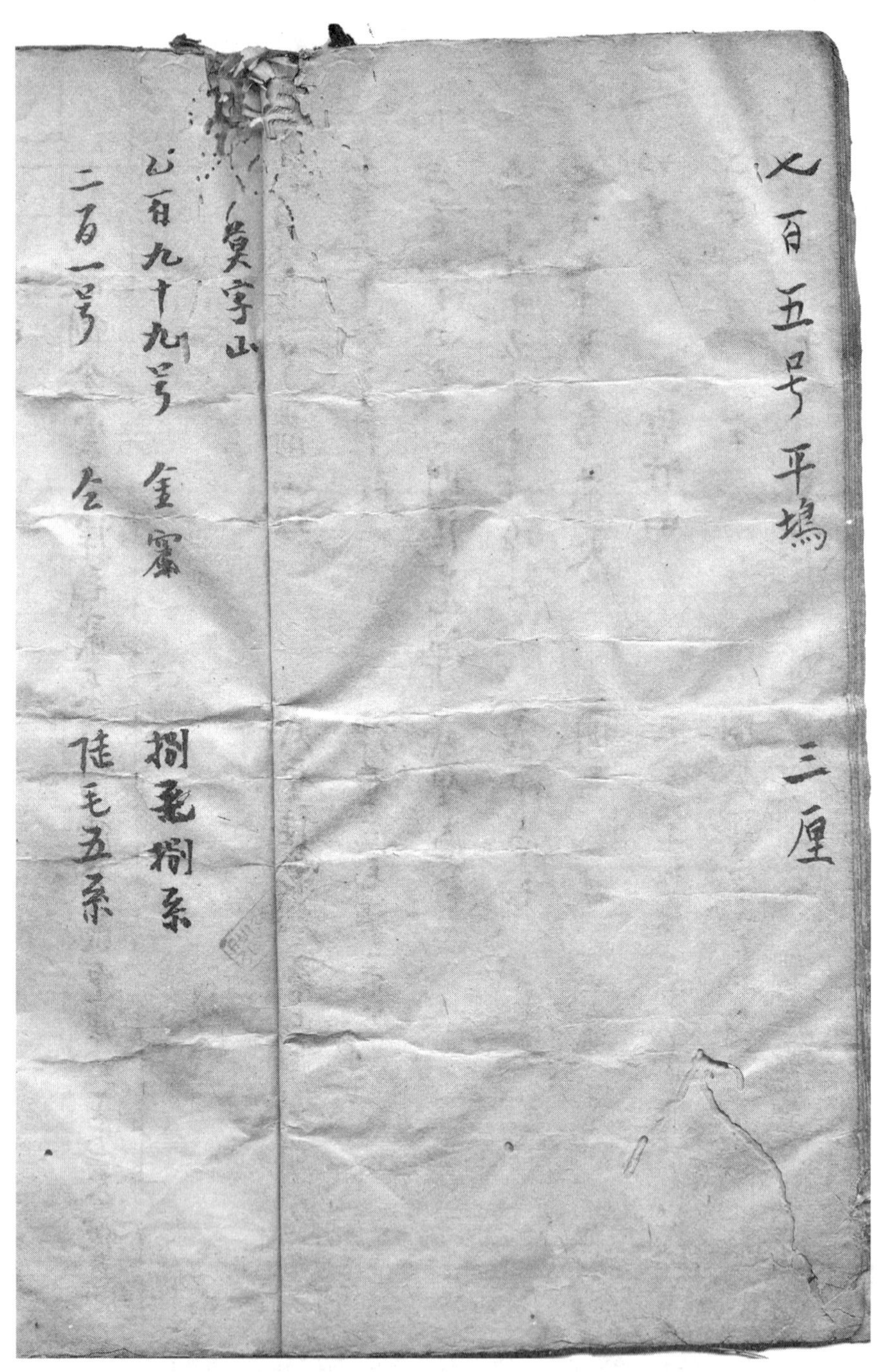

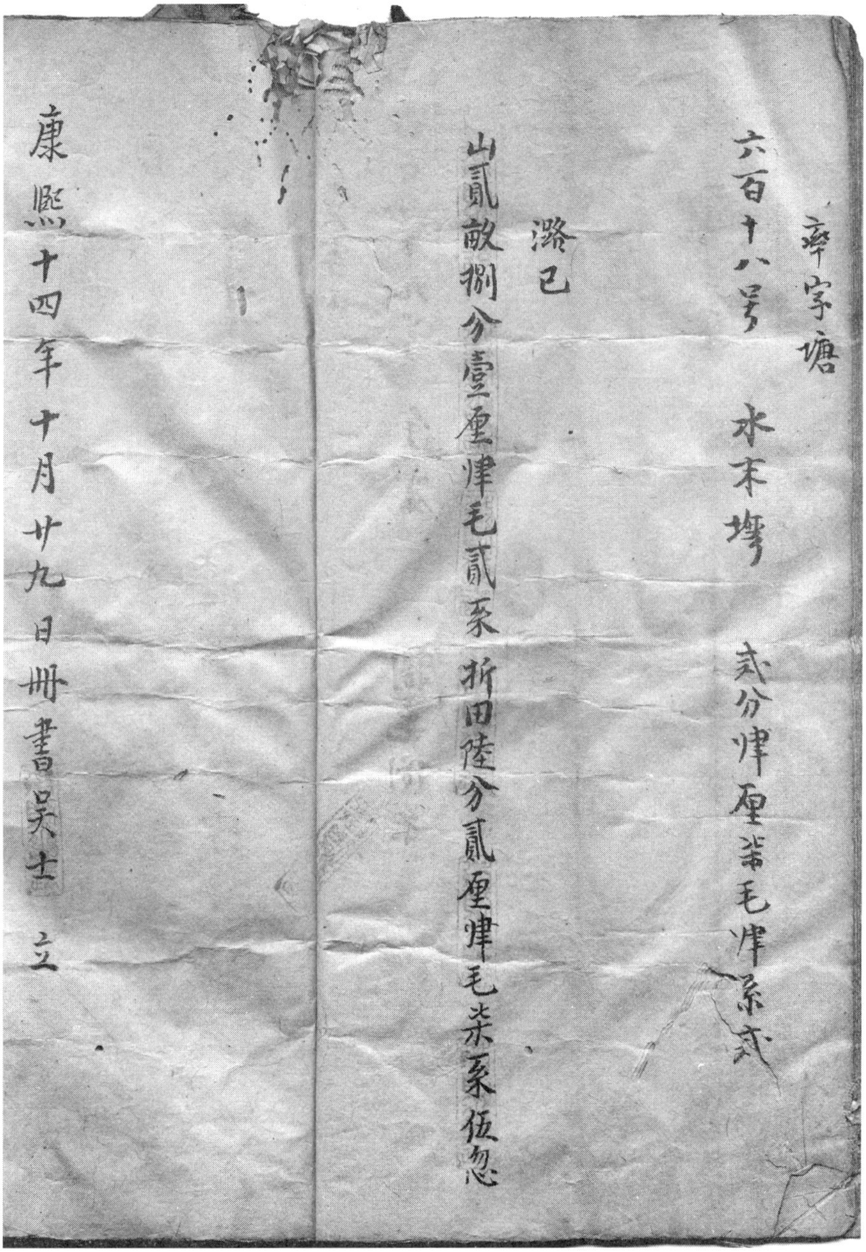

率字塘
六百十八号　水末塝
贰分肆厘柒毛肆系弍
潞己
山贰亩捌分壹厘肆毛贰系　折田陆分贰厘肆毛柒系伍忽
康熙十四年十月廿九日册书吴士　立

段莘乡大汜村 A 1-16 · 康熙十四年 · 税粮实征册 · 吴天兴户潢兄弟

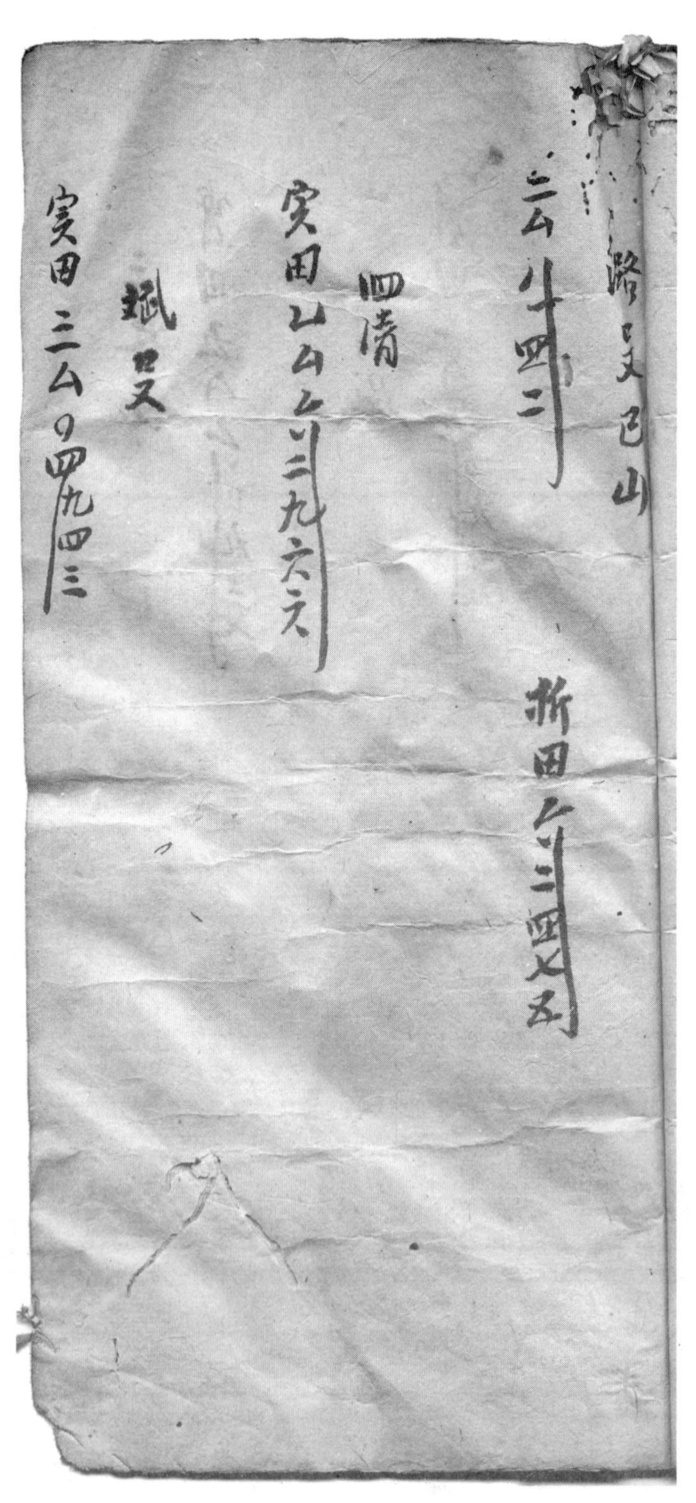

段莘乡大汜村 A 1-17 · 康熙十四年 · 税粮实征册 · 吴天兴户潢兄弟

三廷叟

實田五厶厶四九三七

二公堂

實田二厶五9九四八

段莘乡大汜村 A 1-18 · 康熙十四年 · 税粮实征册 · 吴天兴户潢兄弟

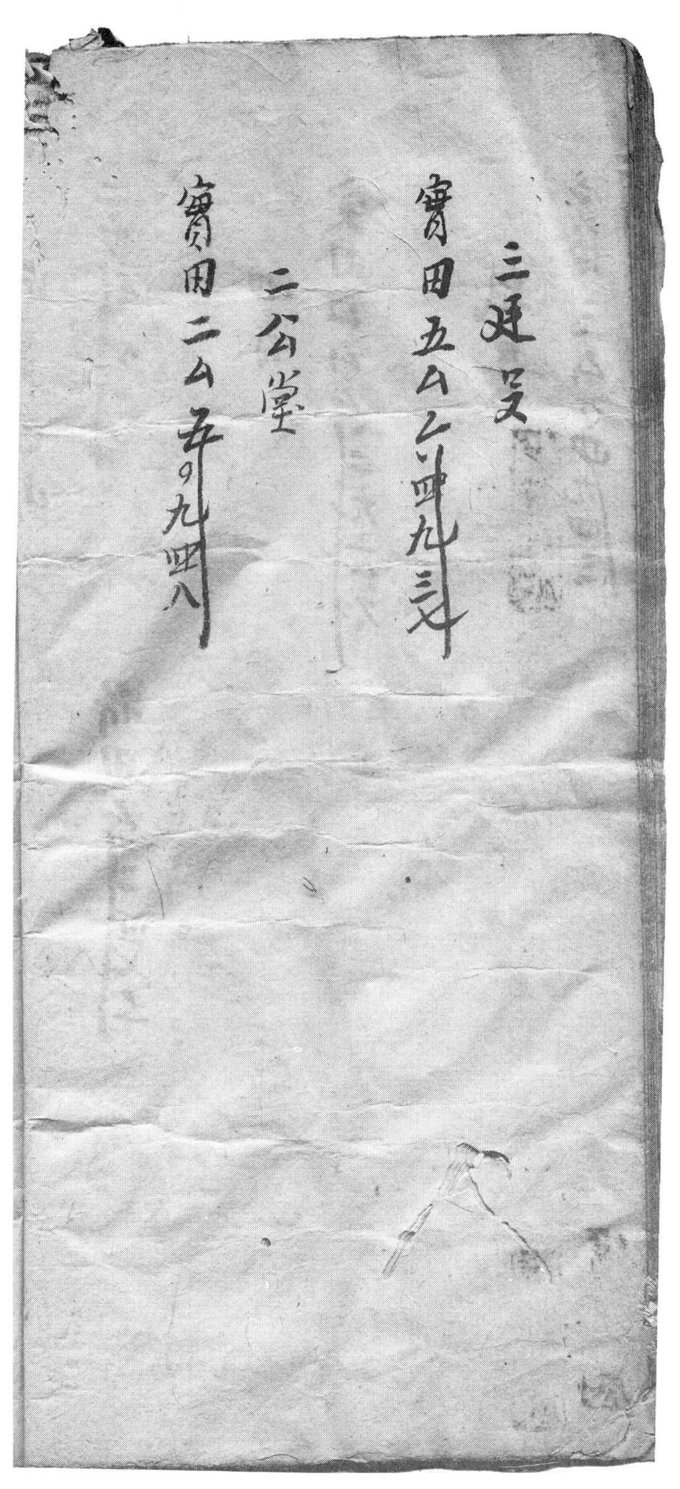

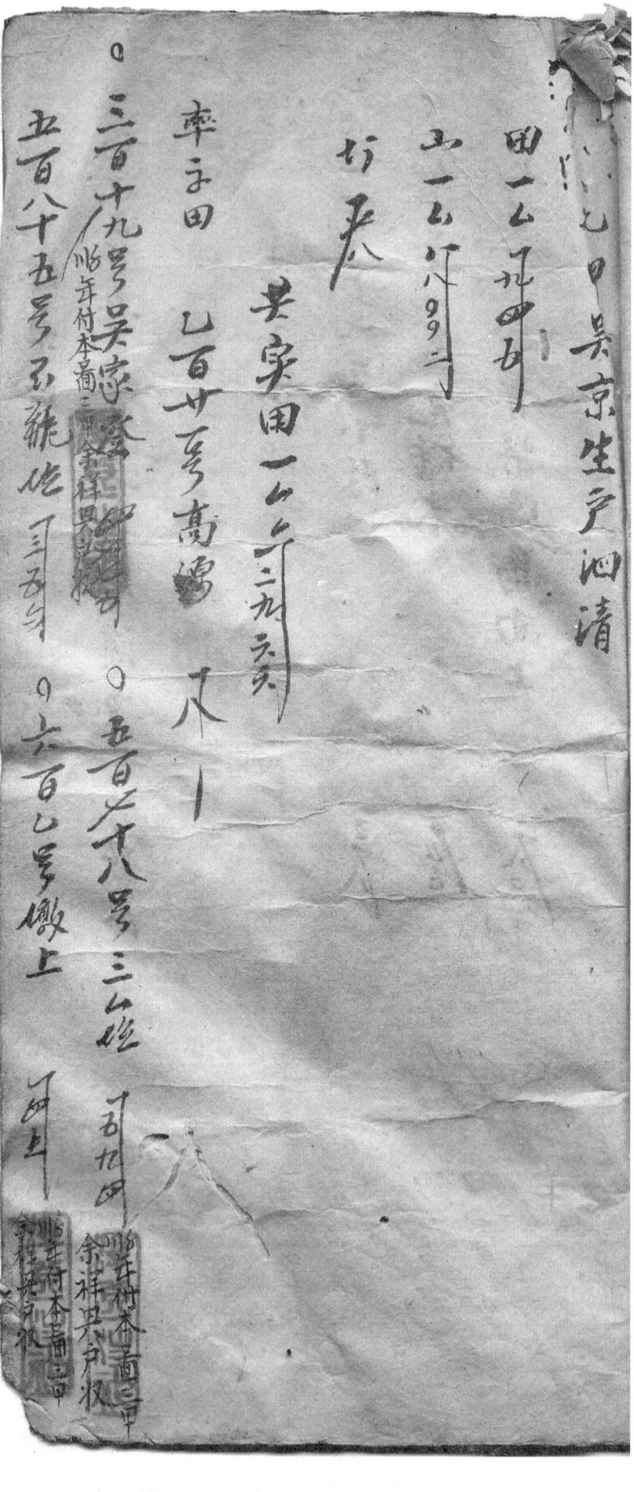
七甲吴京生户泗清

其实田

幸字田 乙百廿五号高塘

三百十九号吴宗登

五百七十八号三ム坵

五百八十五号石旅佗

六百乙号傲上

段莘乡大汜村 A 1-19 · 康熙十四年 · 税粮实征册 · 吴天兴户潢兄弟

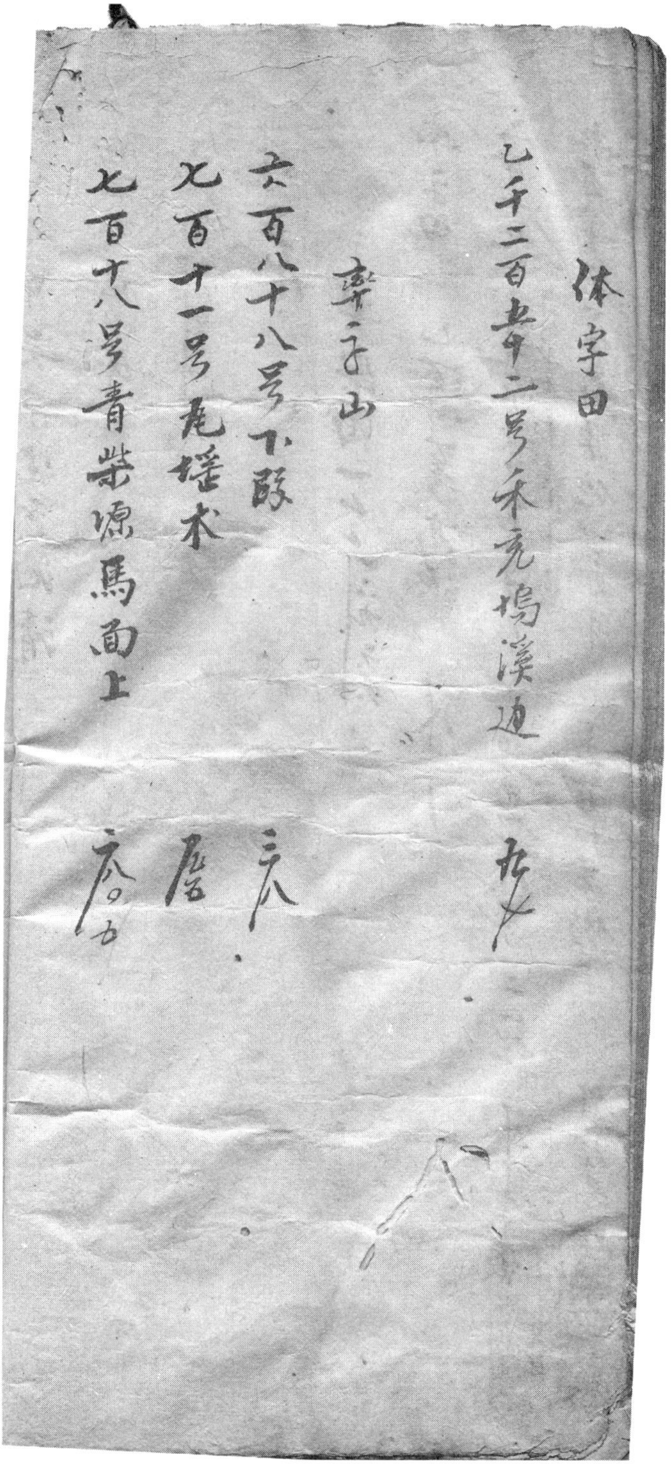

体字田

乙千二百五十二号禾充塢溪边

章子山

六百八十八号下段

七百十一号尾塘术

七百十八号青紫源馬面上

段莘乡大汜村 A 1-20 · 康熙十四年 · 税粮实征册 · 吴天兴户潢兄弟

莫字山

二百十九号 泗洲杓 秋八四

二百廿六号 泗洲塔 一厶分

宰字号

二百廿六号住家门口 叁八

段莘乡大汜村 A 1-21 · 康熙十四年 · 税粮实征册 · 吴天兴户潢兄弟

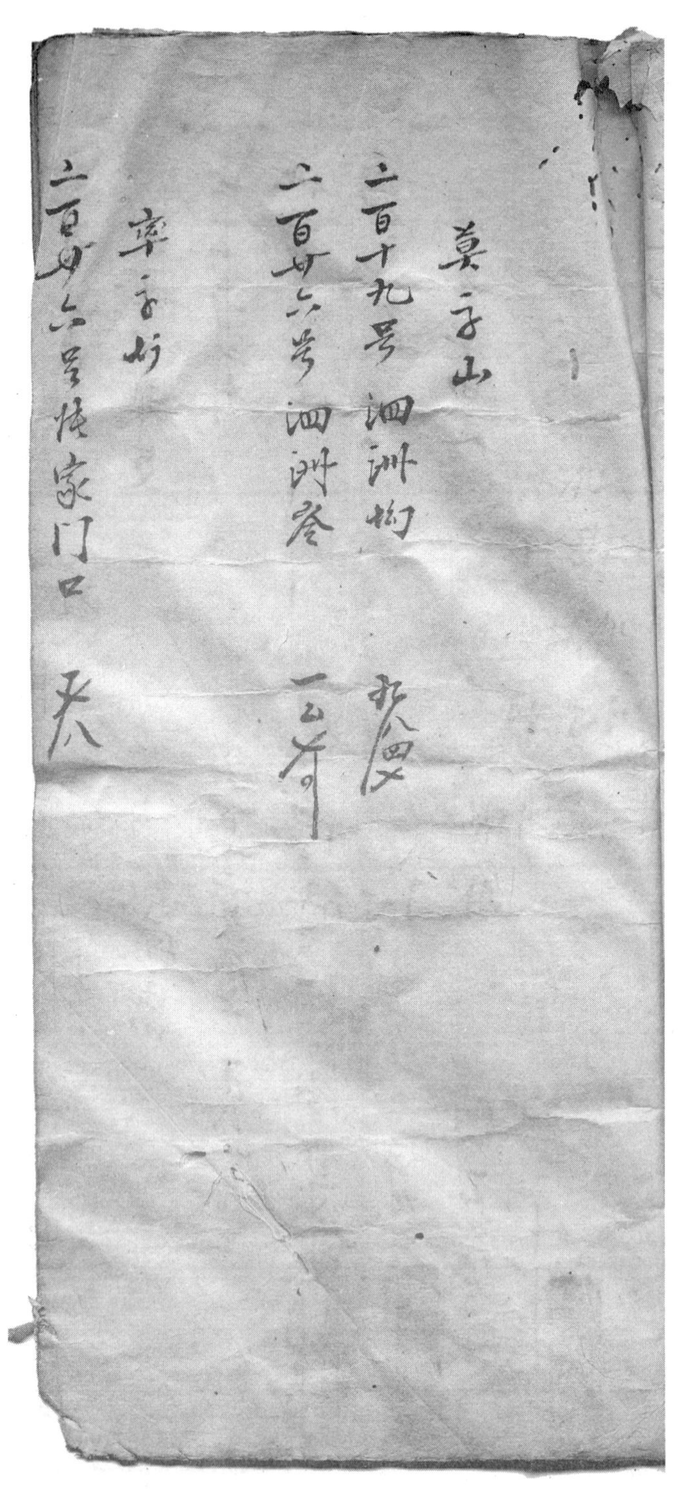

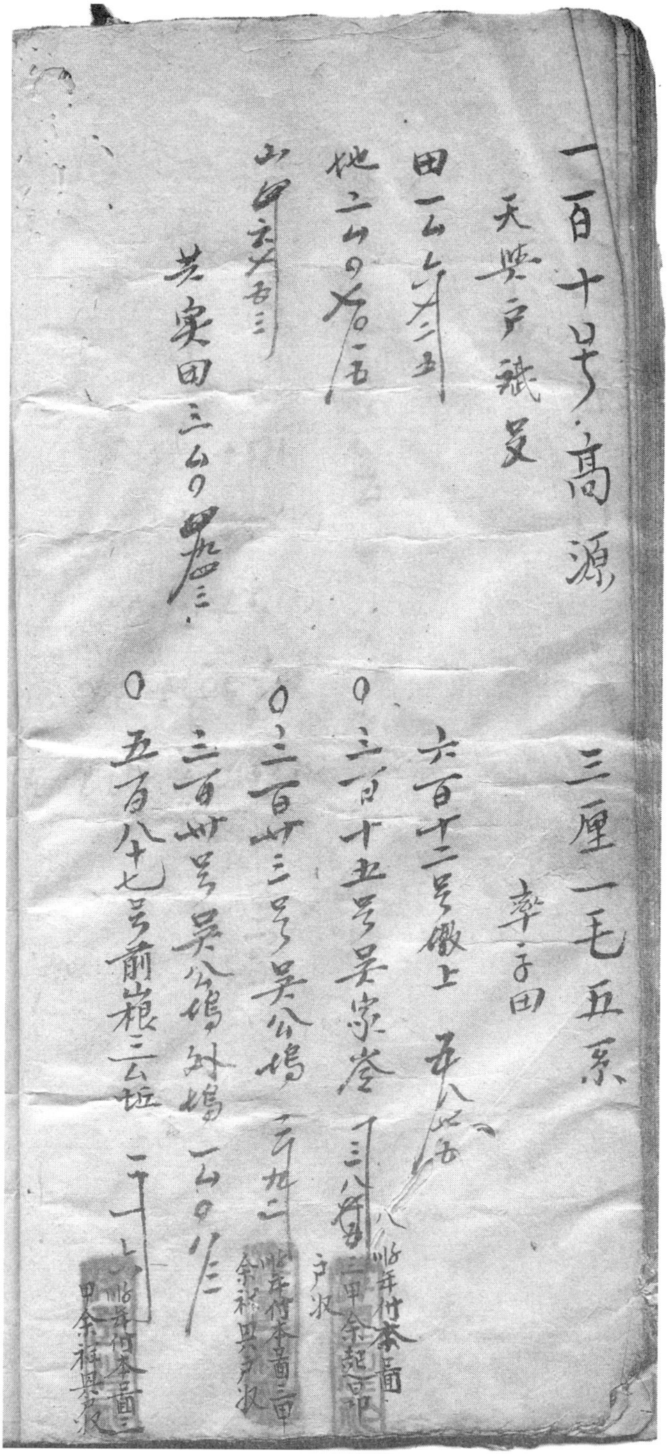

段莘乡大汜村 A 1-22 · 康熙十四年 · 税粮实征册 · 吴天兴户漢兄弟

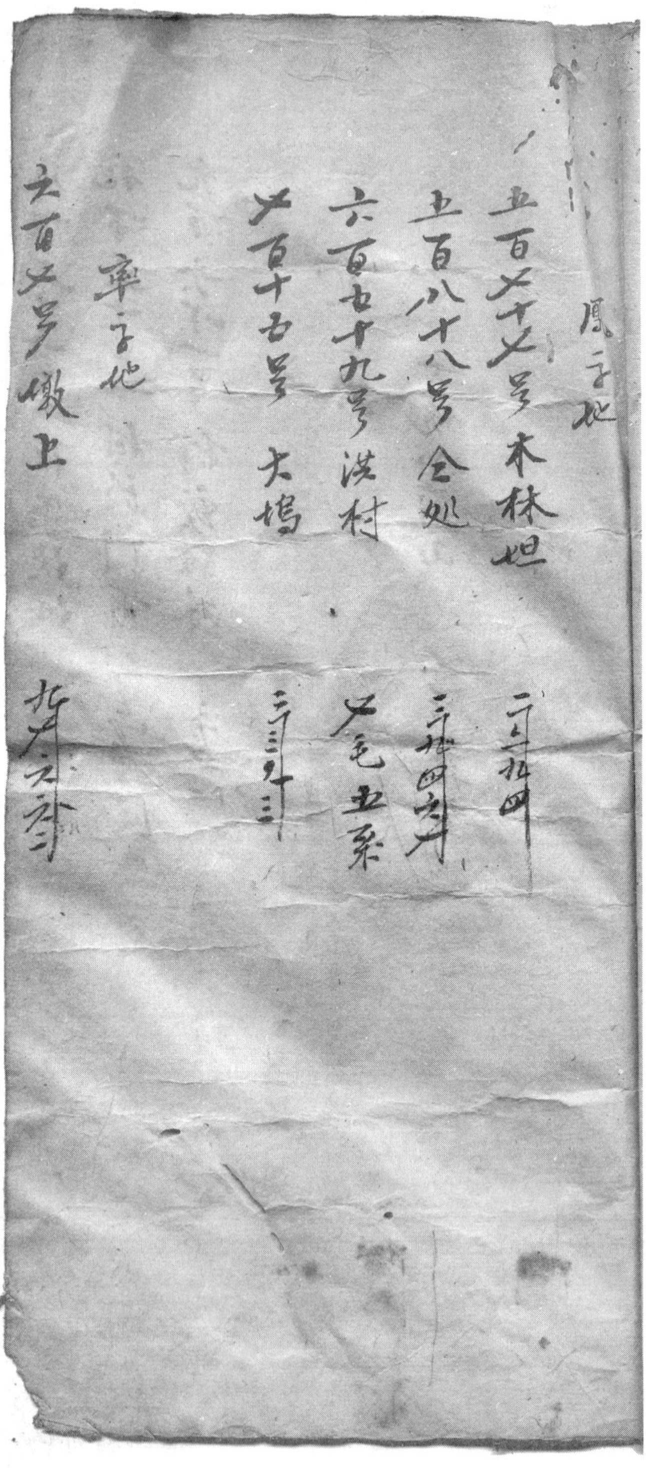
凰字地
五百七十七号 木林坦 二分二厘四
五百八十八号 仝处 三分四厘六毛
六百五十九号 洪村 七毛五系
七百十五号 大塢 二分三厘九毛三
宰字地
六百七号 墩上 折八分六厘二

段莘乡大汜村 A 1-23 · 康熙十四年 · 税粮实征册 · 吴天兴户潢兄弟

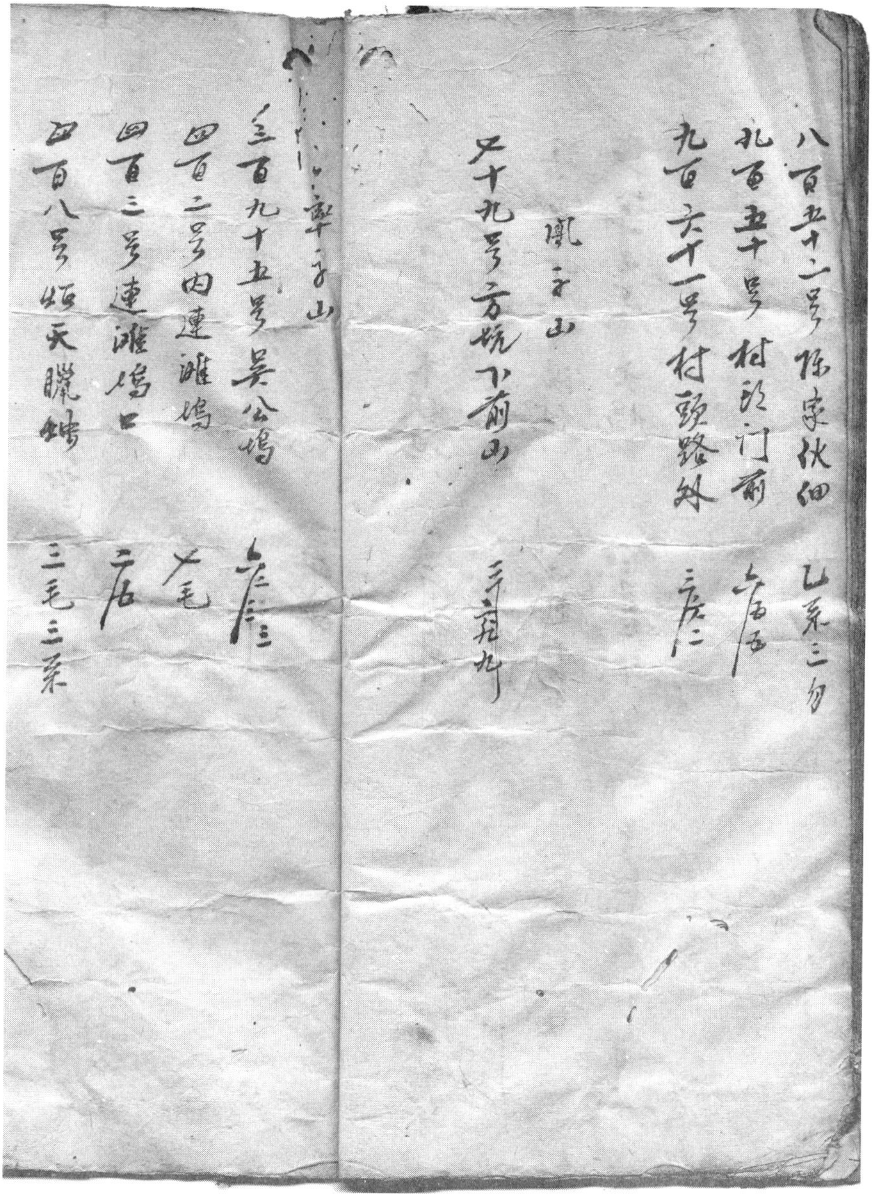

八百五十二号 陈家伙佃 山系三分
九百五十号 村路门前 六厘五
九百六十一号 村头路外 二厘二
凤字山
八十九号 方坑下前山 三毫九忽
犁字山
三百九十五号 吴公坞 六厘三
四百二号 内连滩坞 七毛
四百三号 连滩坞口 二厘
四百八号 姑天胧坞 三毛三系

段莘乡大汜村 A 1-24 · 康熙十四年 · 税粮实征册 · 吴天兴户潢兄弟

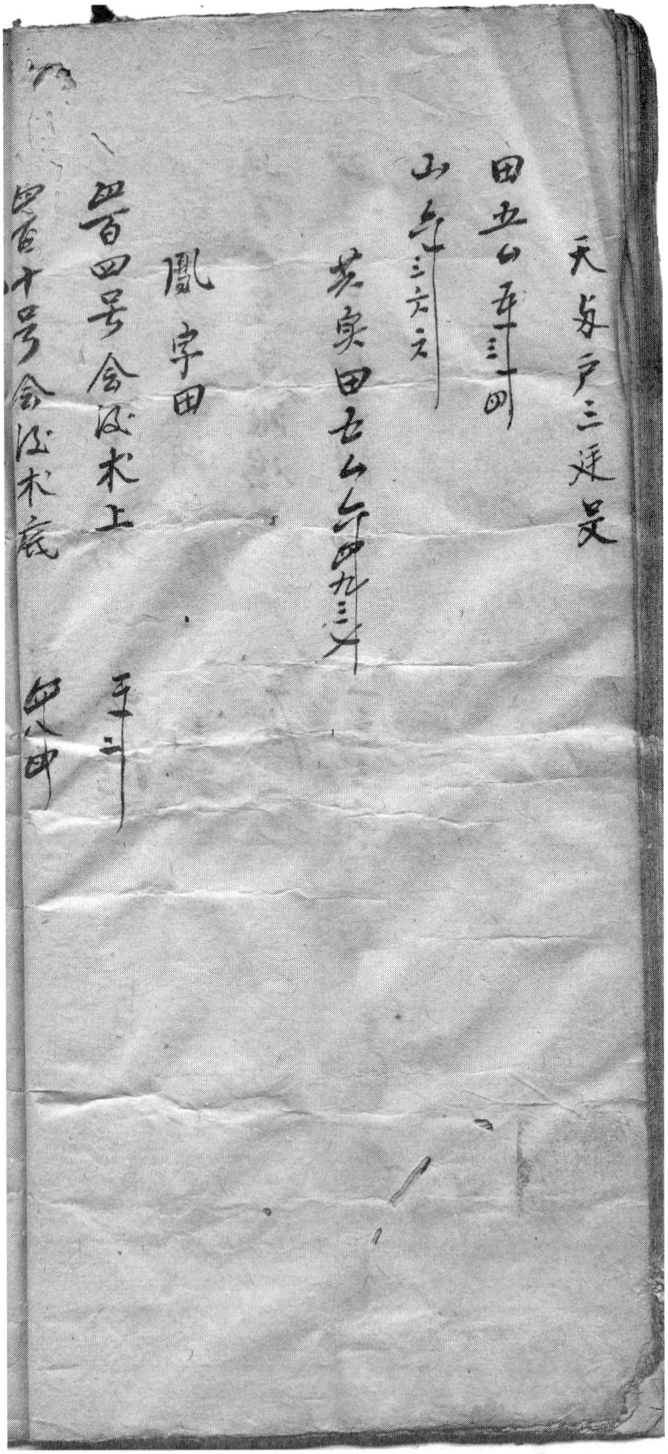
天兴户三廷旻
田五分五厘三十四
山厘三六六
共实田五分五厘四九三丝
凤字田
四百四号会汲术上　五厘二
四百十号会汲术底　四八四

段莘乡大汜村 A 1-25 · 康熙十四年 · 税粮实征册 · 吴天兴户潢兄弟

四百九十八号下浜村　乙亩二三

五百二号下畀村三山坞　二亩[illegible]

五百六十五号杉木坞　乙亩三

七百六号下鸠礁下　二亩八分

辛字田

二百六十一号李坑口　五亩二

六百九十号李坑口三山段路　乙亩三八

段莘乡大汜村 A 1-26 · 康熙十四年 · 税粮实征册 · 吴天兴户潢兄弟

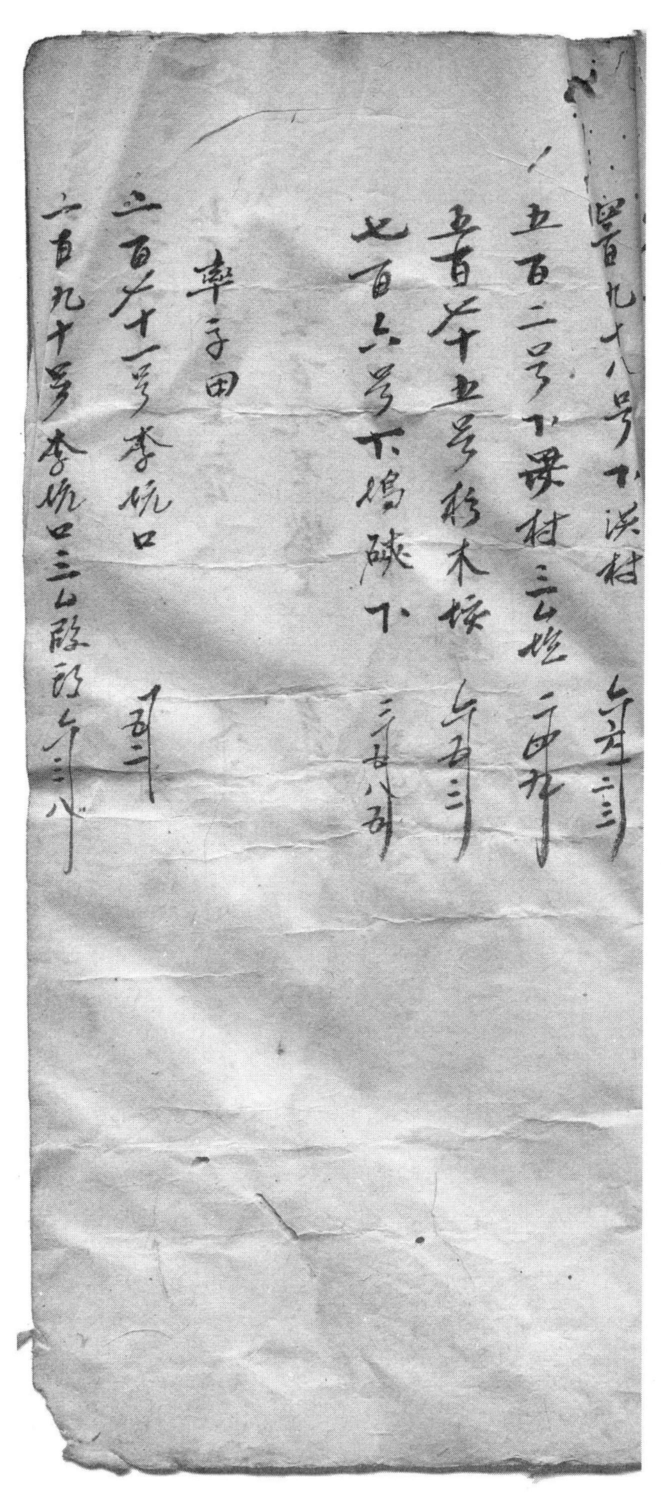

四百卅号塘外溪边 一千〇四
四百六十一号仝处 九十六
五百五号上三山 八十
六百九号墩上 六十
又 六百卅四号仝 二千三百三十六
六百廿二号三山脚 二千

段莘乡大汜村 A 1-27 · 康熙十四年 · 税粮实征册 · 吴天兴户潢兄弟

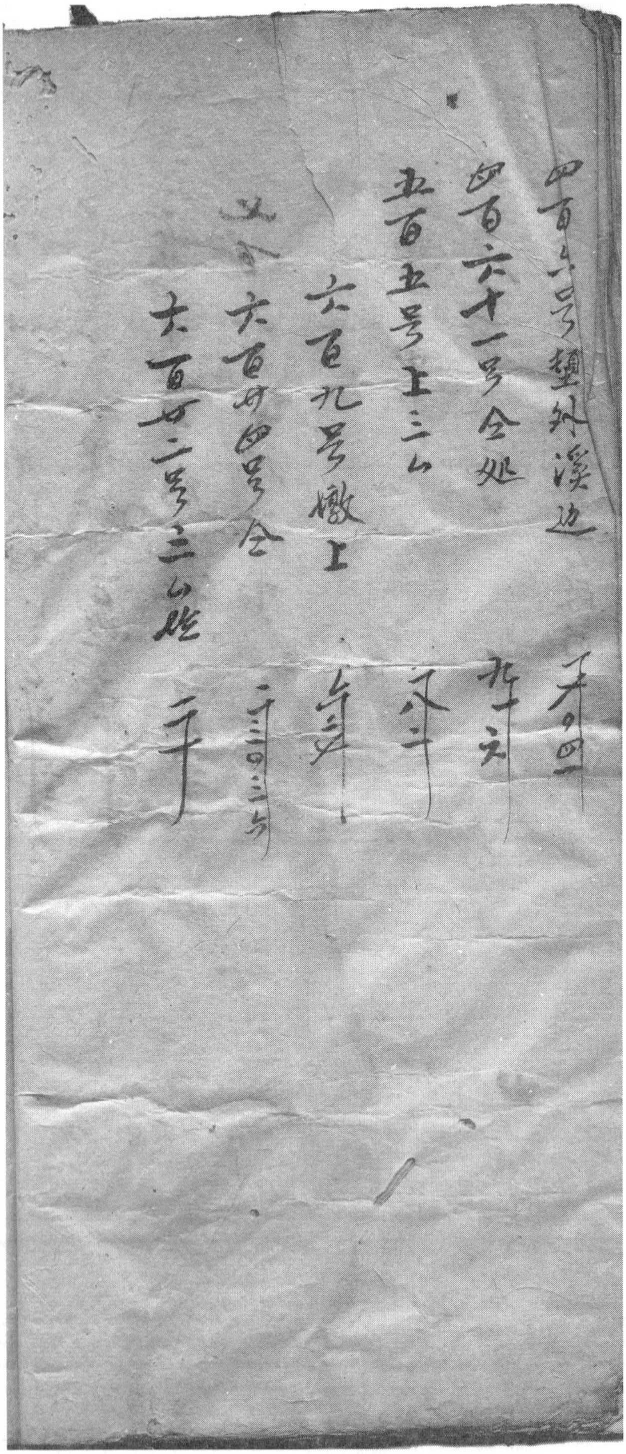

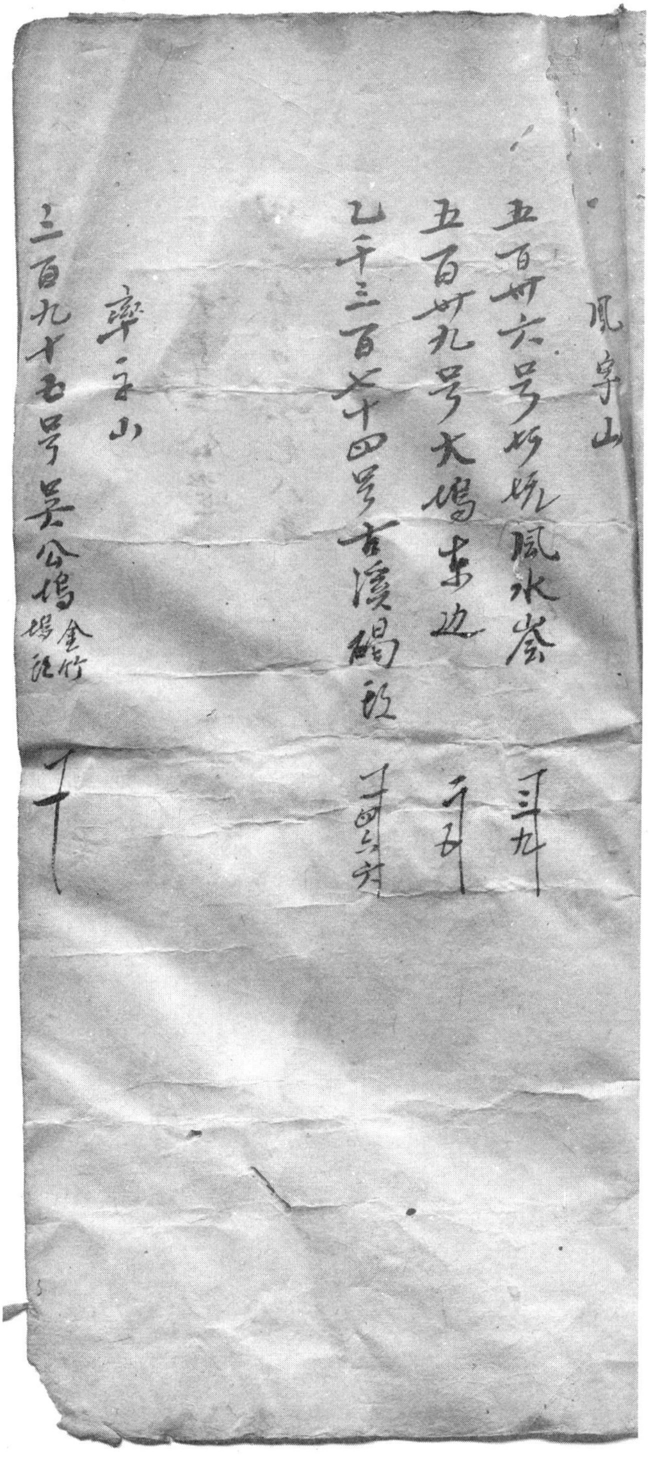
鳳字山
五百卌六号坊坑鳳水岺　三九
五百卌九号大塢東边　斤五
乙千三百七十四号古溪碣段　斤四六
寧字山
三百九十七号吴公塢　金竹塢段　十

段莘乡大汜村 A 1-28 · 康熙十四年 · 税粮实征册 · 吴天兴户潢兄弟

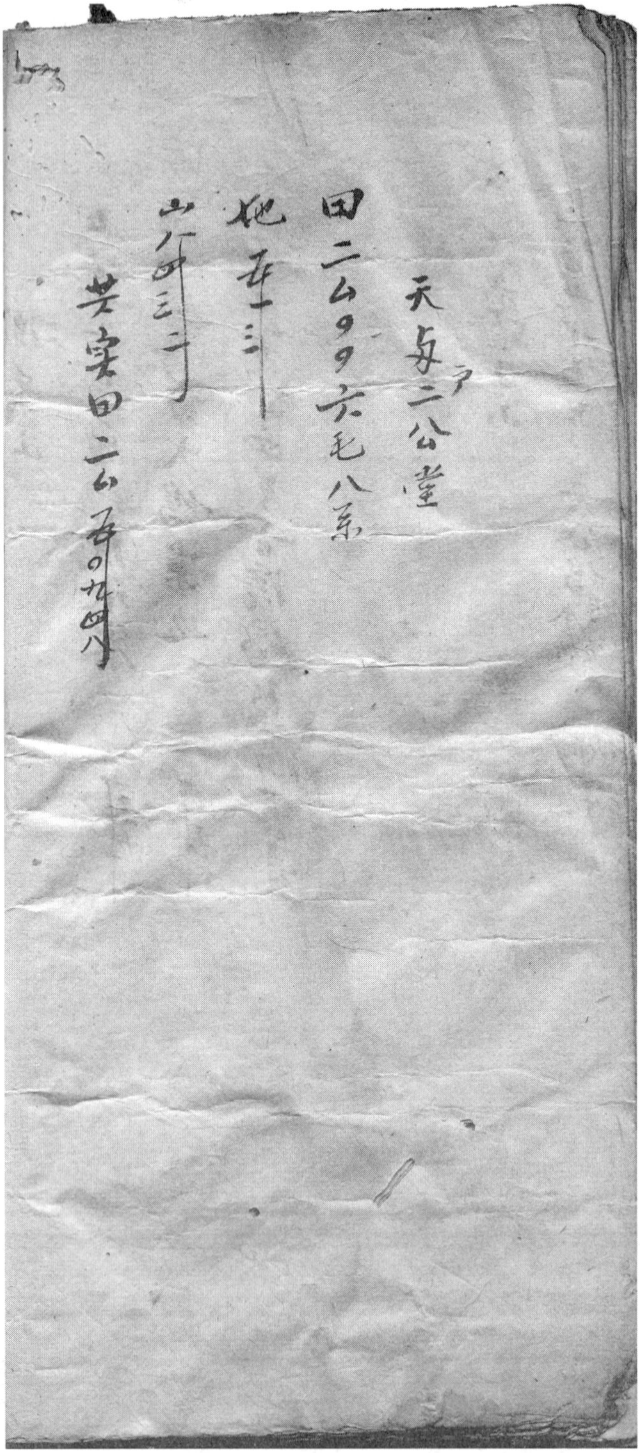
天兴户二公堂
田二亩九九六毛八系
地五分一三
山八分三二
共实田二亩五〇九四八

段莘乡大汜村 A 1-29 · 康熙十四年 · 税粮实征册 · 吴天兴户潢兄弟

鳳字田

四百九十八号 下洪村 二亩九分

五百乙号 下洪村溪湖 二亩三

五百四 下洪村横山下 二三

莫字田

乙百六十三号 長鴇口 四三八分三

二百廿三号 泗洲㙓背 二畝五分

段莘乡大汜村 A 1-30 · 康熙十四年 · 税粮实征册 · 吴天兴户潢兄弟

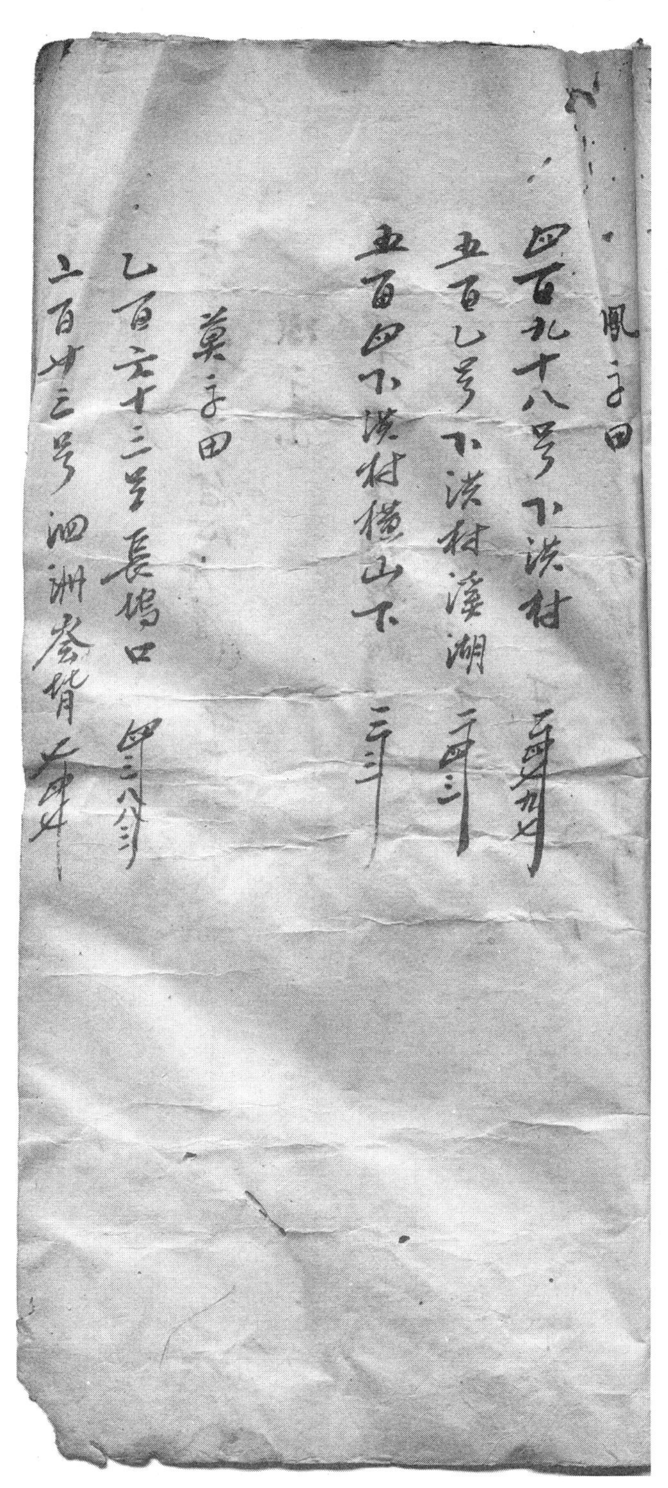

凰二王地

六百四十二号村心厝屋　在十三

凰子山

三百四十七号牛栏湾　金子面　丁

五百十四号杉木坞坂山　二分八毫

五百卅号南山坞　分三毫

五百四十四号下圹坑东边　二分四厘

段莘乡大汜村 A 1-31 · 康熙十四年 · 税粮实征册 · 吴天兴户潢兄弟

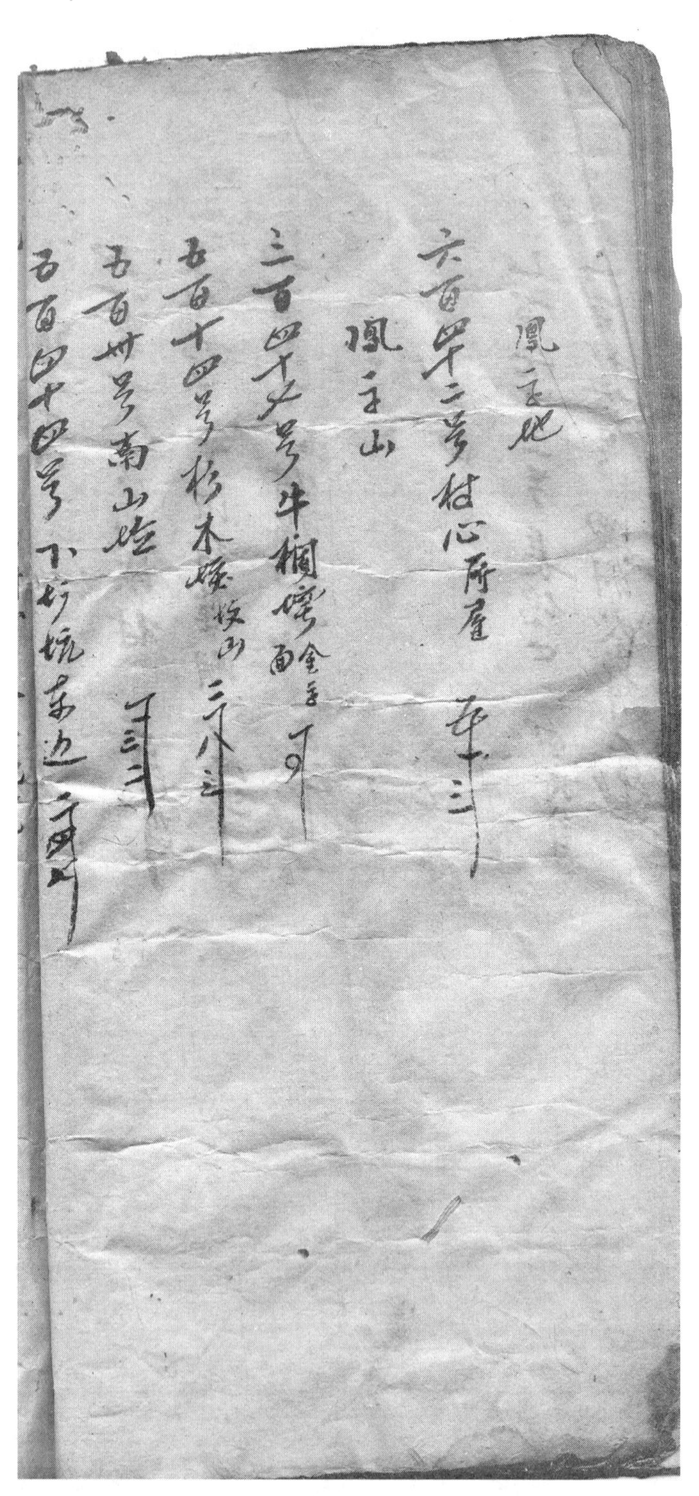

鳳字地六百四十二号 土名村心 今丈地税五分三厘 積乙百卅一步五分斗
十三都一图六甲吴三公堂全 東至人行路至壋 南至天孫地
西至應元房众屋地曲尺横过抵桂地直出
北至大路

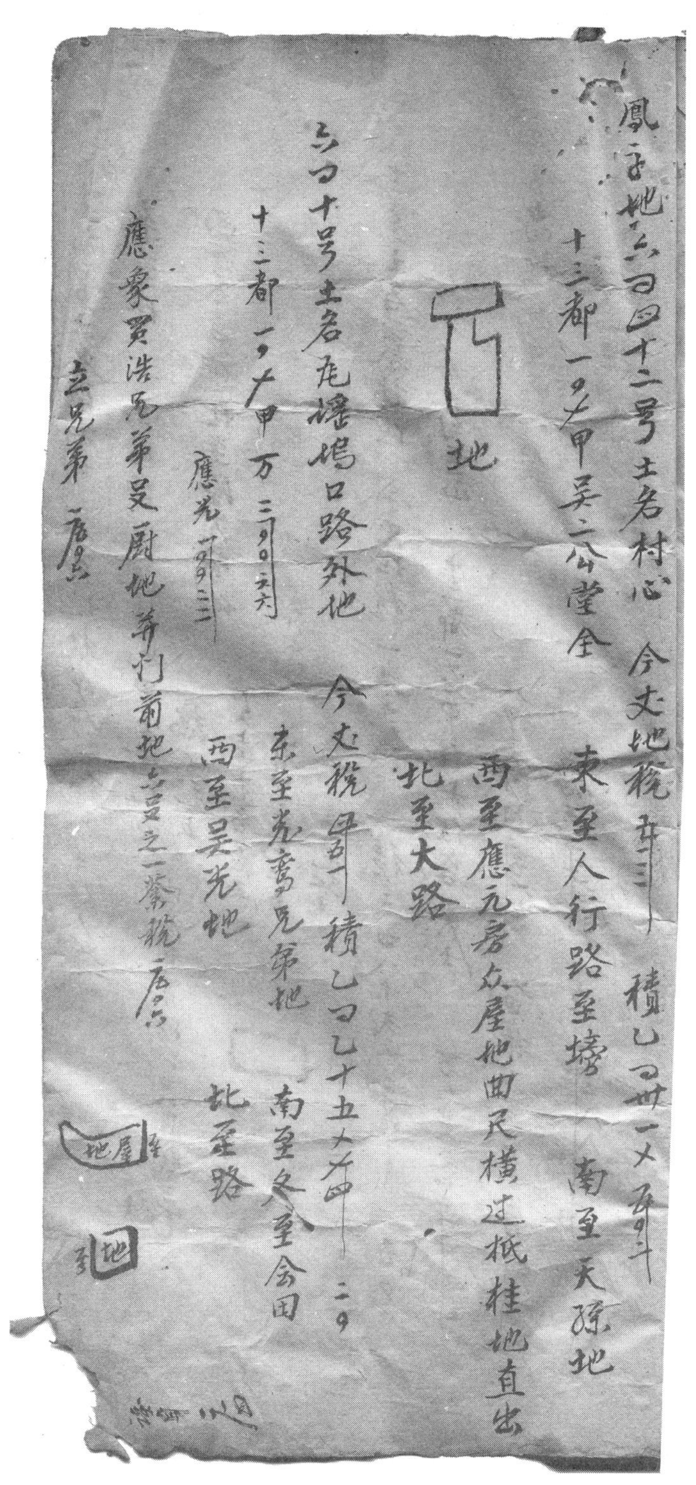

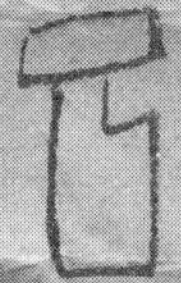

地

六百十号 土名尾壋塢口路外地 今丈税四分五厘一 積乙百乙十五步六分四 二分
十三都一图六甲万 二分九厘〇六毛 东至光鸾兄弟地 南至冬至会田
應光 一分九厘二毛 西至吴光地 北至路
應象買浩兄弟叉厨地并门前地六分之一 繁税一厘四毛
立兄弟 一厘六毛

屋地
地

段莘乡大汜村 A 1-32 · 康熙十四年 · 税粮实征册 · 吴天兴户潢兄弟

六百五十九号土名洪村地　今丈地税四厘　積乙十乙丈六尺

東至塝　南至路　七甲万七毛五　内金有買洪地七分税三毛

西至本户地　北至汪元晋地　瑞七毛五

五支惠各六三五

有　二毛七五

立　三毛七五

口地

五百八十号土名墓林坦　今丈坦税乙分二厘三　積三百八十弍丈二尺七　五口

東至墓林山　南至山　十三都一啚甲桂叔侄各三厘五　万六分之一　一分三三

西至高塝　北至天孫户地　八甲奇孙　一分九　六甲根六分之一　二分九四毛

應元　一分三三　立　一厘三八

八

汜坦

段莘乡大汜村 A 1-33 · 康熙十四年 · 税粮实征册 · 吴天兴户潢兄弟

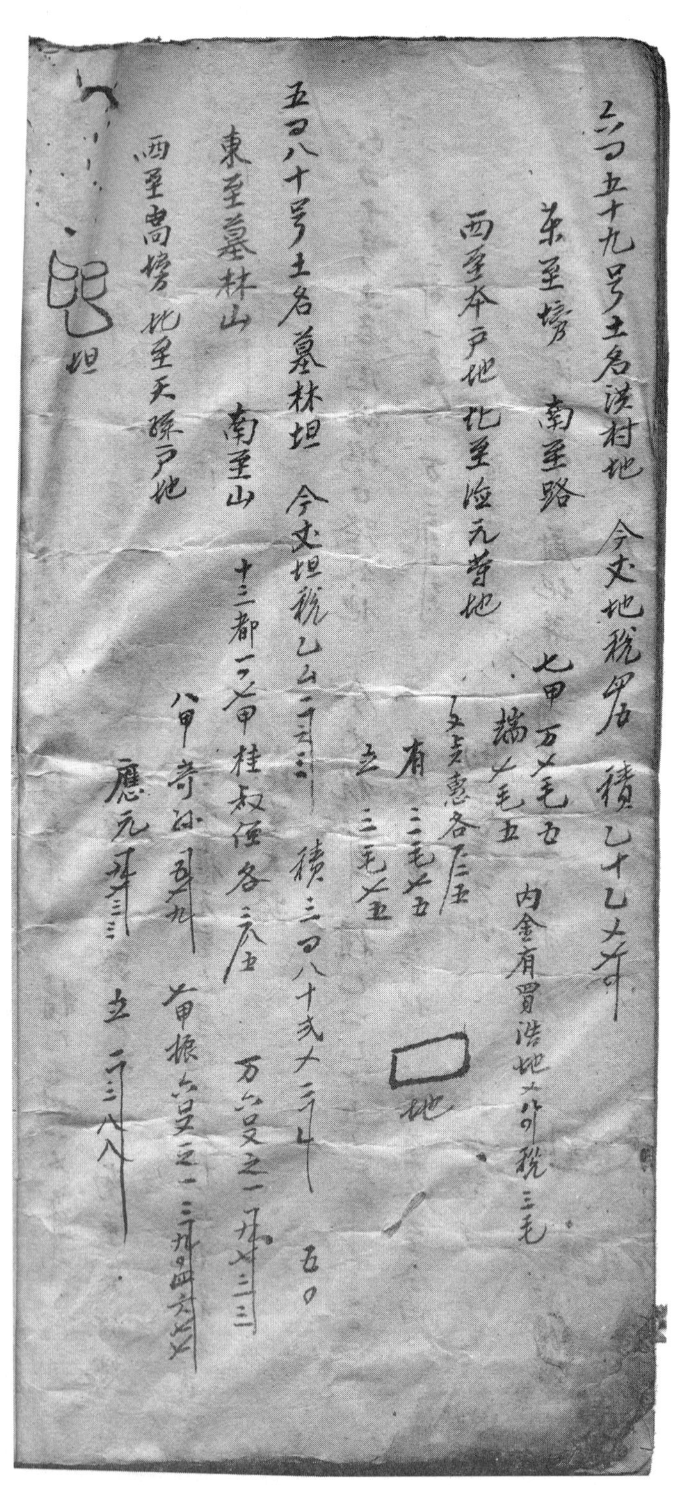

五百七十七号 土名墓林坦 今丈坦税乙亩二分八 積三百三十九丈六分

東至山 南至山塝抵天孙地直出

西至高塝 北至山

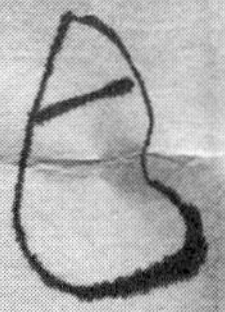

坦

十三都一図七甲 万 二分九四 減 一分九四

桂 二分九五

八甲天孙户寿 二分四

七甲惠兄弟 一分五九五

浩河各厘三五

七百六十号 土名石碎塘地 原额地二分五

東至山 南至山

西至路溪 北至吾兄弟圻

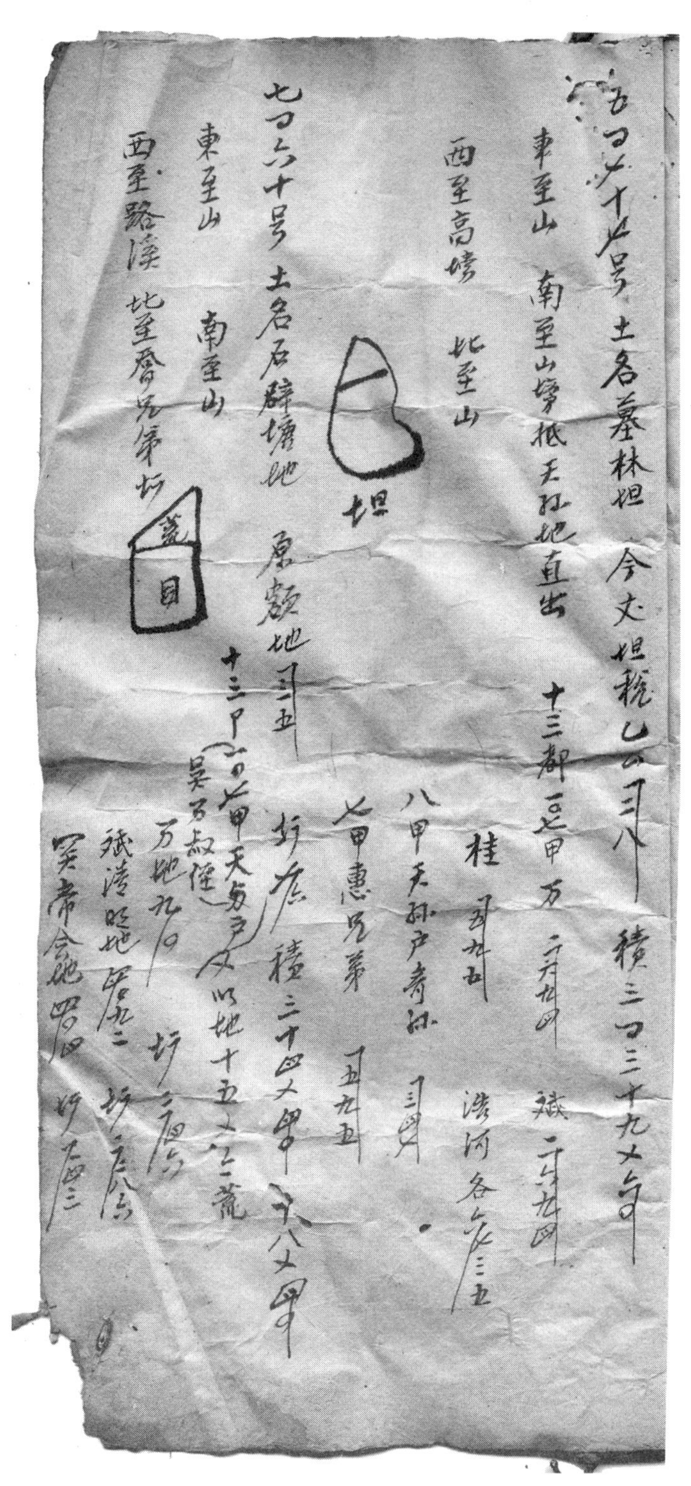

十三户（一図七甲天兴户吴万叔侄）

圻厘 積三十四丈四分 十八丈四分

七分 以地十五丈二荒

万地九厘 圻二厘

瑷浩的地四厘二 圻二厘八

吴帝会地四厘四 圻厘三

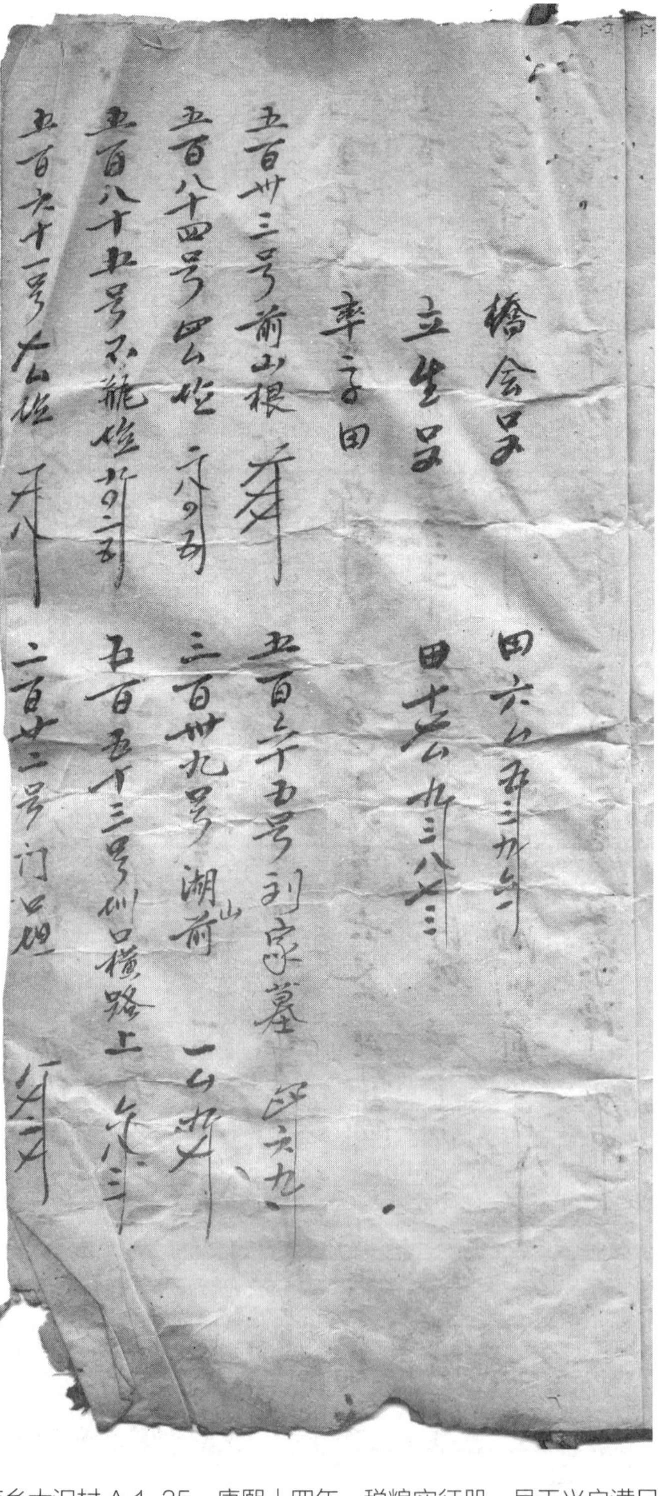
犄会号　田六分[illegible]
立生号　田[illegible]
辛字田
五百卅三号前山根　[illegible]
五百八十四号四山坨　[illegible]
五百八十五号不龍塢　[illegible]
五百六十一号大山塢　[illegible]
五百廿五号到家墓　[illegible]
三百卅九号湖山前　[illegible]
五百五十三号圳口横路上　[illegible]
二百廿二号门口坦　[illegible]

段莘乡大汜村 A 1-35 · 康熙十四年 · 税粮实征册 · 吴天兴户潢兄弟

二百廿五号门口　二分二厘五

五百八十五号石龍塢　二分二厘三

二百二号後山术　二分四厘八

五百四十号塘塢　八分五厘

二百九十四号磨力石　九分五厘

三百五十五号菓果园　五分三厘

六百六十二号牛坑山　六厘

八百十三号牛坑山　五分五厘

二百七十八号後力　九分九厘

六百卅八号横塢　二分六厘三

六百四十九号下畈　一分九厘六

四百六十六号塹背　九分

四百六十九号六丘　四分三厘

四百九十五号沙坦　六分

四百六十五号泗州前　三分八厘

三百十二号罗家降　四分四厘

段莘乡大汜村 A 1-36 · 康熙十四年 · 税粮实征册 · 吴天兴户潢兄弟

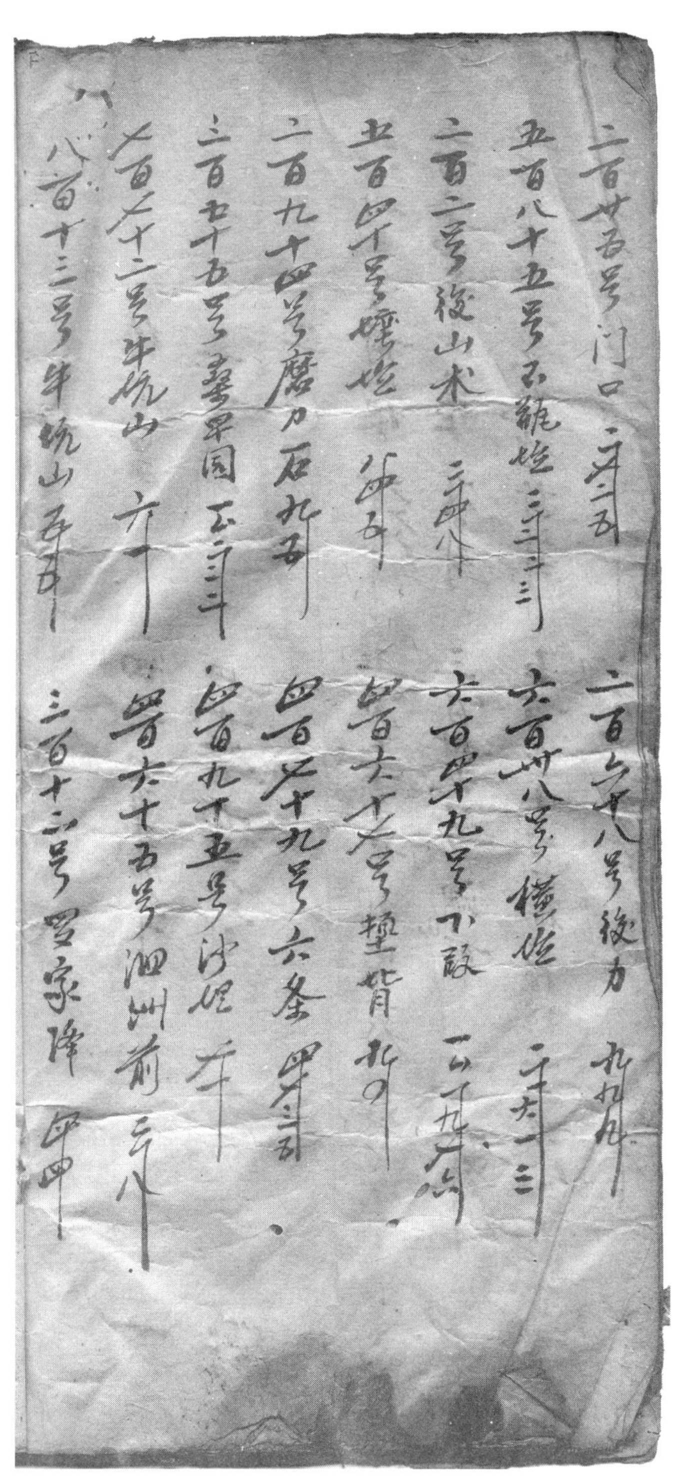

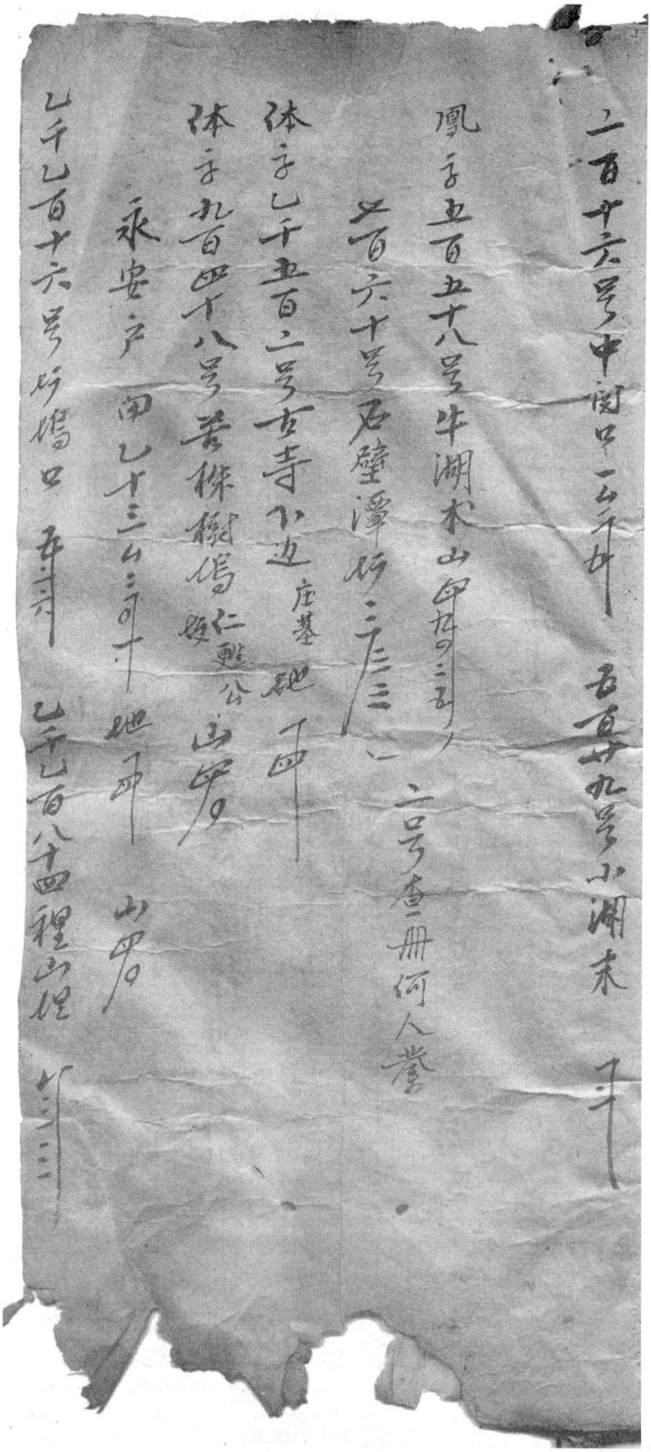

段莘乡大汜村 A 1-37 · 康熙十四年 · 税粮实征册 · 吴天兴户潢兄弟

乙千乙百十六号[illegible]

乙千五百七号[illegible]

乙千三百七号程宅坞 [illegible]

乙千四百六十号[illegible] [illegible]

乙千五百七十六号金竹坞 [illegible]

乙千八百五十三号刘家垄 [illegible]

乙千九百廿一号黄土坞 [illegible]

乙千二百十号程山坦 [illegible]

乙千三百九号程宅坞 [illegible]

乙千四百四十号程前山 [illegible]

乙千五百九号[illegible] [illegible]

乙千五百八十五号石壁垄 [illegible]

乙千五百八十九号[illegible] [illegible]

段莘乡大汜村 A 1-38 · 康熙十四年 · 税粮实征册 · 吴天兴户潢兄弟

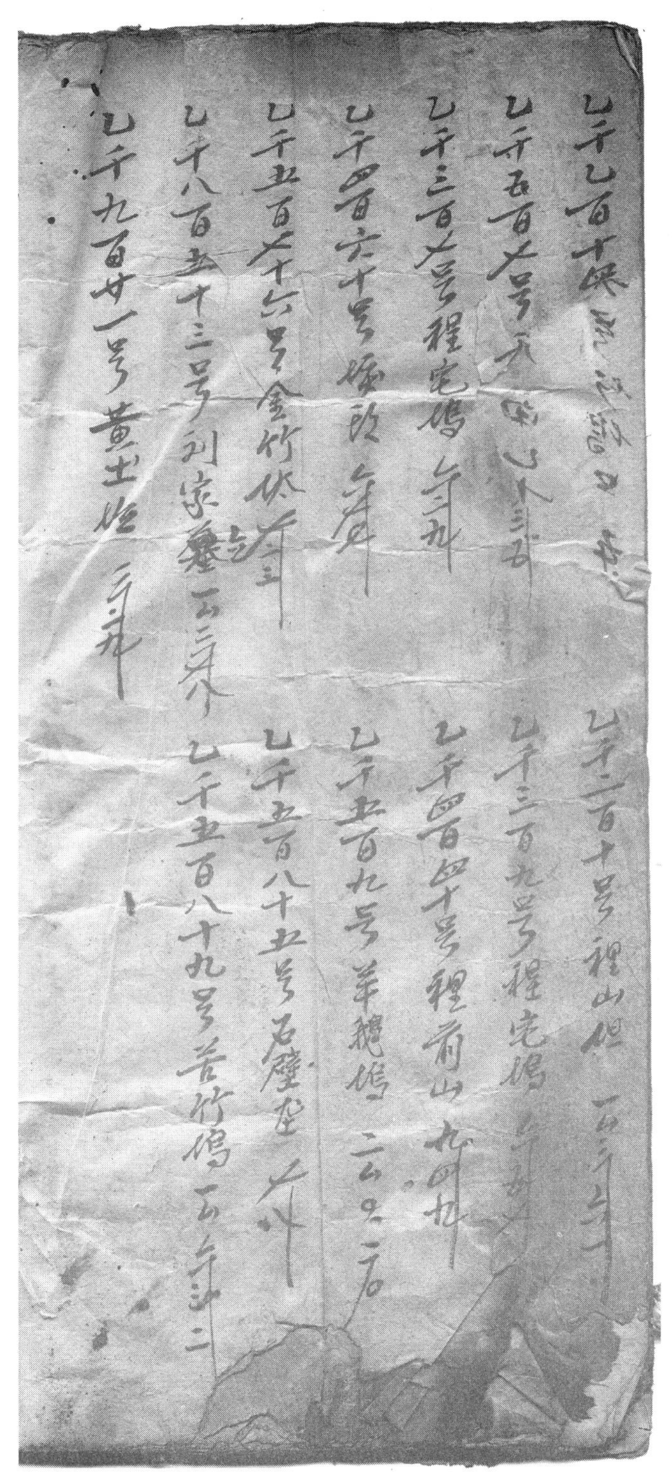

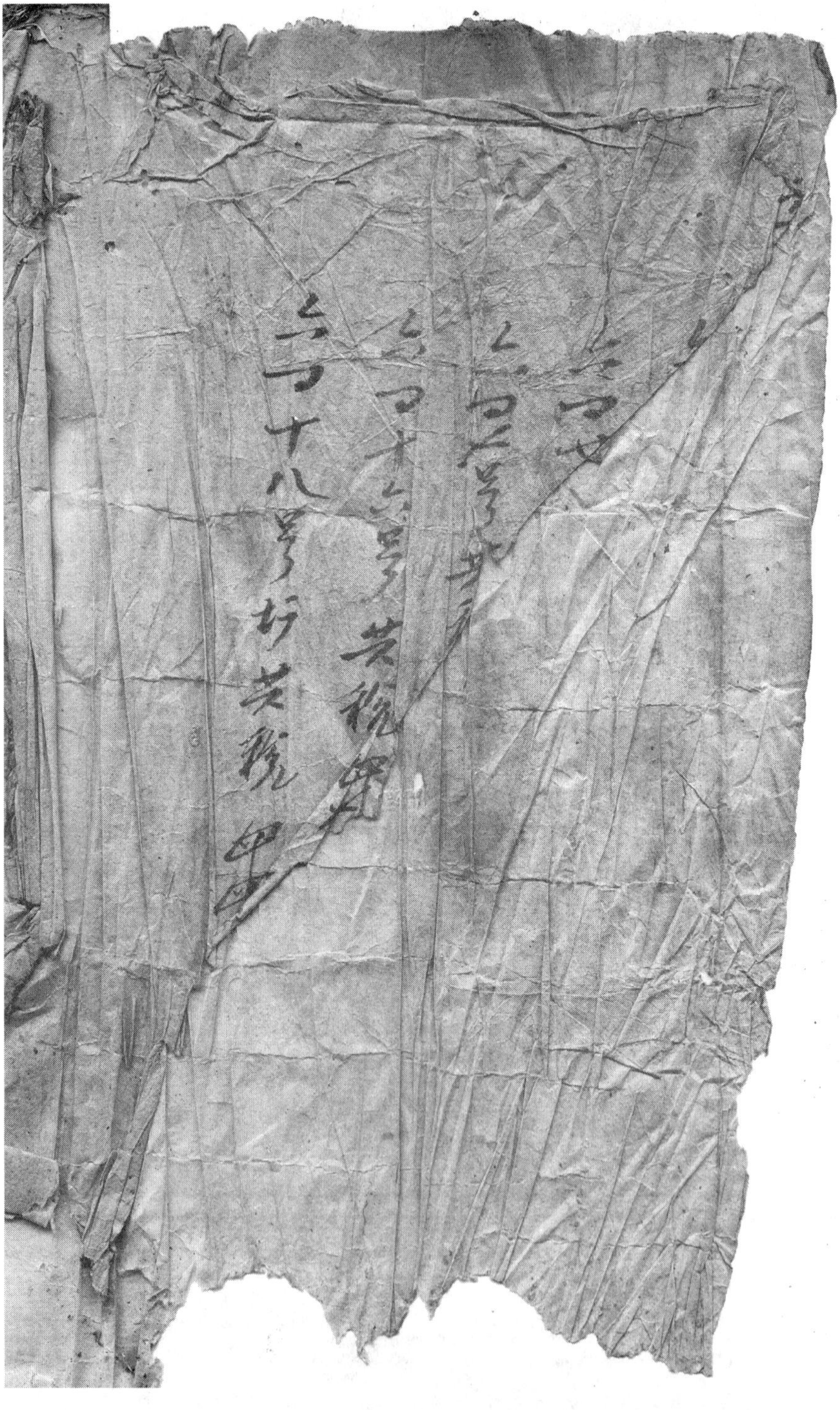

段莘乡大汜村 A 1-39 · 康熙十四年 · 税粮实征册 · 吴天兴户潢兄弟

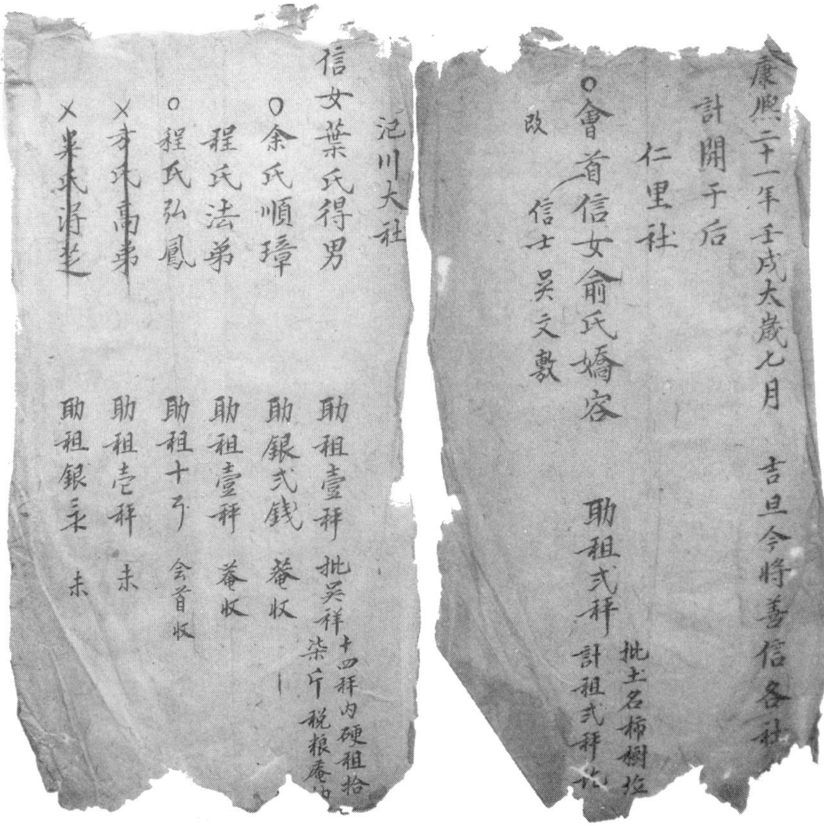

康熙二十一年壬戌太歲七月　吉旦今將善信各社
計開于后
仁里社
〇會首信女俞氏嬌容　助租式秤　批土名柿樹垃　計租式秤
改　信士吳文數

汜川大社
信女葉氏得男　助租壹秤　批吳祥十四秤内硬租拾柒斤稅粮庵
〇余氏順璋　助銀式錢　菴收
程氏法弟　助租壹秤　菴收
〇程氏弘鳳　助租十斤　会首收
×李氏高弟　助租壹秤　未
×吳氏好芝　助租銀乙錢　未

段莘乡大汜村 A 74 · 康熙二十一年 · 会书 · 会社乐捐清单 · 俞娇容等

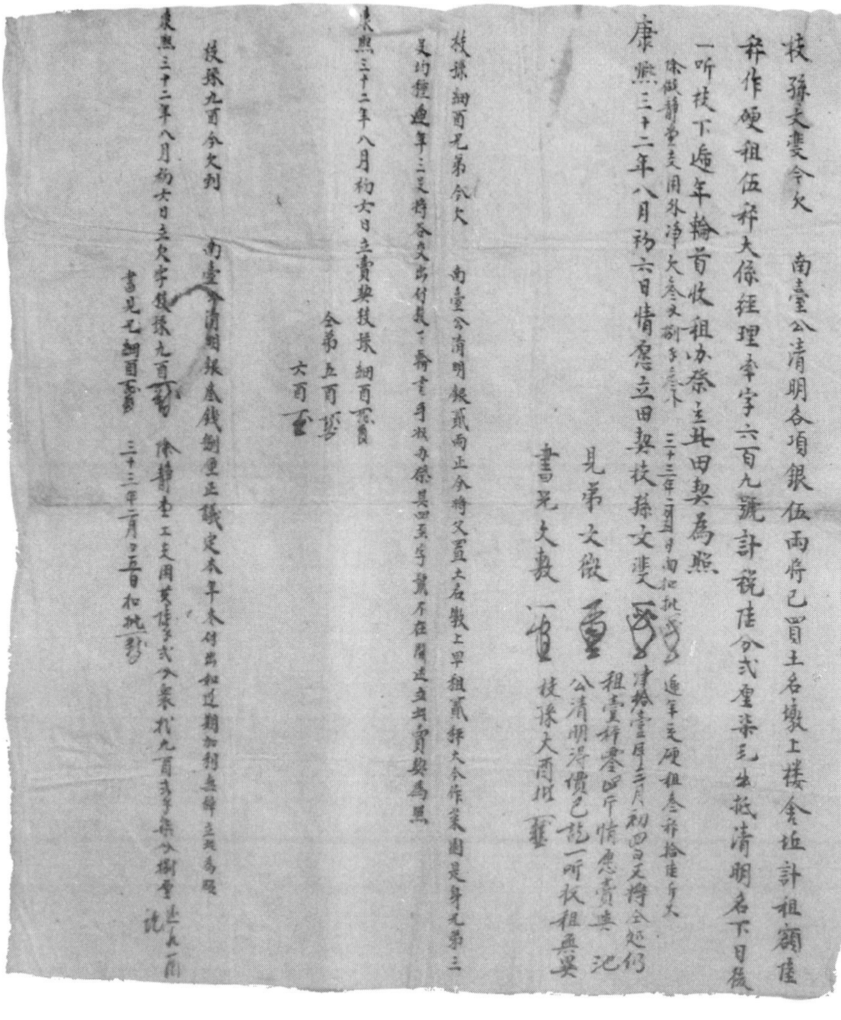

枝孫文雯今欠 南臺公清明各項銀伍兩，將己買土名壤上樓金坵，計祖貳秤
秤作硬租伍秤大，係經理牽字六百九號，計稅[illegible]分弍厘柒毛，出抵清明名下，日後
一听枝下遞年輪首收租办祭，立此田契為照
除做靜堂支用外淨文叁文[illegible]
康熙三十二年八月初六日情愿立田契枝孫文雯（押）

三十三年二月廿四日批[illegible] 遞年交硬租叁秤拾斤大
[illegible]月三月初四日又將全延仍 租壹秤叁四斤情愿賣與汜 公清明得價已訖，一听收租無異
枝孫文酉批（押）

見弟 文徵（押）

書兄 文數（押）

枝孫細酉兄弟今欠 南臺公清明銀貳兩正，今將父置土名數上早祖貳秤大，今作案園，是身兄弟三
股均種，遞年三股將谷交出，付長[illegible]手收办祭，其田至字號不在開述，立此賣契為照
康熙三十二年八月初六日立賣契枝孫細酉（押）
全弟 五酉（押）
六酉（押）

枝孫九酉今欠到 南臺公清明銀本錢捌錢正，議定本年本付出，如過期加利無辭，立此為照
康熙三十二年八月初六日立欠字枝孫九酉（押）
書見兄 細酉（押）
除靜堂工支用[illegible]弍分案，找九酉[illegible]分樹壹[illegible]訖
三十三年二月二十五日批（押）

段莘乡大汜村 A 221 · 康熙三十二年 · 卖田契 · 细酉等

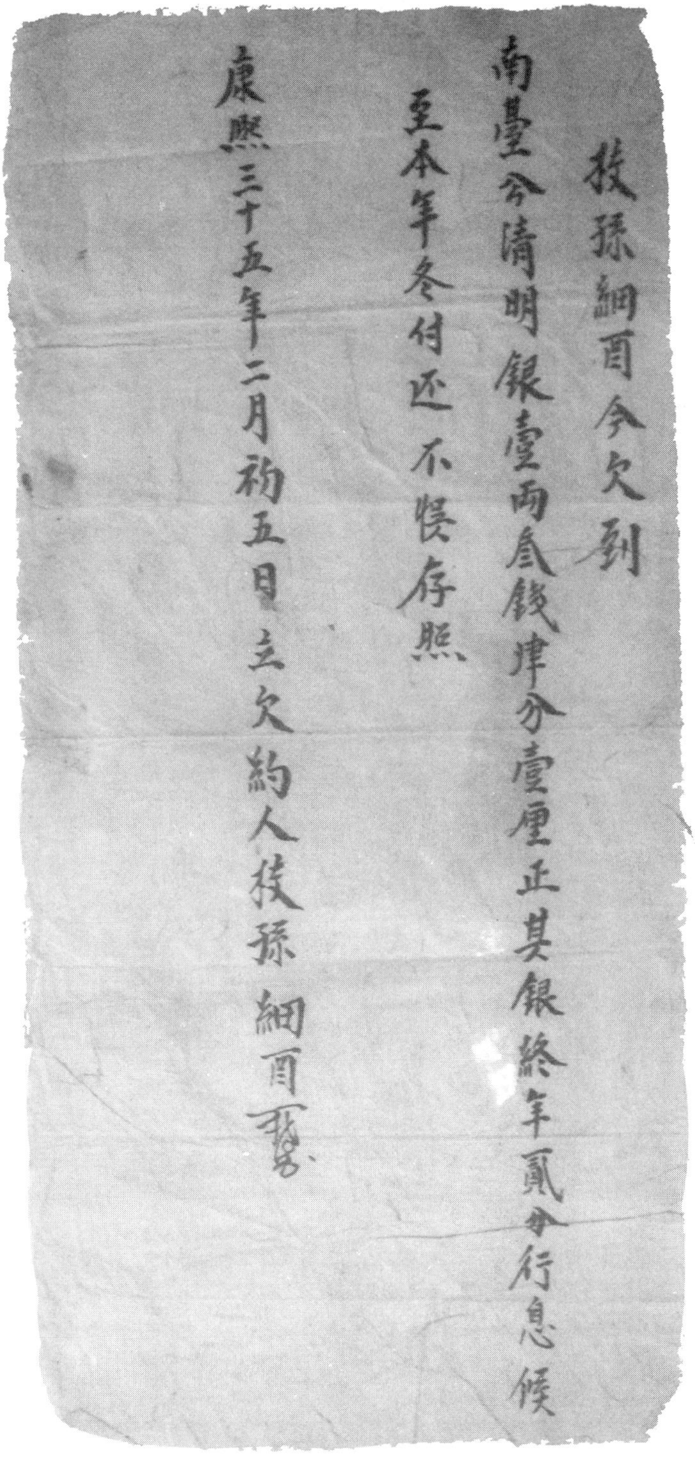
枝孫細酉今欠到
南臺公清明銀壹兩叁錢肆分壹厘正其銀終年貳分行息候
至本年冬付還不悮存照
康熙三十五年二月初五日立欠約人枝孫細酉（押）

段莘乡大汜村 A 214 · 康熙三十五年 · 欠约 · 枝孙细酉欠到南台公清明

孙孙文微兰杖　南台公下段松木银贰两叁钱情愿将己买土名横丘晓
祖叁科大保经理乘字六伯三十八号计税三分弍厘四毛二自亡出卖清明
名下日后一听叔下遍年轮首收租无阻立此情愿田契为据
康熙三十七年十二月初四日立断骨情愿出卖田契孙孙文微（押）
见兄文数（押）
侄细酉

段莘乡大汜村 A 209 · 康熙三十七年 · 断骨出卖田契 · 孙文微卖与清明

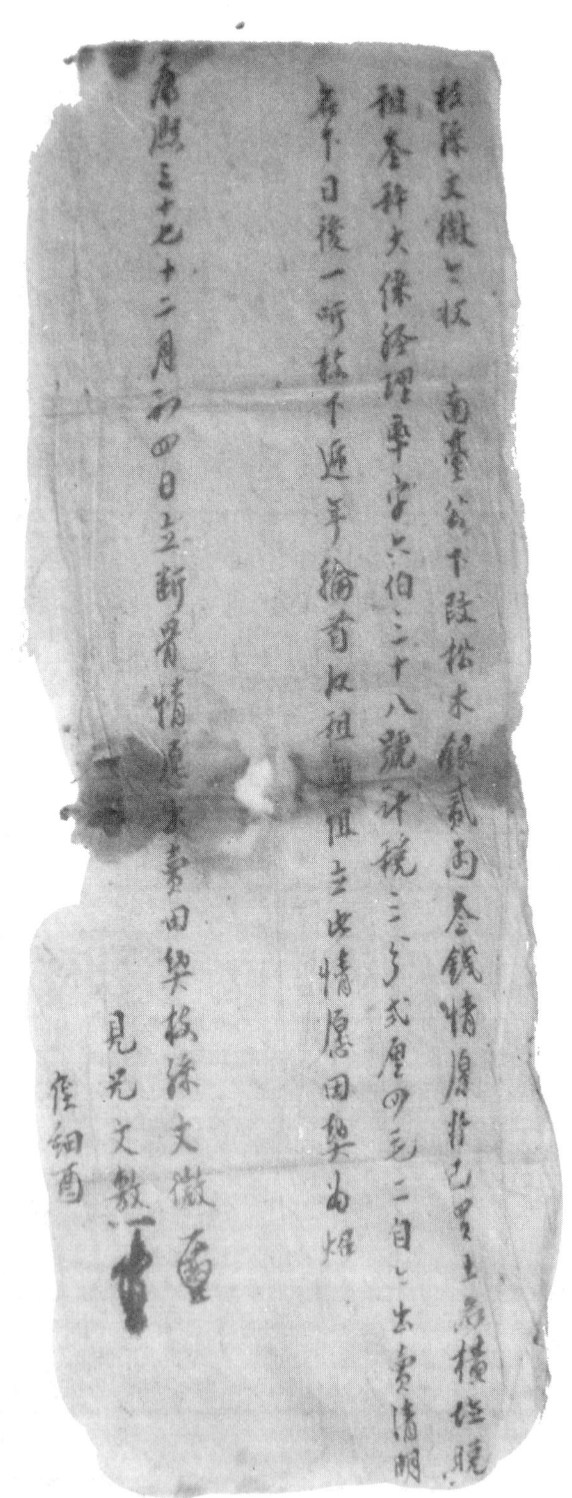

段莘乡大汜村 A 225 · 康熙三十九年 · 断骨出卖契 · 大酉卖与
龙池公清明

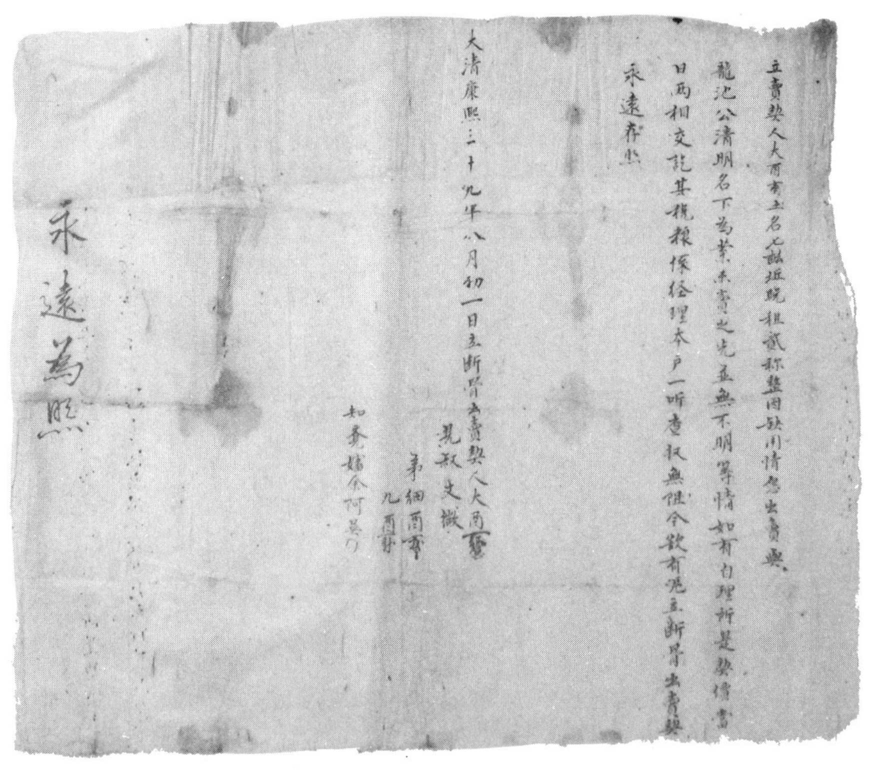

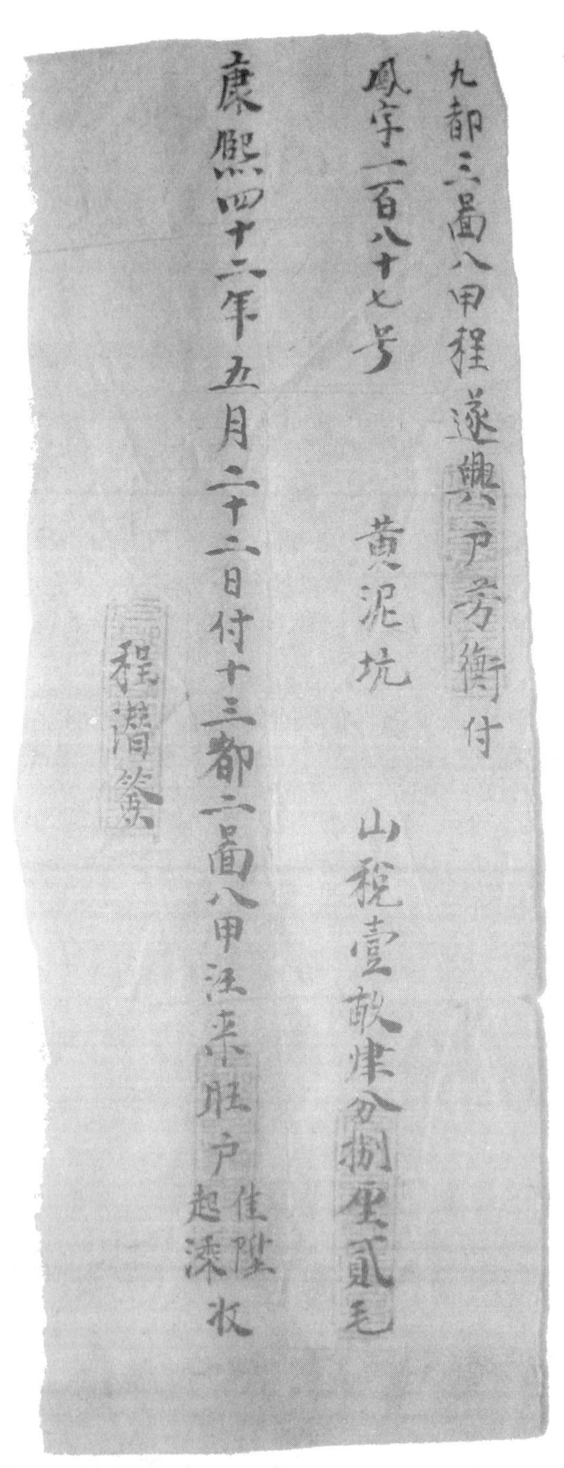
九都三啚八甲程遂興户芳衡付
鳳字一百八十七号　黄泥坑　山稅壹畝肆分捌厘貳毛
康熙四十二年五月二十二日付十三都二啚八甲汪来旺户佳陞起溁收
程遵簽

段莘乡大汜村 A 73 · 康熙四十二年 · 推单 · 程遂兴户芳衡付与汪来旺户

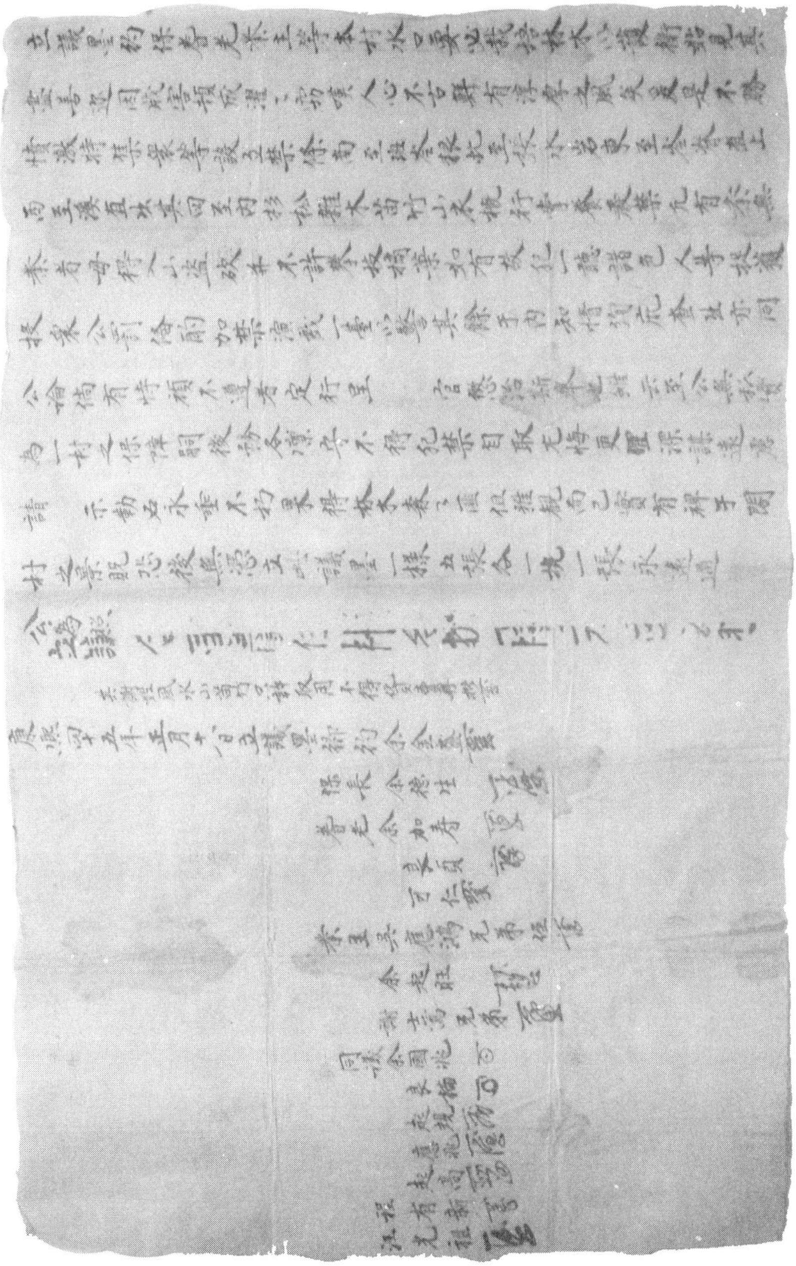

段莘乡大汜村 A6・康熙四十五年・议墨・保蓄老业王等

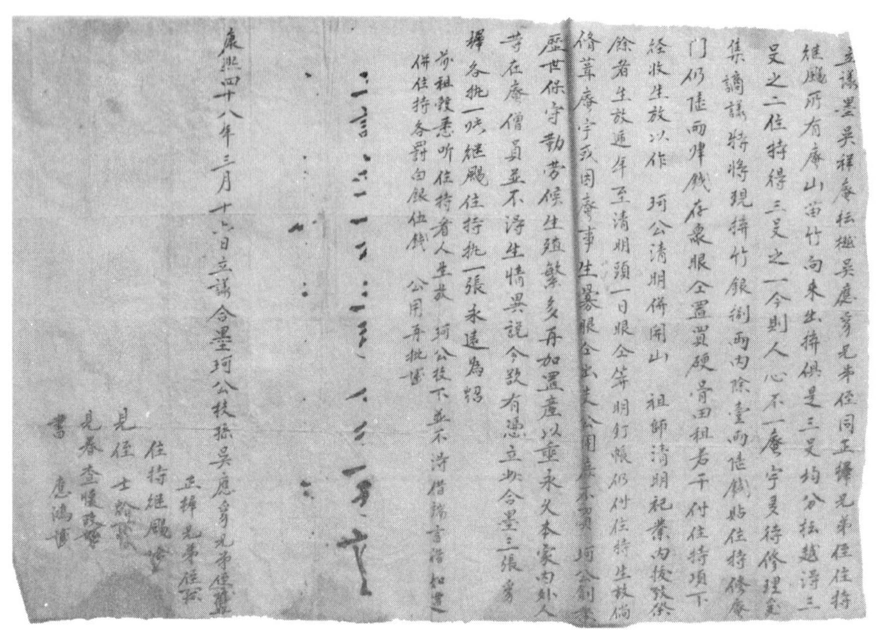

立議墨吳祥奉孫繼吳應豸兄弟侄同王輝兄弟侄住持
繼飈所有庵山苗竹向來出拚俱是三股均分孫越得三
股之二住持得三股之一今則人心不一庵宇貝待修理定
集議將將現拚竹銀兩內除壹兩作錢貼住持修庵
门仍陸兩俾錢存衆眼仝置買硬骨田租若干付住持項下
經收生放以作　珂公清明併開山　祖師清明祀業內撥改各
餘者生放逐年至清明頭一日眼仝算明訂帳仍付住持生放備
脩葺庵宇或因庵事生晷眼仝出支公用庵不貽　珂公割舍
歷世保守勤勞候生殖繁多再加置產以垂永久本家內外人
等在庵僧員並不得生情異說今欲有憑立此合墨三張豸
輝各執一紙繼飈住持執一張永遠為照
前租穀悉听住持看人生放　珂公枝下並不許借端言語如違
併住持各罰白銀伍錢　公用再批照

康熙四十八年三月十六日立議合墨珂公枝孫吳應豸兄弟侄
立輝兄弟侄
住持繼飈
見侄士
見眷查悝玖
書　應鴻

段莘乡大汜村 A 5 · 康熙四十八年 · 合墨 · 珂公枝孙吴应豸等

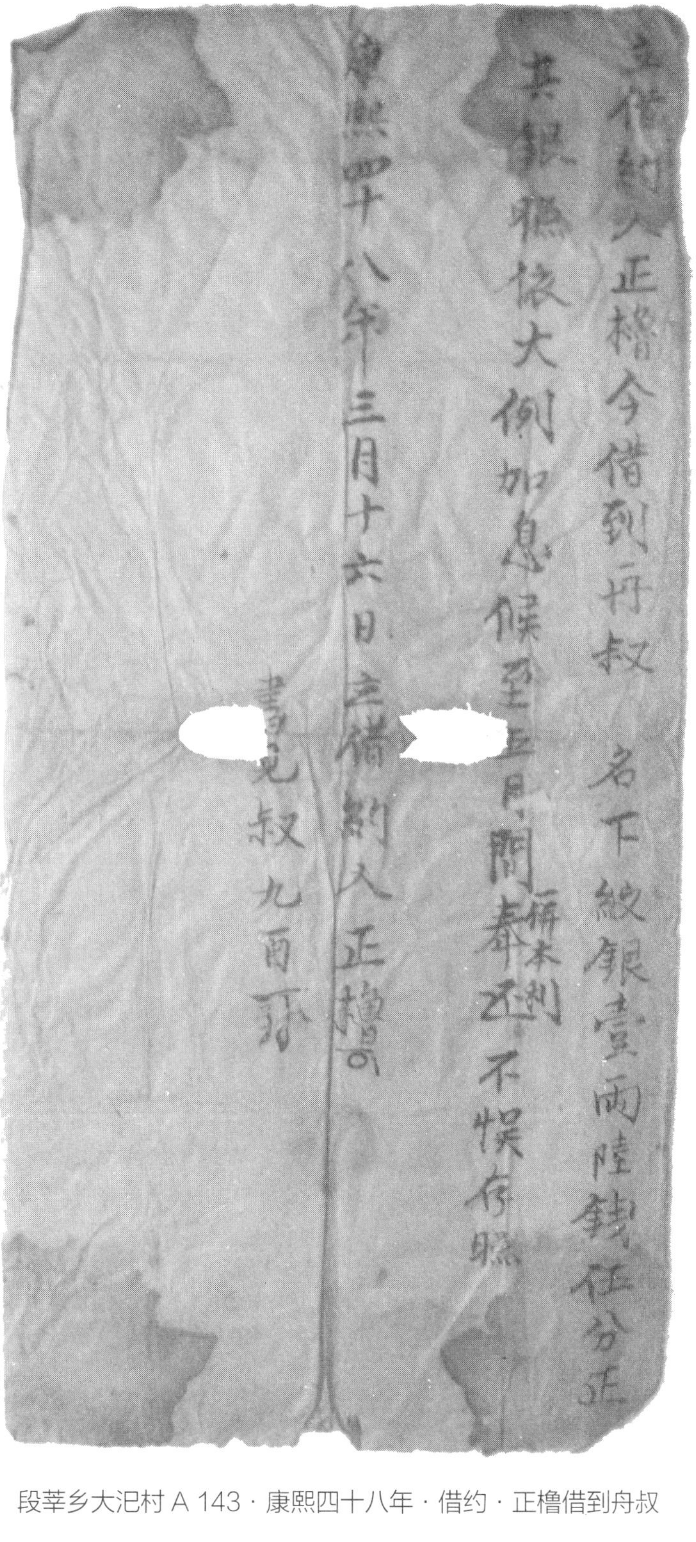
立借約人正櫓今借到舟叔 名下紋銀壹兩陸錢伍分正
其銀照依大例加息候至五月間併本利奉還不悞存照
康熙四十八年三月十六日立借約人正櫓
書見叔九酉筆

段莘乡大汜村 A 143 · 康熙四十八年 · 借约 · 正櫓借到舟叔

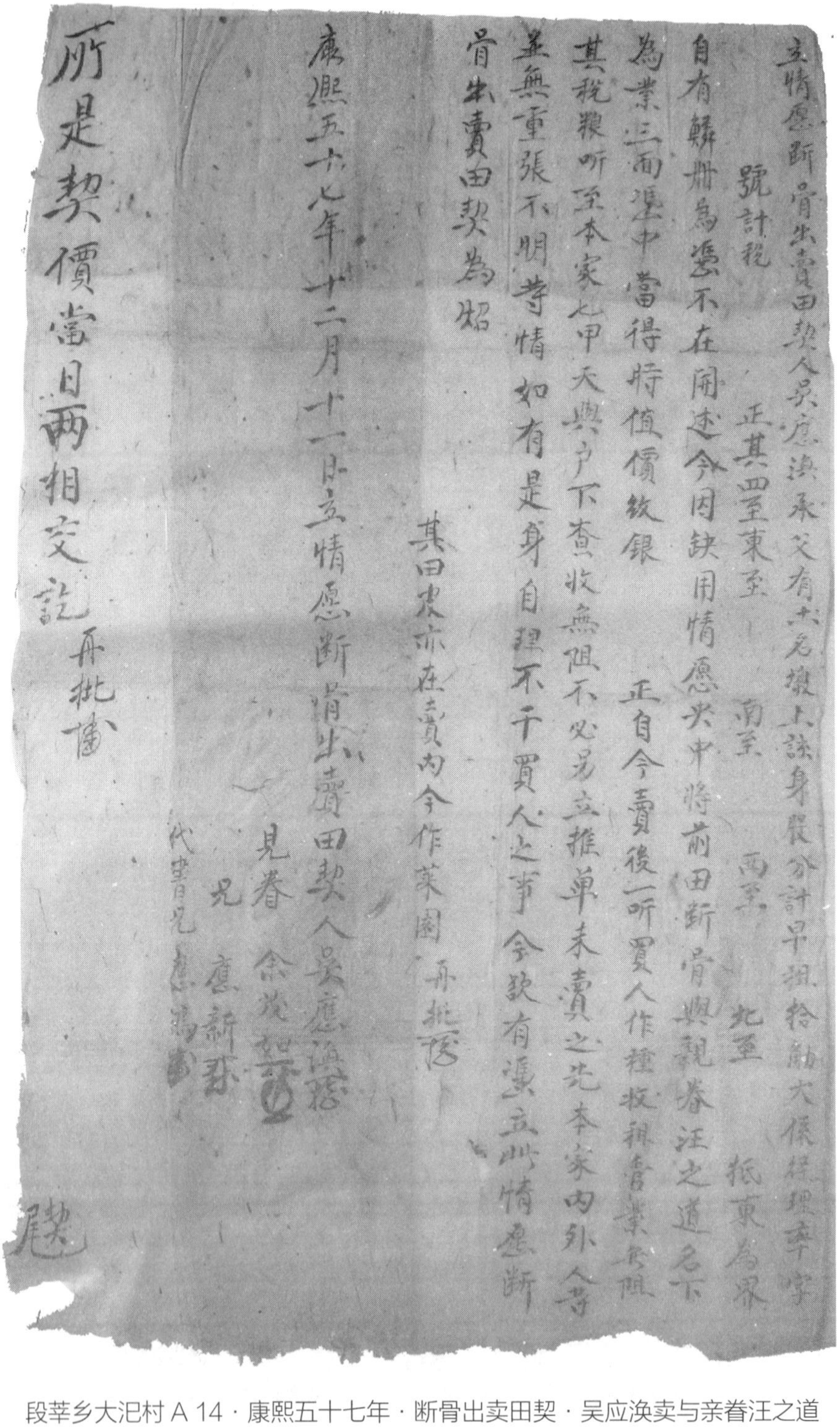

立情愿断骨出賣田契人吳應渙，承父有土名壕上訟身股分計早租拾觔大係裡字
號計稅　正其四至東至　南至　西至　北至　抵東為界
自有鱗冊為憑，不在開述。今因缺用，情愿央中將前田断骨與親眷汪之道名下
為業，三面憑中當得時值價紋銀　正，自今賣後一听買人作種收租管業無阻。
其稅粮听至本家七甲天興户下查收無阻，不必另立推单。未賣之先，本家内外人等
並無重張不明等情，如有，是身自理，不干買人之事。今欲有憑，立此情愿断
骨出賣田契為照。
其田東亦在賣内，今作菜園。再批。
康熙五十七年十二月十一日立情愿断骨出賣田契人吳應渙（押）
見眷　余茂如（押）
兄　應新（押）
代書兄　應鴻（押）
所是契價當日兩相交訖。再批。（押）

段莘乡大汜村 A 14 · 康熙五十七年 · 断骨出卖田契 · 吴应涣卖与亲眷汪之道

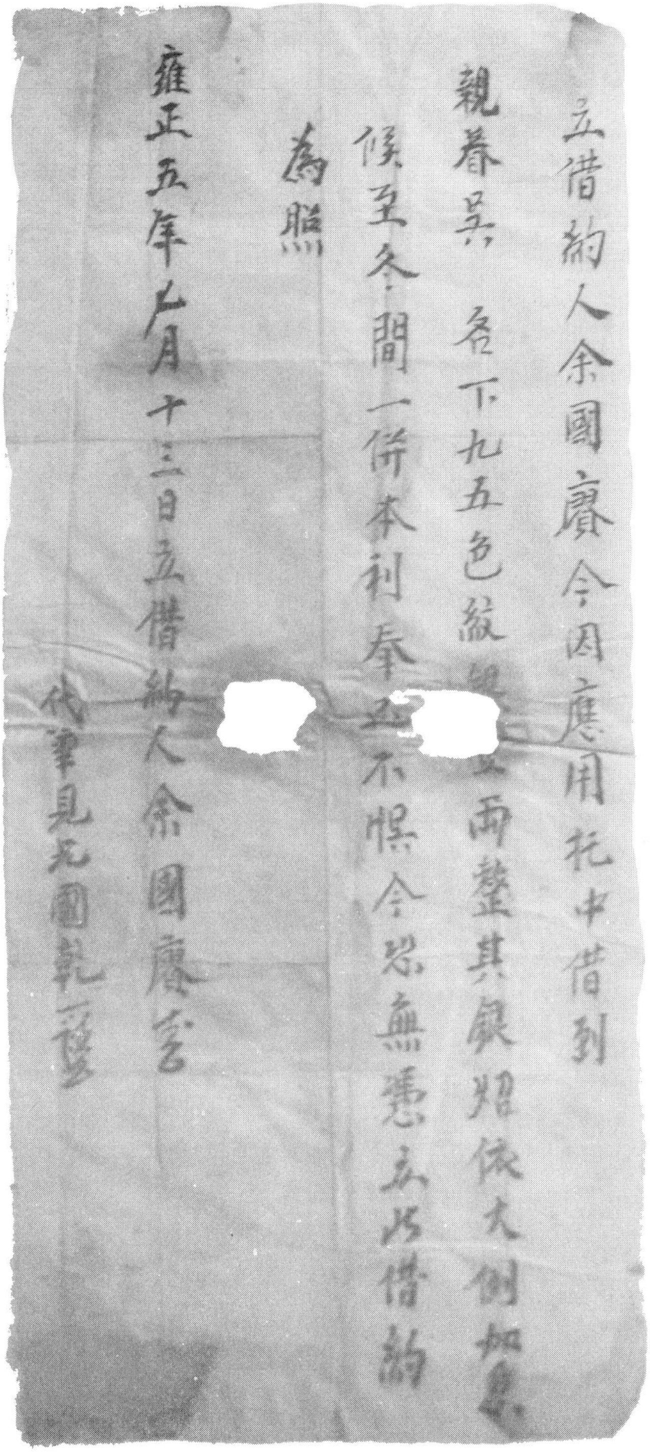
立借約人余國賡今因應用託中借到
親眷吳 名下九五色紋銀□兩整其銀照依大例加息
候至冬間一併本利奉還不悮今恐無憑立此借約
為照
雍正五年六月十三日立借約人余國賡書
代筆見兄國乾□

段莘乡大汜村 A 215 · 雍正五年 · 借约 · 余国赓借到亲眷吴☐

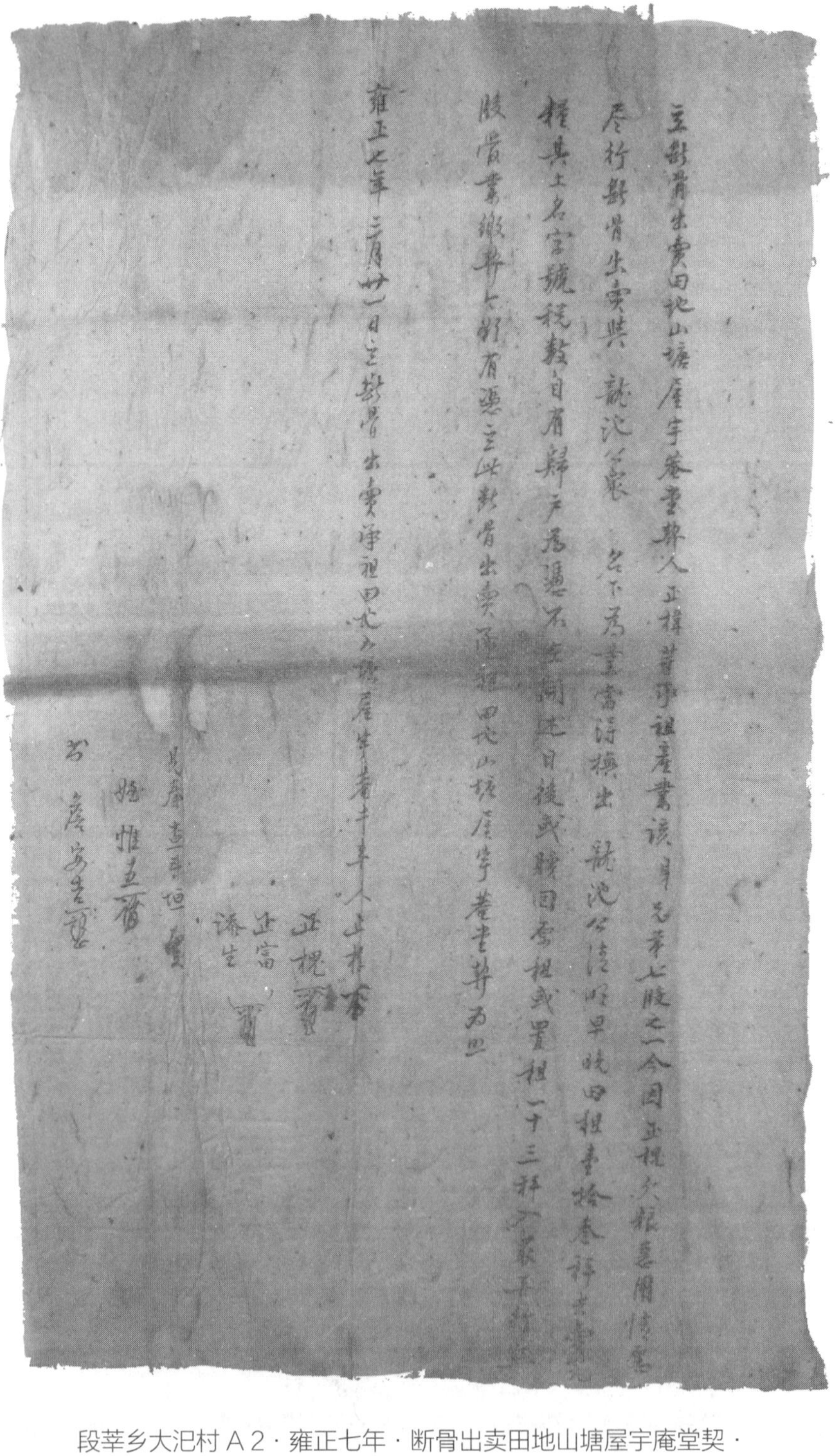
立断骨出卖田地山塘屋宇庵堂契人正揖，昔承祖产业，该身兄弟七股之一。今因正揖欠银急用，情愿
尽行断骨出卖与 龙池公众 名下为业，当得换出 龙池公清明早晚田租壹拾叁秤……
种其土名字号税数自有归户为凭，不在开述。日后或赎回原租或置租一十三秤……
股骨业缴与七股有凭。立此断骨出卖承祖田地山塘屋宇庵堂业契为照。
雍正七年三月廿一日立断骨出卖承祖田地山塘屋宇庵堂契人 正揖（押）
正枧（押）
正富
添生（押）
见房……垣（押）
侄 惟孟（押）
书 彦安（押）

段莘乡大汜村 A 2 · 雍正七年 · 断骨出卖田地山塘屋宇庵堂契 ·
正揖等卖与龙池公众

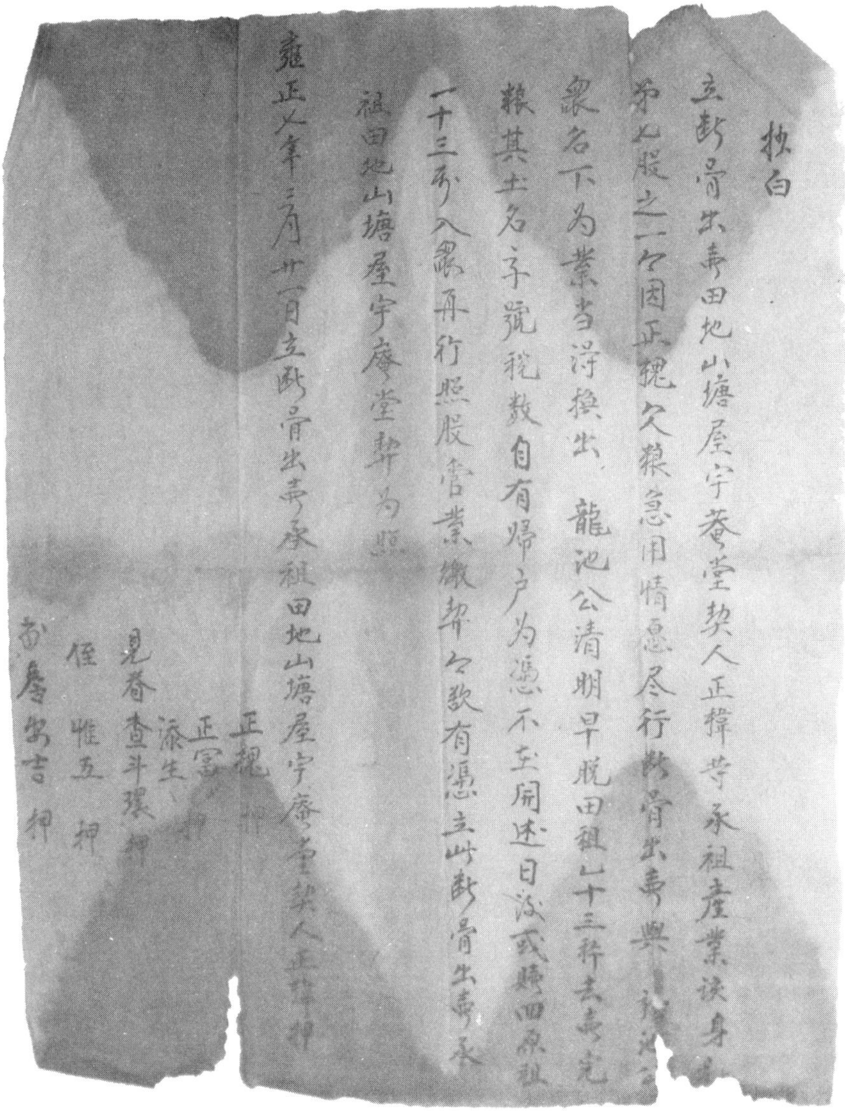
抄白
立断骨出卖田地山塘屋宇庵堂契人正樟等承祖產業該身[illegible]
第七股之一，今因正槐欠粮急用，情愿尽行断骨出卖与龍池公
众名下为業，当得换出龍池公清明早晚田租山十三秤去卖完
粮。其土名字號税数自有归户為憑，不在开述。日後或贖回原祖
一十三秤入眾，再行照股管業，缴契合欸。有憑，立此断骨出卖承
祖田地山塘屋宇庵堂契為照。
雍正七年三月廿一日立断骨出卖承祖田地山塘屋宇庵堂契人正樟 押
正槐 押
正富 押
添生 押
見眷 查斗環 押
侄 惟五 押
书 秀安吉 押

段莘乡大汜村 A 139 · 雍正七年 · 断骨出卖田地山塘屋宇庵堂契 ·
正樟等卖与龙池公众

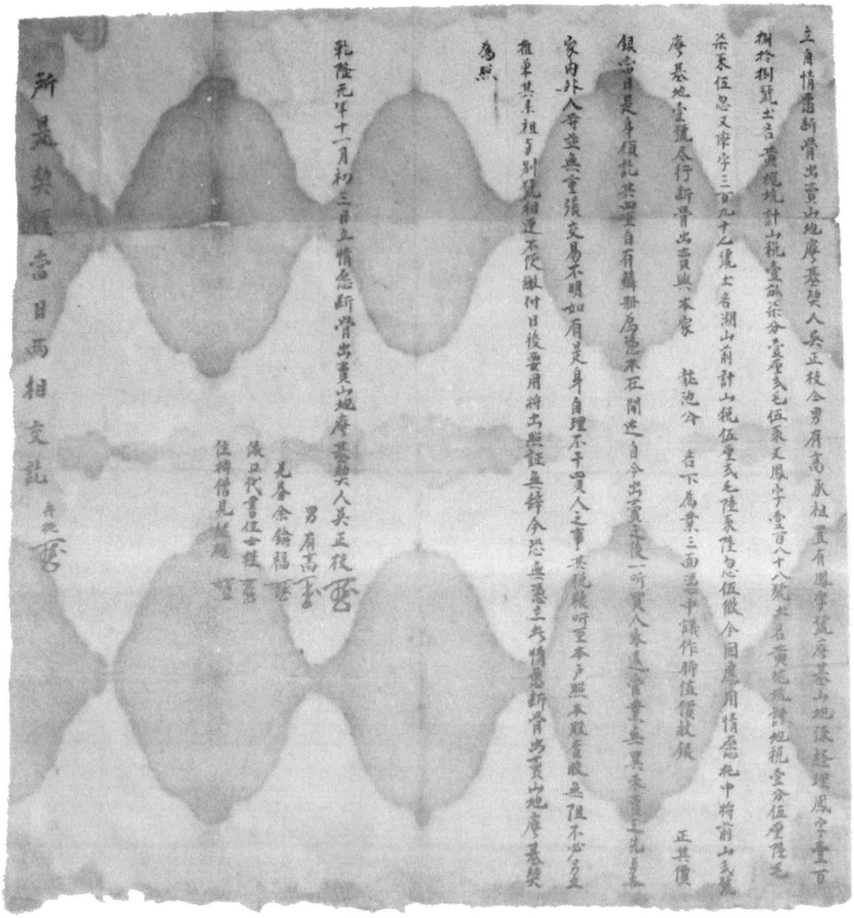

段莘乡大汜村 A 224 · 乾隆元年 · 断骨出卖山地庵基契 ·
吴正枝同男有高卖与本家龙池公

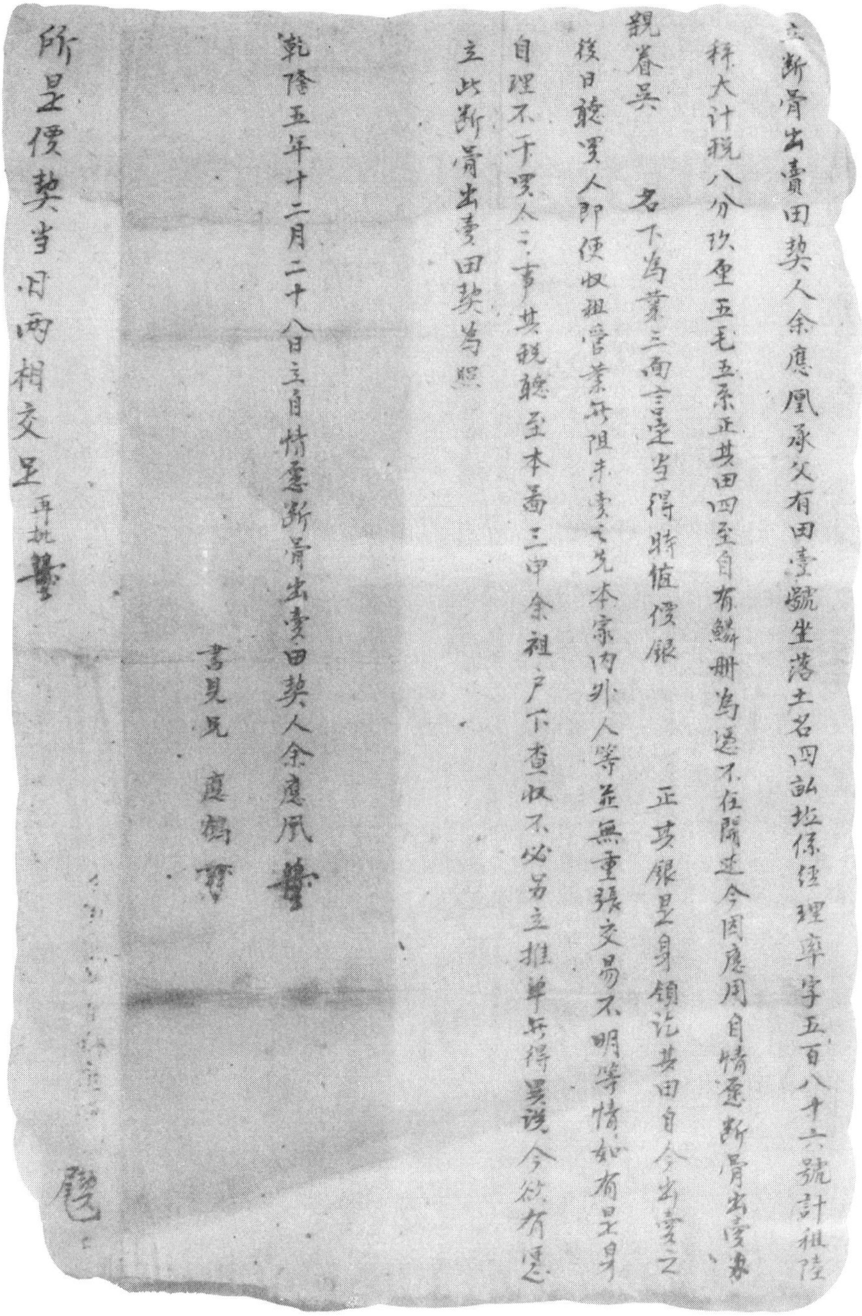
立斷骨出賣田契人余應凰承父有田壹號坐落土名四畝坵係經理率字五百八十六號計租陸
秤大計稅八分玖厘五毛五系正其田四至自有鱗冊爲憑不在開述今因應用自情愿斷骨出賣與
親眷吳　　名下爲業三面言定当得時値價銀　　正其銀是身領訖其田自今出賣之
後日聽買人即便收租管業毋阻未賣之先本家內外人等並無重張交易不明等情如有是身
自理不干買人之事其稅聽至本圖三甲余祖户下查收不必另立推单毋得異說今欲有憑
立此斷骨出賣田契爲照
乾隆五年十二月二十八日立自情愿斷骨出賣田契人余應凰（押）
書見兄　應鶴（押）
所是價契当日兩相交足　再批（押）

段莘乡大汜村 A 226 · 乾隆五年 · 断骨出卖田契 · 余应凰卖与亲眷吴☑

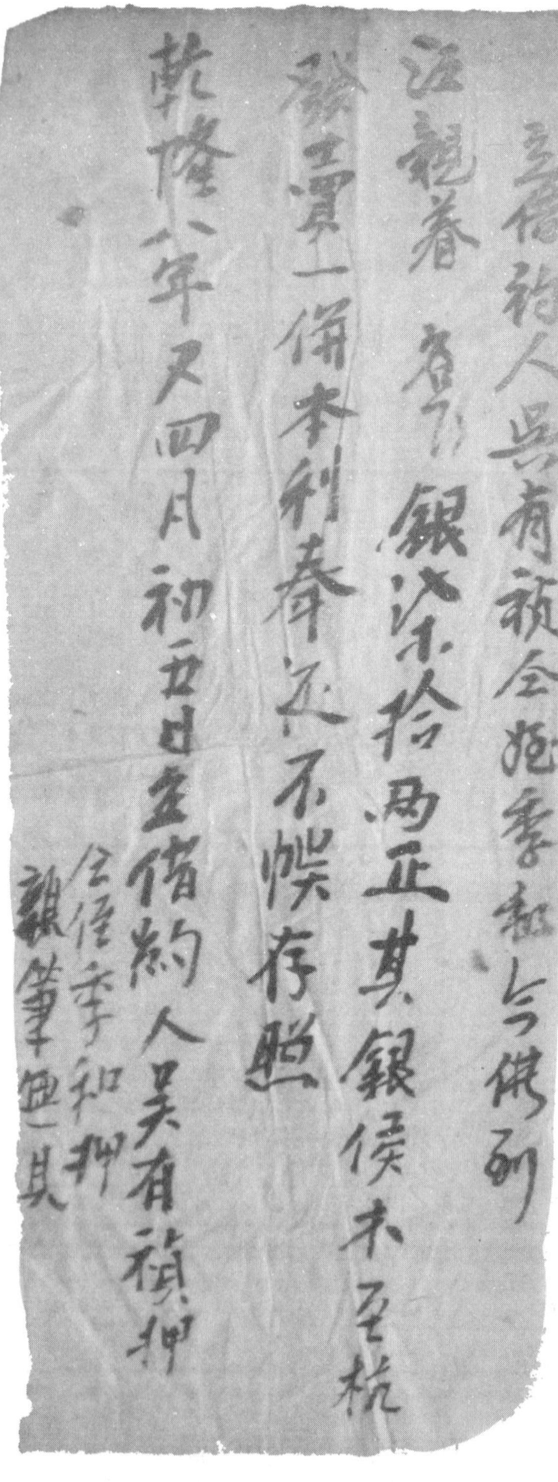
立借約人吳有禎全姪季和今借到
汪親眷 名下 銀柒拾兩正其銀俟木至杭
發賣一併本利奉還不悮存照
乾隆八年又四月初五日立借約人吳有禎押
全姪季和押
親筆無具

段莘乡大汜村 A 53 · 乾隆八年 · 借约 · 吴有祯同侄季和借到汪亲眷

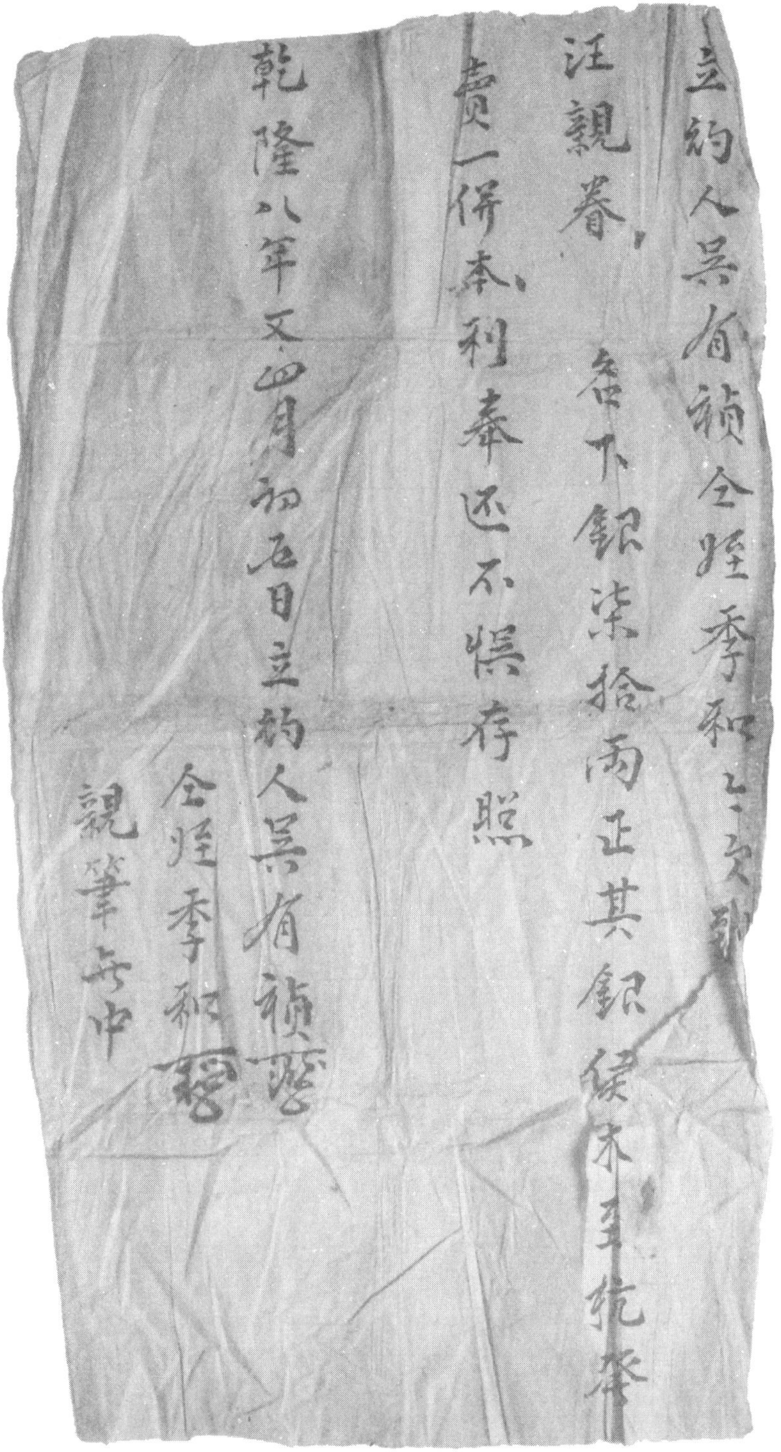
立約人吳有禎仝侄季和
汪親眷 名下銀柒拾兩正其銀候本至
貴一併本利奉还不悮存照
乾隆八年又四月初五日立約人吳有禎
仝侄季和
親筆吳中

段莘乡大汜村 A 59 · 乾隆八年 · 借约 · 吴有祯同侄季和借到汪亲眷

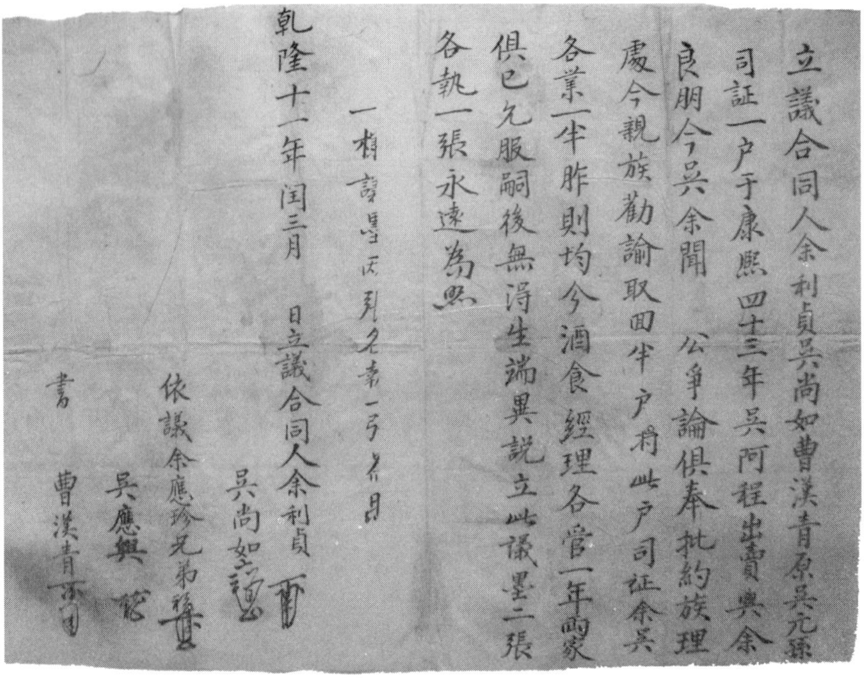

立議合同人余利貞吳尚如曹漢青原吳元孫
司証一户于康熙四十三年吳阿程出賣與余
良朋今吳余聞　公争論俱奉批約族理
處今親族勸諭取回半户將此户司証余吳
各業一半昨則均分酒食經理各管一年兩家
俱已允服嗣後無得生端異説立此議墨二張
各執一張永遠爲照

一樣議墨[illegible]各[illegible]一張存照

乾隆十一年閏三月　日立議合同人余利貞
吳尚如
依議余應珍兄弟
吳應興
書　曹漢青

段莘乡大汜村 A 123 · 乾隆十一年 · 合同 · 余利贞、吴尚如、曹汉青

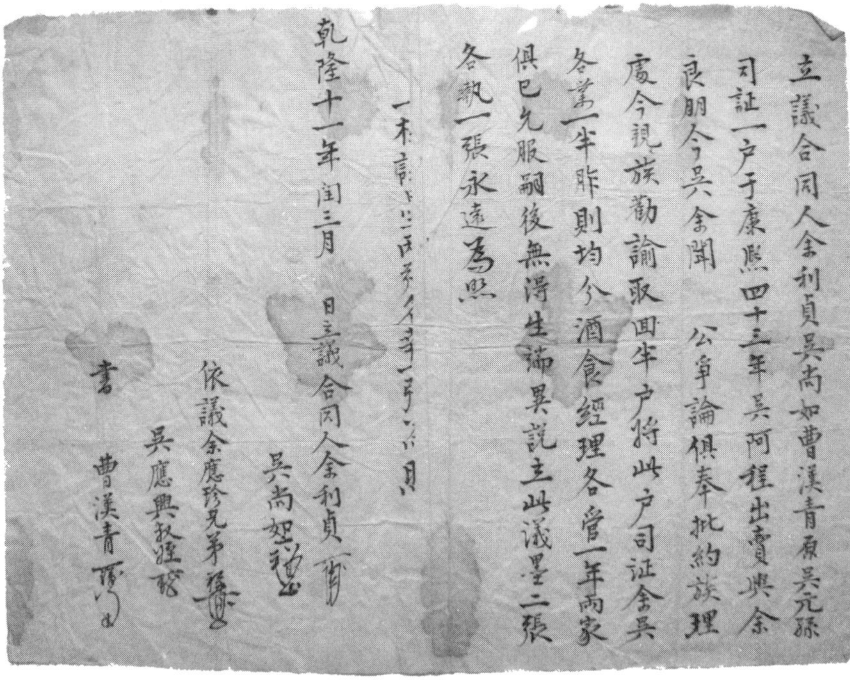

立議合同人余利貞吳尚如曹漢青原吳元孫
司証一户于康熙四十三年吳阿程出賣與余
良朋今吳余閧　公爭論俱奉批約族理
處今覌族勸諭取回半户將此户司証余吳
各業一半聑則均分酒食經理各管一年兩家
俱已允服嗣後無得生端異說立此議墨二張
各執一張永遠為照
一本[illegible]月
乾隆十一年閏三月　日立議合同人余利貞（押）
吳尚如（押）
依議余應珍兄弟（押）
吳應興叔侄（押）
書　曹漢青（押）

段莘乡大汜村 A 129 · 乾隆十一年 · 合同 · 余利贞、吴尚如、曹汉青

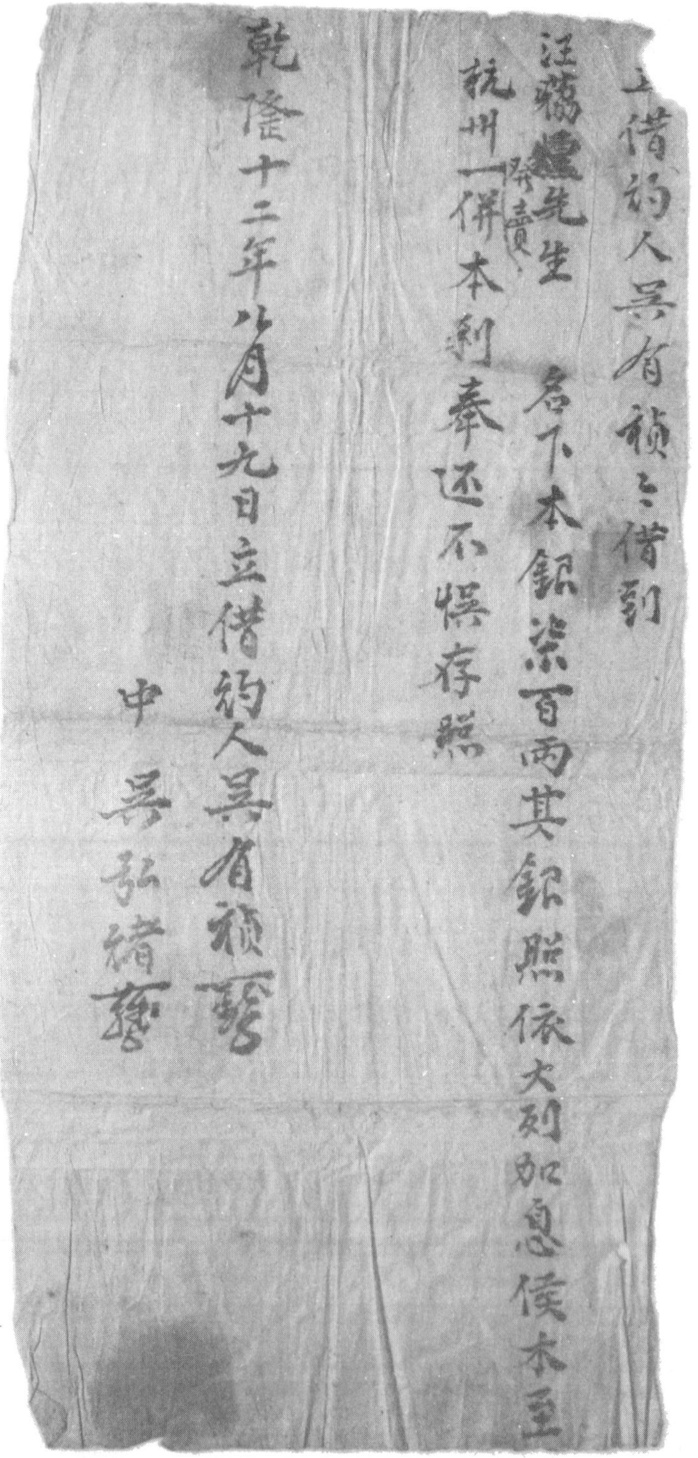

立借約人吳有禎今借到

汪荔爋先生　名下本銀柒百兩其銀照依大列加息俟本至

杭州發賣一併本利奉還不悞存照

乾隆十二年八月十九日立借約人吳有禎

中　吳弘績

段莘乡大汜村 A 29 · 乾隆十二年 · 借约 · 吴有祯借到汪荔爋先生

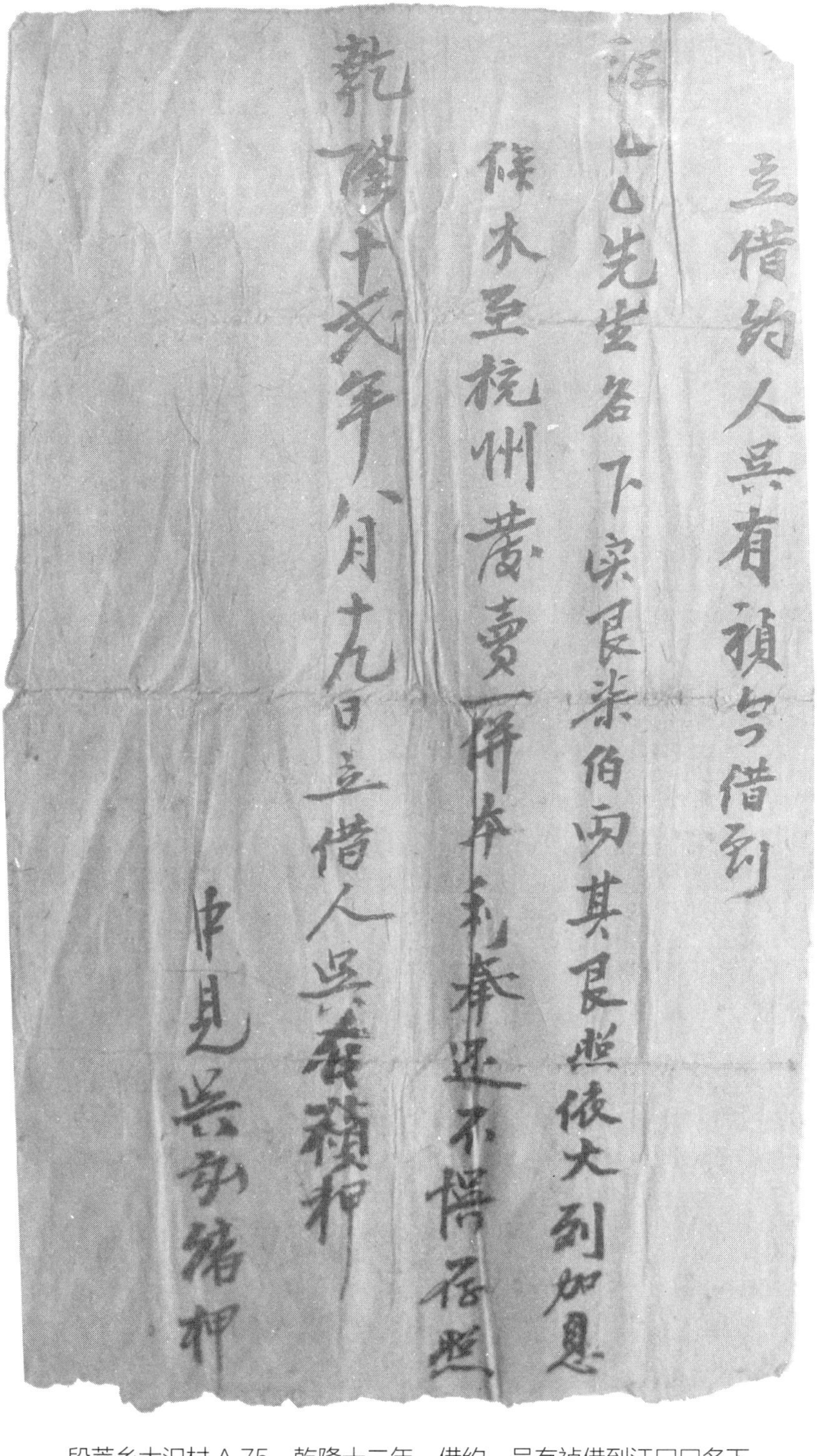
立借约人吴有禎今借到
汪□□先生名下实艮柒伯两其艮照依大列加息
係木至杭州發賣一併本利奉還不悞存照
乾隆十弍年八月十九日立借人吴有禎押
中見吴□緒押

段莘乡大汜村 A 75 · 乾隆十二年 · 借约 · 吴有祯借到汪□□名下

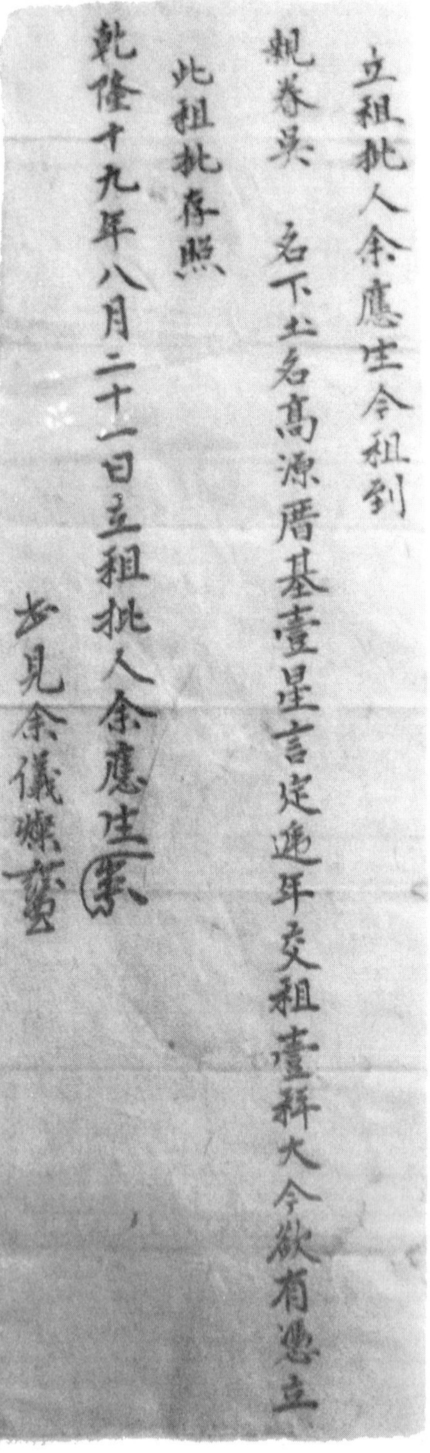

立租批人余應生今租到
親眷吳　名下土名高源曆基壹星言定逓年交租壹秤大今欲有憑立
此租批存照
乾隆十九年八月二十一日立租批人余應生（押）
中見余儀燦（押）

段莘乡大汜村 A 210 · 乾隆十九年 · 租批 · 余应生租到亲眷吴☐

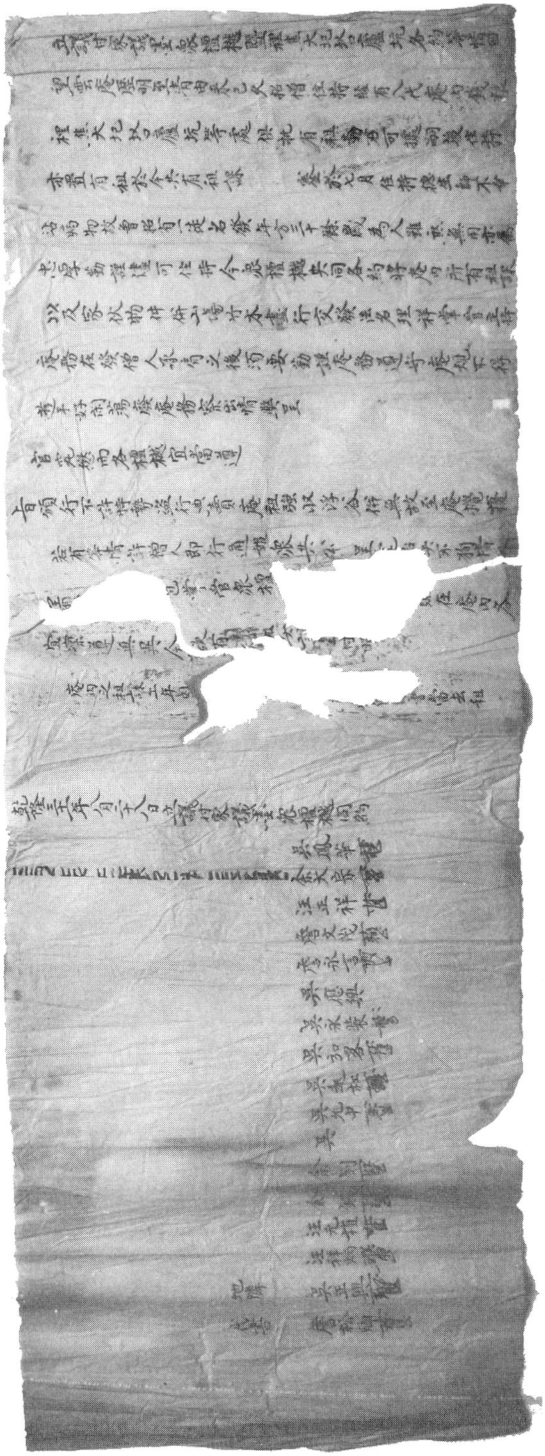

段莘乡大汜村 A 9 · 乾隆三十一年 · 议墨 · 众檀越

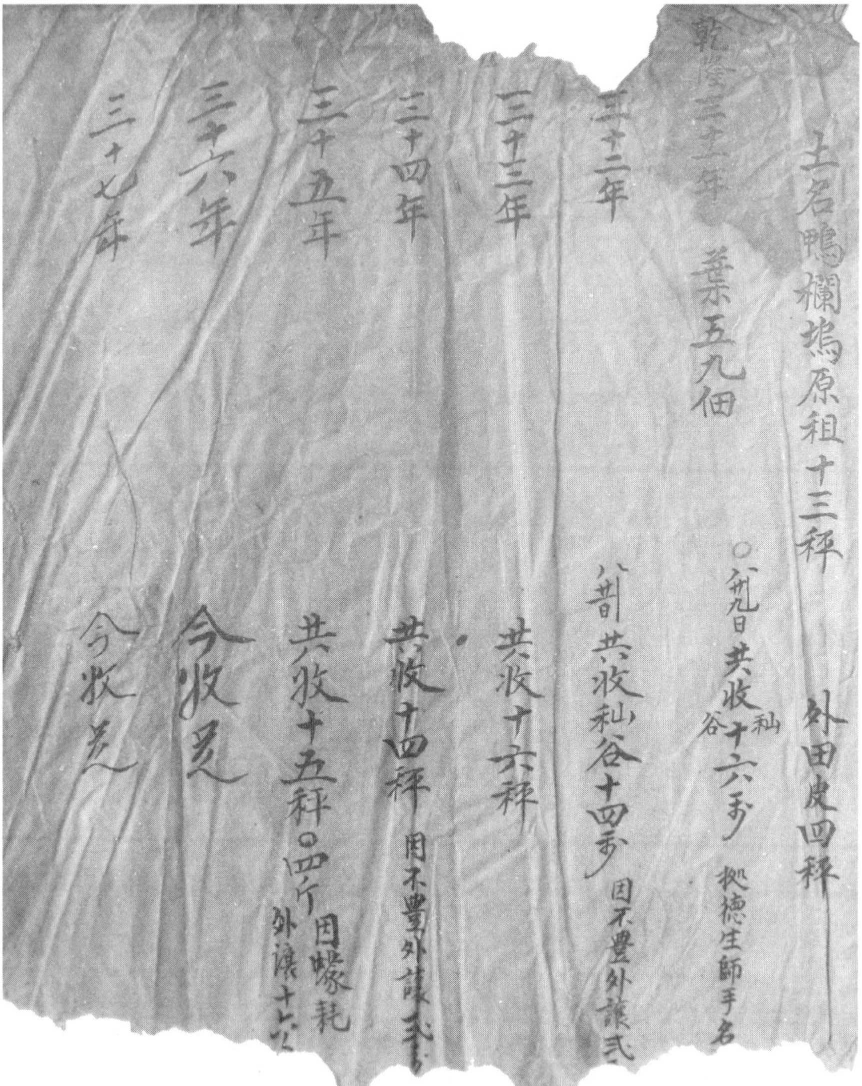
土名鴨欄塢原租十三秤　外田皮四秤

乾隆三十一年　業五九佃　○八月九日共收秈谷十六秤　拠德生師手名

三十二年　八月廿日共收秈谷十四秤　因不豐外讓弍

三十三年　共收十六秤

三十四年　共收十四秤　因不豐外讓弍

三十五年　共收十五秤四斤　因蟓耗外讓十六

三十六年　今收足

三十七年　今收足

段莘乡大汜村 A 95 · 乾隆三十一年至三十七年 · 土地租额清单

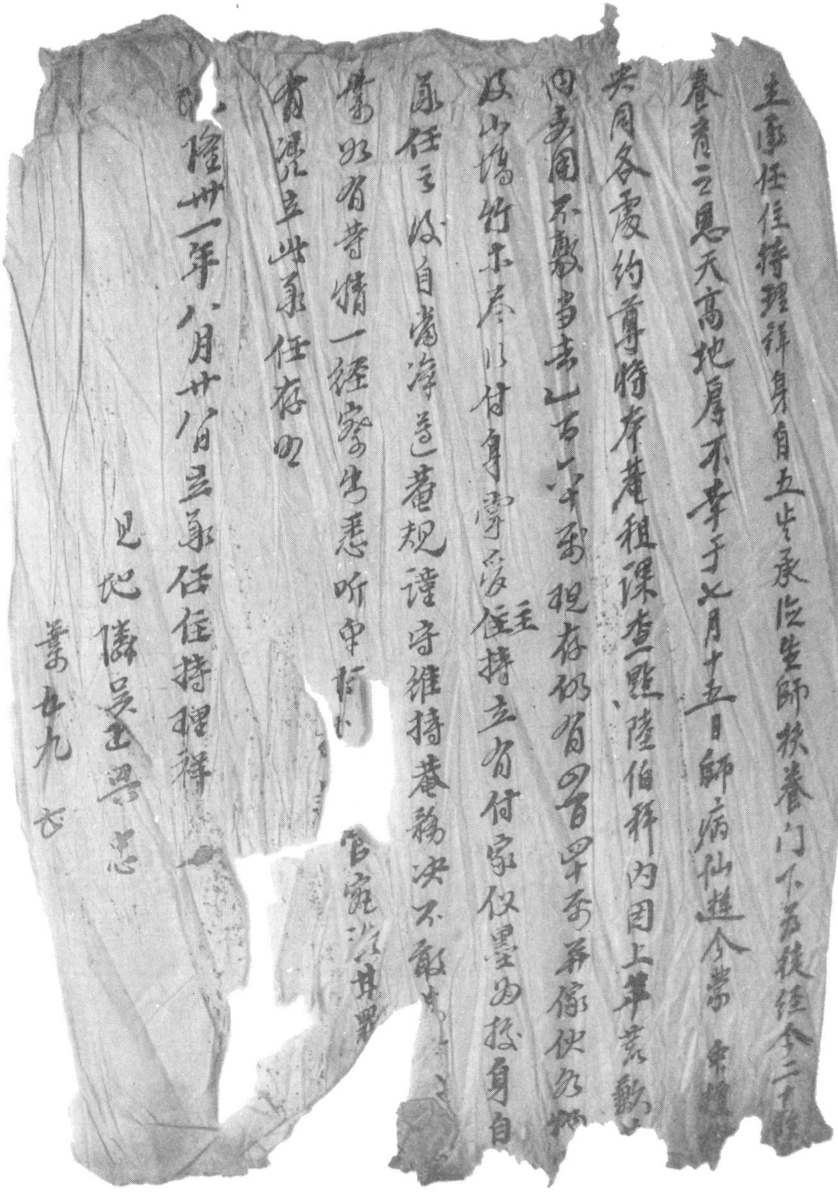

立承任住持理祥身自五岁承恩生師扶養门下至積経今二十餘
養育之恩天高地厚不幸于七月十五日師病仙逝今當 衆姓
共同各處約尊將本庵租課查點、陸伯祥内因上年荒歉[illegible]
因負困不敷當書山右山下田租存抵首四首畢前衆[illegible]
坟山場竹木盡行付身掌管任主持立有付字仪墨為據身自
承任之後自當淨守庵規謹守維持庵務決不敢[illegible]
衆姓首等情一經察出悉听衆[illegible]官究治其罪
情愿立此承任存照
乾隆卅一年八月廿八日立承任住持理祥
見契 儲吳王昇 志
書 [illegible]九

段莘乡大汜村 A 126 · 乾隆三十一年 · 承任约 · 理祥

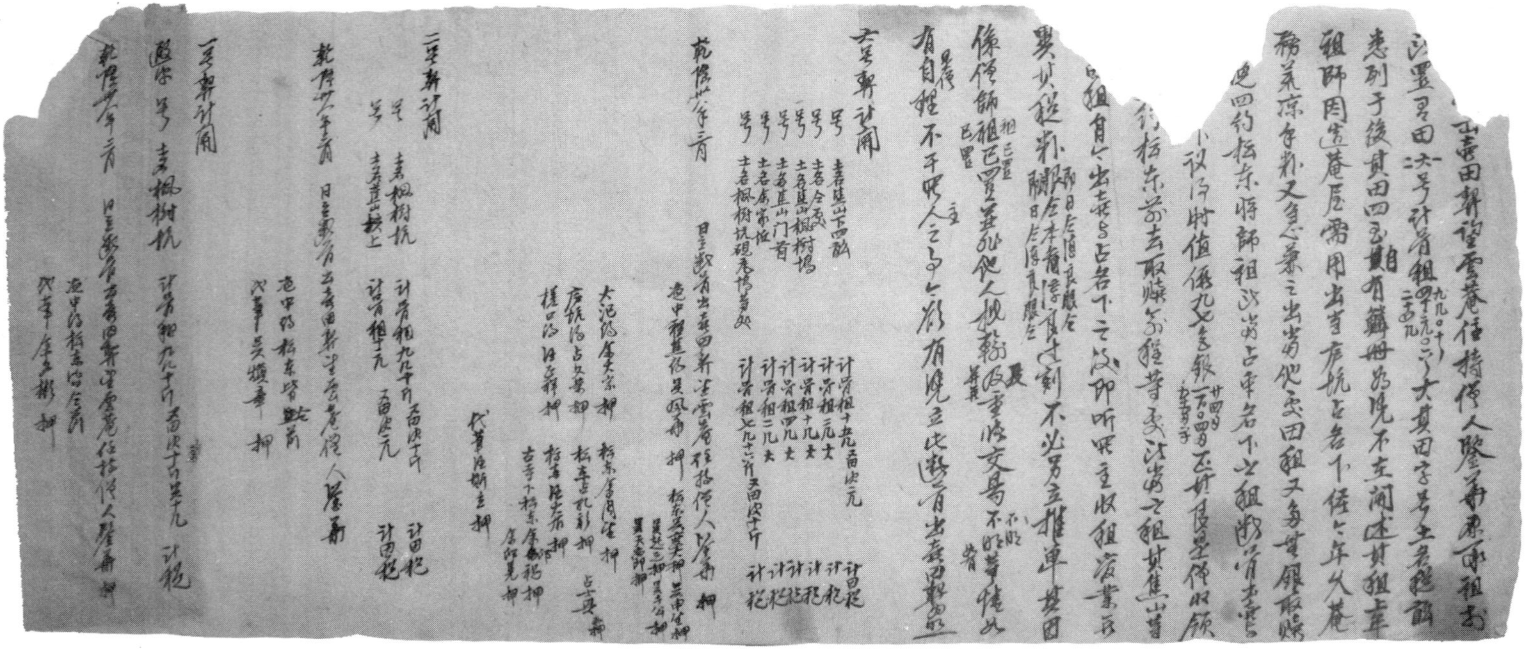

段莘乡大汜村 A 11 · 乾隆三十八年 · 断骨出卖田契 · 望云庵住持僧人鉴华

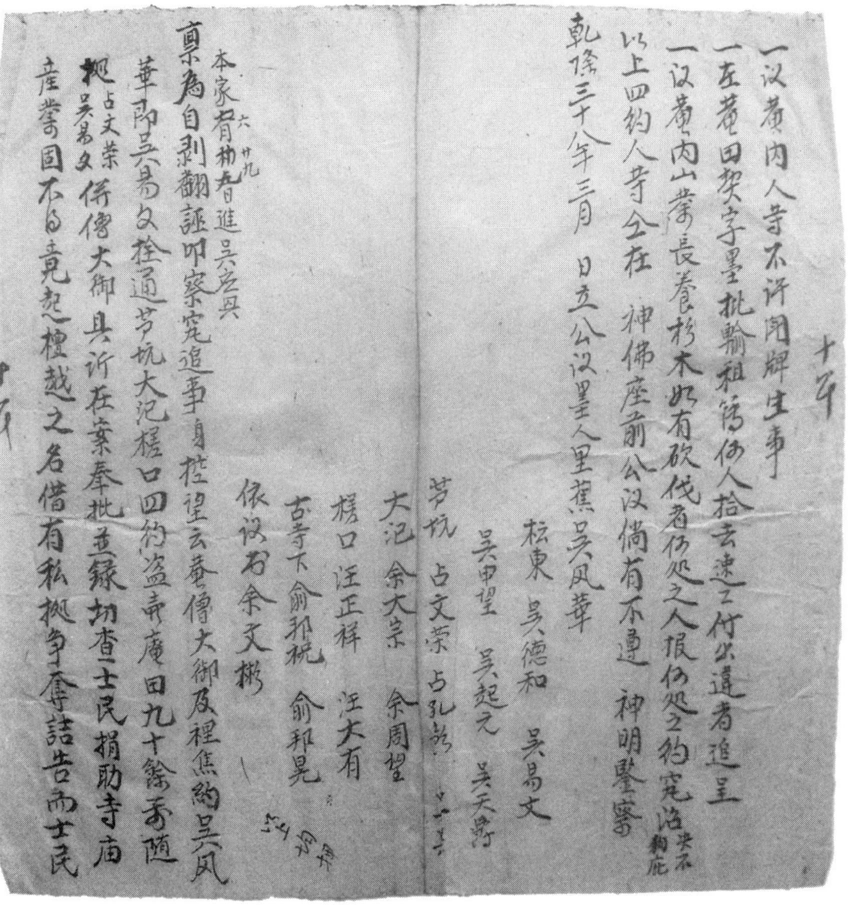

一议荫内人等不许闲樵生事
一左荫田契字墨批输租归伊人拾去速速付出遗者追呈
一议荫内山业长养杉木如有砍伐者伊处之人报伊处之约究治决不徇庇
以上四约人等全在　神佛座前公议倘有不遵　神明鉴察
乾隆三十八年三月　日立公议墨人里蕉吴风华
桧东　吴德和　吴易文
吴申望　吴起之　吴天爵
芳坑　占文荣　占孔韶
大汜　余大宗　余周望
槎口　汪正祥　汪大有
古寺下　俞邦桄　俞邦晃
依议书　余文彬

本家贵六月廿九日进吴应兴
禀为自刹翻诬叩察究追事身控望云庵僧大御及里蕉约吴风
华邵吴易文拴通芳坑大汜槎口四约盗卖庵田九十余亩随
据占文荣吴易文係僧大御具诉在案奉批并录切查士民捐助寺庙
产业固不自竟起擅越之名借有私擅争夺诘告而士民

段莘乡大汜村 A 77 · 乾隆三十八年 · 公议墨字 · 吴风华等

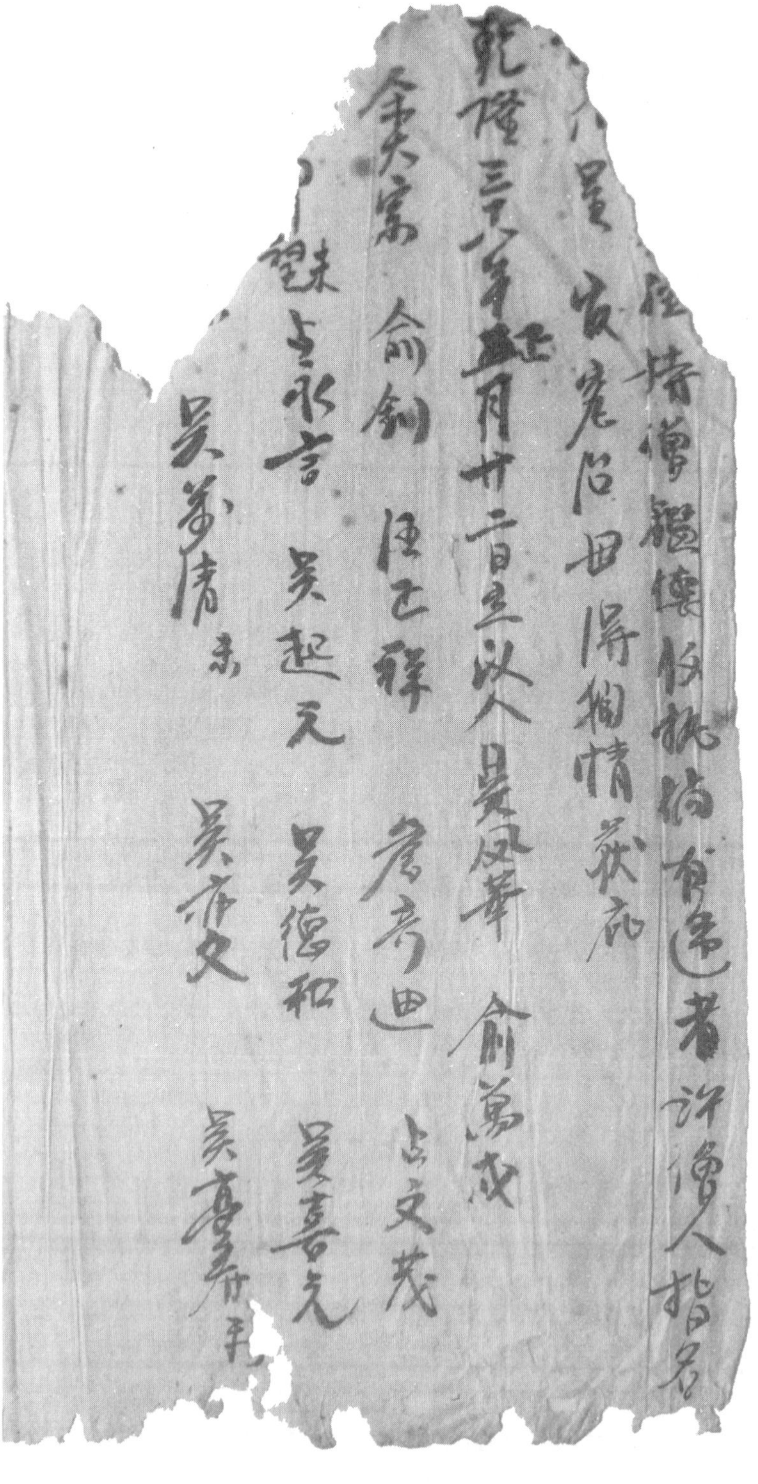

……置 宜寔呂田得獨情獲此
住持僧體懷收執倘有違者許僧人指名
乾隆三十八年五正月廿二日立議人吳鳳華 俞萬茂
仝大家 俞釗 陳正祥 詹秀曲 卢文茂
……望未 卢永言 吳起元 吳德和 吳喜元
吳萬清 未 吳啟文 吳喜爵手

段莘乡大汜村 A 99 · 乾隆三十八年 · 议字 · 吴凤华等

經世故屢被無欺侮将来难以立身為此央仝四約人䓁另立規條恩圖善後之策欲繼前徽必正本清源方能有濟永杜前獘方能振興一藉我佛之靈二藉扶持之力有光於後則幸甚矣立议規條於後

一禁菴内祖谷不數一年支用無許强索應会及賒借䓁情

一禁種山人䓁将桐子䓁物堆菴堂

一禁本局山塲無許擅行擞作

一禁菴内家伙物件不得恃强擅取

以上杜條付住持僧鑑懷收執倘有違者許僧人指名投約呈　官究治毋得徇情袒庇

乾隆三十八年正月廿二日立议人吴风華　余大宗　俞萬成　俞釗

汪止祥　占文荣　占奇迪　占文茂

占永言　吴由望押　吴起元押　吴匣和

吴起元　吴嵩元　吴应贵押　吴芳佳押

吴咏文　吴髙寿押　吴潏川

段莘乡大汜村 A 111 · 乾隆三十八年 · 议字 · 吴风华等

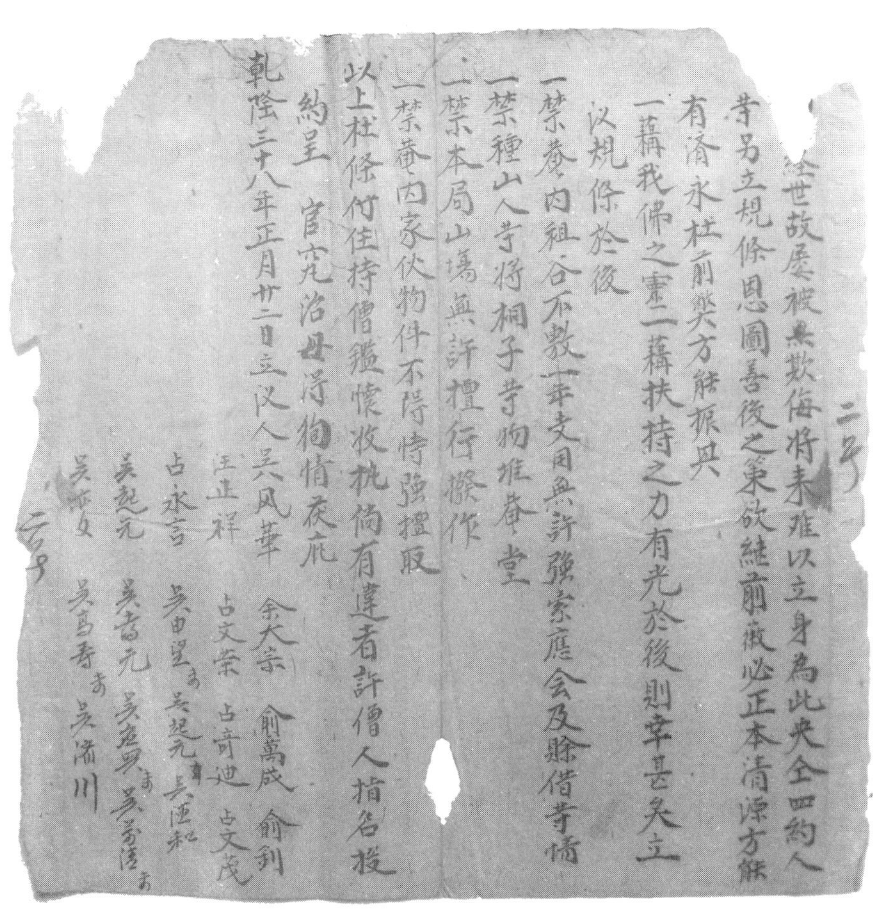

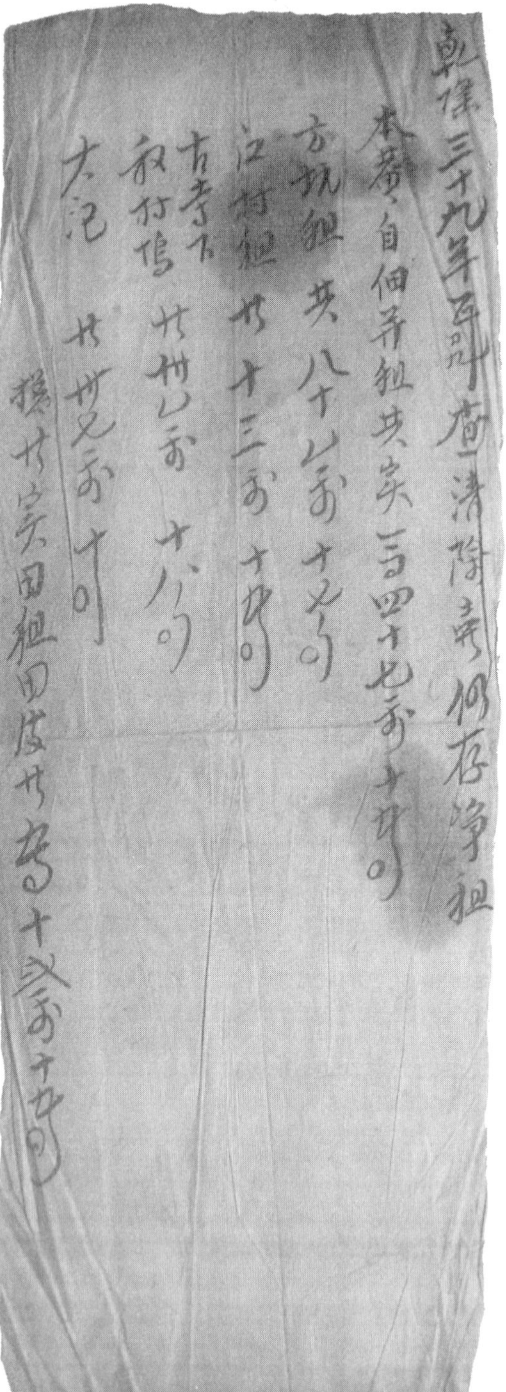
乾隆三十九年分應清除荒何存淨租
本莊自佃并租共實百四十七秤十五斤
方坑租共八十六秤十五斤
江村租共十三秤十五斤
古寺下叙村佃共卅六秤十八斤
大汜共廿九秤十斤
總共實田租田皮共[illegible]秤十五斤

段莘乡大汜村 A 94 · 乾隆三十九年 · 土地租额清单

段莘乡大汜村 A 151 · 乾隆五十四年 · 纳户执照 · 祥地

段莘乡大汜村 A 145 · 乾隆五十五年 · 纳米执照 · 祥庵

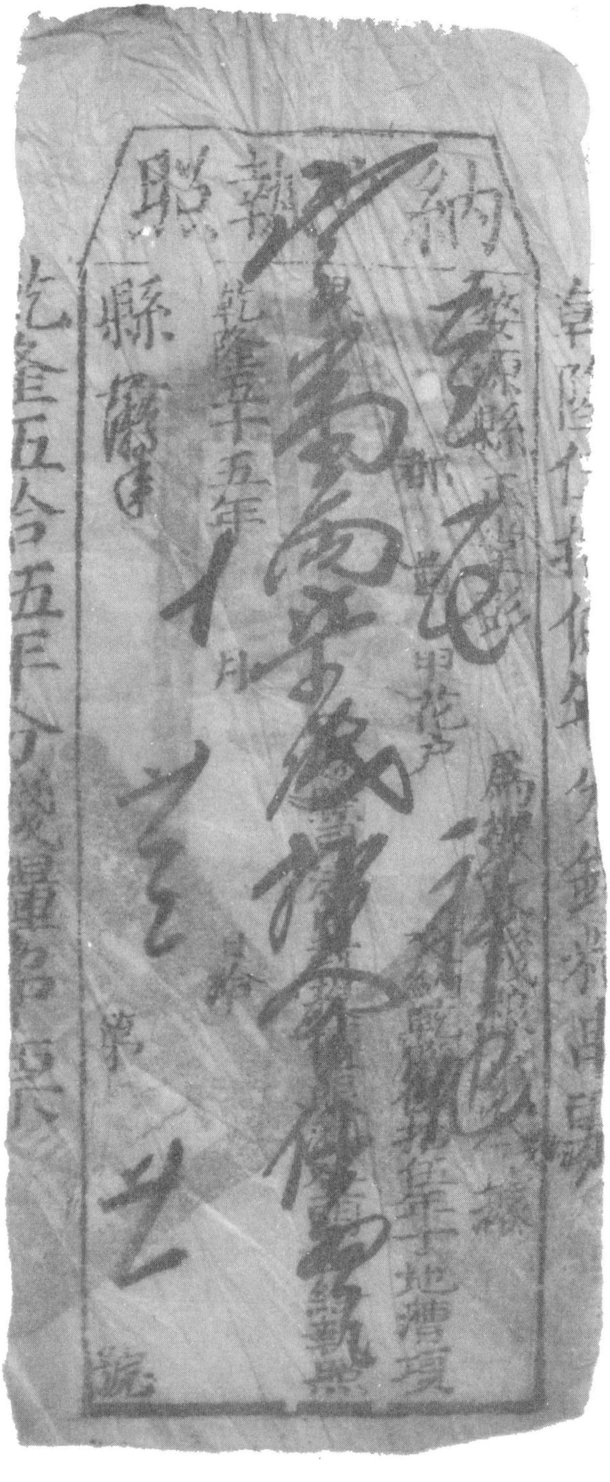
納米執照
乾隆五十五年　月　日
縣
號
乾隆五十五年

段莘乡大汜村 A 202 · 乾隆五十五年 · 纳米执照 · 祥地

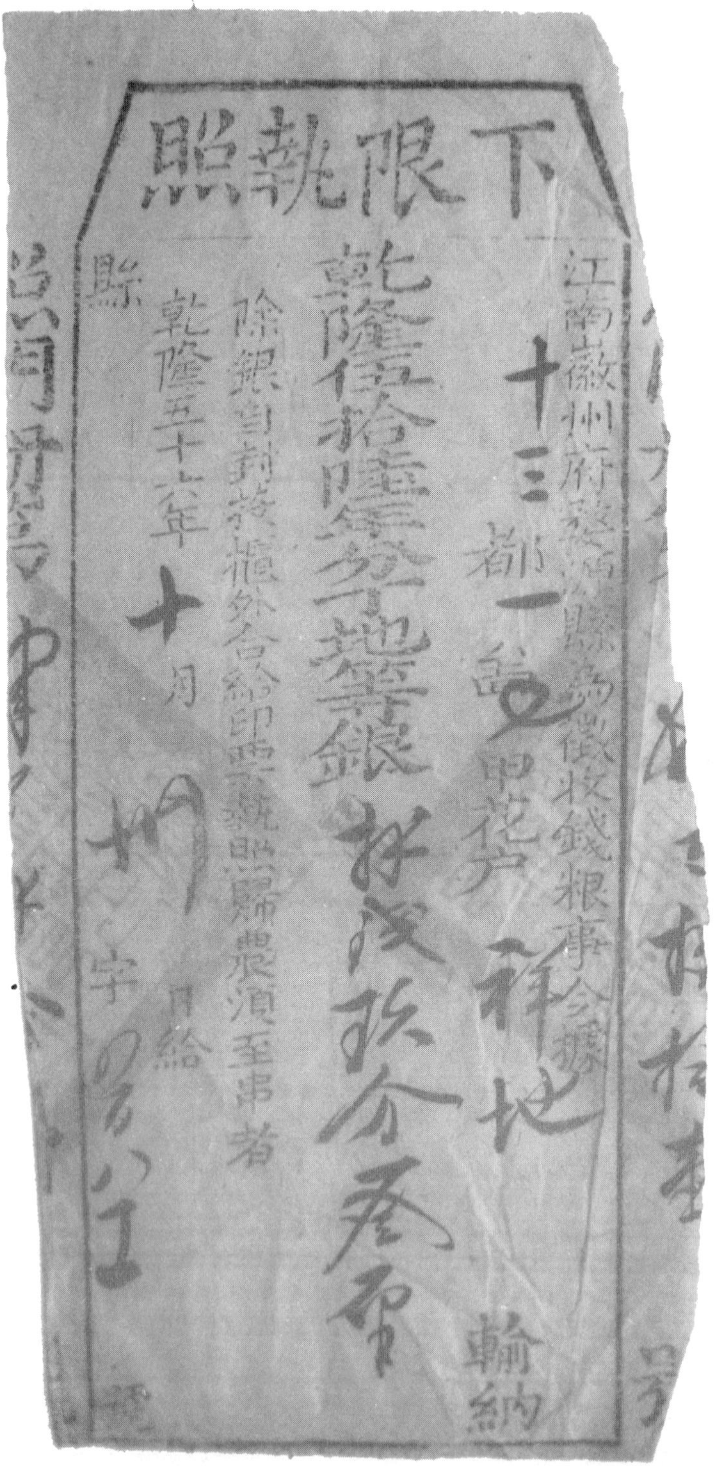

下限執照

江南徽州府祁門縣為徵收錢粮事今據

十三都一啚 甲花户 祥地 輸納

乾隆伍拾陸年分 銀

除銀自封投櫃外合給印票執照歸農須至串者

乾隆五十六年十月 日給

縣 字 號

段莘乡大汜村 A 153 · 乾隆五十六年 · 纳米执照 · 祥地

上限執照

納米執照

同治弍年分

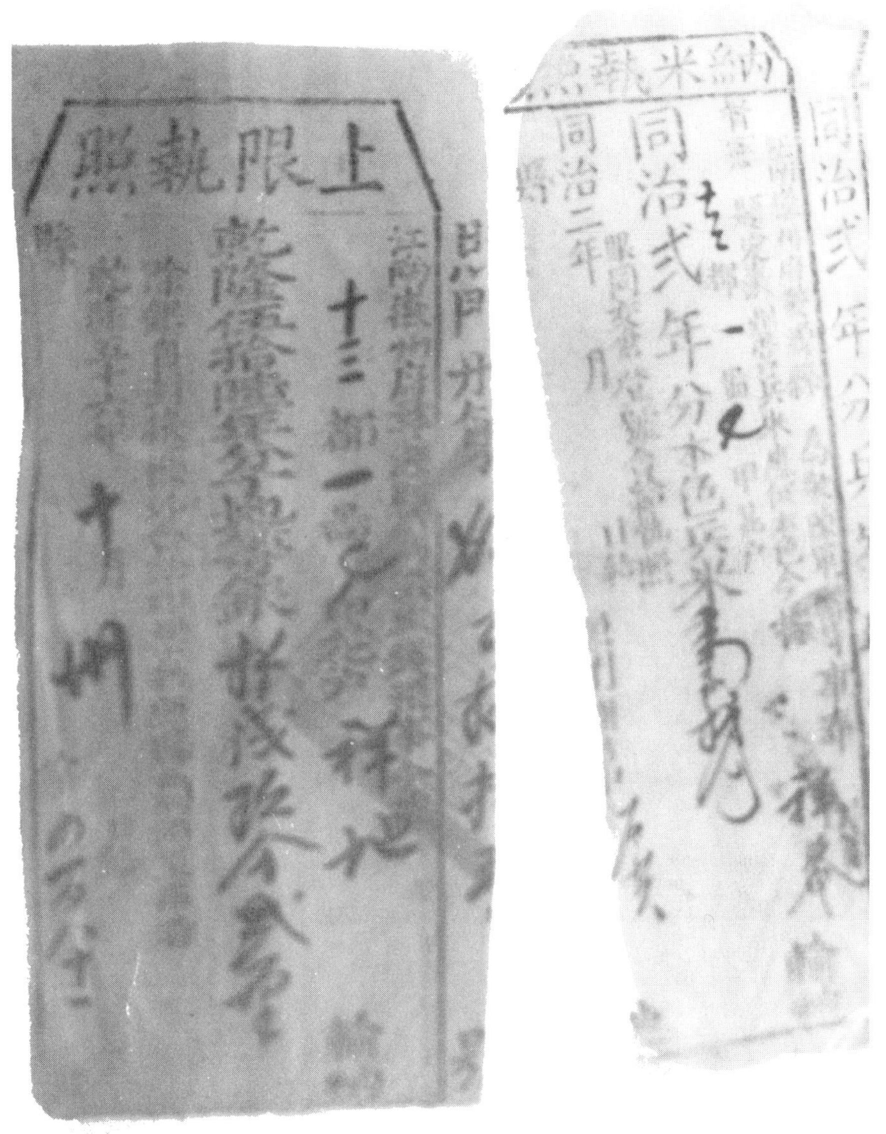

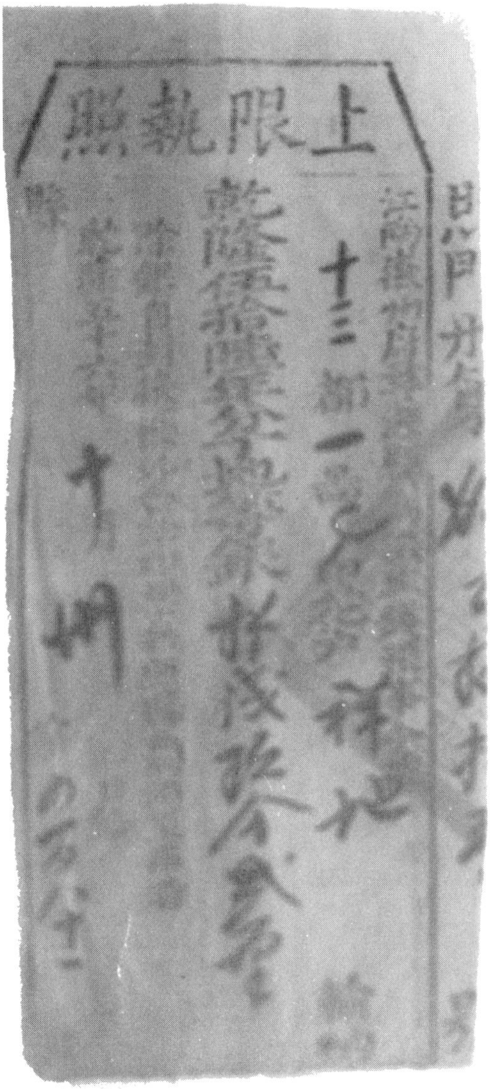

段莘乡大汜村 A 157 · 乾隆五十六年 · 纳米执照 · 祥地

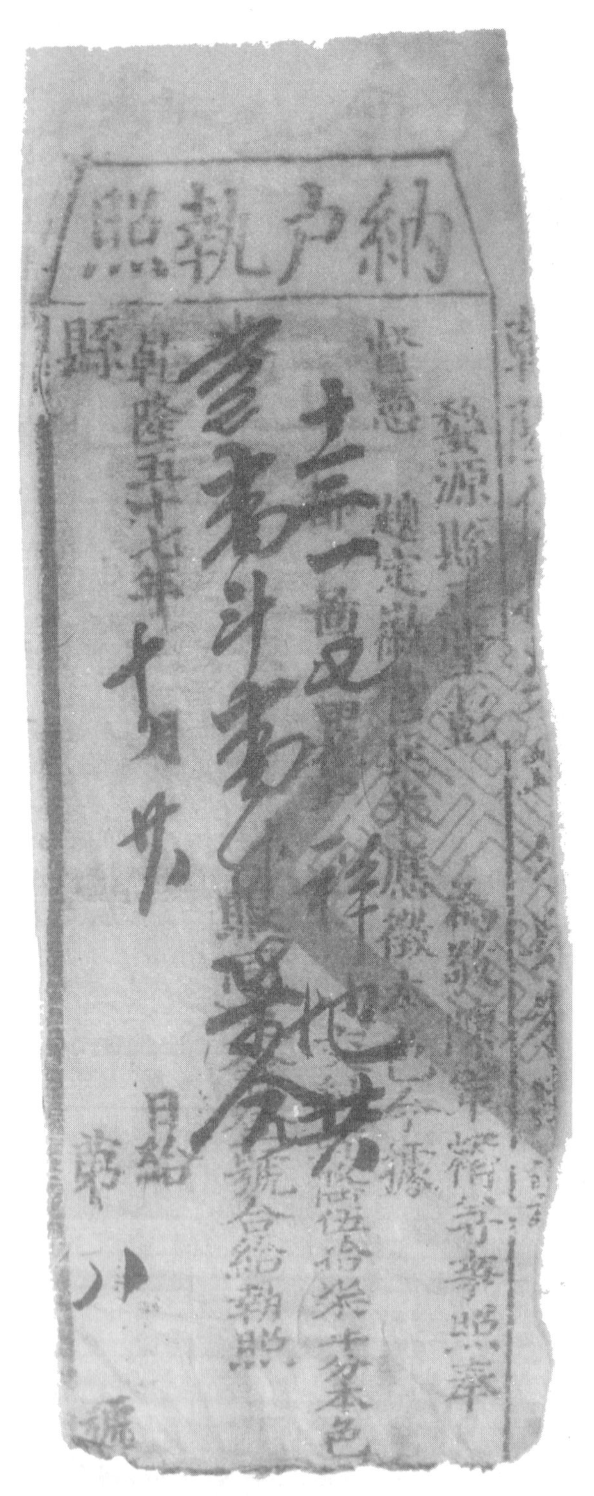
納戶執照

乾隆五十七年十月廿 日給

段莘乡大汜村 A 171 · 乾隆五十七年 · 纳户执照 · 祥地

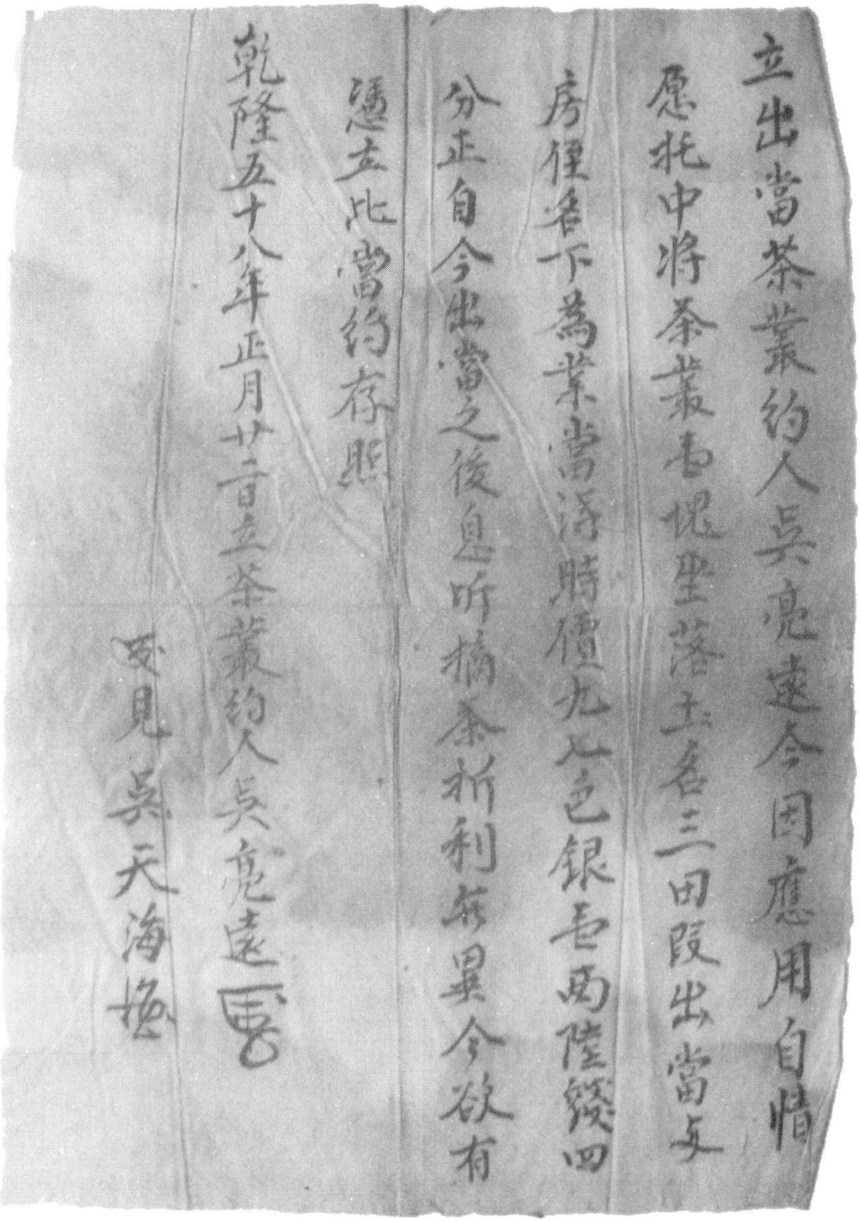

立出當茶叢約人吳亮遠今因應用自情
愿托中將茶叢壹坵坐落土名三田段出當与
房侄名下爲業當得時價九七色銀壹两陸錢四
分正自今出當之後息听摘茶析利兩異今欲有
憑立此當約存照
乾隆五十八年正月廿二日立茶叢約人吳亮遠（押）
交見吳天海（押）

段莘乡大汜村 A 136 · 乾隆五十八年 · 出当茶丛约 · 吴亮远当与房侄

段莘乡大汜村 A 167 · 乾隆五十八年 · 纳米执照 · 祥庵

納戶執照

段莘乡大汜村 A 205 · 乾隆五十八年 · 纳户执照 · 祥庵

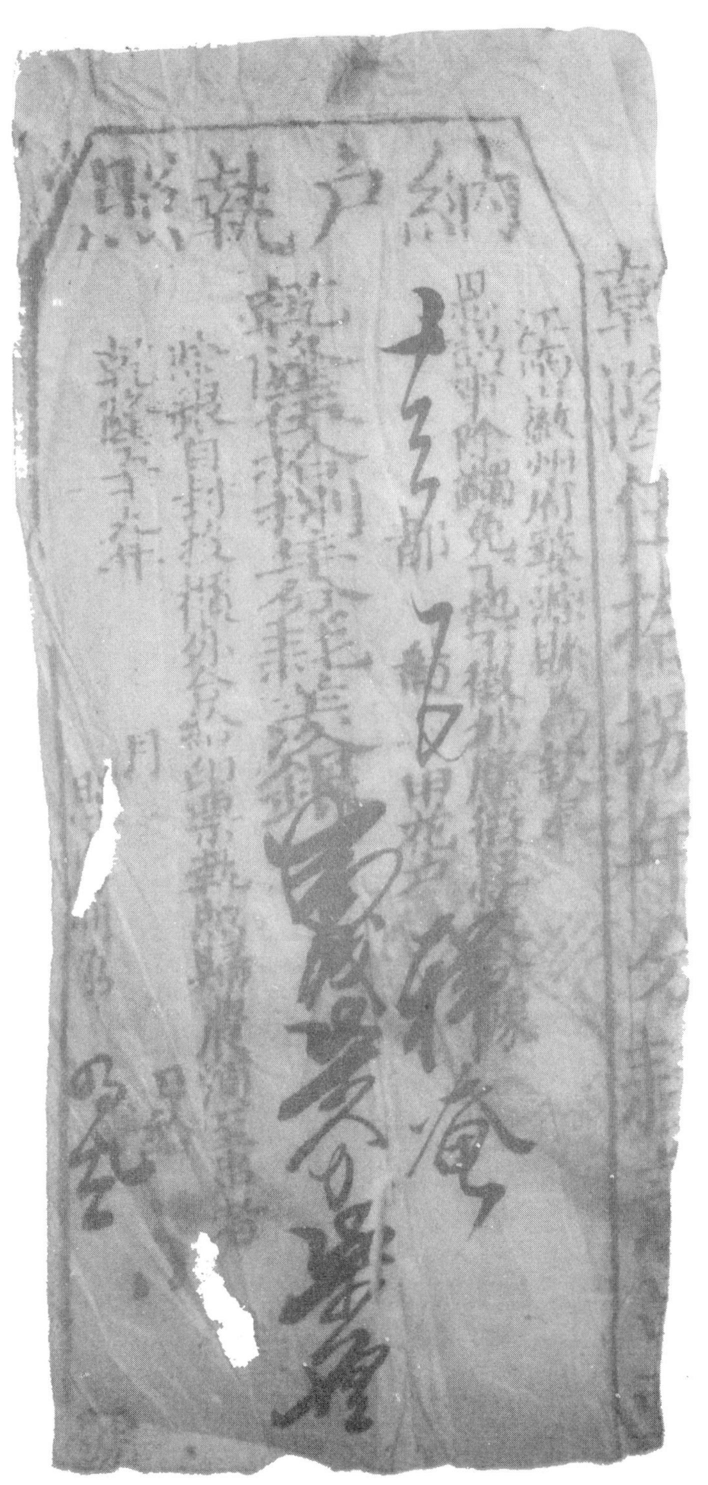

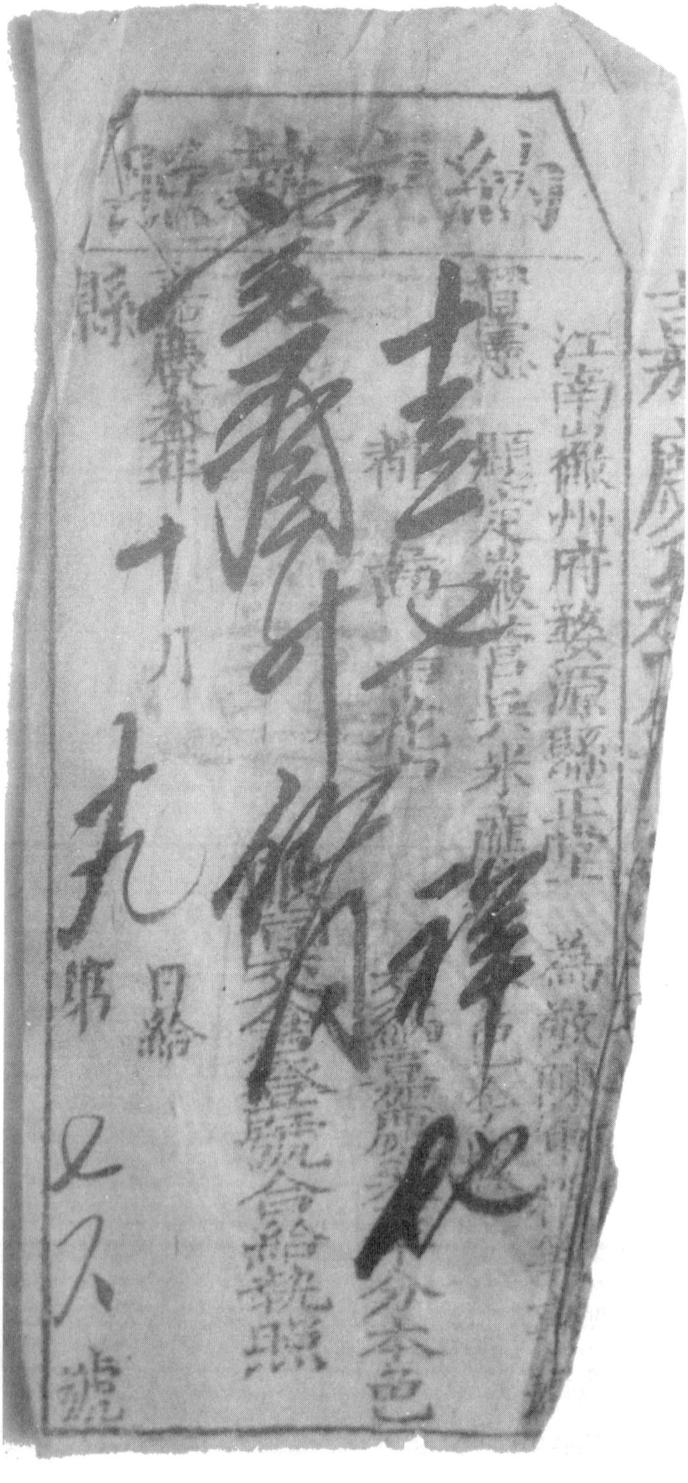

段莘乡大汜村 A 155 · 嘉庆三年 · 纳户执照 · 祥地

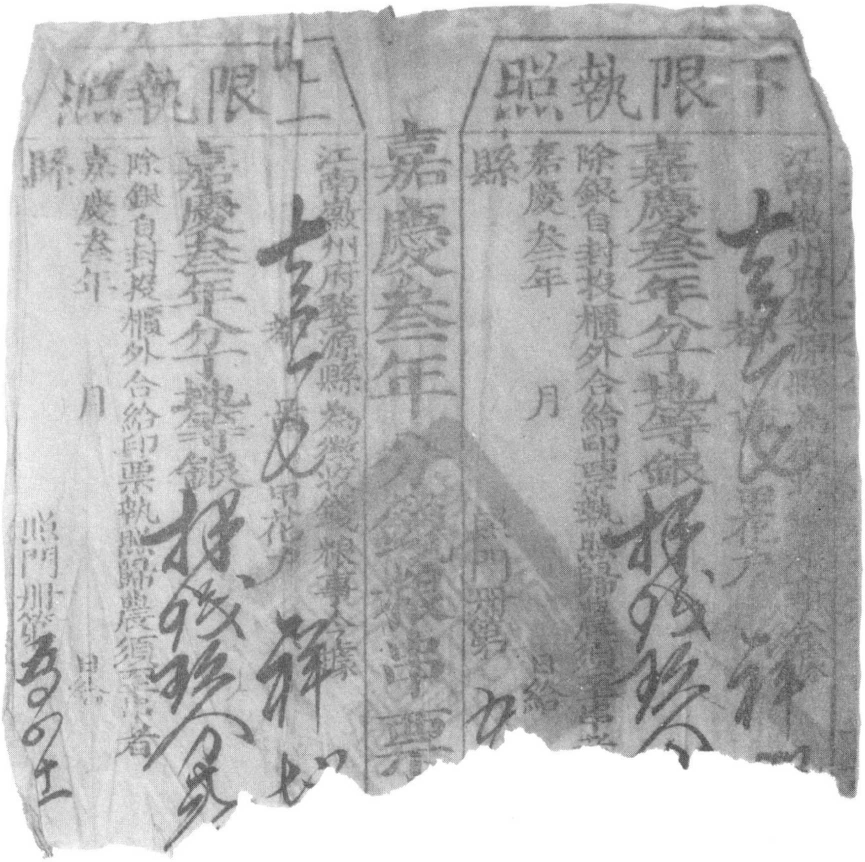

段莘乡大汜村 A 166 · 嘉庆三年 · 纳米执照 · 祥地

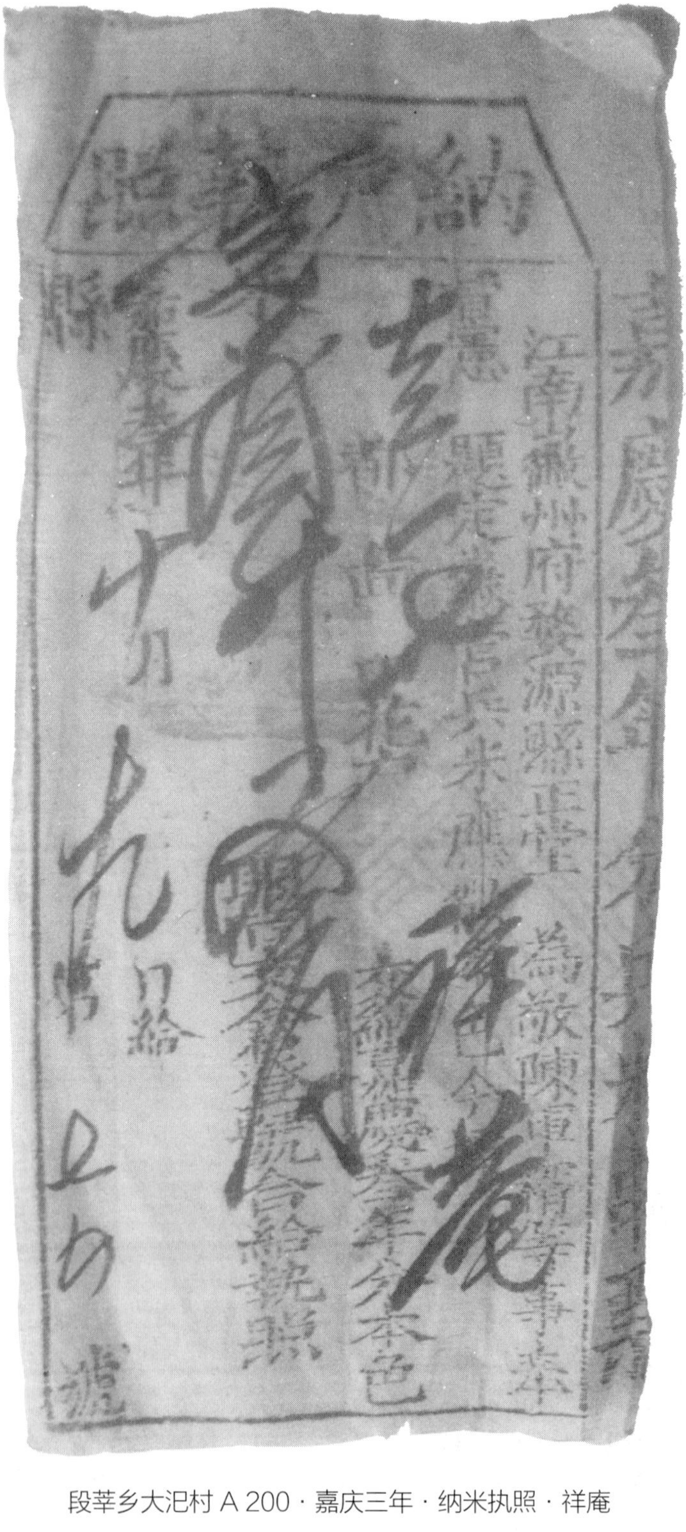

段莘乡大汜村 A 200 · 嘉庆三年 · 纳米执照 · 祥庵

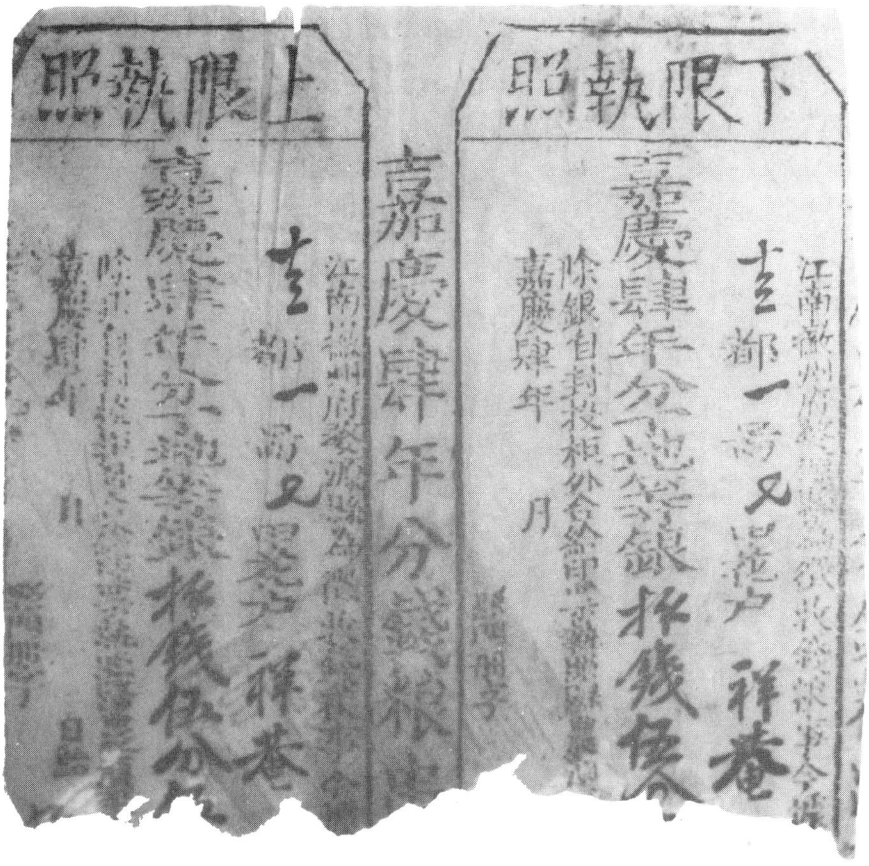

段莘乡大汜村 A 165 · 嘉庆四年 · 纳米执照 · 祥庵

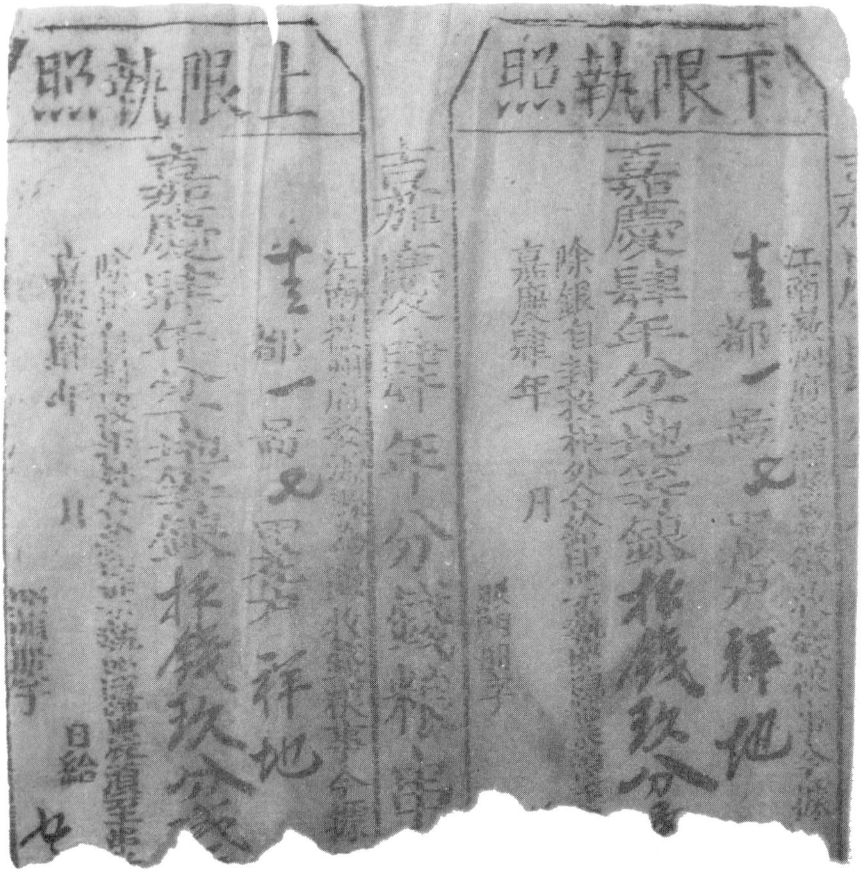

段莘乡大汜村 A 169 · 嘉庆四年 · 纳米执照 · 祥地

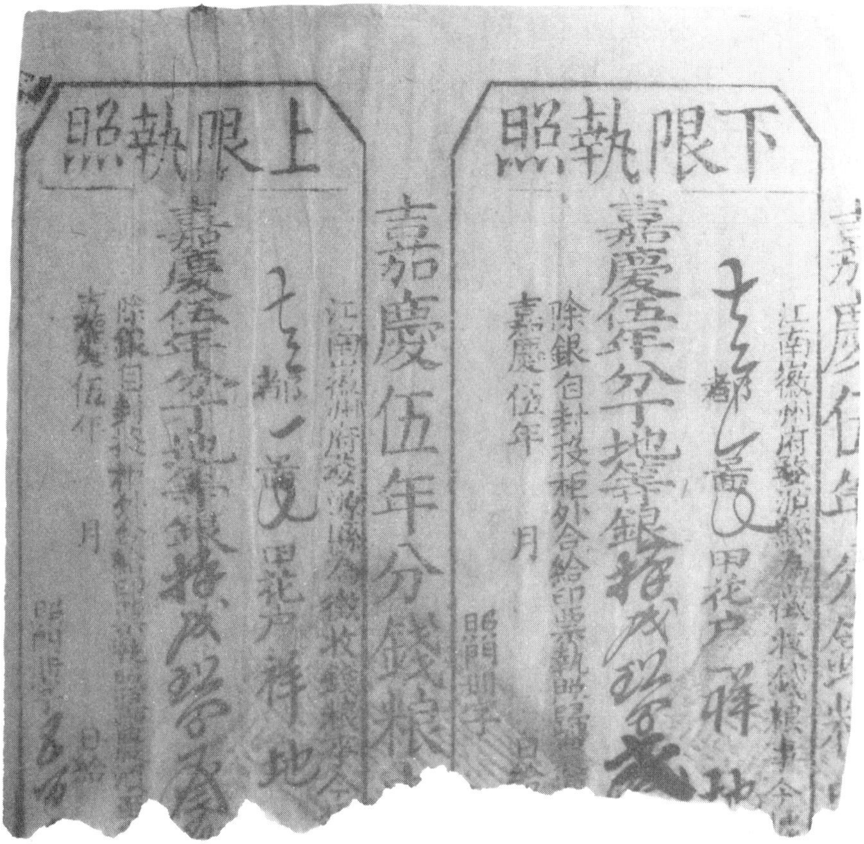

段莘乡大汜村 A 161 · 嘉庆五年 · 纳米执照 · 祥地

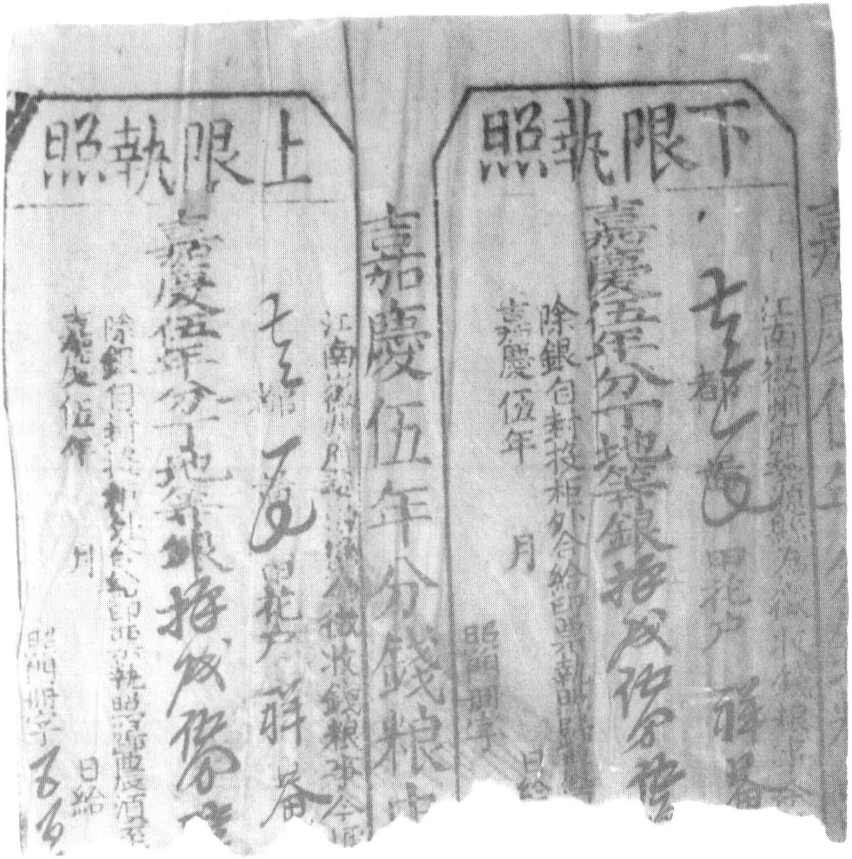

段莘乡大汜村 A 164 · 嘉庆五年 · 纳米执照 · 祥庵

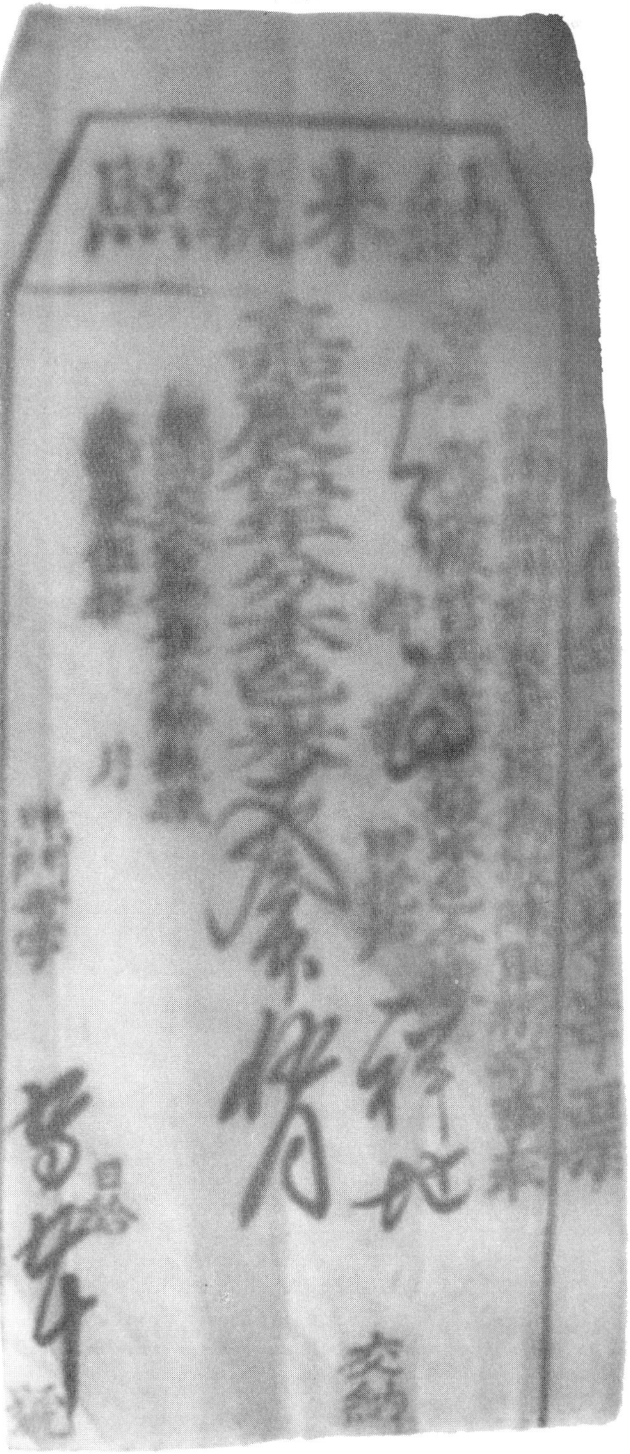
納米執照

段莘乡大汜村 A 192 · 嘉庆五年 · 纳米执照 · 祥地

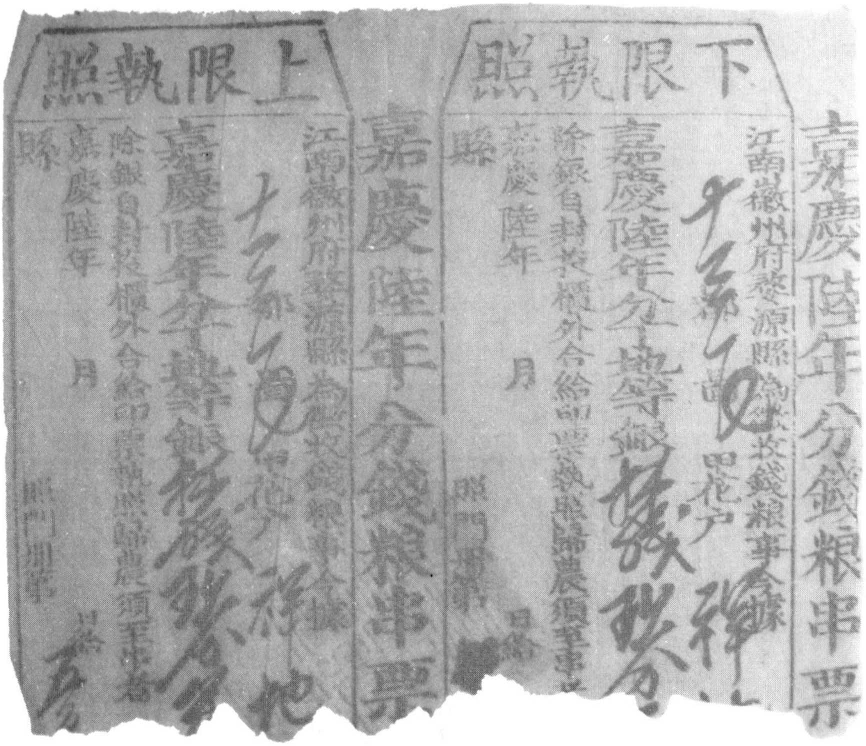
上限執照
江南徽州府婺源縣為徵收錢粮事今據
嘉慶陸年分
除銀自封投櫃外合給印票執照歸農須至串者
嘉慶陸年　月　日給
縣
照門填串
嘉慶陸年分錢粮串票
下限執照
江南徽州府婺源縣為徵收錢粮事今據
甲花户
嘉慶陸年分
除銀自封投櫃外合給印票執照歸農須至串者
嘉慶陸年　月　日給
縣
照門填串
嘉慶陸年分錢粮串票

段莘乡大汜村 A 159 · 嘉庆六年 · 纳米执照 · 祥地

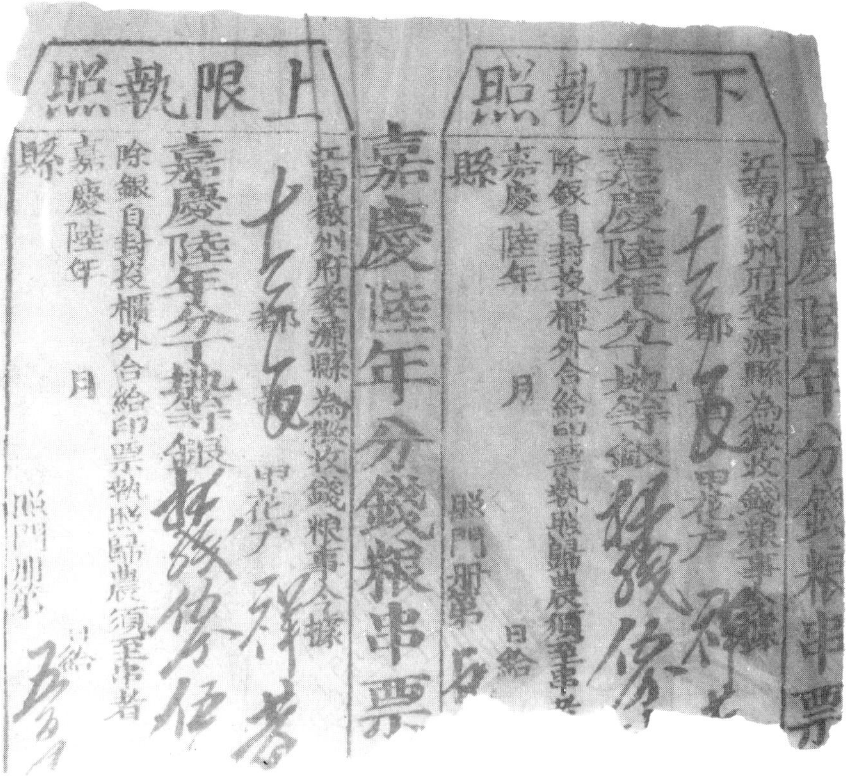

段莘乡大汜村 A 162 · 嘉庆六年 · 纳米执照 · 祥庵

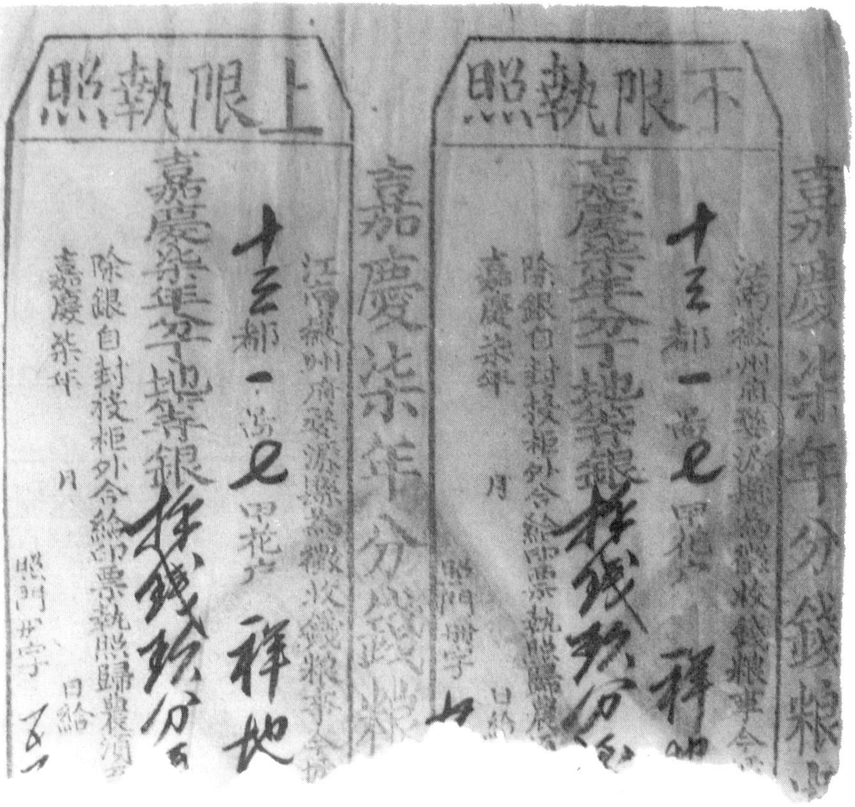
上限執照
十五都一啚七甲花户 祥地
嘉慶柒年分地丁銀 捌錢玖分
除銀自封投櫃外合給印票執照歸農須至
嘉慶柒年 月 日給
照門冊字

嘉慶柒年分錢糧

江南徽州府婺源縣為徵收錢糧事今據

下限執照
十五都一啚七甲花户 祥地
嘉慶柒年分地丁銀 捌錢玖分
除銀自封投櫃外合給印票執照歸農須至
嘉慶柒年 月 日給
照門冊字

段莘乡大汜村 A 160 · 嘉庆七年 · 纳米执照 · 祥地

納米執照

段莘乡大汜村 A 168 · 嘉庆七年 · 纳米执照 · 祥庵

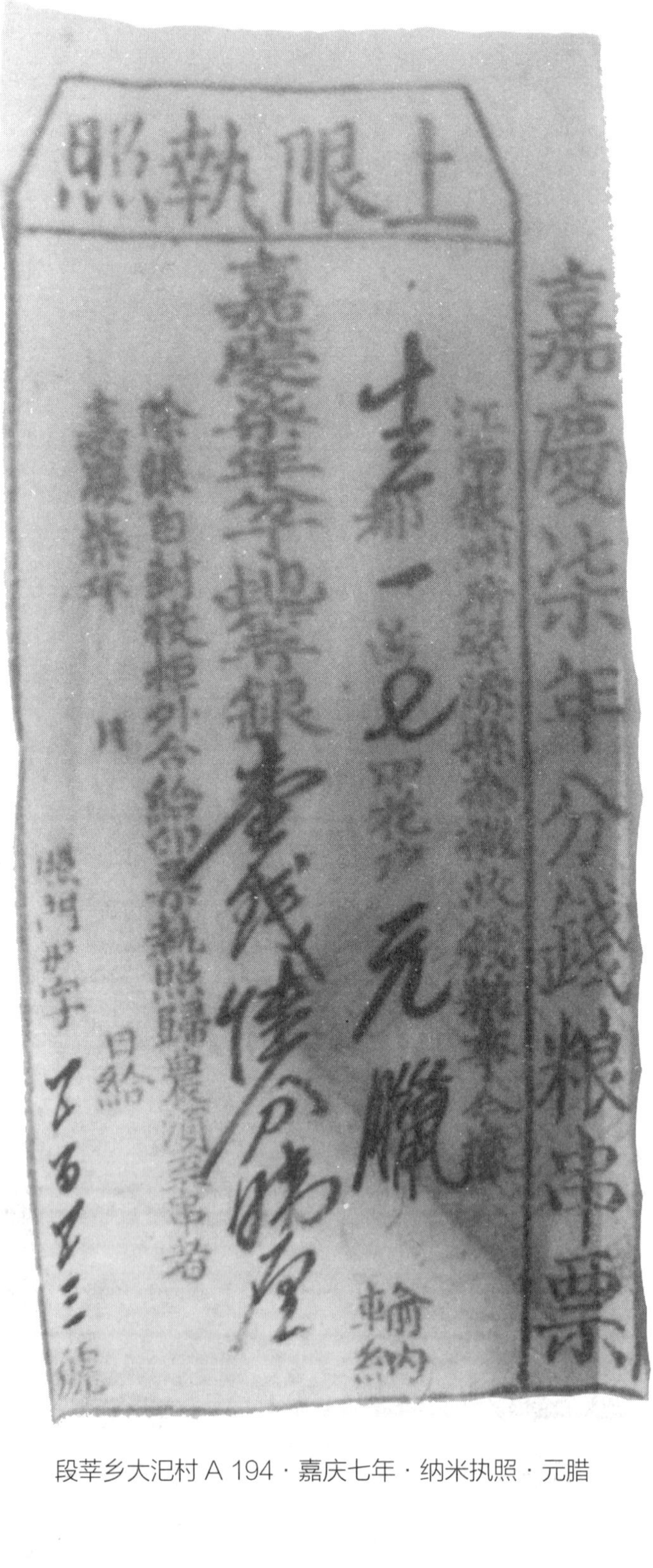
嘉慶柒年分錢粮串票

上限執照

江南徽州府歙縣為徵收錢粮事今據

十六都一啚七甲花户 元臘 輸納

嘉慶柒年分地丁銀 壹錢伍分

除解司封櫃外合給印票執照歸農須至串者

嘉慶柒年 月 日給

總河廿字 五百五三號

段莘乡大汜村 A 194 · 嘉庆七年 · 纳米执照 · 元腊

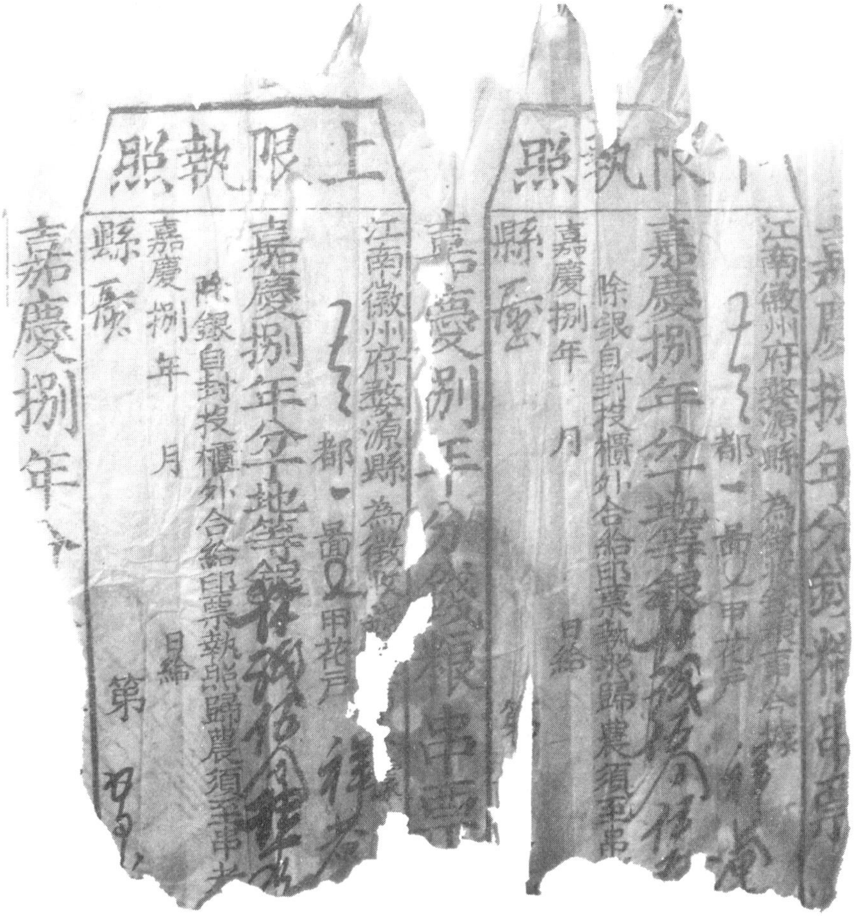

上限執照
江南徽州府婺源縣為徵收錢糧事
都一啚五甲花户 祥庵
嘉慶捌年分上地等銀
除銀自封投櫃外合給印票執照歸農須至串者
嘉慶捌年 月 日給
縣
第

下限執照
江南徽州府婺源縣為徵收錢糧事
都一啚五甲花户
嘉慶捌年分上地等銀
除銀自封投櫃外合給印票執照歸農須至串者
嘉慶捌年 月 日給
縣

段莘乡大汜村 A 178 · 嘉庆八年 · 纳米执照 · 祥庵

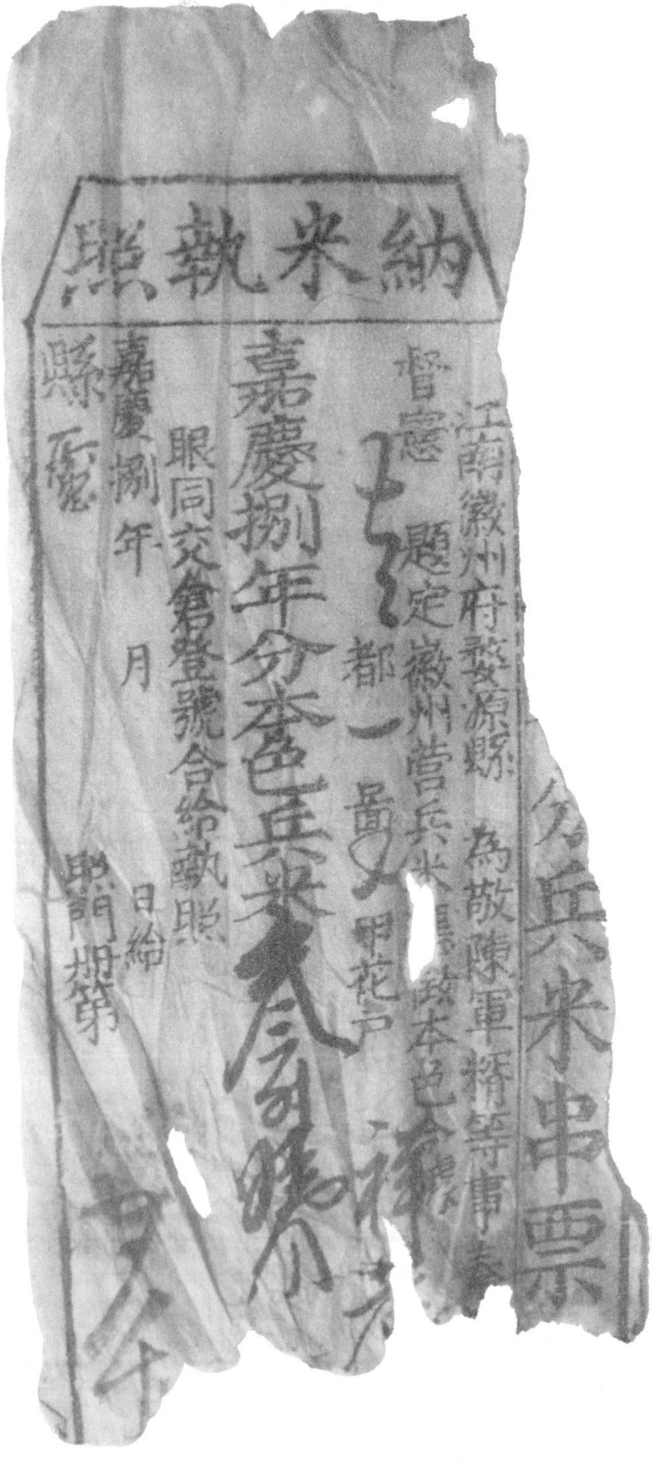

納米執照

江南徽州府婺源縣　為敬陳軍糈等事奉
督憲　題定徽州營兵米照數本色合辦
十七都一圖九甲花戶　祥
嘉慶捌年分奉邑兵米
眼同交倉登號合給執照
嘉慶捌年　月　日給
縣　聯冊第
分兵米串票

段莘乡大汜村 A 182 · 嘉庆八年 · 纳米执照 · 祥庵

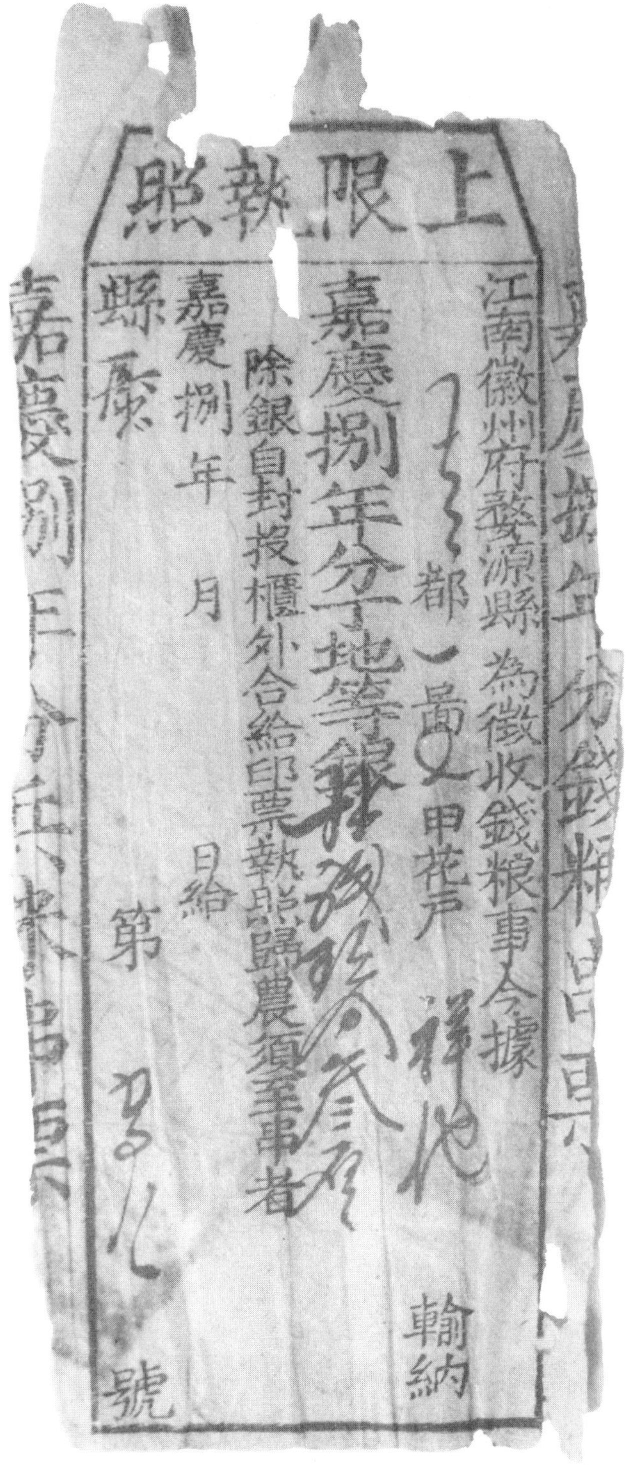

上限執照

江南徽州府婺源縣 為徵收錢粮事今據

十三 都 一 啚 又 甲花户 祥地 輸納

嘉慶捌年分丁地等銀 [illegible]

除銀自封投櫃外合給印票執照歸農須至串者

嘉慶捌年 月 日給

縣 歷 第 [illegible] 號

段莘乡大汜村 A 189・嘉庆八年・纳米执照・祥地

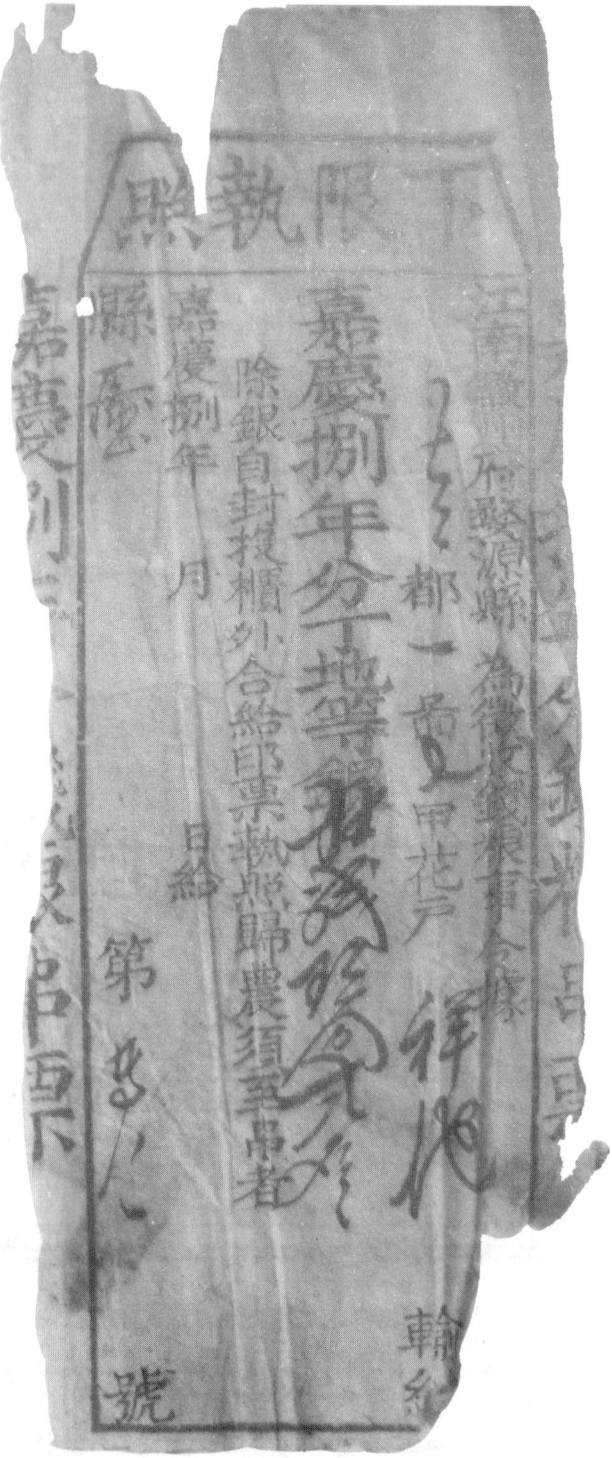

下限執照

江南徽州府婺源縣為催徵錢糧事今據

[illegible]都一圖 甲花戶 祥地

嘉慶捌年分下[illegible]

除銀自封投櫃外合給印票執照歸農須至串者

嘉慶捌年 月 日給

縣[illegible] 第[illegible]號

嘉慶捌[illegible]串票下

段莘乡大汜村 A 203 · 嘉庆八年 · 纳米执照 · 祥地

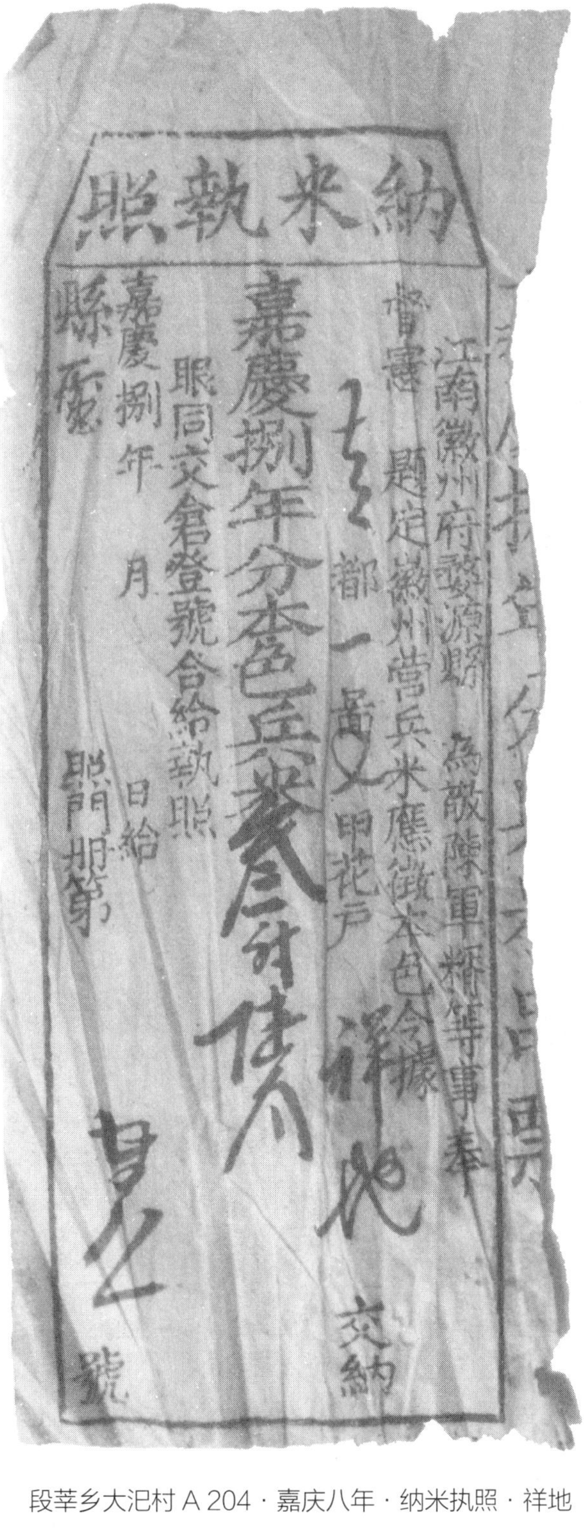

納米執照

江南徽州府婺源縣　為敬陳軍糈等事奉
督憲　題定徽州營兵米應徵本色給據
十五都一啚又甲花戶　祥地　交納
嘉慶捌年分本色兵米[illegible]
眼同交倉登號合給執照
嘉慶捌年　月　日給
縣　照開冊第[illegible]號

段莘乡大汜村 A 204 · 嘉庆八年 · 纳米执照 · 祥地

段莘乡大汜村 A 173 · 嘉庆九年 · 纳米执照 · 祥庵

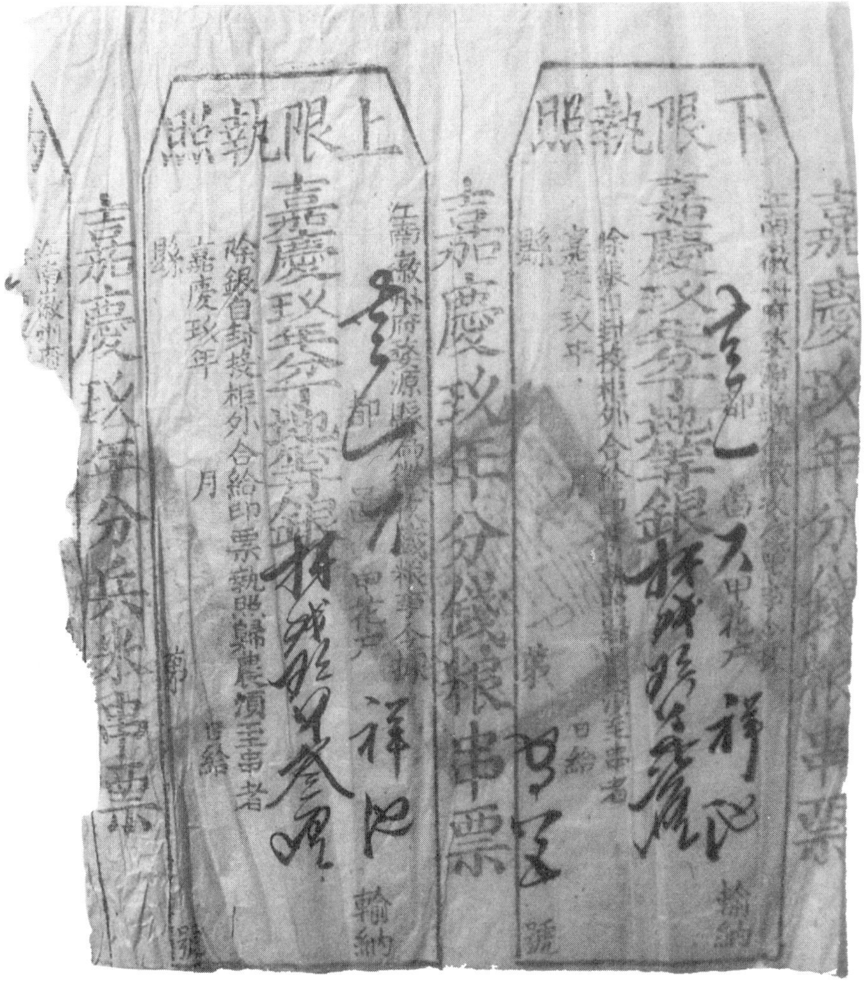

段莘乡大汜村 A 180 · 嘉庆九年 · 纳米执照 · 祥地

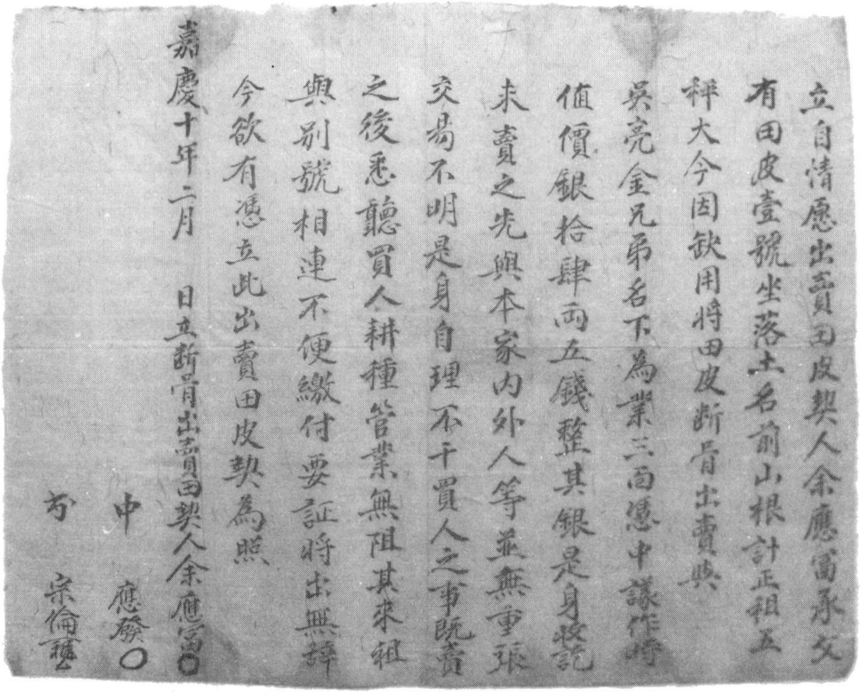
立自情愿出賣田皮契人余應富承父
有田皮壹號坐落土名前山根計正租五
秤大今因缺用將田皮斷骨出賣與
吳亮金兄弟名下為業三面憑中議作時
值價銀拾肆兩五錢整其銀是身收訖
未賣之先與本家內外人等並無重張
交易不明是身自理不干買人之事既賣
之後悉聽買人耕種管業無阻其來租
與別號相連不便繳付要証將出無辞
今欲有憑立此出賣田皮契為照
嘉慶十年二月　日立斷骨出賣田皮契人余應富○
中　應發○
方　宗倫書

段莘乡大汜村 A 138 · 嘉庆十年 · 断骨出卖田皮契 · 余应富卖与吴亮金兄弟

段莘乡大汜村 A 193 · 嘉庆十年 · 纳米执照 · 祥地

下限執照

十三都一甲 花户 祥地

嘉慶拾年分地丁銀

嘉慶十年 月 日給

縣

號

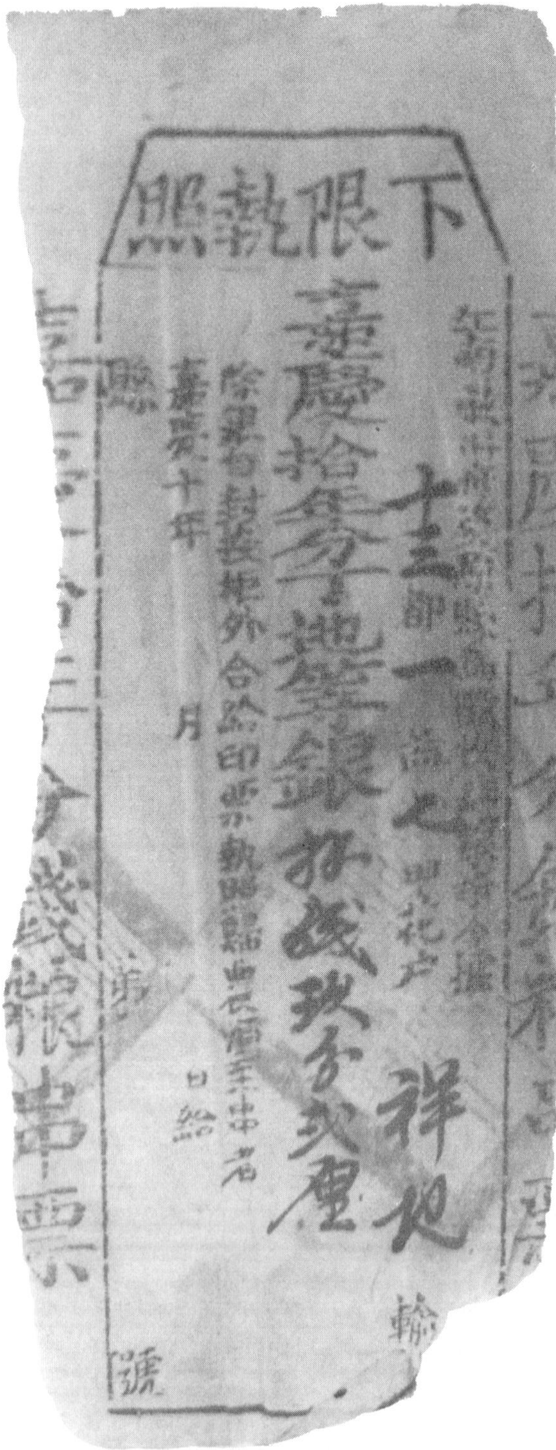

段莘乡大汜村 A 195 · 嘉庆十年 · 纳米执照 · 祥地

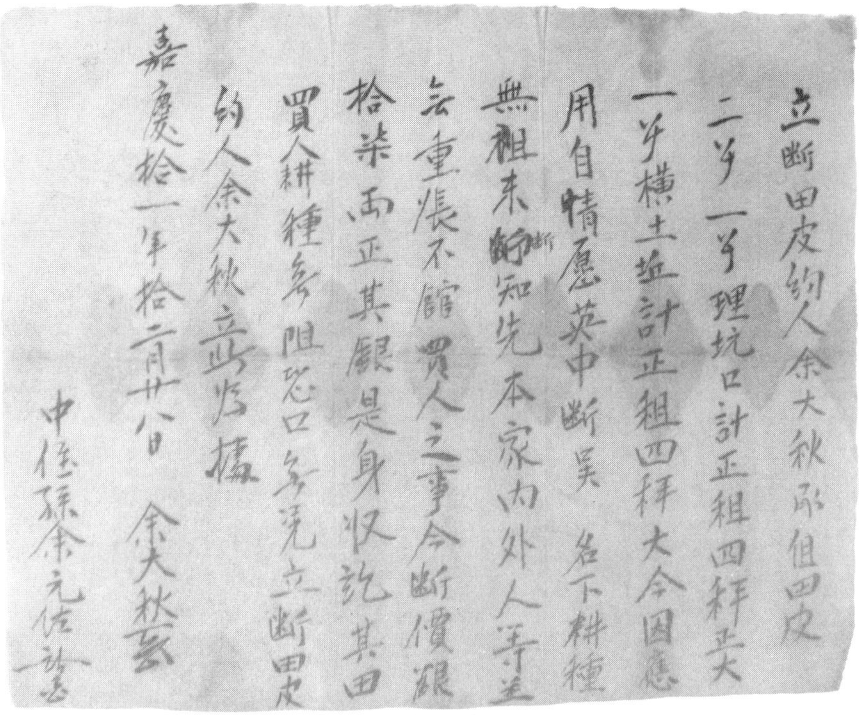
立断田皮约人余大秋所佃田皮
二号一号理坑口計正租四秤正大
一号横土垅計正租四秤大今因應
用自情愿央中断吴　名下耕種
無祖未断知先本家内外人等並
無重張不館買人之事今断價銀
拾柒两正其銀是身收訖其田
買人耕種無阻恐口無凭立断田皮
约人余大秋立此存據
嘉慶拾一年拾二月廿八日　余大秋（押）
中侄孫余元佐　[illegible]

段莘乡大汜村 A 216 · 嘉庆十一年 · 断田皮约 · 余大秋断与吴☐

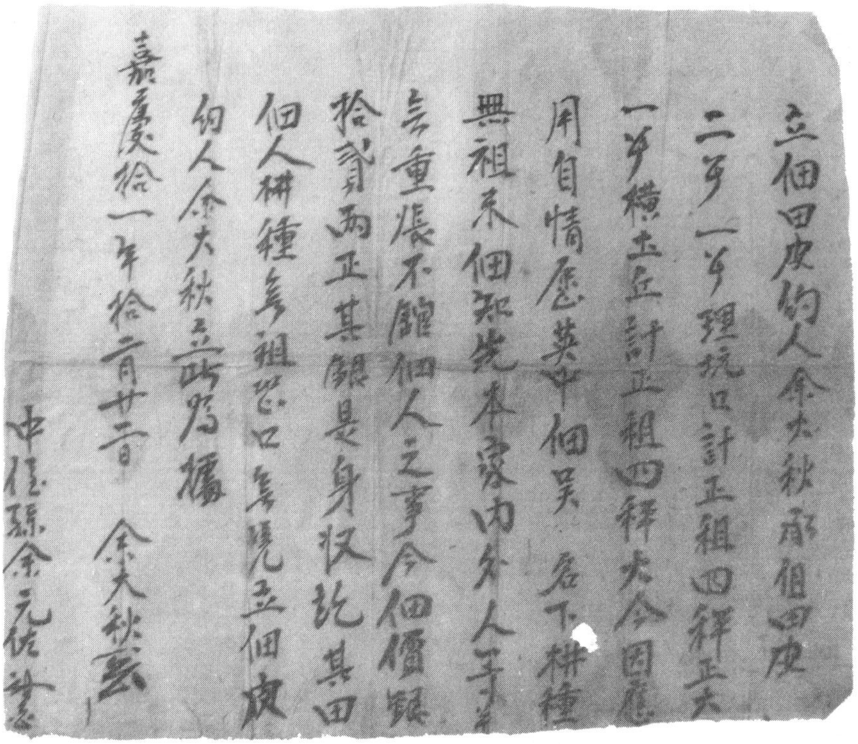
立佃田皮約人余大秋承佃田皮
二號一號理坑口計正租四秤正大
一號橫土丘計正租四秤大今因應
用自情願央中佃吳 名下耕種
無租系佃知先本家內外人等
言重張不能佃人之事今佃價銀
拾貳兩正其銀是身收訖其田
佃人耕種交租恐口無憑立佃皮
約人余大秋立此為據
嘉慶拾一年拾月廿二日 余大秋（押）
中侄孫余元佐（押）

段莘乡大汜村 A 217 · 嘉庆十一年 · 佃田皮约 · 余大秋佃与吴〼

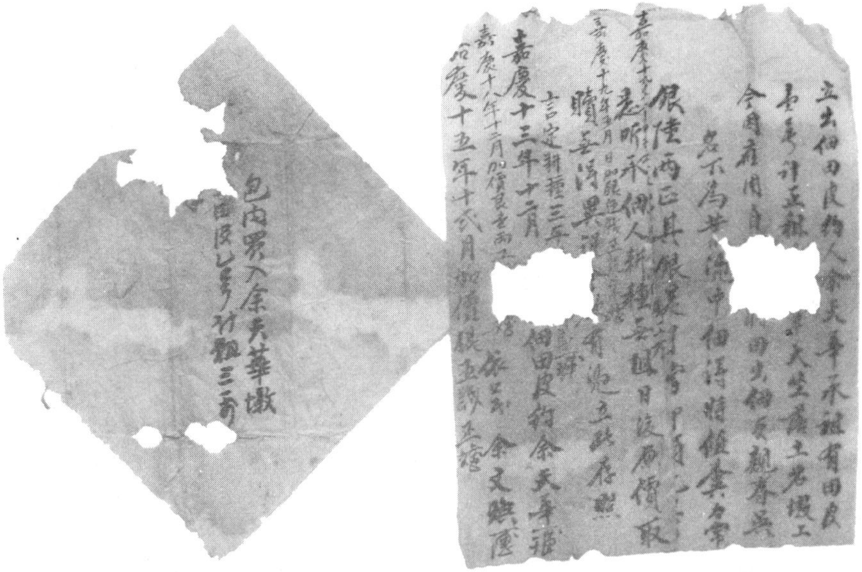

段莘乡大汜村 A 135 · 嘉庆十三年 · 出佃田皮约 · 余天华佃与亲眷吴☑

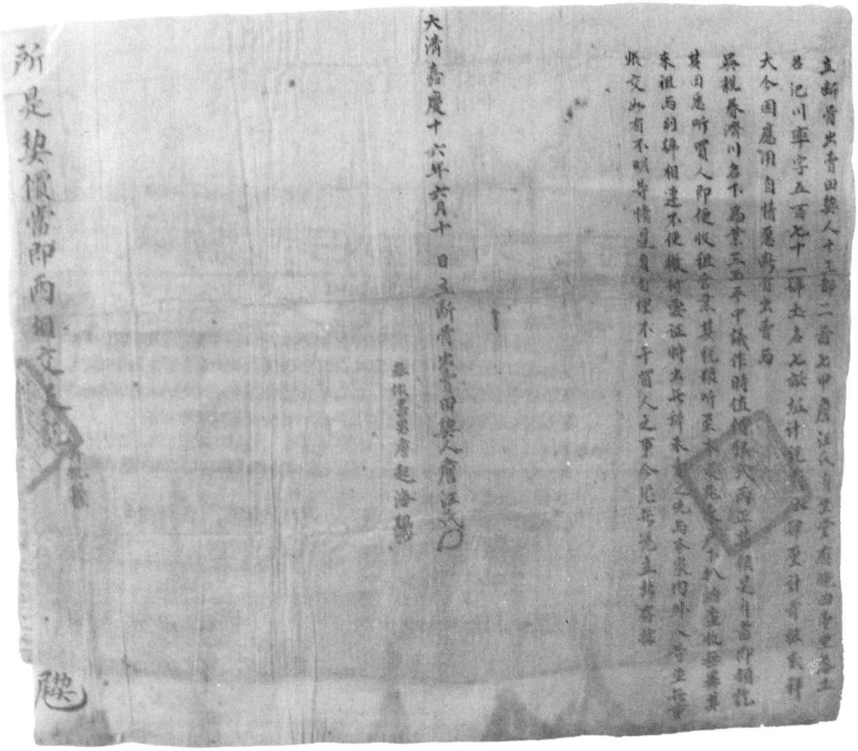

段莘乡大汜村 A 218 · 嘉庆十六年 · 断骨出卖田契 · 詹汪氏卖与吴亲眷济川

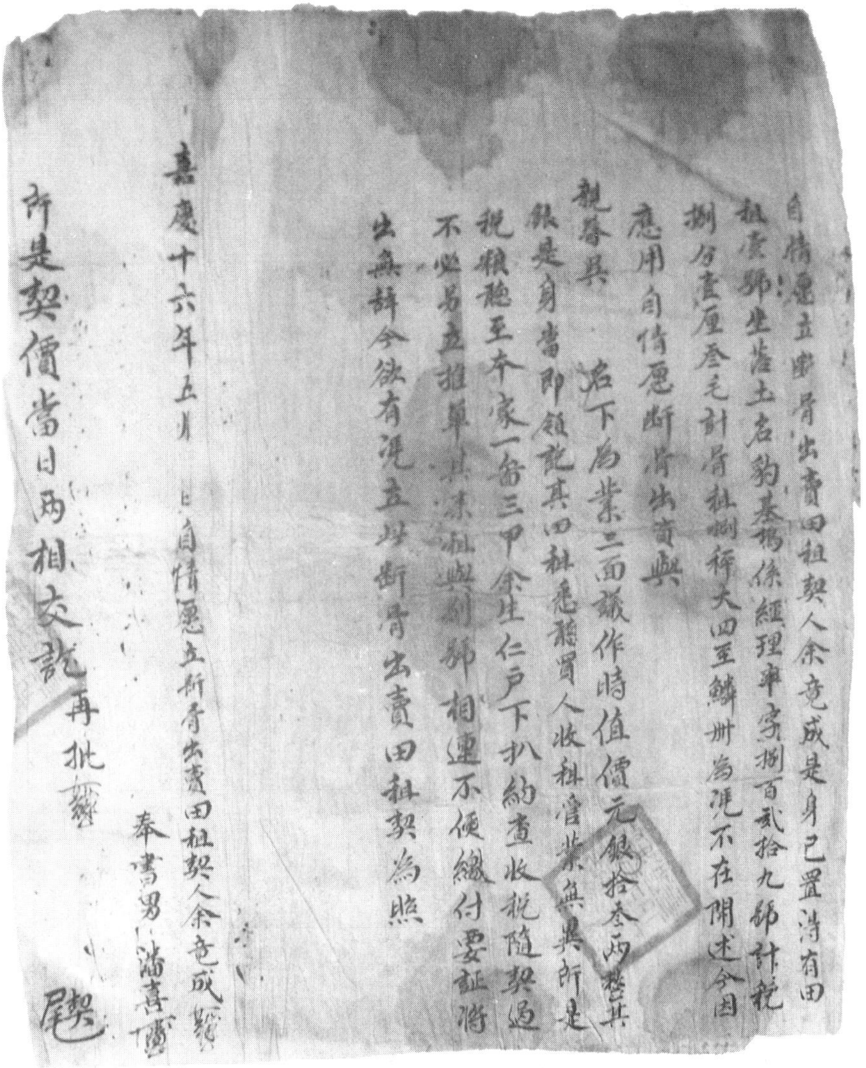
自情愿立断骨出賣田租契人余竟成，是身已置得有田
租，坐落土名豹基塢，係經理卑字捌百贰拾九号，計税
捌分壹厘叁毛，計骨租捌秤，大四至鱗册為凭，不在開述。今因
應用，自情愿断骨出賣與
親眷吴　名下為業，三面議作時值價元銀拾叁两整。其
銀是身當即領訖，其田租悉聽買人收租管業無異。所是
税粮聽至本家一都三甲余生仁戶下扒納查收，税随契過，
不必另立推單。其来歷與本家房邻相連，不便繳付，要証將
出無辞。今欲有凭，立此断骨出賣田租契為照。
嘉慶十六年五月　日自情愿立断骨出賣田租契人余竟成（押）
奉書男　涌壽（押）
所是契價當日兩相交訖。再批（押）
尾契

段莘乡大汜村 A 220 · 嘉庆十六年 · 断骨出卖田租契 · 余竟成卖与亲眷吴☐

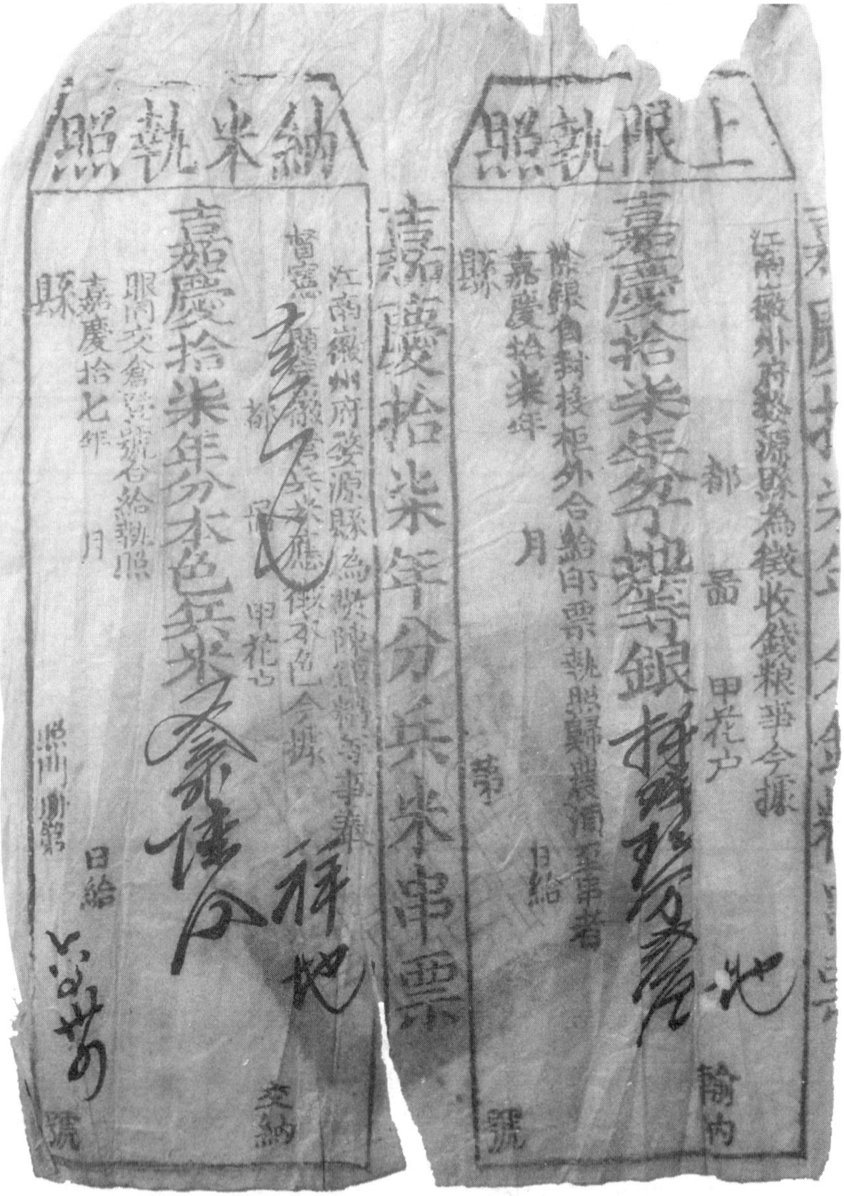
納米執照
江南徽州府婺源縣為徵收錢糧事奉
督憲 …… 都 圖 甲花戶 交納
嘉慶拾柒年分本色兵米
限內交倉照號給執照
嘉慶拾七年 月 日給
縣 號

嘉慶拾柒年分兵米串票

上限執照
江南徽州府婺源縣為徵收錢糧事今據 都 圖 甲花戶 輸納
嘉慶拾柒年分錢糧銀
除銀自封投櫃外合給印票執照須至串者
嘉慶拾柒年 月 日給
縣 第 號

段莘乡大汜村 A 179 · 嘉庆十七年 · 纳米执照 · 祥地

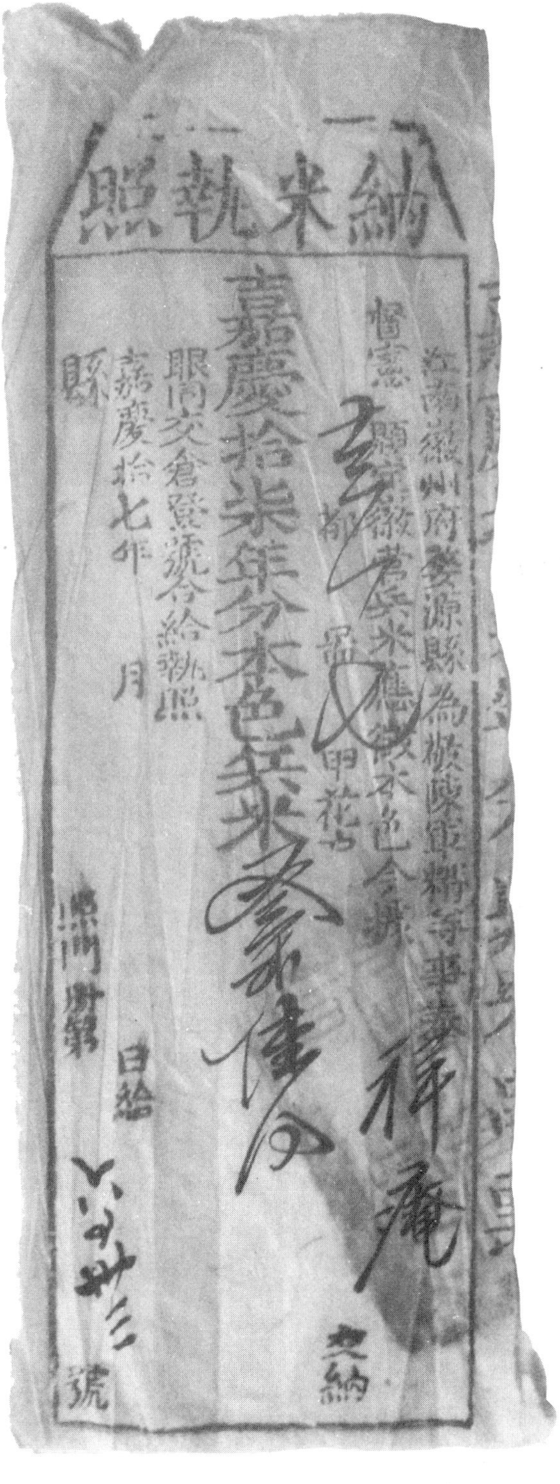
納米執照
江南徽州府婺源縣為徵收錢糧等事
督憲 題定徵收兵米應徵本色倉斛
都 啚 甲 花戶 祥庵
嘉慶拾柒年分本色兵米
照冊交倉照號給發執照
嘉慶拾柒年 月 日給
縣
號
完納
段莘乡大汜村 A 181 · 嘉庆十七年 · 纳米执照 · 祥庵

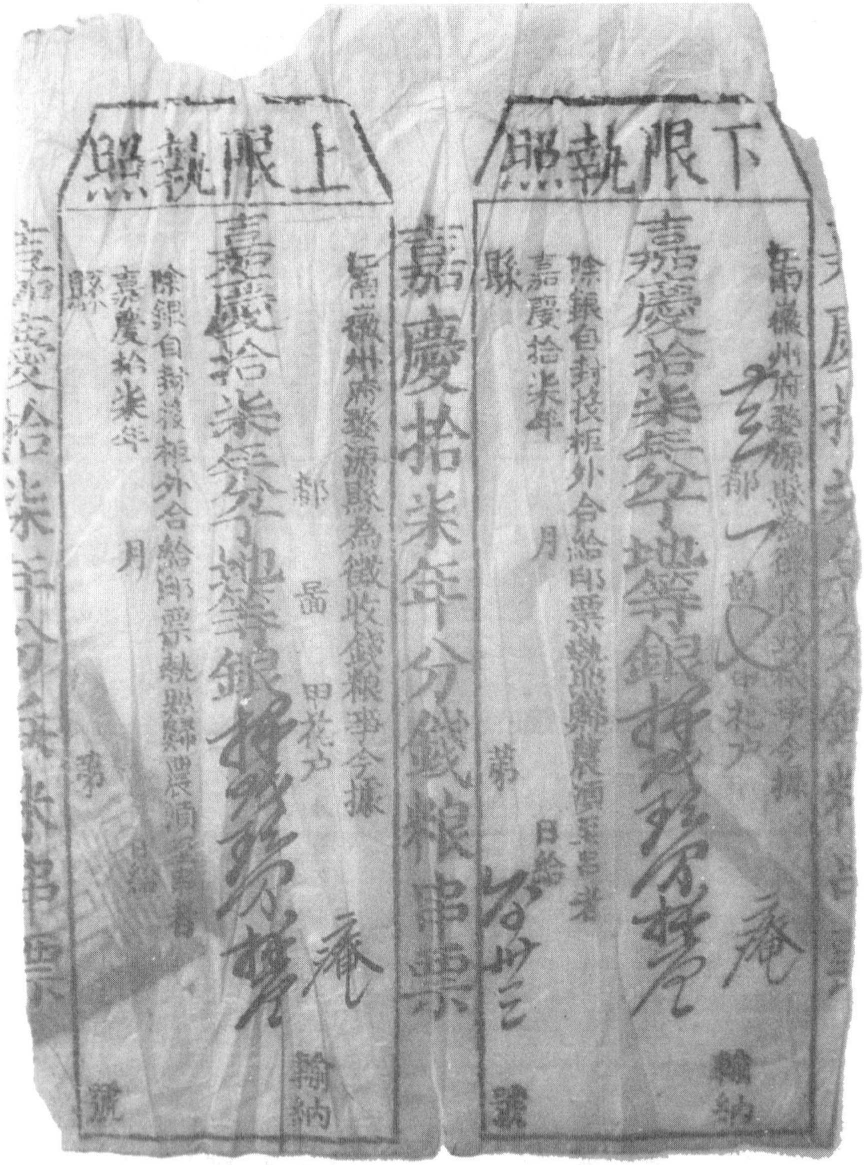

上限執照
徽州府婺源縣為徵收錢糧事今據
都 圖 甲花户 庵
嘉慶拾柒年分地丁銀
除銀自封投櫃外合給印票執照歸農須至票者
嘉慶拾柒年 月 日給
縣 第 號
輸納
嘉慶拾柒年分錢糧串票
下限執照
徽州府婺源縣為徵收錢糧事今據
都 圖 甲花户 庵
嘉慶拾柒年分地丁銀
除銀自封投櫃外合給印票執照歸農須至票者
嘉慶拾柒年 月 日給
縣 第 號
輸納

段莘乡大汜村 A 184 · 嘉庆十七年 · 纳米执照 · 祥庵

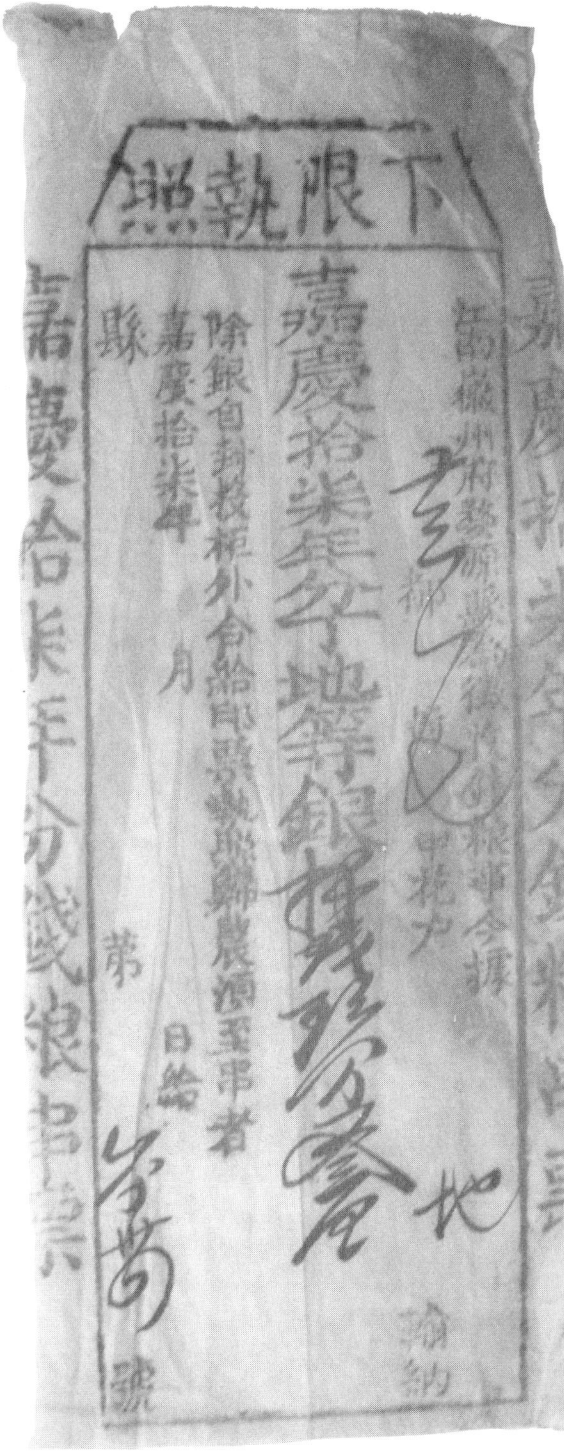
下限執照

嘉慶拾柒年分地丁錢糧

除銀自封投櫃外合給印票執照歸農須至串者

嘉慶拾柒年 月 日給

縣 第 號

段莘乡大汜村 A 188 · 嘉庆十七年 · 纳米执照 · 祥地

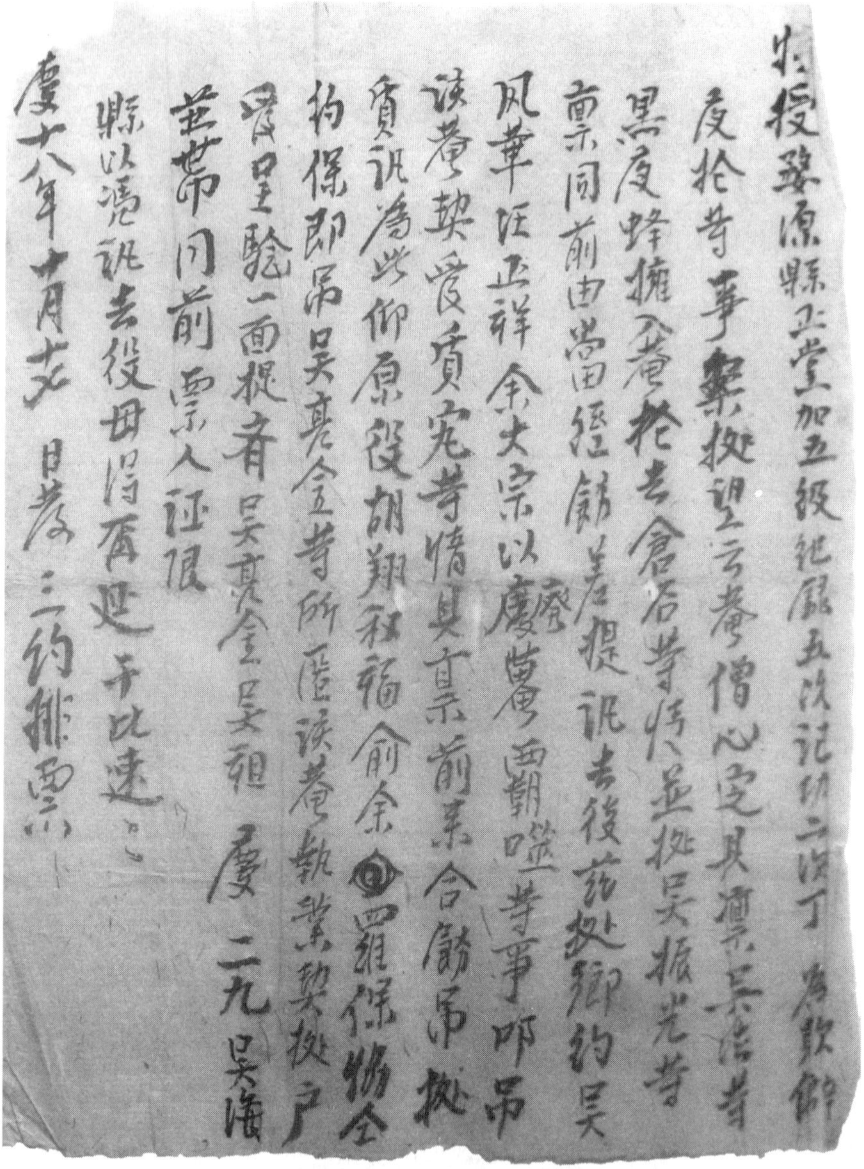
特授婺源縣正堂加五級紀錄五次記功二次丁 為欽飭
處搶等事案據望云庵僧心定具禀吳浩等
黑夜蜂擁入庵搶去倉谷等情並據吳振光等
禀同前由當經飭差提訊去後茲據鄉約吳
鳳華汪正祥余大宗以慶齋黨廣西關噬等事叩吊
該庵契產質究等情具禀前來合飭吊拘
質訊為此仰原役胡鄭和福會同余羅保協仝
約保即吊吳真全等所匿該庵執業契據戶
冊呈驗一面提齊吳真全吳祖慶二九吳淮
並帶同前票人證限
縣以憑訊去役毋得再延干比速速
慶十八年十月廿七日發 三約排票

段莘乡大汜村 A 72 · 嘉庆十八年 · 约排票

嘉慶拾捌年分
江南徽州府婺源縣
納米執照
奉憲 題定徽州營兵米
十三都一圖
嘉慶拾捌年分本色兵米
眼同交倉登號合給執照
嘉慶十八年 月 日給
照門冊第

段莘乡大汜村 A 144 · 嘉庆十八年 · 纳米执照 · 祥地

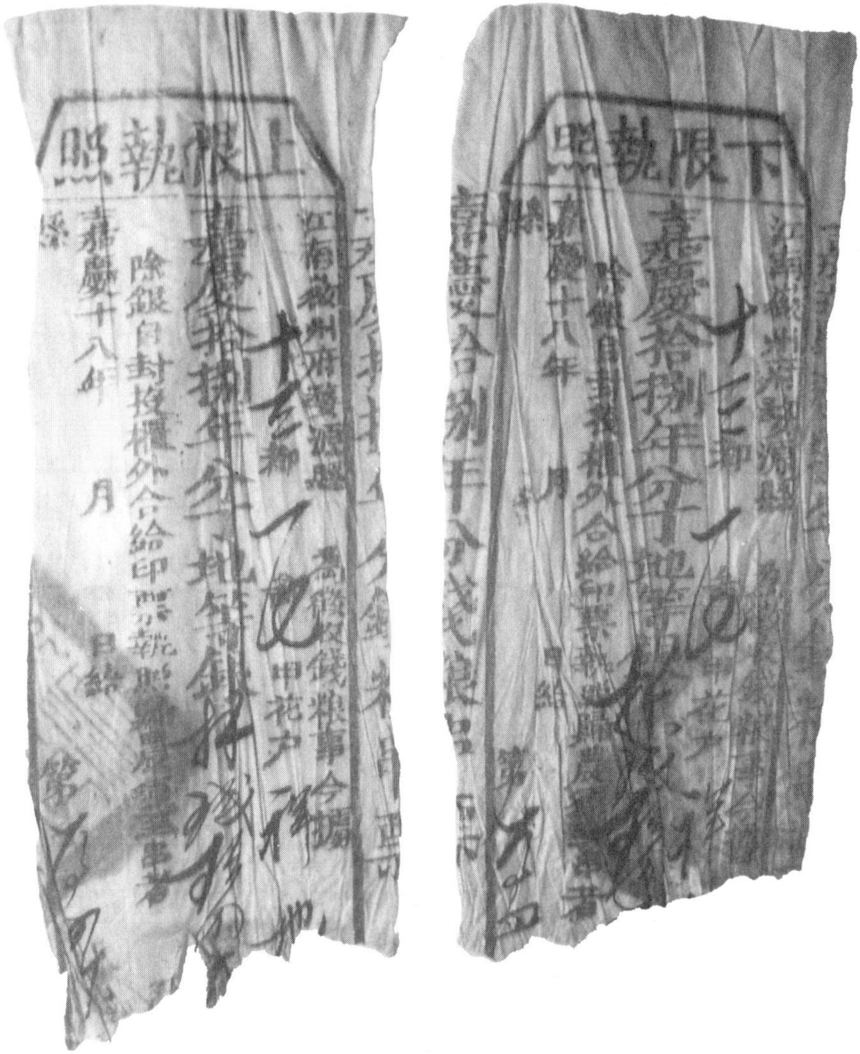

段莘乡大汜村 A 147 · 嘉庆十八年 · 纳米执照 · 祥地

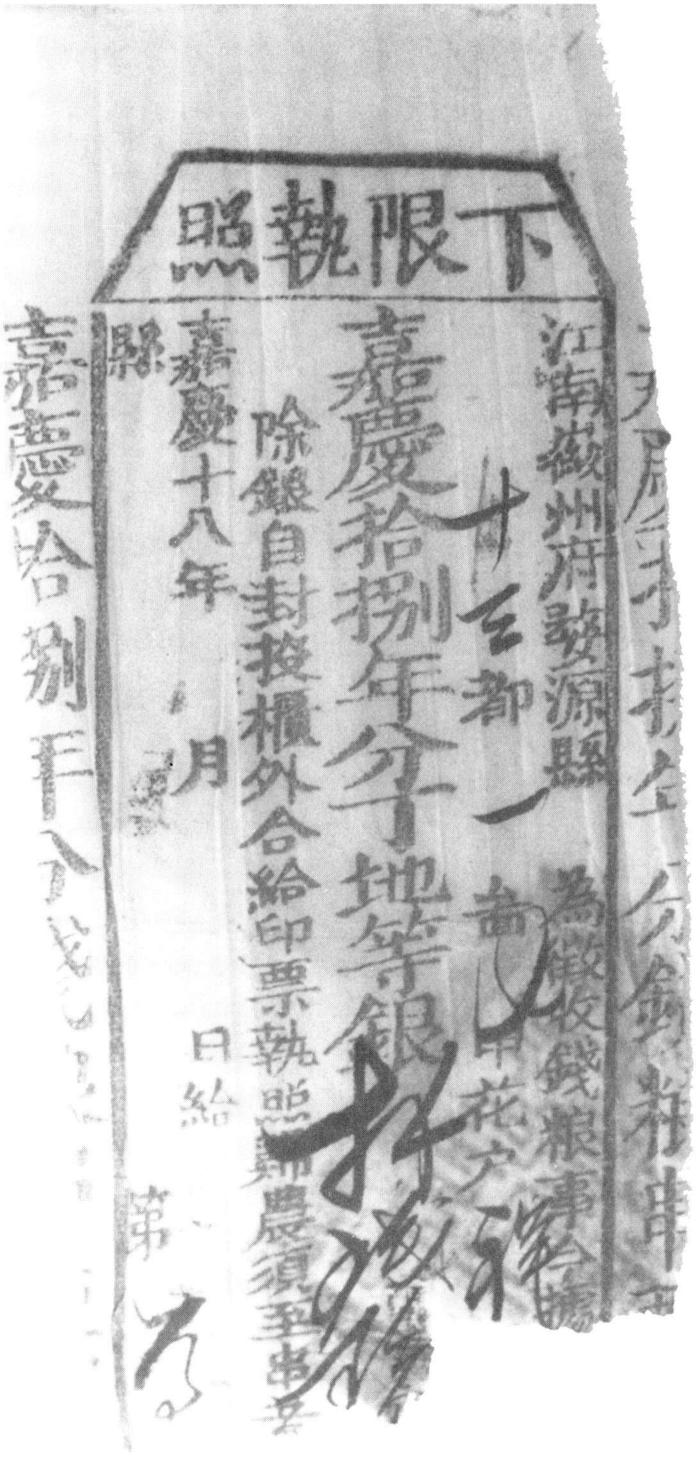

下限執照

江南徽州府婺源縣為徵收錢糧事今據

十五都一圖 甲花戶

嘉慶拾捌年分 地等銀

除銀自封投櫃外合給印票執照歸農須至串票

嘉慶十八年 月 日給

縣 第 號

嘉慶拾捌年

段莘乡大汜村 A 196 · 嘉庆十八年 · 纳米执照 · 祥⊡

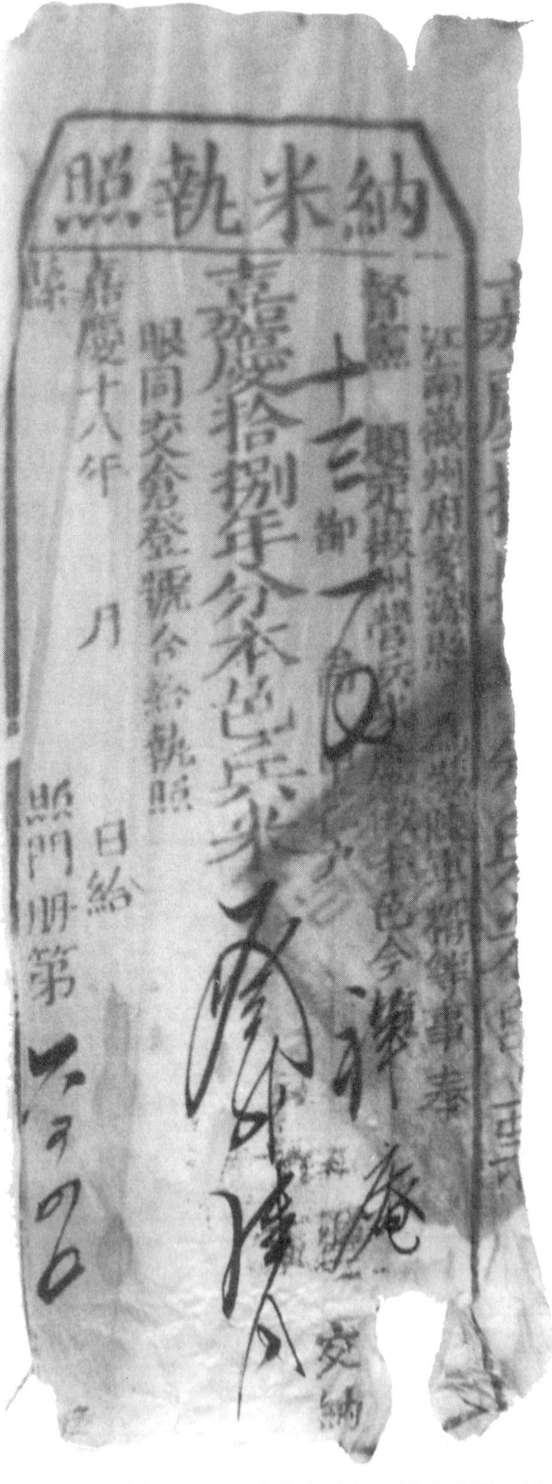
納米執照
嘉慶十八年 月 日給
照門冊第

段莘乡大汜村 A 197 · 嘉庆十八年 · 纳米执照 · 祥庵

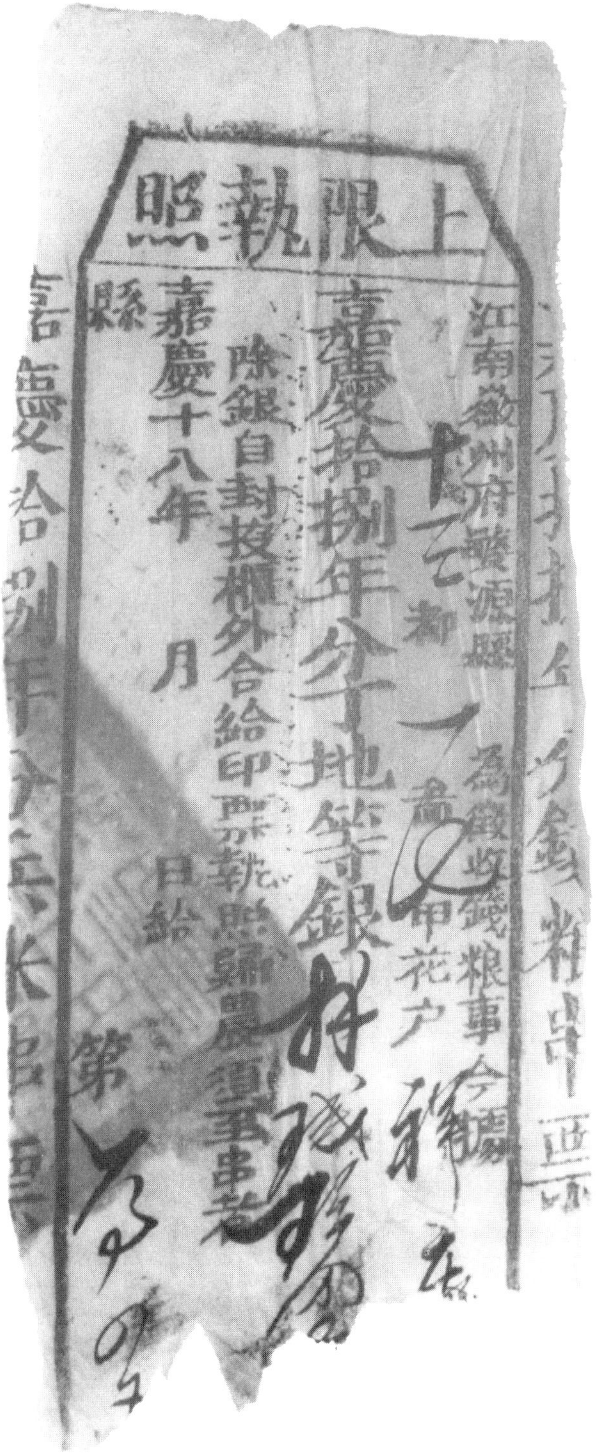

上限執照

江南徽州府婺源縣十六都一啚甲花户 爲徵收錢粮事今據

嘉慶拾捌年分丁地等銀

除銀自封投櫃外合給印票執照歸農須至串者

嘉慶十八年 月 日給

縣 第

段莘乡大汜村 A 198 · 嘉庆十八年 · 纳米执照 · 祥〼

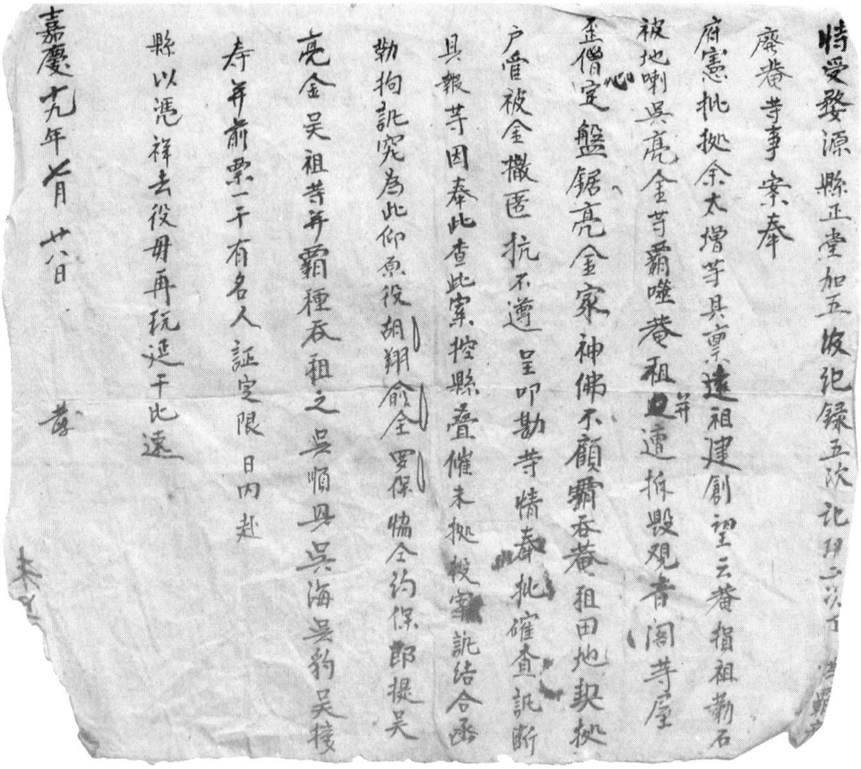
特受婺源縣正堂加五級紀録五次記功二次
廢菴等事案奉
府憲批據余太增等具禀遠祖建創望云菴捐祖勒石
被地喇吳亮金等霸噬菴祖並遭拆毀觀音閣等屋
歪僧定盤踞亮金家神佛不顧霸吞菴祖田地契據
户曾被金撤匿抗不遵呈叩勘等情奉批確查訊斷
具報等因奉此查此案控縣疊催未據投案訊結合亟
勒拘訊究為此仰原役胡翔俞全罗保協同约保即提吳
亮金吳祖等并霸種吞租之吳順毋吳海吳豹吳棧
等并前票一干有名人證定限日內赴
縣以憑詳去役毋再玩延干比速
嘉慶十九年七月廿六日

段莘乡大汜村 A 24 · 嘉庆十九年 · 判决批文

余太增、汪镀、汪汝五等词：京为乘间佯控，叩恳差提讯究，并详事。缘望云庵十方插批

租数数百，割谷千余，凡迎同地啊吴景金等霸庵产，强割稻谷，理阻触殴，掌仁爷勘验。

但该庵田稻未被吴姓强割者，仍有谷数百余秤，已沐勘明确凿，不与身等于本

月廿四日随仁爷赴邑，讵有近庵地匪俞狮等趁胴身等在县，垂涎来割田稻，遂于

廿六日晡时，唤党乌合，擁田竞割。适有坟川地保汪福溢等撞遇，原伯家，道由庵前，瞥见

狮等喝打割势如虎，令休勘未割之稻，尽扫无遗。汝欲理阻，惧触凶锋，次早向论，帽拒

不谐，前被吴等屠庵霸割尚在核理，狮等猖獗复聊，一至于此，非叩严究，效尤

无状。乞仁爷迅赏严差拘提俞狮等讯供，追赃究控，并叩粘详

嘉庆十九年八月 日呈

俞狮 餘先 查稿

证 汪福 汪法 等回擘 字先 多人 擁田扫割 [illegible]

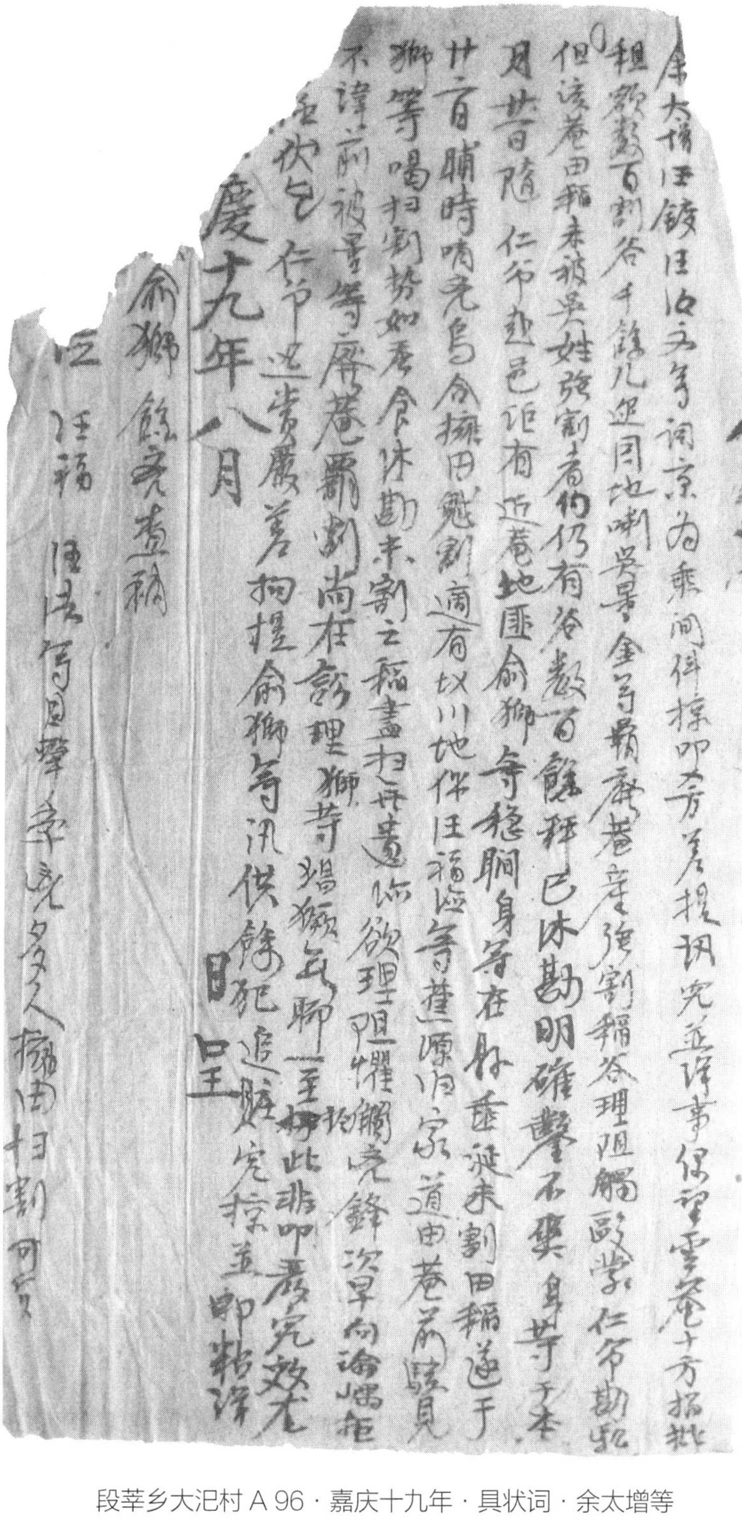

段莘乡大汜村 A 96 · 嘉庆十九年 · 具状词 · 余太增等

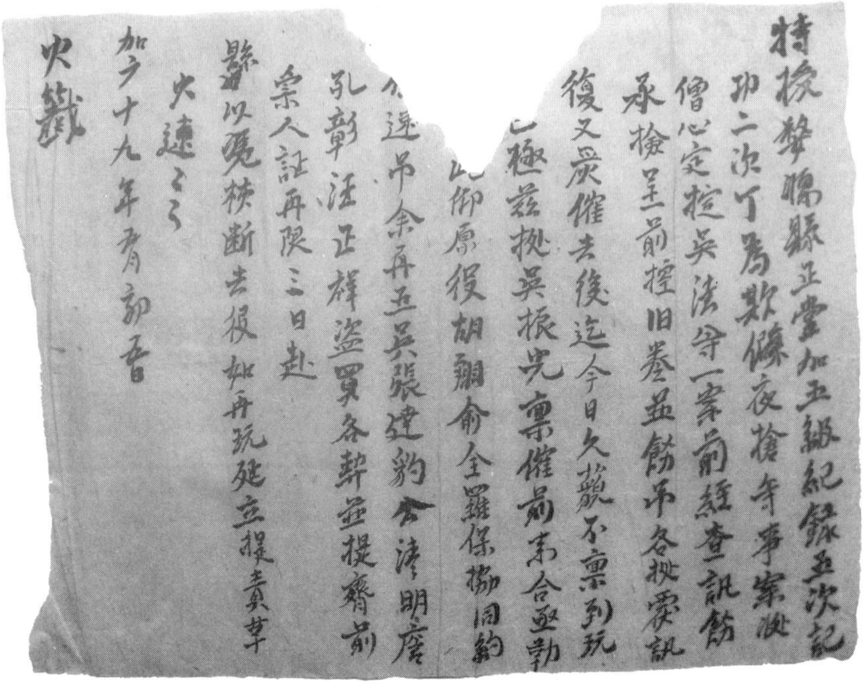
特授黟縣正堂加五級紀錄五次記
功二次丁　為欺儺夜搶奪事案准
僧心定控吳法守一案前經查訊飭
承檢呈前控旧卷並飭吊各批覆訊
復又屢催去後迄今日久藐不稟到玩
已極茲據吳振光稟催前來合亟勒
此仰原役胡翔俞全羅保協同約
[illegible]速吊余再五吳張建豹舍清明詹
孔彰汪正樺盜買各契並提齊前
案人証再限三日赴
縣以憑核斷去役如再玩延立提責革
火速〻〻
加广十九年五月初五日
火籤

段莘乡大汜村 A 104 · 嘉庆十九年 · 批文

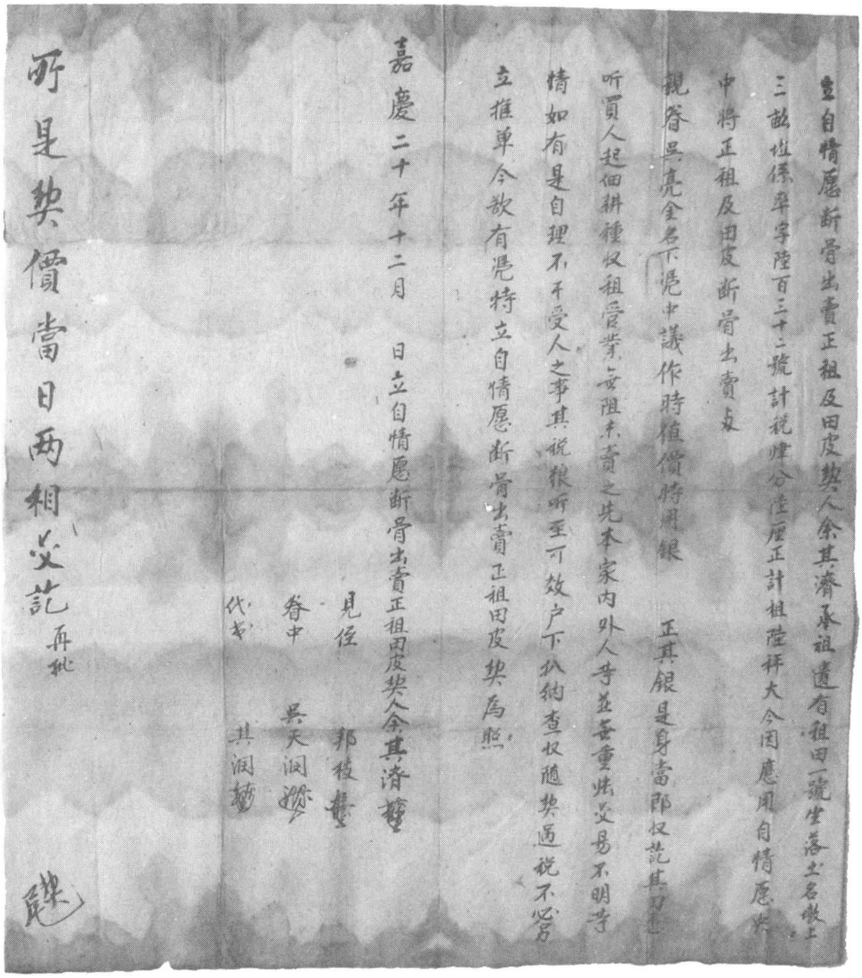

段莘乡大汜村 A 12 · 嘉庆二十年 · 断骨出卖正租及田皮契 ·
余其济卖与亲眷吴亮金

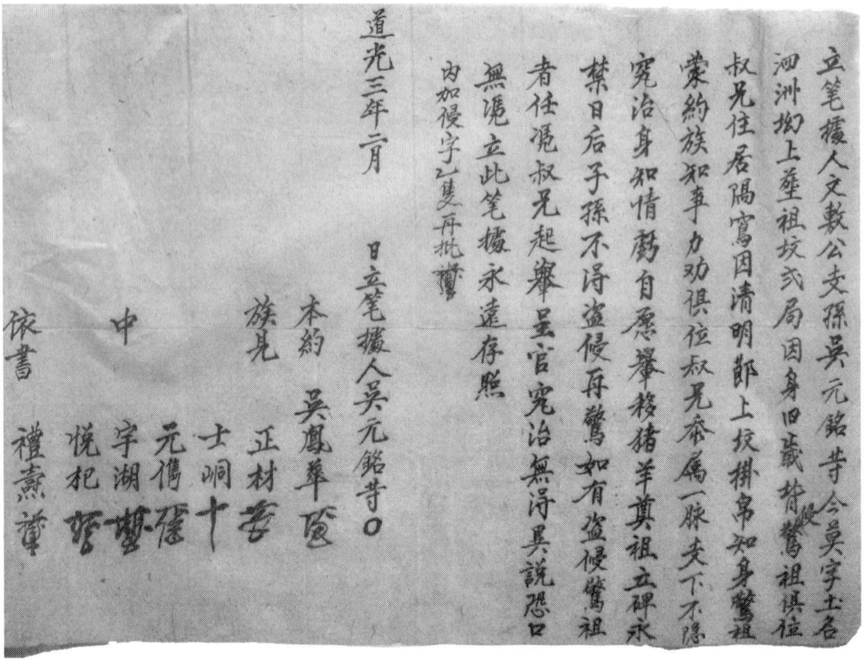

立笔據人文敷公支孫吴元銘等今吴字士名
泗洲坳上塋祖坟弍局因身旧歲背侵驚祖俱位
叔兄住居隔寓因清明節上坟掛帛知身驚祖
衆約族知事力劝俱位叔兄念属一脉支下不隱
究治身知情虧自愿攀移猪羊奠祖立碑永
禁日后子孫不得盜侵再驚如有盜侵驚祖
者任憑叔兄起攀呈官究治無得異說恐口
無憑立此笔據永遠存照
内加侵字一隻再批（押）
道光三年二月　日立笔據人吴元銘等（押）
本約　吴鳳華（押）
族兄　正材（押）　士峒十　元儁（押）
中　字湖（押）　悦杞（押）
依書　禮燾（押）

段莘乡大汜村 A 18 · 道光三年 · 笔据 · 文敷公支孙吴元铭等

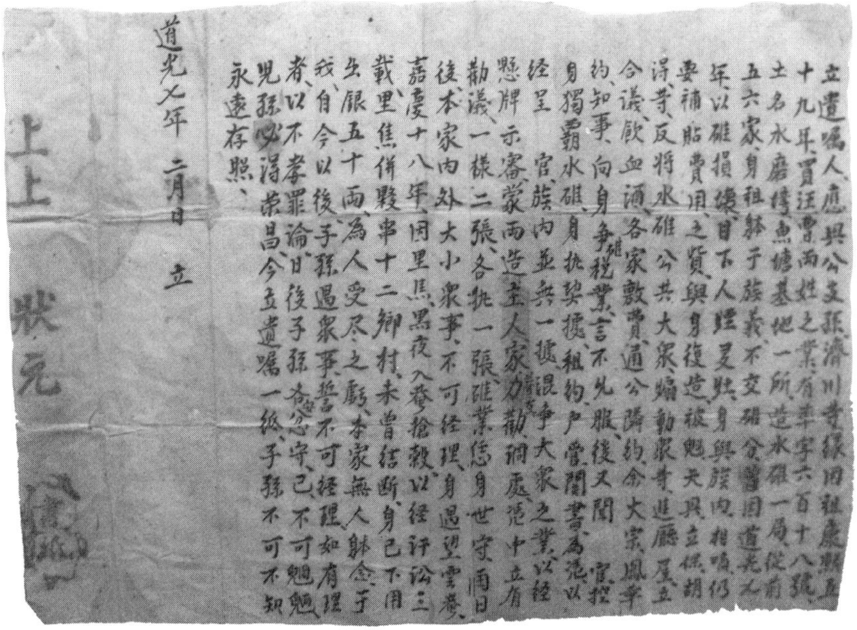

立遺囑人應興公支孫濟川等緣因祖康熙五
十九年買汪曹兩姓之業有草字六百十八號
土名水磨塘魚塘基地一所造水碓一局從前
五六家身祖輩于族義不交碓分曹因道光元
年以碓損壞目下人體受賍身與族內相嘀仍
要補貼費用之資與身復造被魁夫與立保胡
得芳反將水碓公共大衆煽動衆等進廳屋立
合議歃血酒各家數費通公隣約合大宗鳳章
約知事向身爭碓稅業言不允服後又聞官控
身獨霸水碓身執契據租約戶冊閹書為憑以
經呈官族內並無一據混爭大衆之業以經
懸牌示審蒙兩造主人家力勸调處憑中立有
勸議一樣二張各執一張碓業憑身世守爾日
後本家內外大小衆事不可經理身遇望雲巷
嘉慶十八年因里馬黑夜入巷搶殺以經訐訟三
載里焦併毀串十二鄉村未曾結斷身己不用
出限五十兩為人受尽之虧本家無人躰念于
我自今以後子孫遇衆事誓不可經理如有理
者以不孝罪論日後子孫各宜念守己不可魍魎
見孫必得榮昌今立遺囑一紙子孫不可不知
永遠存照

道光七年　二月日　立

上上　狀元

段莘乡大汜村 A 137 · 道光七年 · 遗嘱 · 应兴公支孙济川等

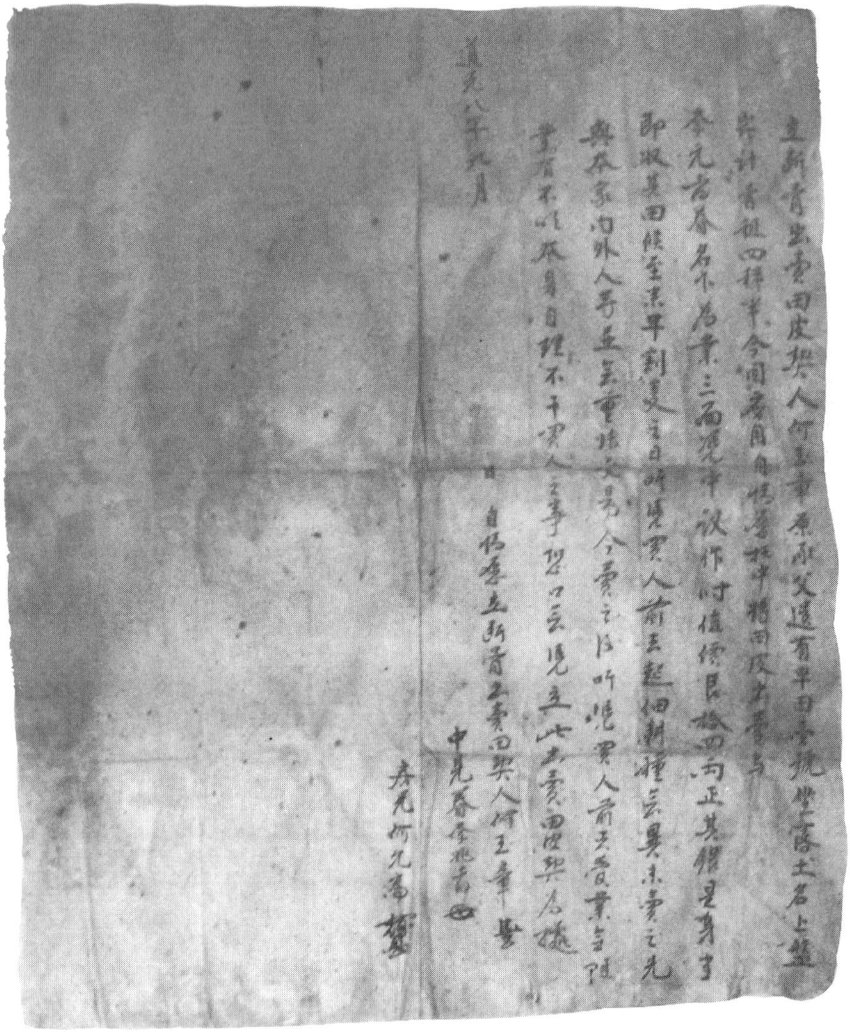

段莘乡大汜村 A 228 · 道光八年 · 断骨出卖田契 · 何玉章卖与李元亢（?）眷

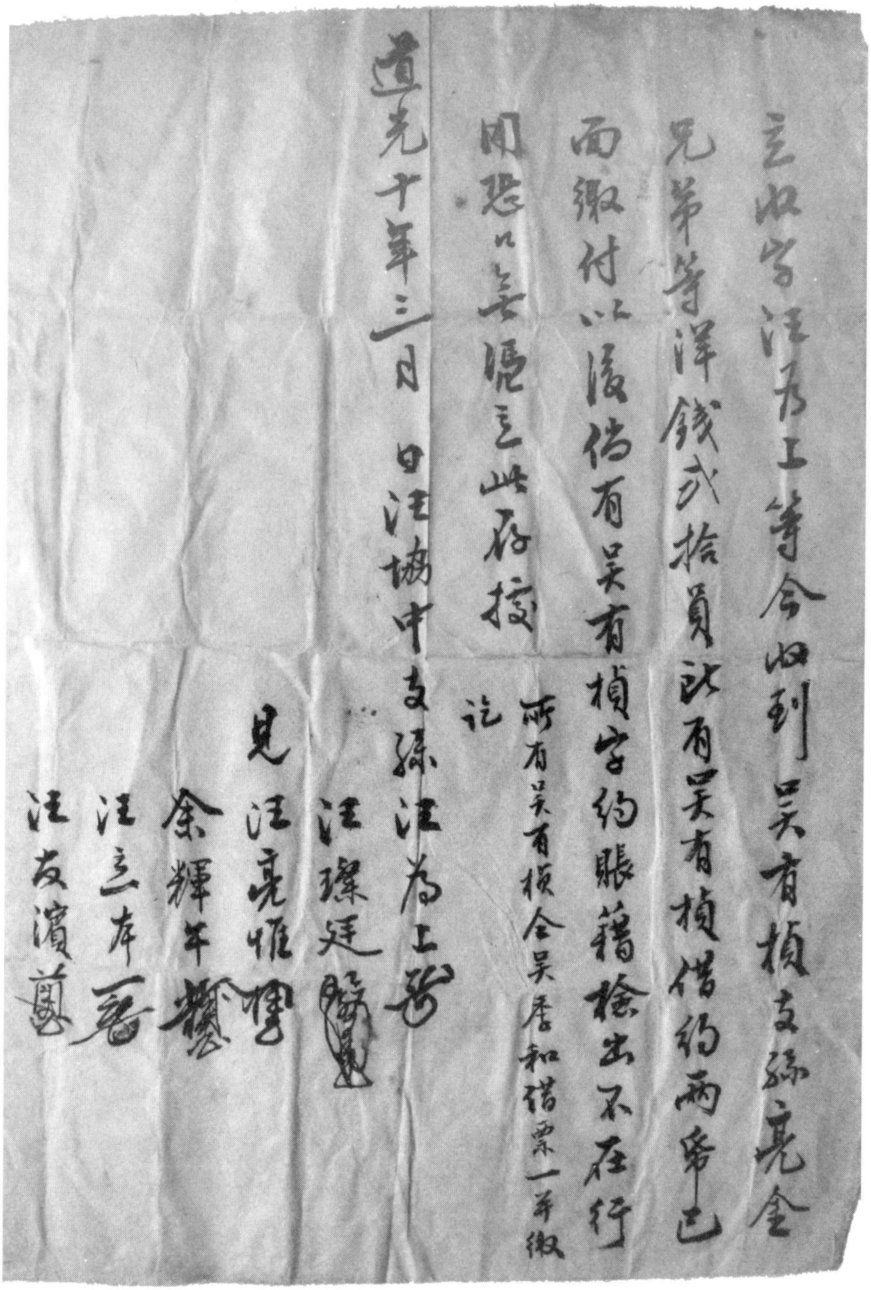

立收字汪為工等今收到吳有楨支孫亮金
兄弟等洋錢弍拾員前有吳有楨借約兩紙已
面繳付以後倘有吳有楨字約賬籍檢出不在行
所有吳有楨仝吳春和借票一并繳訖
用恐口無憑立此存據
道光十年三月　日汪協中支孫汪為工（押）
汪璨廷（押）
見　汪亮忱（押）
余輝年（押）
汪立本（押）
汪友濱（押）

段莘乡大汜村 A 130 · 道光十年 · 收字 · 汪为工等收到吴有桢支孙亮金兄弟等

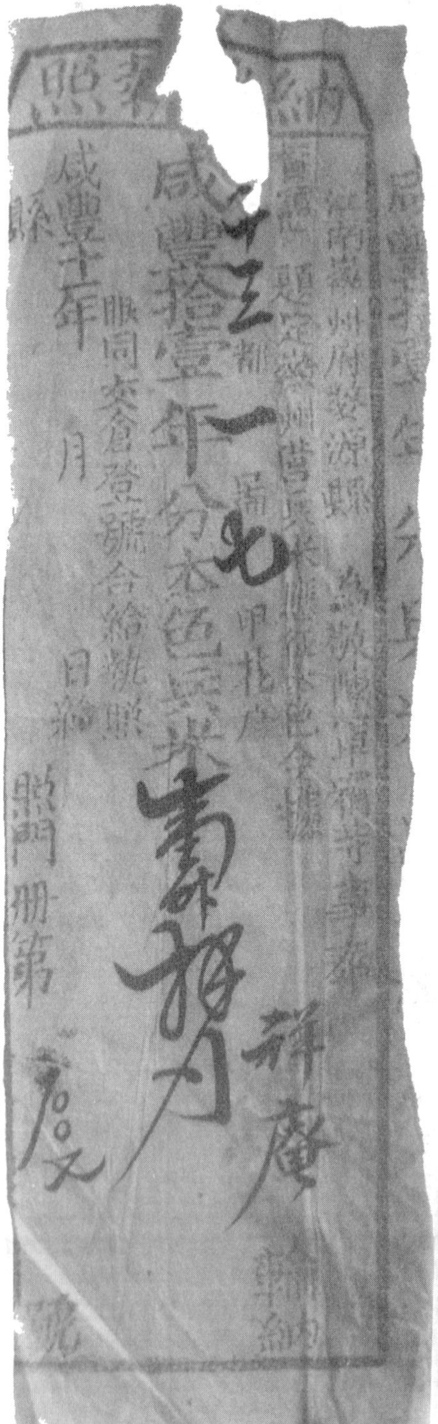
納米執照
咸豐拾壹年分
咸豐十一年 月 日給
祥庵

段莘乡大汜村 A 172 · 咸丰十一年 · 纳米执照 · 祥庵

納米執照

同治弍年分兵米串票

江南徽州府婺源縣 為撥除軍需事奉

督憲 題定徽州營兵米照征本色今據

十二都一啚九甲花户 祥庵 輸納

同治弍年分本色兵米

照同發登號給執照

同治二年 月 日給

縣 號

段莘乡大汜村 A 158 · 同治二年 · 纳米执照 · 祥庵

段莘乡大汜村 A 148 · 同治五年 · 纳米执照 · 祥云

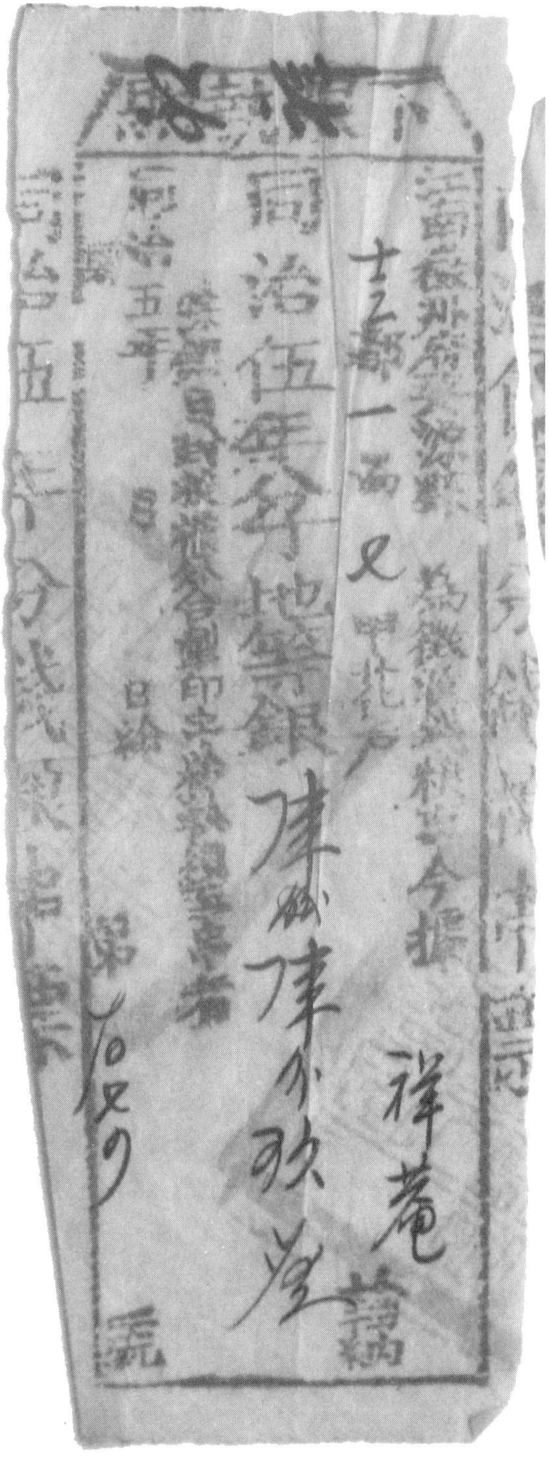

段莘乡大汜村 A 154 · 同治五年 · 纳米执照 · 祥庵

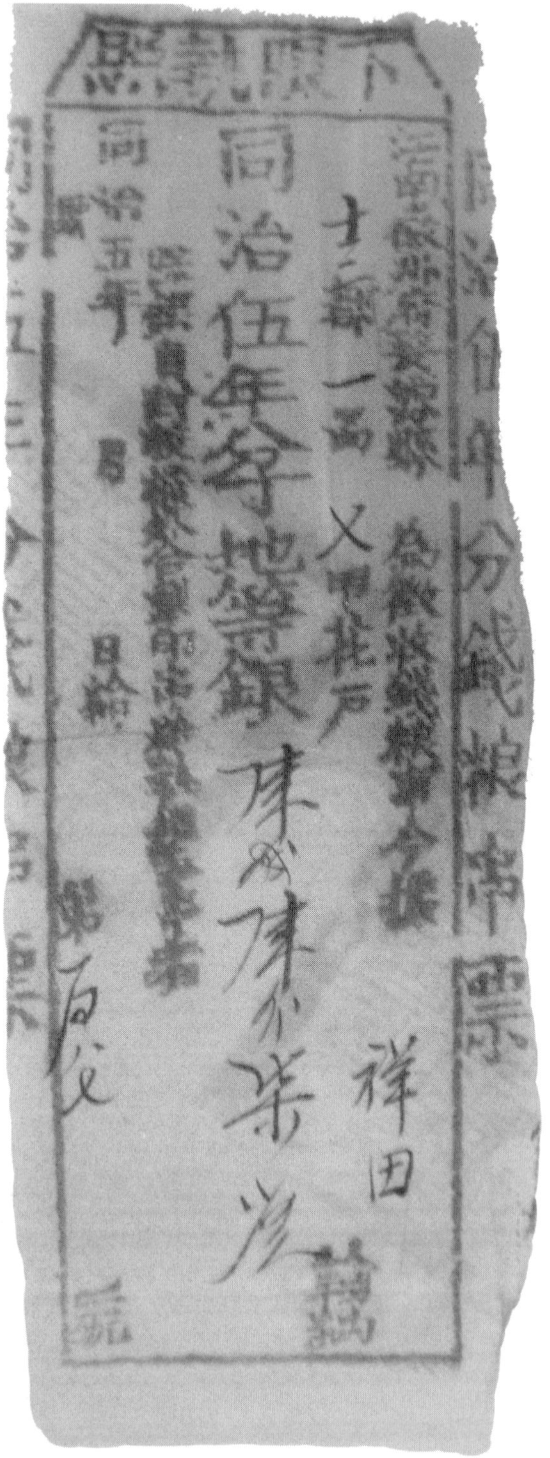
下限執照
同治伍年分錢粮串票
同治伍年分地丁銀
祥田
同治五年　月　日給

段莘乡大汜村 A 199 · 同治五年 · 纳米执照 · 祥田

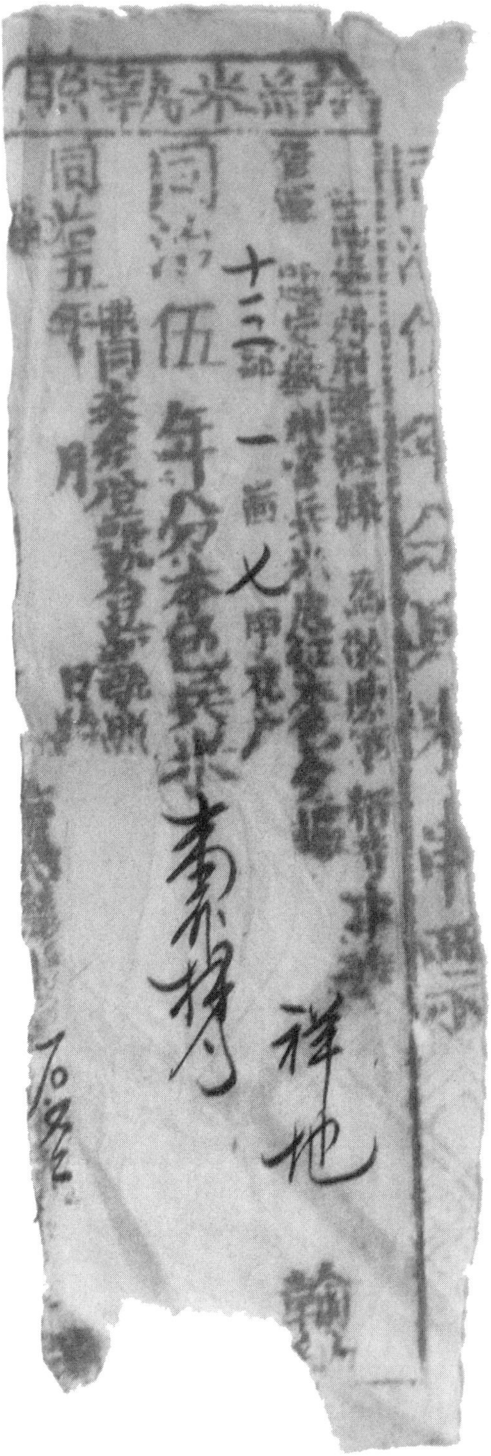
給納米執照
十三都一圖七甲花户
同治伍年分本色米
祥地
同治五年　月

段莘乡大汜村 A 207 · 同治五年 · 纳米执照 · 祥地

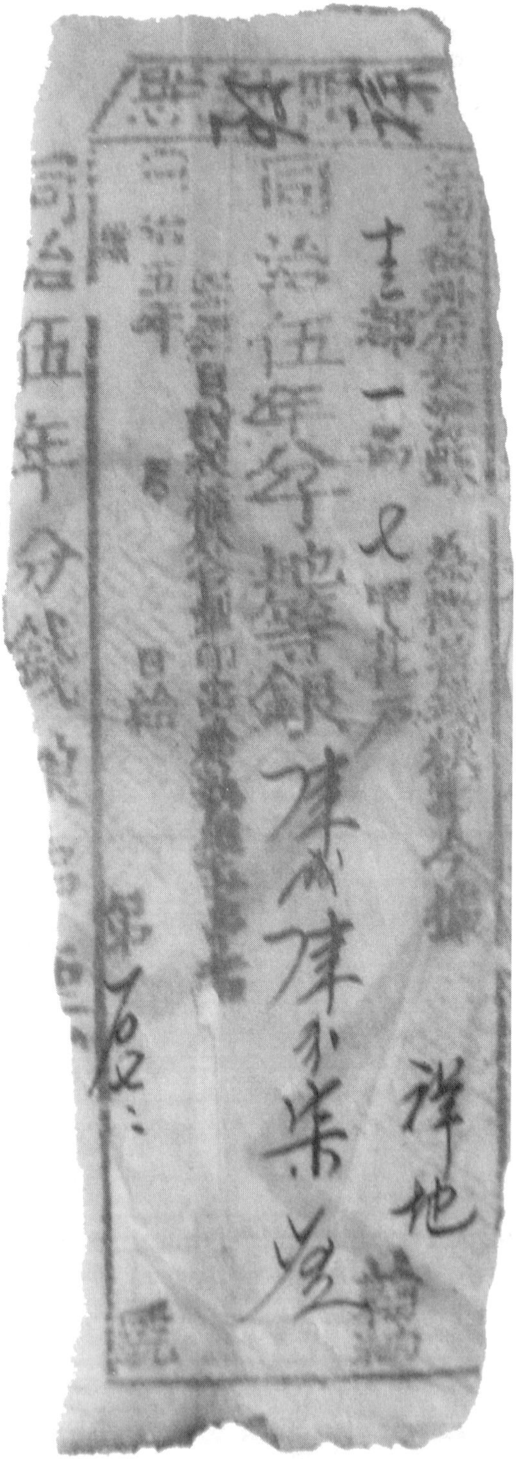

段莘乡大汜村 A 208 · 同治五年 · 纳米执照 · 祥地

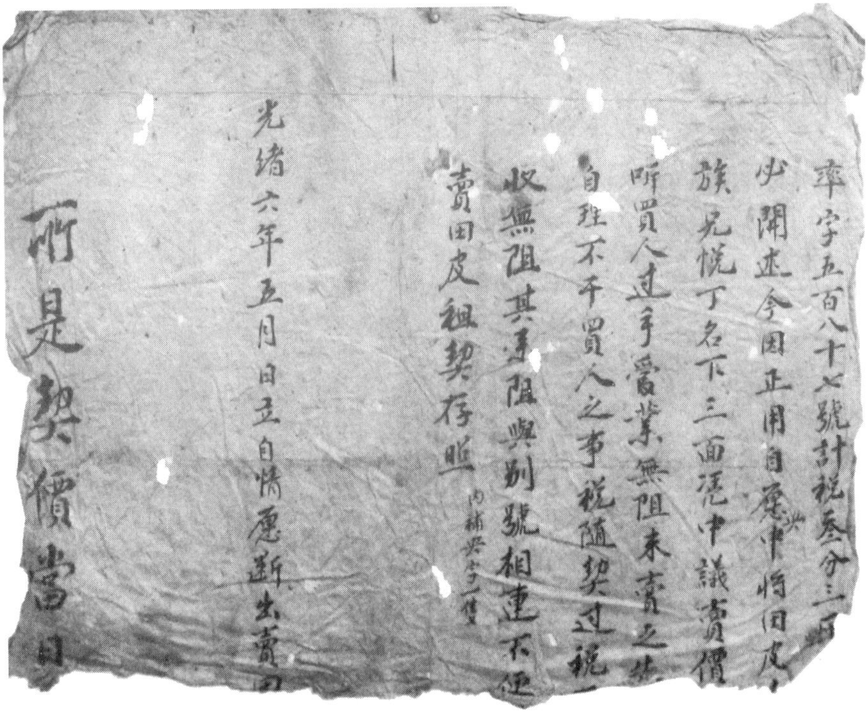
率字五百八十七號計税叁分三
坵開述今因正用自愿浼中將田皮
族兄悦丁名下三面憑中議賣價
听買人过手管業無阻未賣之先
自理不干買人之事税隨契过税
收無阻其手阻與别號相連不便
賣田皮租契存照
内補要字一個
光绪六年五月日立自情愿断出賣田
听是契價當日

段莘乡大汜村 A 44 · 光绪六年 · 断骨出卖田皮租契 · ☐出卖与族兄悦丁

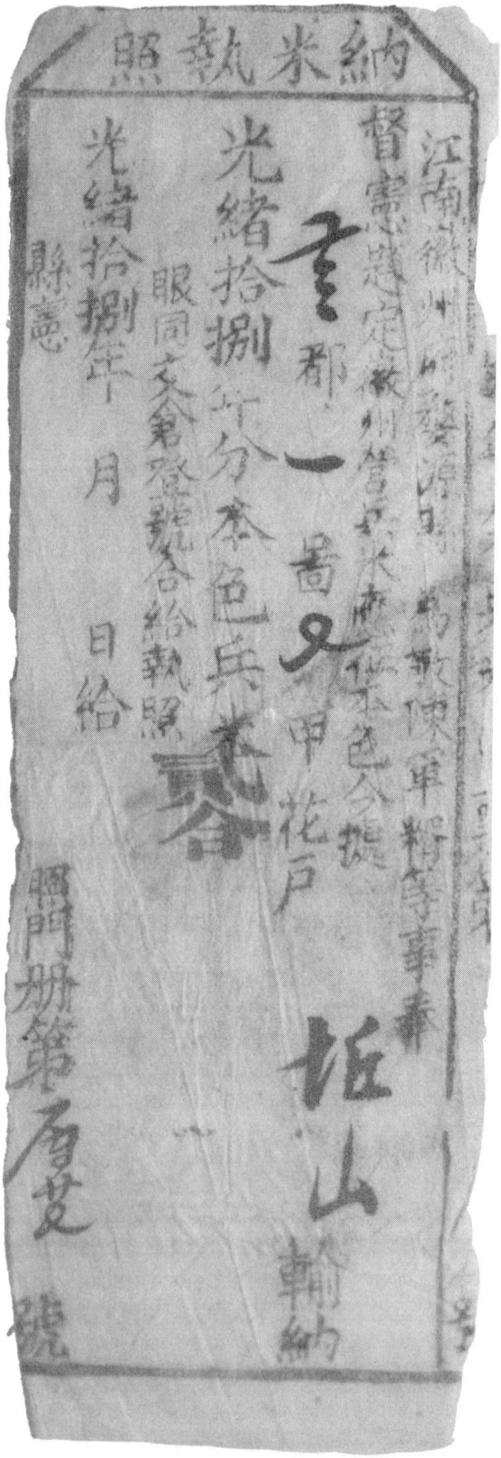
納米執照

江南徽州府婺源縣為徵收陳單糧等事奉

督憲題定徽州營兵米照依本色分撥

十都一啚又甲花戶坵山輸納

光緒拾捌年分本色兵米貳合

眼同文第 號合給執照

光緒拾捌年 月 日給

縣憲

照門冊第 號

段莘乡大汜村 A 152 · 光绪十八年 · 纳米执照 · 坵山

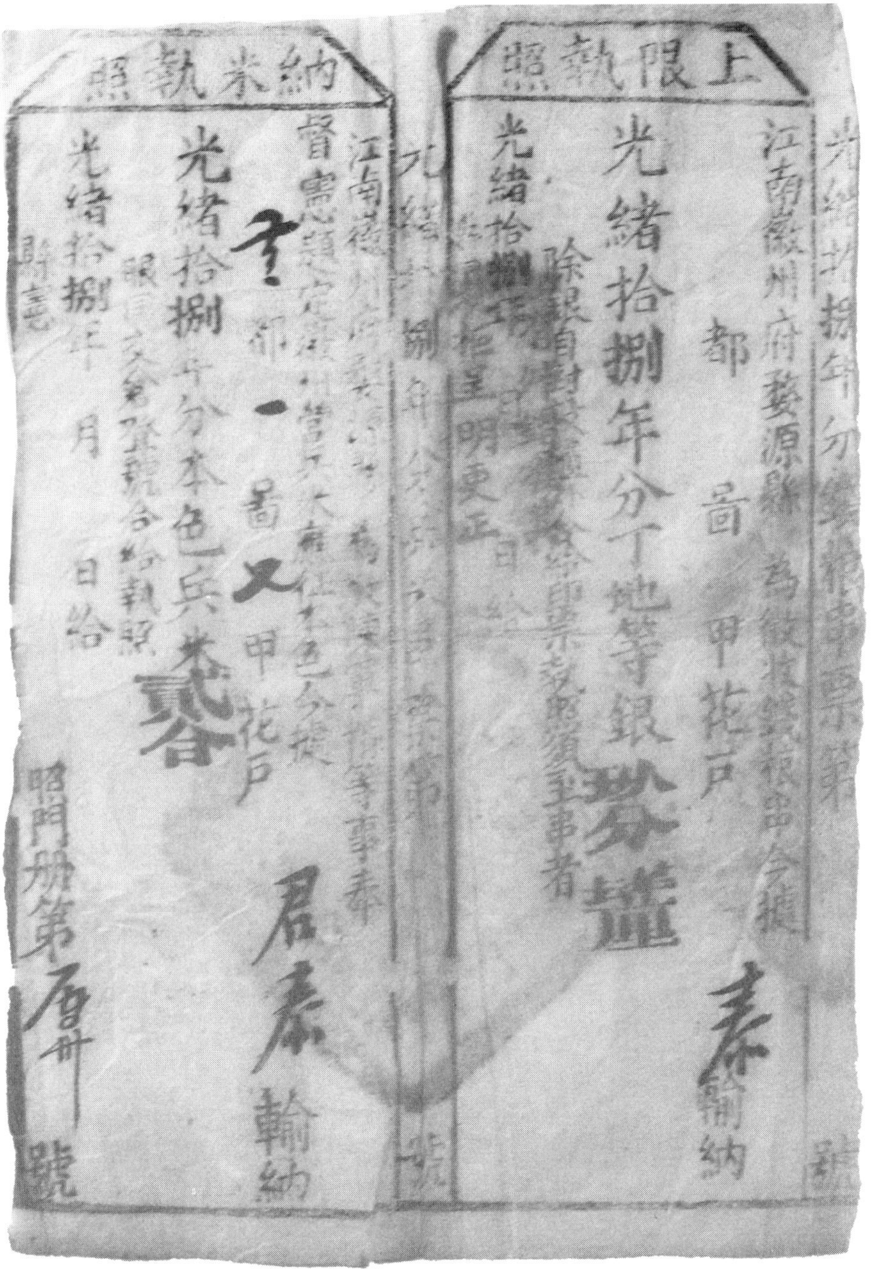
上限執照
江南徽州府婺源縣為徵收錢糧事
都 啚 甲花户
光緒拾捌年分丁地等銀
除銀自封投櫃外給串票為照須至串者
泰 輸納
號

納米執照
江南徽州府婺源縣
都 一 啚 又 甲 花户
光緒拾捌年分本色兵米 貳合
光緒拾捌年 月 日給
君泰 輸納
號冊第 號

段莘乡大汜村 A 183 · 光绪十八年 · 纳米执照 · 君泰

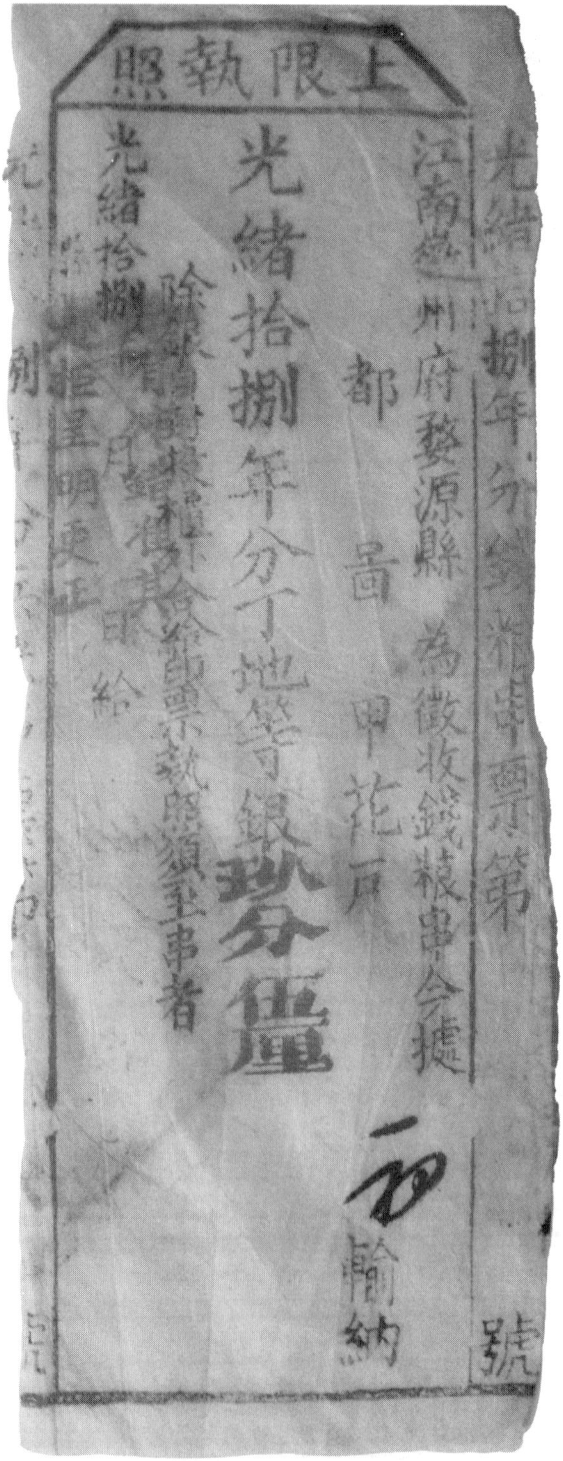
上限執照

光緒拾捌年分錢糧串票第　號

江南徽州府婺源縣為徵收錢糧事今據

都　圖　甲　花戶

光緒拾捌年分丁地等銀　分　釐

[illegible]

光緒拾捌年　月　日給

[illegible]

輸納

段莘乡大汜村 A 190 · 光绪十八年 · 纳米执照 · 初

上限執照

江南徽州府婺源縣 為徵收錢糧事今據

都 圖 甲 花戶 庵 輸納

光緒拾捌年分丁地銀

號

段莘乡大汜村 A 191 · 光绪十八年 · 纳米执照 · 祥庵

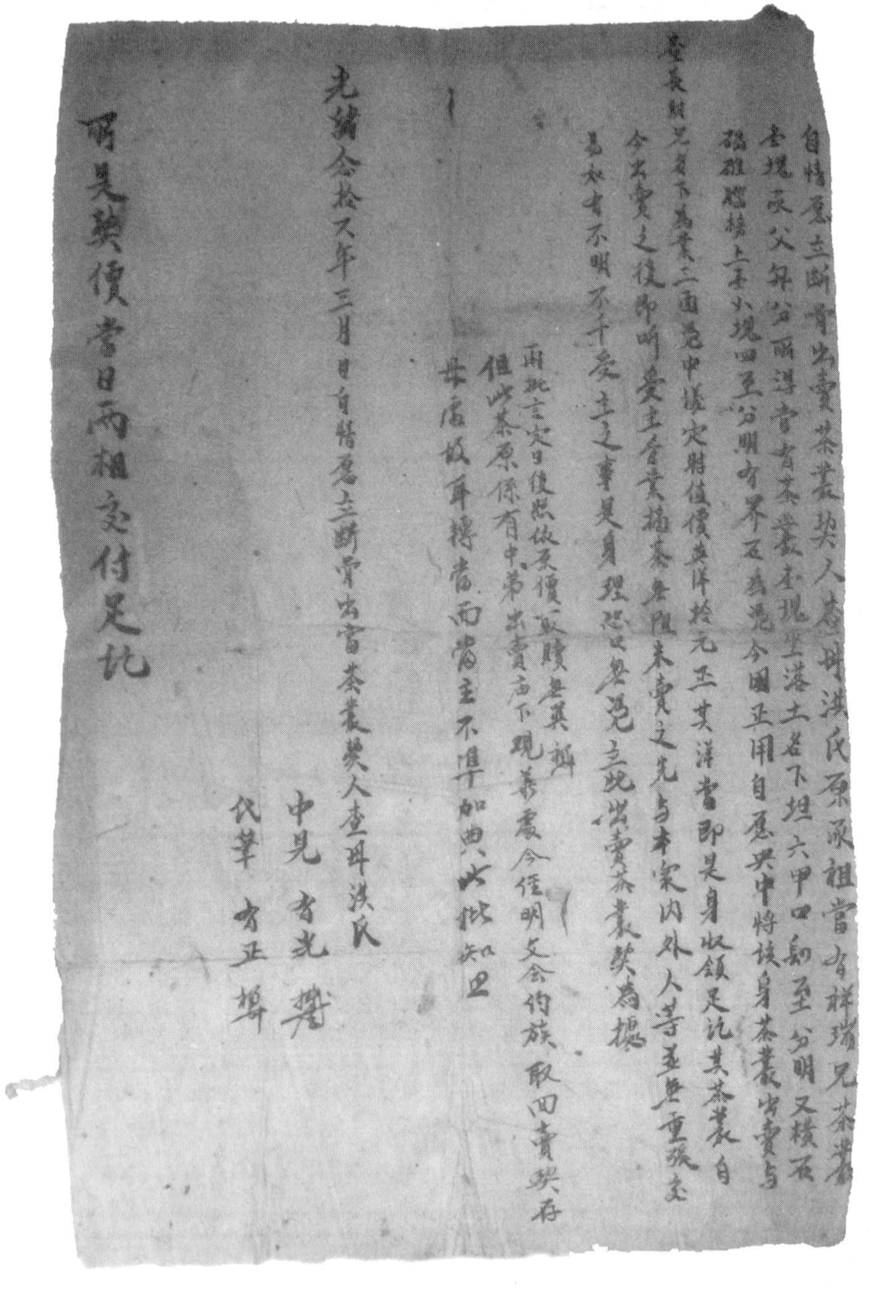

自情愿立断骨出賣茶叢契人查母洪氏，原承祖當有祥瑞兄茶叢壹塊，承父弟分兩得當有茶叢壹塊，坐落土名下坦六甲口，新至分明，又橫石磡脚上壹小塊，四至分明，今界不尽凭。今因正用，自愿央中將該身茶叢出賣与查長財兄名下為業，三面凭中議定時值價英洋拾元正，其洋當即是身收領足訖。其茶叢自今出賣之後，即听受主管業摘茶無阻。未賣之先，与本家內外人等並無重張交易，如有不明，不干受主之事，是身理值。恐口無凭，立此出賣茶叢契為據。

再批：立契日後照依原價一聽取贖，無異其詞。

但此茶原係有中弟出賣，而下現茶叢，今憑明文合內族取回賣契存母處，故再據當兩當主不准加典，此批知照。

光緒念拾六年三月　日自情愿立断骨出賣茶叢契人查母洪氏

中見　有光

代筆　有正

所是契價當日兩相交付足訖

段莘乡大汜村 A 227 · 光绪二十六年 · 断骨出卖茶丛契 · 查母洪氏卖与查长财

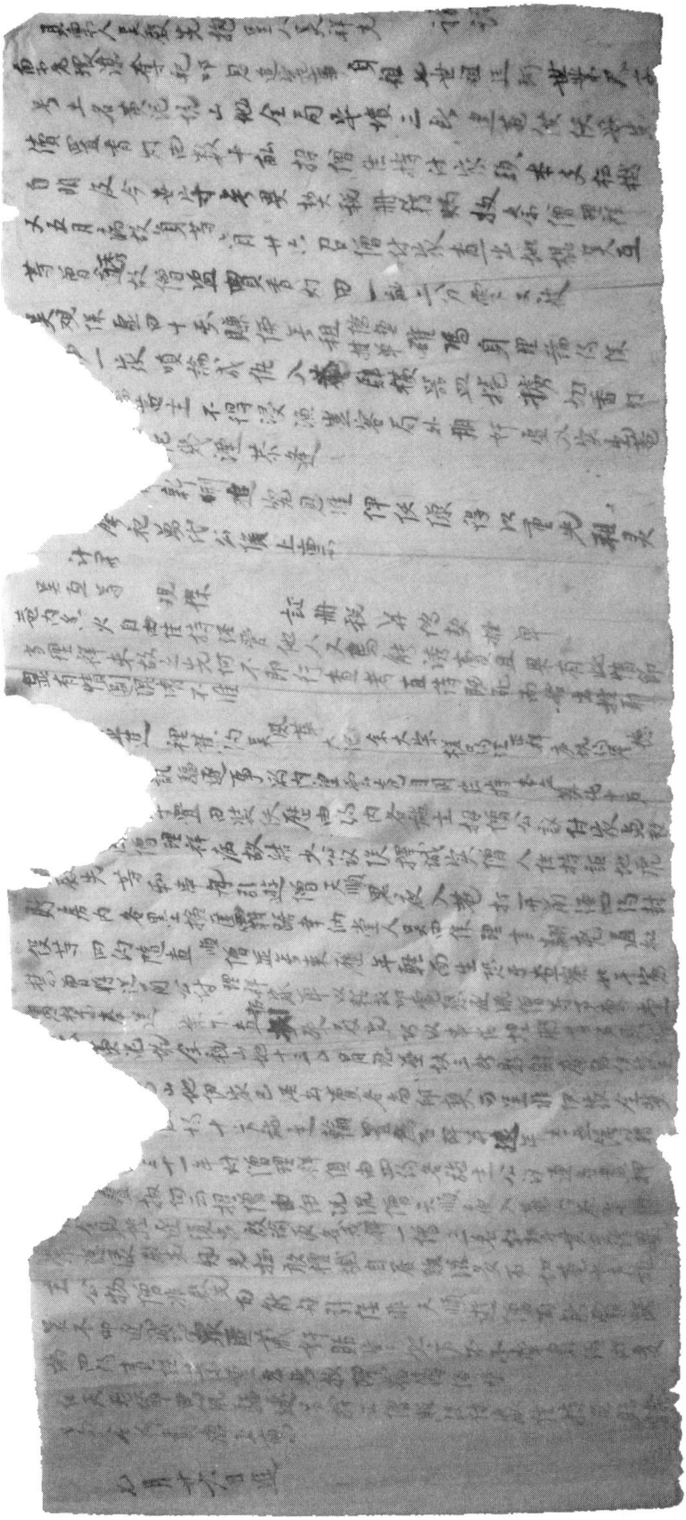

段莘乡大汜村 A 10 · 禀词 · 吴殿先

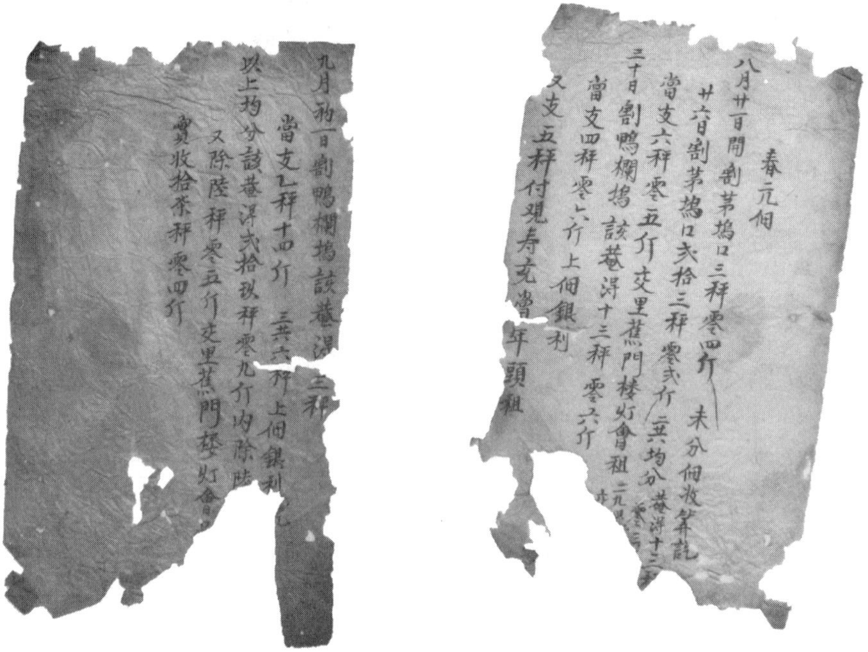
春元佃
八月廿日開劉茅塢口三秤零四斤 未分佃收笄訖
廿六日劉茅塢口弍拾三秤零弍斤 三共均分蕃浮十三
當支六秤零五斤支里蕉門楼灯會租
三十日劉鴨欄塢該蕃浮十三秤零六斤
當支四秤零六斤上佃銀利
又支五秤付覌寿充當年頭租
九月初一日劉鴨欄塢該蕃浮三秤
當支乙秤十四斤 三共六秤上佃銀利
以上均分該蕃浮弍拾玖秤零九斤内除陸
又除陸秤零五斤支里蕉門楼灯會
實收拾柒秤零四斤

段莘乡大汜村 A 13 · 流水账 · 春元佃

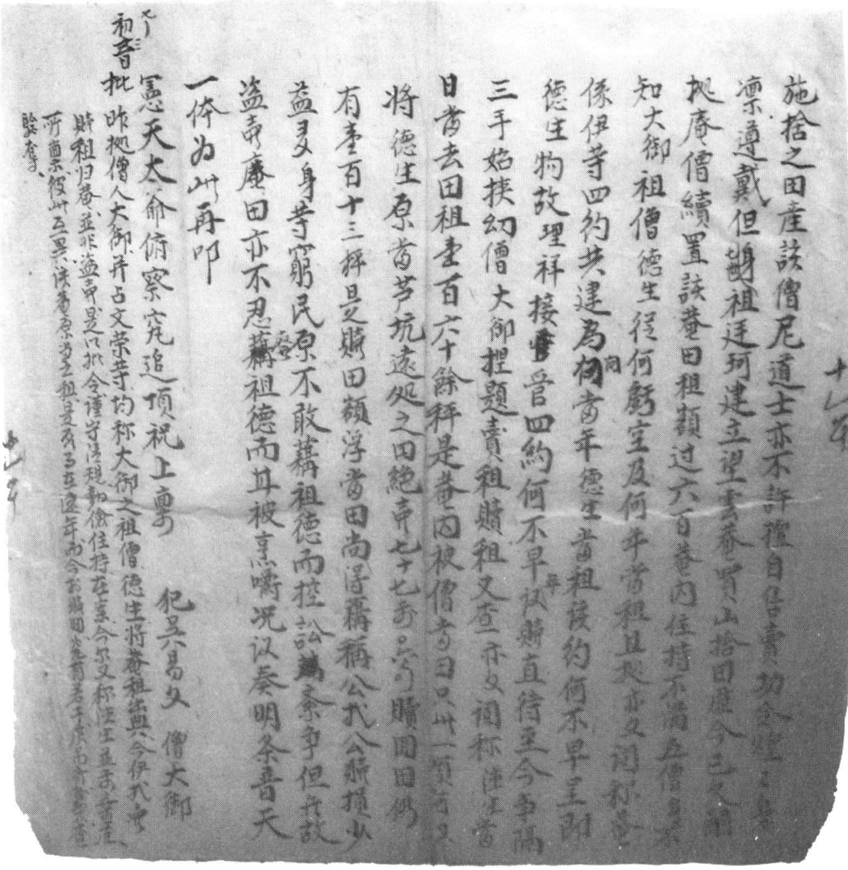

十九年

施捨之田產該僧尼道士亦不許擅自告賣[illegible]

禀遵戴但胡祖廷珂建立望雲菴買山捨田庶今已久[illegible]

拋菴僧續置該菴田租額过六百[illegible]內住持不滿五僧[illegible]

知大御祖僧德生從何處室及何年當租且[illegible]亦文詞称[illegible]

係伊等四約共建爲伺(問)當年德生當租後約何不早呈即

德生物故理秤接管四約何不早(年)投鳴直待至今事隔

三手始挾幼僧大御捏題責祖贖租又查亦文詞称注當

日當去田租壹百六十餘秤是菴內被僧當日只此一項[illegible]

將德生原當芦坑遠処之田絕賣七十七秤[illegible]贖回田仍

有壹百十三秤是贖田額浮當田尚得藉稱公贖[illegible]

益多叉身等窮民原不敢藉祖德而控訟[illegible]爭但其故

盜賣菴田亦不忍藉祖德而具被[illegible]況议奏明条音天

一体為此再叩

憲天太爺俯察究追項祝上禀

犯吳易文 僧大御

初[illegible]批 昨拋僧人大御并占文荣等均称大御之祖僧德生將菴租當典[illegible]

十九年

段莘乡大汜村 A 15 · 具状词 · 四约告吴易文、僧大御

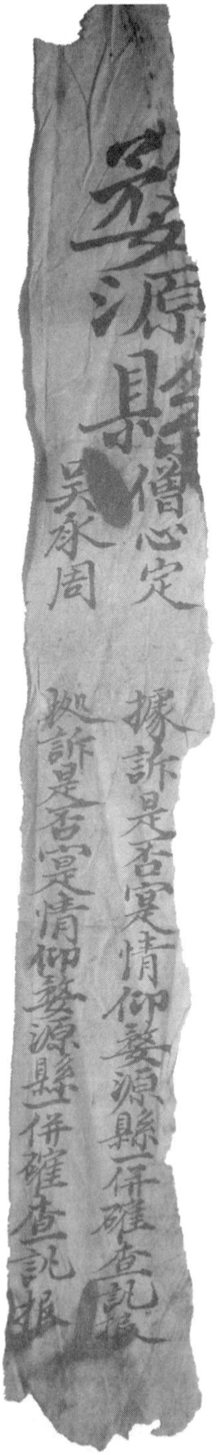
婺源縣
僧心定
吴承周
據訴是否寔情仰婺源縣一併確查訊報
拠訴是否寔情仰婺源縣一併確查訊報

段莘乡大汜村 A 19 · 批复条

具禀庵僧心定
禀为夜劫庵谷叩念勘究事。缘僧自幼[illegible]师历住於
乡十三都黄泥坑洼云庵三十余载。其庵东向保大
托现吴族建业置租供佛，召僧住持，相传无异。不
幸僧师前年物故，一切庵务付僧接管。九月卅早
夜有里贼吴法、美元、美义等纠领乌合之众，将庵谷石一百
卅五九[illegible]去一空。[illegible]
来，便[illegible]报大泥堡庵东吴振先等[illegible]
情形[illegible]
情[illegible]会勘详办之件[illegible]
钱[illegible]大老爷迅饬协拿，会勘详办[illegible]
追赃，活僧[illegible]沙门，永赖神人，均感[illegible]
禀
被 美法 美元 美义 等[illegible]夜不能计数
神 夜劫庵谷一百卅五九[illegible]
庵东 吴振先等[illegible]赴禀叩验会勘
十六年十月初三日[illegible]

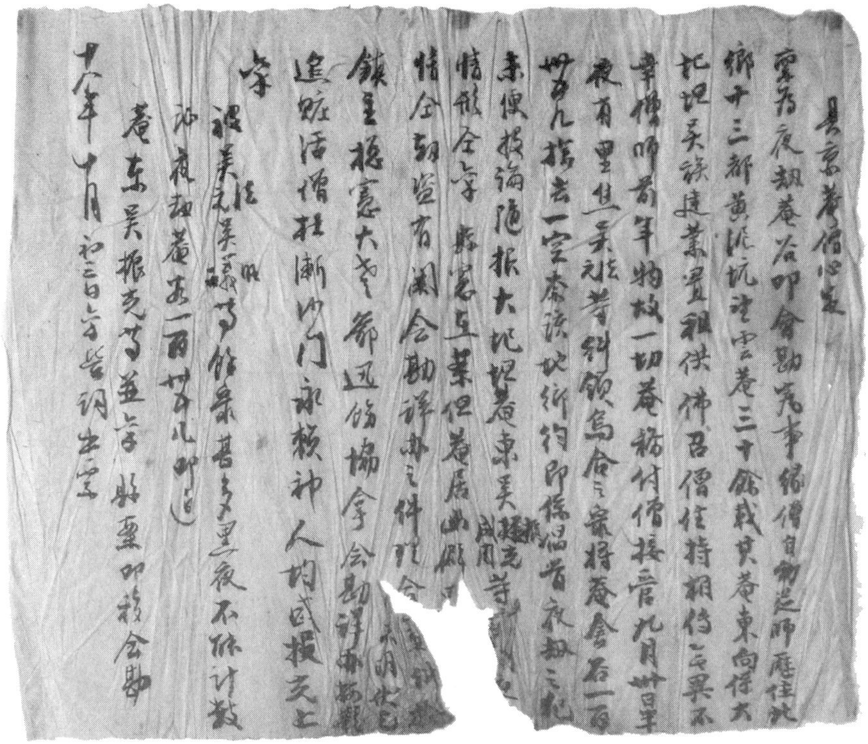

段莘乡大汜村 A 20 · 具状词 · 僧心定告美法、美元、美义等

段莘乡大汜村 A 21 · 具状词 · 吴承周告余太增等

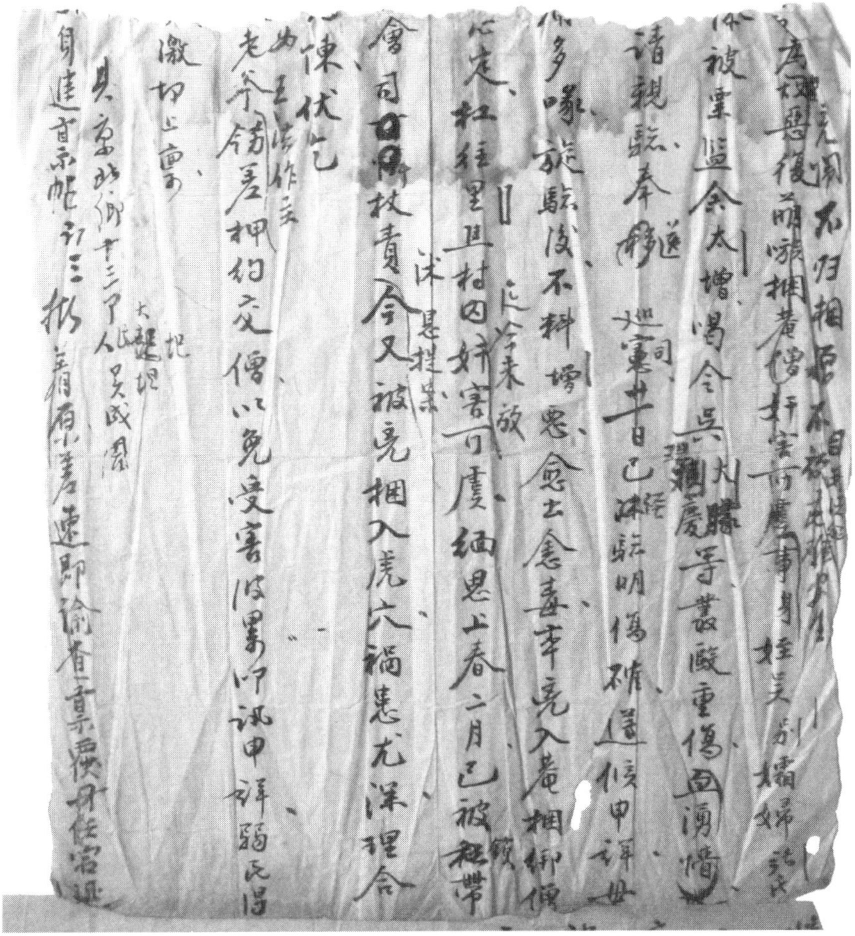

段莘乡大汜村 A 22 · 具状词 · 吴成周告余太增等人

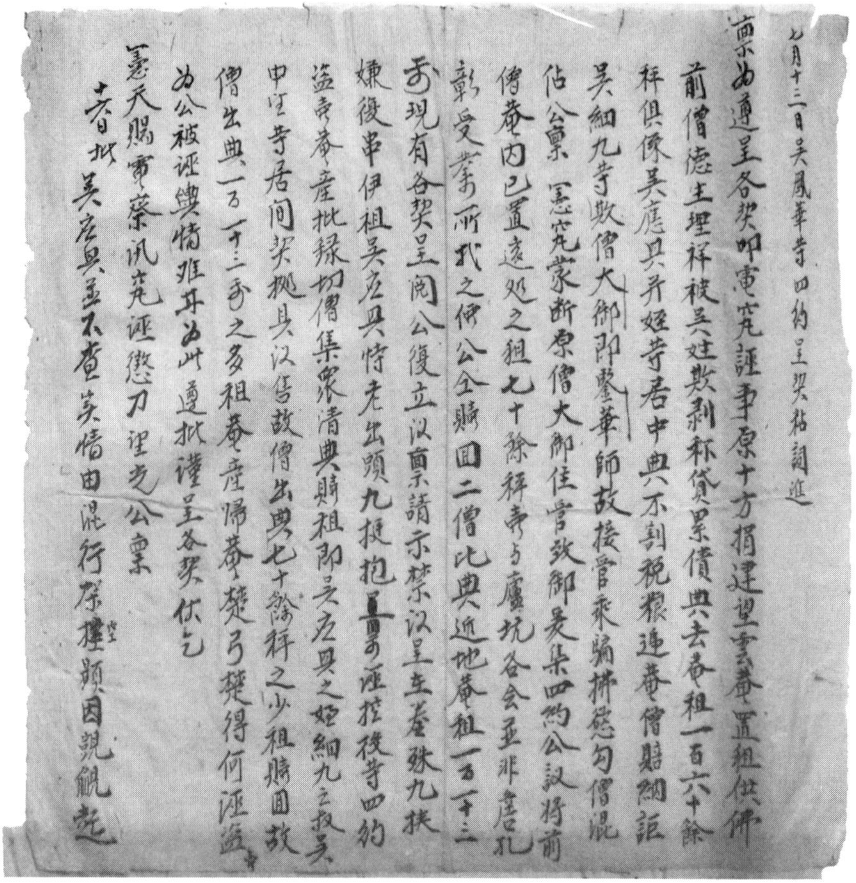
七月十二日吴凤華等四约呈契姑詞進
禀为遵呈各契叩電究誣事原十方捐建望雲庵置祖供佛
前僧德生埋祥被吴姓欺剥称貸累債典去庵租一百六十餘
秤俱係吴應具并姪等居中典不割税粮連庵僧賠納詎
吴細九等欺僧大御即鑒華師故接管乘騙拼惩勾僧混
佔公禀 憲究蒙断原僧大御住管致御吴集四约公议将前
僧庵内已置遠处之租七十餘秤歸与廬坑各会並非詹孔
彰受業所積之佛公全贖回二僧比典近地庵租一百一十三
秤現有各契呈閲公復立议禀請示禁议呈在卷殊九扶
嫌復串伊祖吴應具恃老出頭九捏抱冒詞誣控孩等四约
盗賣庵産批録切僧集衆清典贖祖即吴應具之姪細九之叔吴
中宜等居間契據具在以售啟僧出典七十餘秤之少祖贖回故
僧出典一百一十三秤之多祖庵産歸庵楚弓楚得何誣盗之有
为公被誣與情难并为此遵批謹呈各契伏乞
憲天賜電察讯究誣懲刁理光公禀
十五日批 吴應具並不查實情由混行架控瀆因覬覦甚

段莘乡大汜村 A 23 · 具状词 · 吴凤华等四约

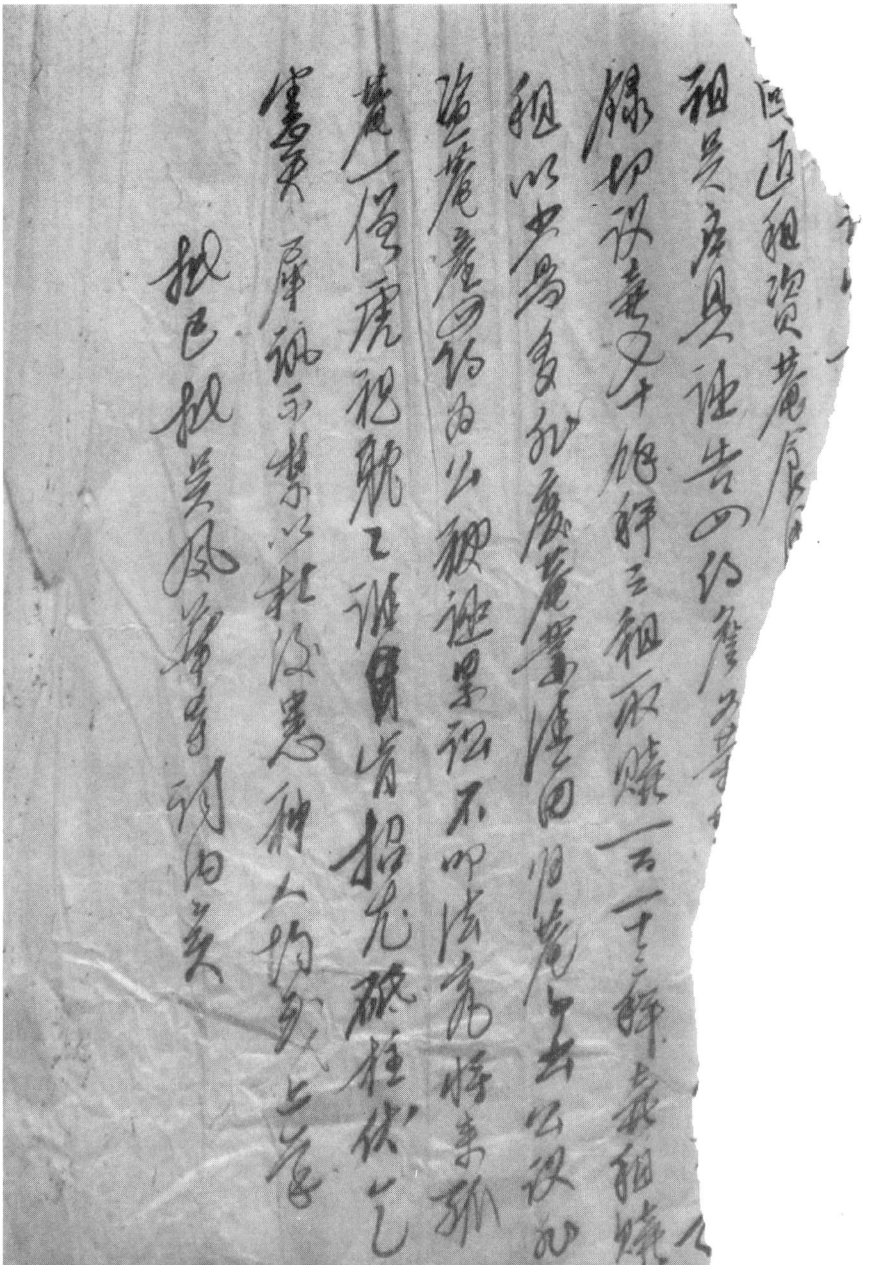

段莘乡大汜村 A 25 · 批文

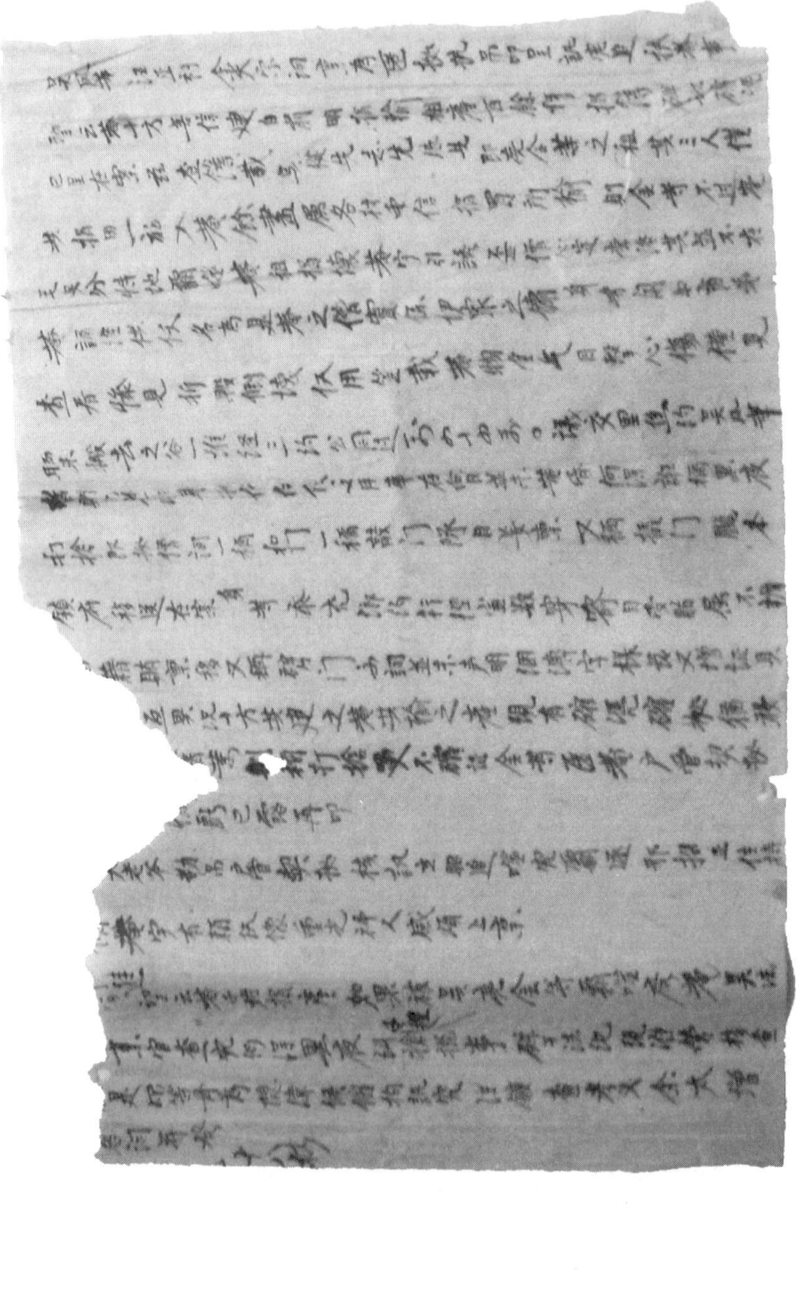

段莘乡大汜村 A 26 · 具状词 · 吴凤华等

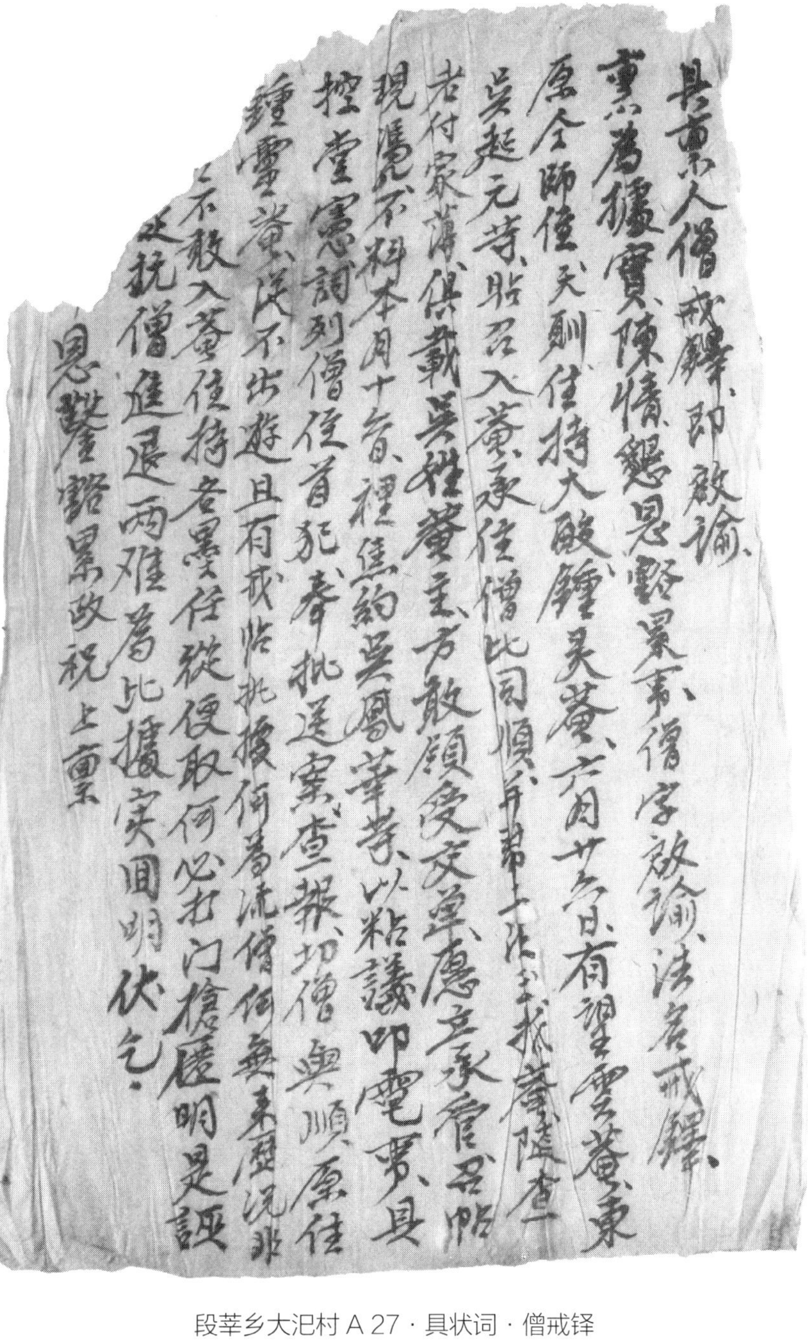

具禀人僧戒鐸，即啟谕，
禀為據實陳情懇恩賜票事。僧字啟谕，法名戒鐸，
原今師住天刹住持大殿鐘吳菴，六月廿八日，有望雲菴東
吳趙元等貼召入菴承住，僧比同順，并帮十作銀抵擋，陸查一
老付家簿，俱載吳姓菴主，方敢領受交單，應立承領召帖
現憑，不料本月十八日，裡集約吳鳳章等，以粘議叩電票，具
控臺憲，詞列僧住首犯。奉批遂案查報，切僧與順原住
鐘靈菴，從不出遊，且有戒牒，批據何為流僧，何無來歷，況非
之不敢入菴住持，者畧任從便取，何必打门擒捉，明是誣
逐抗僧，進退兩難，為此據實回明，伏乞
恩鑒豁累，啟祝上禀

段莘乡大汜村 A 27 · 具状词 · 僧戒铎

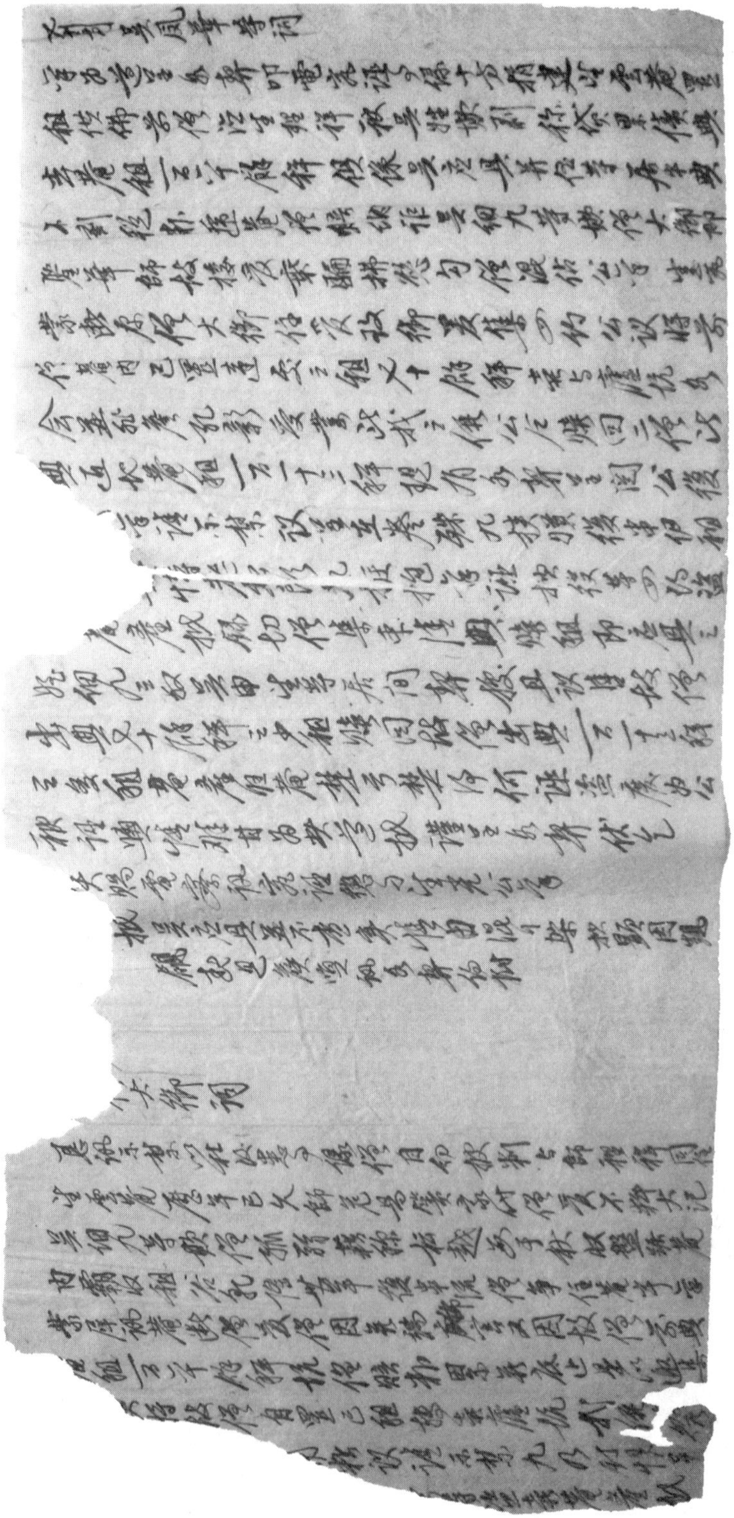

段莘乡大汜村 A 28 · 具状词 · 吴凤华等

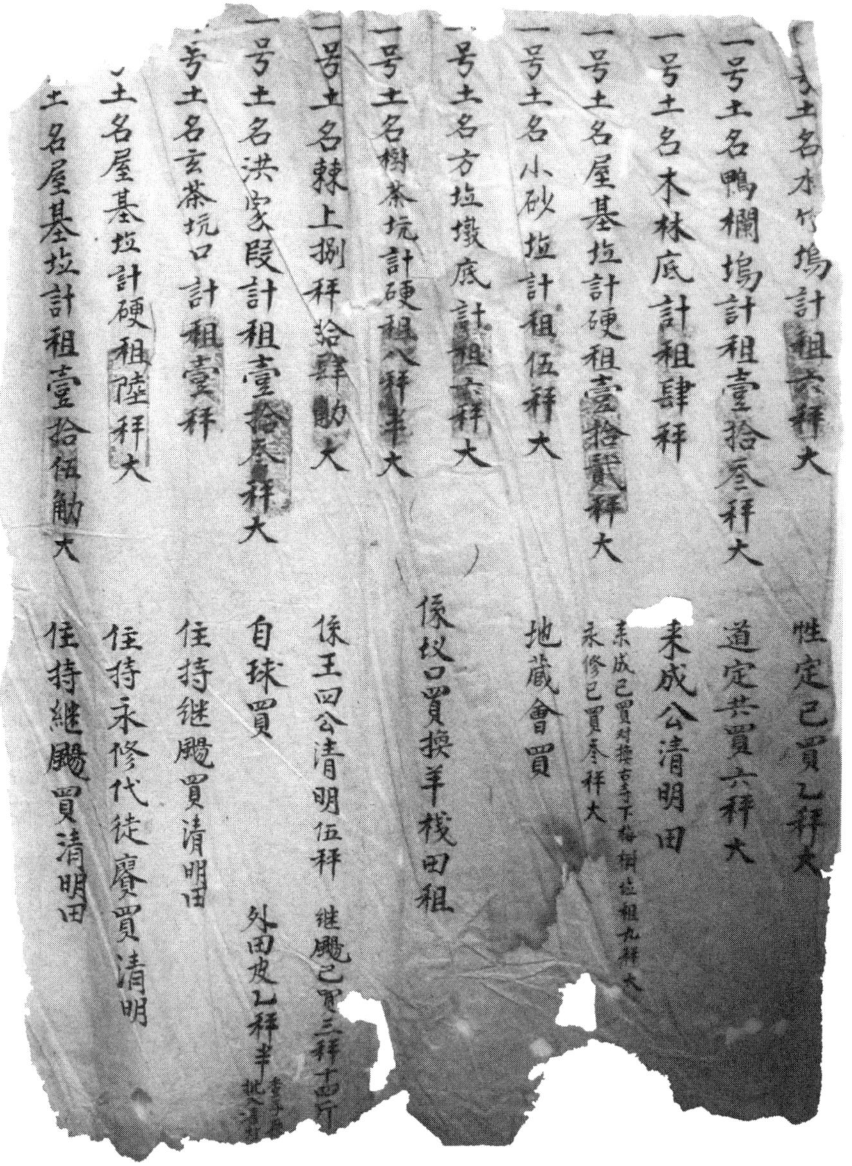

□号土名木竹塢計租六秤大
性定已買乙秤大
一号土名鴨欄塢計租壹拾叁秤大
道定共買六秤大
一号土名木林底計租肆秤
来成公清明田
一号土名屋基坵計硬租壹拾貳秤大
来成已買对换古亭下梅樹坵租九秤大
永修已買叁秤大
一号土名小砂坵計租伍秤大
地藏會買
一号土名方坵墩底計租六秤大
一号土名梅茶坑計硬租八秤半大
係坟口買换羊栈田租
一号土名棘上捌秤拾肆觔大
係王四公清明伍秤
継颶已買三秤十四斤
一号土名洪家段計租壹拾叁秤大
自球買
外田皮乙秤半
[illegible]
一号土名玄茶坑口計租壹秤
住持継颶買清明田
□土名屋基坵計硬租陸秤大
住持永修代徒賡買清明
□土名屋基坵計租壹拾伍觔大
住持継颶買清明田

段莘乡大汜村 A 30 · 土地租单

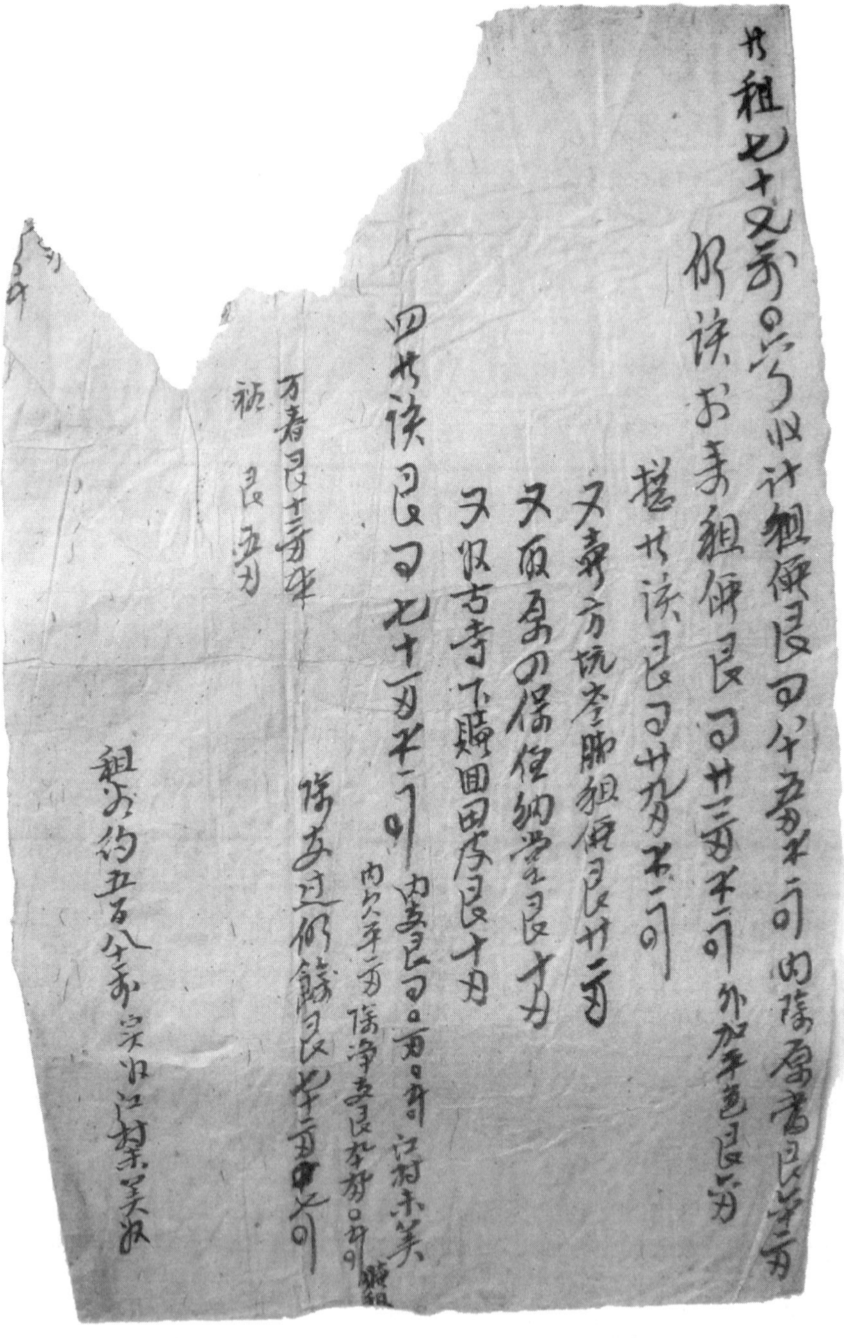

段莘乡大汜村 A 31 · 流水账

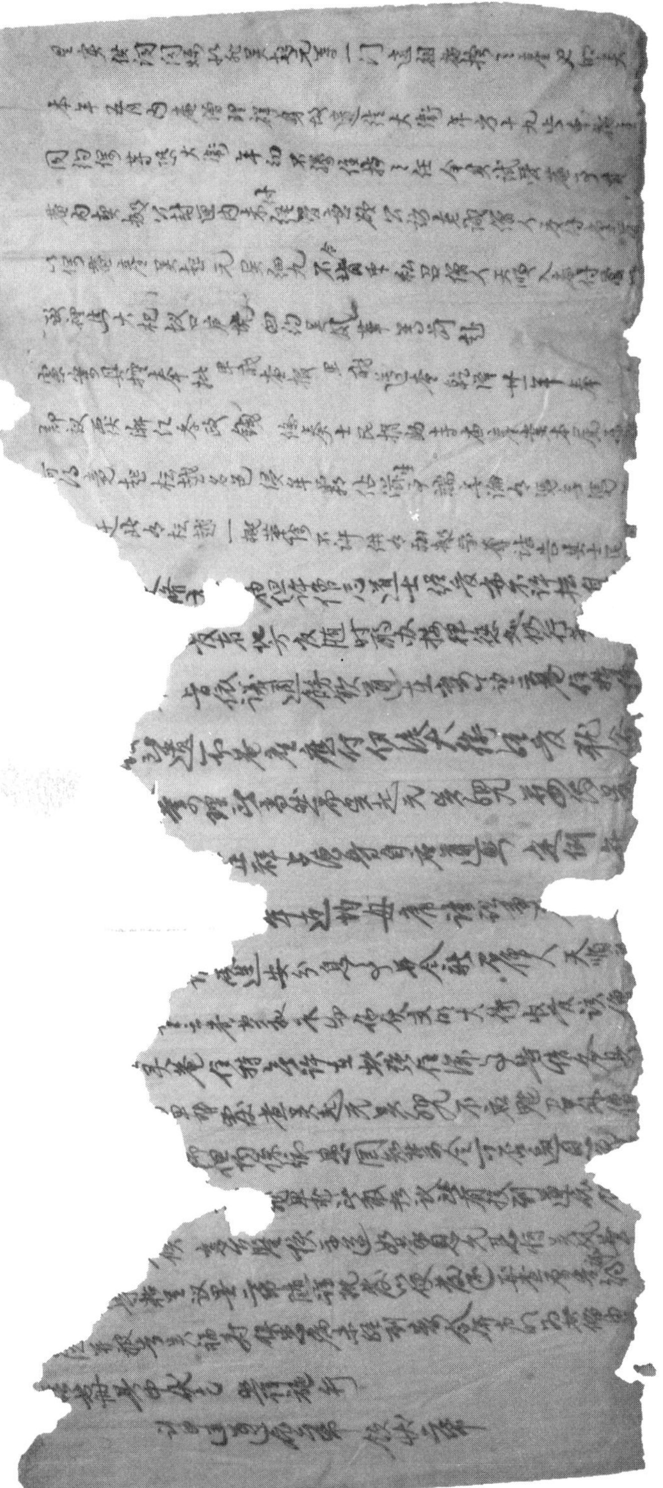

段莘乡大汜村 A 32 · 批文

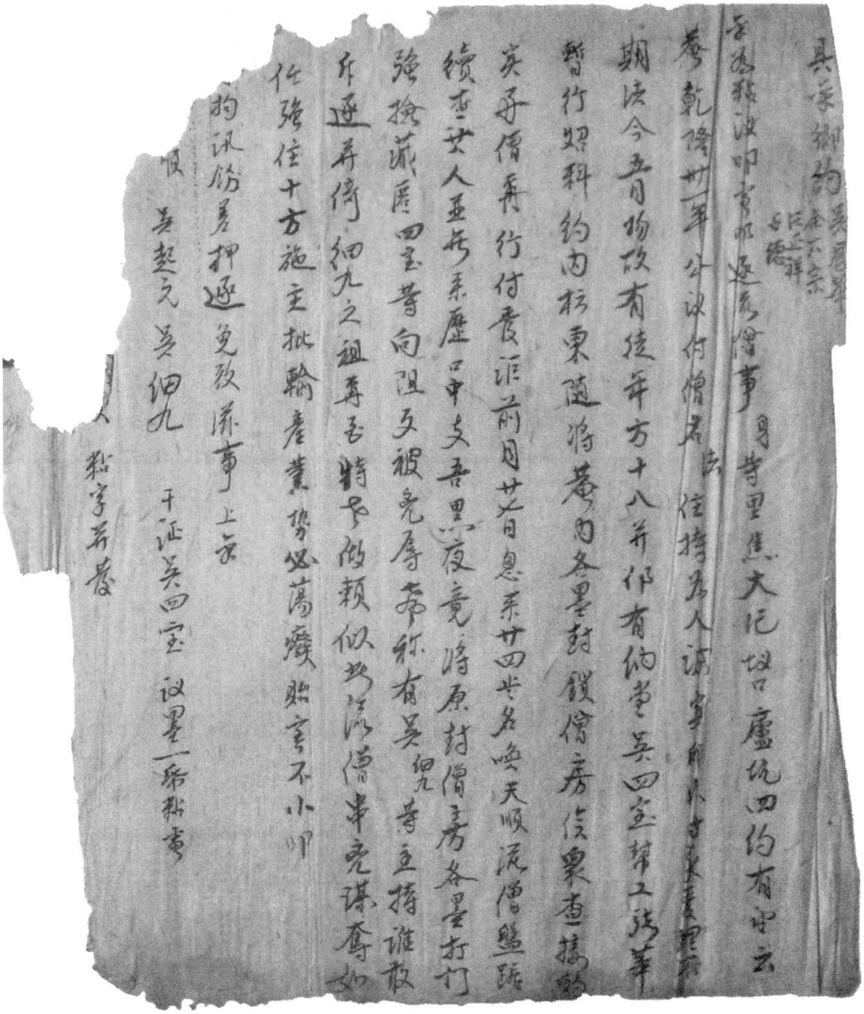

具禀鄉約吳鳳華 金六宗 汪正祥 吳德

為叛僧叩害乞逐免僧事。身等里住大汜塢口廬坑四約有留云

菴，乾隆卅一年公議付僧君法住持，為人誠實，[illegible]

期法今五月物故，有徒弟方十八，並伊有納堂吳四宝帮工號華

暂行照料。約內於東隨將菴內各星封鎖僧房，佐衆查據

其弟僧再行付費，詎前月廿六日息禾廿四并名喚天順流僧盤踞，

續查其人並無來歷，口中又吾里深夜竟將原封僧房各星打開，

強撿藏匿，四宝等向阻，又被兇辱，其弟亦有吳細九等主持謀放，

弃逐並僧細九之祖并丢特長倘賴似此流僧串兇謀奪，如

任強佳，十方施主批輸產業，勢必蕩廢，貽害不小，叩

約訊俯差押逐，免致滋事。上呈

恩 吳契文 吳細九 干证吳四宝 議墨一紙粘呈

人 粘字并發

段莘乡大汜村 A 33 · 具状词 · 吴凤华等

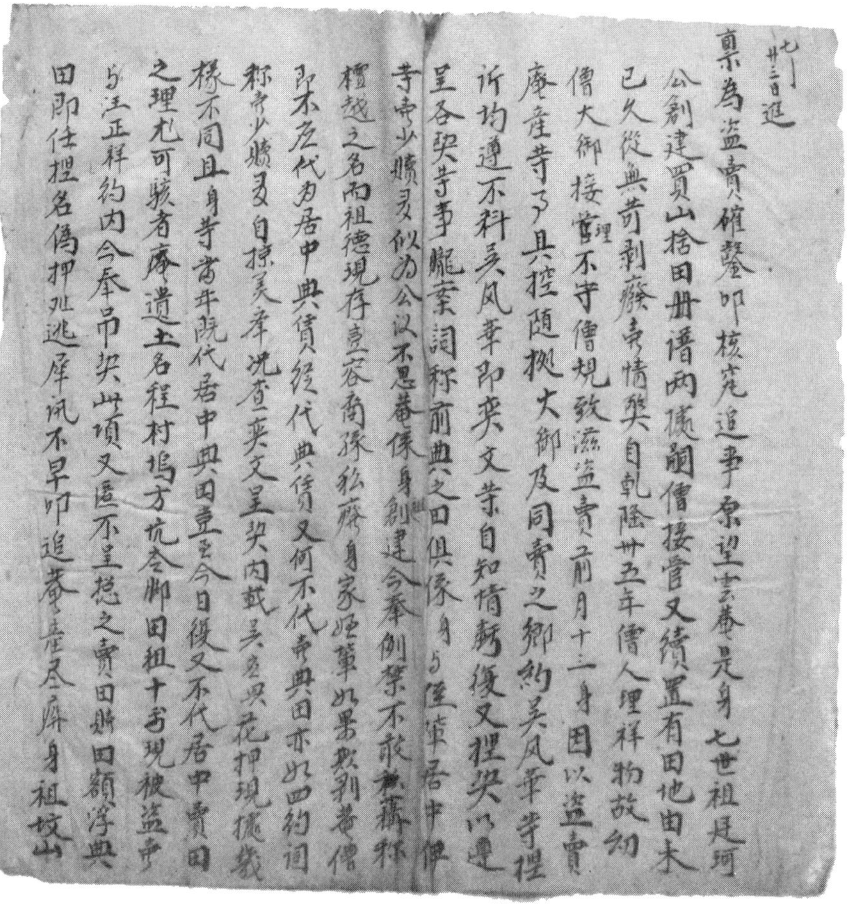

七月廿三日進

禀為盜賣確鑿叩核究追事緣望雲菴是身七世祖廷珂
公創建買山捨田冊譜兩據嗣僧接管又續置有田地由來
已久從無芶剥廢賣情弊自乾隆卅五年僧人理祥物故幼
僧大御接管理不守僧規致滋盜賣前月十三身因以盜賣
庵產等事具控隨拠大御及同賣之鄉約吳鳳華等俚
訴均遵不料吳鳳華即夾文業自知情虧復又捏契以遷
呈各契等事朧稟詞称前典之田俱係身與侄萃居中伊
寺雖少贖灵似為公議不思菴係身創建今奉例禁不敢盜賣称
擅越之名而祖德現存豈容裔孫私廢身家姪輩如果戤別菴僧
田即不應代為居中典賃經代典賃又何不代寺典田亦如四約迥
称寺少贖灵自掠吳產况查吳文呈契內載吳姓與花押現據幾
樣不同且身等當年既代居中典田豈至今日復又不代居中賣田
之理尤可駭者廢遺土名程村塢方坑各腳田祖十五現被盜賣
與汪正祥約內今奉吊契此項又匿不呈揔之賣田與田額浮典
田即任捏名偽押難逃犀照不早叩追菴產盡廢身祖坟山

段莘乡大汜村 A 34 · 具状词

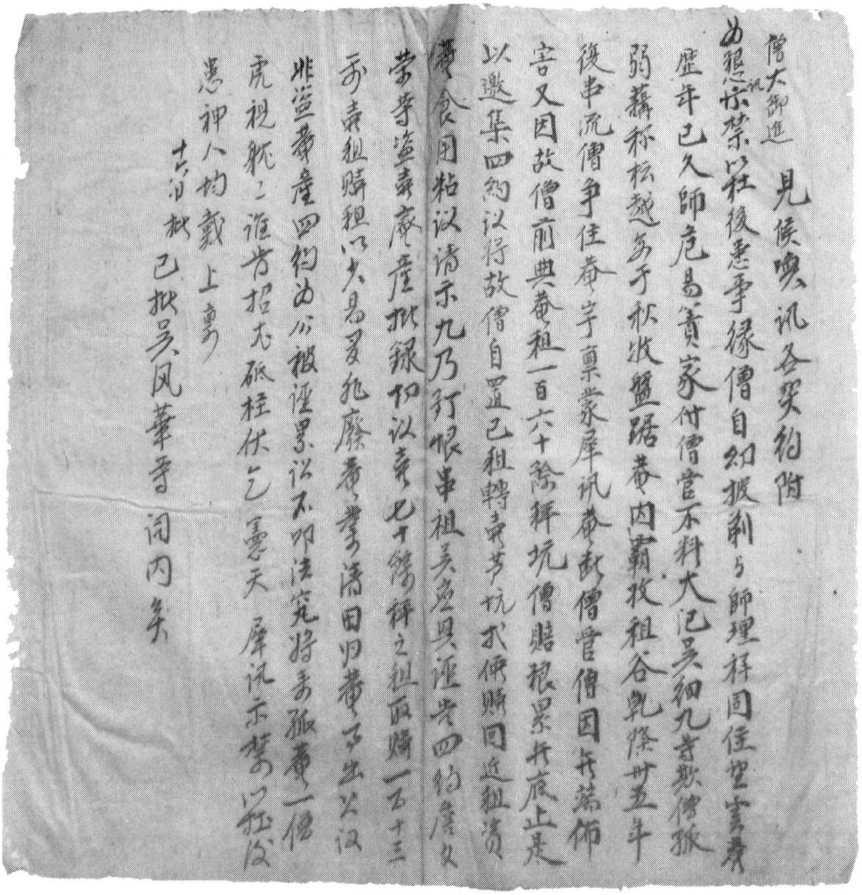

僧大御進　見侯喚訊各契約附
為懇恩訊示禁以杜後患事緣僧自幼披剃與師理祥同住望雲庵
歷年已久師危易簀家付僧嘗不料大汜吳細九等欺僧孤
弱藉稱松越多于秋收盤踞庵內霸收租谷乾隆廿五年
復串流僧爭住庵宇稟蒙犀訊庵歸僧管僧因無藉飾
害又因故僧前典庵租一百六十餘秤坑僧賠粮累無底止是
以邀集四約議得故僧自置己租轉典節抗式便贖回近租資
庵食用粘議請示九乃釘恨串祖吳應與誣告四約詹文
榮等盜典庵產批錄仰議典七十餘秤之租取贖一百十三
秤典租贖租以大易少免靡庵業清田歸庵予出以議
非盜典產四約為公被誣果以不叩法究將來孤庵一任
虎視眈眈誰肯招尤砥柱伏乞憲天犀訊示禁以杜後
患神人均戴上禀
十八日批　已批吳鳳華等詞內矣

段莘乡大汜村 A 35 · 具状词 · 僧大御进

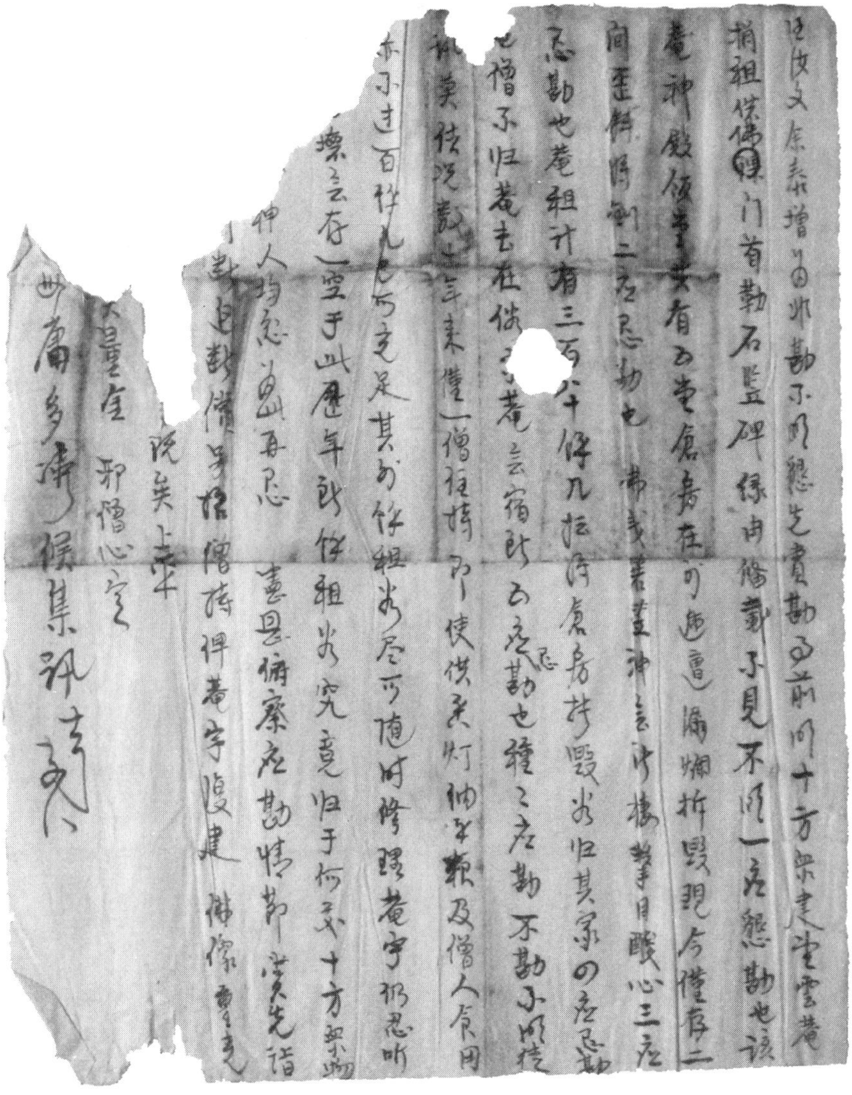

段莘乡大汜村 A 36 · 具状词 · 汪汝文、余泰增等

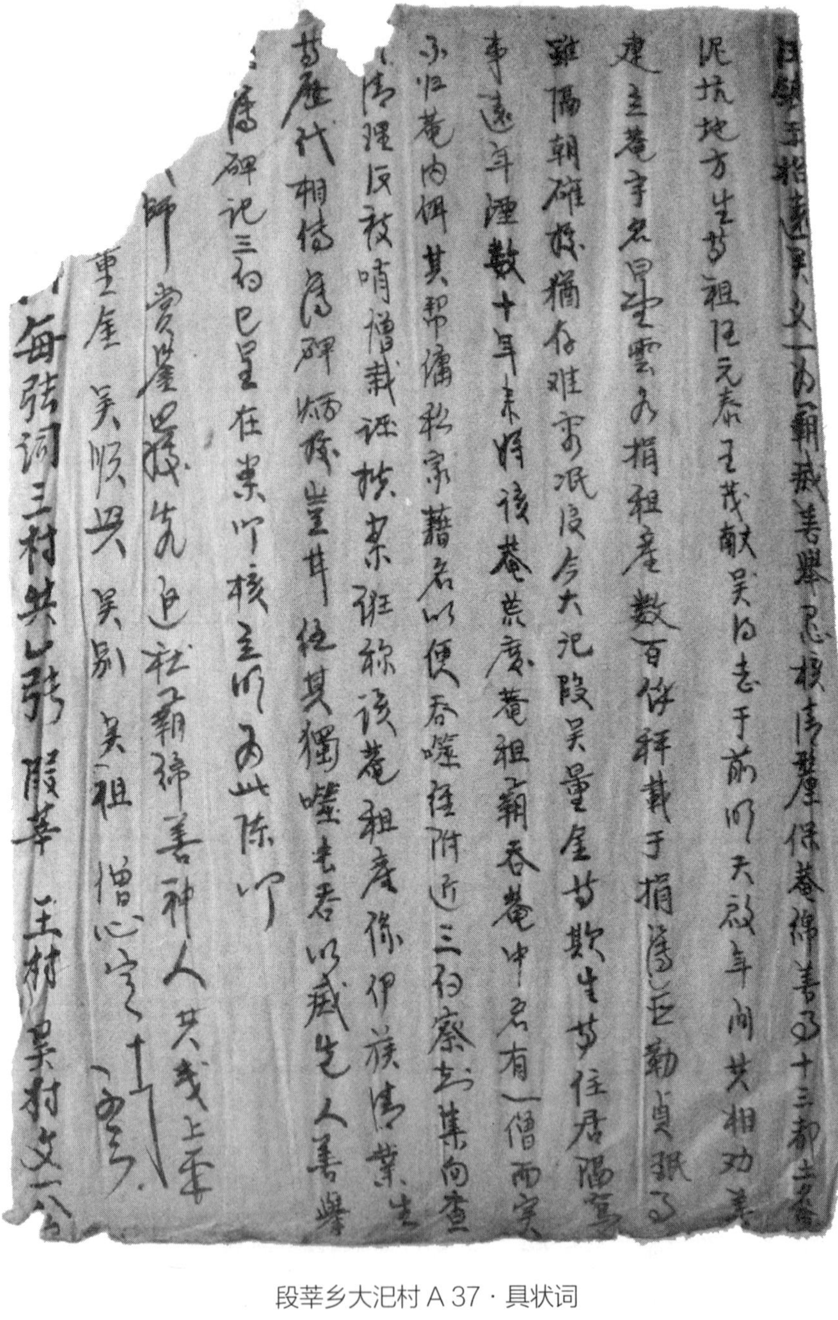
具[illegible]字稻[illegible]逺吳文一為霸栽善舉恩核情塵保養綿善事十三都土名
汜坑地方生等祖凡元泰王茂献吳伯春于前明天啟年間共相劝善
建立庵宇名曰望雲尔捐祖產數百餘秤栽于捐產在勤貞碑可
雖隔朝碑跡猶存难寄泯侵今大汜段吳量全等欺生等住居隔窎
事遠年湮數十年来将該庵荒廢庵祖霸吞庵中名有一僧而実
不归庵内併其帮傭私家藉名以便吞噬往附近三鄉察土集向查
情理反敢唷僧栽诬扶案诳称該庵祖產係伊族清業生
等歷代相傳有碑炳據豈并任其獨噬去吞以感先人善舉
[illegible]傳碑記三鄉已呈在案叩核立吊與此陈叩
師 賞差證究追杜霸綿善神人共戴上呈
重全 吳順興 吳剛 吳祖 僧心定 十二
每弦詞三村共山張 段莘 王村 吳村 文一八

段莘乡大汜村 A 37 · 具状词

□□乡截壁与唐斜寺田俾良□

□立地所留永延之粮今行所存所赎田粮田皮约仍立

僻寺自兹以寺段不许刻剥侵寺内寺天公访的实

诚僧住持庵几荐空不致废毁

許依仍然重光公立规條開列于左特立议一樣四帋

……

段莘乡大汜村 A 38 · 规条

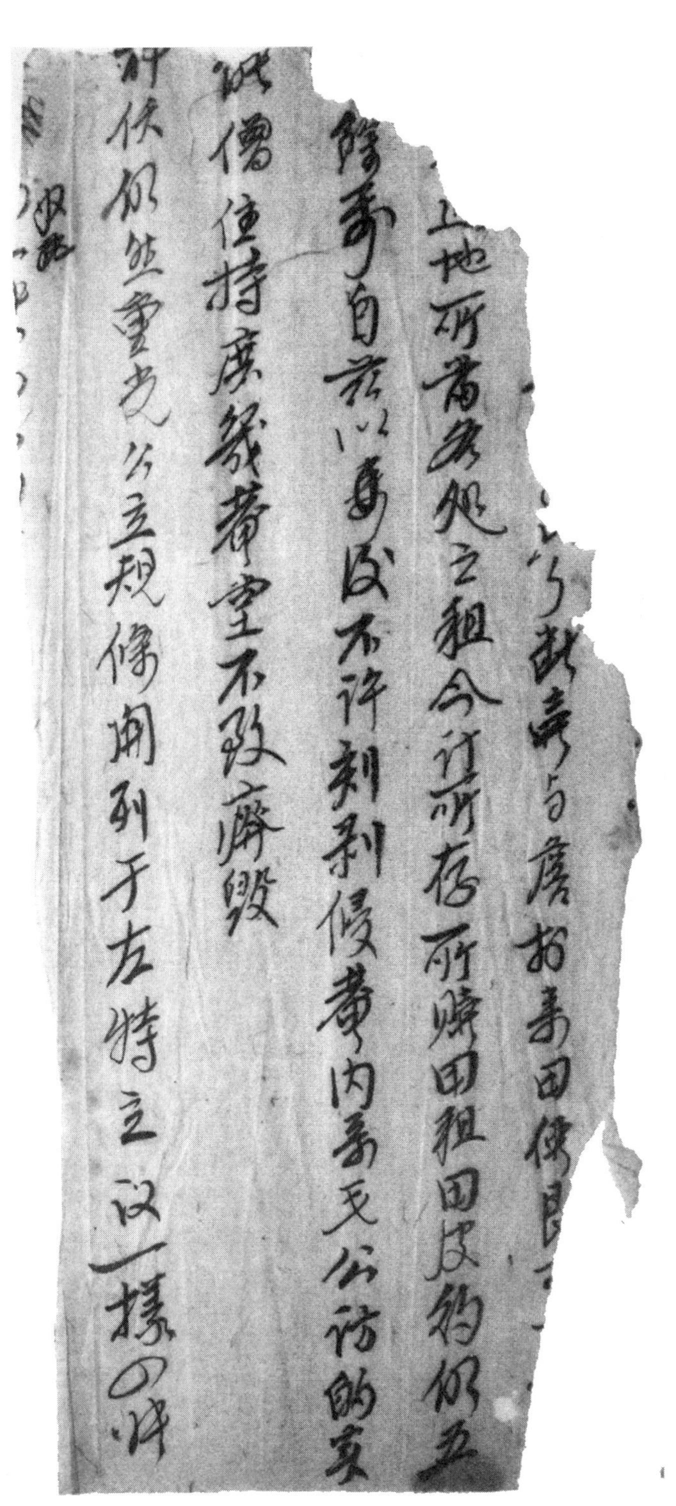

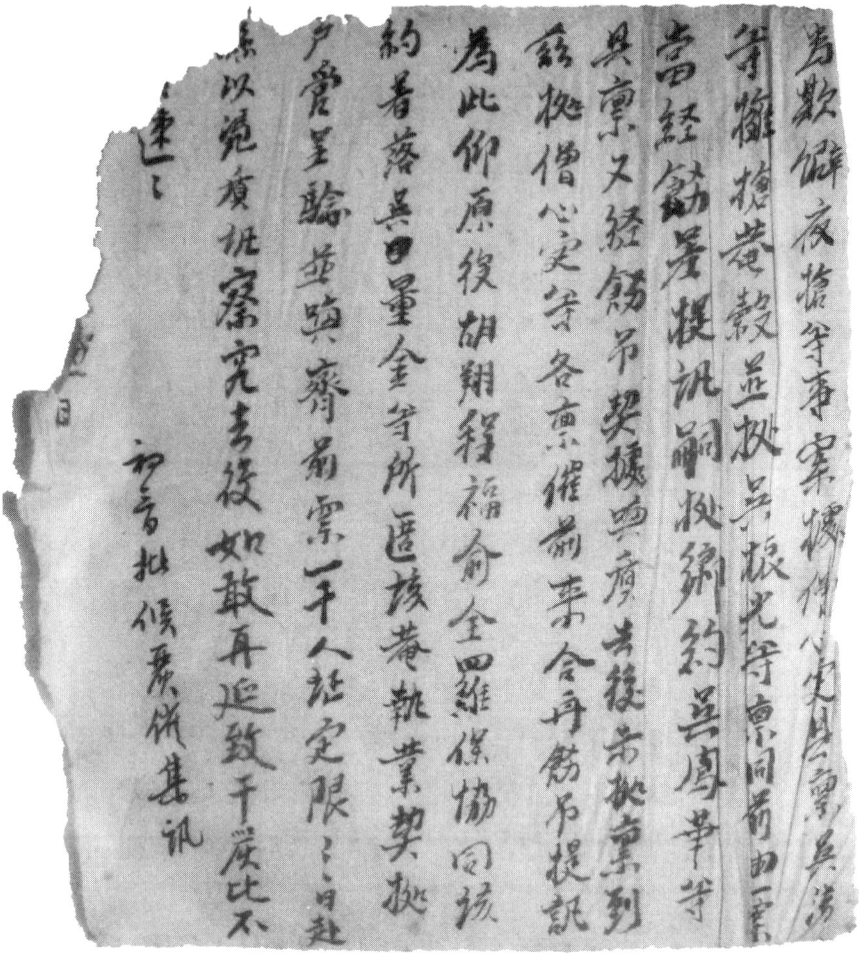

為欺僻夜搶等事案據僧心安具稟吳添
等擁搶庵穀並據吳振光等稟同前由一案
當經飭差提訊嗣據鄉約吳鳳華等
具稟又經飭吊契據與原差等據稟到
縣據僧心安等各稟催前來合再飭吊提訊
為此仰原役胡翔程福俞全羅保協同該
約着落吳四量全等所匿該庵執業契據
戶暨呈驗並與齊前稟一干人証定限三日赴
縣以憑質訊察究差役如敢再延致干嚴比不
[illegible]速速
[illegible]日
初[illegible]批　候票催集訊

段莘乡大汜村 A 39 · 批文

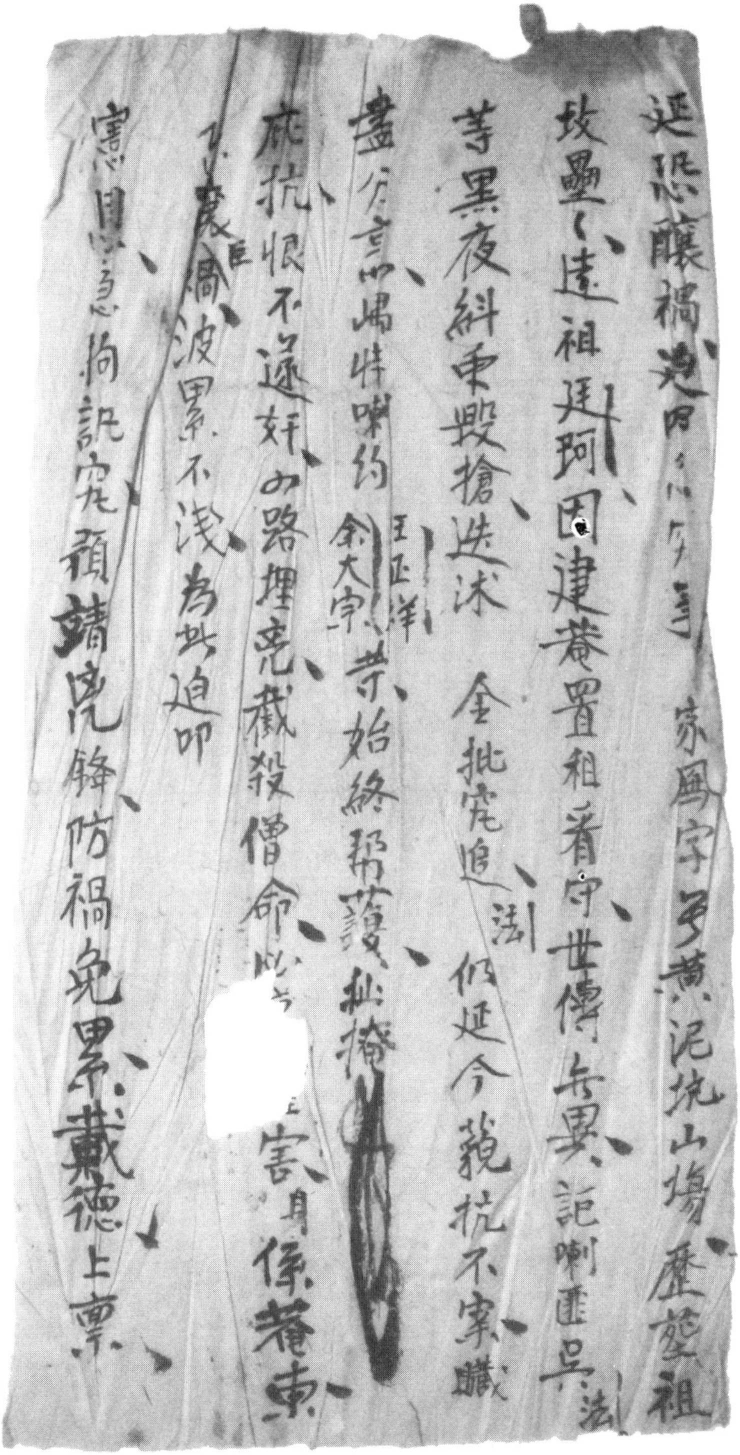
延恐釀禍逸甲等 家風字多萬泥坑山場歷墊祖
玟壘遠祖廷珂因建蓋置祖看守世傳無異詎喇匪呉法
等黑夜糾衆毀搶迭沭 全批究追法 似延今藐抗不實贓
盡分烹吸嵎特嘯約王正洋余大字並始終幫護私擒
麻抗恨不遂奸叫路埋兇截殺償命 害身係蕃東
小寬臣倚波累不淺為此迫叩
憲目恩拘訊究預靖兇鋒防禍免累戴德上禀

段莘乡大汜村 A 40 · 具状词

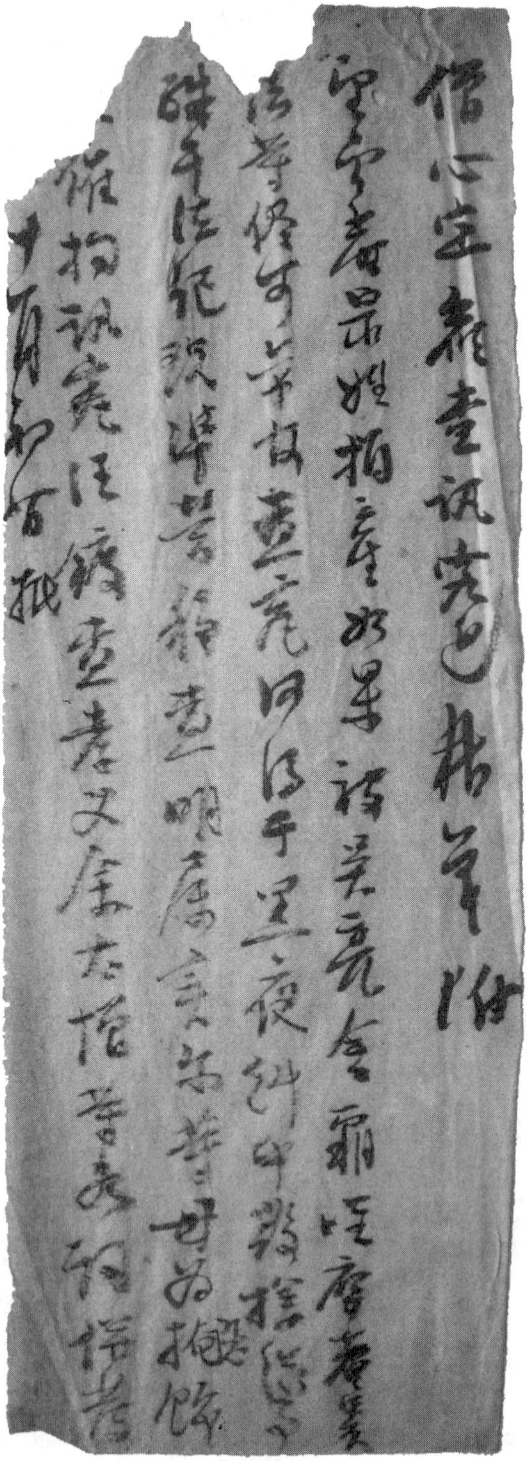
僧心定確查訊究
十月初四日批

段莘乡大汜村 A 41 · 僧心定确查讯究单

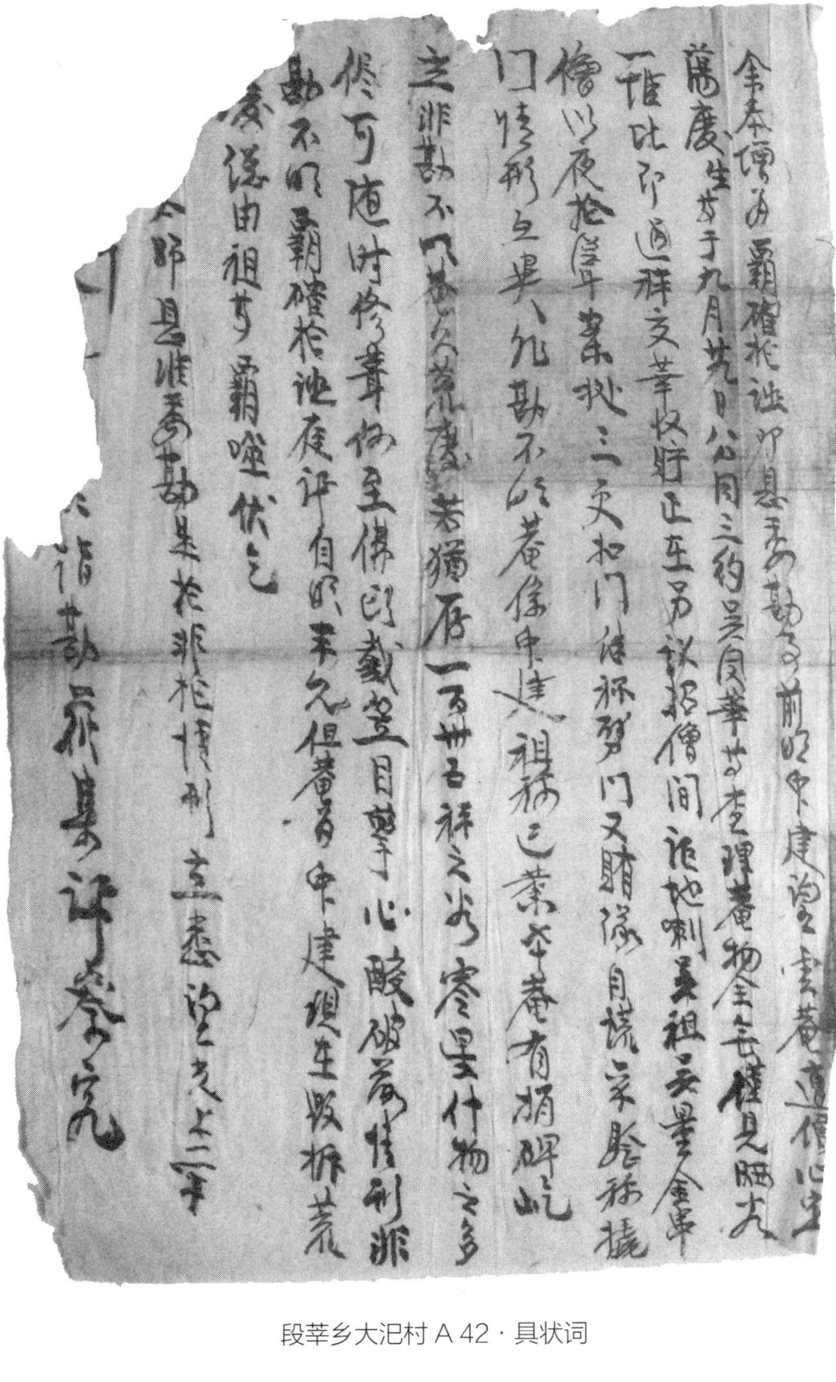

段莘乡大汜村 A 42 · 具状词

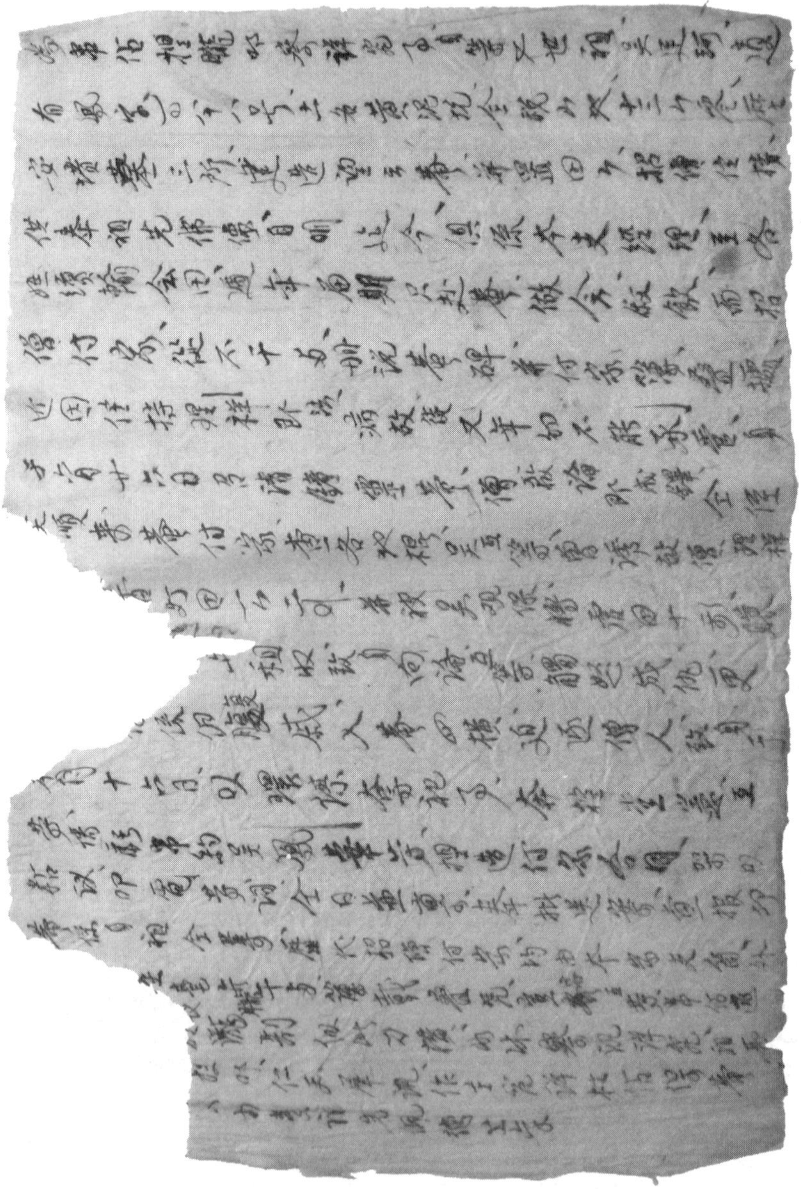

段莘乡大汜村 A 43 · 具状词

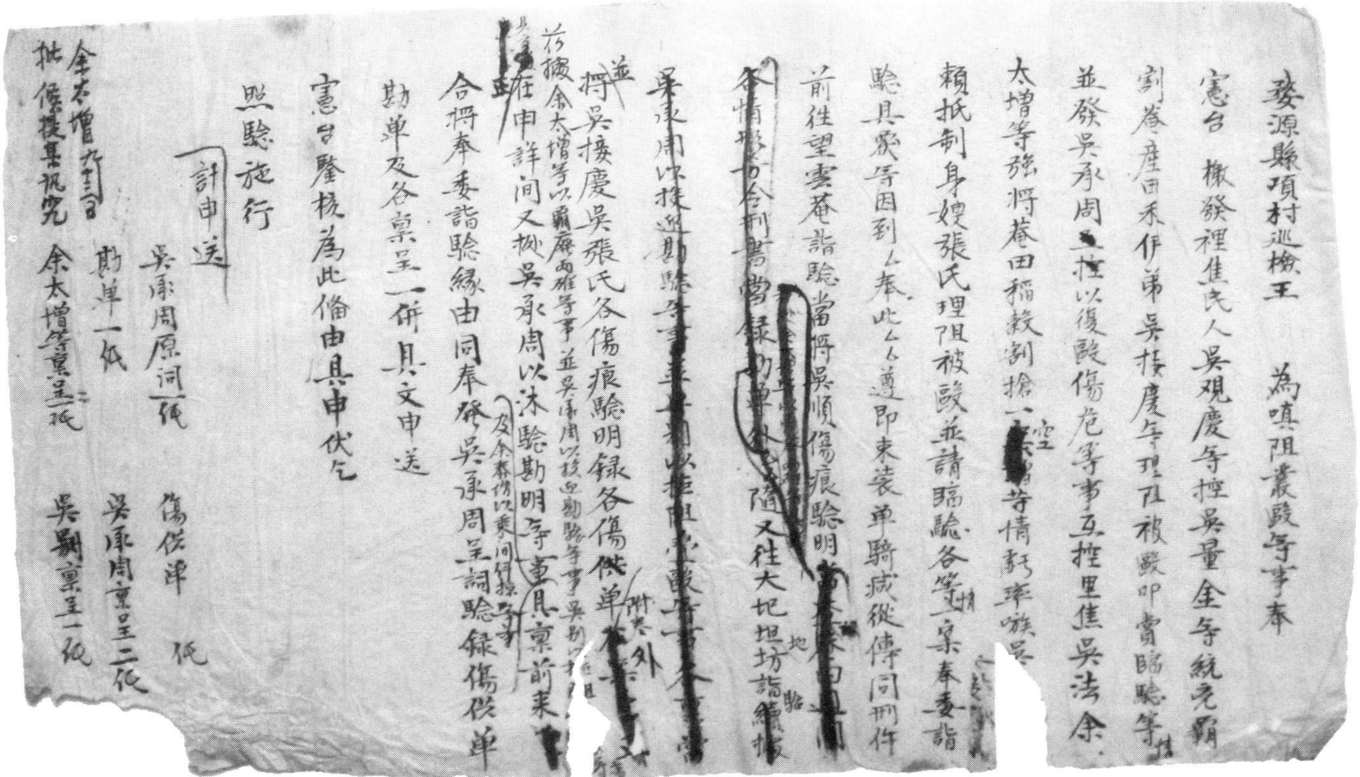

婺源縣項村巡檢王　為嗔阻叢毆等事事奉

憲台　檄發裡焦民人吴观慶等控吴量全等統兇霸

割蓄產田禾仵弟吴接慶等理阻被毆叩賞臨驗等情

並發吴承周互控以復毆傷危等事互控里焦吴法余

太增等強將蓄田稻穀割搶一[illegible]等情[illegible]嗾吴

賴抵割身嫂張氏理阻被毆並請臨驗各等情案奉委詣

驗具察等因到厶奉此厶遵即束装單騎減從傳同刑仵

前往望雲菴詣驗當將吴順傷痕驗明[illegible]

[illegible]隨又往大圯坦坊詣驗[illegible]

吴承周以控逆勘驗等[illegible]

並將吴接慶吴張氏各傷痕驗明録各傷供單[illegible]

[illegible]在申詳间又撥吴承周以沐驗勘明等事具稟前來

合將奉委詣驗緣由同奉發吴承周呈詞驗録傷供單

勘單及各稟呈一併具文申送

憲台鑒核為此備由具申伏乞

照驗施行

計申送　吴承周原詞一紙　傷供單　紙　吴承周稟呈二紙

勘單一紙

余太增等稟呈二紙　吴鼎稟呈一紙

批　余太增[illegible]日　候提集訊究

段莘乡大汜村 A 45 · 批文

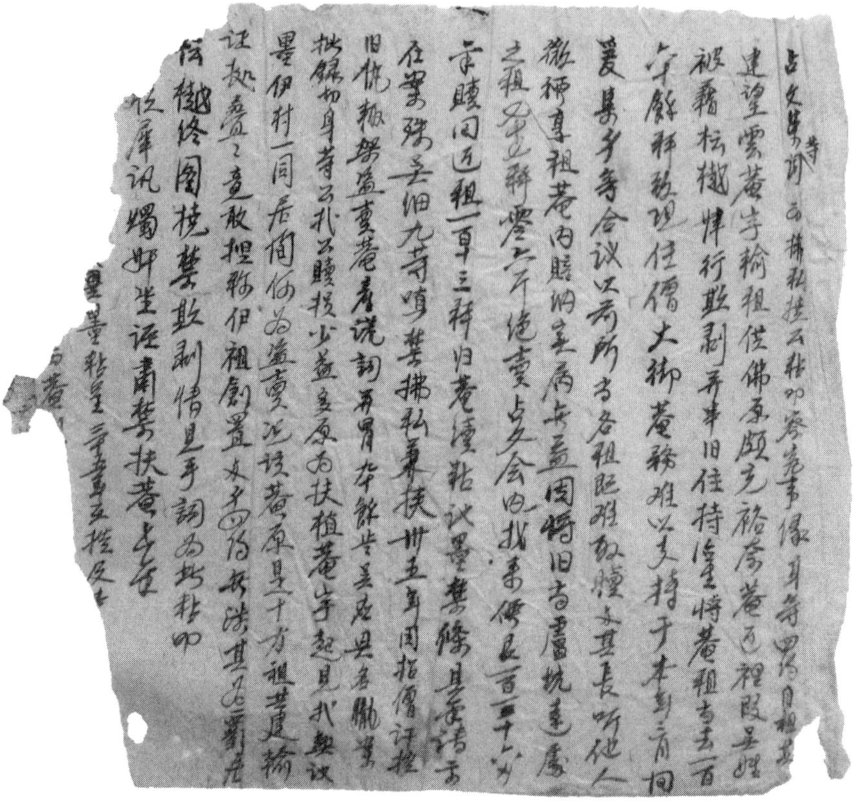

段莘乡大汜村 A 46 · 具状词 · 占文□等词

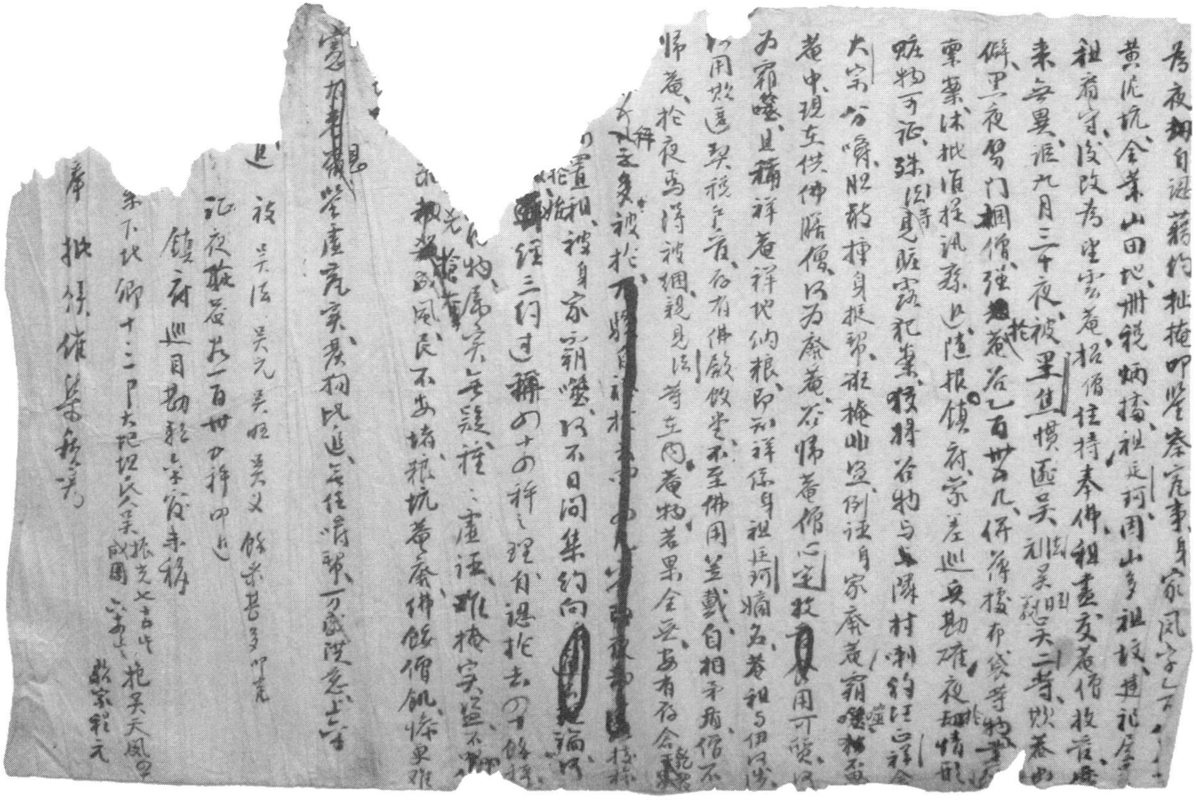

段莘乡大汜村 A 47 · 具状词

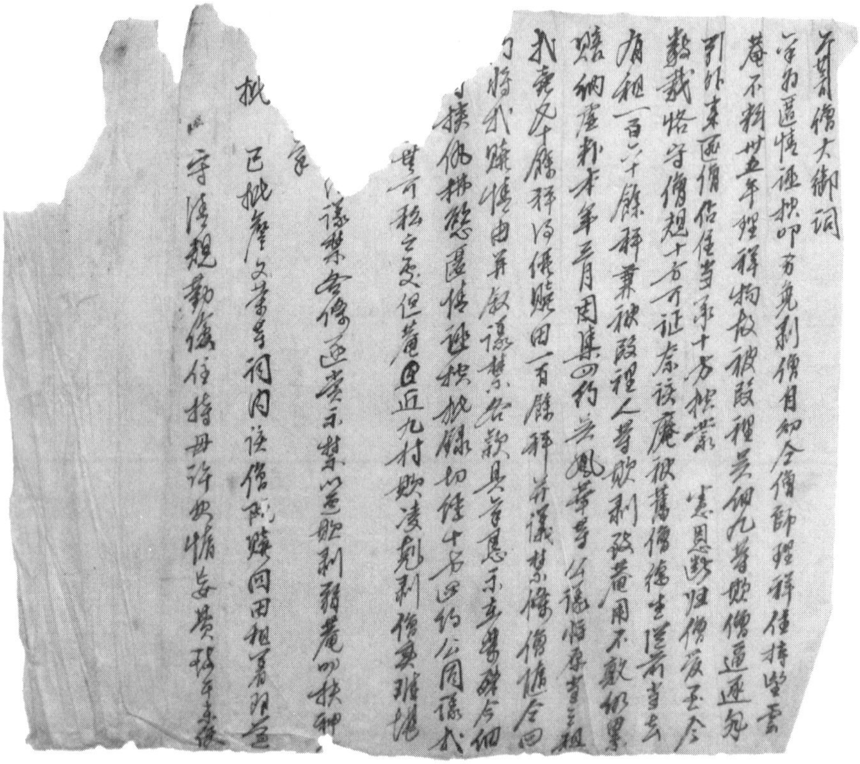

[illegible]僧大御詞
為逼情誣控叩乞免剝僧自幼合僧師理釋住持望雲
菴不料廿五年理釋物故被段理吳伊九等欺僧逼逐兔
刑外來逐僧佔住當承十方執業　焦恩斷歸僧麥丟今
數載恪守僧規十方可証奈該庵被舊僧德生從前當出
有租一百六十餘秤業被段理人等敗剝殆盡用不敷納累
賠納糧粉本年三月因集四約並風華等公議將原當之租
我庵又十餘秤以係贖田一百餘秤並議禁僧德生今回
門將我驅逐由並叙議禁各欸具在恩示立碑今伊
等挾仇捏詞愿恃誣控於縣切經十名四約公同議於
其可私立更但菴田近九村欺凌免剝僧無抵擋
[illegible]議禁合僧逐處示禁以杜剝殆菴四扶神
宗[illegible]
批
已批摩文等等祠內該僧所贖回田租著歸菴
守清規勤修住持毋許妄情妄費致干未

段莘乡大汜村 A 48 · 具状词 · 僧大御

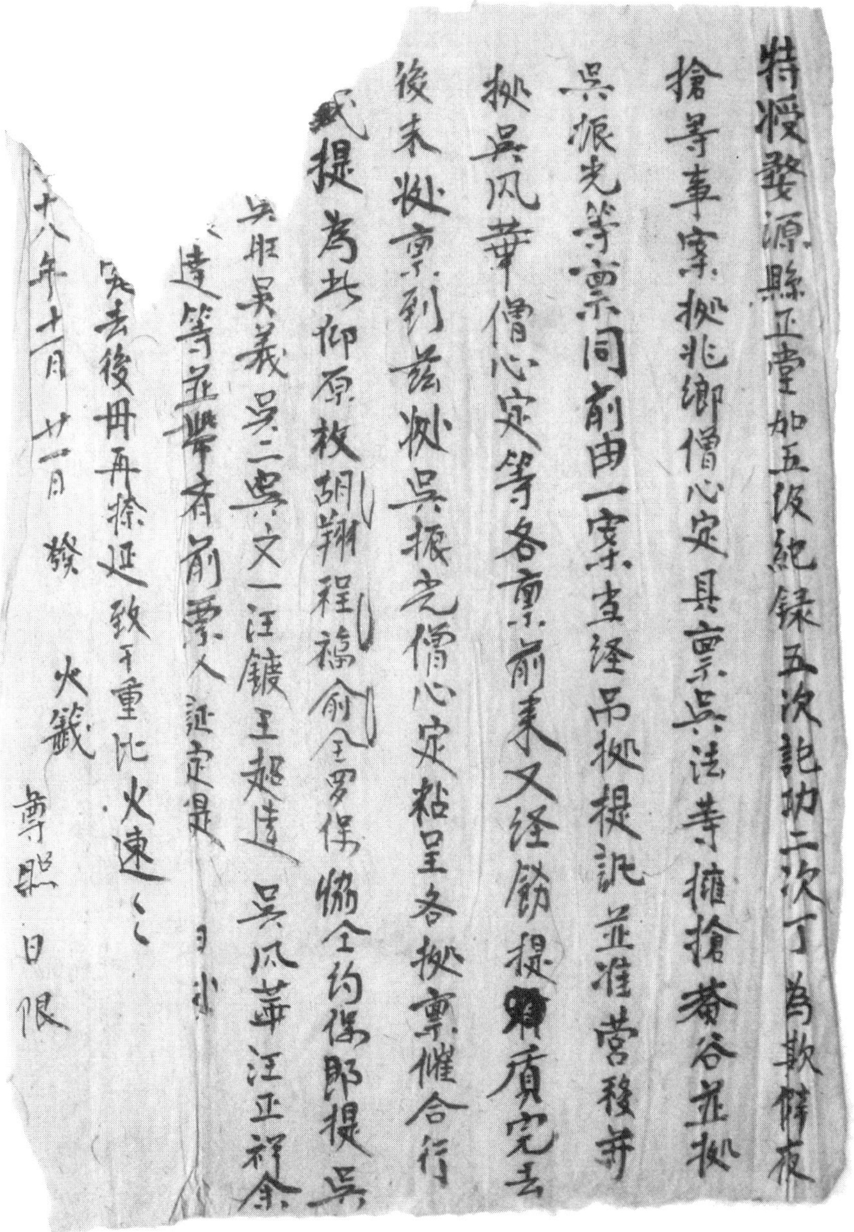

特授婺源縣正堂加五級紀錄五次記功二次丁　為欺僻夜

搶等事案據兆鄉僧心定具稟吳法等擁搶蕎谷並據

吳振光等稟同前由一案，當經吊據提訊並准營移并

據吳風華僧心定等各稟前來，又經飭提[illegible]質究去

後未據稟到，茲據吳振光僧心定粘呈各據稟催合行

籤提為此仰原役胡翔程禧俞全罗保協仝約保即提吳

旺吳義吳三貴吳文一汪鍍王起達　吳風華汪正祥余

達等並帶有前稟人証定提　日求

究去後毋再捺延致干重比火速速

十八年十一月廿一日　發　火籤

尊照日限

段莘乡大汜村 A 49 · 火签

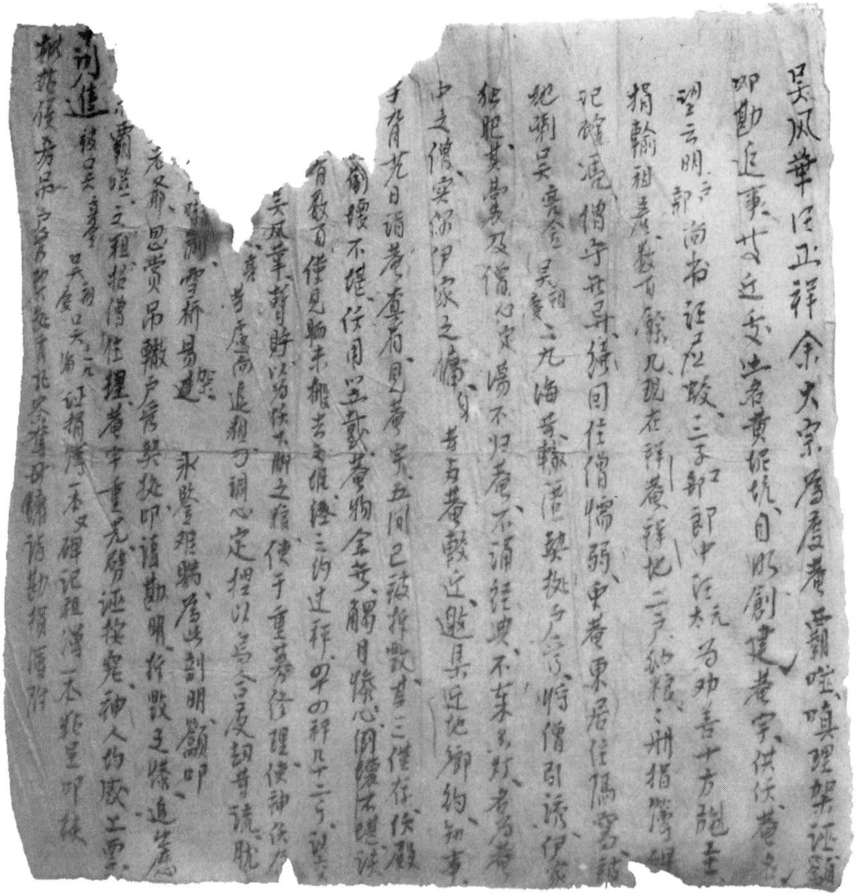

段莘乡大汜村 A 50 · 批文

吴鳳華住正祥告大宗為虜菴霸噬吞踞架示[illegible]
勘追事。身村近處土名黃泥坑，自明創建菴宇，供佛
菴名雲雲，明戶部尚書汪先峻三子工部郎中汪元錫為功善
十方施主捐輸租產數百餘兒，現在祥菴祥地二處納
粮。冊捐修碑記確見，僧守云等接回住僧懦弱，架
菴東住居猖寫，被地棍吴量全、吴祖慶、吴二九等搬運
、殺僧引誘，伊家独肥其槖，及僧心空，並不归菴，不誦經典
不吝香灯，名为菴中之僧，实系伊家之傭，方与菴較
近。迯集近地鄉相，於五年九月廿九日請菴查秀見菴宇五
间已有本處其三僧在佛殿，檢查倒壞不堪，佛用器
、菴物全無。觸目傷心，該菴租有數百，僧見插未搬去
三祖走拜畢，四九十二日，祝文程佳，吴鳳華等時
鄉之人，使于重募修理，俾神佛有棲，前去
慮恐追租刁捐心空，捏以鳥合夜劫等流，眈
制霸橋昌架。冰屋难瞞，蠹剥吸髓
一恩賞吊繳戶簽契，追收傳勘，以折毁之懷
東霸噬之祖，拉僧住理菴宇，重光勞經[illegible]究神
上禾　被吴量全　吴祖　吴慶　吴二九
保一本　又碑記　祖簿一本　[illegible]粘呈　[illegible]核
戶發契炊席飆審電，毋庸請繳
[illegible]

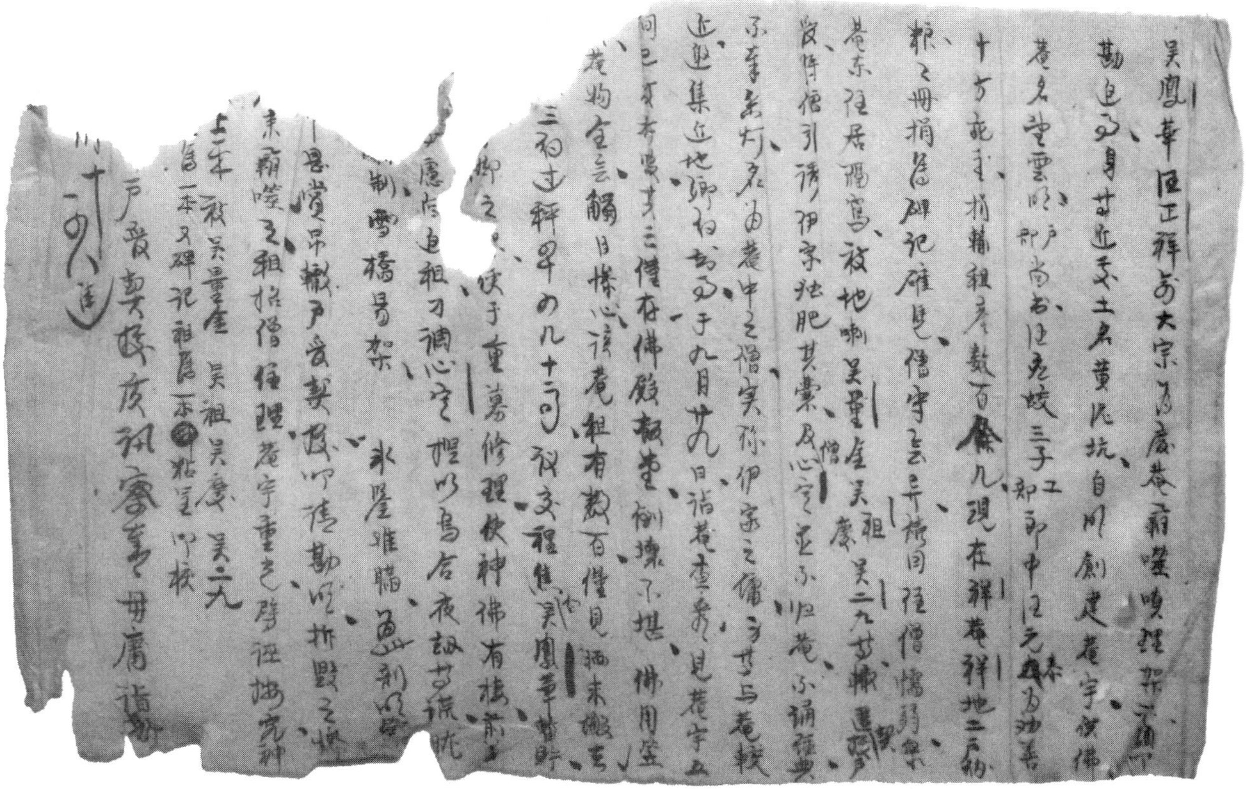

段莘乡大汜村 A 51 · 具状词

五日割吳祥上段二十三秤零六斤[illegible]

[illegible]人收陸拾伍秤零六斤均分該菴湯叁[illegible]

伍秤零伍斤付佃清還各帳實收弍拾柒秤零[illegible]

段莘乡大汜村 A 52 · 账单

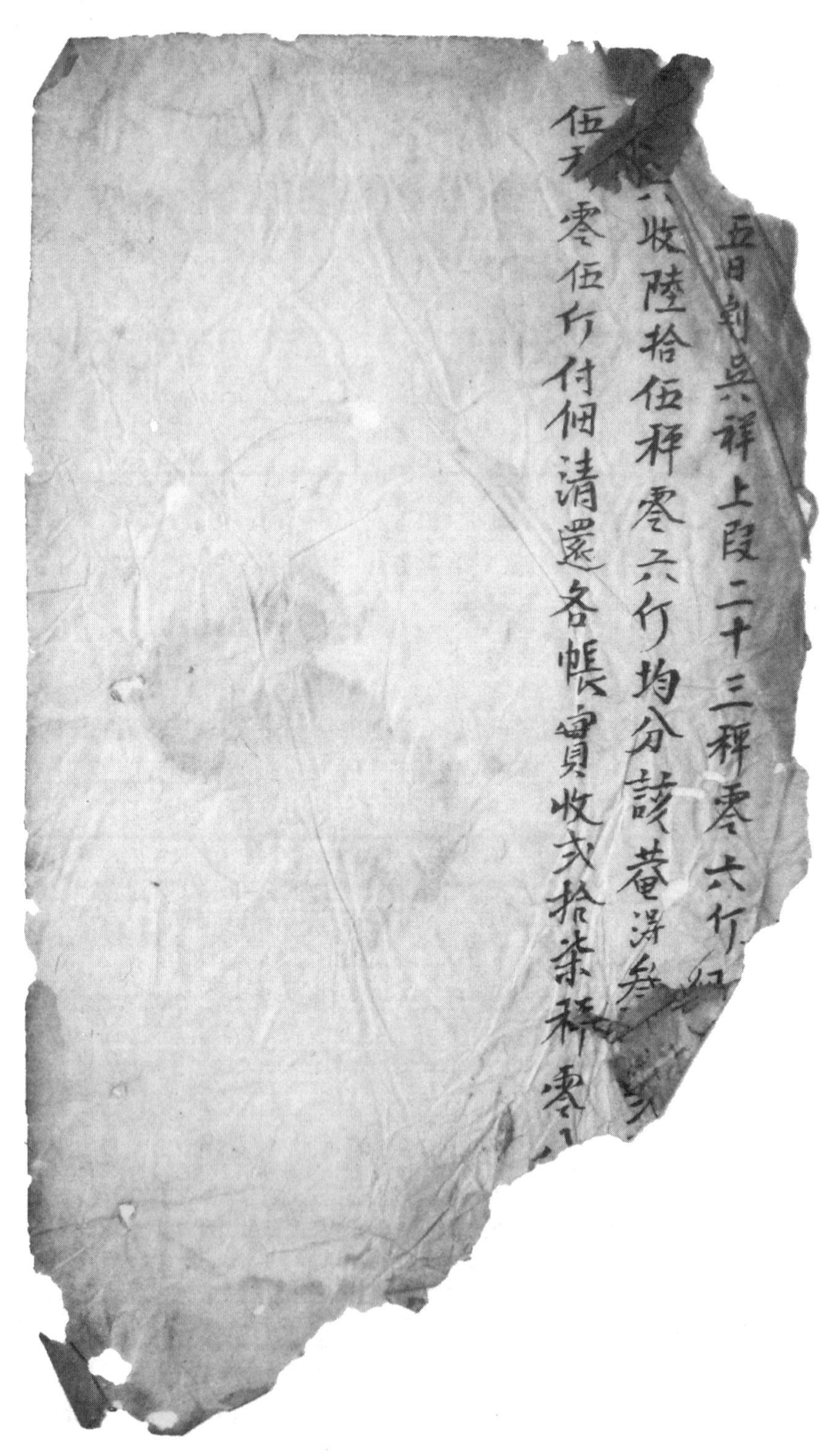

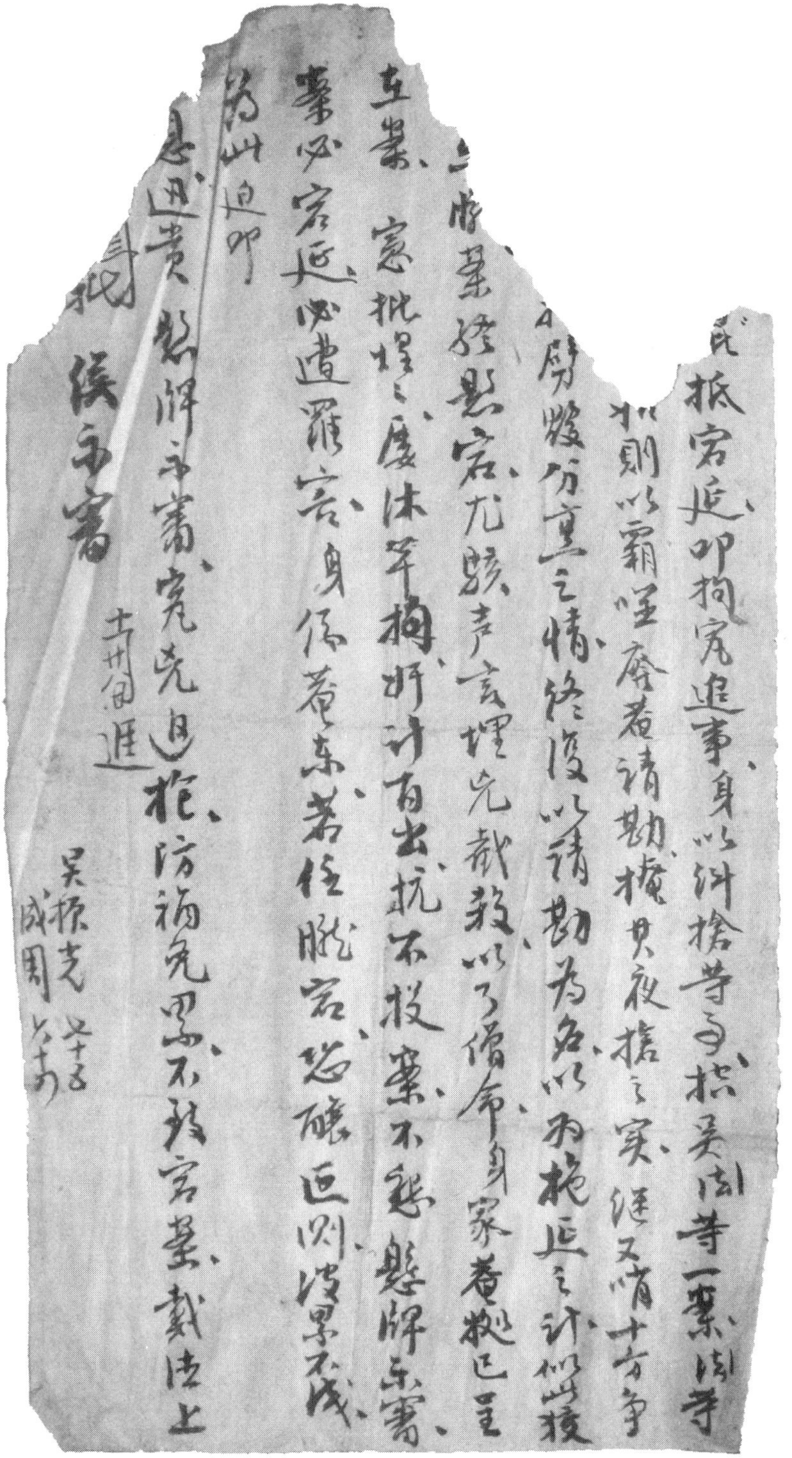

民抵宪延、叩拘究追事。身以纠抢等事控吴闾等一案，闾等
捏则以霸埋魔着请勘、捡其夜指之实、既又情甘有争
骫殴伤宜之情，终之复以请勘为名，以为拖延之计，似无获
将案经县宪，尤骇声言埋究裁夺，以了借命，身家着拟匠呈
在案。宪批堤之度休笲拘、将讨有出抗不投案，不悉悬牌示审，
案必宪延，必遭罗宪。身係着东，若任脱宪，恐酿匠，则冤累不浅。
为此迫叩
恩迅赏悬牌示审，究虎自追，抢防祸免累，不致宪案。戴德上

县批 候示审

十一月廿四日进

吴振尧
成周

段莘乡大汜村 A 54 · 具状词

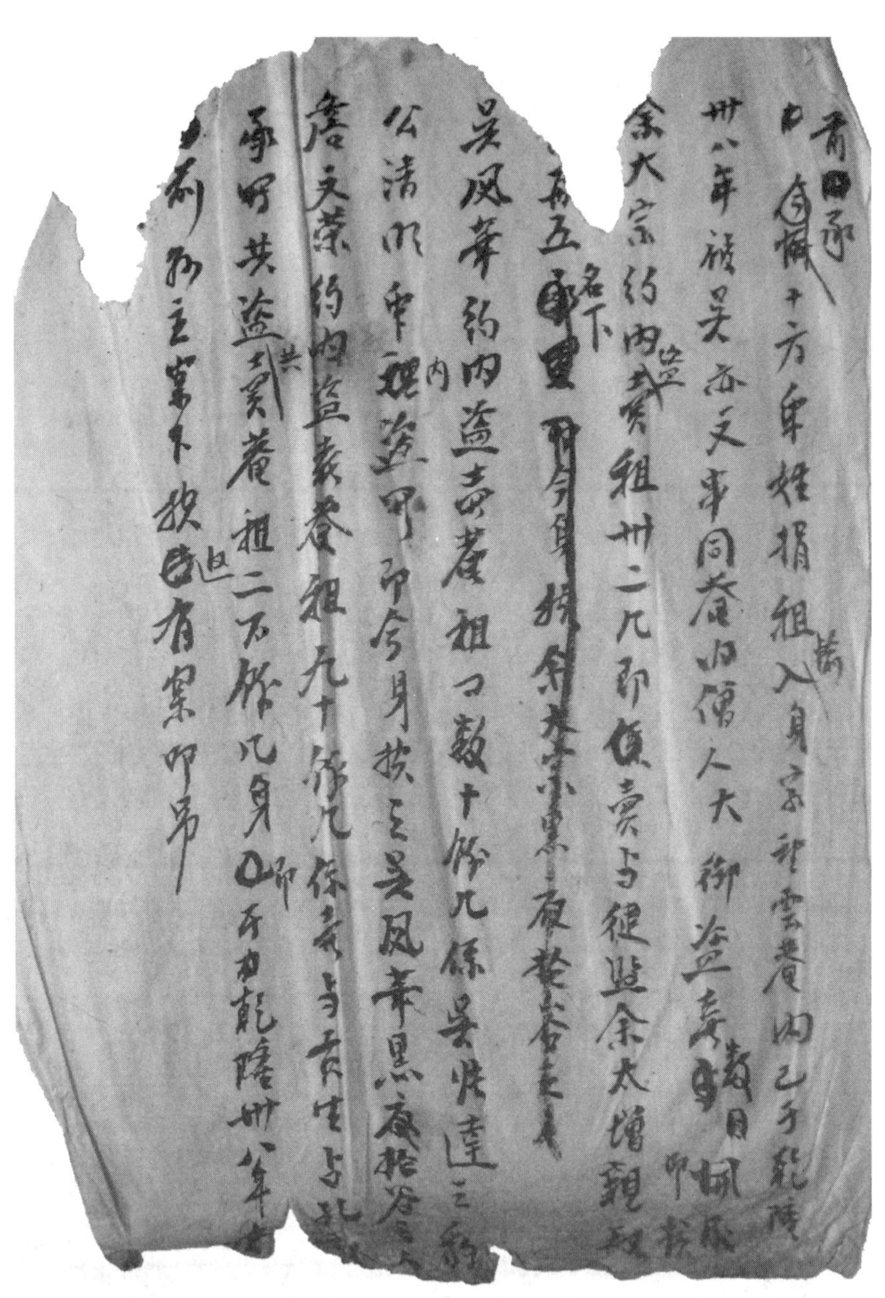

段莘乡大汜村 A 55 · 具状词

段莘乡大汜村 A 56 · 具状词 · 吴承周

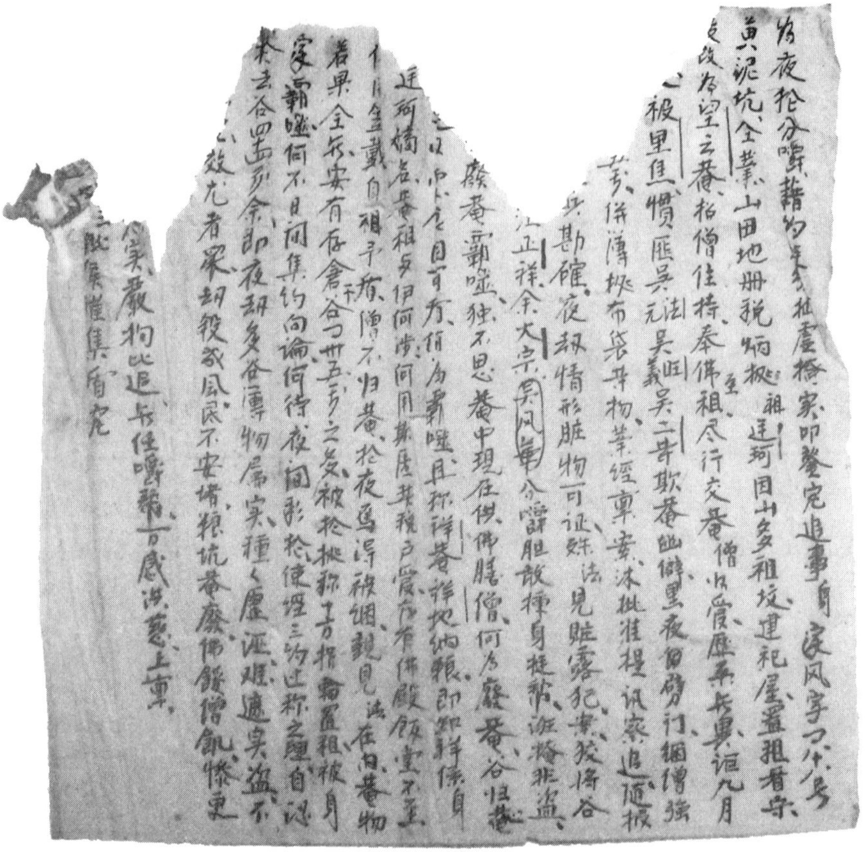

為夜抢分噬藉為牢祖壹橋家叩鑒究追事身[illegible]吳风字一八号
黄六泥坑全業山田地册税籍據祖廷珂因山多祖坟建祀屋蓋祖看守
支派為望云庵招僧住持奉佛祖香火行交庵僧收管歷年無異詎九月
[illegible]被里匪惯匪吳法吳元義吳二等欺庵幽僻黑夜窃劈门捆僧強
[illegible]併薄被布袋等物業经禀案沐批准提讯察追[illegible]
[illegible]勘確夜叔情形赃物可证殊法兇赃露犯惡發僧谷
江正祥余大宗吳风華分嚼胆敢挿身挺帮诬捏非盗
废庵霸噬独不思庵中現在供佛膳僧何為废庵谷归庵
之日[illegible]自可知何為霸噬且称祥庵[illegible]把納粮即鄉詳係自
廷珂嫡名庵祖與伊何涉何用[illegible]户各佛殿飯堂不至
[illegible]宣載自祖予[illegible]僧不归庵抢夜[illegible]得被捆親见法在白庵物
若果全無安有存仓谷一卅五石之多被抢批称十方招僧置祖被月
宗霸噬何不日间集约向论何待夜间形抢使理[illegible]过称之理自認
來去谷四五石余即夜劫多谷薄物屬实種種屋诬难遁实盗不
[illegible]效尤者衆劫殺藏风民不安堵粮坑庵废佛餓僧飢慘吏
[illegible]實严拘此追与任嚼幫万感洪恩上禀
[illegible]賍集[illegible]看究

段莘乡大汜村 A 57 · 具状词

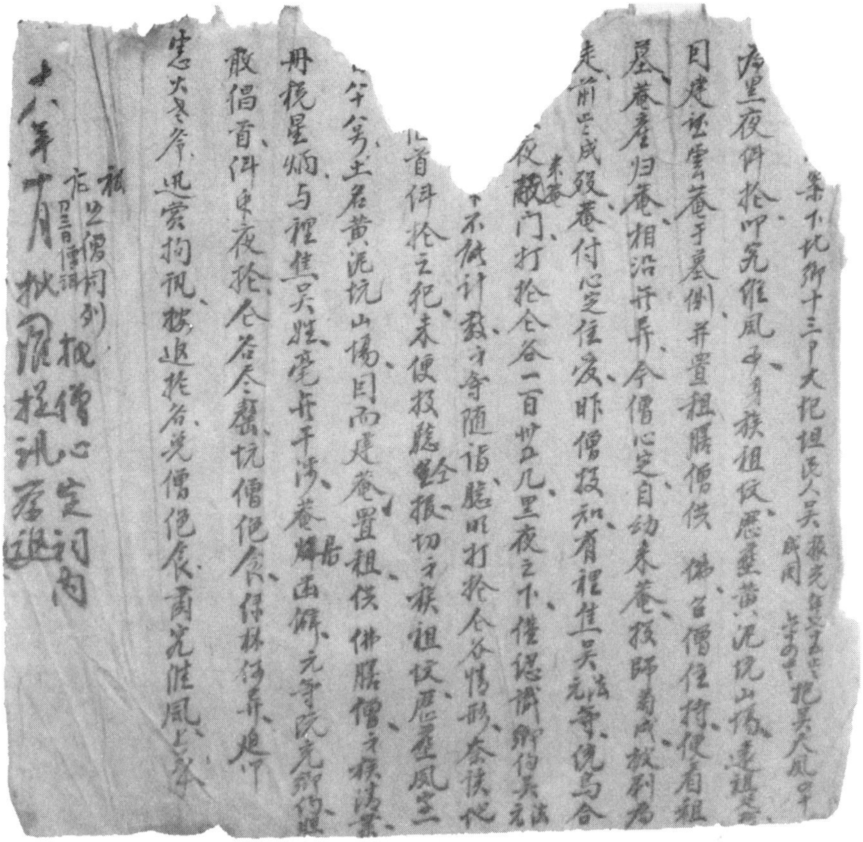

段莘乡大汜村 A 58 · 具状词

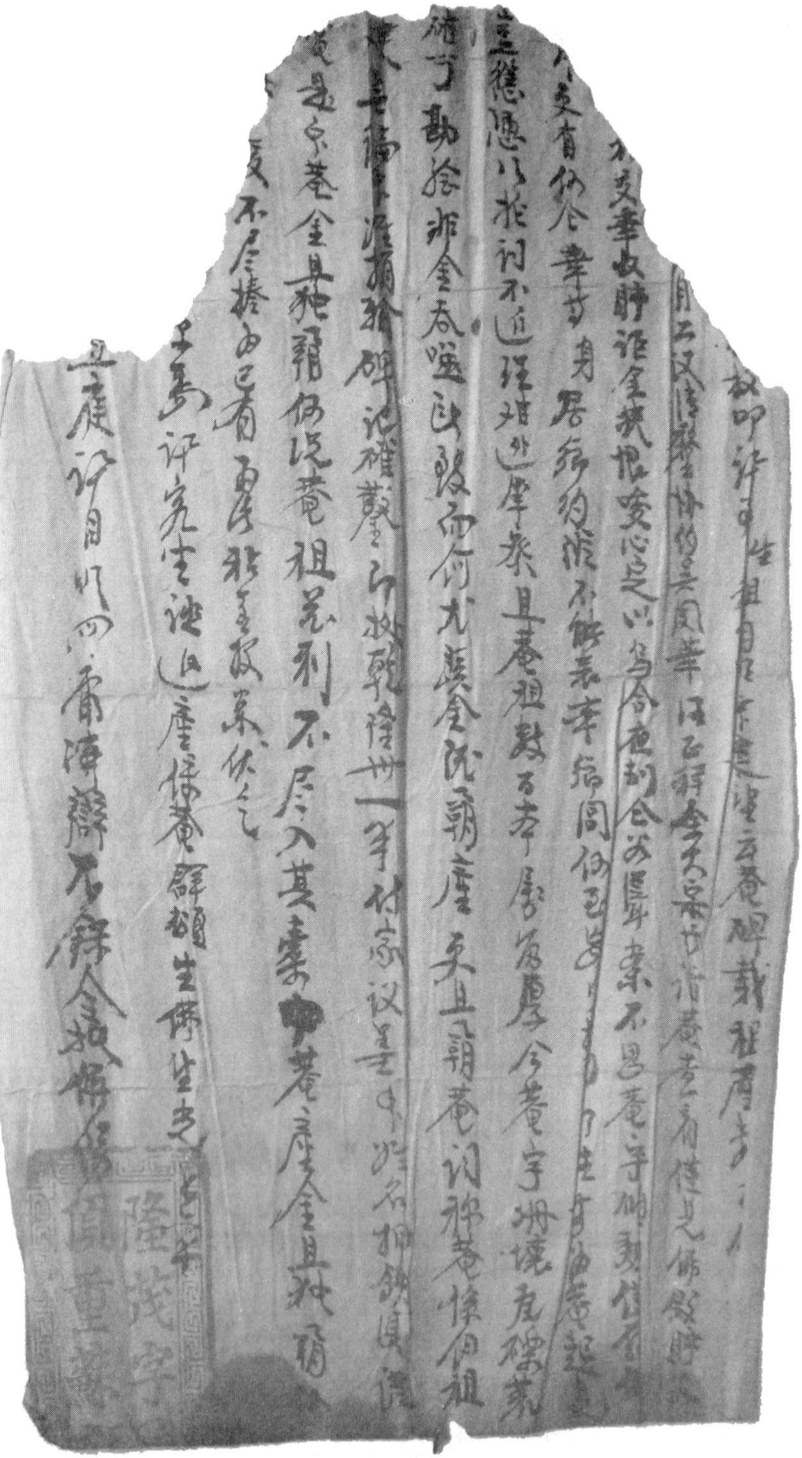

段莘乡大汜村 A 60 · 具状词

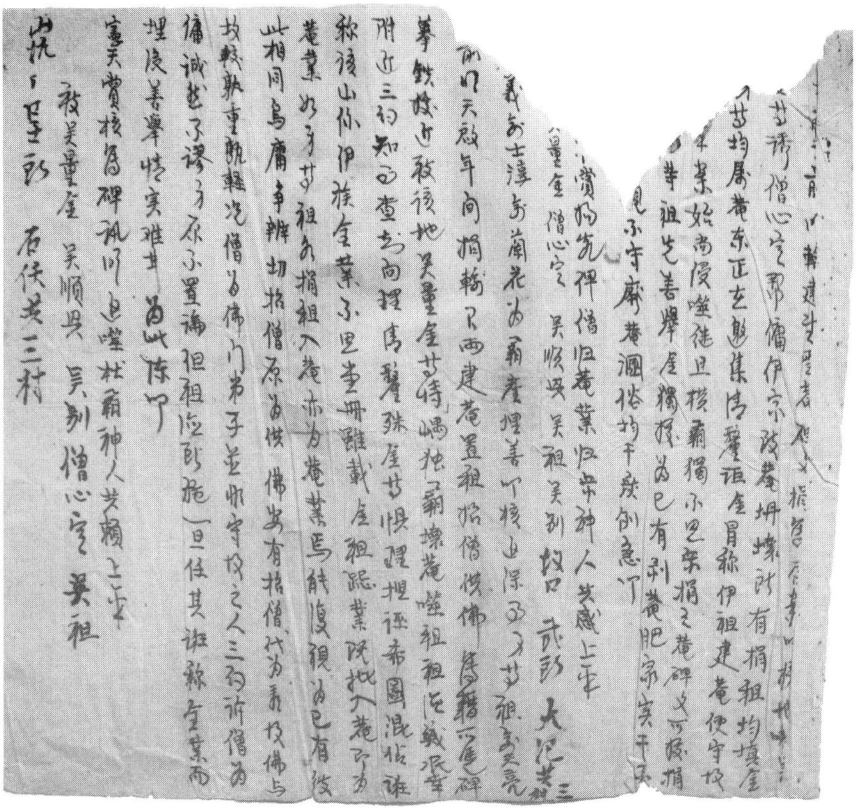

段莘乡大汜村 A 61 · 具状词

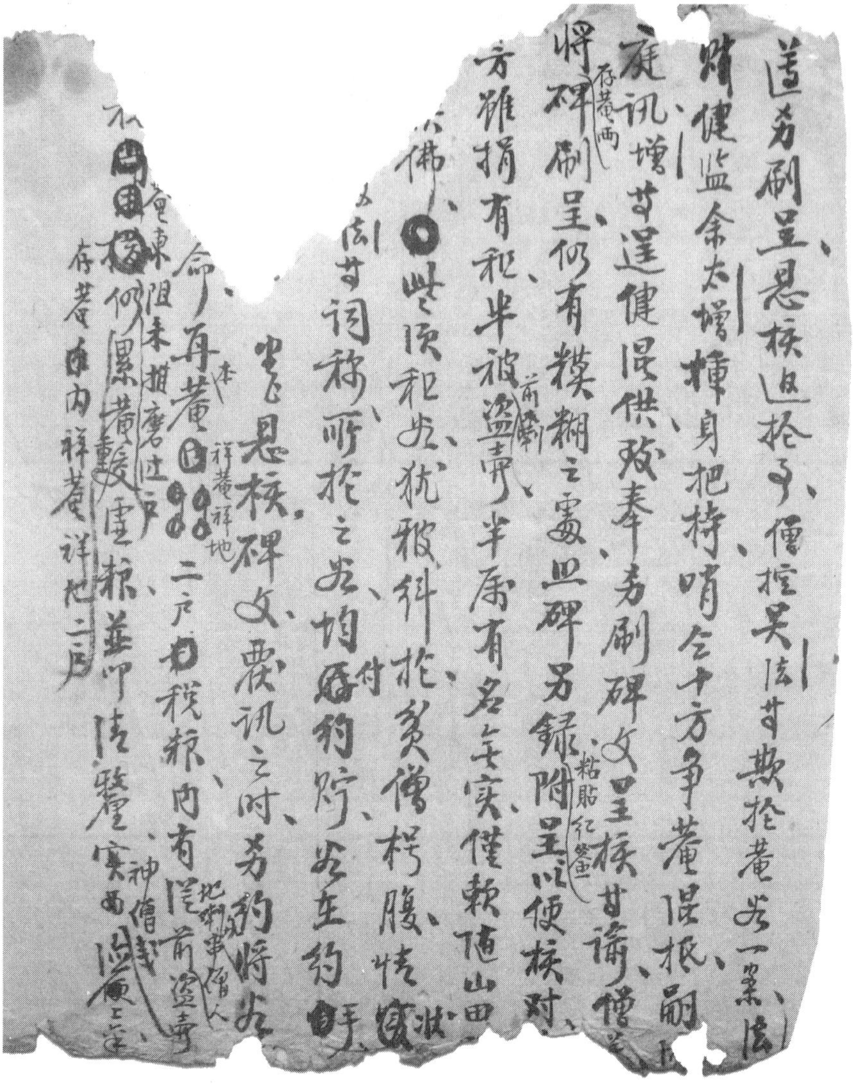

道劣刷呈悬核退抡了、僧控吴法等欺抡庵业一案、法
情健监余太增俾身把持、啃全十方争庵、据根刷[illegible]
庭讯、增等逞健捏供、致奉劣刷碑文呈核、甘谕僧[illegible]
将碑刷呈、仍有模糊之处、照碑另录、附呈、以便核对、
方难捐有祀半、被盗卖半、原有名无实、仅赖随山田
佛、● 此项祀业、犹被钭于贫僧、枵腹、情[illegible]状
法等词称、所於之业、均[illegible]约、贮业在约[illegible]手、
呈悬核碑文、覆讯之时、劣约将业
命、再庵[illegible][illegible]二户、[illegible]税粮内有[illegible]前盗卖
不[illegible][illegible][illegible]何[illegible]庵[illegible]粮、并叩[illegible]鉴、实[illegible][illegible]
存庵[illegible]内祥庵、祥地二户

段莘乡大汜村 A 62 · 具状词

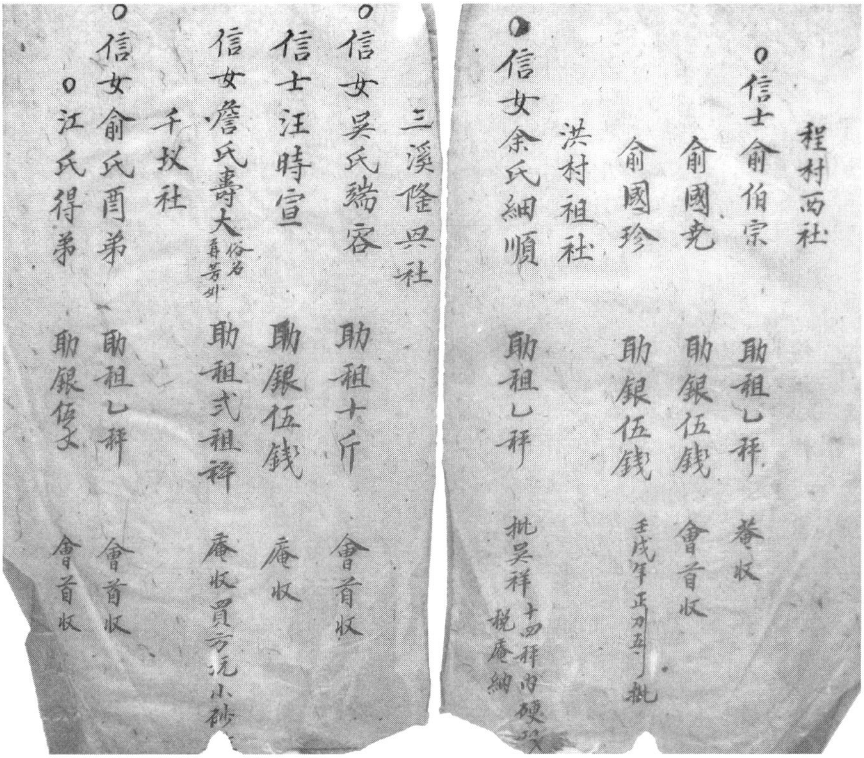
程村西社
○信士俞伯宗　助祖七秤　菴收
俞國尧　助銀伍錢　會首收
俞國珍　助銀伍錢　壬戌年正月五日批
洪村祖社
○信女余氏細順　助祖七秤　批吴祥十四秤内硬收　稅庵納
三溪隆興社
○信女吴氏端容　助祖十斤　會首收
信士汪時宣　助銀伍錢　庵收
信女詹氏壽大俗名壽芳女　助祖式祖秤　庵收買方沅小秒
千坟社
○信女俞氏酉弟　助祖七秤　會首收
○江氏得弟　助銀伍文　會首收

段莘乡大汜村 A 63 · 程村西社乐捐单 · 俞伯宗等

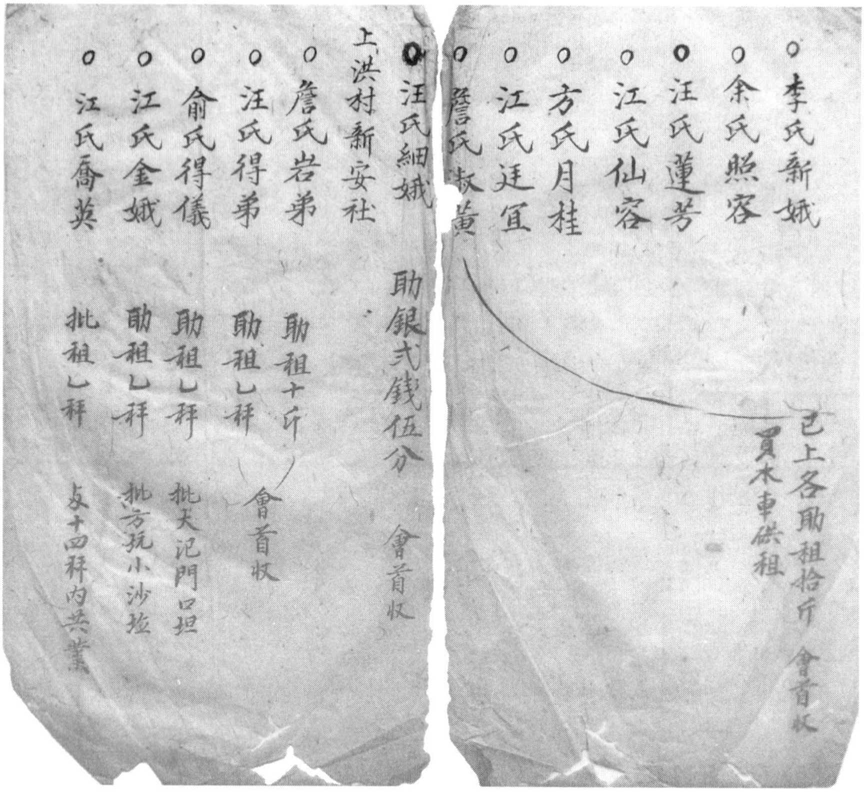

○李氏新娥
○余氏照容
○汪氏蓮芳
○江氏仙容
○方氏月桂
○江氏廷宜
○詹氏淑黄

已上各助租拾斤　會首收
買木車供租

○汪氏細娥　助銀弍錢伍分　會首收
上洪村新安社
○詹氏岩弟　助租十斤　會首收
○汪氏得弟　助租乚秤
○俞氏得儀　助租乚秤　批大汜門口坦
○江氏金娥　助租乚秤　批方坑小沙垃
○江氏喬英　批租乚秤　支十四秤内共業

段莘乡大汜村 A 64 · 千蚁社乐捐单 · 李新娥等

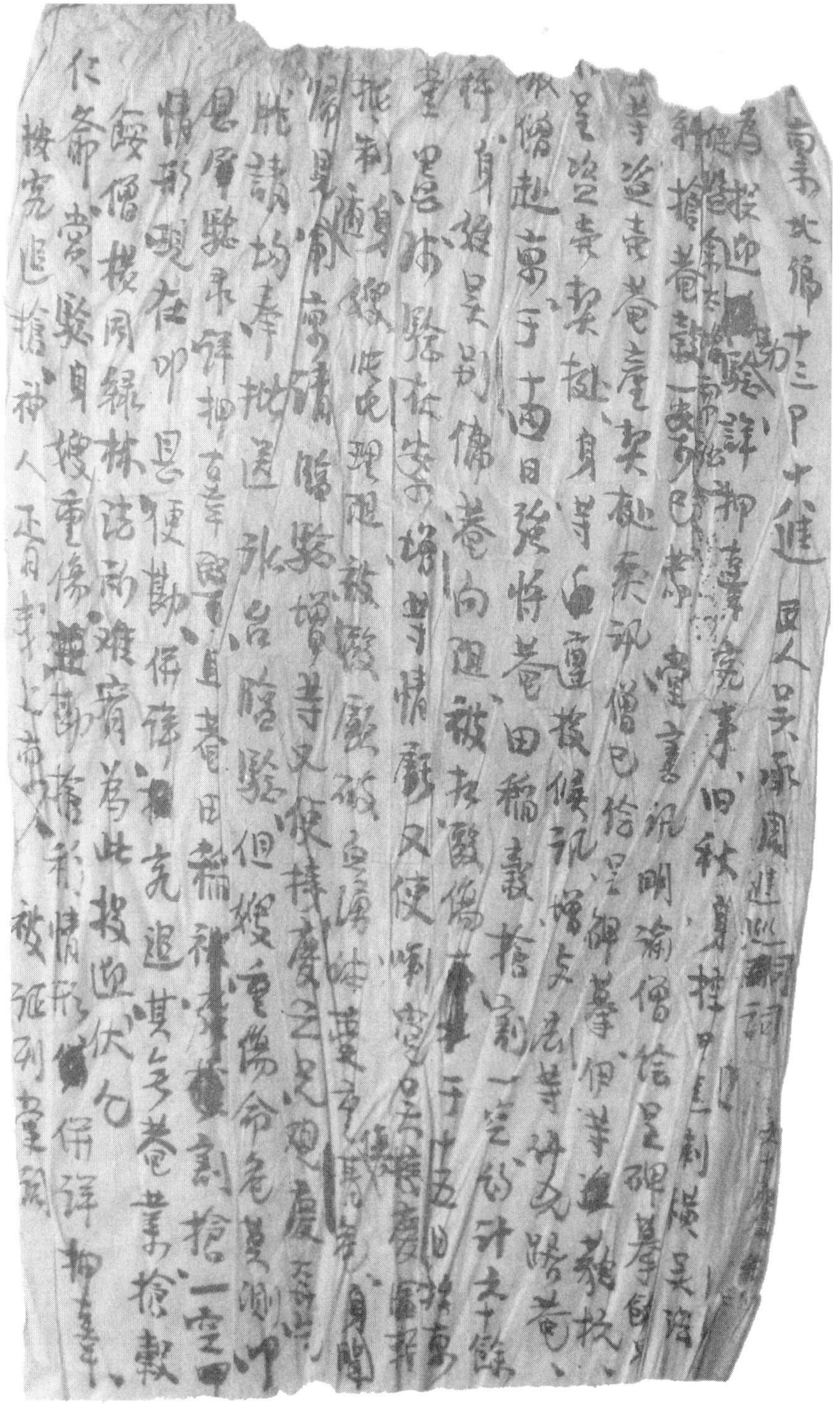

段莘乡大汜村 A 65 · 具状词 · 吴承周等

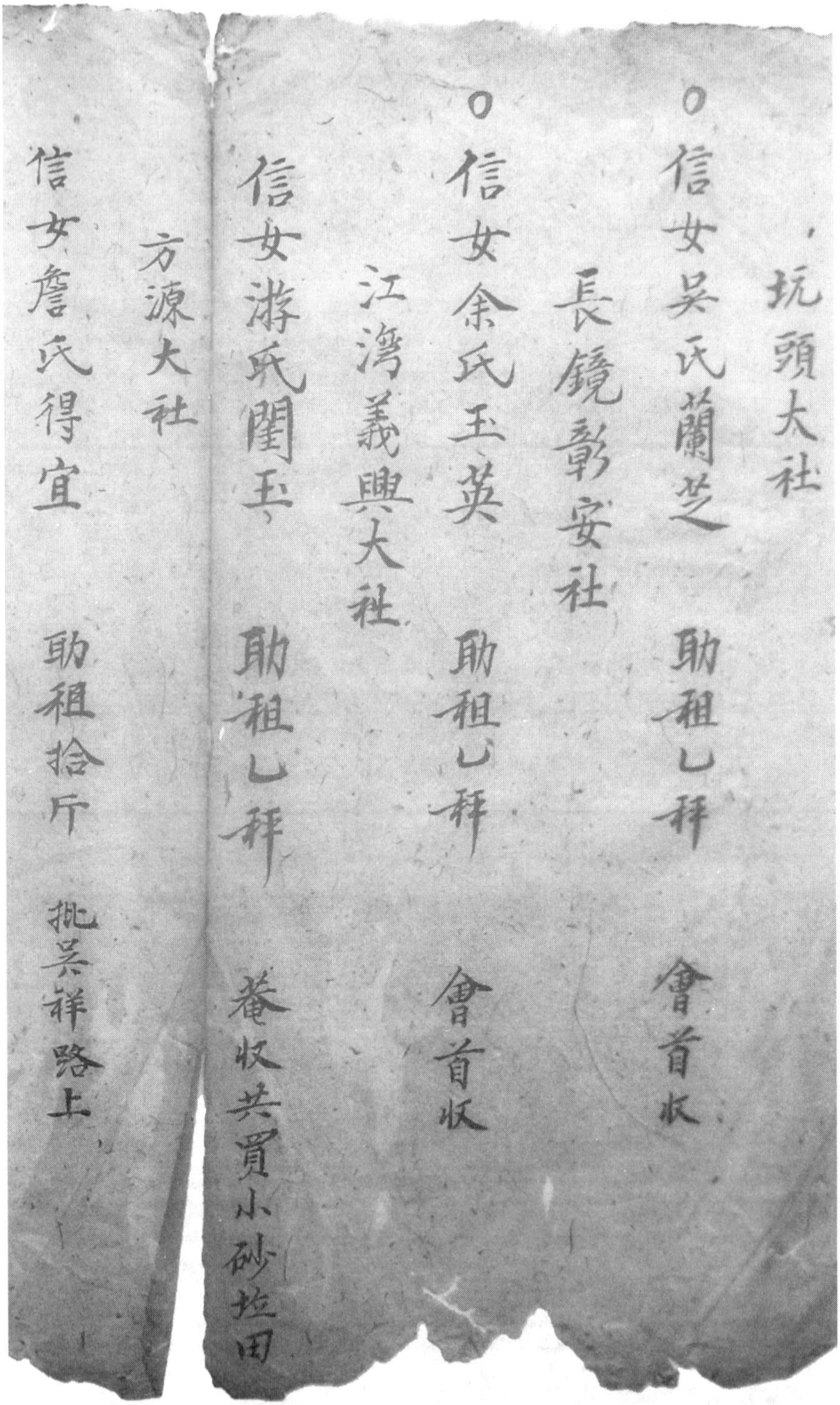

坑頭大社

○信女吳氏蘭芝　助租乚秤　會首收

長鏡彰安社

○信女余氏玉英　助租乚秤　會首收

江灣義興大社

信女游氏閨玉　助租乚秤　菴收共買小砂垃田

方源大社

信女詹氏得宜　助租拾斤　批吳祥路上

段莘乡大汜村 A 66 · 坑头大社乐捐单 · 吴兰芝等

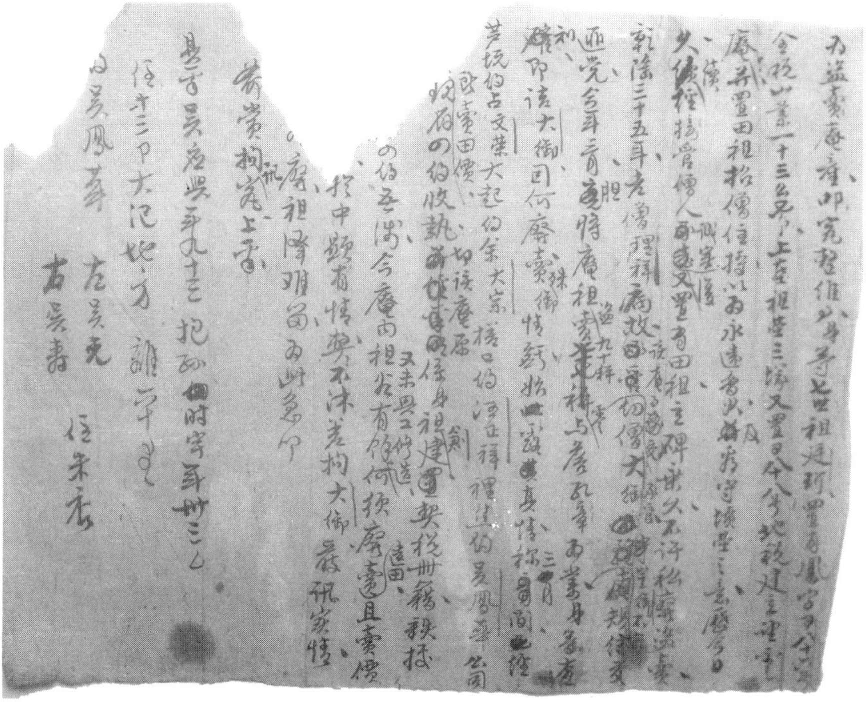

段莘乡大汜村 A 67 · 具状词

許進 傳大御 為恳恩准給示以宏法化事　廿一日批
已批吴凤華等事詞批示议附
四約進 為叩准存案神人均感事
批 候查一案給示议覃附
十七日進 吴左興 為盗賣庙產叩究追維事　十九日批
盗賣庙產固屬不合，而捐輸之子孫藉称私越滋事，亦屬違例，着傳大御
廿三日 傳大御進 為匿情誣控叩銷免剥事　廿六日批
已批占文等等詞內矣，該庵僧既將田租着即遵守清規勤儉住持，毋許妄
情妄費，致干未便
四約進 為捕私抗公祜叩察究事　批
据称控寺田係屬庵租之田，並未串盗等情，已批吴細九等仍候[illegible]
殊屬不合，候差提吴東和日後該等即议，秉公道禁，而也指议发还
吴左興進 為自剥翻誣叩察究追事
昨据僧人大御并占文等等均称大御之祖傳德生將庵租出典，今伊等本寺
贖租歸庵，並非盗賣，是以批令遵守清規勤儉住持在案，今爾又称
僧生並無產業，所典之產被此吴左等，該庵原當之租，且若屬[illegible]年
分，我寺贖回，究有若干，并应吊有各契，查核奪
遵呈各契叩電究誣事
吴左興並不查明实情，由混行架控，顯圖覬覦起見，候唤
讯各契约附
僧人進 為恳讯示禁以杜後患事　今批
已批吴凤華等詞內矣

段莘乡大汜村 A 68 · 批文

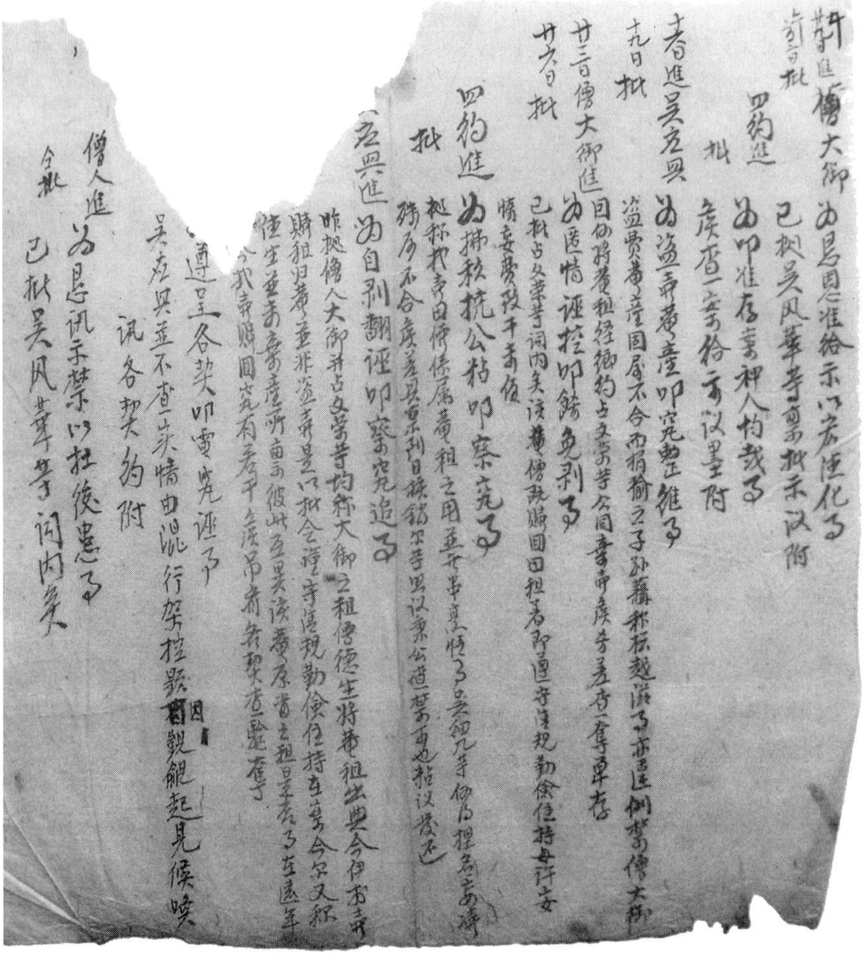

為情真指關責法市恩法叩作主處拔究追事、夜叡側危事究詳統情同杜法、身家費賤賊良
子舜全業小傷冊稅屻枧祖廷珂田山多祖坟手隆慶四年叁房杜建巷直社叁僧照諱峴
呈縣可証迨氏废順治始有助祖被恩根矣刁文身僧盜賣身家粧追僮贖回随山田代倖迷
年文祖入巷納粮食用詎旧秋文被里權地匪更法巷欺僧附拥僧夜叔番谷巷助一旦票
縣蒞沐批究併会館府查獲賍犯確实法巷艮究賍買建棍余大僧江西文揮入訟仰持龍閔枪宕
抹情越罹今秋復来巷田割搶多稲作傷巷工吳刘及姪媳張氏經巡司驗明勘確蹤判情
詳蒙文達䌷僧枉禁伊家弟携種不法已極縣主一味恩詳旧肤懸牌示番不審
訊即放前僕丙莊不追捆毆四次不究且審实盜賣巷租来弟娶追繳奉枉仰
至今不理故縱意匪棍逍遥法外蠻横一方現更踞巷霸產逐僧勢必賣田砍
方靡塗心非沐勤提严究以彰国法案沉大海賍任骨吞祖巷祖
再叩
主賞提杜閔正法究追咁恩法禀
十八追
府大爺批
候飭催速集訊報

段莘乡大汜村 A 69 · 具状词

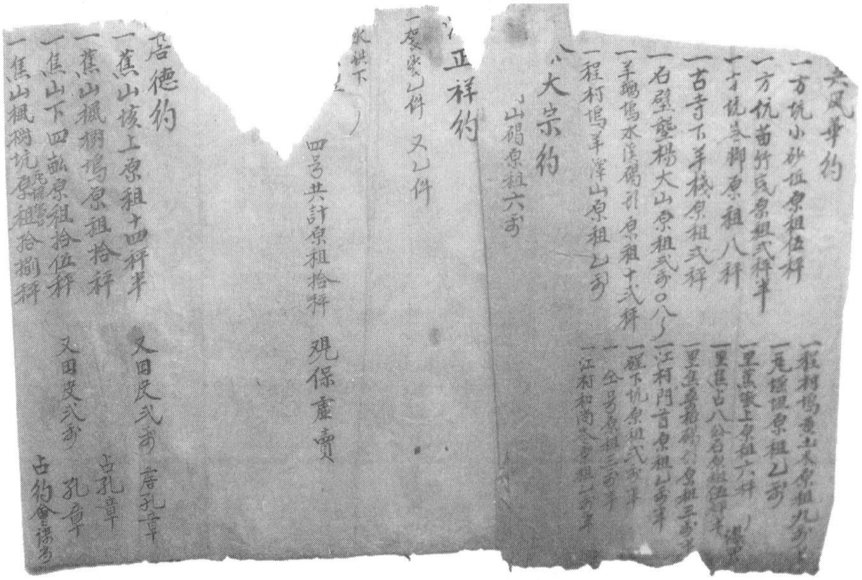

段莘乡大汜村 A 70 · 土地租税单 · 吴风华

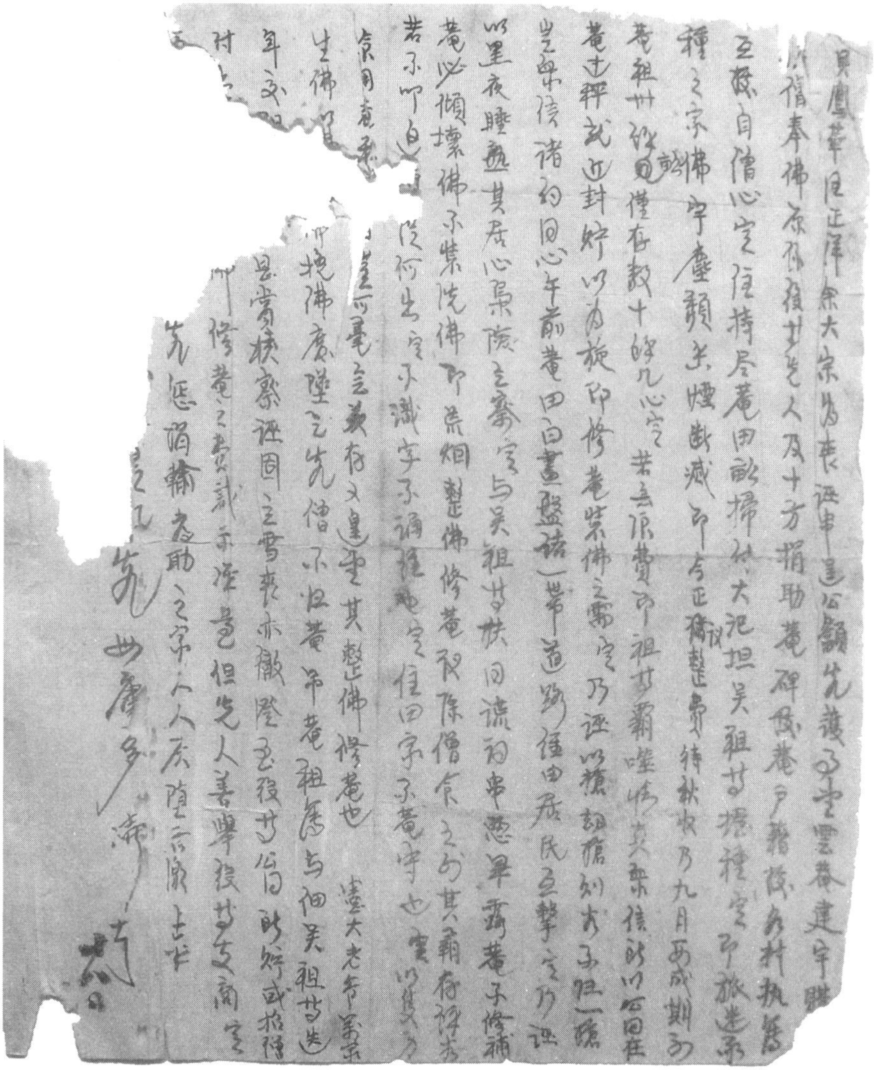

段莘乡大汜村 A 71 · 具状词 · 吴凤华等

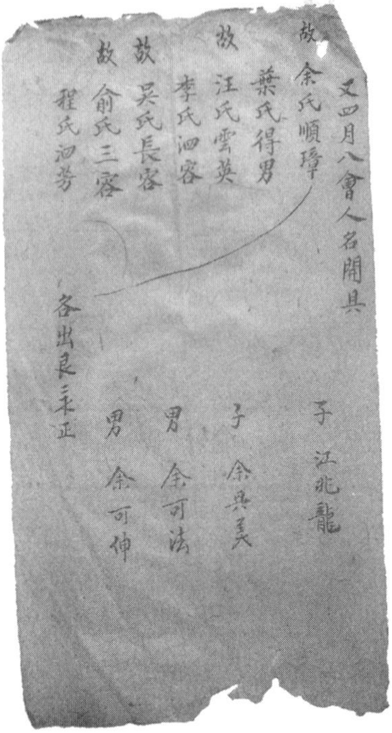
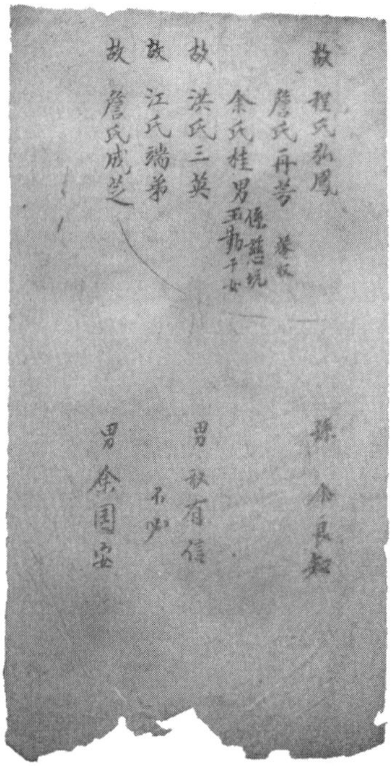

段莘乡大汜村 A 74 · 四月八会人名单及乐助单

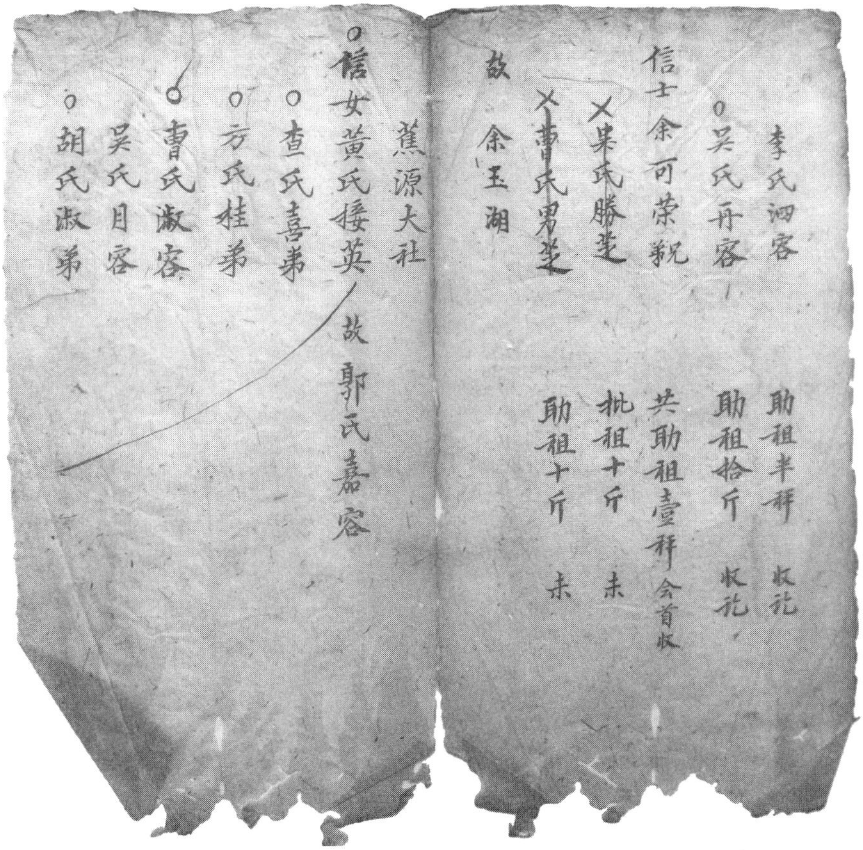
李氏泗容　助祖半秤　收讫
○吴氏再容　助祖拾斤　收讫
信士余可荣覌　共助祖壹秤　会首收
×朱氏胜芝　批祖十斤　未
×曹氏男芝　助祖十斤　未
故余玉湖

蕉源大社
○信女黄氏接英
故郭氏嘉容
○查氏喜弟
○方氏桂弟
○曹氏淑容
吴氏月容
○胡氏淑弟

段莘乡大汜村 A 75 · 四月八会人名单及乐助单

事將酷審標牌已出，然者生理屈情虧，豈能屏面遵例，罪重，定當
責懲。係伊仍存情虐，托伊親侄桂吉央仝上村志成叔漢傑、祖德
合懇求處和，放本家合房族誼，且自釋手，
中人和息底 吳允中 漢奇 祖德 桂吉

段莘乡大汜村 A 76 · 具状词

會租土名開后
一号土名　大汜水車硔脫租伍秤十斤
一号土名　吳祥路底常租三秤
會首經手買者
一号土名　門口墳䳒脫租四秤大
一号土名　大汜后力脫租弍租十五子　實收乙秤
菴買者
一号土名　十四秤内脫租肆秤半
男姊批者乙秤　喬英乙秤
細順乙秤　得宜半秤　又買乙秤
一号土名　門口柿蓊垃乙秤十三子
侄嬌容姊批者
一号土名　方坑小砂垃脫租伍秤大
來修經手買者

段莘乡大汜村 A 76・帐单

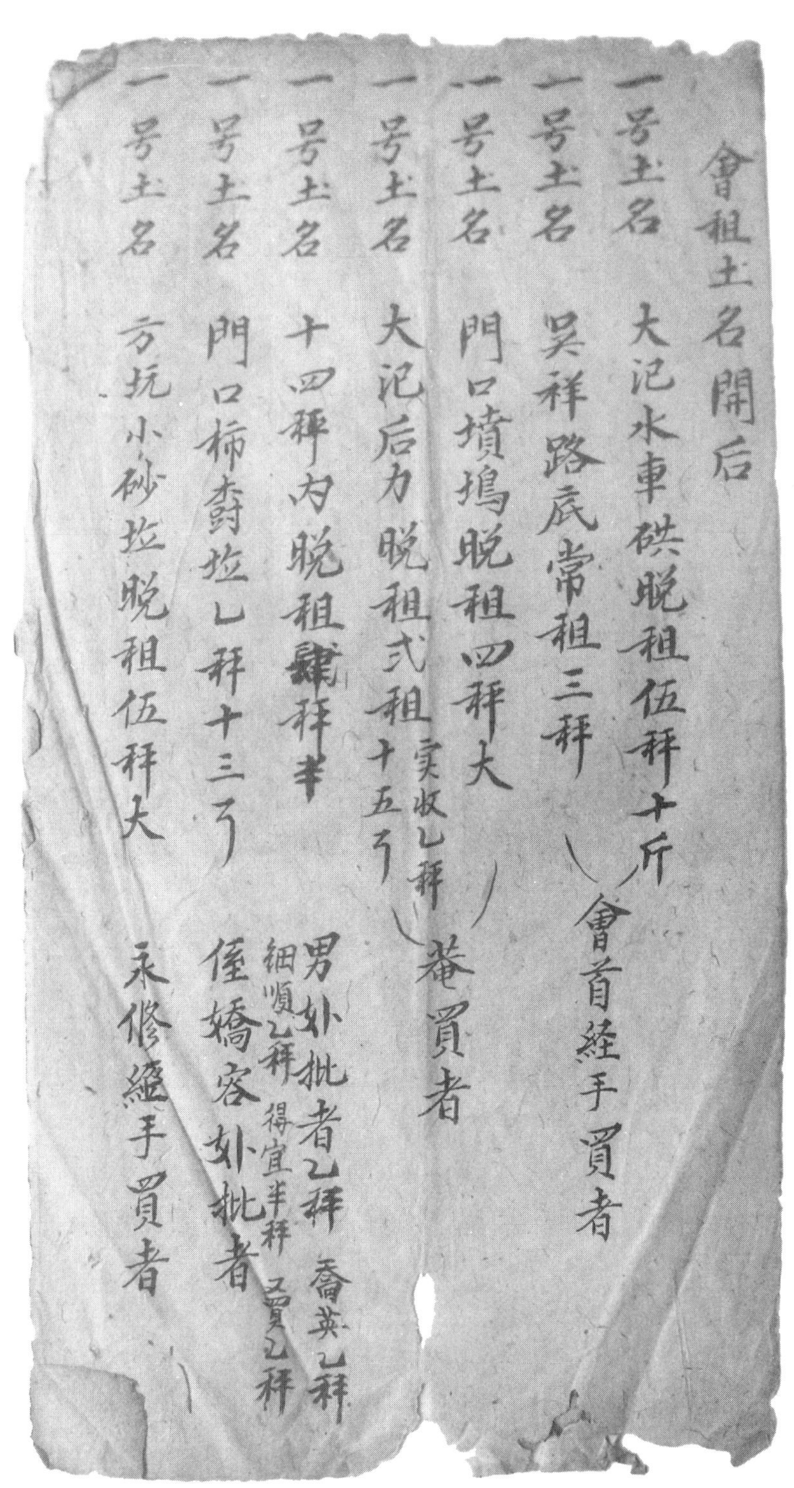

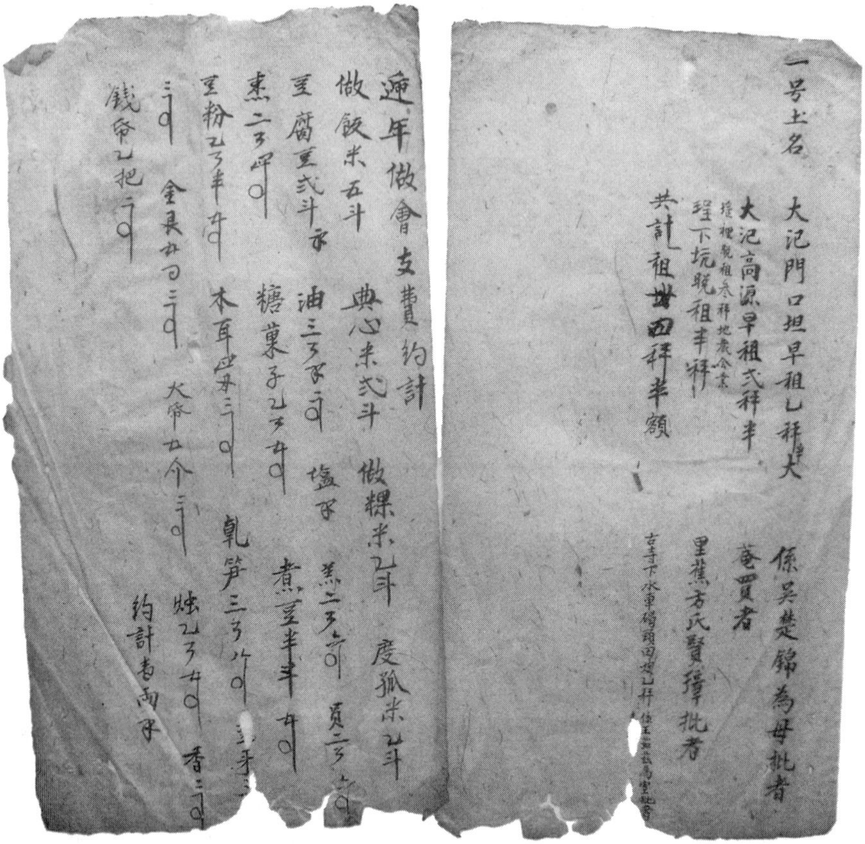

段莘乡大汜村 A 77 · 账单

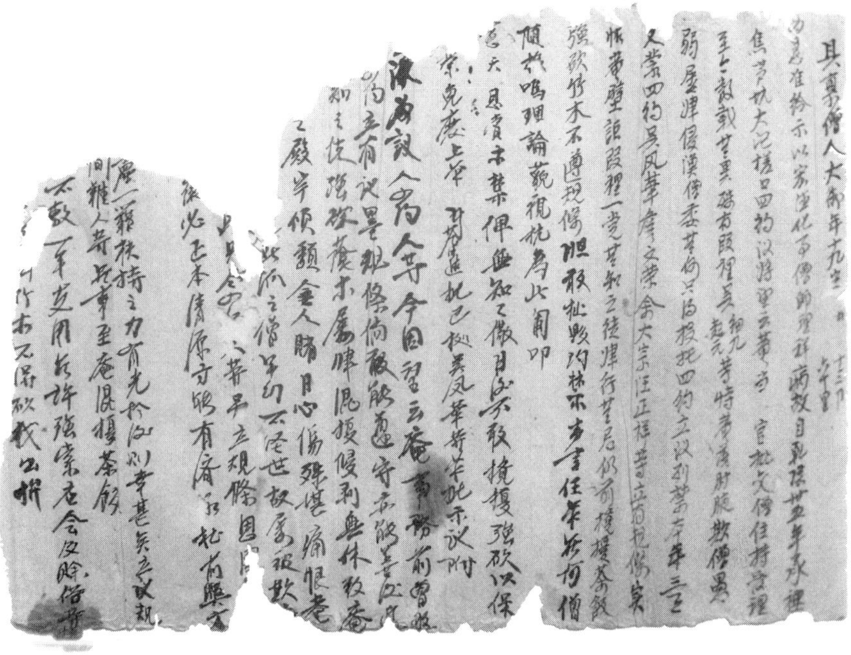

段莘乡大汜村 A 78 · 具状词 · 僧大御

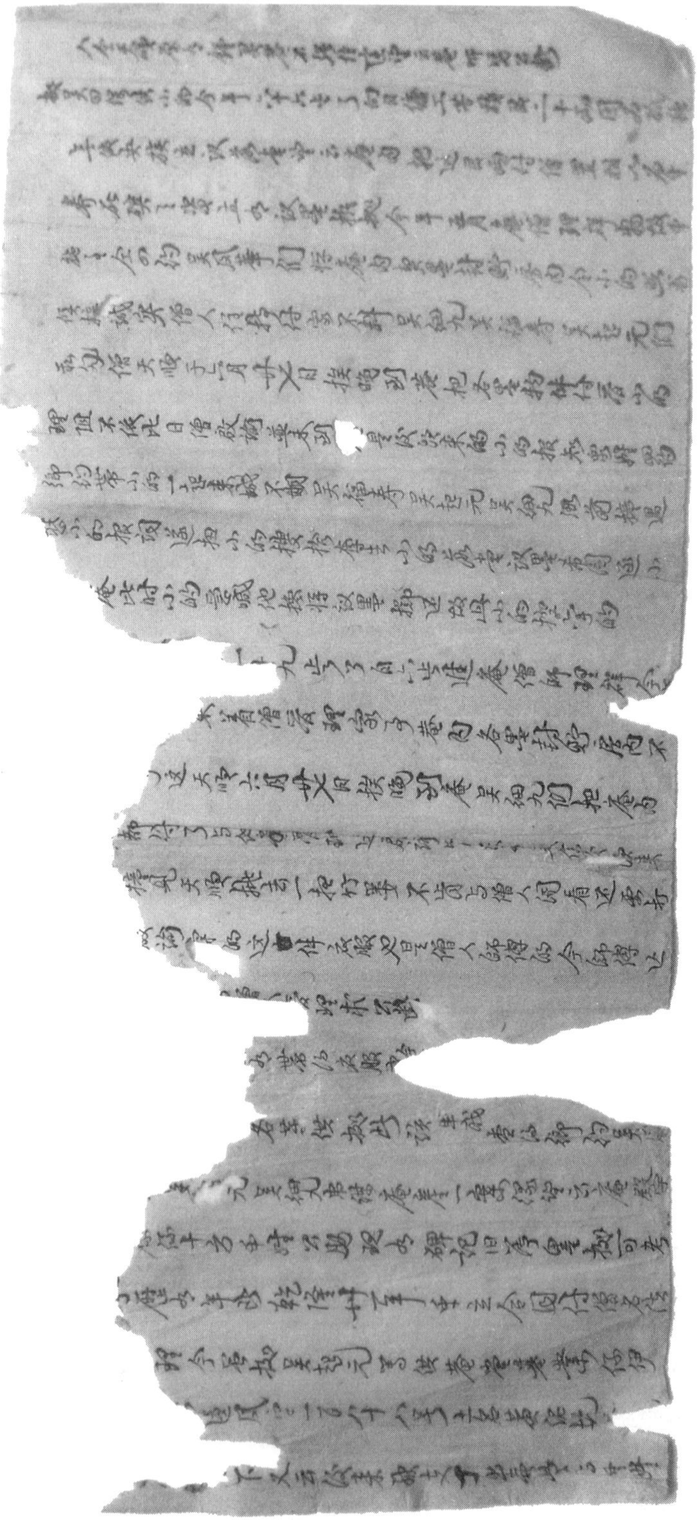

段莘乡大汜村 A 79 · 公断书

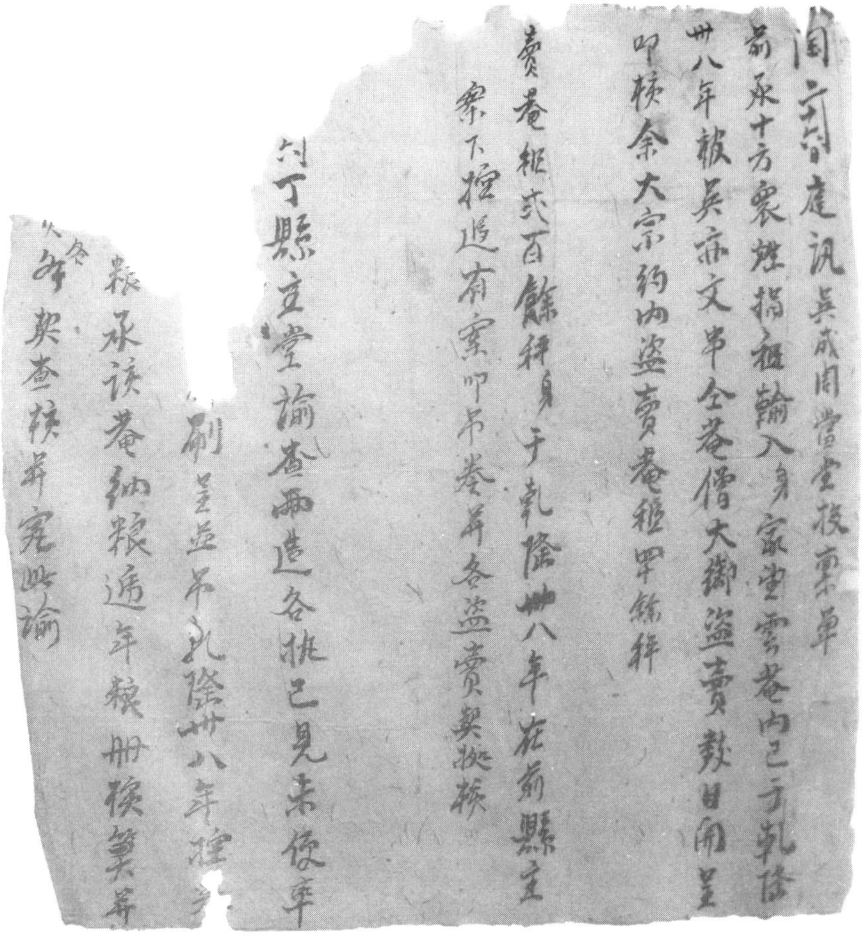

闻宪庭讯 吴成周当堂投禀单

前承十方众姓捐租输入身家堂云庵内，已于乾隆

卅八年被吴亦文串仝庵僧大乡盗卖，数目开呈

叩核。余大宗约内盗卖庵租罗余秤

卖庵租贰百余秤，身于乾隆卅八年在前县主

案下控追，有案叩吊卷并各盗卖契据核

刘丁县主堂谕查两造各执已见，未便单

刷呈並吊乾隆卅八年控案

粮承该庵纳粮，递年粮册核算并

次冬年契查核并宪批谕

段莘乡大汜村 A 80 · 投禀单 · 吴成周

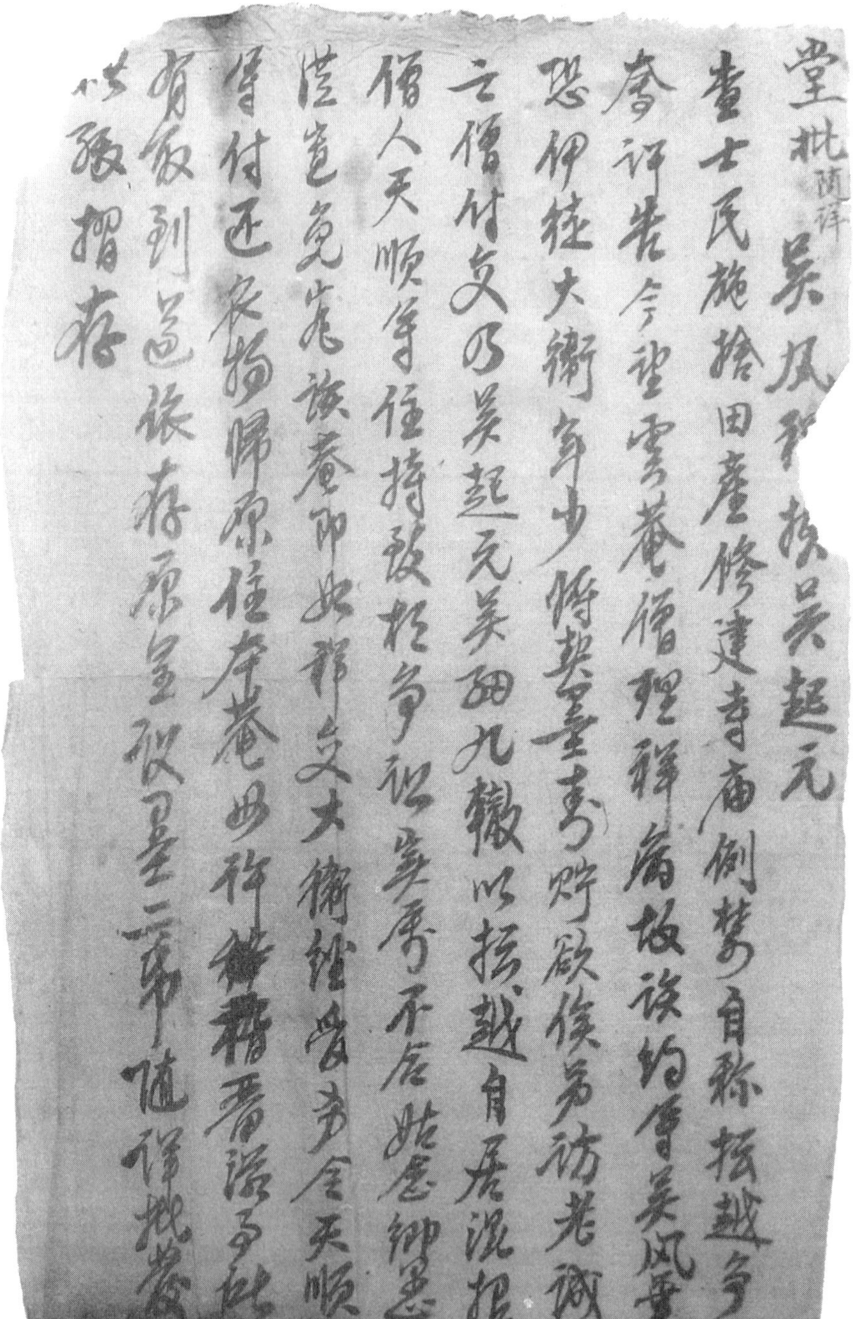

堂批随详 吴凤华等控吴起元
查士民施捨田產修建寺廟，例禁自称控越争
夺。详告今望雲菴僧理祥病故，該約曾吴凤華
恐伊徒大衛等步將契墨寄貯，欲俟另訪老識
之僧付交。乃吴起元、吴细九輙以控越自居，混指
僧人天順等侵持，致控争訟。吴秀（?）不合，姑憑鄉邑（?）
從寬免究。該菴即如所議交大衛經管，并令天順
等付还衣物，歸原住持菴如許[illegible]著落多（?）[illegible]
有敢到菴[illegible]張存。原呈二張，随详批發
[illegible]張摺存
[illegible]

段莘乡大汜村 A 81 · 堂批 · 吴风华等

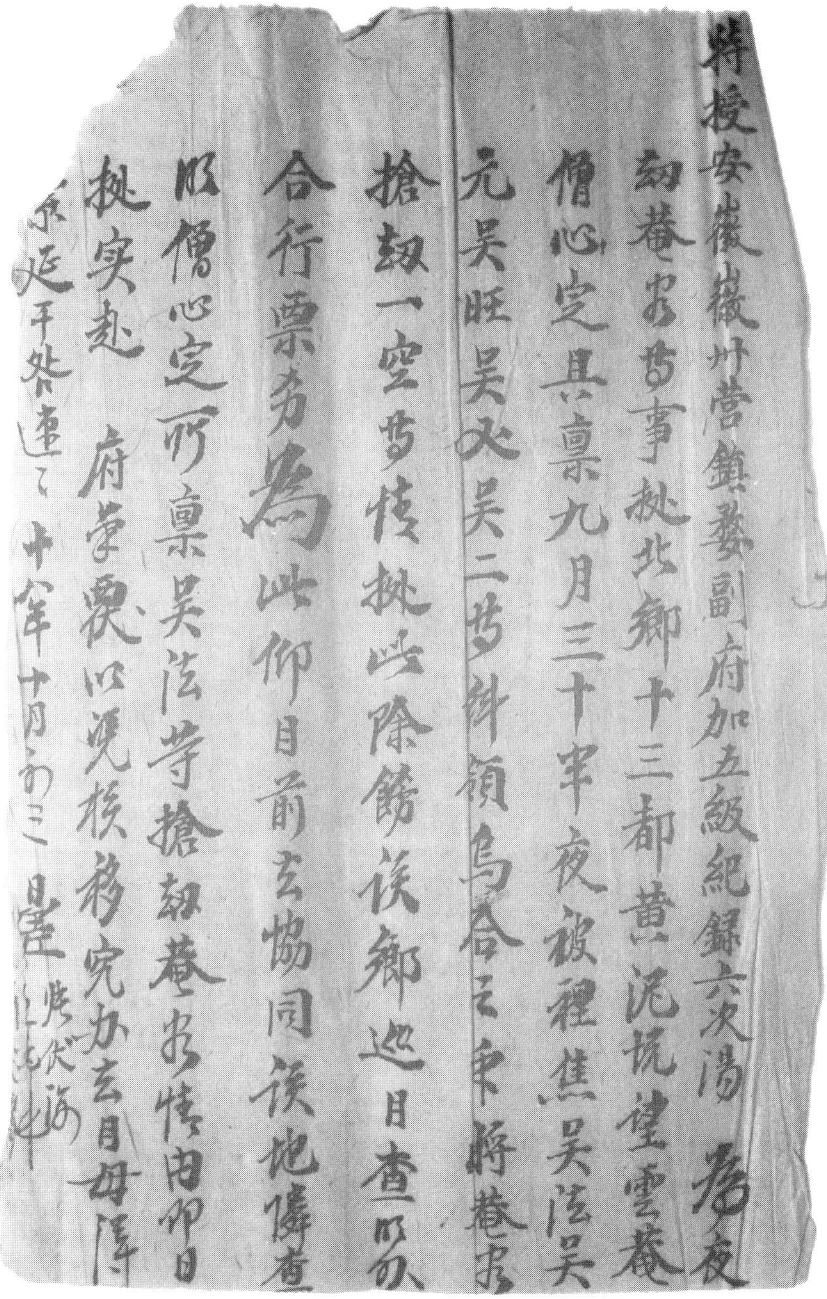
特授安徽徽州營鎮婺副府加五級紀錄六次湯　為夜
劫庵宇等事批北鄉十三都黃泥坑建雲庵
僧心定具稟九月三十半夜被裡焦吳法吳
元吳旺吳及吳二等糾領烏合之衆將庵宇
搶劫一空等情批此除飭該鄉巡目查明外
合行票勇為此仰目前去協同該地保查
明僧心定所稟吳法等搶劫庵宇情由仰目
批實赴　府稟覆以憑核移究辦去目毋得
遲延干咎速速　十八年十月初二日差　限伏海

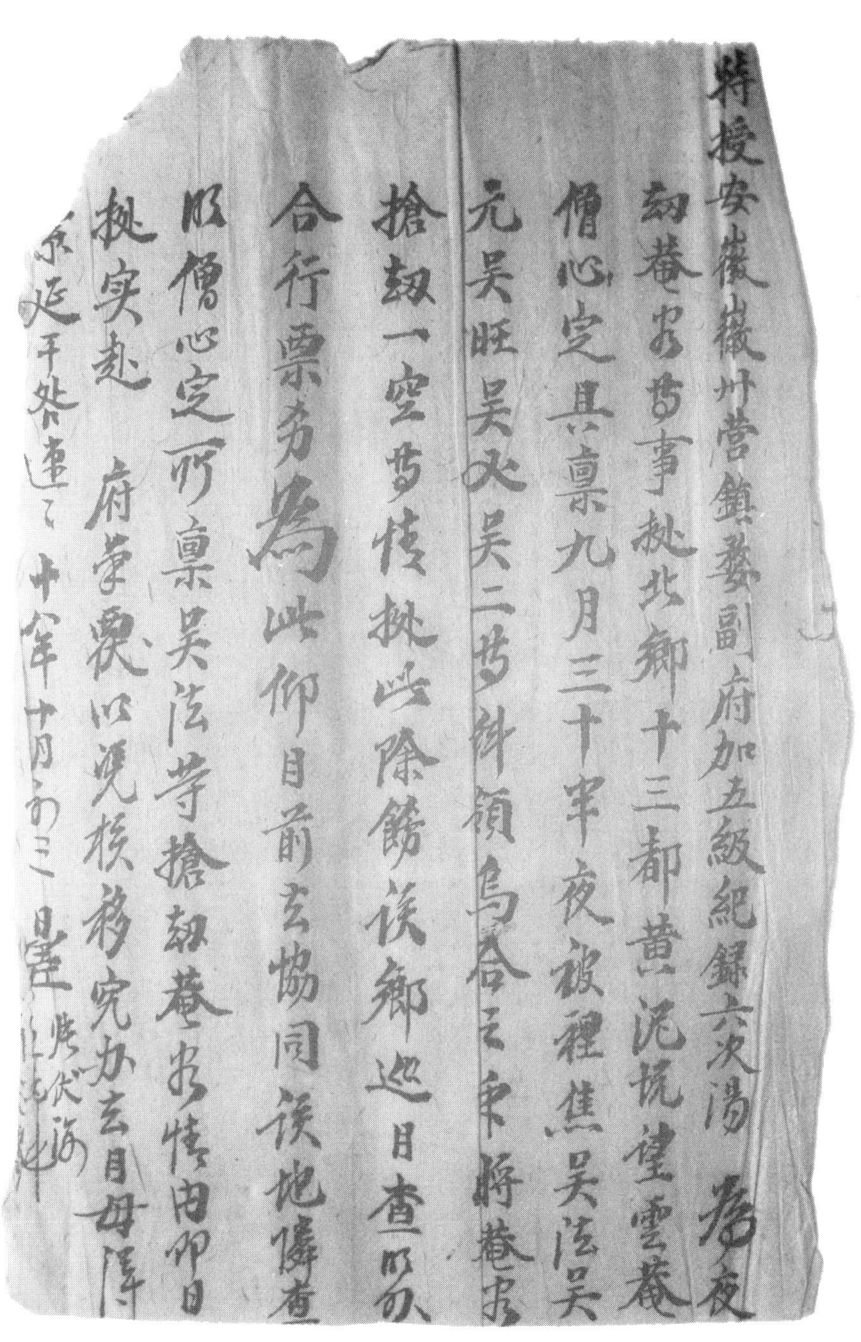

段莘乡大汜村 A 82 · 批文

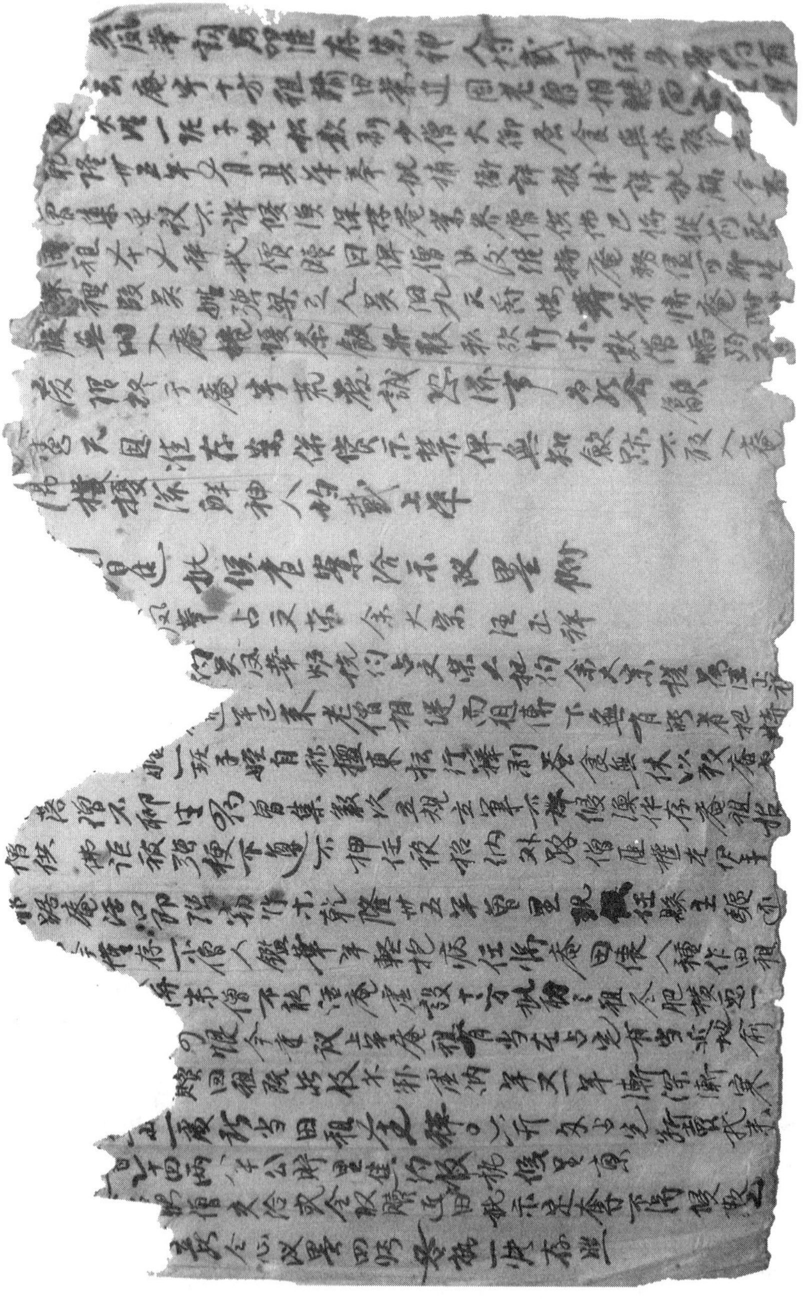

段莘乡大汜村 A 83 · 批文

段莘乡大汜村 A 84 · 具状词

具禀庵僧心定

禀为夜劫庵[illegible]叩会勘究事。缘僧自幼从师居住

北乡十三都贡溪坑望云庵三十余载，其庵系

向係大汜坦吴族建业，置租供佛，召僧住持。

相传无异，不幸僧师前年物故，一切庵务付僧

摄受。九月廿日半夜，有里焦吴元、吴法等纠伙乌合

亡众，将庵内什物一百廿五件捡劫一空。奈族内乡

约保倡首夜劫之犯，未便投论，随报大汜坦

东吴廷光、殿用等，[illegible]夜劫情形，全无

县宪立案，但庵僻远，黑夜纠抢，情令绍道(?)

有闻会勘详办之件，理合振(?)呼(?)状乞

镇主经宪大老爷迅予协拿，会勘详办，按拟

追赃，法惩杜渐，沙门永赖，神人均感，投(?)叩

上告。

被：吴法、吴元、吴义二等，余众甚多，黑夜不能计数

证：夜劫庵内一百廿五件，叩追

庵东吴振先等，并[illegible] 县案，叩移会勘

十八年十月初三日[illegible]营词

批

段莘乡大汜村 A 85 · 具状词 · 僧心定告吴法、吴元、吴义等

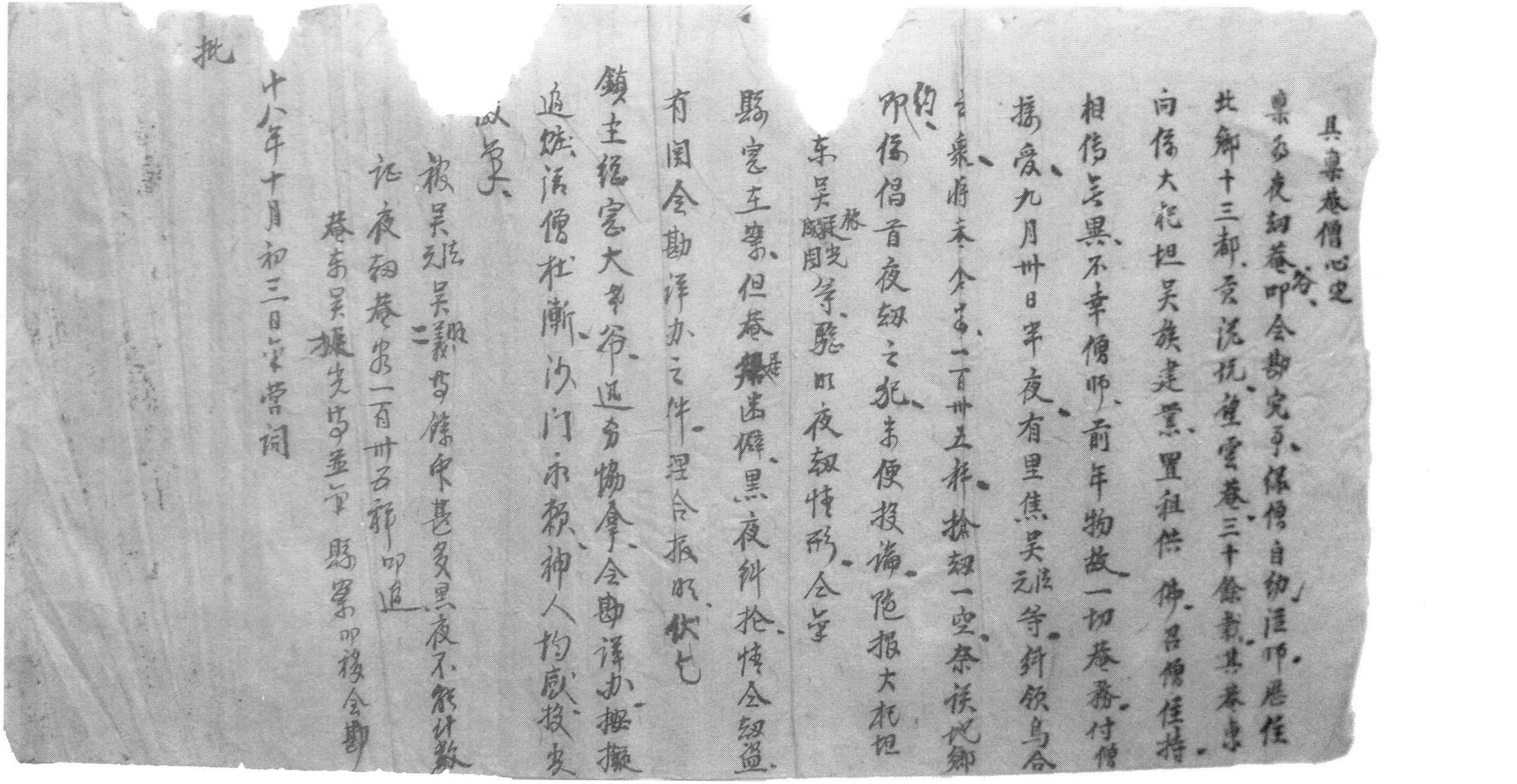

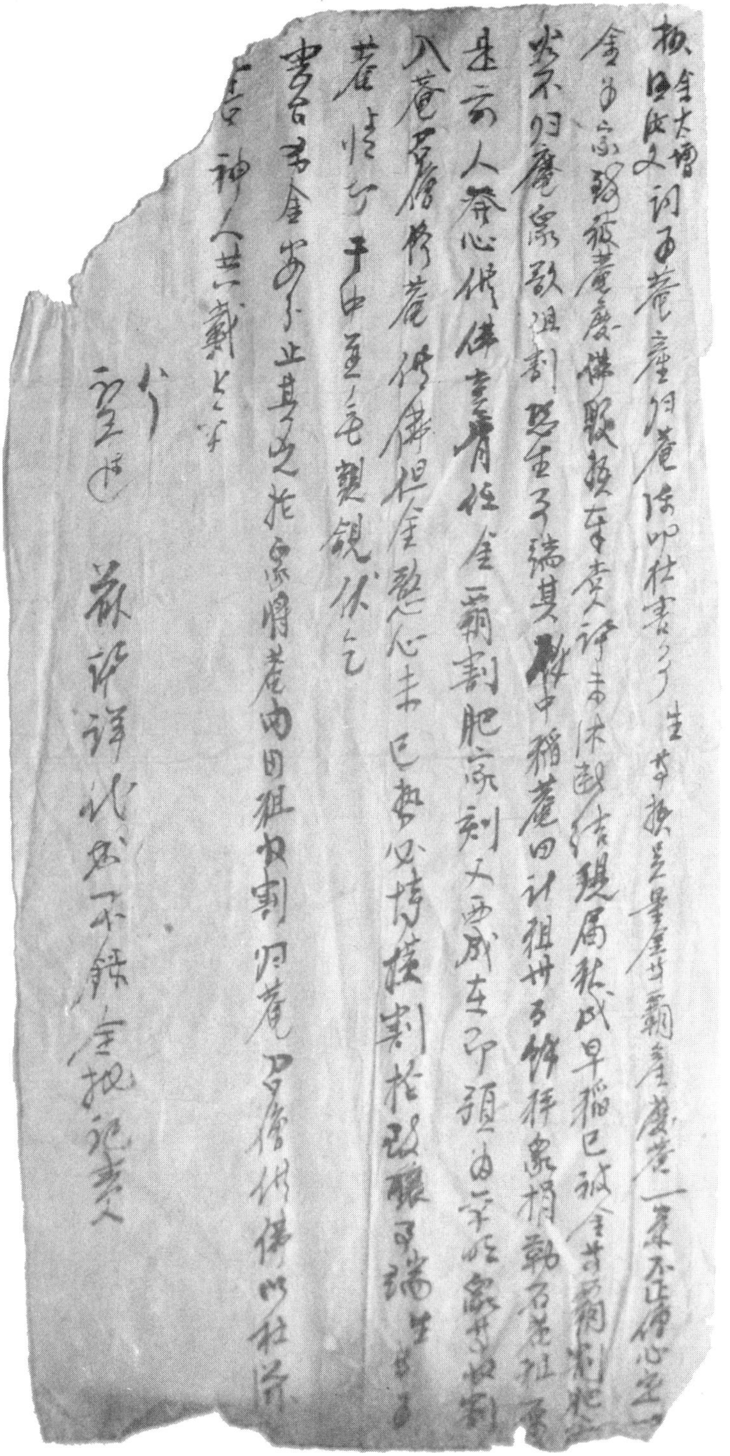

段莘乡大汜村 A 86 · 具状词 · 余太增等

祖佃

八月初三日開劉吳祥上段弍秤（連袋補足） 未分佃收筭訖

十二日又劉吳祥上段弍秤半 未分佃收筭訖

十六日又劉吳祥上段十伍秤半（菴收弍秤 佃收十三秤半）

九月初三日劉吳祥上段二十二秤（菴收十三秤零八斤 佃收八秤十弍斤）

當支四秤零八斤還大汜盈川兄訖所借之

又支五秤湊上椄壽銀利外又□椄壽收去四

段莘乡大汜村 A 87 · 租佃清单

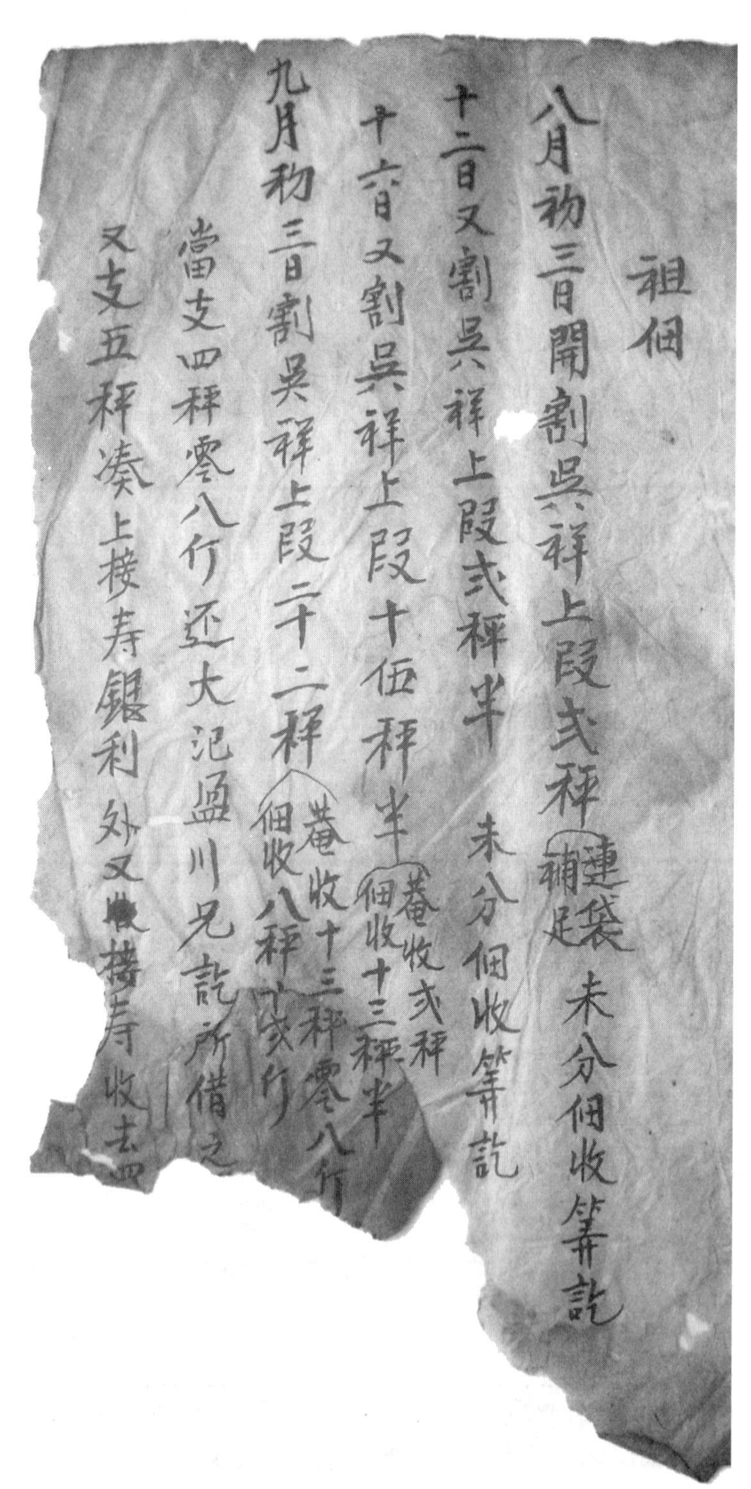

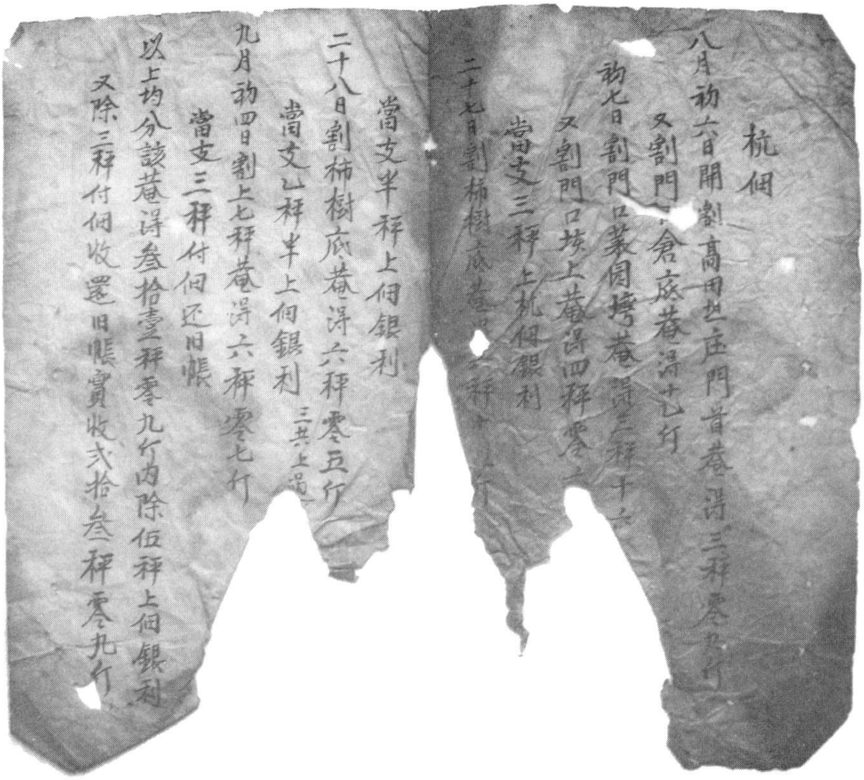
杭佃
八月初六日開割高田坵庄門首菴淂三秤零九斤
又割門[illegible]倉底菴淂十七斤
初七日割門口義園塝菴淂二秤十六[illegible]
又割門口塝上菴淂四秤零二[illegible]
當支三秤上杭佃銀利
二十七日割柿樹底菴[illegible]秤[illegible]
當支半秤上佃銀利
二十八日割柿樹底菴淂六秤零五斤
當支二秤半上佃銀利 三共上還[illegible]
九月初四日割上七秤菴淂六秤零七斤
當支三秤付佃还旧帳
以上均分該菴淂叁拾壹秤零九斤内除伍秤上佃銀利
又除三秤付佃收還旧帳實收式拾叁秤零九斤

段莘乡大汜村 A 88 · 租佃清单

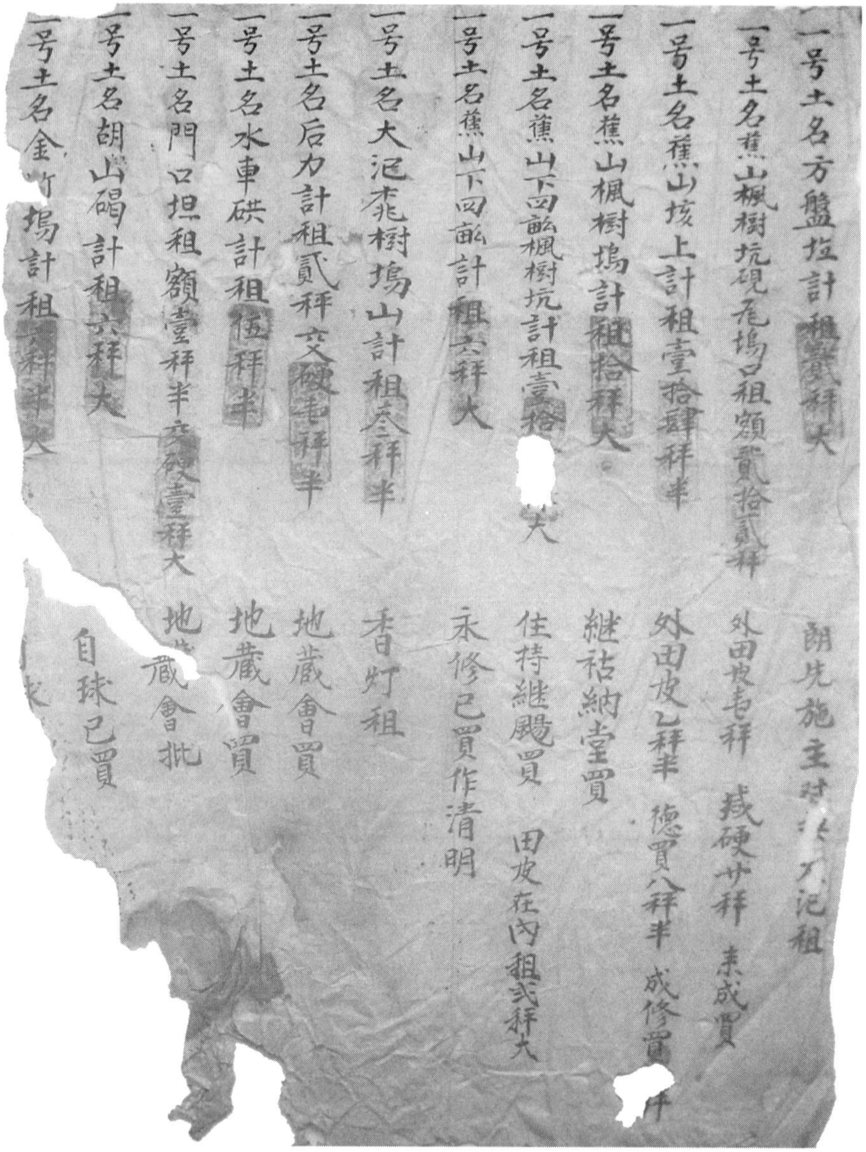
一号土名方盤垃計租貳秤大
一号土名蕉山楓樹坑硯庵塢口租額貳拾貳秤
一号土名蕉山垓上計租壹拾肆秤半
一号土名蕉山楓樹塢計租拾秤大
一号土名蕉山下岡畝楓樹坑計租壹拾秤大
一号土名蕉山下岡畝計租六秤大
一号土名大汜苝樹塢山計租叁秤半
一号土名后力計租貳秤交硤壹秤半
一号土名水車碑計租伍秤半
一号土名門口坦租額壹秤半交硤壹秤大
一号土名胡山碣計租六秤大
一号土名金竹塢計租六秤半大
朗先施主對本大汜租
外田皮壹秤 賤硬廿秤 耒成買
外田皮乙秤半 德買八秤半 成修買
繼祜納堂買
住持繼飈買 田皮在內租弍秤大
永修已買作清明
香灯租
地藏會買
地藏會買
地藏會批
自琢已買

段莘乡大汜村 A 89 · 土地租额、买卖清单

啃爭擄於祖地雅唐事、前明自家祖坟歷葬风字号
公、公土名黄泥坑山場里匡坷因建立菴[illegible]招僧住持
顧看祖墓其山地税尚在祖户供納、堂冊載坷見業及户
無父跟常叠批在僧處激、独雕身祖坷遺像供奉
菴內、嘉祖孝思代為立記載譜可証、至乾隆卅九
年身家應與付家与僧代我管理声載付家簿又憑是
該菴碑係自祖独建、再叠批难廉、今唎吳田等恃充风華
約、糾甲夜於菴合块拔寺物、見自[illegible]僧心宝全控續唷而約
十方人等、[illegible]争菴擄[illegible]夜於亮情休烛批斥敛録式面不[illegible]
菴既誣十方共建、何以菴内独奉自祖遺像而风華約等
何弁一祖像究付家[illegible]内僅有自家應與取係等落亦無
十方人各無付更見自祖独建、方难唷奪、擄[illegible]呈宗谱付家
[illegible]户管粮串、叩
[illegible]究於杜爭、祖感几庸旺者頌祝切禀
批 口呈到各执存梭訊查究

段莘乡大汜村 A 90 · 具状词

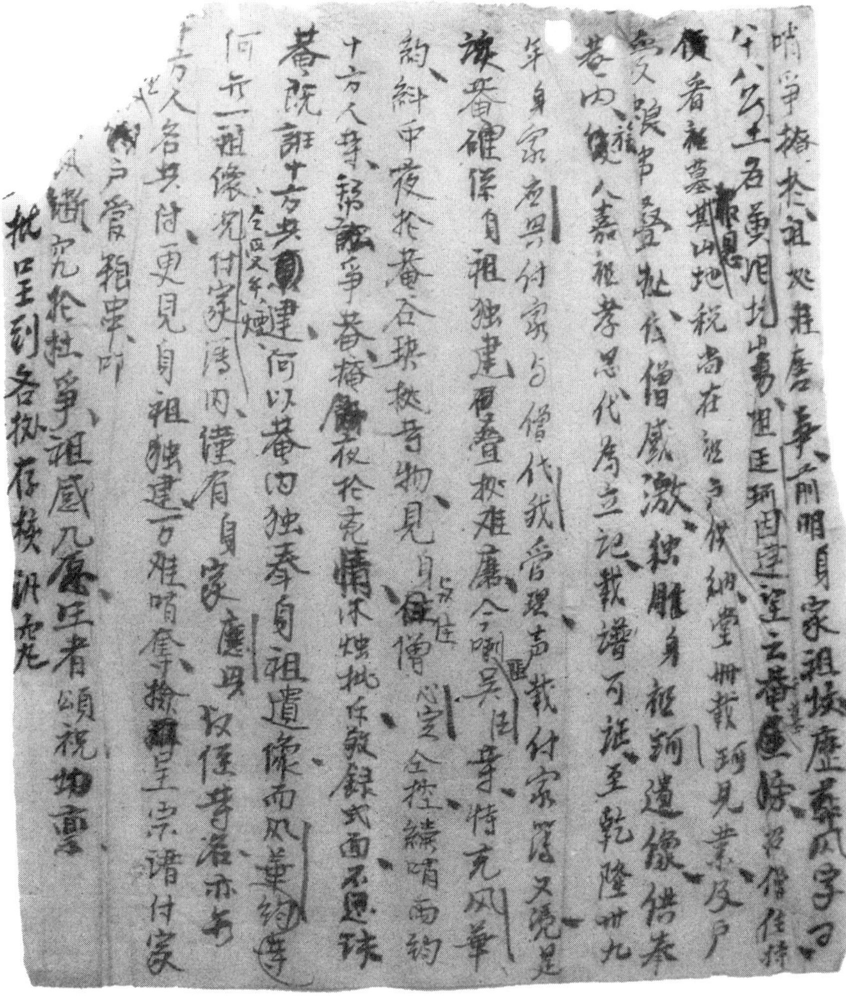

积殴作危叩恩赐验事。[illegible]旧秋，身呈里匠谋嘱吴法等斜抡庵若[illegible]
身说明伪僧心足碑[illegible]差弟伊等送贵庵租契，拟案酌宵讯，经僧心定给呈碑摹稿奏[illegible]
本抗不呈，继蒙县太爷刁批府宪，现奉唤讯，身等投案奉批、坪投，即集讯身家人[illegible]
骇伪与吴法等近年冬先将庵赃僧于十三日宗业，于十四日[illegible]将庵田稻收割于一[illegible]
锁庵向阻，被扛棠殴额破重伤，于十五日抢[illegible]抹验在案，复等情新冬抵，又被嘱党吴[illegible]
即额抵制身，搜张氏理阻，又被扛殴额破血淋，俸受重伤，惜地先党群众无人救证，身闪奔[illegible]
嫂被重伤命危，身迫匍叩，恳赐验，增又使授引[illegible]，更现引奔先，请赐验，国赖援害嫂受重伤命
危旦夕，情迫匍叩。

宪恩，迅赐临验，生年死填，究先控、保危伤命，神人均戴上告。

被伤大嫂伍健盛王氏

年殴人：吴法、吴廷祖、吴观子、吴大胜、吴天二，以上扛殴人

被伤被先殴额破血淋，俸受重伤命危，叩恩赐验，饬列前约，身家于[illegible]廷验，候并委赐验

段莘乡大汜村 A 91 · 具状词

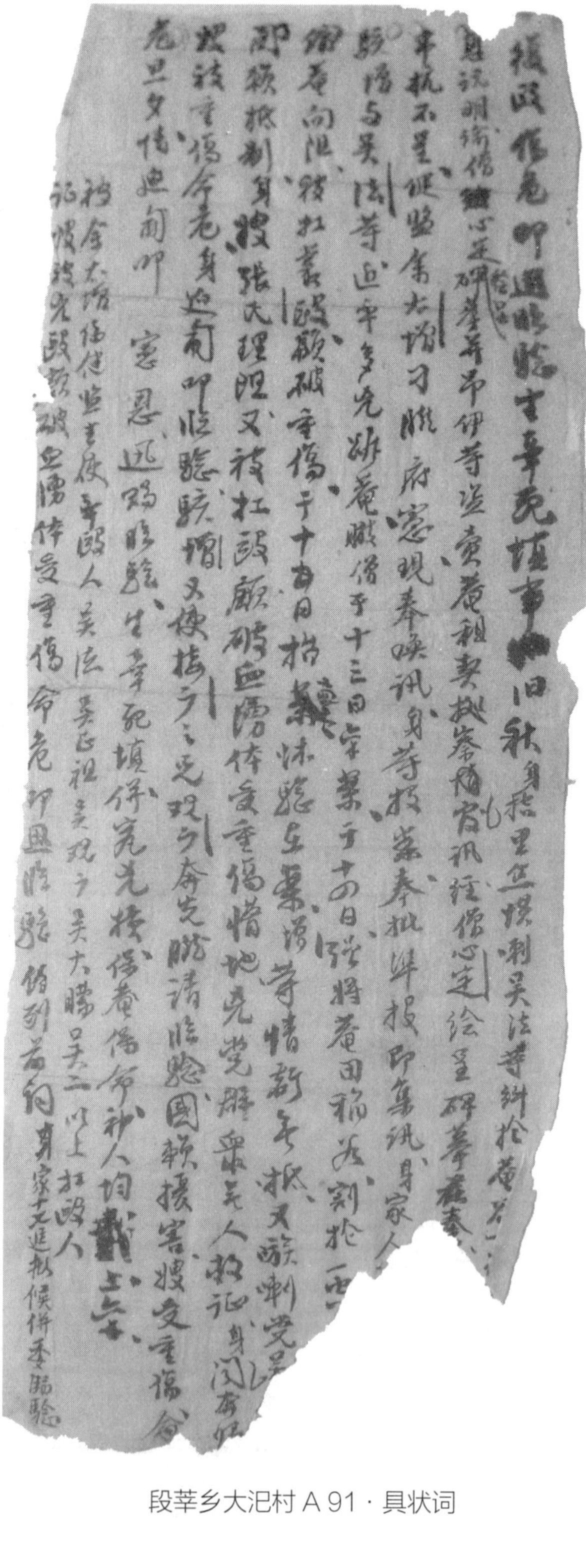

覆泊十月初二日当吴振光面禀奉

批准提讯察追

段莘乡大汜村 A 92 · 禀条 · 吴振光

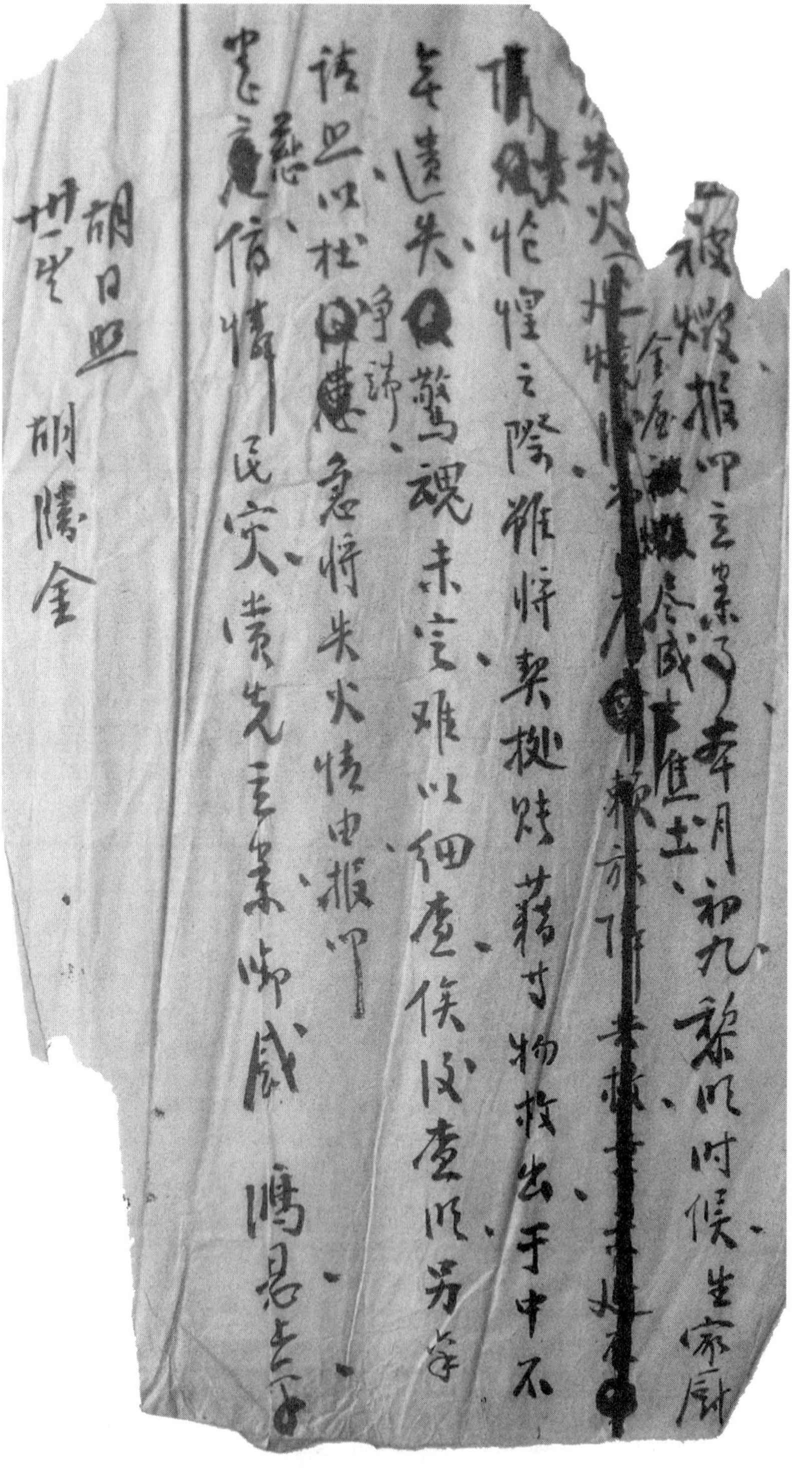
□被烧、报叩之案了。本年□月初九黎明时候、生家厨
房失火、[illegible]
[illegible]恍惶之际、虽将契据账簿等物救出、于中不
无遗失、[illegible]惊魂未定、难以细查、候复查明另单
诸照以杜[illegible]争讼、急将失火情由报叩
[illegible]意恩信情、民实赏先立案施感 鸿恩上[illegible]
胡日照 廿二日 胡腾金

段莘乡大汜村 A 93 · 具状词 · 胡腾金

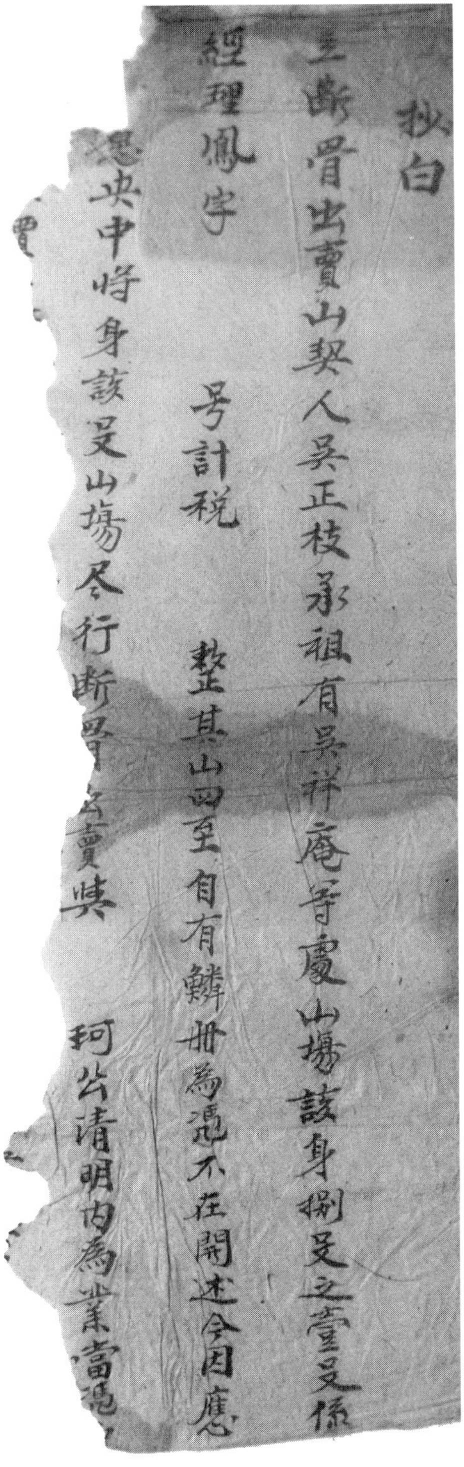

抄白
立断骨出賣山契人吴正枝承祖有吴祥庵等處山場該身捌分之壹又係
經理鳳字　號計稅　整其山四至自有鱗册爲憑不在開述今因應
急央中將身該叐山場尽行断骨出賣與　珂公清明内爲業當憑
買

段莘乡大汜村 A 97 · 断骨出卖山契 · 吴正枝卖与珂公清明会

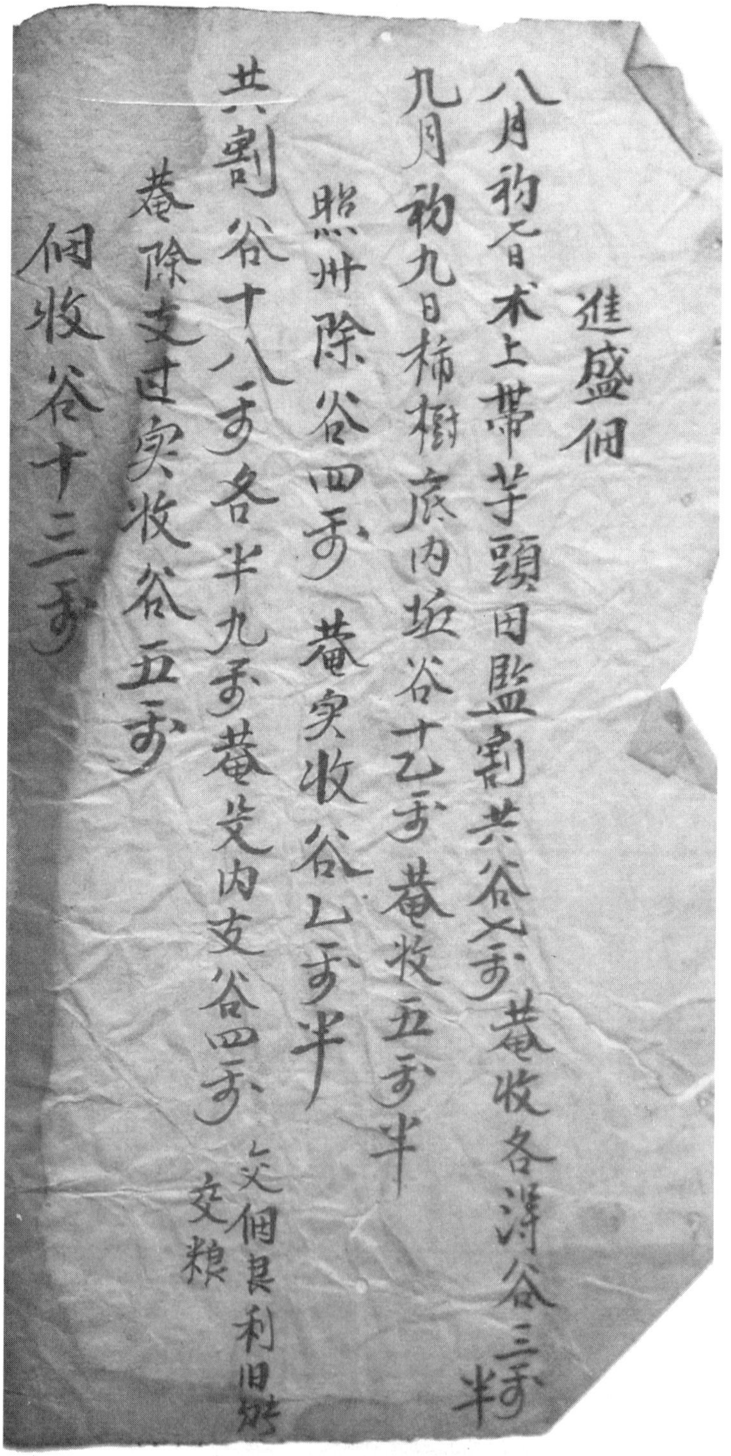
進盛佃
八月初旬术上帯芋頭田監割共谷六斗菴收各淂谷三斗半
九月初九日柿樹底内坵谷十乙斗菴收五斗半
照卅除谷四斗、菴實收谷乚斗半
共割谷十八斗各半九斗菴芟内支谷四斗
菴除支过實收谷五斗
佃收谷十三斗
交佃艮利旧姓
交粮

段莘乡大汜村 A 98 · 租佃清单 · 进盛佃

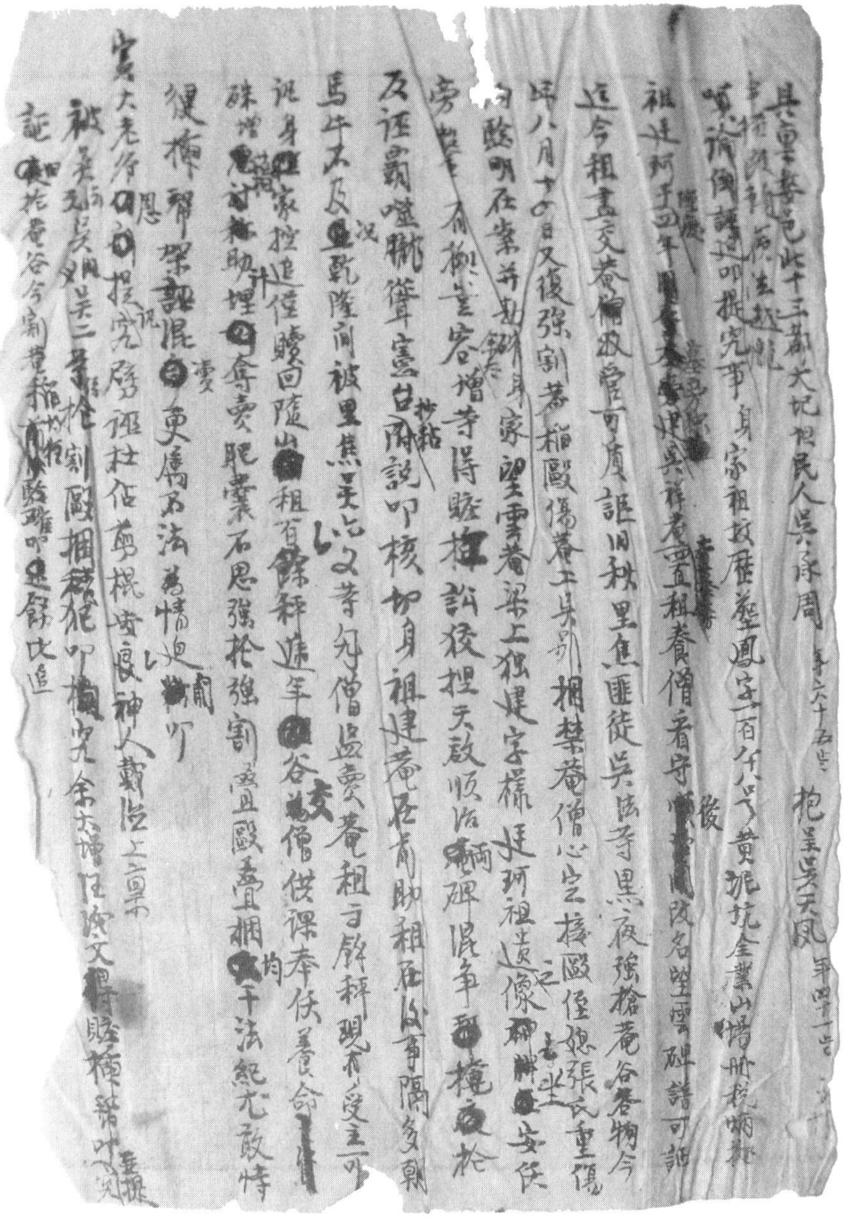

段莘乡大汜村 A 100 · 具状词 · 吴承周等

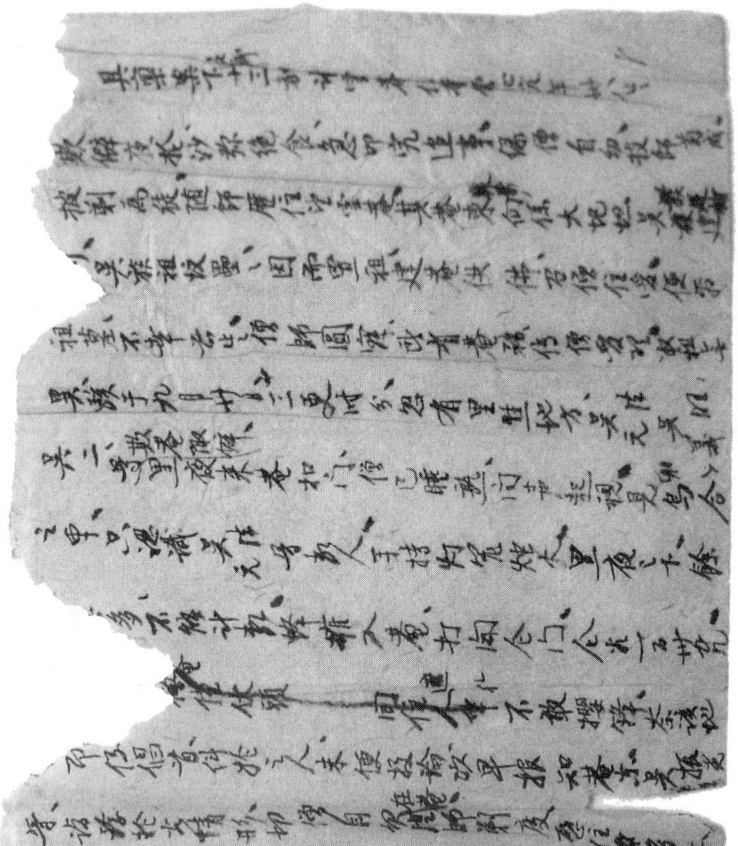

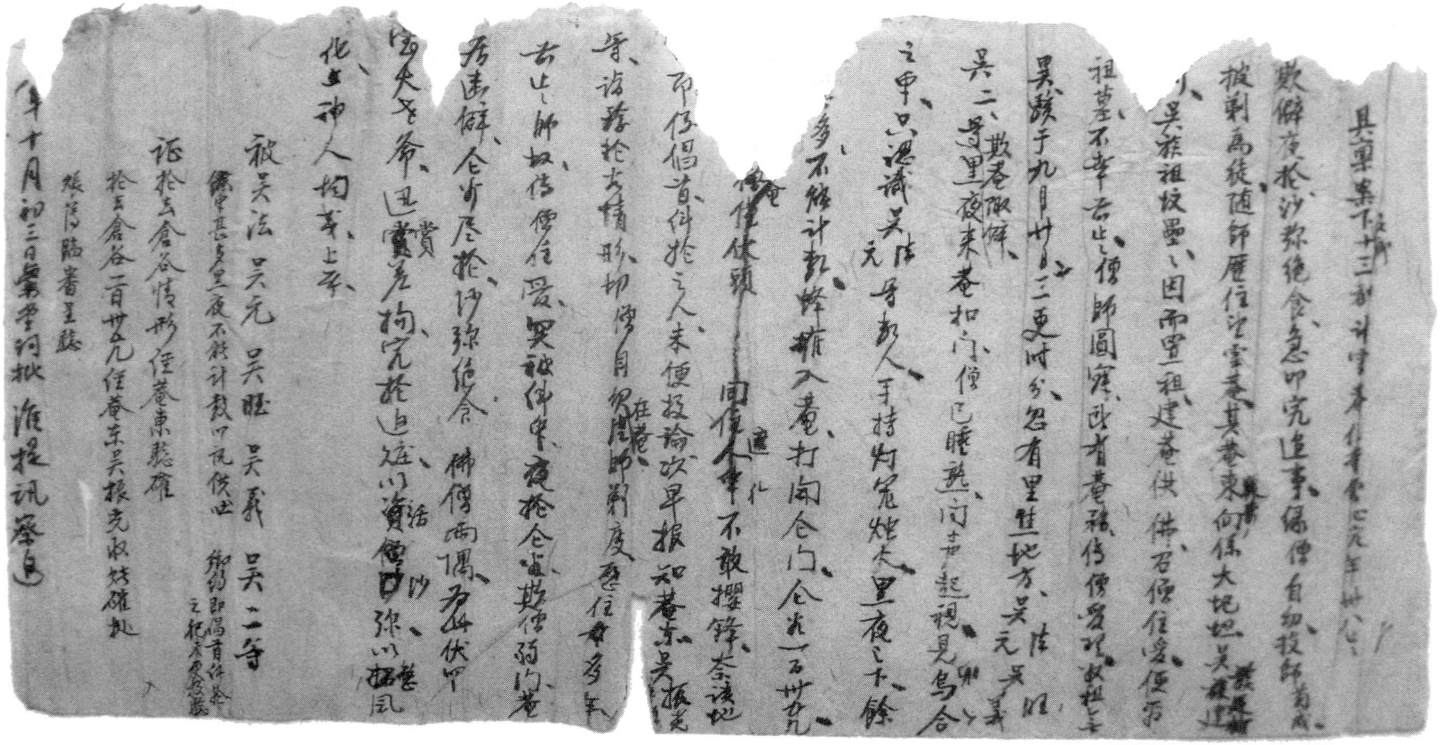

段莘乡大汜村 A 101 · 僧心定告吴法、吴元等

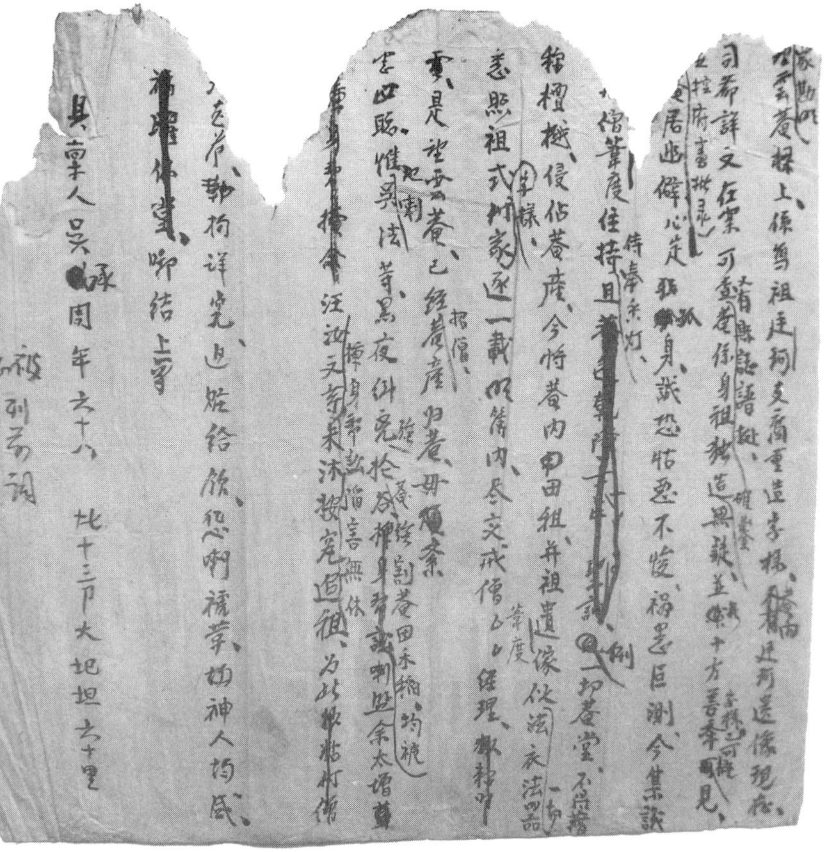

段莘乡大汜村 A 102 · 具状词 · 吴承周

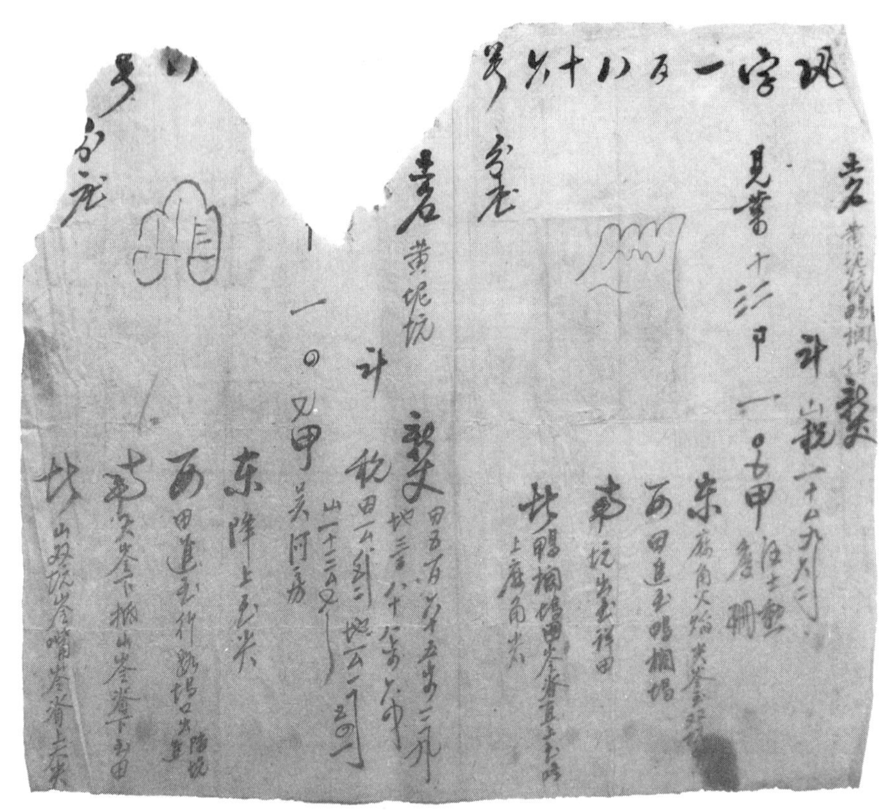

段莘乡大汜村 A 103 · 土地四至清单

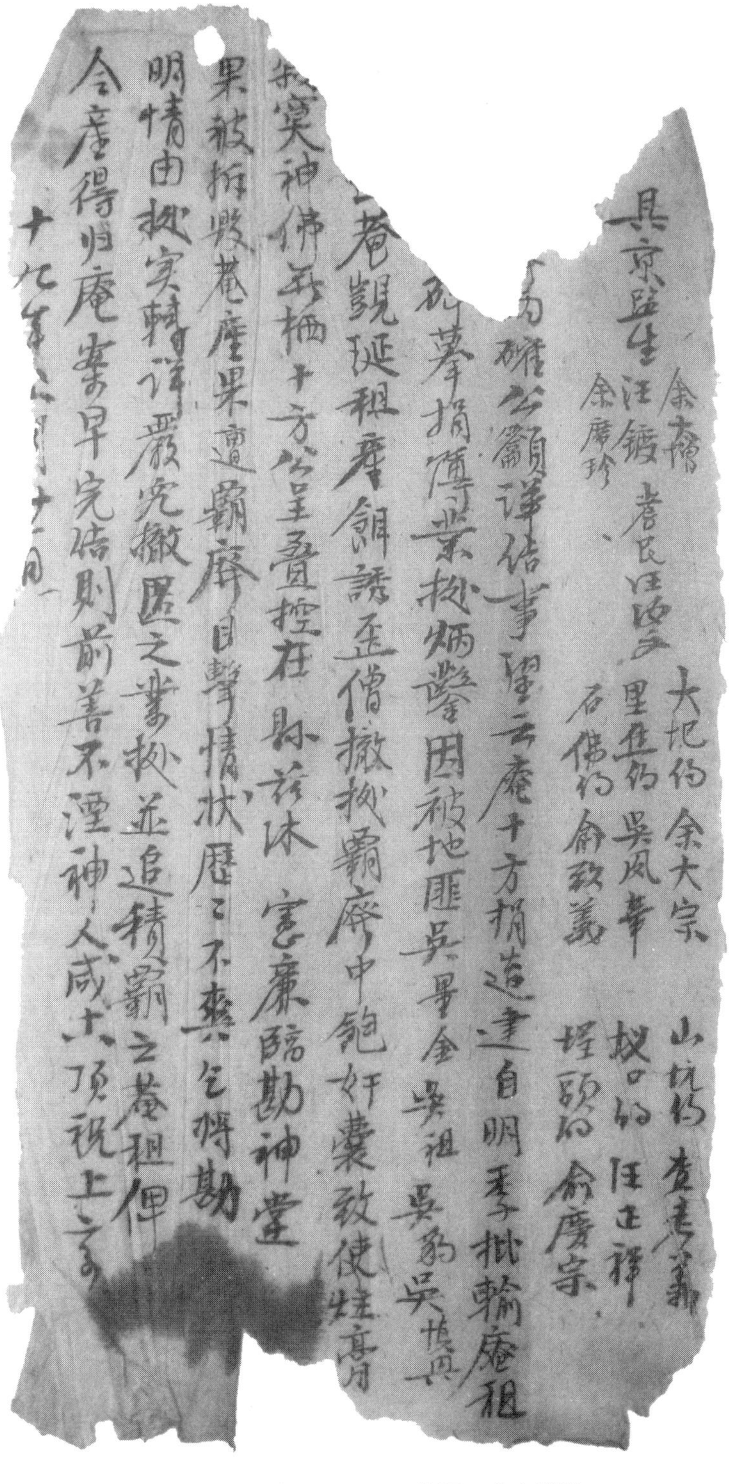

具京监生余太增　耆民汪洪[illegible]　大圯约余大宗　山坑约查[illegible]
汪镀　里在约吴凤章　姚口约汪廷祥
余广珍　石佛约俞致义　坪头约俞广宗
为权公霸详结事。望云庵十方捐造，建自明季，批输庵祖
田产捐传业，拟炳鉴因被地匪吴晕金、吴祖、吴豹、吴焕一
庵觊涎租产，僭诱歪僧撤拟霸庵中，饱奸囊，致使娃宵
实神佛无栖。十方公呈叠控在县，蒙沐　宪廉临勘神堂
果被拆毁，庵产果遭霸踞，目击情状，历历不爽。仝将勘
明情由拟实转详，严究撤匿之辈，拟并追积霸之庵租，俾
合庵得归庵业，早完结，则前善不湮，神人咸大。顶祝上言
十九年六月十一日

段莘乡大汜村 A 105 · 具状词 · 余太增等

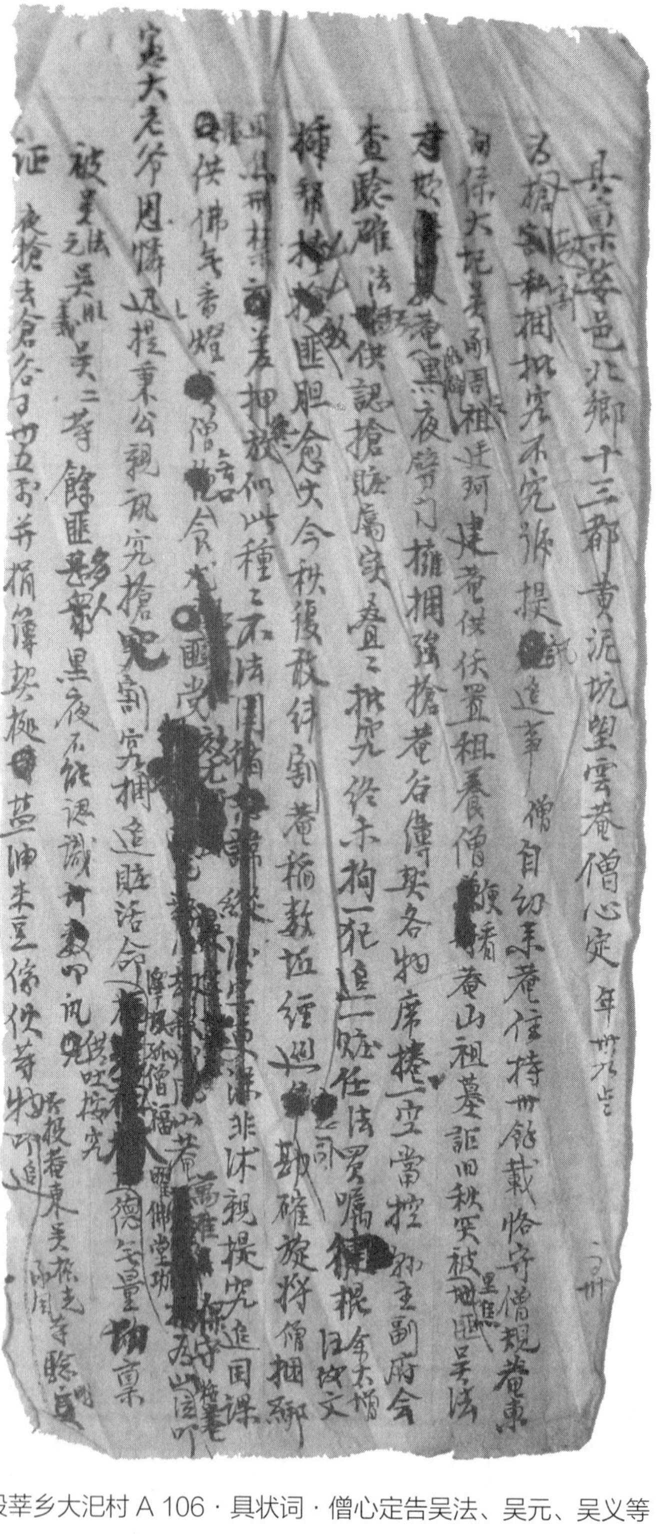

段莘乡大汜村 A 106 · 具状词 · 僧心定告吴法、吴元、吴义等

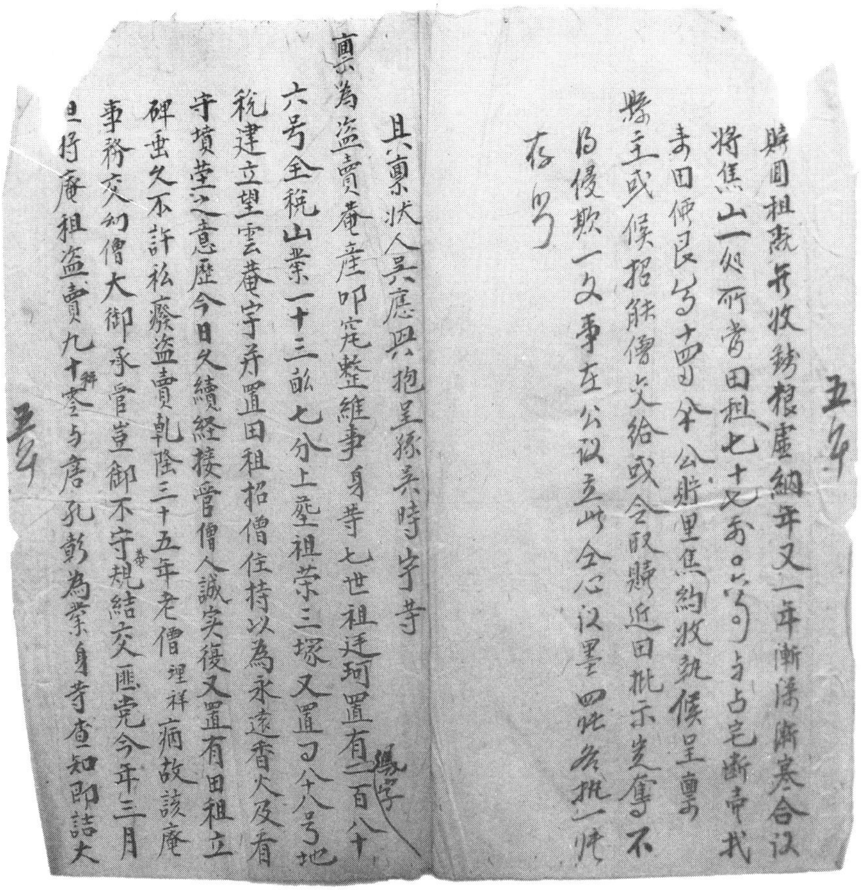

具禀状人吴應興抱呈孫吴時宇等
禀為盗賣庵產叩究整維事身等七世祖廷珂置有二百八十
六号全税山業一十三畝七分上葬祖塋三塚又置□八号地
税建立望雲庵守并置田租招僧住持以為永遠香火及看
守墳塋之意歷今日久續經接管僧人誠实後又置有田租立
碑垂久不許私廢盗賣乾隆三十五年老僧理祥病故該庵
事務交伊僧大御承管豈御不守規結交匪党今年三月
旦将庵祖盗賣九十秤与唐孔彰為業身等查知即詰大
五年

賠回租穀年收鋪根虚納年又一年漸漸清寒合議
将焦山一処所當田租七十又秤○六号与占宅斷帝找
壽田価艮当十四両今公断里焦約收執候呈禀
縣主或候招能僧交給或令取贖近田批示发奪不
得侵欺一文事在公議立此合心議墨四紙各執一紙
存照
五年

段莘乡大汜村 A 107 · 具状词 · 吴应兴

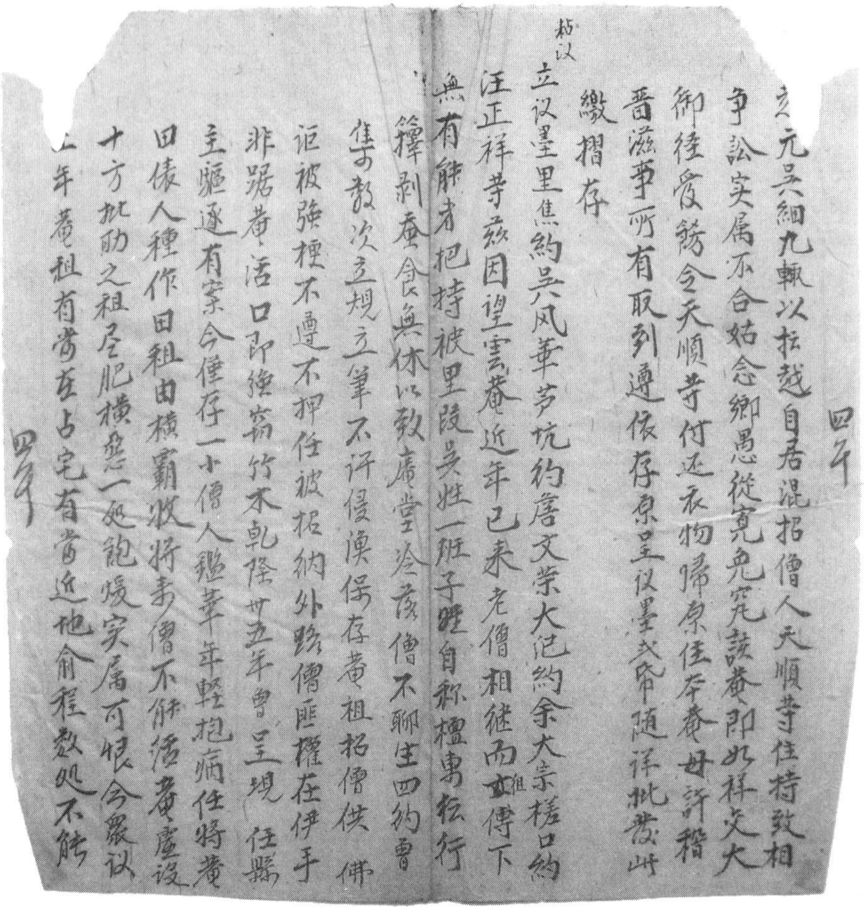
四年
玄元吴細九輙以揺越自居混招僧人天順等住持致相
争訟实属不合姑念鄉愚從寬免究該黄即如祥交大
御徑发務令天順等付还衣物帰原住存養毋許稽
晋滋事所有取到遵依存案呈议墨式帋随详批发此
繳摺存
枯议
立议墨里焦約吴风華芳坑約詹文荣大汜約余大宗槎口約
汪正祥等兹因望雲菴近年已來老僧相継而亡祖傳下
無有能才把持被里段吴姓一班子姪自稱檀東私行
篺剥菴食無休以致庵堂冷落僧不聊生四約曾
集手敦次立規立筆不許侵澳保存菴祖招僧供佛
讵被強梗不遵不押任被招納外路僧匪攊在伊手
非踞菴活口即強𧵴竹木乾隆卅五年曾呈規任縣
主驅逐有案今僅存一小僧人継華年輕抱病任將菴
田俵人種作田租由横霸收将来僧不能活菴虚設
十方扐助之祖尽肥横慾一処飽煖实属可恨今衆议
年菴祖有当在占宅有当近他俞程数処不能
四年

段莘乡大汜村 A 108 · 议墨字 · 吴风华与詹文荣等

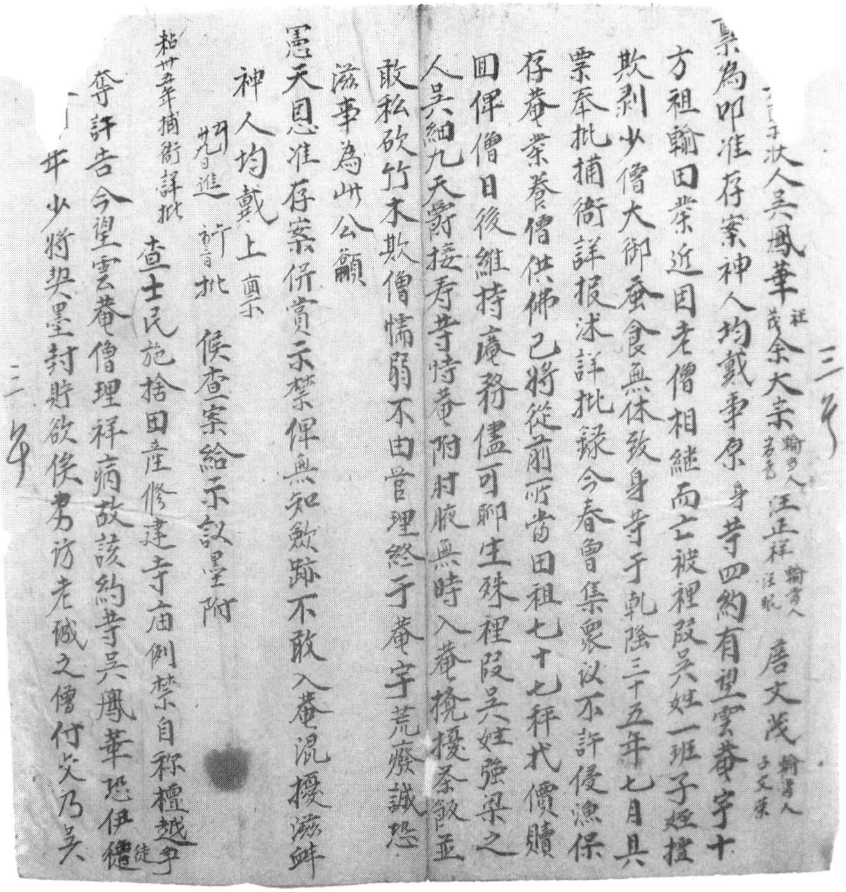
具呈状人吴鳳華 汪茂 余大宗 汪正祥 唐文茂
禀為叩准存案神人均戴事原身等四約有望雲菴宇十
方祖輸田業近因老僧相繼而亡被裡叚吴姓一班子姪撞
欺剥少僧大御蚕食無休致身等于乾隆三十五年七月具
稟奉批捕衙詳報述詳批録今春會集衆议不許侵漁保
存菴業養僧供佛已將從前所當田租七十七秤弍價贖
回俾僧日後維持庵務儘可聊生殊裡叚吴姓强梁之
人吴細九天爵撓壽等恃菴附村旋無時入菴撓擾吞斂並
敢私砍竹木欺僧懦弱不由管理終于菴宇荒廢誠恐
滋事為此公籲
憲天恩准存案併賞示禁俾無知歛跡不敢入菴混擾滋弊
神人均戴上禀
姑准進 祈音批 候查案給示叙呈附
粘卅五年捕衙詳批
查士民施捨田產修建寺庙例禁自稱檀越争
奪許告今望雲菴僧理祥病故該約等吴鳳華恐伊徒
年少將契墨封貯欲俟另訪老誠之僧付交乃吴

段莘乡大汜村 A 109 · 具状词 · 吴凤华等

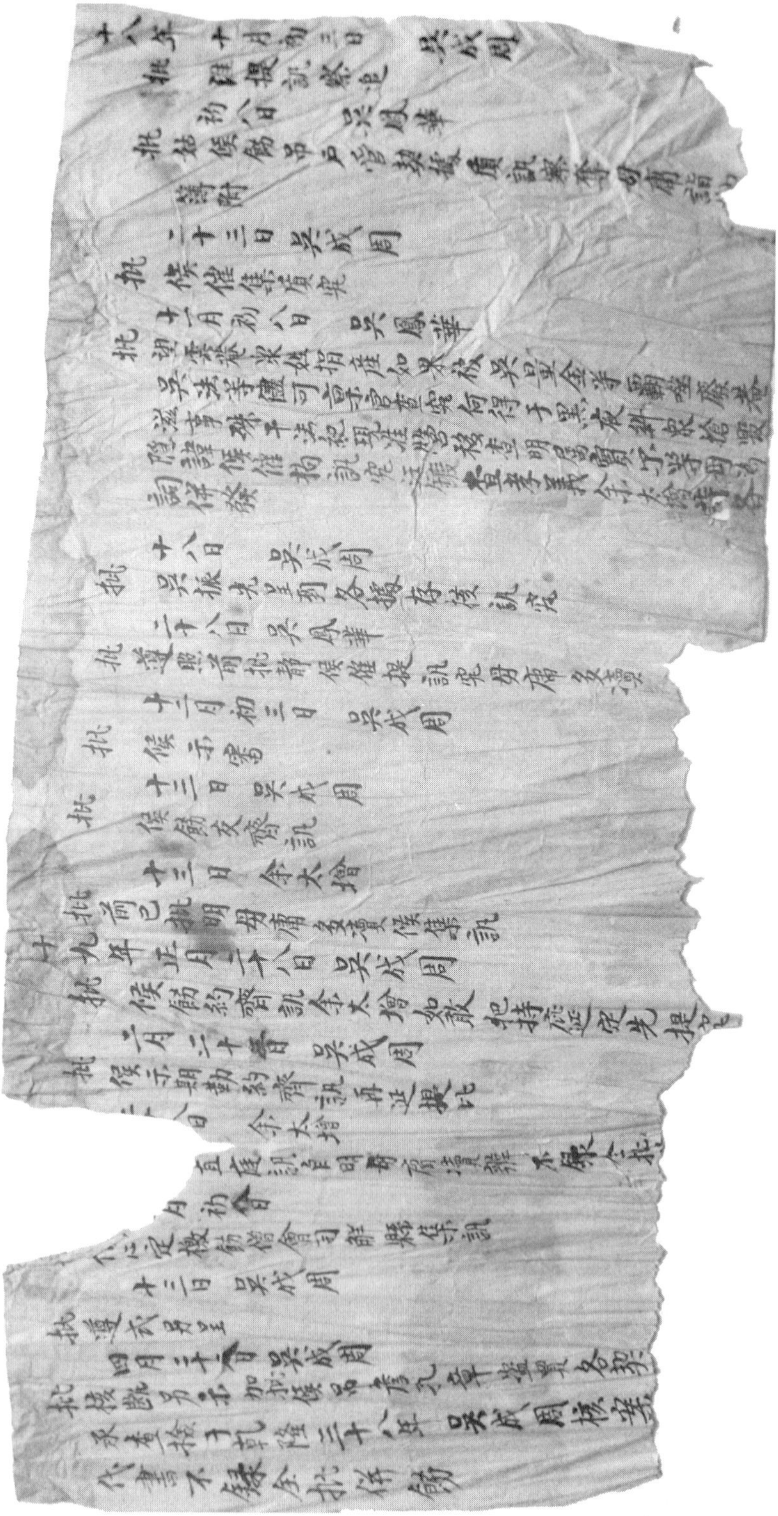

段莘乡大汜村 A 110 · 批文

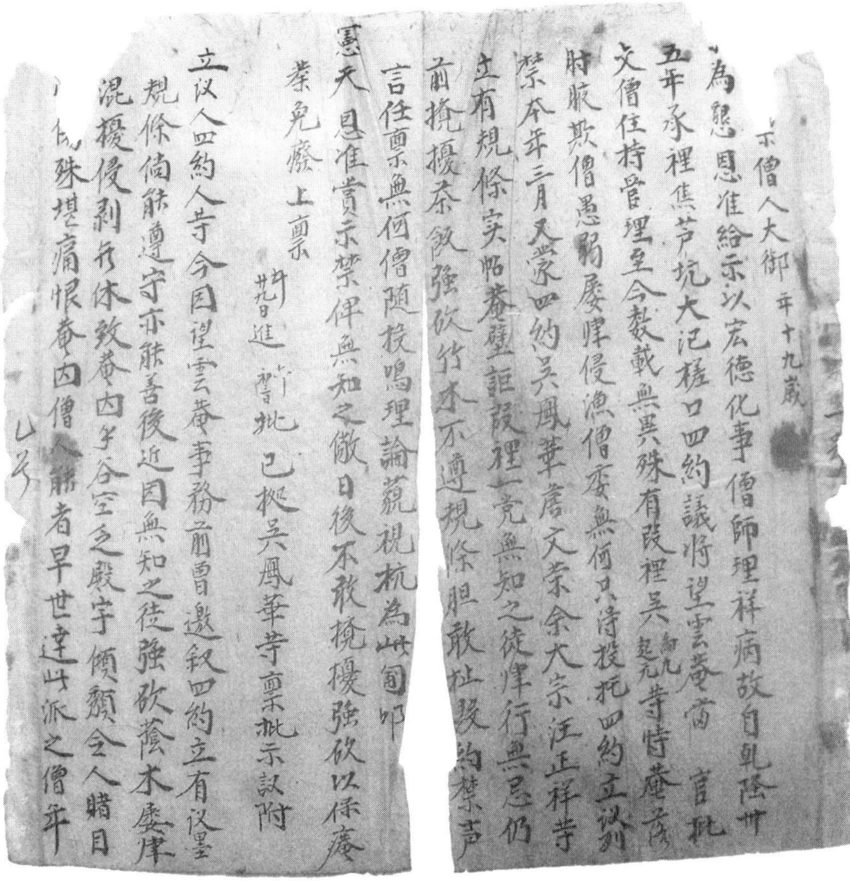
示僧人大御　年十九歲
為懇恩准給示以宏德化事僧師理祥病故自乾隆卅
五年承裡焦芦坑大汜槎口四約議将望雲菴當　官批
文僧住持管理至今數載無異殊有段裡吳起元寺恃菴蔭
財衆欺僧愚弱屢肆侵漁僧変無何只得投托四約立議刹
禁本年三月又蒙四約吳鳳華詹文榮余大宗汪正祥等
立有規條実帖菴壁詎段裡一竟無知之徒肆行無忌仍
前撓擾恭飲強砍竹木不遵規條胆敢扯毀約禁声
言任票無何僧隨投鳴理論藐視抗為此匍叩
憲天恩准賞示禁俾無知之儆日後不敢撓擾強砍以保菴
業免廢　上禀
廿四日進　准批　已據吳鳳華等禀批示諭附
立議人四約人等今因望雲菴事務前曾邀叙四約立有議墨
規條倘能遵守亦能善後近因無知之徒強砍蔭木屢肆
混擾侵剝有休致菴內竿谷空乏殿宇傾頹全人睹目
殊堪痛恨菴內僧人能者早世達此派之僧年

段莘乡大汜村 A 112 · 具状词 · 僧大御

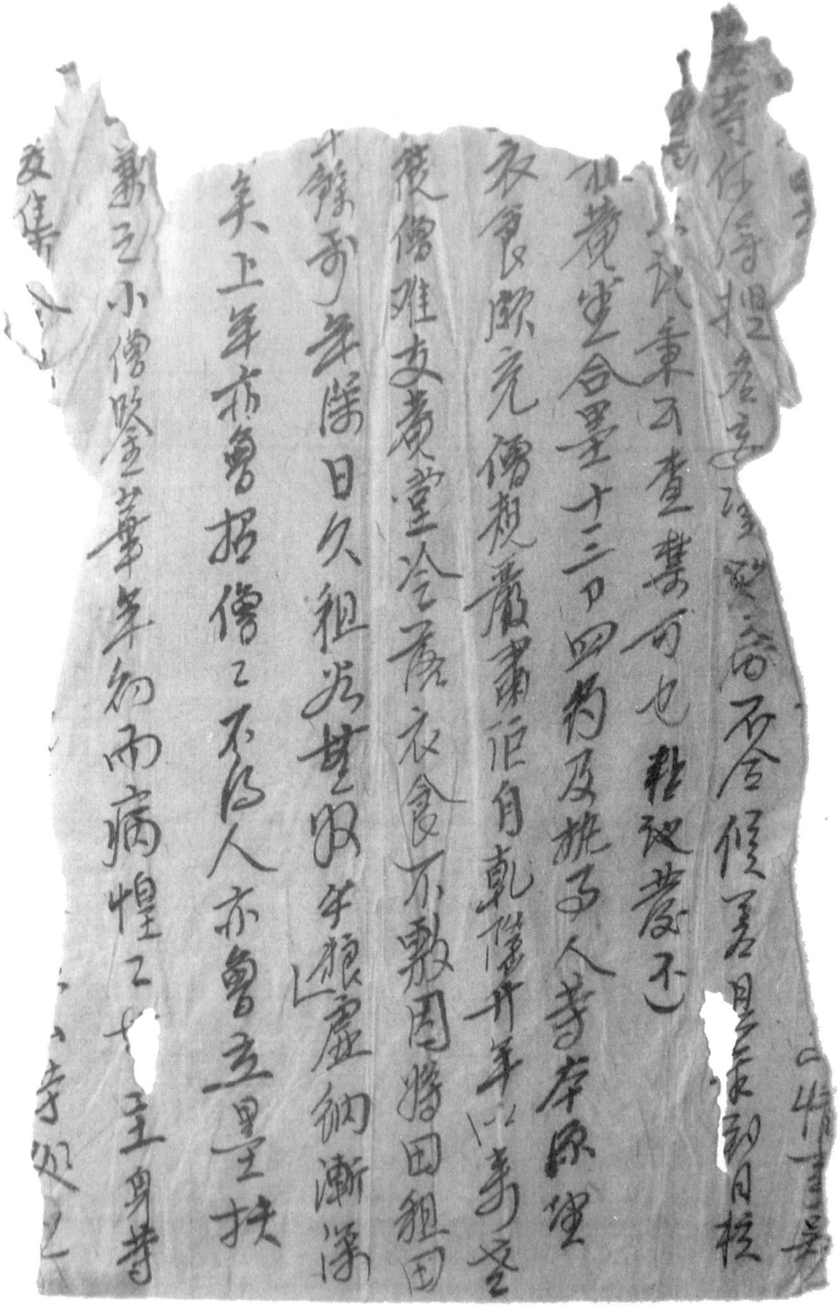

寺住僧揑名…石合價具…日枝

此戎秉公查某可也恳祈恩示

批發生合墨十三日四行及旅子人等李保望

衣食歟完傳越嚴肅但自乾隆廿年以来至

後僧难支募堂冷落衣食不敷因將田粗田

斗錢所年深日久租苦甚收年粮虚納漸深

矣上年亦曾招僧不得人亦曾立墨扶

新之小僧路逢年幼而病惶々主身寺

友集…

段莘乡大汜村 A 113 · 具状词

信士詹岩貴本命甲申年六月十八日寅時遞年點六月分

仁里信士吴文徵本命甲申年六月十六日申時生遞年點七月分

芳源信士余國祥本命丙子年六月十九日丑時遞年點九月分

信士余國喜本命庚辰年正月初二日亥時生遞年點正十二月

信士余岩護本命乙亥年四月二十日辰時遞年點十月分

信士吴五德本命庚辰年七月二十三日子時遞年點三月

段莘乡大汜村 A 114 · 杂文

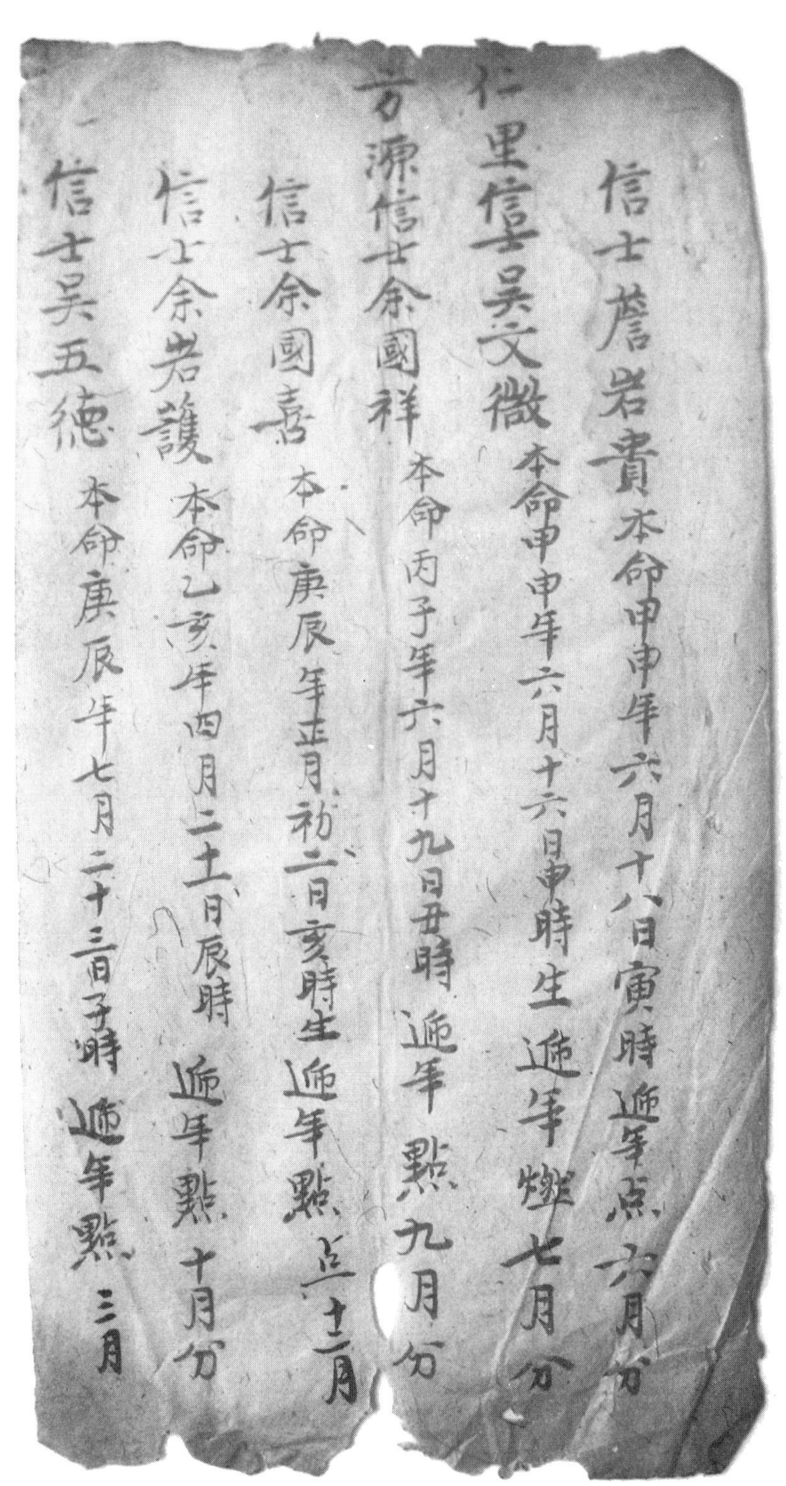

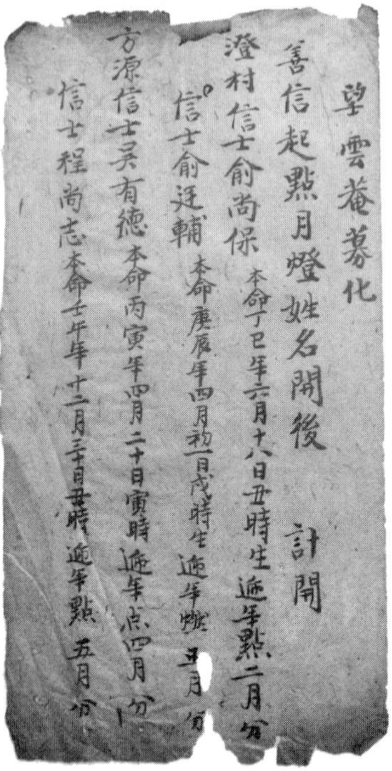
望雲菴募化
善信起點月燈姓名開後 計開
澄村信士俞尚保 本命丁巳年六月十八日丑時生 遞年點二月分
信士俞廷輔 本命庚辰年四月初一日戌時生 遞年點五月分
方源信士吳有德 本命丙寅年四月二十日寅時 遞年点四月分
信士程尚志 本命壬午年十二月三十日丑時 遞年點五月分

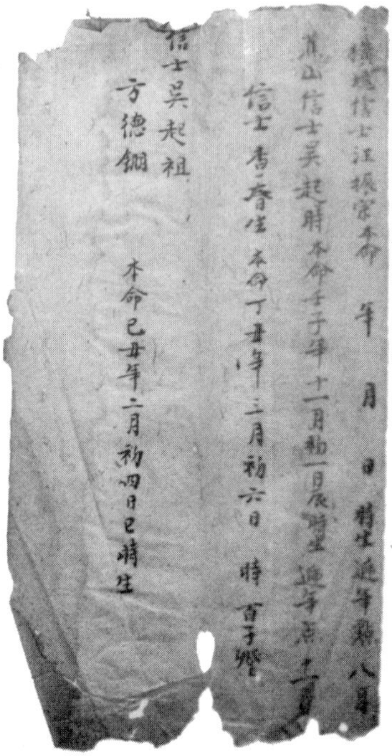
横塘信士江振宗本命 年 月 日 時生 遞年點八月
真山信士吳起鼎 本命壬子年十一月初一日辰時生 遞年点十二月
信士李春生 本命丁丑年三月初六日 時 百子燈
信士吳起祖
方德銅 本命己丑年二月初四日巳時生

段莘乡大汜村 A 115 · 杂文

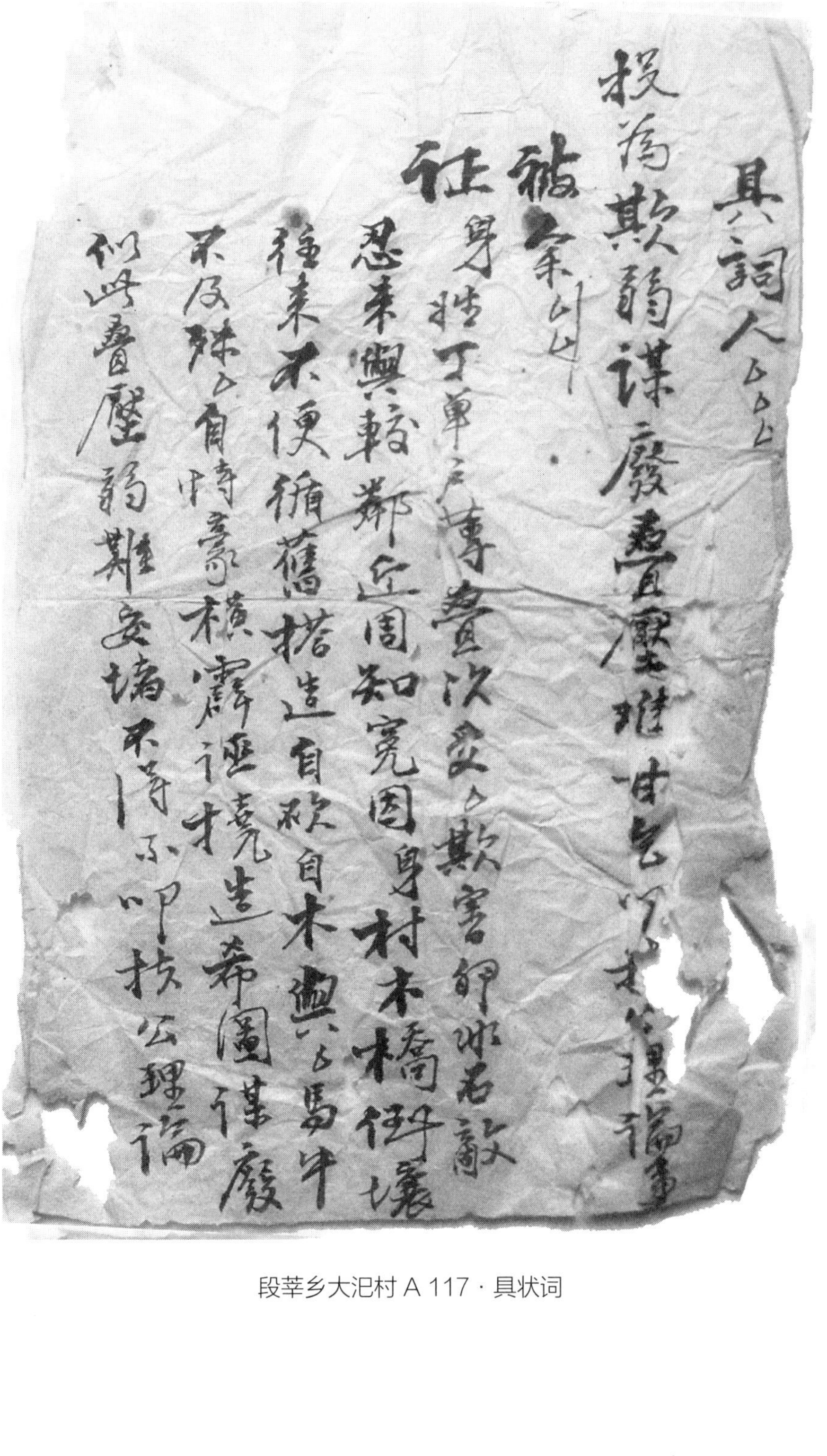

具詞人△△△
捏爲欺弱謀廢疊壓埋甘包叩求理論事
被 余△△
証
身姓丁單户 專疊次受△欺害 餘若敵
忍未與較 鄰近周知 寃園 身村木橋 傍壞
往來不便 循舊搭造 自砍自木 無△△馬牛
不及殊△ 自恃豪横 霸强譌造 希圖謀廢
似此疊壓弱難安靖 不得不叩扶公理論

段莘乡大汜村 A 117 · 具状词

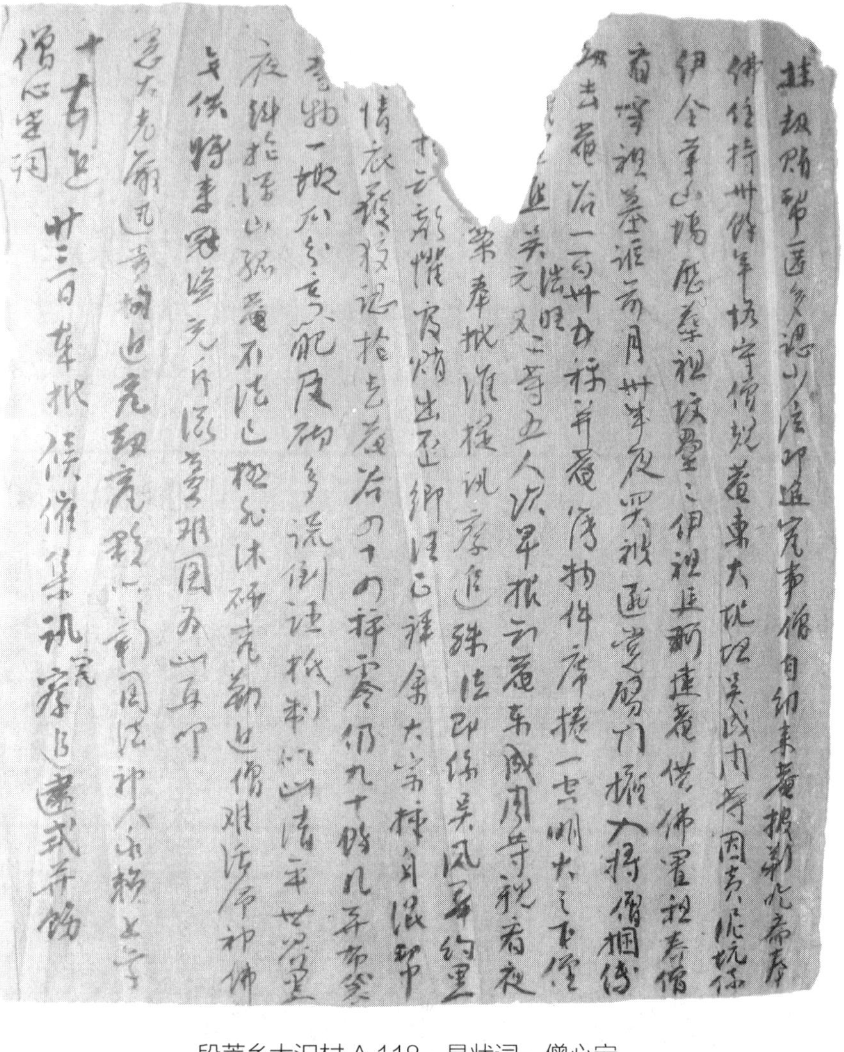

段莘乡大汜村 A 118 · 具状词 · 僧心定

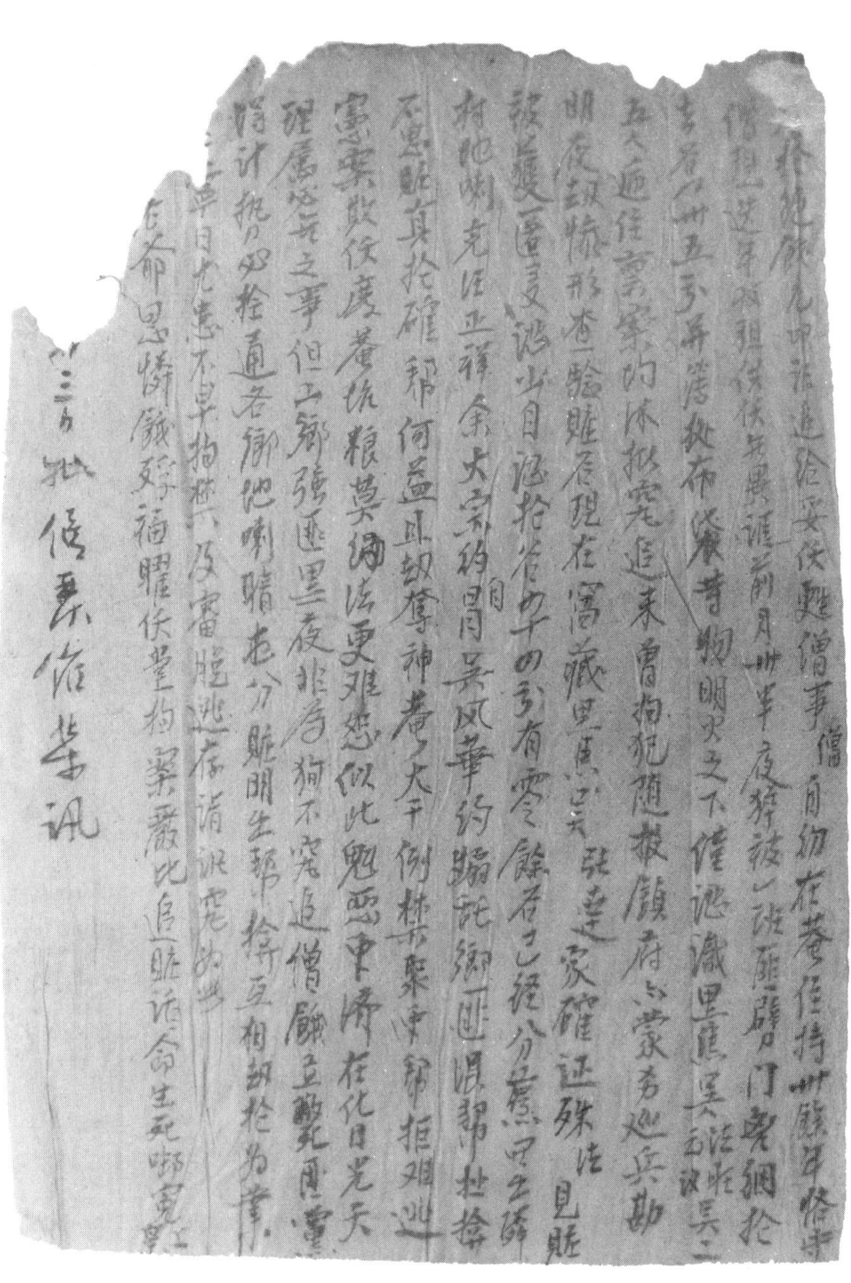

段莘乡大汜村 A 119 · 具状词

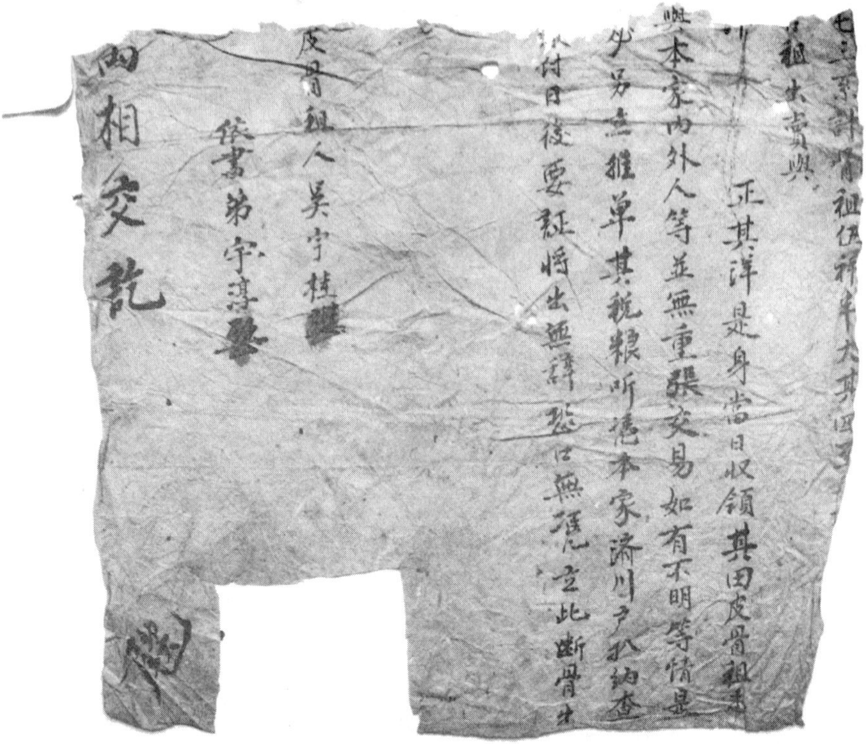
七三京計價祖伍拜半大其四
祖出賣與
正其詳是身當日收領其田皮骨租未
與本家內外人等並無重張交易如有不明等情是
外另無推單其稅粮所德本家济川户扒納查
付日後要疑將出無辭悲亦無阻立此斷骨出
皮骨租人吳宇桂
依書弟宇濬
兩相交訖

段莘乡大汜村 A 121 · 出卖田皮骨租契 · 吴宇桂卖与□

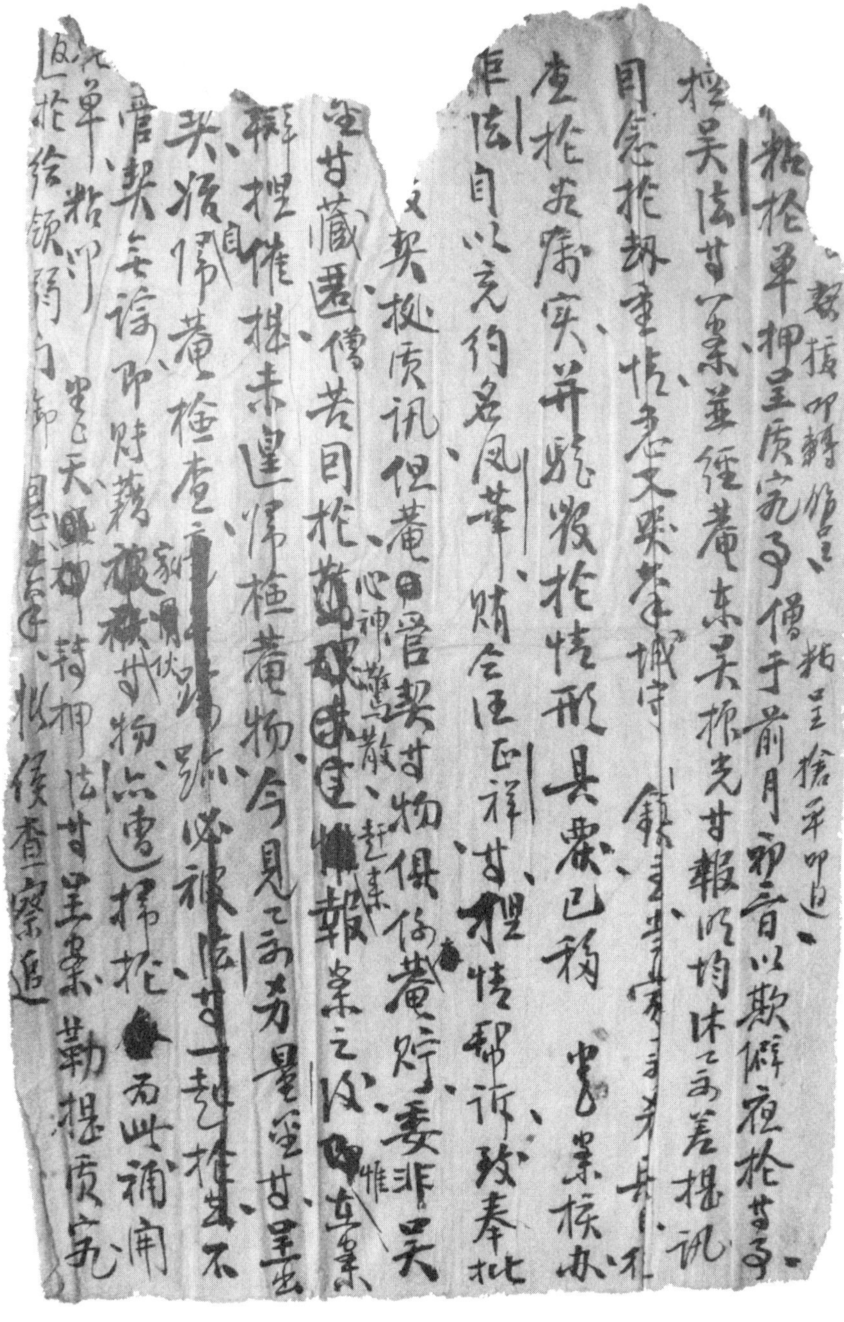

段莘乡大汜村 A 122 · 批文

盧納漸深漸寒不可解矣上年亦曾招僧々不得人亦曾立坐
扶持议論不一兼之小僧鑒華年幼而病惶々無主身等安可
坐視爰集合议将所當等坑啓衆焦山寺処之租共计七十七畝
零六斤断賣与啓衆焦山寺処之戎未田佃艮刀十六両六字公贖
近地所當各処之租今计所存所贖田租田皮約仍五百餘斤自
莊以垂後不許剥剥侵養内豪毛公訪的实能僧住持庶幾
庵堂不致廢毀
神佛仍然重光公立規條開列於左特立议一樣四帋各约收
執一帋為照

計開于左

一议招僧必須公仝訪察的实不得擅留
一议凡採樵人等不得入庵擅自粥飯
一禁庵傍所立竹木芦荻苗芽不許強斫暗偷凡山僧山傍之山不許剗作
一议凡種山人等不得將桐子等物貯庵
一议收租必在公衆識实之人經收如有餘僧到庄其字受
一议庵田租田皮遠近人等不得私當私受違者　呈治

九年

九年

段莘乡大汜村 A 124 · 规约条

沐委验确叩究维风事　身控无聊压蛊余太增普欺僻在抡公
主未蒙恩究追赃藉此肆志纠抡成风复于本月十四日统凶
刘去耆称许儻拜侄阻被殴破头漾血抱案验明增贵究
嘱党匪吴接庆等将振赖朦请临验侄媳张氏劝阻被殴
伤均沐委验并蒙　巡爷勘明庵内柱上写有乾隆四十二年
吴廷珂友备修众全僧修立字样又有廷珂遗像神牌
在于佛前并勘确毁刘情形属实详复在案切此
庵界系身一家祖业将庵财象据岂肯任身家称
写明上字样默不一言迄今三十余载忽纠黑夜
将抡事庵明系增贼骗飞作强抡强刘殴捆节
二不法更将胖乞将僧捆杠黑夜行刑拷求伊家情急
推案伙批示着谕令出分田任从事并沐着乡善
速即谕查似此纠匪捆行旧抡今刘叠殴私捆
目无法纪襁家已极非沐等提案究勒追势
必吞赃得志变抡为扭变殴为杀焚庵毁佛抗课
宪民情迫奔叩
宪恩作主严饬究追　上告　法洪凡神人戴德上禀

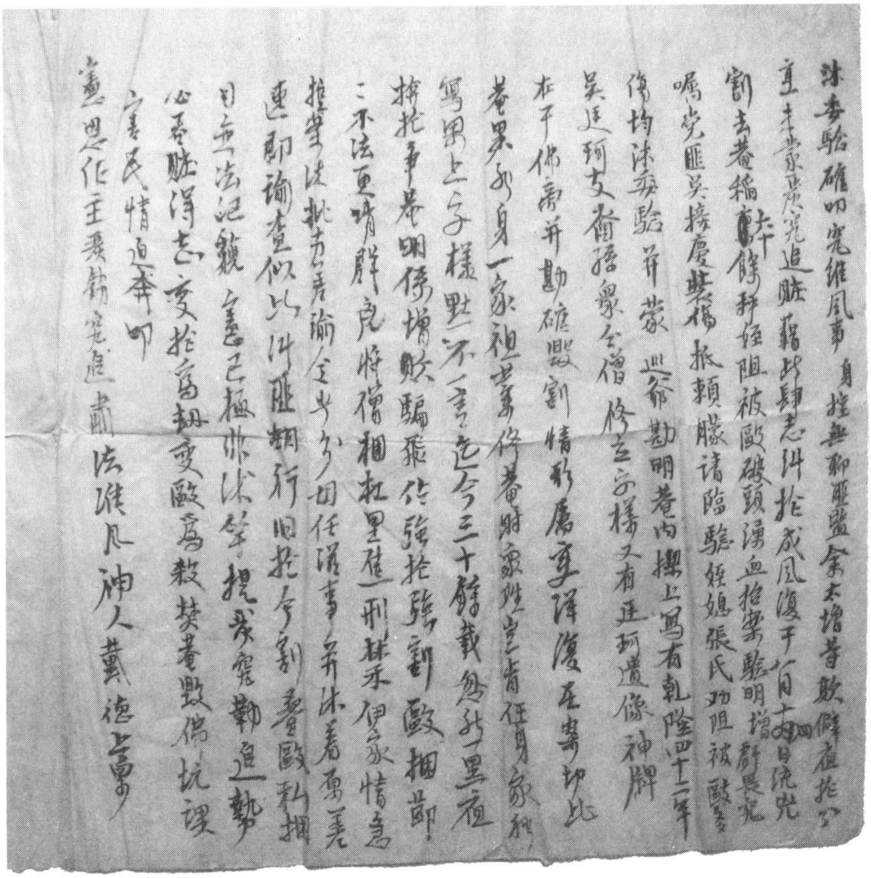

段莘乡大汜村 A 127 · 具状词

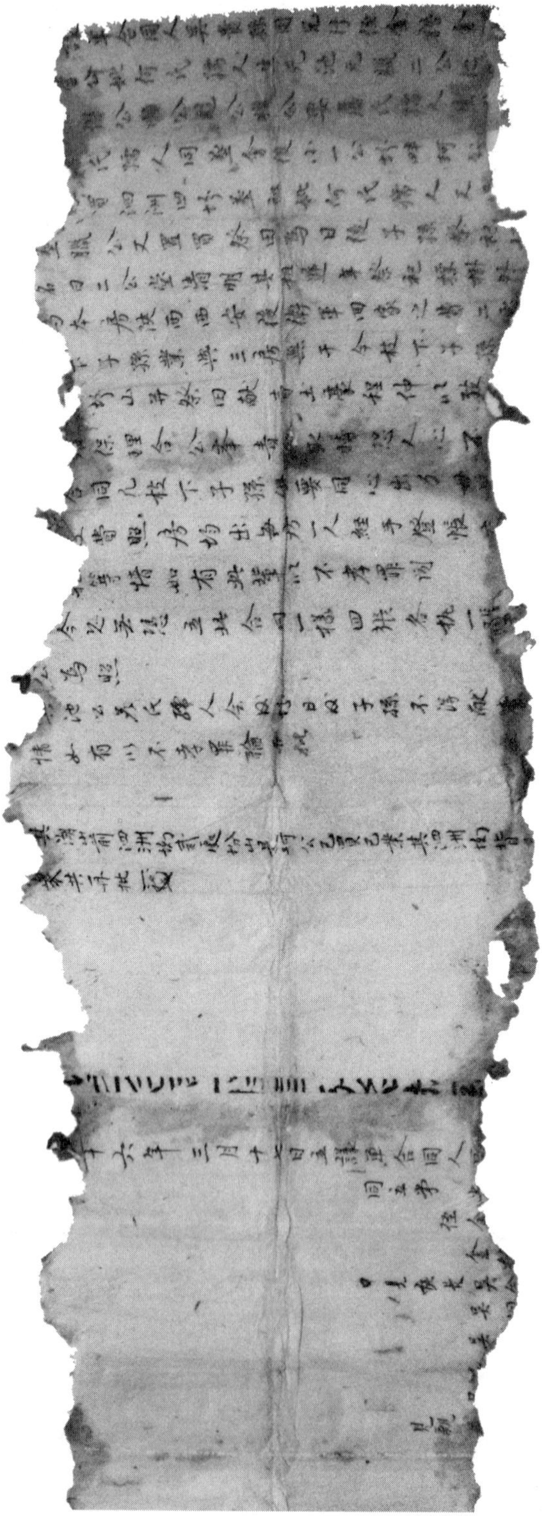

段莘乡大汜村 A 131 · 合同 · 吴贵孙同兄等

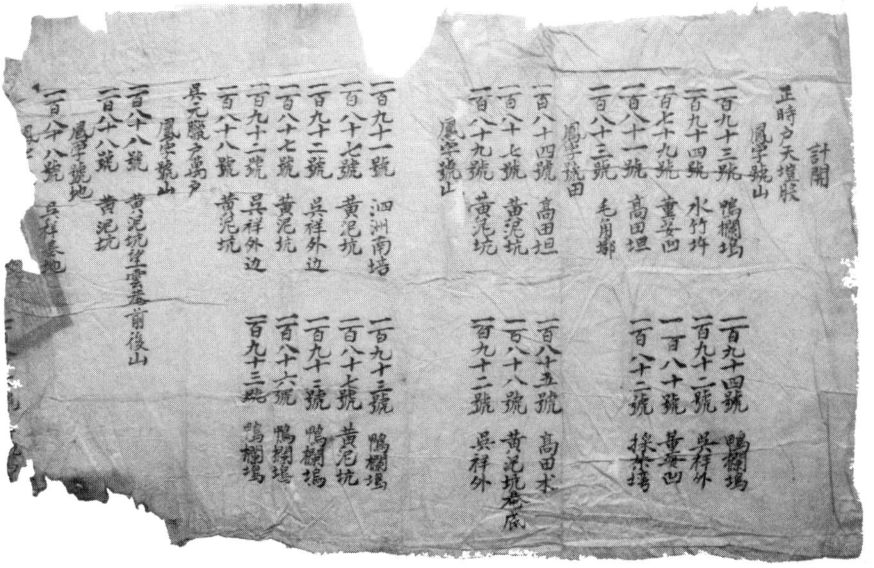

段莘乡大汜村 A 132 · 土地清单 · 正时户

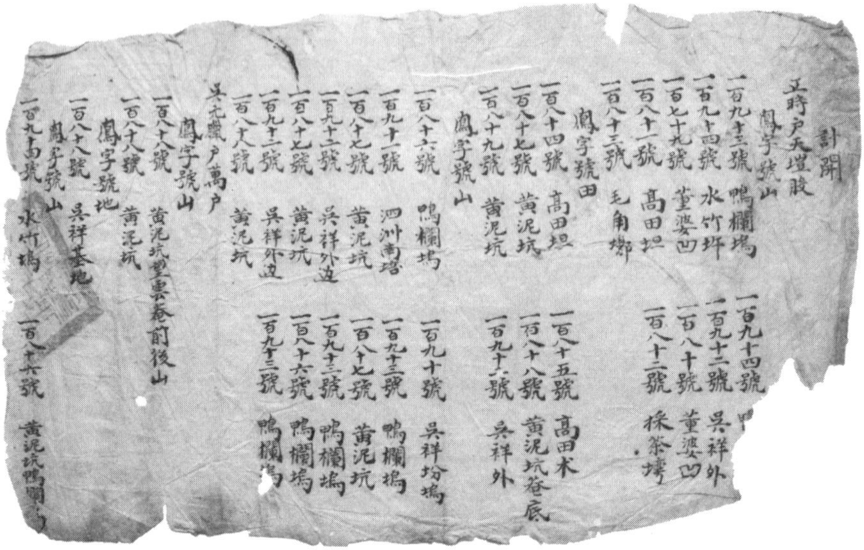

計開
正時户天壇段
鳳字號山
一百九十三號 鴨欄塢
一百九十四號 水竹坪
一百七十九號 董婆凹
一百八十一號 高田坦
一百八十三號 毛角塆
鳳字號田
一百八十四號 高田坦
一百八十七號 黄泥坑
一百八十九號 黄泥坑
鳳字號山
一百八十六號 鴨欄塢
一百九十一號 泗洲南塔
一百八十七號 黄泥坑
一百九十二號 吴祥外边
一百八十七號 黄泥坑
一百九十二號 吴祥外边
一百八十八號 黄泥坑
吴元徽户萬户
鳳字號山
一百八十八號 黄泥坑豐裏春前後山
一百八十八號 黄泥坑
鳳字號地
一百八十八號 吴祥菜地
鳳字號山
一百九十四號 水竹塢

一百九十四號 甲
一百九十二號 吴祥外
一百八十號 董婆凹
一百八十二號 樣茶塆
一百八十五號 高田术
一百八十八號 黄泥坑巷底
一百九十一號 吴祥外
一百九十號 吴祥坋塢
一百九十三號 鴨欄塢
一百八十七號 黄泥坑
一百九十三號 鴨欄塢
一百八十六號 鴨欄塢
一百九十三號 鴨欄塢
一百八十六號 黄泥坑鴨欄

段莘乡大汜村 A 133 · 土地清单 · 正时户

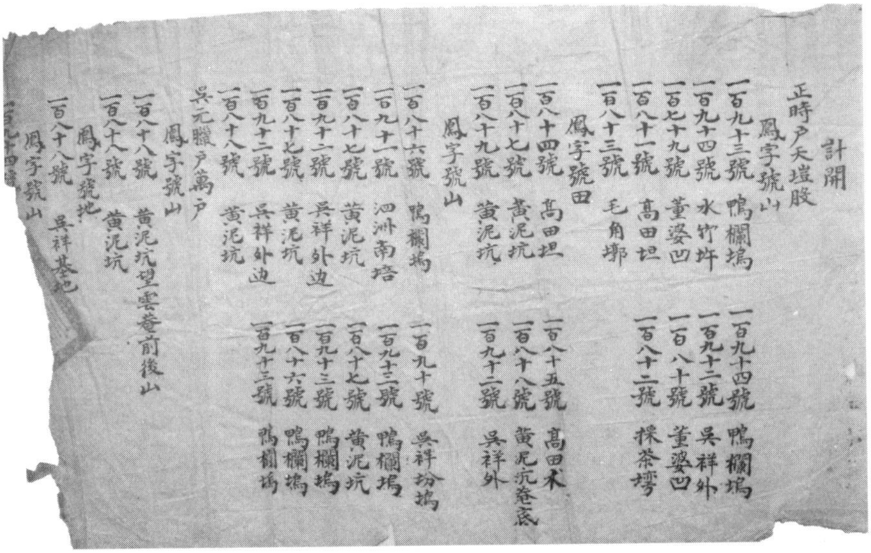
計開
正時户天壇股
鳳字號山
一百九十三號 鴨欄塢 一百九十四號 鴨欄塢
一百九十四號 水竹坪 一百九十二號 吴祥外
一百七十九號 董婆凹 一百八十號 董婆凹
一百八十一號 高田坦 一百八十二號 採茶塆
一百八十三號 毛角墎
鳳字號田
一百八十四號 高田坦 一百八十五號 高田术
一百八十七號 黄泥坑 一百八十八號 黄泥坑巷底
一百八十九號 黄泥坑 一百九十二號 吴祥外
鳳字號山
一百八十六號 鴨欄塢 一百九十號 吴祥坋塢
一百九十一號 泗洲南培 一百九十三號 鴨欄塢
一百八十七號 黄泥坑 一百八十七號 黄泥坑
一百九十二號 吴祥外边 一百九十三號 鴨欄塢
一百八十七號 黄泥坑 一百八十六號 鴨欄塢
一百九十二號 吴祥外边 一百九十三號 鴨欄塢
一百八十八號 黄泥坑
吴元臘户萬户
鳳字號山
一百八十八號 黄泥坑望雲庵前後山
一百八十八號 黄泥坑
鳳字號地
一百八十八號 吴祥基地
鳳字號山
一百九十四號

段莘乡大汜村 A 134 · 土地清单 · 正时户

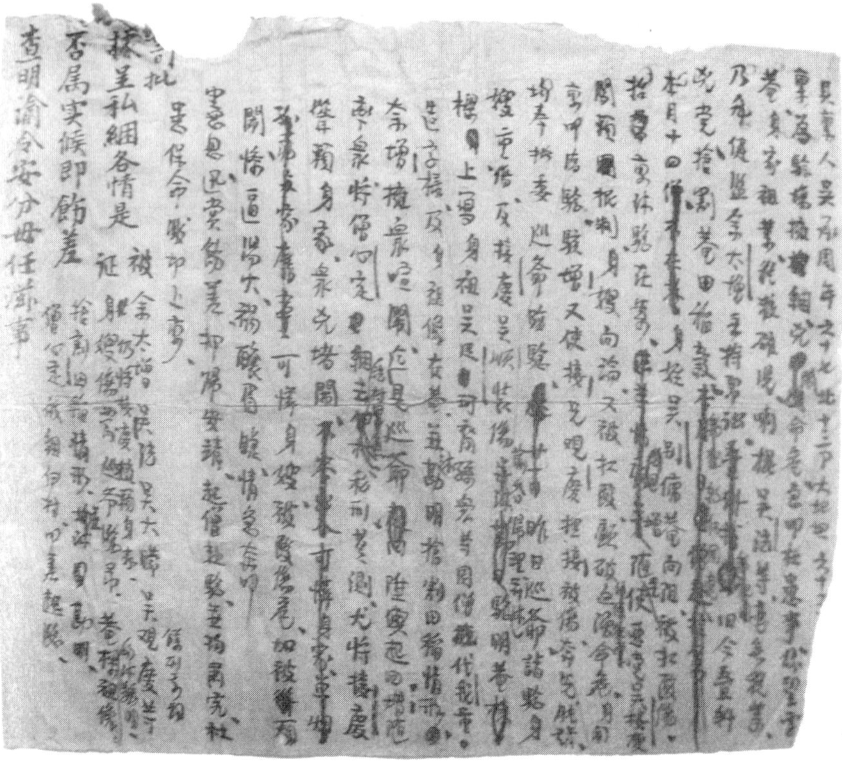
批
据呈私细各情是否属实候即饬差
查明谕令安分毋任滋事

段莘乡大汜村 A 140 · 具状词 · 吴承周

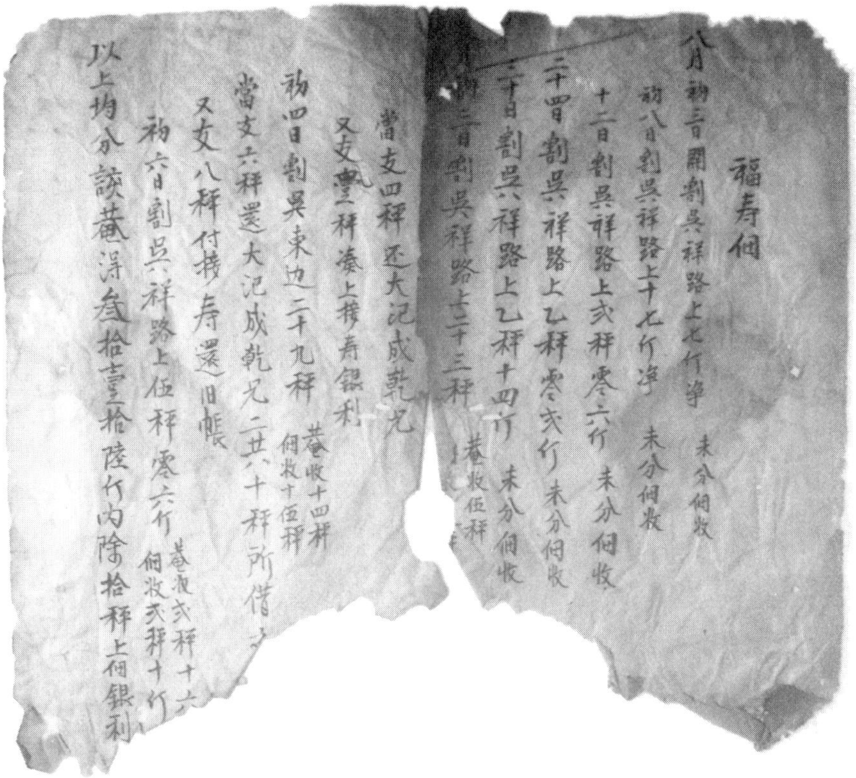
福寿佃
八月初三日開劉呉祥路上七斤浄 未分佃收
初八日劉呉祥路上十七斤浄 未分佃收
十二日劉呉祥路上弍秤零六斤 未分佃收
二十四日劉呉祥路上乙秤零弍斤 未分佃收
二十日劉呉祥路上乙秤十四斤 未分佃收
□月初三日劉呉祥路上二十三秤 菴收伍秤 [illegible]
當支四秤还大氾成乾元
又支壹秤凑上接寿銀利
初四日劉呉東边二十九秤 菴收十四秤 佃收十伍秤
當支六秤還大氾成乾元二共六十秤所借 [illegible]
又支八秤付接寿還旧帳
初六日劉呉祥路上伍秤零六斤 菴收弍秤十六 [illegible] 佃收弍秤十斤
以上均分談菴得叁拾壹秤陸斤內除拾秤上佃銀利

段莘乡大氾村 A 141 · 租佃清单 · 福寿

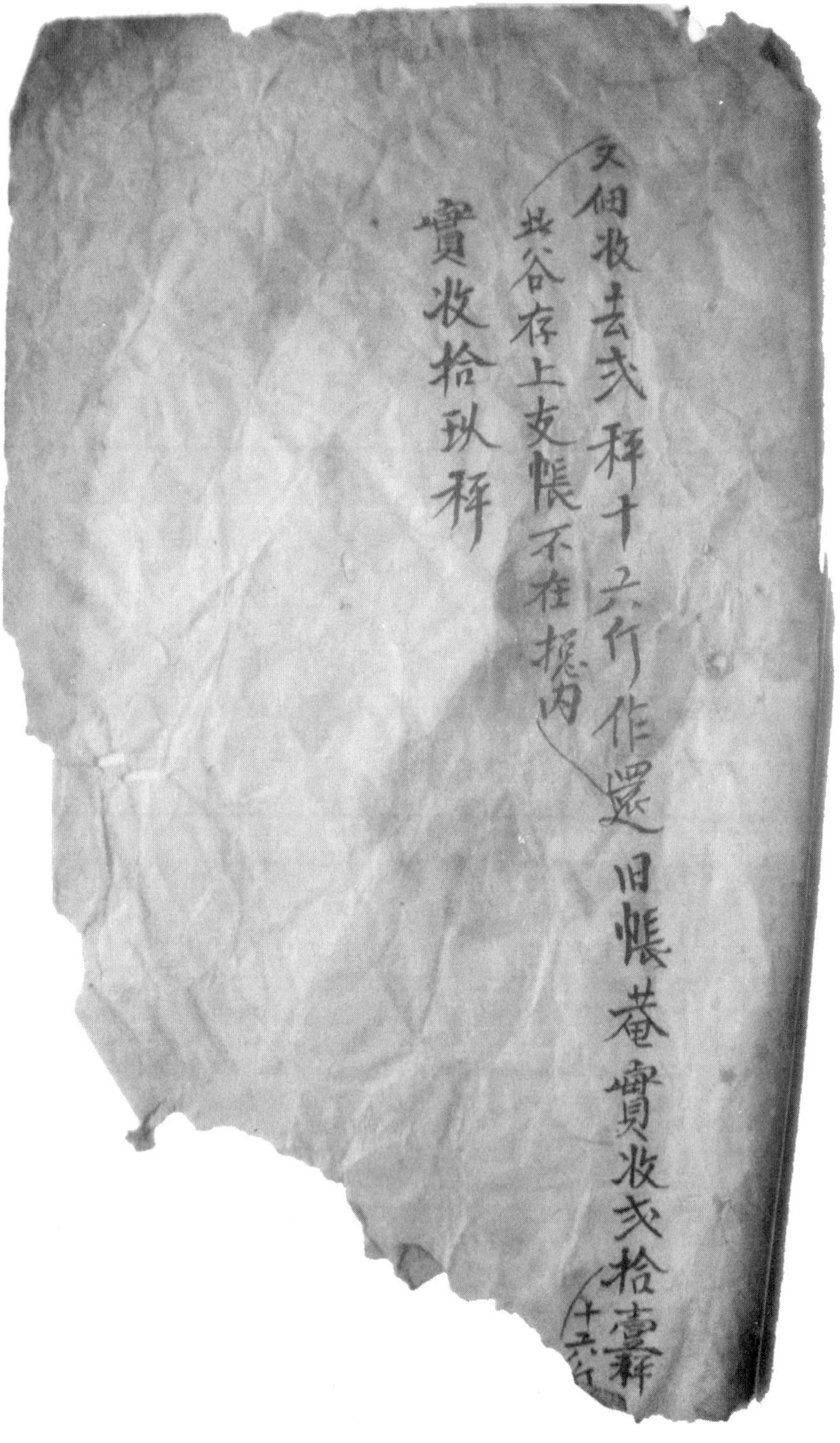

支佃收去弍秤十六斤作還旧帳卷實收弍拾壹秤

十六斤

共谷存上支帳不在摺内

實收拾玖秤

段莘乡大汜村 A 142 · 账单

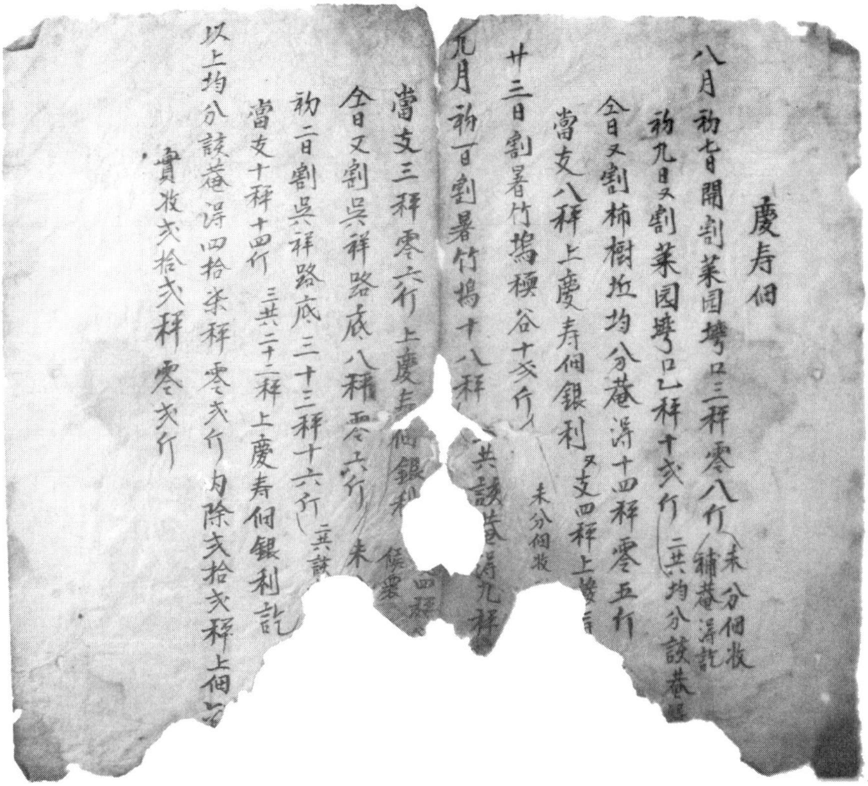
慶寿佃
八月初七日開割莱园塆口三秤零八斤 未分佃收 補蓭湃讫
初九日又割莱园塆口乙秤十弍斤 二共均分該蓭湃
仝日又割柿樹坵均分蓭湃十四秤零五斤
當支八秤上慶寿佃銀利 又支四秤上慶寿
廿三日割暑竹塢穙谷十弍斤 未分佃收
九月初一日割暑竹塢十八秤
共該蓭湃九秤
四秤
當支三秤零六斤上慶寿佃銀利
仝日又割呉祥路底八秤零六斤 未 侯靈
初二日割呉祥路底三十三秤十六斤 二共該
當支十秤十四斤 三共二十二秤上慶寿佃銀利讫
以上均分該蓭湃四拾柒秤零弍斤 內除弍拾弍秤上佃
實收弍拾弍秤零弍斤

段莘乡大汜村 A 211 · 租佃清单 · 庆寿

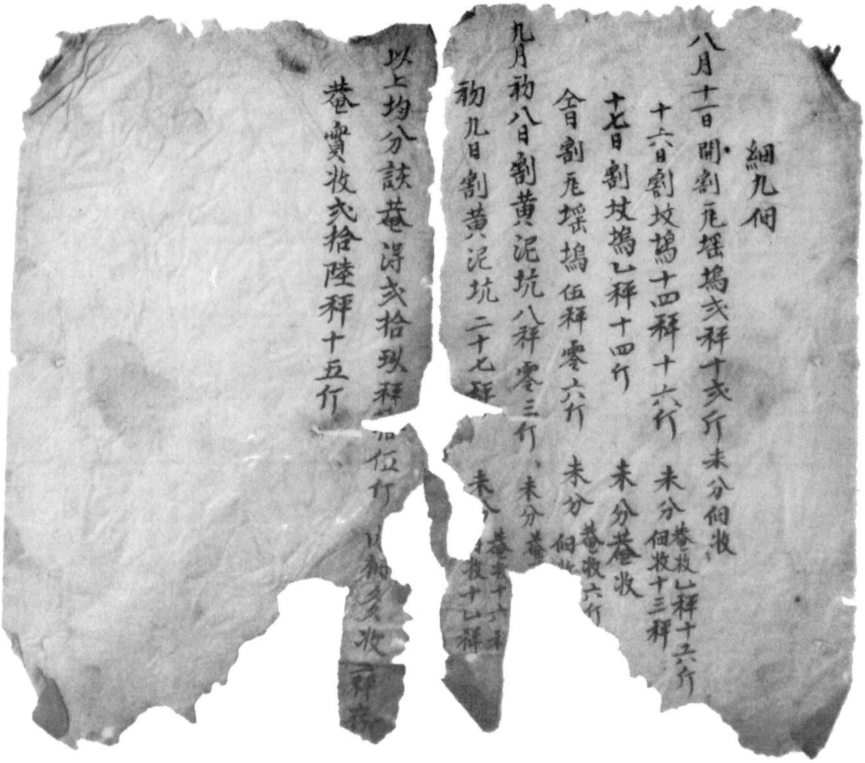
細九佃
八月十一日開割厄搖鴂弍秤十弍斤未分佃收
十六日割坟鴂十四秤十六斤　未分佃收十三秤　菴收乚秤十六斤
十七日割坟鴂乚秤十四斤　未分菴收
含日割厄搖鴂伍秤零六斤　未分佃收　菴收六斤
九月初八日割黃泥坑八秤零三斤　未分菴
初九日割黃泥坑二十七秤　未　收十乚秤　菴
以上均分該菴得弍拾玖秤　伍斤　柏多收
菴實收弍拾陸秤十五斤

段莘乡大汜村 A 212 · 出佃细目 · 细九

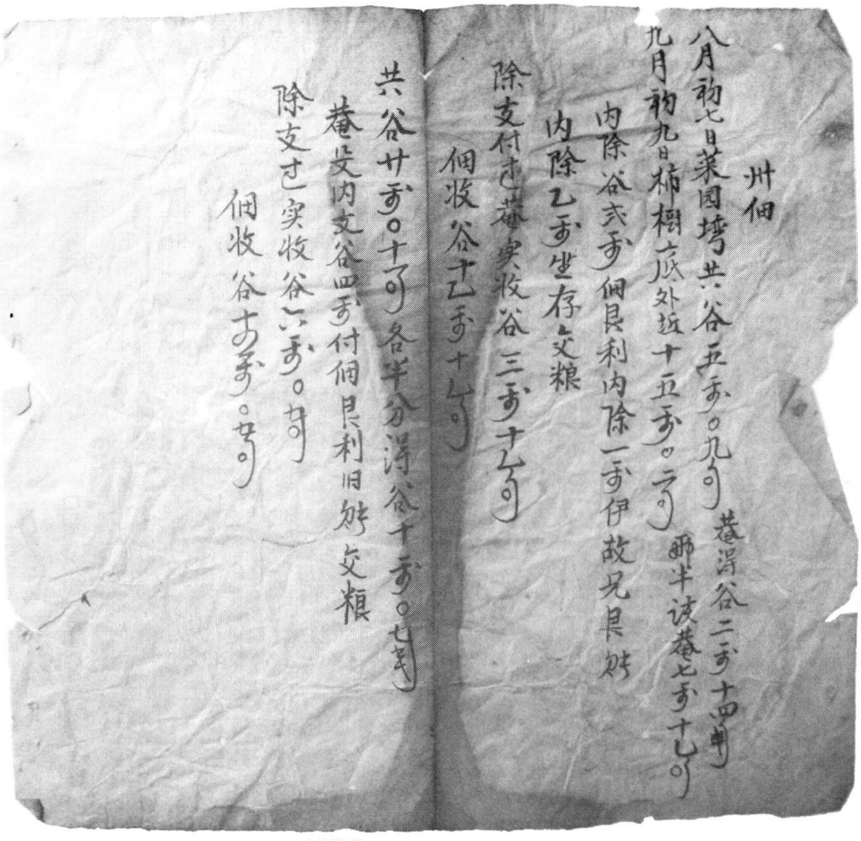

州佃

八月初七日菜园塆共谷五秤〇九斤　巷滘谷二秤十四斤

九月初九日柿树底外坵十五秤〇二斤　两半试巷七秤十七斤

内除谷弍秤佃艮利内除一秤伊故兄艮数

内除乙秤坐存支粮

除支付去巷实收谷三秤十七斤

佃收谷十乙秤十七斤

共谷廿秤〇十斤　各半分滘谷十秤〇七斤

巷支内支谷四秤付佃艮利旧数支粮

除支去实收谷六秤〇廿斤

佃收谷十秤〇廿斤

段莘乡大汜村 A 213 · 出佃细目 · 州佃

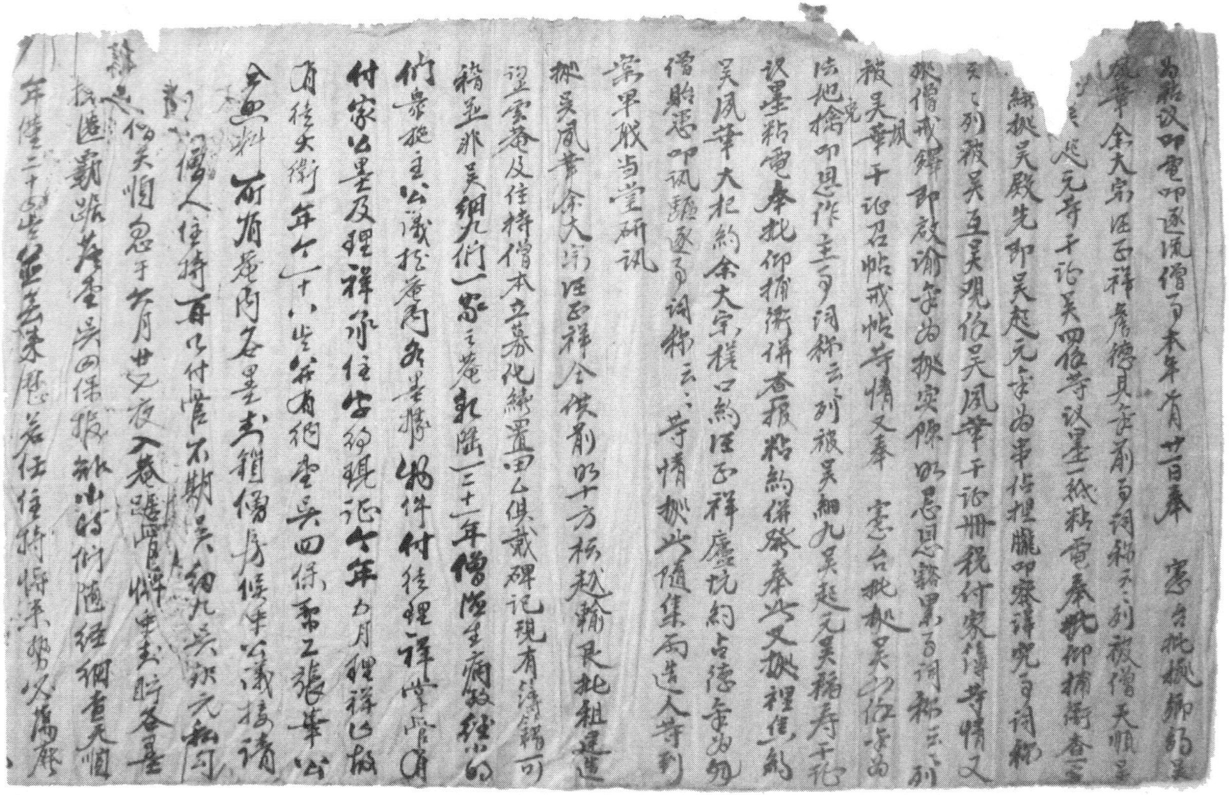
为藐议叩电叩逐凶僧事 本年有廿日奉 宪台批[illegible]
[illegible]华余大宗汪石祥詹德贝等前事词称云云列被僧吴恒吴
[illegible]元寿干论吴四保等议墨一纸粘电奉批仰捕衙查
缉拟吴殿先郎吴起元等为串伴埋[illegible]叩赛详究事词称
云云列被吴亘吴观保吴凤华干论册税付家伴等情又
拟僧戒铎即启谕等为拟实保[illegible]恳恩豁累事词称云云列
被吴华干论召帖戒帖等情又奉 宪台批拟吴[illegible]等为
法把擒叩恩作主事词称云云列被吴细九吴起元吴稀寿干论
议墨粘电奉批仰捕衙併查报粘约併发奉此又拟埋[illegible]
吴凤华大杞约余大宗槎口约汪石祥庐坑约占德等为知
僧贻恶叩飒显逐事词称云云等情拟此随集两造人等到
案卑职当堂研讯
拟吴凤华余大宗汪石祥全供前明十方[illegible]输民把租遗
迎云庵及住持僧本立募化续置田山俱载碑记现有[illegible]可
稽至[illegible]吴细九们一家之庵乾隆三十一年僧[illegible]病故[illegible]
们众拢主公议拨庵内各等物件付徒理祥掌管有
付家公墨及理祥承任出约亲讫今年五月理祥已故
有徒天衢年方十八岁亦有[illegible]吴四保[illegible]张华公
全无[illegible]所有庵内各墨[illegible]僧[illegible]候伊公议接请
别僧人住持有心付管不期吴细九吴[illegible]元私同
伊吴恒忽于六月廿夜入庵[illegible]僧[illegible]时各墨
[illegible]吴四保[illegible]出时们随经们查天恒
年仅二十四岁并无[illegible]若任住持将来势必[illegible]

段莘乡大汜村 A 222-i · 具状词（第一面）

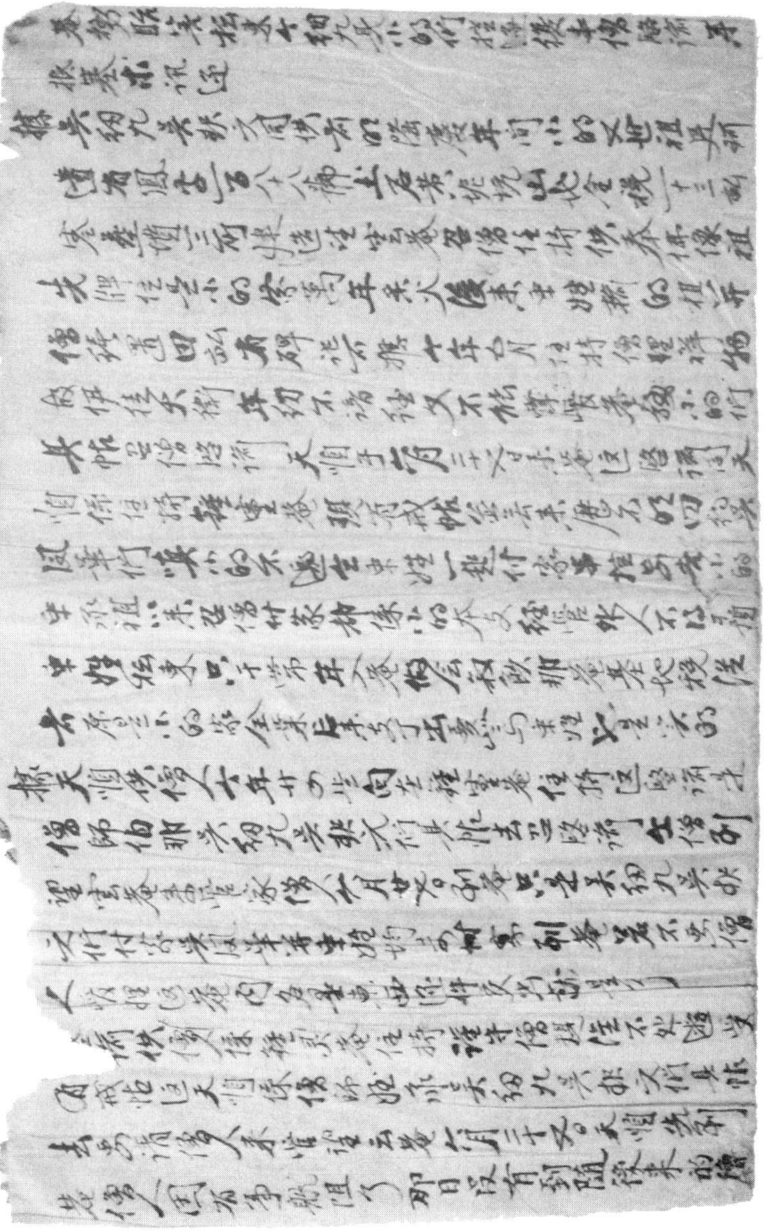

段莘乡大汜村 A 222-ii · 具状词（第二面）